ACCESO GRATIS *a la Lectura en la Nube*

Para visualizar el libro electrónico en la nube de lectura envíe junto a su nombre y apellidos una fotografía del código de barras situado en la contraportada del libro y otra del ticket de compra a la dirección:

ebooktirant@tirant.com

En un máximo de 72 horas laborales le enviaremos el código de acceso con sus instrucciones.

CONSUMIDORES Y PLATAFORMAS DE ALOJAMIENTO TURÍSTICO EN DERECHO INTERNACIONAL PRIVADO

Una visión crítica y práctica de la normativa de la Unión Europea y de Latinoamérica

Procedimiento de selección de originales, ver página web:
www.tirant.net/index.php/editorial/procedimiento-de-seleccion-de-originales

CONSUMIDORES Y PLATAFORMAS DE ALOJAMIENTO TURÍSTICO EN DERECHO INTERNACIONAL PRIVADO

Una visión crítica y práctica de la normativa de la Unión Europea y de Latinoamérica

SILVANA CANALES GUTIÉRREZ

tirant lo blanch
Valencia, 2024

En caso de erratas y actualizaciones, la Editorial Tirant lo Blanch publicará la pertinente corrección en la página web www.tirant.com.

La presente obra ha sido sometida a la revisión de pares ciegos según el protocolo de publicación de la editorial a efectos de ofrecer el rigor y calidad correspondiente tanto en su contenido como en su forma, aplicándose los criterios específicos aprobados por la Comisión Nacional E 016 (BOE num. 286, de 26 de noviembre de 2016).

COLECCIÓN DERECHO DE LA VIVIENDA

Director

SERGIO NASARRE AZNAR

EDITA: TIRANT LO BLANCH
C/ Artes Gráficas, 14 - 46010 - Valencia
TELFS.: 96/361 00 48 - 50
FAX: 96/369 41 51
Email: tlb@tirant.com
www.tirant.com
Librería virtual: www.tirant.es
DEPÓSITO LEGAL: V-2161-2024
ISBN: 978-84-1197-078-5

A mi mamá, que me enseñó a soñar,
y a mi abuelita Livia, que me enseñó a dudar.

Índice

PARTE I. CONSUMIDORES, VIVIENDA TURÍSTICA Y PLATAFORMAS EN LÍNEA DE ALOJAMIENTOS TURÍSTICOS

PARTE II. LA COMPETENCIA JUDICIAL INTERNACIONAL Y *ADRS* EN LAS CONTROVERSIAS ENTRE HUÉSPED-CONSUMIDOR Y PLAT EN LA UE Y EN LATINOAMÉRICA

Abreviaturas

AAA:	Asociación Americana de Arbitraje
ADRs:	*Alternative Dispute Resolution*
AECOSAN:	Agencia Española de Consumo, Seguridad Alimenticia y Nutrición
Art. (s):	Artículo (s)
B2B:	*Business-to-business*
B2C:	*Business-to-consumer*
C2B:	*Consumer-to-business*
C2C:	*Consumer-to-consumer*
CAN:	Comunidad Andina de Naciones
CARICOM:	Comunidad del Caribe
CGP:	Código General del Proceso
CIADI:	Centro Internacional de Arreglo de Diferencias Relativas a Inversiones
CIDIP (s):	Conferencias Interamericanas sobre Derecho Internacional Privado
CNUDMI:	Comisión de las Naciones Unidas para el Derecho Mercantil Internacional
DC 206/2005:	Decreto Legislativo n. 206 del 6 septiembre de 2005
DIPr:	Derecho internacional privado
DRAL:	Directiva 2013/11/UE
DSA:	*Digital Services Act*
DOCE:	Diario Oficial de las Comunidades Europeas
DOUE:	Diario Oficial de la Unión Europea
EC:	Economía Colaborativa
FAA:	*Federal Arbitration Act*
JAC:	Juntas Arbitrales de Consumo
LAU:	Ley de Arrendamientos Urbanos
LOPJ:	Ley Orgánica del Poder Judicial
MASC:	Mecanismos Alternativos de Solución de Conflictos
MERCOSUR:	Mercado Común del Sur
ODR:	*Online Dispute Resolution*
ODS:	Objetivos de Desarrollo Sostenible
OEA:	Organización de Estados Americanos
OHADAC:	Organización para la Armonización del Derecho Empresarial en el Caribe
OHADA:	Organización para la Armonización del Derecho Empresarial en África
OMS:	Organización Mundial de la Salud

OMT:	Organización Mundial del Turismo
ONU:	Organización de Naciones Unidas
PLAT:	Plataforma (s) en línea de alojamientos turísticos
RAD:	Resolución Alternativa de Disputas
RAL:	Resolución Alternativa de Litigios
RBI o Reglamento Bruselas I:	Reglamento (CE) nº 44/2001
RBIbis o Reglamento Bruselas I Bis:	Reglamento (UE) Nº 1215/2012
RLL:	Plataforma de resolución de litigios en línea
RRI o Reglamento Roma I o Roma I:	Reglamento (CE) Nº 593/2008
RTN:	Registro Nacional de Turismo
SAC:	Sistema Arbitral de Consumo
SAP:	Sentencia de Audiencia Provincial
SIC:	Superintendencia de Industria y Comercio
SJSO:	Sentencia del Juzgado de lo Social
STJ:	Superior Tribunal de Justiça
STS:	Sentencia del Tribunal Supremo
STSJ:	Sentencia del Tribunal Superior de Justicia
TFUE:	Tratado de Funcionamiento de la Unión Europea
TJCE:	Tribunal de Justicia de las Comunidades Europeas
TJUE:	Tribunal de Justicia de la Unión Europea
TUE:	Tratado de la Unión Europea
UE:	Unión Europea

Agradecimientos

Durante el transcurso de la investigación que culminó con mi tesis doctoral, pude evidenciar que para llevar a cabo una tarea como esta requiere, aparte del esfuerzo del investigador, un grupo de personas que te ayuden en cada paso, y que sean el soporte y el pilar en esos momentos tan cruciales de la vida académica, más aún cuando te encuentras lejos de tu país de origen y cuando tu investigación ha de soportar las dificultades de una pandemia como la Covid-19.

En primer lugar, agradezco inmensamente a mi directora de tesis y maestra la Dra. Maria Font Mas por confiar en mí, a pesar de los cambios continuos en las circunstancias y por apostar por un tema de Derecho internacional privado que incluía tanto la normativa de la Unión Europea como la de Latinoamérica, y sin cuya ayuda y guía hubiese sido imposible terminar la tesis. Adicionalmente, de manera personal, agradezco su disposición y su paciencia en todos los años que duró esta investigación y en la actualidad por ayudarme a realizar mi proyecto académico. La Dra. Font fue mi profesora de Derecho internacional privado en el máster de Derecho de la empresa y de la contratación en la Universidad Rovira i Virgili (URV) y algún día, me gustaría transmitir como ella lo hace, con rigurosidad y amabilidad a los estudiantes, el respeto y la importancia del elemento internacional y a las instituciones de DIPr.

En segundo lugar, quiero darle las gracias al Dr. Sergio Nasarre Aznar que ha confiado en mi para publicar mi investigación en la colección de Tirant lo blanch sobre Derecho de la vivienda. El Dr. Nasarre, Catedrático de Derecho civil de la URV siempre fue pieza fundamental en mi investigación, desde el primer momento, en el año 2019, cuando discutíamos sobre la economía colaborativa, siempre estuvo dispuesto a resolver mis dudas, a escucharme y a darme una visión amplia y critica de todos los fenómenos que rodean a la vivienda turística. Es un honor para mí que mi libro sea parte de esta prestigiosa colección, así como lo es ser parte de la Cátedra UNESCO de vivienda de la URV.

Mis agradecimientos a mi tribunal en la defensa de la tesis, por sus excelentes aportaciones y por concederme el reconocimiento *cum laude*. A la Dra. Diana Marín Consarnau, también profesora de Derecho internacional privado de la URV, que me ayudó siempre con una perspectiva diferente y una respuesta amable e inteligente ante todas mis dudas a lo largo de la tesis, y que en mi tribunal me indicó diferentes ideas y enfoques que hoy hacen parte de este libro. Al Dr. Pedro De Miguel Asensio, Catedrático de Derecho internacional privado de la Universidad Complutense de Madrid, y al Dr. Jorge Oviedo Albán de la Universidad de la Sabana en la ciudad de Bogotá, quienes se tomaron el tiempo y la dedicación para leer mi tesis, estar presentes en mi defensa y realizar aportaciones que enriquecieron y especializaron mi investigación tanto en el Derecho internacional privado de la UE como en el de Latinoamérica.

Este trabajo tampoco hubiese sido posible sin la estancia de investigación en la Universidad Católica del Sagrado Corazón de Milán, realizada bajo la supervisión del Dr. Pietro Franzina, y con su ayuda y la de otros colegas internacional privatistas pude mejorar mi investigación y diversificarla, desde la perspectiva italiana y europea.

Agradezco también a la Escola de Doctorat de la Universitat Rovira i Virgili, por su apoyo antes, durante y después de la tesis y por la concesión del premio extraordinario de Doctorado, que me fue otorgado en 2023 y que profesional y personalmente ha sido un gran motivo de alegría y satisfacción.

Gracias a mis amigas y colegas, Núria Lambea, Gemma Caballé y Rosa Maria Garcia, por su ayuda ante todas mis dudas de Derecho español y catalán, y su valiosa amistad durante todos estos años. Así mismo, agradezco a todos mis amigos por su apoyo incondicional.

Finalmente, agradezco a mi familia en Colombia que apoyó siempre mi camino académico, especialmente a mi mamá, a mi familia en Tarragona, y a mi pareja, puesto que sin su cariño y paciencia no hubiese sido posible cumplir el sueño de la tesis.

Prólogo

Los hábitos en la planificación, organización y contratación de las vacaciones y viajes han cambiado radicalmente en los últimos años como consecuencia de la introducción en el mercado de las plataformas online que ofrecen alojamientos de uso turístico. Si bien subsiste la interesante opción de contratar los servicios profesionales de las agencias de viajes, en la actualidad muchos son los turistas que, en principio, como consumidores, aunque esto último puede resultar cuestionable, gestionan por sí mismos sus vacaciones o viajes a través de estas plataformas. Esta segunda opción, una vez elegido el destino, abre un sinfín de ofertas hoteleras, pisos, apartamentos, campings, bungalós, barcas y lugares más exóticos donde pernoctar, con el atractivo de vivir la experiencia de un "local". Pensemos, ¿quién no ha deseado disfrutar en un restaurante al que acuden los locales y no los turistas? Lo mismo aplíquese al alojamiento, máxime si subyace la idea, no siempre real, que además puede accederse a dicha experiencia a un precio más reducido.

Así las cosas, ciertamente, el sector del alojamiento turístico de viviendas puestas a disposición en plataformas virtuales para ser alquiladas por breves plazos de tiempo ha crecido de forma desmesurada en todos los destinos turísticos del mundo. Lo que empezó en la denominada economía colaborativa con el objetivo de aprovechar espacios infrautilizados ha evolucionado mayoritariamente a la economía de plataforma ya que, en este sector, son grandes tenedores dedicados exclusivamente al alojamiento turístico que ofrecen este servicio, en ocasiones, en inmuebles enteros (que no pueden considerarse apartahoteles los cuales tienen su propia regulación). En este escenario, puede afirmarse que una parte representativa de la población ha consultado o utilizado plataformas en línea de alojamiento turístico como *Airbnb*, *Booking*, *Tripadvisor* o *Expedia inc.* y *VRBO*. Igualmente, los que no han consultado jamás una plataforma en línea de este tipo, saben de su existencia porque en su bloque de viviendas hay uno (o varios) "pisos turísticos", o bien, porque el amigo o familiar tiene en alquiler, por ejemplo, su chalé de la costa brava a través de una plataforma.

En este contexto, la aparición y el uso generalizado de las plataformas de alojamiento turístico ha irrumpido en el mercado turístico, en los hábitos de los turistas, en las consecuencias sociales, económicas y políticas de las localidades donde se encuentran, y también, han provocado múltiples conflictos de variada índole que merecen la atención de los legisladores a todos los niveles: local, subestatal, estatal, supranacional tanto a nivel de la UE como internacional.

Como consecuencia de la proliferación de plataformas y el numeroso parque de viviendas ofrecidas como alojamiento turístico, los vecinos de grandes ciudades turísticas, pero también de poblaciones turísticas pequeñas, especialmente tras la pandemia de la COVID 19, se han familiarizado con términos como "gentrificación" o "turistificación" y sus consecuencias, lidiando con conflictos frente a las administraciones, ya sea para reclamar la regulación de la convivencia con los turistas/huéspedes o sea para solicitar la limitación del número de viviendas turísticas.

Por el contrario, otros sectores reclaman, en aras del interés y desarrollo económico, la eliminación de restricciones, como sería aquellas relacionadas con el otorgamiento de licencias de alojamientos turísticos. No son pocas las grandes ciudades (París, Nueva York, Ámsterdam, Barcelona) o territorios o zonas concretas que han limitado el número de licencias de vivienda turística o que, han regulado minuciosamente las obligaciones de los propietarios o los gestores de las viviendas para uso turístico, así como establecido las características del alojamiento y tantos otros aspectos que afectan tanto a la oferta de alojamientos de uso turístico como a las plataformas en línea. Dichas normas abren el debate sobre el alcance de la competencia normativa para regular este sector y, en la Unión Europea, se tiende a preservar el equilibrio en tanto dichas plataformas sean consideradas como prestadoras de servicios de la sociedad de la información.

A todo ello, sumamos que de la contratación de un alojamiento turístico a través de una plataforma en línea resultan múltiples relaciones jurídicas dado que intervienen tres partes: plataforma, propietario o gestor de la vivienda para uso turístico y huésped. El presente estudio se focaliza principalmente de la relación contractual entre el huésped y la plataforma en ámbito internacional, en el que el protagonismo del elemento extranjero se promueve a través de la contratación online. De este modo, de entre los conflictos que surgen se ocupa de los problemas jurídicos, en concreto, las controversias que pueden surgir entre el turista convertido en huésped, cuando contrata un alojamiento turístico a través de una plataforma en línea.

Se resuelven cuestiones como: la calificación o no del huésped como consumidor; hasta donde alcanzan las obligaciones de la plataforma en relación con el consumidor —distintas del propietario— en las diferentes situaciones de incumplimiento. Efectivamente, será necesario determinar qué tipo de incumplimiento ha sucedido, como, por ejemplo, que las características del alojamiento son distintas de las contratadas; o la no disponibilidad del alojamiento en el momento pactado. El estudio resuelve a quien tiene que demandar el huésped ¿a la plataforma o al propietario? Y resuelve las clásicas cuestiones de Derecho internacional privado ¿ante los tribunales de que Estado/s podrá presentar la demanda el consumidor/huésped? ¿qué ley sustantiva, de las múltiples conectadas al litigio, aplicará dicho tribunal? Asimismo, se presenta la alternativa judicial, es decir, la posibilidad de resolver la controversia a través de la mediación.

La pluralidad de variantes en las respuestas es cuasi infinita porque los elementos varían caso por caso, por ejemplo, según la residencia habitual o el domicilio del huésped o el país donde se encuentra la vivienda. Factores como los mencionados determinan el instrumento jurídico aplicable, por ello, la autora, si bien se focaliza en el Derecho internacional privado de la Unión Europea, también analiza normativa interna de distintos Estados miembros de la Unión además del derecho español, asimismo presenta normas de Derecho internacional privado de Latinoamérica. En concreto estudia los ordenamientos jurídicos de Colombia, México, Argentina y Brasil, que compara con el Derecho de la Unión Europea y de España, respecto sus normas de Derecho internacional privado para poder establecer la mejor manera de proteger al huésped como consumidor en cada ordenamiento.

El estudio es sin duda alguno de alto valor doctrinal, sin embargo, no se ha renunciado a ofrecer una visión pragmática a los litigios más habituales, en este ámbito, con el objetivo de resultar una guía útil para el jurista que representa al huésped o también para las oficinas de protección de los consumidores. Pero también es una obra de gran utilidad para las propias plataformas en línea, ya que analiza sus cláusulas contractuales estableciendo si son acordes o no con la normativa aplicable, de nuevo, con múltiples variantes. En efecto, la obra es de gran interés para los distintos actores que intervienen en el sector del alojamiento turístico, incluyendo al poder legislativo, judicial y mediadores.

El presente libro es el resultado, principalmente, de la tesis doctoral de la Dra. Silvana Canales Gutiérrez, de ahí el rigor en el análisis de las normas de Derecho internacional privado y la jurisprudencia del Tribunal de Justicia de la Unión Europea, el derecho comparado, así como de las cláusulas contenidas en las plataformas y los mecanismos alternativos de solución de controversias.

La tesis doctoral, que tuve el honor de dirigir, fue brillantemente presentada y defendida ante el tribunal conformado por el Dr. Pedro de Miguel Asensio (Univ. Complutense de Madrid), la Dra. Diana Marín Consarnau (Univ. Rovira i Virgili) y el Dr. Jorge Oviedo Albán (Univ. De la Sabana de Bogotá). Además, el libro incluye otras investigaciones que la autora ha ido desarrollando paralelamente durante su carrera académica en el marco de distintos proyectos, como, por ejemplo, el informe: "La regulación catalana sobre las plataformas digitales de vivienda de uso turístico (HUT) y su encaje en la normativa y la jurisprudencia de la Unión Europea", para el Centro de Estudios Jurídicos y Formación Especializada de la Generalitat de Cataluña (2022). Y, sin duda alguna, de gran importancia su participación en proyectos de la Cátedra UNESCO de Vivienda de la Universitat Rovira i Virgili, de la cual es miembro investigadora, como fue, por citar alguno de especial relevancia para el ámbito que nos ocupa: "Redacción de una ordenanza de regulación de las viviendas turísticas para el Ayuntamiento de Salou" (2022).

La presente obra era necesaria para plantear, delimitar y resolver las controversias que han surgido y surgen en la contratación internacional en línea en el ámbito del alojamiento turístico que la Dra. Silvana Canales Gutiérrez resuelve con rigor jurídico y entusiasmo propio de quien disfruta analizando el derecho.

MARIA FONT I MAS
Profesora agregada de Derecho internacional privado
Universitat Rovira i Virgili

Introducción

En la extensa gama de negocios internacionales, las plataformas en línea para el alojamiento temporal en viviendas turísticas son protagonistas en la prestación de servicios de intermediación digital a consumidores. En el contexto del turismo, las plataformas en línea de alojamientos turísticos prestan servicios de intermediación digital para poner en contacto a un huésped y a un propietario por un precio, con el objetivo de que se efectúe entre estos últimos un contrato de arrendamiento. Los huéspedes que contratan con la plataforma tienen generalmente la calidad de consumidores y la plataforma actúa como profesional o empresario, quedando las otras relaciones jurídicas como la de la plataforma con el propietario o la de este último con el huésped por fuera del contrato de consumo, pero con obligaciones que a primera vista parecen autónomas pero que pueden mezclarse con las del contrato de intermediación digital, complejizando el panorama de reclamación.

En la Unión Europea, las plataformas en línea se encuentran respaldadas por la calificación de prestadores de servicios de la sociedad de la información que les permite de manera general actuar bajo un régimen de exención de responsabilidad, aunque el servicio subyacente a la intermediación se trate de una actividad profundamente regulada como el arrendamiento de vivienda turística o el transporte de pasajeros. Pese a lo anterior, es pertinente señalar que, a 2023, el escenario de regulación de las plataformas en línea está a punto de cambiar gracias al Reglamento (UE) 2022/2065 del Parlamento Europeo y del Consejo de 19 de octubre de 2022 relativo a un mercado único de servicios digitales[1], que puede ser tratado como el punto de inflexión respecto de las obligaciones de los

---

1 Reglamento (UE) 2022/2065 del Parlamento Europeo y del Consejo de 19 de octubre de 2022 relativo a un mercado único de servicios digitales y por el que se modifica la Directiva 2000/31/CE (Reglamento de Servicios Digitales), publicado en: *DOUE* núm. 277 del 27 de octubre de 2022. Debe hacerse referencia también al Reglamento (UE) 2022/1925 del Parlamento Europeo y del Consejo de 14 de septiembre de 2022 sobre mercados disputables y equitativos en el sector digital y por el que se modifican las Directivas (UE) 2019/1937 y (UE) 2020/1828 (Reglamento de Mercados Digitales), publicado en: *DOUE* núm. 265 de 12 de octubre de 2022, al ser aprobado en coherencia y coordinación con el Reglamento de servicios digitales.

comerciantes en línea con sede en la Unión o que prestan sus servicios a consumidores residentes en los Estados miembros.

En Latinoamérica, las plataformas en línea de alojamientos turísticos no tienen una regulación especialmente resaltable con pocas excepciones, y cuando se trata de un contrato de esta naturaleza, la perspectiva está enfocada en proteger al consumidor más que en regular a las plataformas, aunque puede discutirse que tales argumentos son directamente proporcionales.

Si tomamos como ejemplo a la plataforma en línea de alojamientos turísticos *Airbnb* en tiempos previos a la pandemia, había registrado por lo menos 500 millones de contrataciones con huéspedes para alojamientos anunciados en su página web desde el año 2008 hasta el año 2019. El destino seleccionado para el 50% de estos huéspedes eran los Estados miembros de la UE, por tanto, podemos decir que la contratación con elemento internacional es recurrente en los contratos de servicios de intermediación suscritos entre la plataforma digital y el huésped[2]. La Unión Europea es entonces, un escenario ideal para el análisis de este tipo de contratos, teniendo en cuenta que en los Estados miembros se encuentran la mayoría[3] de sedes sociales de las plataformas en línea para alojamientos turísticos, que existe regulación especial para las plataformas y que, en caso de reclamación judicial se cuenta con normas de competencia judicial y determinación de la ley aplicable que tienen consideraciones especiales para los consumidores.

De acuerdo con la Conferencia de La Haya de Derecho internacional privado[4], los turistas, dentro de los que se pueden incluir los huéspedes-consumidores, enfrentan obstáculos para acceder a la justicia y obtener una compensación en caso de reclamación frente al profesional como la

---

2 Información extraída de https://news.airbnb.com/es/airbnb-alcanza-los-500m-de-estancias-con-europa-como-principal-destino/. Fecha de consulta: 29 de mayo de 2023. Otra plataforma relevante, *Booking*, alcanzó más de 800 millones de reservas de alojamiento en 2019 y más de 350 millones en 2020, aunque la disminución es atribuible a la pandemia de la COVID-19, que afectó el negocio del turismo y por tanto impactó en los alojamientos; información disponible en: https://es.statista.com/estadisticas/948279/numero-de-reservas-realizadas-a-traves-de-booking-holdings-en-el-mundo-segun-producto/. Fecha de consulta: 22 de abril de 2023.

3 Se indica la "mayoría", porque de las treinta y cinco plataformas en línea en las que se basa la investigación, veintidós tienen sede social en los Estados miembros.

4 The Hague Conference on Private International Law, "Practical Guide to Access to Justice for International Tourists and Visitors", *Prel. Doc. No. 1 REV of December 2021*, p. 4, disponible en: Fecha de consulta: 22 de mayo de 2023.

capacidad limitada para acceder a la asistencia jurídica, los altos costos relativos a iniciar y al culminar una reclamación judicial, el desconocimiento de sus derechos y los recursos disponibles para ejercerlos, la presencialidad requerida en un territorio para iniciar o participar en una reclamación judicial o extrajudicial, la inexistencia de tribunales especializados para los turistas, la especificidad de los organismos administrativos que tienen la obligación de facilitar a los turistas internacionales la resolución de controversias y el ineficiente número de mecanismos disponibles de cooperación entre entidades nacionales de protección del consumidor.

Visto lo anterior, el huésped-consumidor internacional se enfrenta a un escenario incierto, tanto en competencia judicial internacional como en ley aplicable, porque si bien en la Unión Europea existen reglamentos que indican cómo determinar tales criterios, éstos establecen reglas específicas cuya aplicación es como mínimo compleja. En Latinoamérica el escenario es aún más difícil de definir por la carencia general de normas internacionales de consumo en estas materias. Lo anterior, también debe ponerse en contexto de una recurrente dificultad para el consumidor, el desconocimiento de sus propios derechos aún en un escenario nacional.

Las cláusulas de los términos y condiciones de las plataformas en línea no admiten negociación por parte de los consumidores, y pueden contemplar disposiciones sobre competencia judicial internacional y ley aplicable que pueden o no contener las normas de protección al consumidor en estas materias y guiarlo hacia un escenario de reclamación judicial o extrajudicial equivocado, que lo induzca a renunciar a una compensación, aunque legalmente tenga derecho a solicitarla. Adicionalmente, una vez son aplicables las leyes de un Estado diferente a las del domicilio consumidor existe la posibilidad de que estas sean más proteccionistas en algunos casos y que el huésped-consumidor pueda tener acceso a derechos especiales que equilibran su posición de parte débil frente al profesional.

En Latinoamérica, la competencia judicial internacional y la determinación de ley aplicable deben realizarse de acuerdo con el sistema de Derecho internacional privado de cada Estado, para este estudio se ha seleccionado a Colombia, México, Argentina y Brasil por razones de tradición jurídica en temas de Derecho internacional privado, protección al consumidor con normas imperativas, antecedentes en reclamaciones entre huésped-consumidor y plataforma, tener en su territorios sedes o establecimientos comerciales de las plataformas, regulación sobre vivienda turística, entre otros.

Planteado el problema de investigación, y delimitado su escenario, se realiza la siguiente pregunta de investigación general:

¿Es sujeto especial de derechos el huésped-consumidor internacional en materia de competencia judicial y ley aplicable en la Unión Europea y Latinoamérica frente a la plataforma digital de alojamientos turísticos en el contexto del contrato de intermediación digital con elemento internacional?

La hipótesis que se plantea al respecto de esta pregunta, es que el huésped-consumidor cuenta con derechos especiales de acuerdo con el lugar de su domicilio o residencia habitual, lo cual implica, que cada Estado trae consigo una configuración particular de sus derechos de acuerdo con sus sistemas de Derecho internacional privado, por tanto, si un huésped con domicilio en Latinoamérica que desea demandar a una plataforma en territorio de la Unión y aplicar sus propias leyes, —teniendo en cuenta que la mayoría de las plataformas objeto de estudio tienen su sede social o algún establecimiento en los Estados miembros— o si un huésped con domicilio en la Unión desea demandar a la plataforma en Latinoamérica y aplicar las leyes de protección al consumidor de la Unión, podrían hacerlo siempre que concurran ciertas condiciones, que esta investigación expondrá, analizará y clasificará en cada uno de los Estados seleccionados.

Para corroborar tal hipótesis y determinación exacta de cómo se aplica el Derecho internacional privado a los huéspedes-consumidores internacionales frente a la plataforma deben tenerse en cuenta los siguientes objetivos:

1. Identificar y exponer la situación actual de las plataformas en línea de alojamientos turísticos tanto en estructura societaria como en materia de obligaciones y responsabilidad contractual, basando la investigación en treinta y cinco de estas plataformas, especialmente las más relevantes: *Airbnb, VRBO, Booking* y *TripAdvisor*, así como el rol del huésped-consumidor en el esquema contractual que se configura a través de la prestación de servicios de intermediación digital en la Unión Europea y en Colombia, México, Argentina y Brasil, en menor proporción.
2. Verificar la regulación sobre vivienda turística y plataformas en línea en los países seleccionados de Latinoamérica y en la Unión Europea, teniendo especial consideración de la normativa turística española y catalana como ejemplo, con el fin de analizar la complejidad jurídica de la actividad subyacente de la intermediación objeto de este análisis; el arrendamiento de la vivienda turística, cómo afecta o influye a la regulación de las plataformas digitales y de los consumidores incluyendo el análisis del nuevo Reglamento de servicios digitales.
3. Establecer el panorama judicial y extrajudicial en materia de Derecho internacional privado del huésped-consumidor con domicilio en la Unión y con domicilio en los países seleccionados de Latinoamérica

frente a la plataforma en línea de alojamientos turísticos en caso de una controversia en materia contractual y verificar la redacción de las cláusulas contractuales elaboradas por las plataformas en línea de alojamientos turísticos, de acuerdo con la normativa aplicable en materia de competencia judicial internacional teniendo en cuenta una perspectiva comparada. Adicionalmente y en menor proporción establecer las opciones judiciales para el huésped frente al anfitrión en la Unión Europea con el fin de exponer un panorama más completo de reclamación.

4. Exponer y analizar la determinación de la ley aplicable en una controversia internacional en materia contractual entre la plataforma y el huésped-consumidor residente en la Unión y en los países seleccionados de Latinoamérica y verificar la redacción de las cláusulas contractuales redactadas por las plataformas en línea de alojamientos turísticos en materia de ley aplicable, teniendo en cuenta una perspectiva comparada. Adicionalmente y en menor proporción, establecer cómo se determina la ley aplicable para el huésped frente al anfitrión en la Unión Europea, en aras de mantener la coherencia con el objetivo número tres.

5. Analizar de manera comparada la ley material aplicable en la Unión y los países seleccionados de Latinoamérica para el huésped-consumidor, específicamente en el contexto de las normas imperativas, para establecer desde el derecho comparado las ventajas y desventajas de aplicación de las leyes del consumidor en los ordenamientos jurídicos elegidos, sus características principales y su aplicación preferente frente a otras leyes de acuerdo con cada caso, teniendo especialmente en cuenta la Directiva 93/13/CEE y su trasposición en Italia[5] y España, la Directiva 2000/31/CE y su trasposición en Francia y España y las normativas sustanciales de protección al consumidor de Colombia, México, Argentina y Brasil.

5 Del treinta de agosto al primero de diciembre de 2021 fue realizada la estancia predoctoral en la Universidad Católica del Sagrado Corazón de Milán. Como consecuencia de ello, la investigación se encuentra permeada de bibliografía italiana y de leyes de ese Estado, como parámetro de comparación en la Unión Europea frente a otro Estado miembro, España. Debido a lo anterior, se incluyó el análisis sobre *Locazione breve* (arrendamientos cortos en Italia) para el estado del arte de las plataformas en línea en la Unión Europea, también se realizó el análisis comparativo de la transposición de Directiva 93/13/CEE en Italia y en España y el análisis de las cláusulas de los términos y condiciones de las plataformas también fue estructurado en parte, accediendo desde el dominio de páginas web.*it*.

Las metodologías que se utilizan en la investigación son encabezadas por el método dogmático, el cual se basa en un análisis de interpretación y sistematización de los ordenamientos jurídicos seleccionados, con el fin de inferir y proporcionar principios y reglas y la construcción de una línea de razonamiento original que concluya en una teoría jurídica doctrinal[6]. Como metodologías de apoyo, tenemos la cualitativa, específicamente descriptiva y crítica y las metodologías hermenéutica, sistemática, comparada, doctrinal y el estudio de caso. La investigación está compuesta por tres partes, cada una cuenta con dos capítulos para un total de seis capítulos. En la primera parte, compuesta por los capítulos primero y segundo, se utilizará la metodología cualitativa-descriptiva que se centra en la exposición de las cualidades y características de las plataformas en línea, especialmente de las de alojamientos turísticos, su origen en la economía colaborativa y su evolución hasta la economía de plataforma, su composición societaria y la exposición de sus rasgos principales, analizándolos de manera crítica. También se describen los participantes de la relación tripartita derivada del contrato de intermediación digital y las posibles relaciones jurídicas derivadas de su interacción, enfatizando en la relación de consumo entre el huésped-consumidor y la plataforma. En tal descripción fue utilizada la metodología hermenéutica mediante análisis e interpretación de las normas, textos de origen institucional y también la doctrina, recurriéndose así también a la metodología jurídica-doctrinal, y para cierto de tipo de datos o información se recurre a otras áreas de manera auxiliar especialmente en el tema del turismo.

En la investigación también se indica la regulación de las plataformas en línea como prestador de servicios de la sociedad de la información y las implicaciones de tal categorización, por un lado, y por otro, las normas de protección al consumidor aplicables al huésped en el contexto de la UE y algunos países de Latinoamérica: Colombia, México, Argentina y Brasil. Para el estudio de las plataformas en línea se tomó una muestra de treinta y cinco de ellas, incluidas las cuatro más relevantes. El análisis realizado sobre la categoría de prestador de servicios de la sociedad de la información y sus implicaciones sobre el tema de investigación se basó en las metodologías de estudio de caso, la hermenéutica, doctrinal y crítica, donde a partir de la información disponible se realizan interpretaciones rigurosas de la norma, la doctrina y la situación actual de las plataformas en línea de alojamientos turísticos.

---

6 PEREZNIETO CASTRO, L., "La dogmática jurídica, con especial referencia al Derecho internacional privado", *Cuarta Época*, vol. 6, núm. 16, 2019, pp. 142-144.

En la segunda parte conformada por los capítulos tercero y cuarto se utiliza también una metodología cualitativa-descriptiva, crítica, hermenéutica, doctrinal y sistemática para llevar a cabo la explicación y análisis del Reglamento Bruselas I bis[7] con el objetivo de determinar la competencia judicial internacional en una controversia contractual con elemento internacional entre el huésped-consumidor y la plataforma digital, y se analiza también esta misma relación contractual a través de los sistemas de Derecho internacional privado de los países Latinoamericanos seleccionados. De la misma manera se exponen los mecanismos de resolución alternativa de conflictos aplicables a este tipo de controversia en los territorios señalados. La metodología sistemática se utiliza principalmente para el análisis de la estructura y elementos sustanciales de los artículos sobre contratos celebrados por los consumidores del Reglamento Bruselas I bis con el objetivo de identificar estos puntos esenciales en el contrato de intermediación digital huésped-consumidor y la plataforma de manera ordenada.

En estos capítulos se utiliza la metodología comparada, para de manera paralela contrastar las opciones judiciales y extrajudiciales del huésped-consumidor en la UE y Latinoamérica de acuerdo con su lugar de domicilio.

De modo complementario, se analiza de manera crítica las cláusulas de competencia judicial internacional redactadas por las plataformas en línea de alojamientos turísticos para verificar si su contenido concuerda con la normativa de competencia judicial internacional y se expondrán situaciones jurídicas en las que el huésped-consumidor desea reclamar a la plataforma y cómo en el panorama actual, tales reclamaciones pueden ser encausadas tanto en la vía judicial, especificando los tribunales que pueden conocer del caso como en la vía extrajudicial.

En la tercera parte conformada por los capítulos quinto y sexto se utilizará nuevamente una metodología cualitativa-descriptiva y crítica para llevar a cabo la explicación y análisis del Reglamento Roma I para determinar la ley aplicable en una controversia contractual con elemento internacional entre el huésped-consumidor y la plataforma digital, y se analizará también esta misma relación contractual a través de los sistemas de Derecho internacional privado de los países Latinoamericanos seleccionados. La

---

7 Reglamento (UE) Nº 1215/2012 del Parlamento Europeo y del Consejo de 12 de diciembre de 2012, relativo a la competencia judicial, el reconocimiento y la ejecución de resoluciones judiciales en materia civil y mercantil publicado en: *DOUE* núm. 351, de 20 de diciembre de 2012.

metodología sistemática vuelve a ser utilizada de la misma manera que en la parte II, pero esta vez sobre el Art. 6 del Reglamento Roma I[8]. Se analizan de manera crítica las cláusulas de ley aplicable redactadas por las plataformas en línea para verificar si su contenido concuerda con la normativa aplicable y se expondrán situaciones jurídicas en las que se plantea una controversia en este contexto y se indica como determinar a ley aplicable.

En las tres partes de este libro se efectúa el estudio de casos partir del análisis de sentencias del Tribunal de Justicia de la Unión Europea, sentencias judiciales de diversos tribunales, decisiones administrativas y casos hipotéticos planteados especialmente de acuerdo con las complejidades de cada capítulo en materia de competencia judicial internacional y ley aplicable. Adicionalmente, y de manera transversal en la investigación se utiliza el método comparado no sólo para contrastar la normativa de la Unión con la de Latinoamérica, sino también entre Estados miembros y entre los propios Estados latinoamericanos seleccionados. También se analizaron de manera comparada las leyes materiales e irrenunciables (normas imperativas) referentes al consumidor y que pueden aplicar directamente a la relación entre plataforma y huésped-consumidor en la Unión (algunos Estados miembros) y los países seleccionados de Latinoamérica para identificar si es posible, en algunos casos concretos cuál normativa es más favorable al consumidor.

Por último, debe tenerse en cuenta que el tono de este libro tiene un componente didáctico, que ha sido incorporado con el fin de que los consumidores con residencia en la Unión Europea y Latinoamérica puedan tener un panorama claro sobre las posibilidades de litigación, alternativas de reclamación y los derechos que pueden exigir frente a las plataformas en línea de alojamientos turísticos en diferentes contextos judiciales y extrajudiciales. Este componente didáctico se basa en que el análisis de Derecho internacional privado parte de lo general a lo particular, teniendo en cuenta la complejidad de su análisis y el entramado de derechos de los consumidores en cada territorio, y lo que se pretende es que consumidores, operadores jurídicos, abogados y especialistas, puedan situarse en el sistema de Derecho internacional privado de cada Estado analizado, en ocasiones partiendo desde conceptos muy básicos pero que a medida que avanza la lectura, incrementa la dificultad y profundidad del contenido

---

8 Reglamento (CE) Nº 593/2008 del Parlamento Europeo y del Consejo de 17 de junio de 2008 sobre la ley aplicable a las obligaciones contractuales (Roma I), publicado en: *DOUE* núm. 177 del 4 de julio de 2008.

sumergiéndonos en problemáticas como, pero sin limitarse a estas: calificación de figuras jurídicas como el "consumidor" en derecho comparado, interpretaciones de normas de conflicto, de normas imperativas, y muchas otras coyunturas jurídicas en las que debe haber un conocimiento más especializado para su análisis.

Así las cosas, la accesibilidad en la lectura de este libro está abierta a todos los perfiles de lector, desde el consumidor que sólo desea verificar sus alternativas de reclamación por daños ocasionados por la plataforma o por el arrendador en un contrato derivado de los alojamientos turísticos; el jurista que conoce de manera básica la normativa de Derecho internacional privado y desea verificar a efectos prácticos la jerarquía de fuentes (que cambia de Estado a Estado) en competencia y ley aplicable para defender al consumidor o como operador jurídico tomar una decisión en el caso concreto, el estudiante de Derecho que estudia las diversas posibilidades de resolución de una controversia con elemento internacional y que encontrará en este libro una explicación completa de las dos primeras cuestiones de DIPr (competencia judicial internacional y ley aplicable) de manera general y de manera especial enfocada al contrato de consumo, y por último, para el internacional privatista, que se interese por los asuntos más complejos del derecho al consumo en diferentes legislaciones y que pueda después de pasar las páginas iniciales de cada capítulo, encontrar en las partes II y III de este libro una modesta contribución al estudio comparado de DIPr en materia de consumidores.

En todo caso, independientemente de nuestros perfiles y conocimientos no debe olvidarse que "todos somos consumidores", pero es claro que no tenemos los mismos derechos y este libro es una prueba de ese hecho.

PARTE I. CONSUMIDORES, VIVIENDA TURÍSTICA Y PLATAFORMAS EN LÍNEA DE ALOJAMIENTOS TURÍSTICOS

Capítulo I
De la economía colaborativa a la economía de plataforma

Los servicios que se prestan a través de plataformas en línea pueden ser muy variados y encausarse a través de diferentes sectores de la economía. Por un lado, se encuentran los servicios totalmente digitales como las redes sociales[9], por otro, servicios que le conceden principalmente acceso a un bien físico, pero a través de intermediación digital[10] y, por último, podemos referirnos a compañías que se han diversificado en el paradigma capitalista y prestan tanto servicios digitales, como de intermediación y en ocasiones son también productoras y distribuidoras de bienes[11]. Todas estas plataformas, aunque prestan servicios diferentes dentro del espectro digital suscriben y ejecutan constantemente contratos transfronterizos con consumidores, cuyos derechos pueden variar de acuerdo con las circunstancias del caso concreto.

Este capítulo se encuentra enfocado únicamente en las plataformas en línea de intermediación digital que conceden principalmente a un usuario que puede tratarse de un consumidor, acceso temporal a un bien físico propiedad de un tercero. Este servicio cuya identidad se derivó inicialmente de un componente "colaborativo"[12], que ha ido evolucionando a una

---

9 SANAK-KOSMOWSKA, K., MRUK, H., TILBURY, J., ALDRIDGE, M., *Evaluating Social Media Marketing: Social Proof and Online Buyer Behavior*, Londres, 1ª ed., Routledge, 2021, pp. 15-16.

10 TIPPETT, E., "Using contract terms to detect underlying litigation risk an initial proof of concept", *Lewis & Clark Law Review*, núm. 20, 2016-2017, p. 552.

11 Compañías como *Amazon*, prestan variados servicios digitales y cuentan con plataformas en línea de *streaming*, intermediación para adquisición de bienes de terceros y venta de productos de su propia marca, por tanto, con compañías similares y también con los pequeños y medianos productores; BREVINI, B., SWIATEK, L., *Amazon: Understanding a Global Communication Giant*, Nueva York, 1ª ed., Routledge, 2020, p. 67.

12 Las comillas en la expresión colaborativo son una señal que se marca para poner en duda el encaje total de las plataformas dentro de este ámbito, si bien el marco de la EC no se encuentra definido de manera definitiva, podemos indicar con cierto grado de convencimiento que el objetivo principal de la mayoría de las plataformas y de sus usuarios no es altruista, pues se trata de

economía de plataforma con características de mercado claramente marcadas, pero con aspectos regulatorios aún en construcción. El componente colaborativo es entonces el primer paso para analizar el contexto y la evolución de la relación plataforma-consumidor (*business-to-consumer*) y que será uno de los insumos para construir el estado del arte de las plataformas en línea de alojamientos turísticos objeto de esta investigación.

1. LA PRESTACIÓN DE SERVICIOS DIGITALES EN EL ÁMBITO COMERCIAL-RELACIONES CONTRACTUALES

El avance de la tecnología ha logrado impactar a todos los sectores de la sociedad, especialmente en materia mercantil, los comerciantes, que de antaño solo utilizaban los canales físicos para ejercer su actividad, han mutado en parte a un escenario digital por sí mismos o a través de intermediarios, lo que ha permitido el acceso de cualquier persona a todo tipo de bienes, servicios e información, que antes sólo se encontraba al alcance de una reducida y privilegiada parte de la población[13]. Estos cambios, aunados a las crisis económicas de las últimas décadas, han logrado expandir el espectro de la oferta y la demanda de los bienes y servicios tradicionales, que coexisten con sus versiones digitales, dentro de mercados que nacieron como alternativos a los físicos, y que ahora son protagonistas de la economía global[14].

La demanda constante de bienes y servicios a través de canales digitales se multiplica al tratar de suplir necesidades de un mercado en constante renovación, en el que sólo debe cumplirse una exigencia básica: la disponibilidad, es decir que las personas pueden acceder a adquirir productos y servicios en línea en cualquier momento[15]. Además, los contenidos digitales se encuentran, a partir de la posibilidad de intercambio, en un flujo incesante y mutable de información. La posibilidad de suplir de manera eficiente las necesidades de los usuarios, especialmente en materia de prestación de servicios en el ámbito digital se debe a que los modos de pensar,

---

sociedades mercantiles convencionales, como *Airbnb, Booking* o *Uber* y de usuarios que realizan contratos onerosos en diferentes actividades.

13 STIGLITZ, J., *El malestar en la globalización*, Madrid, 1ª ed., Taurus, 2002, p. 28.

14 CENTORE, P., SUTICH, M.T., "Taxation and Digital Economy: Europe is Ready", *Kluwer Law International Journal Library*, núm. 42, 2014, p. 784.

15 RIEDER, B., *Engines of Order: A Mechanology of Algorithmic Techniques*, Amsterdam, 1ª ed., Amsterdam University Press, 2020, p. 39.

consumir y tomar decisiones se han agrupado en categorías, que mediante algoritmos especializados pueden predecir con cierto éxito nuestra manera de actuar en el mercado[16].

La prestación de servicios digitales no se limita al mercado nacional, puesto que la percepción de la economía clásica establece que no todas las naciones hacen las cosas igualmente bien o con el mismo grado de efectividad, por tanto, en algunos escenarios son proveedores y en otros adquirientes. El comercio entre naciones crea beneficios recíprocos[17] y permite que las personas tengan acceso a servicios digitales en el Estado donde residen a través de proveedores extranjeros ampliándose el rango de la oferta disponible. Pese a que la prestación de servicios digitales se ambienta en un escenario diferente al tradicional, debe respetar los mínimos principios de la normativa contractual en el Derecho privado como el equilibrio entre los intereses de las partes, la buena fe y el respeto de los intereses públicos[18], aunque en ocasiones la normativa que regula la prestación de servicios puede no tener la suficiente efectividad o especificidad cuando se trata de un contexto digital[19].

---

16 GARCÍA CANCLINI, N., "*¿En qué están pensando los algoritmos?*": *Ciudadanos reemplazados por algoritmos*, Bielefeld, 1ª ed., Bielefeld University Press, 2020, p. 87. Los algoritmos que permiten predecir las necesidades de los usuarios, así como las empresas que los crean y almacenan y tratan sus datos, son objeto de regulación. En las condiciones actuales se solicita consentimiento expreso del usuario para la aceptación de *cookies*, y existen prohibiciones sobre *cookies* persistentes, el tratamiento y alojamiento de datos ha de realizarse por un periodo específico y en condiciones de transparencia y seguridad, entre otros; DABROWSKI A., MERZDOVNIK G., ULLRICH J., SENDERA G., WEIPPLE., "Measuring Cookies and Web Privacy in a Post-GDPR World", en: CHOFFNES D., BARCELLOS M. (eds.), *Passive and Active Measurement*, Cham, 1ª ed., Springer, 2019, pp. 258-260.

17 CHALMER D., DAVIES, G., MONTI, G., *European Unión Law*, Cambridge, 4ª ed., Cambridge University Press, 2019, p. 628.

18 GRUNDMANN, S., HACKER, P., "Digital Technology as a Challenge to European Contract Law: From the Existing to the Future Architecture", *European Review of Contract Law*, vol. 13, núm. 3, 2017, pp. 256-259.

19 Lo señalado en este punto no indica que no exista normativa especializada para mercados digitales o para la contratación en línea, más aún, teniendo en cuenta que en la actualidad existe una tendencia a la regulación específica de las plataformas digitales cómo se mostrará más adelante, sino que se refiere al hecho que la normativa civil y mercantil no estaba adaptada inicialmente al mundo digital y era necesario en algunos casos en los cuales había vacíos jurídicos, basar la interpretación de la norma en los principios rectores del derecho de contratos.

Lo anterior, se complejiza más aún cuando la prestación de servicios digitales tiene un elemento internacional, pues las normas que regulan la actividad o que establecen los derechos y obligaciones de las partes pueden diferir de Estado a Estado. En la UE la integración económica de los Estados miembros en un mercado común[20] se encuentra contemplada en el Art. 26 del Tratado de la Unión Europea[21], en adelante, TUE, que establece entre otros puntos importantes, la necesidad de armonización respecto de estándares mínimos respecto de bienes y servicios, que en algunos casos reemplazan la legislación nacional para lograr las metas comunes de la UE[22].

En contraste, en Latinoamérica, la heterogeneidad en los mercados digitales es plausible, así como la carencia en la estandarización requerida en Derecho internacional para prestar servicios digitales, pues todo se reduce a la normativa nacional, a menos que exista un tratado específico que regule la materia, siendo un asunto complejo agrupar o establecer requerimientos comunes; aunque existen algunas alianzas o tratados sobre comercio electrónico como la Alianza del Pacifico[23], el MERCOSUR[24], el CARICOM[25], además de tratados de libre comercio con Estados fuera y dentro de Latinoamérica[26].

Pese a las diferencias marcadas entre la regulación del comercio electrónico y por ende, la prestación de servicios digitales en la UE y en Latinoamérica, ello no indica que no exista una interacción habitual entre comerciantes y usuarios que realizan la contratación desde estos territorios

---

20 Teniendo en cuenta la naturaleza de los servicios digitales objeto de esta investigación, es de señalarse el concepto de mercado único digital, como el mercado que abarca los productos y servicios en el marco del comercio electrónico, pero de manera indirecta también incluye a los bienes y servicios locales creados a partir de insumos que provienen de otros Estados miembros, cuando una parte del proceso de su producción se encuentra conformada por servicios digitales; TARRANT, A., DI MAURO, L., "Increasing the benefits from the Digital Single Market", *European Networks Law and Regulation*, núm. 4, 2016, p. 100.

21 Tratado de la Unión Europea, de 7 de febrero de 1992, publicado en: *DO* núm. 191, de 29 de julio de 1992.

22 CHALMER D., DAVIES, G., MONTI, G., *ob. cit.,* p. 631.

23 Alianza del Pacifico, disponible en: https://alianzapacifico.net/. Fecha de consulta: 29 de mayo de 2023.

24 Mercado Común del Sur, Disponible en: https://www.mercosur.int/. Fecha de consulta: 29 de mayo de 2023.

25 Comunidad del Caribe, disponible en: https://caricom.org/. Fecha de consulta: 29 de mayo de 2023.

26 RODRÍGUEZ, G.S., "Privacy and Security in the Cloud: Some Legal-Economic Implications from the Cross-Border E-Commerce", *LEX*, núm. 25, 2020, p. 352.

y que no puedan establecerse algunos puntos comunes sobre derechos, obligaciones y protección a las partes contractuales de acuerdo con el rol que desempeñan en el contrato, especialmente en materia de consumo. Lo anterior, teniendo en cuenta que actualmente existe una corriente global de protección a la parte débil que indica que como mínimo el consumidor tiene derecho a recibir una información clara y transparente, a prácticas comerciales y términos contractuales justos[27], y a ciertos derechos cuya finalidad es reestablecer el equilibrio en el contrato.

En la prestación servicios digitales, los sujetos contractuales de acuerdo con su naturaleza y rol que desempeñen en el contrato, pueden tener más o menos libertad para establecer las condiciones que regirán la prestación de servicios digitales, especialmente si se trata de consumidores. Esta distinción ha creado varios tipos de relaciones jurídicas[28] como: *B2B* (*business-to-business*), *B2C* (*business-to-consumer*), *C2B* (*consumer-to-business*), *C2C* (*consumer-to-consumer*) y *P2P (peer-to-peer)*. Esta distinción será importante en esta investigación al enfocarse de manera particular en las relaciones *B2C*.

En primer lugar, si se trata de dos profesionales o comerciantes (*B2B: business-to-business*), uno que presta el servicio por un precio y otro a favor del cual se realiza, la presunción de libertad se amplía, y se parte de que los contratantes tienen poder de negociación respecto de las condiciones contractuales, donde se legitima y enaltece el principio de la libertad contractual que solo tiene como límite la ley y los intereses públicos[29].

En segundo lugar, en los contratos realizados entre comerciantes y consumidores (*B2C: business-to-consumer*), en los cuales el comerciante presta el servicio y el consumidor —que se trata de una persona física— disfruta de este por un precio, la libertad de redactar las cláusulas contractuales suele acapararse por el comerciante, quien tiene la posición dominante, frente al consumidor que regularmente no tiene poder de negociación y acepta las condiciones contractuales que se le imponen para acceder a la prestación del servicio digital[30].

---

27 KUNEVA, M., "Competition policy and consumer protection in the EU", en: MATEUS, A.M, MOREIRA, T. (eds.), *Competition Law And Economics,* Northampton, 1ª ed., Elgar, 2010, p. 26 y VEGA VEGA, J.A., *Contratos electrónicos y protección de los consumidores,* Madrid, 1ª ed., Reus, 2005, p. 78.

28 Esta clasificación no solo se aplica a la prestación de servicios sino a cualquier contrato que implique una relación de consumo.

29 SCHWENZER, I., WHITEBREAD, C.M., "International B2B Contracts-Freedom Unchained", *Penn State Journal of Law and International Affairs,* núm. 4, 2015, p. 44.

30 CAUFFMAN, C., "New EU rules on business-to-consumer and platform-to-business relationships", *Maastricht Journal of European and Comparative Law,* vol. 26, núm. 4, 2019, p. 474.

En tercer lugar, los contratos realizados entre consumidores como prestadores del servicio y el empresario como adquirente (*C2B*: *consumer-to-business*), en este caso, el consumidor presta el servicio de manera esporádica y actuando fuera del ámbito de su actividad profesional o empresarial y el comerciante como cliente adquiere el servicio por un precio[31].

En cuarto lugar, los denominados contratos entre consumidores (*C2C*: *consumer-to-consumer*), en los cuales las partes comparten el mismo estatus, y se presume el mismo nivel de negociación. Esta tipología se refiere al comercio electrónico que se realiza entre vendedores-consumidores y compradores-consumidores, es decir, que los vendedores en este contexto son personas físicas que de manera esporádica ejercen este tipo de comercio y que adquirieron en calidad de consumidores el bien a revender[32]. En el caso de los compradores, estos sólo adquieren el bien como consumidores. En materia de servicios digitales estos también pueden presentarse en el marco de las relaciones *C2C*, siempre que el proveedor del servicio en el marco del comercio electrónico sea una persona física que realice esta actividad de manera ocasional[33] y que haya tenido acceso a ese servicio o uno que lo englobe en calidad de consumidor[34], frente a otro consumidor que será quien lo reciba o disfrute de manera final[35].

---

31 CUENA CASAS, M., "La contratación a través de plataformas intermediarias en línea", *Cuadernos de Derecho Transnacional,* vol. 12, núm. 2, 2020, p. 297.

32 COLON-FUNG, I., "Protecting the New Face of Entrepreneurship: Online Appropriate Dispute Resolution and International Consumer-to-Consumer Online Transactions", *Fordham Journal of Corporate & Financial Law,* núm. 12, 2007, pp. 234-236.

33 TRENTA, C., "European VAT and the digital economy: recent developments", *eJournal of Tax Research,* vol. 17, núm. 1, 2019, p. 124.

34 En las relaciones *C2C* y *C2B* se le llama prosumidor o *prosumer* al proveedor o vendedor ocasional que no es profesional pero también es consumidor, puesto que en una sola persona se fusionan las dos calidades y ello puede tener implicaciones en materia de obligaciones, pues si el *prosumer* es quien provee el servicio a una persona que en otro contexto puede ser considerada consumidor, en este escenario pierde esa calidad y con ello, la posibilidad de acceder al Derecho de la UE en materia de protección de los consumidores. De acuerdo con lo anterior, se evidencia la necesidad de establecer la distribución de obligaciones contractuales del *prosumer* y de la plataforma en línea frente al adquiriente. TOMILLO URBINA, J., "Reflections on Consumers Facing Online: Intermediation Platforms", *LEX-Journal of the Faculty of Law and Political Science,* núm. 27, 2021, p. 124.

35 Sobre contratos *C2C* podemos encontrar páginas web como *Ebay* o *Craiglist* en las cuales se venden productos de segunda mano y venta al por menor de bienes, y para servicios, plataformas como *Facebook,* en donde sus usuarios como consu-

La excepción a esta regla dada por la relación entre pares (P2P*: peer-to-peer*), que siendo una categoría de las relaciones *C2C*, remueven totalmente al profesional o comerciante del contrato que ni siquiera funciona como proveedor o productor primario del servicio, como distribuidor o como revendedor, por cuanto, son las personas de manera ocasional quienes se dedican a proveer y a adquirir ellos mismos bienes y servicios por contacto directo[36] o a través de un intermediario[37].

Sobre las relaciones entre pares que involucran un intermediario, este no debe entenderse como el profesional que presta el servicio final del contrato, como alojamiento, transporte, entretenimiento, entre otros, sino como el profesional que presta el servicio de "poner en contacto a los pares", y cuya actividad no es imprescindible para la realización del contrato final sino una elección de conveniencia de las partes, lo anterior, teniendo en cuenta que es innegable la novedad de un intermediario en línea, pero la venta de bienes y la prestación de servicios entre particulares-no profesionales ha sido un mercado alternativo en el comercio que se realiza incluso antes de que existiera Internet[38].

La expresión *P2P* también puede referirse, en términos técnicos, a infraestructuras tecnológicas en las que los ordenadores de una red pueden interactuar entre sí y transmitir información sin que exista contacto con un servidor de red[39]. Sobre esto último, es necesario mencionar que normalmente toda la información que transita en Internet ha de ser tratada

---

midores de esa plataforma pueden crear grupos en los cuales se promocionan de manera no-profesional y esporádica servicios digitales para ser adquiridos por otros usuarios-consumidores de esa plataforma; YRJÖLÄ, M., RINTAMÄKI, T., SAARIJÄRVI, H., JOENSUU, J., "Consumer-to-consumer e-commerce: outcomes and implications", *The International Review of Retail: Distribution and Consumer Research*, vol. 27, núm. 3, 2017, pp. 301-302.

36 Las relaciones entre pares se basan en la confianza y no en la experiencia profesional como en el caso de los profesionales o comerciantes; CHEN, J., ZHANG, C., XU, Y., "The Role of Mutual Trust in Building Members' Loyalty to a C2C Platform Provider", *International Journal of Electronic Commerce*, vol. 14, núm. 1, 2009, pp. 150-151.

37 PLOUFFE, C. R., "Examining "peer-to-peer" (P2P) systems as consumer-to-consumer (C2C) exchange", *European Journal of Marketing*, vol. 42, núm. 11/12, 2008, pp. 1180-1181.

38 KUHZADY, S., SEYFI, S., BÉAL, L., "Peer-to-peer (P2P) accommodation in the sharing economy: a Review", *Current Issues in Tourism*, núm. 1, 2020, pp. 2-3.

39 BAUWENS, M., KOSTAKIS, V., PAZAITIS, A., *Peer to Peer: The Commons Manifesto*, Londres, 1ª ed., University of Westminster Press, 2019, pp. 2-3.

y retransmitida a través de un servidor de red, pero la novedad de la tecnología *P2P* es que no se necesita este intermediario para retransmitir información, y sólo se tiene un sistema de registro de la contabilidad de las transacciones. La mejor tecnología *P2P* existente y con mayor potencial es denominada *blockchain*[40], que nació como la tecnología usada por *Bitcoin*, la criptomoneda descentralizada, para verificar y autenticar las transacciones[41], pero su uso se ha diversificado, y no sólo se utiliza en transacciones que involucren *Bitcoin*, sino también en el registro de bienes, pólizas de seguro, administración pública[42] y redes sociales.

Como hemos visto, la esfera de lo que abarcan los servicios digitales es muy amplia y puede incluir desde transmisión de *Bitcoins* hasta la prestación de servicios por redes sociales, sin embargo, deben hacerse tres precisiones al respecto:

1) Por un lado, tenemos los servicios que pueden prestarse tanto de manera física, como de manera digital, como el préstamo de dinero y las consignaciones bancarias, en las cuales el usuario como consumidor o profesional, elije realizarlas en línea por conveniencia y seguridad[43], por tanto, se conserva la estructura *B2B* o *B2C*, aunque la actividad pueda realizarse de ambas formas.

2) Por otro lado, existen ocasiones en las cuales el servicio digital sólo puede realizarse por Internet, como las transacciones con *Bitcoins*, o cuando el profesional elije esa única modalidad para ejercer su actividad comercial, en la que puede ser el prestador único del servicio o actúa como intermediario entre personas con necesidades recíprocas. En esta última modalidad que puede tratarse por ejemplo de intermediación para alojamientos, transporte, actividades turísticas, clases en línea, entre otros[44] a través de plataformas en línea.

---

40 VAN EECKE, P., HAIE, A.G., "Blockchain and the GDPR: The EU Blockchain Observatory Report", *European Data Protection Law Review,* núm. 4, 2018, p. 531.

41 FRANCO, P., *Understanding Bitcoin: Cryptografy, Engineering and Economics,* Chichester, 1ª ed., Wiley, 2015, pp. 20-25, CANALES GUTIÉRREZ, S., *Bitcoin, la moneda descentralizada de curso voluntario, como equivalente funcional del peso colombiano,* Bogotá, 1ª ed., Editorial Ibáñez, 2022, pp. 42-46.

42 GARCIA-TERUEL, R.M., "Legal challenges and opportunities of blockchain technology in the real estate sector", *Journal of Property, Planning and Enviromental Law,* núm. 2, 2020, pp. 156-158.

43 MASSANELL, A., "La transformación de la banca: reorientación de los canales y servicios digitales", *Papeles de Economía Española,* núm. 149, 2016, p. 95.

44 BRAVO ALLIENDE, F., "Reclamaciones de Consumidores Contra Empresas Transnacionales Peer-to-peer: El Caso de los Términos y Condiciones de Uber en América Latina", *Temas de Protección y Defensa del Consumidor,* núm. 1, 2018, p. 3.

3) Las plataformas en línea como prestadores de servicios digitales de intermediación para el alojamiento y huéspedes-consumidores (*B2C*) son el objeto de este libro, sin embargo, al intervenir tres partes diferentes en las obligaciones y derechos contractuales, teniendo en cuenta que se trata del consumidor, el intermediario y el propietario del inmueble, también se analizarán en menor proporción ciertas cuestiones esenciales de esas relaciones jurídicas para entender los derechos y obligaciones de las partes, en especial frente al huésped-consumidor, en materia de Derecho internacional privado.

2. LA ECONOMÍA COLABORATIVA

La economía colaborativa[45], en adelante EC, fue llamada por la academia la "nueva economía" en sus inicios, debido a las dificultades para incluirla dentro de las dinámicas económicas existentes, y en las normas legales tradicionales sobre prestación de servicios[46]. Adicionalmente, el adjetivo de "nueva" en economía, se atribuye a los nuevos actores que intervienen en la prestación del servicio, las plataformas, que tienen como objetivo facilitar el uso temporal de bienes y servicios proveídos por individuos que actúan de manera autónoma[47].

La EC puede entenderse como una variación del modelo económico clásico[48] en el que los dueños de los medios de producción no coinciden con los prestadores o proveedores efectivos del servicio, y se basa originalmente en el uso compartido de bienes y servicios a partir de la coordina-

---

45 FRIEDMAN, T., "Welcome to the 'Sharing Economy", *The New York Times*, 2016, disponible en: https://www.nytimes.com/2013/07/21/opinion/sunday/friedman-welcome-to-the-sharing-economy.html. Fecha de consulta: 29 de mayo de 2023.

46 GUALANO, S., UEHARA-TILTON, R., "Sharing Thoughts on the Sharing Economy", *University of Hawai'i Law Review*, núm. 39, 2016-2017, pp. 299-300.

47 ROZENFELDOVA, L., "The Nature of Services Provided by Collaborative Platforms", *EU and Comparative Law Issues and Challenges Series*, núm. 4, 2020, pp. 894-895.

48 De acuerdo con el economista Adam Smith la división del trabajo en las actividades económicas es fundamental para cubrir las necesidades de la sociedad. Dentro de esta dinámica aparece la relación patrono-obrero, la cual hace parte del modelo económico clásico. Véase SMITH, A., *La riqueza de las naciones*, Madrid, 1ª ed., Prisa Innova, 2009, pp. 107-110.

ción entre iguales (*P2P*) para el uso de activos abiertos o infrautilizados[49]. Sin embargo, esta variación puede tener un componente negativo, debido a que en este paradigma, la "propiedad" como derecho, es reemplazada por "acceso" y el matiz colaborativo indica que los bienes y servicios pueden ser utilizados por un sin número de personas que no pretenden su titularidad, sino únicamente su uso o su prestación temporal dentro de un contexto controlado que implica un acuerdo[50], en el que puede haber o no un intermediario.

Compartir recursos infrautilizados entre iguales no es una novedad en el mercado ni una creación del fenómeno de la EC, pues las transacciones que se realizan bajo su espectro son la venta de bienes o la prestación de servicios que también pueden realizarse en un escenario tradicional de negocios bilateral[51], sin embargo, la mayor parte de la EC[52] provee un escenario multilateral en el cual un tercero actúa como intermediario de las partes para realizar el contrato, y que el consumidor final pueda tener acceso temporal a un bien no le pertenece, por un precio.

---

49 CAÑIGUERAL, A., "Hacia una economía colaborativa responsable", *Oikonomics,* núm. 6, 2016, pp. 17-18.

50 NASARRE AZNAR, S., *Los años de la crisis de la vivienda: de las hipotecas subprime a la vivienda colaborati*va, Valencia, 1ª ed., Tirant lo Blanch, 2020, pp. 602-603.

51 ROZENFELDOVA, L., *ob., cit.,* p. 895.

52 Existen escenarios en los cuales la economía colaborativa puede no requerir de un intermediario, puesto que las personas se ponen de acuerdo de manera directa para compartir y disfrutar un bien determinado con unas condiciones específicas. Un ejemplo de esto es el *cohousing,* que se trata de comunidades surgidas en Dinamarca en el año 1967, por iniciativa de la propia comunidad (proyectos *bottom up*) aunque en la actualidad también puede ser catalogado como un recurso de las administraciones públicas para elaborar políticas de vivienda (proyectos *top-down*). Las comunidades *cohousing* se estructuran legalmente como edificaciones destinadas a vivienda, con individuos o familias que poseen unidades de vivienda de uso exclusivo, pero también incluyen espacios compartidos con la intención de que los residentes participen en comidas y celebraciones comunes, y turnos de trabajo regulares para mantener los espacios comunes; MCKANAN, D., *Camphill' and the Future: Spirituality and Disability in an Evolving Communal Movement,* Berkeley, 1ª ed., University of California Press, 2021, p. 168, LANG, R., "Social sustainability and collaborative housing", en: REZA, M., KEIVANI, R. (eds.), *Urban social sustainability,* Nueva York, 1ª ed, Routledge, 2019, pp. 193-215, VAN DER MERWE, C. *European condominium Law,* Cambridge, 1ª ed, Cambridge University Press, 2015, pp. 3-25 y CZISCHKE, D., CARRIOU, C., y LANG, R., "Collaborative Housing in Europe: Conceptualizing the Field", *Housing, Theory and Society,* vol. 37, núm. 1, 2020, pp. 1-8.

La figura del intermediario en la EC surge en el contexto de Internet[53], y se consolida en el mercado coadyuvado por tres factores[54]: a) el desarrollo tecnológico de las últimas décadas; b) la necesidad creciente de la población de generar rendimientos alternativos y complementarios debido a la crisis económica mundial iniciada en el año 2007, que trajo como consecuencia que un porcentaje considerable la población no pudiese cumplir sus obligaciones financieras[55]; c) y, por último, la creciente preocupación colectiva de uso inteligente de los recursos naturales, en el que espacios infrautilizados se ponen a disposición del público para ser utilizados por una retribución económica específica[56], instando a las personas a ser recursivas con los bienes disponibles.

Teniendo como referencia estos tres factores, en 2010, surgió la primera referencia a la EC de manera académica en el libro *What's mine is yours: the rise of collaborative consumption*[57], que identifica y explica la importancia de los nuevos modelos de negocio de consumo colaborativo que implican compartir bienes como vehículos (*car-pooling*), espacios de trabajo (*cowor-*

---

53 Si bien los primeros grandes representantes de la EC se sitúan en los años noventa, como *Ebay* y *Couchsurfing*, algunos autores consideran que la producción entre iguales de forma voluntaria nació en los años 80s con el movimiento del *software* libre y los albores del movimiento *maker*. Sobre el particular, véase a MOLAS, M., "Barcelona lidera el NO a la economía colaborativa capitalista*", Recerca: revista de pensament i anàlisi,* núm. 21, 2017, pp. 161-182. Sobre las plataformas de los 90s, *Ebay* es una página web que permite a sus usuarios ofrecer, vender y comprar prácticamente de todo, pero no posee los productos, y no es parte en la contratación entre compradores y vendedores: *https://www.ebay.es/pages/help/policies/user-agreement.html*. Fecha de consulta: 29 de septiembre de 2023. Respecto de *Couchsourfing* se trata de una comunidad global de 14 millones de personas en más de 200.000 ciudades alrededor del mundo, mediante la cual es posible alojarse en el hogar de residentes de estos lugares y vivir una experiencia única. Fecha de consulta: 1 de abril de 2022. Véase: RYU, H., BASU, M. & SAITO, O., "What and how are we sharing? A systematic review of the sharing paradigm and practices", *Sustainability Science,* núm. 14, 2019, p. 515.

54 ROJO ÁLVAREZ-MANZANEDA, R., "El Derecho mercantil y el consumo colaborativo", en: MIRANDA SERRANO, L.M., PAGADOR LÓPEZ, J., (dirs.), *Retos y tendencias del Derecho de la contratación mercantil,* Madrid, 1ª ed., Marcial Pons, 2017, p. 134.

55 NASARRE AZNAR, S., *ob., cit.,* "*Los años de la crisis de la vivienda…*", pp. 77-83.

56 COHEN, B., KIETZMANN, J., "Ride On! Mobility Business Models for the Sharing Economy" *Organization & Environment,* vol. 27, 2014, pp. 279-296.

57 BOTSMAN, R., ROGERS, R., *What's mine is yours: the rise of collaborative consumption, New York,* 1ª ed., Harper Business, 2010.

king), espacios comunes en una comunidad (*cohousing*), bienes muebles e inmuebles, información, entre otros, a través de un intermediario[58].

Los nuevos modelos de negocio en el marco de la EC surgen en un momento crucial para intentar mover una economía que se encontraba estancada y ponen en evidencia una nueva forma de aproximación a la propiedad, la de disfrutar de los bienes, sin pensar si quiera en adquirirlos. Algunos autores consideran que este giro en la forma de concebir la propiedad es un aporte considerable de la EC, puesto que, si sólo se desea el disfrute temporal de los bienes y no la adquisición[59], ello reduce los costos[60], y un mayor número de personas puede acceder a ellos de manera compartida.

El hecho de disfrutar los bienes en lugar de adquirirlos como nueva forma de pensar de la sociedad pareciera en una primera aproximación que se trata de una consecuencia positiva de la economía[61], pero puede analizarse también como un efecto negativo para la sociedad. Este análisis merece un estudio autónomo que sobrepasa los límites de esta investigación, y que debe realizarse teniendo en cuenta factores jurídicos, pero también sociales y económicos, que permitan vislumbrar el cambio de perspectiva en el sector del consumo moderno, donde la propiedad ya no es la finalidad de los contratos sino el uso temporal de los bienes, exacerbando la precariedad en diversos sectores bajo la premisa de la "colaboración" y la "ayuda mutua"[62]. Renunciar a la propiedad individual y acceder a bienes únicamente bajo la modalidad colaborativa, no puede hacer perder de vis-

---

58 Si bien sólo hasta el año 2010 se inició la disertación académica sobre los alcances de la economía o consumo colaborativo, es necesario señalar que las plataformas como *Airbnb* de intermediación para alojamientos y *Uber* de intermediación para el transporte urbano, ya estaban desarrollando su negocio, desde los años 2008 y 2009 respectivamente. También debe reiterarse que previo al surgimiento de estas plataformas ya existían algunas otras (como *Ebay* y *Couchsurfing*) que comparten algunos de los elementos colaborativos que se les han atribuido a las plataformas en línea modernas mencionadas.

59 MAJETIĆ, F., "Conceptual framework for explorations of the collaborative economy", *Drustvena Istrazivanja*, vol. 30, núm. 3, 2021, pp. 620-621.

60 GALLEY, J., "Awareness and Usage of the Sharing Economy", *Monthly Labor Review,* núm. 139, 2016, pp. 1-2.

61 BOTSMAN, R., ROGERS, R., *ob. cit.*

62 Véase: QUINTERO RAMÍREZ, M.I. "Economías colaborativas, nuevas tendencias de consumo y retos para Latinoamérica y Colombia", *Campos*, vol. 6, núm. 2, 2018, p. 103. Esta "precarización" también puede verse reflejada en los contratos de trabajo a través de plataformas en línea, ARRIETA IDAKEZ, F.J., "La colaboración público-privada en el fomento de la economía colaborativa en el ámbito local:

ta que la propiedad utilizada de manera compartida debe tener un titular, y el acceso a esta debe llevarse a cabo bajo sus términos y condiciones, limitando la libertad de actuación y convirtiendo a la economía colaborativa en un concepto que a primera vista parece de colectivización y acceso a bienes pero que, en un análisis más profundo puede generar precariedad[63].

La versión primaria y original de la EC, donde se vendía como premisa el objetivo compartir recursos, ha mutado en parte en la actualidad a un escenario comercial de relaciones *B2C*, en la cual el modelo económico colaborativo ha dado paso a un esquema tradicional de negocios, en la cual se prestan servicios por un precio y los bienes involucrados no son compartidos[64] de manera ocasional, sino de manera permanente. En esta nueva versión de la EC, el intermediario, es decir, la plataforma en línea, que se desarrolla tanto en ese contexto como en el de la economía tradicional, ha tenido un impacto considerable en los sistemas económicos e industriales, cambiando los mecanismos habituales de creación de valor añadido, que durante años gobernaron el funcionamiento de los mercados, las empresas y los consumidores, debido a que las plataformas en línea en su posición de profesionales, aumentaron enormemente la cantidad y disponibilidad de la información que se comparte, ampliaron la oferta de bienes y servicios disponibles para los consumidores, redujeron en algunos casos los costes de los servicios tradicionales, alterando industrias y sectores enteros[65], como el transporte y la hospitalidad[66].

Sin embargo, debe tenerse en cuenta que los cambios operados por la EC, en la cual se muestra un abanico de ofertas más amplio que incluye a los prestadores tradicionales de los servicios y también el paradigma de

---

una alternativa a la economía informal que trae causa de la falsa economía colaborativa"; *Lan Harremanak*, núm. 41, 2018, 65.

63 NASARRE AZNAR, S., *ob., cit.*, "*Los años de la crisis de la vivienda...* ", p. 604.

64 ERRANTE, L., "Public space and its challenges. a palimpsest for urban commons", en: BENINCASA C., NERI, G., TRIMARCHI, M., *Art and Economics in the City: New Cultural Maps*, Bielefeld, 1ª ed., Transcript, 2019, p. 22 y OSKAM, J.A., *The Future of Airbnb and the 'Sharing Economy': The Collaborative Consumption of our Cities*, Bristol, 1ª ed., Blue Ridge Summit: Channel View Publications, 2019, p. 7.

65 MARÉ, M., "Le implicazioni per i sistemi economici e le politiche di tassazione", en: MARÉ, M., PILATI, A. (eds.), *Piattaforme digitali: Concorrenza, fisco, innovazione*, Roma, 1ª ed., Luiss University Press, 2020, p. 13.

66 SOLTERO MARISCAL, D., VARGAS-HERNÁNDEZ, J.G., "Modelos actuales de economías colaborativas Airbnb: cambiando la industria de la hospitalidad", *Lex Social*, vol. 7, núm. 2, 2017, p. 362.

negocio de las plataformas, puede crear la ilusión de que en la actualidad las personas tienen más y mejores opciones para elegir, cuando en realidad la capacidad económica de los usuarios ha empeorado, el acceso a la titularidad de los bienes inmuebles pueder ser considerado un lujo que sólo se permite a partir de cierto nivel económico[67] y los prestadores efectivos o finales de los servicios en industrias como la del transporte, han precarizado sus derechos laborales dentro del contexto "colaborativo".

El impacto económico de las plataformas en línea como intermediarios puede verse reflejado no sólo en países del primer mundo, sino también países en vía de desarrollo, en los cuales, las oportunidades un contrato laboral son escasas, así como las de tener un segundo trabajo, laborar por horas de manera rentable o crear un negocio, por tanto, las personas acceden a estas plataformas para obtener de ellas, en ocasiones, su ingreso económico principal. En este contexto, la otra parte del espectro contractual, el consumidor final, también accede de manera temporal a bienes a los que, por las condiciones económicas de su entorno no podría acceder de manera permanente[68].

2.1. Clasificaciones de la Economía Colaborativa (EC)

La clasificación definitiva de los servicios de la EC se encuentra en construcción, por razones de: su juventud[69], escasa regulación, y, sobre todo, por la falta de consenso respecto de los servicios que pueden o no incluirse bajo su espectro[70]. Sin embargo, comúnmente se ha señalado que la EC permite la propiedad conjunta, la producción localizada, la cooperación entre individuos, la creación de empresas a pequeña escala y la regeneración de la abundancia económica y natural a través de diferentes maneras

---

67 GUTIÉRREZ, E., "Naturalize" the neoliberal ideology: educate in the capitalist habitus, *Law Studies*, núm. 168, 2019, p. 230.

68 DELACROIX, E., BENOIT-MOREAU, F., PARGUEL, B., "Digital Subsistence Entrepreneurs in Developed Countries Opportunities and Limitations of Peer-to-Peer Platforms", en: VINOGRADOV, E., LEICK, B., ASSADI, D., *Digital Entrepreneurship and the Sharing Economy, Nueva York, 1ª ed.,* Routledge, 2021, p. 38.

69 Una de las primeras referencias a "sharing economy" fue realizada por Lawrence Lessig en su libro Remix, de la editorial Penguin Press, en el año 2008.

70 MAESE, M., "Rethinking Host and Guest Relations in the Advent of Airbnb and the Sharing Economy", *Texas A&M Journal of Property Law*, núm. 2, 2015, p. 487.

de suplir las necesidades, la descentralización de la producción y el intercambio entre pares[71].

Para aproximarnos a varias posibles clasificaciones, es importante señalar que la EC abarca nuevos sistemas de producción y consumo de bienes y servicios[72], supliendo una necesidad actual del mercado[73], a partir del uso de nuevas tecnologías[74] que permiten conectar a usuarios con prestadores de servicio[75]. Generalmente, estos servicios se prestan a través de plataformas en línea que permiten realizar transacciones, y por tanto se encargan de prestar el servicio de intermediación, y no intervienen en el contrato principal.

Sin embargo, aunque las plataformas en línea cumplan la misma función de intermediación, la naturaleza del contrato principal puede variar, lo cual da lugar a la primera clasificación. La segunda, se trata de si realizan o no esta actividad de manera onerosa o de manera gratuita, teniendo en cuenta que, si la actividad colaborativa no genera lucro, puede incluirse en la EC original o primaria sobre lo cual se realizará un análisis puntual respecto de que puede o no entrar en esta categoría, y, en tercer lugar, se expondrán algunas clasificaciones académicas como contraste.

En la primera clasificación, utilizamos la realizada por el Comité de las Regiones Europeo en un Dictamen del año 2016 sobre EC, que estableció que la EC fomenta el enfoque *inter pares*, así como la puesta en común de bienes[76]. Este Dictamen indica cuatro clases o tipos de EC, los dos primeros

---

71 KASSAN, J., ORSI, J., "The Legal Landscape of the Sharing Economy", *Journal of Environmental Law and Litigation,* núm. 27, 2012, p. 3.

72 ALFONSO SÁNCHEZ, R. "Aproximación jurídica a la economía colaborativa: Diferentes realidades", *Cuadernos de Derecho y comercio,* núm. 66, 2016, pp. 17-18.

73 MURPHY, M., "Cities as the Original Sharing Platform: Regulation of the New Sharing Economy", *Journal of Business and Technology Law,* núm. 12, 2016-2017, p. 136.

74 DE LA ENCARNACIÓN, A., "El alojamiento colaborativo: viviendas de uso turístico y plataformas", *Revista de Estudios de la Administración Local y Autonómica. Nueva Época,* núm. 5, 2016, p. 4.

75 MARZEN, C., PRUM, D. A., ALBERTS, R.J. "The New Sharing Economy: The Role of Property, Tort, and Contract Law for Managing the Airbnb Model", *New York University Journal of Law and Business,* núm. 13, 2016-2017, pp. 298-299.

76 Dictamen del Comité de las Regiones Europeo, "La dimensión local y regional de la economía colaborativa", publicado en: *DOUE* núm. 51 de 10 de febrero de 2016.

se incluyen dentro de la EC en sentido estricto o economía a la carta, y el tercero y cuarto como economía de puesta en común.

El primer tipo de EC es la economía de acceso o *access economy*, en la cual se comercia la tenencia o disfrute temporal de bienes y servicios como el alojamiento colaborativo; el segundo tipo es la economía de trabajos ocasionales o *gig economy*, en la que se prestan servicios esporádicos que se ofrecen en línea; el tercer tipo es la economía *inter pares* o *collaborative economy*, que involucra a los usuarios en los procesos de producción o de propiedad comunitaria; por último, el cuarto tipo se refiere a la economía de puesta en común de los bienes de utilidad pública o *commoning economy*, creada para el ejercicio de la propiedad o gestión colectiva[77].

Este Dictamen es del año 2016 y en el año 2023 todavía es referente de la clasificación de la EC, aunque en los años transcurridos, las autoridades de la UE y de los Estados miembros, han aunado esfuerzos, sin tener en cuenta especialmente las categorías del dictamen, para cumplir los objetivos y guías establecidos en este documento sobre la protección de los derechos fundamentales de los consumidores como información, transparencia, protección de los datos privacidad, salud y seguridad[78], sobre condiciones dignas y respeto a los derechos de los trabajadores; como en el caso de las plataformas de *gig economy*, que se dedican al transporte o al reparto de bienes[79] y para

---

77 Sobre el primer tipo (*Access economy*), se podrían incluir plataformas como *Airbnb* o *Uber*, que conceden acceso temporal a un bien; en el segundo (*gig economy*), la plataforma *TaskRabbit*, en donde se pueden encontrar personas experimentadas para realizar tareas del hogar por un precio; en el tercero (*collaborative economy*), podríamos incluir a los seguros entre pares, en los cuales personas acuerdan usar el importe de sus primas para constituir un fondo grupal y con ellos cubrir los gastos que se generen por los siniestros de otros tomadores, ahorrándose la tarifa de una compañía de seguros, como la plataforma *Friendsurance:* SOMOLINOS, A.Z., "Peer to peer insurance: primera aproximación a los seguros entre pares", *Revista de Derecho, Empresa y Sociedad,* núm. 9, 2016, p. 108 y el cuarto (*commoning economy*), con la figura del *cohousing*, y se toma como ejemplo a una comunidad de Barcelona que ejerce este "modelo de convivencia y acceso a la vivienda": Disponible en: https://cohousingbarcelona.cat/es/. Fecha de consulta: 29 de mayo de 2023.

78 MARTÍN MORA, M.F., "Economía colaborativa y protección del consumidor", *Revista de Estudios Europeos,* núm. 70, 2017, p. 186.

79 JANNOTTI DA ROCHA, C., EMERICK ABAURRE, H., VASCONCELOS PORTO, L. "Legal and philosophic considerations on cyberized labor ", *Law Journal of Social and Labor Relations,* núm. 6, 2020, pp. 157-158.

que se establezcan condiciones claras para la recolección de impuestos en aras de prevenir la evasión[80].

La segunda clasificación que presentamos se refiere a la onerosidad o la gratuidad de los servicios que se prestan y en este punto es necesario resaltar que tal clasificación se deriva del Dictamen del Comité de las Regiones Europeo, "La dimensión local y regional de la economía colaborativa", que indica que al definir la EC se incluye bajo su espectro planteamientos no comerciales y basados en bienes de utilidad pública, que se identifican con los principios de economía social[81].

Así las cosas, existen las plataformas típicamente capitalistas, que prestan un servicio por un precio, y cuyo objetivo es lucrarse de la prestación de ese servicio como la plataforma de transportes urbanos *Uber*[82], y las plataformas para alojamientos como *Airbnb*[83], *Booking*[84], entre otros y, por otro lado, están las plataformas cuya finalidad dista de una sociedad mercantil regular y su objetivo o el de sus asociados es el interés general y altruista sin que exista una contraprestación, por tanto, se trataría de una sociedad

---

80 IACOB, M.D., "Collaborative Economy-Regulations at European Union Level and the Impact on the Competitive Environment", *Romanian Competition Journal*, núm. 1, 2017, p. 95.

81 ALFONSO SÁNCHEZ, R., Economía colaborativa: un nuevo mercado para la economía social", *Revista de Economía Pública, Social y Cooperativa*, núm. 88, 2016, p. 247.

82 De acuerdo a sus términos y condiciones generales de uso, la plataforma *Uber*, a través de sus sitios web y aplicaciones móviles, permite solicitar y recibir servicios de terceros como transporte, la entrega, la logística, la movilidad y las industrias de la alimentación, los productos comestibles o la venta al por menor, y/o servicios provistos por *Uber* directamente como entrega bajo la marca *Uber Eats* y servicios de movilidad bajo la marca *Uber*, disponible en: https://www.uber.com/legal/en/document/?name=general-terms-of-use&country=spain&lang=es-es. Fecha de consulta: 30 de mayo de 2023.

83 De acuerdo con sus términos de servicio la plataforma *Airbnb* ofrece un espacio en línea que permite a los usuarios publicar, ofrecer, buscar y reservar servicios. Disponible en: https://www.airbnb.es/help/article/2908/t%C3%A9rminos-de-servicio. Fecha de consulta: 30 de mayo de 2023.

84 De acuerdo a sus "Términos y condiciones del viaje", la plataforma *Booking* indica que sus servicio consiste en proporcionar una plataforma *online* a través de la cual los "proveedores de viaje" pueden anunciar, publicitar, vender, promocionar y/u ofrecer (según corresponda) sus productos y servicios a través de la cual los que visitan la plataforma pueden descubrir, buscar, comparar, solicitar, reservar, comprar o pagar el servicio de viaje, disponible en: https://www.booking.com/content/terms.es. Fecha de consulta: 30 de mayo de 2023.

sin ánimo de lucro[85], como ejemplo podemos hacer alusión a la plataforma *refugees-welcome*[86] que, aunque sirve como intermediario al igual que las plataformas de corte capitalista mencionadas, lo hace sin ánimo de lucro y con el fin de poner en contacto a personas que deseen compartir su vivienda con refugiados y también recibe micro donaciones para financiar el costo de su alquiler. Estas plataformas sin ánimo de lucro que se conectan con los principios de la economía social pueden ser consideradas como un antídoto social para las plataformas de capital y extractivistas, favoreciendo un movimiento que se basa en el intercambio colaborativo genuino de bienes y servicios que favorece la actividad económica entre pares[87].

Pese a que las plataformas contenidas en esta categorización son diametralmente diferentes, vale la pena señalar que puede haber un punto medio entre ambas, es decir plataformas que cobren por la intermediación, pero dediquen el provecho económico a fines de interés social o que siendo gratuitas sean parte de una plataforma capitalista que las controla y maneja, para ello tomemos como ejemplo a la plataforma *Fairbnb*[88] y la plataforma *Airbnb.org*[89]. Respecto de la primera se trata de plataforma italiana con forma de cooperativa, que promueve el turismo sostenible, y fomenta y respalda financieramente iniciativas locales por cuanto dona el 50% de sus ganancias como intermediario, para financiar proyectos en comunidades impactadas negativamente por el turismo y el otro 50% lo destina para mantener su red y operaciones[90]. *Fairbnb* prioriza el beneficio social frente al beneficio económico y de acuerdo con su página web, su objetivo es el construir un modelo de turismo sostenible y regenerativo basado en la co-

---

85 FONT I MAS, M., "Plataformas de Capital versus Plataformas Sociales en la Economía Colaborativa: Punto de vista jurídico internacional", *CIRIEC*, núm. 12, 2018, pp. 4-5, disponible en: https://ideas.repec.org/p/crc/wpaper/1812.html, Fecha de consulta: 30 de mayo de 2023.

86 Disponible en: https://refugees-welcome.es/. Fecha de consulta: 30 de mayo de 2023.

87 FUSTER, M., ESPELT, R., RENAU, M., "Cooperativismo de plataforma: Análisis de las cualidades democráticas del cooperativismo como alternativa económica en entornos digitales", *Revista de Economía Pública, Social y Cooperativa*, núm. 102, 2021, p. 21.

88 Véase: https://fairbnb.coop/it/. Fecha de consulta: 30 de mayo de 2023.

89 Véase: https://es.airbnb.org/?_set_bev_on_new_domain=1635095080_MWEzYzIxODBjNjVh. Fecha de consulta: 30 de mayo de 2023.

90 Véase: https://fairbnb.coop/es/como-funciona/. Fecha de consulta: 30 de mayo de 2023.

munidad, como respuesta y contribución al cumplimiento de los objetivos de desarrollo sostenible[91] de la ONU[92].

Respecto de la segunda, *Airbnb.org.*, es una fundación creada y financiada por la plataforma norteamericana *Airbnb*[93], aunque valga decir que los estatutos sociales de esta última no contemplan políticas sociales[94]. La creación de *airbnb.org* puede ser considerada una iniciativa publicitaria para promover el buen nombre de la plataforma, y ayudar a personas en crisis a conseguir un alojamiento temporal contribuyendo al bienestar general, aprovechando el sistema de intermediación creado por la compañía, su buen nombre, su respaldo y sus usuarios y debe tenerse en cuenta que de manera paralela puede concederles alivios fiscales. La fundación *Airbnb.org*[95], se encarga entonces de ofrecer alojamientos en casos de emergencia, permitiendo la intermediación entre anfitriones y huéspedes de manera gratuita cuando el huésped puede demostrar que se encuentra en situación de emergencia; como en el contexto de catástrofes naturales, de la pandemia de la COVID-19 o de refugiados provenientes de territorios en conflicto como el caso de Ucrania[96]. Respecto de la COVID-19, los anfitriones pudieron ofrecer a sanitarios de manera gratuita o con descuentos especiales, alojamientos cerca al trabajo y/o garantizar una distancia segura de sus familias en caso de necesidad. Lo anterior en congruencia con el objetivo principal que *Airbnb* promociona en su página web: "crear una plataforma inclusiva abierta a todo tipo de huéspedes y anfitriones" y el de *Airbnb.org* que es "promover el bienestar psicosocial, aliviar la carga financiera y fortalecer el sentimiento de comunidad y pertenencia de los huéspedes".

---

91 Véase: https://fairbnb.coop/it/sdgs-obiettivi-di-sviluppo-sostenibile/. Fecha de consulta: 30 de abril de 2022.

92 Véase: https://www.agenda2030.gob.es/objetivos/. Fecha de consulta: 30 de mayo de 2023.

93 Véase: https://es.airbnb.org/about. Fecha de consulta: 30 de mayo de 2023.

94 Estatutos disponibles en: https://fintel.io/doc/sec-abnb-8k-airbnb-inc-class-a-2020-december-14-18611. Fecha de consulta: 30 de mayo de 2023.

95 En 2012, fue creada la iniciativa *OpenHomes* que se incluyó dentro de la plataforma *Airbnb.org*, esta última con sede social en California, Estados Unidos, teniendo ambos los mismos objetivos, de naturaleza social y benéfica.

96 La ayuda de los anfitriones de *Airbnb* a refugiados ucranianos se puede gestionar desde https://es.airbnb.org/help-ukraine. Fecha de consulta: 30 de mayo de 2023.

La existencia de *Airbnb.org* se encuentra atada a *Airbnb*, puesto que, sin la plataforma, sus contactos, herramientas y el respaldo empresarial de esta plataforma mercantil no hubiese podido crearse y mantenerse. La característica de una sociedad de economía social en este punto debe matizarse, porque, aunque exista una sociedad autónoma que se dedique a fines de utilidad pública y sin ánimo de lucro, la plataforma *Airbnb.org*, hace parte del grupo empresarial de *Airbnb* y es publicitada en su página web, mejorando su imagen a nivel social y atrayendo nuevos clientes o fidelizando a los actuales.

La categorización entre plataformas con o sin ánimo de lucro dentro de la EC, puede ser considerada el punto de partida para imponer a las plataformas una regulación armonizada especialmente en materia de impuestos, pues la manera de gravar a una fundación y a una sociedad comercial es totalmente distinta. Sin embargo, el carácter general de las categorías no permite, como si lo hace la clasificación del Dictamen del Comité de las Regiones Europeo (2016), detectar respecto de las plataformas de capital, la naturaleza de la actividad y proteger a partes débiles de la relación contractual como el consumidor o el trabajador.

Por último, coexisten cuantiosas clasificaciones doctrinales sobre la EC[97], como por ejemplo la que distingue de Rojo Álvarez-Manzaneda, en tres modalidades; a) En atención a las partes contractuales, creándose relaciones: *C2C, P2P, B2B, C2B*; b) en atención a si existe o no una contraprestación que puede o no consistir en dinero y c) dentro de la modalidad d) sí existe una contraprestación, puede distinguirse si el ánimo es lucrarse con el pago del precio o en caso contrario solo se trata de una contribución para suplir los gastos de la actividad[98]. La clasificación de Sánchez Rodríguez divide la EC en cuatro clases: a) formal o informal si se encuentra o

---

[97] También uno de los coautores de *What's mine is yours: the rise of collaborative consumption, el primer libro sobre EC,* Rachel Botsman, estableció una clasificación sobre EC, en cuatro categorías: 1. Producción, diseño y distribución de bienes a través de redes colaborativas, 2. Consumo: maximización de los bienes a través de modelos eficientes de redistribución del acceso compartido, 3. Finanzas: Banca de persona a persona y modelos de inversión impulsados por multitudes que descentralizan las finanzas. 4. Educación abierta y modelos de aprendizaje persona a persona que democratiza la educación; BOTSMAN, R.., "The Sharing Economy Lacks A Shared Definition", *Fast Company*, 21 de noviembre de 2013, artículo disponible en: https://www.fastcompany.com/3022028/the-sharing-economy-lacks-a-shared-definition#15 Fecha de consulta: 30 de mayo de 2023.

[98] ROJO ÁLVAREZ-MANZANEDA, R., *ob. cit.*, p. 137.

no regulada dentro los límites legales de un Estado; b) gratuita u onerosa si requiere o no una contraprestación; c) monetaria o no, lo cual implica si existe o no el pago de un precio en dinero como contraprestación y d) comercial o personal, cuya distinción recae sobre el objeto del contrato y si este es comercial o no[99].

Las diferentes clasificaciones de la EC indican que es un fenómeno que está en proceso de transformación y que no existen criterios uniformes que permitan indicar de manera definitiva una categorización que permita englobar todas las aristas de una economía principalmente digital, que abarca tan variados sectores del mercado.

2.2. Características de la Economía Colaborativa (EC)

Como hemos visto, el fenómeno de la EC abarca diferentes sectores del mercado, lo cual dificulta establecer unas características uniformes que engloben todas sus particularidades. Lo anterior, se complejiza aún más cuando se incluyen las plataformas sin ánimo de lucro, que no persiguen los mismos fines comerciales y financieros que una sociedad comercial y que propugnan por el bienestar o interés general de la sociedad. En este apartado se establecerá principalmente las características de las sociedades comerciales que pueden incluirse dentro de la EC, objeto de esta investigación, aunque de manera secundaria se haga referencia a plataformas que comparten los principios de la economía social. Así las cosas, veamos a continuación un listado de características no exhaustivas de la EC:

a) Evolución de "compartir" como actividad económica alternativa

La EC surge como un mercado alternativo y secundario en industrias como el transporte, hospedaje y alimentación, pero actualmente se han integrado al mercado principal en cada uno de estos ámbitos, basándose en uno de los pilares del capitalismo; el provecho económico, pero la adición del giro colaborativo, que indica que todos los aspectos de la vida humana que se pueden compartir, desde bienes hasta información se pueden transformar en mercancía a través de Internet, reemplaza el concepto clásico de "valor de intercambio" por "valor de compartir"[100]. Al trasladarse este tipo de sociedades al mercado principal compiten con los agentes económicos

---

99 ALFONSO SÁNCHEZ, R., "Economía colaborativa: un nuevo…", *ob. cit.*, p. 238.

100 DOMÍNGUEZ MARTÍNEZ, J.M., "La economía colaborativa: la sociedad ante un nuevo paradigma económico", *eXtoikos*, núm. 19, 2017, p. 5.

tradicionales, pero con una posición de ventaja, debido a que los mercados tradicionales cuentan con una regulación establecida y estructurada, frente a los alternativos, que en ocasiones realizan negocios en el marco aparente de las relaciones *C2C* pero en realidad se trata de *B2C*, lo cual trae como consecuencia que se configuren prácticas comerciales desleales o abusos de la parte dominante frente a la parte débil de la relación contractual[101].

El término "compartir" en el contexto de la EC también puede tener una connotación negativa, por cuanto puede implicar un significado completamente opuesto. Lo anterior debido a que, en tiempos previos a la popularidad de EC, cuando "compartir" no tenía una estructura tan organizada, las personas se encontraban más dispuestas a permitir que otras, usaran sus bienes por cortos períodos, como compartir un vehículo para ir al trabajo, o permitir a un desconocido dormir en su casa de manera gratuita. En la actualidad, gracias a la EC y a las plataformas en línea, las personas conocen claramente el valor de mercado de tales actividades y se encuentran menos inclinados a compartir sus bienes de manera gratuita[102].

b) El uso de la tecnología y de la plataforma en línea

La tecnología ha permitido el desarrollo de las actividades colaborativas[103], teniendo en cuenta que en las últimas décadas los desarrollos tecnológicos han permitido que la información se desconcentre y se potencie una conectividad multilateral en el escenario digital[104] a la que se tiene acceso a través de ordenadores y/o dispositivos móviles de bajo costo[105] en el escenario de Internet. Sin embargo, aunque el uso de la tecnología y de Internet que ha sido crucial para el desarrollo de la EC, y las actividades colaborativas existían antes de los avances tecnológicos actuales, es innegable que el uso de plataformas en línea ha logrado sim-

---

101 RUIZ MARTÍN, A., "Economía colaborativa y supuestos de competencia desleal transfronteriza en ¿mercados C2C?: Reflexiones sobre la utilidad de las normas de Derecho internacional privado en este particular (*Nihil novum sub sole*)", *Revista de Estudios Europeos*, núm. 70, 2017, pp. 369-370.

102 STEIN, G.M., "Inequality in the Sharing Economy", *Brooklyn Law Review*, núm. 85, 2019-2020, p. 801.

103 SCOTT, I., BROWN, E., "Redefining and Regulating the New Sharing Economy", *University of Pennsylvania Journal of Business Law*, núm. 19, 2016-2017, p. 155.

104 SCHWARTZ, B.P., EINARSON, E., "The Disruptive Force of the Sharing Economy", *Asper Review of International Business and Trade Law*, núm. 18, 2018, pp. 226-227.

105 *Ibídem.*

plificar la actividad de compartir bienes o servicios poniendo en contacto a dos personas con necesidades específicas y que se correspondan entre sí, a bajo costo, en tiempo real y ajustando la oferta a la demanda de manera automatizada[106].

Adicionalmente, debe mencionarse el auge de las redes sociales en este punto, por cuanto, tanto los prestadores tradicionales del servicio como las plataformas en línea en el marco de la EC, utilizan las redes sociales como plataforma publicitaria y de desarrollo de su negocio, quedando los medios tradicionales de comunicación como televisión, radio y periódicos que no se encuentran adaptados al marketing digital que permite por ejemplo la interacción constante con consumidores, por tanto, tienen muy poca representación en el escenario de la EC[107].

c) Los datos como principal materia prima

El acceso a datos, no sólo personales sino de lugares, empresas y negocios, es la base de la actividad de las compañías de EC, las plataformas en línea, y valga mencionarlo, de todas las compañías tecnológicas como *Google*, o las redes sociales[108]. La intermediación en la EC que después tiene un efecto en el mundo real en una actividad subyacente como transporte o alojamiento requiere información de ambas partes para concretarse, y es ese alojamiento y tratamiento de datos lo que facilita el contacto[109].

---

106 SASTRE-CENTENO, J.M., INGLADA-GALIANA, M.E., "La economía colaborativa: un nuevo modelo económico", *CIRIEC-España, Revista de Economía Pública, Social y Cooperativa*, núm. 94, 2018, p. 232.

107 RODRÍGUEZ, R., GÖRAN SVENSSON, K., PÉREZ, M., "Modelos de negocio en la economía colaborativa: síntesis y sugerencias", *Esic Market Economics and Business Journal*, vol. 48, núm. 2, 2017, p. 270.

108 ZENO-ZENCOVICH, V., "Gli equivoci sulle piattaforme digitali", en: MARÉ, M., PILATI, A. (eds.), *Piattaforme digitali: Concorrenza, fisco, innovazione*, Roma, 1ª ed., Luiss University Press, 2020, p. 66.

109 El alojamiento y tratamiento de datos en el escenario digital es un área de suma importancia para el Derecho, pues puede haber tanto contenido ilícito como acceso y tratamiento de datos de terceros obtenido de manera legal utilizado para fines no autorizados por el usuario, lo cual puede convertirse en una fuente lucrativa para las compañías con acceso a estos datos, especialmente si su actividad comercial es la intermediación para el contacto y por tanto intercambio de datos. PLATERO ALCÓN, A., "Security as a Key Element in the Processing of Personal Data in Europe: Especial Reference to the Civil Liability Regime Derived from Security Breaches", *LEX-Journal of the Faculty of Law and Political Scienc*, núm. 23, 2019, pp. 61-62. El almacenamiento y tratamiento de datos no será parte de esta

d) La creación de nuevas aproximaciones a actividades económicas existentes

Son pocos los servicios objeto de la EC que abarcan actividades económicas novedosas o innominadas, pero podemos mencionar como ejemplo el minado de *Bitcoins* a través del *Blockchain* entre pares para obtener una ganancia[110]. Sin embargo, la mayoría de servicios que se prestan a través de una plataforma en línea así como el contrato principal del que este no suele ser parte, incluyen servicios que ya existían en el mercado, desde la intermediación inmobiliaria mediante un contrato de agencia o corretaje, típico en el mercado pero atípico en la legislación[111], hasta el de hospedaje y transporte profundamente regulados para los prestadores tradicionales de los servicio pero comúnmente las normas que les son impuestas no aplican de manera directa las plataformas, aunque ya han existido algunas aproximaciones[112].

e) Uso de recursos infrautilizados

Originalmente, la EC se caracterizaba por generar provecho económico[113] de activos que se encuentran con poco o ningún uso[114] por parte de

investigación pues no hace parte de los objetivos perseguidos, pero debe indicarse que este tema es de profunda importancia en materia de consumo y que en el escenario de las plataformas en línea los derechos de los consumidores pueden ser vulnerados en caso de que no existan o no se cumpla la normativa que indica como la plataforma en línea puede tratar sus datos.

110 El minado es una actividad económica novedosa, que no podía contemplarse antes de la existencia de la tecnología *blockchain*, que exige una verificación especial por parte de unas personas con conocimientos informáticos llamados mineros para verificar las transacciones realizadas dentro de este sistema. Véase FRANCO, P., *ob. cit.*, pp. 143-145.

111 CABALLÉ FABRA, G., *La intermediación inmobiliaria ante los nuevos retos de la vivienda*, Valencia, 1ª ed., Tirant lo Blanch, 2021, p. 304.

112 RODRÍGUEZ-ANTÓN, J. M., "La economía colaborativa. Una aproximación al turismo colaborativo en España", *CIRIEC-España, Revista de Economía Pública, Social y Cooperativa*, núm. 88, 2016, p. 280.

113 Es necesario señalar que si bien las plataformas de EC habitualmente obtienen un provecho económico por su intermediación que es pagado por quienes disfrutan de los espacios, bienes y habilidades de los demás, también existe la posibilidad de realizar intercambios gratuitos en una pequeña medida. Como ejemplo de lo anterior, en la plataforma *Wallapop* existen artículos que se pueden adquirir sin ningún costo o en el caso de la plataforma *Couchsourfing*, se puede acceder a un espacio en un inmueble por un tiempo específico de manera gratuita. Véase: https://about.wallapop.com/ y https://www.couchsurfing.com/. Fecha de consulta: 3 de octubre de 2021.

114 WANG, L., "A Farewell to Monetization", *Man and the Economy*, vol. 6, núm. 2, 2019, p. 8.

sus propietarios o tenedores de manera ocasional. El concepto de "recursos" abarca mucho más que sólo activos, por cuanto los recursos pueden referirse a espacios, habilidades y cualquier clase de bienes[115], que, en caso de no ser puestos a disposición de la EC, podrían quedar con una precaria utilización. Sin embargo, en este punto podemos exponer dos falencias, la primera es que en las condiciones actuales es posible que en el marco de la EC algunos bienes disponibles en este mercado fueran anteriormente infrautilizados o utilizados de manera ocasional, pero también existe una gran proporción de los activos, como por ejemplo vehículos y bienes inmuebles han sido dedicados de manera permanente a prestar servicios de alojamiento[116] y transporte, incluso algunos han sido adquiridos exclusivamente con estos fines, por tanto, la prestación de servicios esporádica sobre bienes infrautilizados ya no es la regla general. La segunda falencia tiene que ver con que el provecho económico de un recurso que se pone a disposición de la EC no es obligatorio, pues como hemos visto anteriormente existen plataformas sin ánimo de lucro que comparten los principios de la economía social, por tanto, el hecho de que el recurso sea infrautilizado carece de importancia frente al objetivo que persigue con este en el marco de la economía social.

f) La reducción de precios comparados con los prestadores o proveedores tradicionales de bienes y servicios

Las plataformas cobran un porcentaje por la intermediación, y aunque normalmente tal valor se encuentra discriminado en el precio total, hace parte del valor global sin el cual no se puede acceder a la compra[117]. Si

---

115 MIRALLES, P., VILLAR, A., "Las viviendas de uso turístico: un análisis del conflicto", *International Journal of World of Tourism*, vol. 3, núm. 6, 2016, p. 23.

116 Los efectos de la adquisición de viviendas para ponerlas a disposición de la EC han coadyuvado al fenómeno de la gentrificación, debido a que las decisiones de adquisición de inmuebles de los propietarios están teniendo un impacto negativo en las ciudades respecto al desplazamiento de la población; WACHSMUTH, D., WEISLER, A., "Airbnb and the rent gap: Gentrification through the sharing economy", *Environment and Planning A: Economy and Space*, vol. 50, núm. 6, 2018, pp. 1149-1151. Tomemos como ejemplo Bruselas, una ciudad profundamente turística, en donde la mayoría de viviendas anunciadas en *Airbnb* se encuentran cerca al *Grand Palace* y *La Monnaie*, alrededor de las instituciones europeas o simplemente cerca al centro de la ciudad y con cercanía de restaurantes; en estas áreas la densidad *Airbnb* aumenta y lejos de estos disminuye; FERON, L., "VUB-study reveals Airbnb market in Brussels", *VUB PRESS*, 6 de septiembre de 2021, disponible en: https://press.vub.ac.be/vub-study-reveals-airbnb-market-in-brussels. Fecha de consulta: 30 de mayo de 2023.

117 Existen unas pocas plataformas a las que se puede acceder sin necesidad de pagar un precio por la intermediación o que permiten el acceso a bienes o servicios gra-

tomamos como ejemplo el alojamiento, y sumamos el porcentaje que la plataforma en línea cobra por la intermediación más el valor de la reserva, y comparamos este precio con la tarifa de un hotel, puede haber ocasiones en las que existe una diferencia considerable entre ambos[118], en la que contratar con la plataforma puede resultar más económico que un proveedor tradicional. Sin embargo, la demanda y oferta de alojamiento, así como otros factores externos pueden influir en los precios y no está probado que objetivamente que en acomodaciones similares ubicadas en una misma localidad contratadas a través de un hotel o de una plataforma siempre se encuentren en desequilibrio en materia de precios[119].

En otro tipo de plataformas diferentes al alojamiento, como, por ejemplo, las de transporte urbano, tampoco es posible evidenciar objetivamente que en todos los casos las tarifas de servicio cobradas por estas sean más bajas que las de los prestadores tradicionales del servicio de transporte puesto que factores como la hora en la que se lleve a cabo el transporte y la concurrencia de vehículos en una zona determinada, pueden influir en el precio final que ha de ser pagado a las plataformas[120].

---

tuitos, tal y como se ha señalado con las plataformas que persiguen los principios de economía social. Sin embargo, esta no es la regla general, por cuanto las plataformas funcionan a partir de una estructura comercial tradicional y el objetivo de su negocio es obtener rendimientos.

118 ZULETA FERRARI, M., "Beyond Uncertainties in the Sharing Economy: Opportunities for Social Capital", *European Journal of Risk Regulation*, núm. 7, 2016, p. 671.

119 LLADÓS-MASLLORENS, J., MESEGUER-ARTOL, A., RODRÍGUEZ-ARDURA, I., "Fijación de precios en mercados digitales bilaterales entre iguales: el caso de Airbnb en Barcelona", *Oikonomics*, núm. 14, 2020, p. 8.

120 La revisión de los precios se enfocó únicamente entre las tarifas de las estructuras de transporte colaborativo frente a los precios de los taxis en las ciudades de Madrid y Barcelona, de acuerdo con el artículo de BLÁZQUEZ, P., "*La respuesta a los mitos: ¿Qué es más barato, el taxi o las VTC?*", La Vanguardia, 2018, disponible en: https://www.lavanguardia.com/economia/20181121/453080813553/taxi-uber-cabify-vtc-barcelonamadrid-precios-comparar.html. Fecha de consulta: 30 de mayo de 2023. Los servicios prestados por las plataformas en línea de transporte frente a los tradicionales también pueden tener efectos positivos en la industria especialmente en materia de competencia, tomemos como ejemplo Brasil, donde existe un tránsito caótico y los precios de los servicios de transporte de plataforma como *Uber*, son más bajos que los de los medios de transporte tradicionales, que se encuentran regulados por el Estado, lo que permite que exista una oferta de transporte más variada para la población y se compita constantemente por mejorar la calidad del servicio; WISNIEWSKI, P.C., ESPOSITO, L.A., "Mobilidade urbana e o caso Uber: aspectos jurídicos e sociais da startup", *Perspectiva*, vol. 40, núm. 150, 2016, p. 65.

Pese a no ser posible establecer de manera definitiva que los precios cobrados por las plataformas son más económicos que las tarifas establecidas por los prestadores tradicionales del servicio, la reputación del sector de las plataformas indica que su tarifa de servicio es menor que la de aquellas, tal como ocurre con las aerolíneas de bajo coste frente a las de costo regular. Sin embargo, hacer una comparación entre aerolíneas y el sector del alojamiento en materia de plataformas y hoteles no cumplen los parámetros mínimos de comparación pues mientras en las primeras se presta el mismo servicio con algunas reducciones de comodidad, en las segundas, los hoteles prestan directamente el servicio de alojamiento y las plataformas sólo intermedian para que ello ocurra propiciando el contrato de arrendamiento, por lo cual, el turista puede tener contacto directo con el dueño del bien, flexibilidad y la imagen —como atracción publicitaria— de disfrutar del alojamiento como un residente y no como un turista[121], lo cual dista del servicio ofrecido por los prestadores tradicionales del servicio de alojamiento.

Por último, debe señalarse que puede haber diferencias de costes en el servicio que favorezca la actividad de las plataformas, frente a otras compañías que se encuentren establecidas en el mercado tradicional[122], que pueden deberse al ahorro en personal, bienes y recursos, y que cuentan con una regulación poco armonizada en diferentes Estados, lo cual ha permitido coadyuvar el éxito de plataformas como *Uber* y *Airbnb,* y que nuevos empresarios consideren replicar su modelo de negocio en lugar de mantener o iniciar actividades comerciales en una línea o estructura tradicional mercantil[123].

g) ¿Beneficios ambientales?

En este contexto de optimización de los recursos disponibles, la EC en una primera aproximación parece traer consigo una ventaja importante, que se trata de la reducción colectiva de la huella ambiental en las ciudades[124], debido a que disminuye la necesidad de construir más bienes o infraestruc-

---

121 MORENO-IZQUIERDO, L., RAMÓN-RODRÍGUEZ, A.B., "Turismo colaborativo: ¿Está Airbnb transformando el sector del alojamiento?", *Colegio de Economistas de Madrid,* núm. 12, 2016, pp. 110-111.

122 MILLER, S.R., "First Principles for Regulating the Sharing Economy", *Harvard Journal on Legislation,* núm. 53, 2016, p. 201.

123 GARCÍA CANCLINI, N., *ob. cit.*, p. 87.

124 COHEN, B., MUÑOZ, P., *The emergence of the urban entrepreneur: how the growth of cities and the sharing economy are driving a new breed of innovators,* California, 1ª ed., ABC-CLIO LLC, 2016, p. 24.

turas[125], teniéndose en cuenta que los bienes son utilizados y/o compartidos por varias personas y no sólo por su propietario. Sin embargo, debe tenerse en cuenta que, si los inmuebles destinados a vivienda que habitualmente eran objeto de arrendamiento por residentes en las ciudades donde se encuentran ubicados, y por la proliferación de plataformas de alojamientos turísticos son destinados de manera exclusiva a fines no residenciales, ello genera un déficit de vivienda urbana[126], que, de acuerdo con las políticas de vivienda de cada Estado, derivaría en la construcción de nuevas viviendas o el acondicionamiento de antiguas, lo cual podría ocasionar un consumo adicional de recursos e impactar negativamente en el medio ambiente.

Respecto de la contaminación causada por los vehículos, esta puede disminuir en términos simples, si se usa transporte compartido en lugar de un vehículo autónomo para cada persona, lo cual es evidente en plataformas como *Wazecarpool*[127], de transporte urbano compartido, la cual establece en su página web que ayudar al medio ambiente como uno de sus propósitos principales[128]. Sin embargo, es posible que se compren o dispongan vehículos sólo para esta actividad lo que genere también una sobreutilización de estos bienes, que no existiría sino estuviesen dedicados de manera exclusiva a la explotación por medio de plataformas en línea.

La EC ayuda en cierto punto, a optimizar los recursos disponibles, permitiendo que no se fabriquen o consuman productos nuevos de manera innecesaria[129], utilizándose estos bienes para suplir las necesidades no sólo de los propietarios, sino también de cualquier persona que esté dispuesta a usarlos, por un precio específico. Pese a lo anterior, se reitera que si bienes de antaño infrautilizados o con un rango de utilización medio, fueron

---

125 CAÑIGUERAL, A., *ob. cit.*, p. 19.

126 ARDURA URQUIAGA, A., LORENTE RIVEROLA, I., SORANDO, D., "Vivir en la incertidumbre: burbuja de alquiler y olas de gentrificación entre crisis en Madrid". *Revista INVI*, vol. 36, núm. 101, 2021, pp. 62-63 y MACHO CARRO, A., "Derecho a la vivienda y ordenación del mercado del alquiler turístico en la Unión Europea: comentarios a raíz de la Sentencia Cali apartments y su recepción en España", *Revista de Estudios Europeos*, vol. 79, 2022, pp. 669-670.

127 Waze, disponible en: https://www.waze.com/ca/carpool. Fecha de consulta: 30 de mayo de 2023.

128 *Wazecarpool* disponible en: https://wazecarpool.tumblr.com/post/161275959037/the-fight-against-traff ic. Fecha de consulta: 30 de mayo de 2023.

129 Dictamen del Comité Económico y Social Europeo, "Consumo colaborativo o participativo: un modelo de sostenibilidad para el siglo XXI", publicado en: *DOUE* núm. 177 de 11 de junio de 2014.

puestos a disposición de la EC y debido a ello han sido usados de manera reiterada por los usuarios, como en el caso de los vehículos puestos a disposición de la plataforma *Uber,* es posible que tales ventajas ecológicas y anticontaminantes se hayan disminuido en lugar de aumentarse.

h) La imposición de restricciones a las plataformas por parte de las autoridades

Esta característica no es intrínseca de la EC, sino el resultado de su interacción con diferentes agentes económicos que ha llevado a los gobiernos y entidades reguladoras a establecer medidas de control, restricción o autorización de la actividad económica que realizan las plataformas de EC. Aunque esta característica no haga parte del concepto original de EC, si puede situarse como un efecto colateral de este fenómeno.

La escasez de regulación o de marcos legales específicos para las plataformas de EC ha generado en muchos países, protestas por parte de los prestadores tradicionales de servicios, además de litigios con fallos contradictorios, por cuanto a los tribunales se les dificulta, sin una normativa armonizada especialmente a nivel local y nacional, establecer una manera definitiva de afrontar las controversias que se generan en el marco de la EC, lo cual no contribuye a garantizar seguridad jurídica en este sector[130]. El Comité Europeo de las Regiones reconoce esta problemática mediante el Dictamen: "Un marco europeo de respuestas normativas a la economía colaborativa" (2020), en el que indica que lamenta que la cuestión crucial sobre qué normas rigen el funcionamiento de las plataformas de la EC se haya dejado en manos de los tribunales, sin que exista una normativa de UE armonizada para que regule sus actividades[131].

---

130 HERRERO SUÁREZ. C., "The Sharing Economy: Legal Problems of a Permutations and Combinations Society", *Cuadernos de Derecho Transnacional*, vol. 12, núm. 2, 2020, p. 1503.

131 El Dictamen del Comité Europeo de las Regiones, "Un marco europeo de respuestas normativas a la economía colaborativa", publicado en: *DOUE* núm. 79 de 10 de marzo de 2020. Es de aclarar que a 2023, si existe una normativa de la Unión Europea que traerá consigo una regulación especial para las plataformas en línea, el Reglamento (UE) 2022/2065 del Parlamento Europeo y del Consejo de 19 de octubre de 2022 relativo a un mercado único de servicios digitales se encuentra en vigor será de aplicación hasta el 17 de febrero de 2024, que será analizado de manera particular en el apartado 1.2 del Capítulo II. de esta investigación.

Veamos a continuación dos ejemplos representativos sobre cómo se han regulado las plataformas en línea a través de sentencias judiciales[132] respecto de la plataforma *Uber*. El Tribunal de Justicia de la Unión Europea, en adelante TJUE, en sentencia de 20 de diciembre de 2017[133], mediante definió que los servicios que prestan empresas como *Uber*, a través de una plataforma, conectan, por un precio, a conductores no profesionales con personas que desean ser transportadas en su área urbana. Así las cosas, este tipo de servicios se encuentra "*indisociablemente vinculado a un servicio de transporte y, por lo tanto, ha de calificarse de servicio en el ámbito de los transportes*"[134], lo cual implica que deben cumplir los mismos requisitos y condicionamientos, que las empresas tradicionales de transporte. La sentencia reconoce que no existe regulación de la UE al respecto y que corresponde a los Estados miembros establecer las condiciones de prestación de este tipo de servicios[135].

El segundo ejemplo toma lugar en Argentina, donde el dominio web de la plataforma *Uber* fue bloqueado mediante la decisión judicial del año 2017, por cuanto se trata de una actividad no autorizada por los órganos competentes. Esta decisión fue apelada por esta compañía y de manera

---

132 En España por ejemplo, la STS núm. 805/2020 del 25 de septiembre, ECLI:ES:TS:2020:2924 unifica jurisprudencia sobre el caso particular de la plataforma *Glovo* (de reparto) y declara que la actividad de transporte llevada a cabo por los *riders* (conductores-repartidores) que usan esa plataforma, tiene las notas definitorias del contrato de trabajo por cuanto, la empresa se sirve de un programa informático que asigna los servicios en función de la valoración de cada repartidor, lo que condiciona decisivamente la teórica libertad de elección de horarios y de rechazar pedidos, por tanto, el repartidor goza de una autonomía muy limitada que únicamente alcanza a cuestiones secundarias: qué medio de transporte utiliza y qué ruta sigue al realizar el reparto. La Sentencia núm. 193/2019, el Juzgado de lo Social nº 31 de Barcelona califica también la relación entre la plataforma *Deliveroo* y sus repartidores como laboral, por crudeza en el sistema de asignación de franjas horarias y en el hecho de que la pretendida libertad de elección es sólo aparente: SJSO núm. 2253/2019 del 11 de junio, ECLI:ES:JSO:2019:2253.

133 As. C-434/15, ECI:EU:C:2017:981, del 20 de diciembre de 2017, *Asociación Profesional Élite Taxi* vs. *Uber Systems Spain, S.L.*

134 *Ibídem.* FJ 46-48.

135 BELTRÁN DE HEREDIA RUIZ, I., "Caso élite taxi: ¿los conductores de Uber son "trabajadores" a la luz del Derecho comunitario?", *Revista de Derecho vLex*, núm. 164, 2018, p. 4. Véase también: MARIN CONSARNAU, D., "Las relaciones internacionales de trabajo en la economía de plataforma", en: BALCELLS, J., BATLLE, A., DELGADO, A.M. (coords.), *Collaborative economy: Challenges and opportunities*, Barcelona, 1ª ed., Huygens, 2018, pp. 92-94.

posterior el recurso fue rechazado por cuestiones formales, manteniéndose la decisión inicial en firme[136].

En otros países de Latinoamérica la regulación se ha configurado a través de las autoridades administrativas, en Colombia, por ejemplo, el Ministerio de Transporte de ese país, emitió en el año 2018 una circular en la se establecen sanciones para los conductores de vehículos no autorizados para prestar servicios de transporte que van desde la suspensión de la licencia de conducir hasta su cancelación por un periodo de 25 años[137]. Sin embargo, de manera posterior en 2019, Superintendencia de industria y Comercio, actuando con funciones jurisdiccionales[138] ordena el cese de la prestación del servicio de transporte a *Uber*, en sentencia del 20 de diciembre de 2019 por razón de incurrir en actos de competencia desleal por violación de normas y desviación de clientela al prestar irregularmente el servicio público individual de transporte. Pese a la sentencia, *Uber* regresó a Colombia en 2020, bajo la modalidad el arrendamiento de vehículos con conductor, hecho que sigue generando profundas tensiones entre las plataformas, sus conductores y el gremio de taxistas[139].

---

136 Incidente de apelación en autos "Uber" sobre 83 —usar indebidamente el espacio público c/fines lucrativos (no autorizadas)", Cámara de Apelaciones en lo Penal Contravencional y en faltas— Sala II, Actuación No. 11296249/2018, disponible en: https://ijudicial.gob.ar/wp-content/uploads/2018/04/UBER-4790-2016-302-RES-INCONSTITUCIONALIDAD-1.pdf. Fecha de consulta: 30 de mayo de 2023.

137 Circular No. 20184000506791, Ministerio de transporte de Colombia, del 12 de diciembre de 2018, disponible en: file:///C:/Users/User/Downloads/CIRCULAR%2020184000506791%20DEL%2012-12-2018.pdf. Fecha de consulta: 1 de julio de 2020. A 2023, el panorama de normalización regulatoria del transporte de pasajeros a través de plataformas respecto del transporte de pasajeros por medio de empresas "tradicionales", sigue siendo, cuando menos, complejo en Colombia, y no se les solicita por parte de la administración pública los mismos requisitos a todas las empresas de transporte (independientemente si involucran o no plataformas), aunque se trate del mismo servicio, sobre el particular véase: https://www.elpais.com.co/colombia/multas-a-la-vista-reforzaran-controles-a-plataformas-de-transporte-segun-borrador-del-gobierno.html. Fecha de consulta 30 de mayo de 2023.

138 Sentencia de la Superintendencia de industria y Comercio 20 de septiembre de 2019, rad.16.102106, COTECH S.A. vs UBER BV, UBER TECHNOLOGIES INC y UBER COLOMBIA S.A.S., disponible en: https://www.sic.gov.co/slider/superindustria-ordena-cese-de-la-prestaci%C3%B3n-del-servicio-de-transporte-uber. Fecha de consulta: 25 de octubre de 2021.

139 OJEDA, D., "La reglamentación de plataformas tipo Uber podría darse este año", *El Espectador*, 13 de abril de 2021, disponible en: https://www.elespectador.com/

En general, las plataformas en el sector del transporte como *Uber* han sido acusadas de crear competencia desleal frente a los conductores tradicionales, por cuanto se les permite prestar el servicio sin cumplir con las garantías mínimas de calidad y seguridad frente a los pasajeros. Adicionalmente, estas plataformas no asumen los gastos fiscales requeridos para este tipo de actividad o las garantías laborales respecto de sus conductores[140].

Si bien las restricciones mencionadas fueron impuestas por las autoridades en el contexto de transporte urbano de pasajeros, existen plataformas de otro tipo de sectores que han enfrentado medidas gubernamentales respecto del cobro de impuestos[141], control de las actividades ilegales y protección del consumidor[142]. Entre estas se encuentran las plataformas en línea para alojamiento de uso turístico que será objeto de un análisis detallado de antecedentes, condiciones actuales y regulación futura en el siguiente capítulo y durante toda esta investigación.

Por último, si bien es cierto que en la actualidad existe una regulación más extensa y especializada frente a las plataformas por parte de los Estados[143], la forma de corrección más eficaz en caso de que se incumplan los términos y condiciones del intermediario o la normativa específica de protección al consumidor, son los sistemas de reputación establecidos por la misma plataforma o por un tercero que ayudan a medir la calidad del servicio frente a los consumidores, y cuyos resultados pueden modificar la conducta de la plataforma o de sus usuarios[144].

---

bogota/la-reglamentacion-de-plataformas-tipo-uber-podria-darse-este-ano-article/. Fecha de consulta: 30 de mayo de 2023.

140 ROJO ÁLVAREZ-MANZANEDA, R., *ob. cit.*, p. 140.

141 La dificultad en el cobro de impuestos a plataformas de EC es una contingencia que está siendo superada por los Estados, que, si bien no es posible señalar que el 100% de los ingresos provenientes de la actividad de las plataformas tengan una carga impositiva, los entes recaudadores han logrado detectar las ganancias provenientes de este negocio e incluirlas, como mínimo dentro del impuesto de renta. Sobre el particular véase: OEI, S., RING, D., "Can Sharing Be Taxed", *Washington University Law Review*, núm. 93, 2015-2016, pp. 1009-1013 y ANTÓN ANTÓN, A., FERRANDO NICOLAO, E., Retos jurídicos y económicos emergentes en la economía de plataformas, Cizur Menor, 1ª ed., Editorial Aranzadi, 2022.

142 MORENO-IZQUIERDO, L., RAMÓN-RODRÍGUEZ, A.B.; SUCH DEVESA, M., *ob. cit.*, p. 110.

143 Véase el apartado 1 del capítulo II.

144 KÖBIS, N.C., SORAPERRA, I., SHALVI, S., "The Consequences of Participating in the Sharing Economy: A Transparency-Based Sharing Framework", *Journal of Management*, vol. 47, núm. 1, 2021, p. 318.

3. LA ECONOMÍA DE PLATAFORMA Y EL CAPITALISMO DE PLATAFORMA

La plataforma en línea es una estructura esencial del comercio electrónico, de las comunicaciones por medios virtuales y de las relaciones sociales digitales, por cuanto, a través de estas las personas pueden obtener acceso a bienes y servicios, retroalimentación sobre su uso, y todo tipo de información[145]. En el marco de la EC, las plataformas en línea han sido claves para su desarrollo, pues son el puente virtual que permite la trasmisión de información de manera eficiente con disminución de costos y eliminación de barreras físicas en el comercio.

Las plataformas en línea facilitan el contacto y la intermediación, sin embargo, debe decirse que algunos autores señalan que su dinámica ya no encuentra respaldo en la simple narrativa que reduce costos de transacción y crea oportunidades de negocio[146], por lo cual se necesita una aproximación y estudio autónomo, y se han referido al conjunto de nuevas características que se les atribuyen, como economía de plataforma. Respecto del capitalismo de plataforma, es posible señalar que se trata del sistema económico que utilizan las plataformas para conducir su negocio, pero visto de una perspectiva crítica, la actividad comercial de la plataforma en línea es solo otro camino para reproducir los medios de producción y promover la acumulación de capital mediante monopolios digitales que polarizan social y económicamente a la población a expensas de restringir y menoscabar sus derechos, especialmente en el ámbito laboral[147].

Antes de continuar, es necesario señalar que las plataformas en línea promueven la apariencia de modelo colaborativo como estrategia de *marketing*, aunque se trate de una sociedad mercantil regular (*collaborative washing*), siendo otro de sus objetivos mostrar la sostenibilidad de su negocio y las ventajas que trae para los miembros de la comunidad unirse a la plataforma[148], como el uso eficiente de recursos, nuevas oportunidades y

---

145 QUARTA, A., "Narratives of the Digital Economy: How Platforms Are Challenging Consumer Law and Hierarchical Organization", *Global Jurist*, vol. 20, núm. 2, 2020, p. 3.

146 PASQUALE, F., "Two Narratives of Platform Capitalism", *Yale Law & Policy Review*, núm. 35, 2016, pp. 309-310.

147 DE RIVERA, J., GORDO, A., CASSIDY, P., "La economía colaborativa en la era del capitalismo digital", *Revista Redes*, núm. 15., 2017, pp. 26-27.

148 La plataforma en línea *Airbnb*, por ejemplo, se autodenomina a sí misma como de economía colaborativa, muestra el alojamiento como una vía para emprendedo-

creación de comunidades[149]. En contraste, servicios como alojamiento y transporte por medio de plataformas en línea han aumentado el consumo en lugar de aprovechar el potencial de recursos ya disponibles[150]. Este comportamiento es muy cercano a la responsabilidad social corporativa en la que se promueven acciones encaminadas a proteger el medio ambiente o ayudar a la comunidad cuando los objetivos y actividades regulares de la compañía son opuestos a este tipo de protección o causan un daño a nivel ecológico o social[151].

La dinámica de la economía de plataforma aunada al capitalismo de plataforma que como se ha señalado, dista de la EC primaria u original, y aunque existan plataformas en línea con fines sociales y sin ánimo de lucro, las plataformas con ánimo de lucro son las protagonistas en el marco de la nueva y reformada EC. La visión actual de la UE, especialmente de la Comisión Europea respecto de las plataformas en línea, se acompasa con lo señalado, pues el componente colaborativo principal ha sido reducido a un pequeño sector, en contraste con las múltiples plataformas en línea de tipo comercial y con ánimo de lucro que han evolucionado a una escala significativa y se han convertido en "guardianes privados de mercados, los clientes y la información", y por tanto, la Comisión Europea al reconocer esta posición debe garantizar que no afecte la equidad y apertura de los mercados en la UE[152].

Así las cosas, veamos a continuación varios puntos que caracterizan la economía de plataforma: el primero es que ya no se trata principalmente de una persona con un nivel de conocimiento medio buscando darle un uso esporádico a un bien o recurso, puesto que la presencia e intervención de la plataforma implica un conocimiento especializado, objetivos de ne-

---

res, y sus servicios como una solución para resolver problemas económicos, sociales y comunitarios a nivel global; BENÍTEZ-AURIOLES, B., "Emprendimiento en el mercado peer-to-peer de alojamientos turísticos", *Revista de estudios empresariales. Segunda Época*, núm. 1, 2019, pp. 79-80.

149 GOMEZ-ALVAREZ, R., MORALES-SÁNCHEZ, R., "How does collaborative economy contribute to common good?", *Business Ethics, the Environment & Responsibility*, special issue, 2021, p. 2.

150 GÓMEZ-ÁLVAREZ DÍAZ, R., MORALES SÁNCHEZ, R., "Principios ontológicos de la economía colaborativa verdadera", en: GÓMEZ-ÁLVAREZ DÍAZ, R., PATIÑO RODRÍGUEZ, D., PLAZA ANGULO, J.J. (dirs.), *Economía colaborativa…¿De verdad?,* Murcia, 1ª ed., Laborum, 2018, p. 32.

151 *Ibídem,* p. 32.

152 COM (2020) 67 final, de 19 de febrero de 2020, Shaping Europe's digital future.

gocio, rentabilidad, y permanencia en la actividad comercial. Esto implica que, aunque la plataforma en línea se involucre únicamente de manera directa con el contrato de intermediación, en su posición de comerciante debe respetar los derechos de las partes y en especial los derivados del contrato de consumo[153].

El segundo es la formación en ocasiones, de relaciones laborales bajo el esquema de negocio de la economía de plataforma. Si bien la plataforma en línea desea ser concebida como un mero intermediario colaborativo, esta línea se desdibuja cuando se toma ventaja de la competitividad entre prestadores directos de servicio como repartidores y transportistas mediante un contrato que no es denominado como laboral, pero en la realidad podría cumplir los requisitos legales para serlo. Por lo tanto, la plataforma minimiza costos y optimiza sus recursos en una versión nada colaborativa y de capitalismo salvaje en la prestación de su servicio de intermediación[154].

El tercero es la competencia, la economía de plataforma, puede tratarse de una nueva forma de acceder a bienes y servicios, pero ello no implica que los proveedores tradicionales del servicio no compitan en el mismo mercado, pues las actividades como el transporte y el alojamiento ya se encontraban reguladas antes de la aparición de las plataformas. Lo intrincado en este punto es demostrar que las plataformas pese a su apariencia colaborativa y estructura en línea compiten o no en las mismas condiciones que las empresas tradicionales, las cuales para ejercer su actividad comercial han tenido que cumplir ciertos requisitos legales a los que las plataformas no se encuentran obligados, lo cual puede impactar en el precio o en la forma de prestar el servicio. Esta situación ha creado fuertes tensiones en ciertos sectores, y nos llevan a una conclusión, por más que la plataforma en línea se considere a sí misma colaborativa y alternativa, en los tiempos actuales puede tratarse de una empresa regular que presta el servicio en condiciones distintas, pero compite en el mismo mercado que un prestador tradicional[155].

---

153 DOMURATH, I., "Platforms as contract partners: Uber and beyond", *Maastricht Journal of European and Comparative Law,* vol. 25, núm. 5, 2018, pp. 574-575.

154 SUÁREZ CORUJO, B., "la gran transición: la economía de plataformas digitales y su proyección en el ámbito laboral y de la seguridad social", *Temas laborales,* núm. 141, 2018. p. 40.

155 JARNE MUÑOS, P., *Economía colaborativa y plataformas digitales,* Madrid, 1ª ed., editorial Reus, 2019, pp. 40-41.

El cuarto es que las plataformas en línea permiten la intermediación siempre que se cumplan ciertos requisitos para el intercambio[156], los cuales varían de plataforma a plataforma[157]. Por ejemplo, la plataforma *BlaBla-Car* referida al transporte que según su página web se encarga de "poner en contacto a los conductores que viajan a un determinado destino con pasajeros que se dirigen al mismo lugar, de forma que puedan compartir el trayecto así como los costes asociados al mismo"[158], no requiere específicamente que los conductores sean los propietarios del vehículo, basta con que tengan el consentimiento expreso del propietario para utilizarlo con el objetivo de llevar a cabo un desplazamiento compartido.

Por otro lado, una plataforma de *Crowfunding*[159] llamada *Kickstarter* que, de acuerdo a su página web "ayuda a artistas, músicos, productores de cine, diseñadores y otros creadores a encontrar recursos y el apoyo que necesitan para hacer sus ideas realidad"[160], no exige la acreditación de estudios académicos o profesionales para ser financiado, sin embargo, sí tiene restricciones sobre la naturaleza del proyecto a financiar, por ejemplo, no

---

156 Las plataformas digitales o en línea al exigir ciertos requisitos y alojar datos de los usuarios, lo que genera la concentración de la información para empresas transnacionales y cabe la posibilidad que tal procesamiento de datos distorsione el mercado y obstaculice la aparición de iniciativas locales de plataformas de EC con un similar objeto comercial. Parlamento Europeo, Comisión de Mercado Interior y Protección del Consumidor, (2017) ref. A8-0195/2017, "Informe sobre una Agenda Europea para la economía colaborativa", disponible en: https://www.europarl.europa.eu/doceo/document/A-8-2017-0195_ES.pdf. Fecha de consulta: 30 de mayo de 2023.

157 Los requisitos exigidos por la plataforma en línea también pueden nacer de obligaciones legales como por ejemplo en materia tributaria o administrativa, sin embargo, dependerá de cada sector al que las plataformas pertenezcan la manera en que el Estado les exija o les imponga ciertas obligaciones. Este debe tratarse con cuidado, puesto que las plataformas son prestadoras de servicios de la sociedad de la información y, por tanto, imponerles obligaciones de manera indiscriminada no es coherente con el Derecho de la UE, esto será analizado en el capítulo siguiente.

158 *BlaBlaCar*, disponible en: https://blog.blablacar.es/about-us/terms-and-conditions. Fecha de consulta: 30 abril de 2022.

159 El *Crowfunding* se trata principalmente de recaudar fondos a través de Internet, para financiar un proyecto específico. Véase, FINK, A.C., "Protecting the Crowd and Raising Capital through the crowdfund Act", *University of Detroit Mercy Law Review*, núm. 90, 2012-2013, p. 7.

160 *Kickstarter*, disponible en: https://www.kickstarter.com/about?ref=global-footer. Fecha de consulta: 30 de mayo de 2023.

puede tratarse de campañas políticas, armas, tratamiento para enfermedades, bebidas energéticas, entre otros.

La plataforma en línea para alojamientos de uso turístico *Airbnb* no exige al arrendador que publica los anuncios del inmueble dentro de la plataforma el título de propiedad o tan siquiera prueba alguna que tiene la facultad de disponer de este de manera legal, por tanto, cualquier persona con acceso al inmueble[161], incluso cuando el acceso haya sido obtenido forma ilegal o fraudulenta, puede ponerlo a disposición de la intermediación de la plataforma.

El quinto, es la diversificación de sus servicios, si bien las plataformas en línea iniciaron su actividad con un único servicio o un servicio principal, en las condiciones actuales sus anuncios muestran que actividades de intermediación pueden suplir necesidades amplias y variadas. Y por supuesto, en este tipo de servicios accesorios es difícil mantener la premisa que las plataformas en línea facilitan el acceso a recursos infrautilizados, más aún cuando el contrato secundario de intermediación no se relaciona con el primero. Tomemos como ejemplo la plataforma en línea *TripAdvisor* para alojamientos turísticos que permite reservar un hotel, un restaurante y un alojamiento turístico[162] y la plataforma en línea *Amovens*[163] que sirve como intermediario en servicios alquiler de vehículos y también ofrece transporte compartido como las plataformas *Uber* y *BlaBlaCar*. Visto lo anterior, podemos decir que, la intermediación de las plataformas en línea ya no se enfoca en recursos infrautilizados sino en los recursos disponibles, aunque estos provengan de comerciantes o de los particulares.

Los argumentos aquí señalados son apenas algunas consideraciones sobre como las plataformas en línea que son percibidas por los consumidores como centro de la EC, hacen parte de un sector comercial y lucrativo específico, que no se estructura como un modelo alternativo y colaborativo sino como una empresa con fines comerciales regulares que utiliza recursos especialmente puestos a disposición de la plataforma[164] y no aquellos que se encuentran infrautilizados sin su intermediación.

---

161 Véase: https://www.airbnb.es/help/article/2908/t%C3%A9rminos-de-servicio. Fecha de consulta: 30 abril de 2023.

162 Véase: https://www.tripadvisor.com/. Fecha de consulta: 30 abril de 2023.

163 *Amovens*, disponible en: https://amovens.com/. Fecha de consulta: 30 abril de 2023.

164 Sobre espacios o bienes que se ponen especialmente a disposición de la plataforma debe mencionarse que algunas plataformas en línea de alojamientos de uso

La percepción de las plataformas en línea por fuera del ámbito colaborativo, es decir, dentro del ámbito comercial de los prestadores tradicionales de servicios puede contribuir a cambiar las expectativas sobre la protección de los usuarios, especialmente de los consumidores, que suelen desconocer sus derechos; puesto que si tanto las plataformas como los prestadores tradicionales ejercen la misma actividad, y compiten bajo las mismas reglas, les deben ser aplicables las mismas normas, pero ello puede dificultarse cuando el legislador le atribuye a las plataformas en línea que actúan como intermediarias derechos y obligaciones genéricas cuya aplicación en el contexto virtual no tiene un encaje claro o simplemente presenta un grado de complejidad fuera del alcance de un consumidor medio.

4. EL ROL DEL CONSUMIDOR EN LA ECONOMÍA DE PLATAFORMA

El consumidor comúnmente se trata de una persona física actuando por fuera de su actividad profesional[165], y en la contratación de servicios a través de plataforma en línea, su contraparte es esta última, creándose una relación *B2C.* Sin embargo, al tratarse una relación tripartita en la cual hay varios sujetos involucrados en necesario aclarar algunos puntos y después situar la protección al consumidor en marco de la literatura actual.

La plataforma en línea crea el escenario virtual donde las partes realizan la contratación[166] y presta servicios de intermediación por un precio, para lucrarse de esa actividad, y por tanto su rol es el de profesional o empresario. Respecto del consumidor este puede tratarse de la persona que provee el servicio, para el contrato principal, la que recibe el servicio, o ambos.

---

turístico además de intermediar para el alquiler de viviendas, también lo hacen para reservas en hoteles, y *bed & breakfast,* con este tipo de reservas se diluye aún más el modelo colaborativo, teniendo en cuenta que este tipo de establecimientos cuentan con bienes que son diseñados y administrados por profesionales especialmente para alojamientos turísticos y en ningún caso se trata de viviendas compartidas o arrendamientos esporádicos realizados por particulares. Véase: ORTUÑO, A., JIMÉNEZ, J.L., "Economía de plataformas y turismo en España a través de Airbnb", *Cuadernos económicos de ICE,* núm. 97, 2019, p. 135.

165 BAILLOUX, C., "The Average Consumer in European Consumer Law", *Exeter Law Review,* núm. 44, 2017, p. 152.

166 DÍAZ-GRANADOS, J., & SHEEHY, B., "The sharing economy & the platform operator-user-provider "PUP model": Analytical legal frameworks", *Fordham Intellectual Property, Media & Entertainment Law Journal,* vol. 31, núm. 4, 2021, p. 1029.

Si tanto la persona que provee efectivamente el servicio del contrato principal por un lado y por otro, la persona quien recibe y disfruta el servicio, son personas físicas que actúan por fuera de su actividad profesional, son consumidores entre sí y frente a la plataforma en línea (*C2C* y *B2C*). Si alguna de ellas o ambas son personas jurídicas o siendo personas físicas actúan por dentro de su actividad profesional[167], ya no pueden ser consideradas consumidores y de acuerdo con el rol de cada una se configurarían relaciones (*B2B* o *B2C*) entre ellas y frente a la plataforma en línea.

Tomemos un ejemplo, en la plataforma en línea *BlaBlaCar* que intermedia entre personas físicas con necesidad de transporte fuera y entre ciudades, el conductor que para efectos de este ejemplo es el propietario del vehículo, realiza la actividad de transporte de forma ocasional cuando tiene que trasladarse de una ciudad a otra por motivos personales, y para ahorrar gastos, comparte su vehículo por un precio con un pasajero que también es consumidor usando los servicios de intermediación de la plataforma *BlaBlaCar*. Ambos, tanto el dueño del vehículo como el pasajero son consumidores frente a la plataforma en línea (*B2C*) pero entre ellos mantienen una relación de pares (*C2C*)[168].

Sin embargo, aunque el proveedor efectivo del servicio pueda actuar como consumidor, en la literatura actual explorar esta calidad no es la prioridad, por cuanto, ámbitos que pueden verse involucrados en una relación contractual comercial. Las plataformas en línea suelen crear condiciones de uso especiales para estos proveedores, y su enfoque es limitar la responsabilidad de la plataforma al máximo, y extender la responsabilidad del proveedor frente al consumidor final[169], sin considerar en ningún caso que

---

167 En el As. C-105/17, ECLI:EU:C:2018:808, de 4 de octubre de 2018, *Komisia za zashtita na potrebitelite* vs *Evelina Kamenova*, FJ 40-43, el TJUE determinó que para que una persona que suministra bienes a través de una plataforma en línea sea considerada un comerciante no basta que se lucre con esa actividad, sino que debe tratarse de una práctica comercial definida como "todo acto, omisión, conducta o manifestación, o comunicación comercial, incluidas la publicidad y la comercialización, procedente de un comerciante y directamente relacionado con la promoción, la venta o el suministro de un producto a los consumidores". Especialmente se resalta que la actividad debe provenir de un comerciante, es decir, de una persona que profesionalmente se dedique a esa actividad.

168 MURPHY, M., *ob. cit.*, p. 133.

169 Pese a lo anterior, existen plataformas que respaldan a quienes prestan el servicio efectivo en caso de un incidente relacionado con el servicio, como ejemplo tenemos que la plataforma *Airbnb* garantiza y paga a favor de todos sus anfitriones un seguro de responsabilidad por daños relacionado con el alojamiento, disponible

estos proveedores puedan tener la calidad de consumidores, algo que debe ser analizado por el legislador de la UE[170].

La relación de consumo que será analizada en esta investigación es la de la plataforma en línea frente al consumidor final, aunque se expondrán algunos puntos clave sobre el contrato entre el proveedor de servicios del contrato principal y la plataforma, así como la relación entre esta última y la persona que disfruta o recibe cuando no cumple los requisitos de las normativas de la UE para que se configurare la calidad de consumidor, en el marco de la intermediación para alojamientos de uso turístico.

en: https://www.airbnb.es/help/article/937. Fecha de consulta: 30 de mayo de 2023.

170 BUSCH, C., SCHULTE-NÖLKE, H., WIEWIÓROWSKA-DOMAGALSKA, A., ZOLL, F., "The Rise of the Platform Economy: A New Challenge for EU Consumer Law?", *Journal of European Consumer and Market Law,* vol. 5, núm. 1, 2016, p. 7.

Capítulo II

Marco legal de la Plataforma en Línea de Alojamientos Turísticos (PLAT)

La intermediación de alojamientos de uso turístico[171], es un sector específico de la economía de plataforma que se dedica principalmente a servicios de hospedaje[172] conectando a propietarios y a huéspedes a través de una plataforma en línea, que actúa como intermediaria y es partícipe en la relación contractual en este tipo de acuerdos. Sin embargo, es de aclarar que la plataforma no presta el servicio principal de arrendamiento, sólo intermedia para que este sea posible mediante un contrato secundario.

A nivel global, la actividad comercial de este tipo de plataformas no se encuentra denominada de una única manera, especialmente en el ámbito legal, donde cada Estado las incluye en ciertos sectores o modalidades de servicios específicos como los arrendamientos cortos o de corta duración, el arrendamiento de vivienda de uso turístico o vivienda turística, los alojamientos turísticos ya sea de vivienda completa o por habitaciones. Por ello, para efectos de esta investigación, este tipo de plataformas en línea[173], pueden englobar todas estas categorías, es decir, siempre que el rol de la pla-

---

171 Respecto de la clasificación de este servicio de intermediación para el alojamiento de uso turístico dentro del Dictamen del Comité de las Regiones Europeo (2016), podemos situarla como *access economy* por cuanto permite el disfrute o acceso temporal de una vivienda. Sobre el particular, véase el apartado 2.1 del capítulo I.

172 Estas plataformas prestan principalmente servicios de alojamiento, sin embargo, debe indicarse que pueden ofrecer servicios adicionales. Véase: INNERHOFER, E., FONTANARI, M., PECHANER, H., *Destination resilience; Challenges and opportunities for destination management and governance*, Nueva York, 1ª ed., Routledge, 2018, pp. 20-23.

173 El TJUE denomina a las plataformas en línea como "electrónicas" (As. C-390/18, de 19 de diciembre de 2019, ECLI:EU:C:2019:1112, proceso penal contra X, con la intervención de YA, *Airbnb Ireland UC, Hôtelière Turenne SAS* y *Association pour un hébergement et un tourisme professionnels*), por tanto, debe entenderse las plataformas en línea objeto de esta investigación son sinónimos de las plataformas electrónicas. También se incluyen en el concepto de prestador de servicios intermediarios de la Directiva de comercio electrónico: Directiva 2000/31/CE del Parlamento Europeo y del Consejo, de 8 de junio de 2000, relativa a determinados aspectos jurídicos de los servicios de la sociedad de la información, en particular el comer-

taforma sea prestar un servicio de intermediación para que se lleve a cabo un contrato de arrendamiento de un inmueble independientemente de su destinación o de la duración del alojamiento, especialmente en el ámbito turístico, pero es necesario hacer algunas puntualizaciones al respecto.

La actividad comercial de las plataformas en línea de alojamientos turísticos, en adelante, PLAT, generalmente se encuentra dirigida al turismo[174], pero no puede indicarse que son los turistas quienes usan estas plataformas de manera exclusiva, por cuanto el alojamiento puede realizarse con fines vacacionales, de trabajo, de entretenimiento o cualquier otro. Si bien el área de entretenimiento incluye vacaciones y estancias turísticas, las PLAT pueden ser contratadas dentro de la ciudad donde tiene su domicilio el huésped, por tanto, no entraría dentro de la categoría general de turismo, pero si dentro del espectro de la intermediación de la plataforma, por tanto, existen huéspedes que actúan como consumidores, pero no son turistas. Adicionalmente, de acuerdo con la finalidad que se persiga con el alojamiento y la norma que se pretende aplicar al caso concreto, estos turistas podrán ser o no considerados como consumidores.

La duración del contrato de arrendamiento también es un factor determinante en la clasificación de los Estados respecto al sector donde las plataformas en línea prestan sus servicios, si bien no se encuentran involucradas de manera directa en el contrato de arrendamiento, este tipo de contratos, como se mostrará más adelante en este capítulo, tienen una regulación especial cuando no exceden determinado número de días[175], por tanto las plataformas pueden realizar un servicio de intermediación para arrendamientos cortos o de la larga duración, aunque en materia de turismo prevalezcan los arrendamientos cortos.

Finalmente, la destinación del inmueble como alojamiento turístico, de manera total y permanente, puede llamarse vivienda turística o de uso turístico dependiendo de la normativa aplicable. También, puede haber arrendamientos parciales del inmueble que puede denominarse arrendamiento de o por habitaciones, y aunque la plataforma solo actúe como intermediaria para facilitar el arrendamiento de cualquier tipo de estos inmuebles, la normativa, jurisprudencia y doctrina que existe en la actuali-

---

cio electrónico en el mercado interior (Directiva sobre el comercio electrónico), *DOCE* núm. 178, de 17 de julio de 2000.

174 LINDNER, A., "Alquiler de vivienda para uso turístico: desorden legislativo y problemas de competencia", *Actualidad Jurídica Aranzadi*, núm. 920, 2016, p. 1.

175 Este periodo varía de legislación en legislación.

dad sobre las PLAT involucra todos estos conceptos y denominaciones dentro del sector en el que las plataformas ejercen su actividad, con lo cual, en esta investigación, el significado de las siglas PLAT se ha seleccionado, teniendo en cuenta que si bien la plataforma intermedia para que se cree el contrato de arrendamiento, su intervención se enfoca principalmente en alojamientos turísticos, teniendo en cuenta las precisiones anteriormente señaladas, y que en el sector del turismo es más probable que se cree un contrato de consumo que en otros sectores, por actuar el turista por fuera de su actividad profesional.

La importancia del turismo en las PLAT puede evidenciarse en el auge de viviendas turísticas en zonas que solían ser residenciales asociadas a los centros de las ciudades, donde uno de los argumentos principales es que ha coadyuvado a generar un incremento desproporcionado de los visitantes consolidándose un movimiento social en contra del turismo[176]. Dicha situación evidencia la necesidad de regulación de los arrendamientos cortos, que ha situado en restricciones en algunas ciudades[177] como por ejemplo en Barcelona y Berlín. En Barcelona se ha prohibido el arrendamiento de vivienda turística por medio de PLAT en edificios residenciales, y se han establecido multas para los propietarios que obligan a los inquilinos a marcharse para dedicar ese espacio a alquileres de corta duración con precios más altos que los de un arrendamiento regular. En Berlín, en 2016 se prohibieron los alquileres cortos y sólo hasta 2018 se retiró la prohibición con estrictas medidas de control, en las cuales el propietario debe obtener un permiso para poder destinar una vivienda a alquileres de corto plazo y si el propietario ejecuta tal actividad sin el permiso correspondiente, la ciudad puede imponerle multas de alrededor de medio millón de euros[178].

---

176 REIF, J., HARMS, T., EISENSTEIN, B., "Tourist-Sein oder nicht Tourist-Sein?: Zur Reputation des Touristen", *Zeitschrift für Tourismuswissenschaft*, vol. 11, núm. 3, 2019, p. 386.

177 Véase: https://www.businessinsider.es/como-estan-luchando-grandes-ciudades-frenar-airbnb-leyes-383 257. Fecha de consulta: 31 de mayo de 2023.

178 MCKENZIE, Z., "Life in a Sharing Economy: What Airbnb, Turo, and Other Accommodation-Sharing Services Mean for Cities", *Penn State Journal of Law and International Affairs*, núm. 8, 2020, pp. 370-371. Véase también: LAMBEA LLOP, N., "A policy approach to the impact of tourist dwellings in condominiums and neighbourhoods in Barcelona", *Urban Research & Practice*, vol. 10, núm. 1, 2017, pp. 120-129 y FONT I MAS, M., MARIN CONSARNAU, D., LAMBEA LLOP, N., CANALES GUTIÉRREZ, S., "La regulación catalana sobre les plataformas digitales de vivienda turística y su encaje en la normativa y jurisprudencia de la Unión Europea", *Centre d'Estudis Jurídics i Formació Especialitzada de la Generalitat de Cata-*

En contraste con lo anterior, es necesario resaltar que la actividad de la PLAT puede crear efectos positivos que representa un provecho económico para los gobiernos y comerciantes locales por el continuo flujo de turistas y consumidores[179], que amplían la demanda de bienes y servicios no sólo relativos al alojamiento sino también en otras áreas del mercado, como transporte, alimentación y ocio. Adicionalmente, crean una ganancia extra para quien alquile una habitación en su propia casa o segunda residencia, y una ganancia constante para las personas naturales o jurídicas que se dedican profesionalmente a alquileres de corto plazo.

El impacto negativo de las PLAT en materia de turismo no se basa en que no generen ganancias para las partes involucradas, los comerciantes locales, o las ciudades en materia económica, pues estas son consecuencias positivas del turismo, es la sobreexposición de las ciudades al turismo lo que requiere un control, un equilibrio regulado entre los propietarios que desean alquilar viviendas y los vecinos y residentes que coexisten con ellos, partiendo de una normativa local y nacional específica sobre la actividad de las PLAT que le permita desarrollar su actividad dentro de ciertos límites[180].

1. CONTEXTO JUDICIAL EN LA UNIÓN EUROPEA SOBRE LAS PLATAFORMAS EN LÍNEA COMO PRESTADORES DEL SERVICIO DE LA SOCIEDAD DE LA INFORMACIÓN (CASOS *AIRBNB IRELAND UC* Y *UBER*)

En la Unión Europea, la regulación de las plataformas en línea se encuentra principalmente en la Directiva 2000/31/CE sobre el comercio electrónico[181], la Directiva 98/34/CE por la que se establece un procedi-

lunya, 2022, pp. 135-137, disponible en: https://cejfe.gencat.cat/ca/recerca/cataleg/crono/2022/regulacio_plataformes_habitatge_turistic/index.html. Fecha de consulta: 31 de mayo de 2023.

179 ROSENDAHL, M., "iTenant: How the Law Should Treat Rental Relationships in the Sharing Economy", *William & Mary Law Review*, vol. 59, núm. 2, 2017, pp. 743-744.

180 MCKENZIE, Z., *ob. cit.*, p. 376.

181 Directiva 2000/31/CE del Parlamento Europeo y del Consejo, de 8 de junio de 2000, relativa a determinados aspectos jurídicos de los servicios de la sociedad de la información, en particular el comercio electrónico en el mercado interior (Directiva sobre el comercio electrónico), *DOCE* núm. 178, de 17 de julio de 2000.

miento de información en materia de las normas y reglamentaciones técnicas[182], la Directiva 2005/29/CE sobre prácticas comerciales desleales de las empresas en sus relaciones con los consumidores en el mercado interior[183], Directiva 2011/83/UE del Parlamento Europeo y del Consejo de 25 de octubre de 201, sobre los derechos de los consumidores[184], la Directiva 2006/123/CE relativa a los servicios en el mercado interior[185], la Directiva (UE) 2015/1535 por la que se establece un procedimiento de información en materia de reglamentaciones técnicas y de reglas relativas a los servicios de la sociedad de la información[186], la Directiva (UE) 2019/770 sobre determinados aspectos de los contratos de suministro de contenidos y servi-

---

En el texto principal no se menciona el Reglamento 2022/2065 del Parlamento Europeo y del Consejo de 19 de octubre de 2022 relativo a un mercado único de servicios digitales ni el Reglamento (UE) 2022/1925 del Parlamento Europeo y del Consejo de 14 de septiembre de 2022 sobre mercados disputables y equitativos en el sector digital mencionados en el primer capítulo por estar pendiente su aplicación en el año 2024. Véase el apartado 1.2 que explica de manera específica los cambios que trae consigo el Reglamento 2022/2065 respecto de las nuevas obligaciones para las plataformas en línea.

182 Directiva 98/34/CE del Parlamento Europeo y del Consejo de 22 de junio de 1998, por la que se establece un procedimiento de información en materia de las normas y reglamentaciones técnicas, publicada en: *DOCE* núm. 204 de 21 de julio de 1998.

183 Directiva 2005/29/CE del Parlamento Europeo y del Consejo, de 11 de mayo de 2005, relativa a las prácticas comerciales desleales de empresa consumidor en el mercado interior, por la que se modifican la Directiva 84/450/CEE del Consejo, las Directivas 97/7/CE, 98/27/CE y 2002/65/CE del Parlamento Europeo y del Consejo y el Reglamento (CE) 2006/2004 del Parlamento Europeo y del Consejo (Directiva sobre prácticas comerciales desleales), publicado en: *DOUE* núm. 149, de 11 de junio de 2005.

184 Directiva 2011/83/UE del Parlamento Europeo y del Consejo de 25 de octubre de 201, sobre los derechos de los consumidores, por la que se modifican la Directiva 93/13/CEE del Consejo y la Directiva 1999/44/CE del Parlamento Europeo y del Consejo y se derogan la Directiva 85/577/CEE del Consejo y la Directiva 97/7/CE del Parlamento Europeo y del Consejo, publicado en: *DOUE* núm. 304, de 22 de octubre de 2011.

185 Directiva 2006/123/CE del Parlamento Europeo y del Consejo, de 12 de diciembre de 2006, relativa a los servicios en el mercado interior, *DOUE* núm. 376, de 27 de diciembre de 2006.

186 Directiva (UE) 2015/1535 del Parlamento Europeo y del Consejo, de 9 de septiembre de 2015, por la que se establece un procedimiento de información en materia de reglamentaciones técnicas y de reglas relativas a los servicios de la sociedad de la información, publicada en: *DOUE* núm. 241 de 17 de septiembre de 2019.

cios digitales[187], la Directiva (UE) 2019/771 del Parlamento Europeo y del Consejo, de 20 de mayo de 2019, sobre determinados aspectos de los contratos de compraventa de bienes[188], el Reglamento (UE) 2019/1150 sobre el fomento de la equidad y la transparencia para los usuarios empresariales de servicios de intermediación en línea[189], la Directiva 93/13/CEE sobre las cláusulas abusivas en los contratos celebrados con consumidores[190], entre otros[191].

También debe indicarse la Directiva 2019/770 mencionada, sobre determinados aspectos de los contratos de suministro de contenidos y servicios digitales, fue traspuesta el 1 de enero de 2022 a los Estados miembros. En España, la trasposición fue realizada a través del Real Decreto-ley 7/2021[192], que en su capítulo II indica un régimen de responsabilidad del empresario y derechos del consumidor y usuario, aplicable a la relación huésped-consumidor y PLAT. Es especialmente destacable que, el consu-

---

187 Directiva (UE) 2019/770 del Parlamento Europeo y del Consejo, de 20 de mayo de 2019, relativa a determinados aspectos de los contratos de suministro de contenidos y servicios digitales, *DOUE* núm. 136 de mayo de 22, 2019.

188 Directiva (UE) 2019/771 del Parlamento Europeo y del Consejo, de 20 de mayo de 2019, relativa a determinados aspectos de los contratos de compraventa de bienes, por la que se modifican el Reglamento (UE) 2017/2394 y la Directiva 2009/22/CE y se deroga la Directiva 1999/44/CE.

189 Reglamento (UE) 2019/1150 del Parlamento Europeo y del Consejo, de 20 de junio de 2019, relativo a la promoción de la equidad y la transparencia para las empresas usuarios de servicios de intermediación en línea, Publicado en: *DOUE* núm. 186, de 11 de julio de 2019.

190 Directiva 93/13/CEE del Consejo, de 5 de abril de 1993, sobre las cláusulas abusivas en los contratos celebrados con consumidores, publicada en: *DOCE* núm. 095, de 21 de abril de 1993.

191 Otros como, por ejemplo, el Reglamento (UE) 2016/679 del Parlamento Europeo y del Consejo de 27 de abril de 2016, relativo a la protección de las personas físicas en lo que respecta al tratamiento de datos personales y a la libre circulación de estos datos y por el que se deroga la Directiva 95/46/CE, publicado en: *DOUE* núm. 119, de 4 de mayo de 2016, que, aunque no se ha objeto de esta investigación, hace parte del marco de referencia legal de las plataformas digitales o en línea.

192 Real Decreto-ley 7/2021, de 27 de abril, de transposición de directivas de la Unión Europea en las materias de competencia, prevención del blanqueo de capitales, entidades de crédito, telecomunicaciones, medidas tributarias, prevención y reparación de daños medioambientales, desplazamiento de trabajadores en la prestación de servicios transnacionales y defensa de los consumidores, publicado en: BOE núm. 101 de 28 de abril de 2021.

midor pueda retener el pago hasta que su queja o reclamación sea atendida, ello puede ocurrir en el contrato de intermediación digital cuando el anuncio contempla pagos periódicos si se trata de estancias de más de 28 días, pudiéndose retener alguno de ellos por parte del huésped-consumidor en caso de disconformidad con los servicios de la PLAT[193].

Pese a que existe una constelación de normativa aplicable de la que apenas se mencionó la más relevante[194], la clasificación de las plataformas en línea como prestadoras de servicios de la sociedad de la información deviene de la jurisprudencia del TJUE tras interpretar la Directiva 2000/31/CE sobre comercio electrónico en el asunto *Uber* (2017) y en el asunto *Airbnb Ireland UC* (2019)[195]. La definición de la Directiva 2000/31/CE sobre prestadores de servicios de la sociedad de la información remite de acuerdo con su Art. 2 a), al Art. 1 apartado 2, de la Directiva 98/34/CE que prevé cuatro características o requisitos: todo servicio que se presta "normalmente a cambio de una remuneración, a distancia, por vía electrónica y a petición individual de un destinatario de servicios".

Se especifica que "a distancia" indica que las partes no se encuentran físicamente en presencia de la otra cuando el servicio se preste, "por vía electrónica", que implica que se envíe y reciba información por ese medio, y por solicitud individual del usuario para la transmisión de datos[196]. Teniendo en cuenta esta definición veamos a continuación los razonamientos del TJUE para determinar si dos plataformas en línea pueden ser o no consideradas como prestadoras de servicios de la sociedad de la información, teniendo en cuenta que en el caso *Uber* (2017) la interpretación es negativa y en la de *Airbnb Ireland UC* (2019) es positiva.

---

193 Como ejemplo, la PLAT *Airbnb que permite pagos parciales y periódicos de algunas reservas,* de acuerdo con su página web, disponible en: https://www.airbnb.es/help/article/92/cu%C3%A1ndo-se-efectuar%C3%A1-el-pago-de-tu-reserva. Fecha de consulta: 31 de mayo de 2023.

194 Es necesario decir que en esta investigación se tomará una porción del aspecto sustancial aplicable de Directiva 93/13/CEE sobre las cláusulas abusivas en los contratos celebrados con consumidores y la Directiva 2000/31/CE sobre comercio electrónico para efectos de un análisis comparativo sobre ley material aplicable en los Estados miembros en la parte III de esta investigación.

195 As. C-390/18, de 19 de diciembre de 2019, ECLI:EU:C:2019:1112, proceso penal contra X, con la intervención de YA, *Airbnb Ireland UC, Hôtelière Turenne SAS* y *Association pour un hébergement et un tourisme professionnels* (AHTOP), FJ 49.

196 GONZÁLEZ CABRERA, I., *El alojamiento colaborativo o el nuevo hospedaje low cost*, Madrid, 1ª ed., Dykinson, 2020, p. 34.

En el caso *Uber* (2017), el TJUE indicó que el servicio prestado por la plataforma en línea *Uber* se basa en seleccionar conductores que no son profesionales en el oficio del trasporte y utilizan su propio vehículo para prestar el servicio. Así mismo, se señala que el servicio de transporte ofrecido por estos conductores depende de la plataforma *Uber*, pues sin ellos no podría ponerse en contacto con los pasajeros ni prestar el servicio como un trasportista regular, ni tampoco los pasajeros podrían contactarlos. Adicionalmente, *Uber* dispone y controla varios detalles de la actividad subyacente de transporte como establecer el precio máximo por trayecto, valor que recibe como pago del pasajero-cliente y transfiere de manera posterior al conductor del vehículo en una proporción menor. También establece ciertas características del vehículo y de los conductores, ejerciendo un control amplio y una influencia decisiva[197] sobre el servicio de transporte de pasajeros[198].

El control de la plataforma *Uber* sobre la actividad de transporte[199] da como resultado que el servicio de intermediación que presta haga parte global de esa actividad, lo cual constituyó evidencia suficiente para el TJUE, que declaró que el servicio que presta esta plataforma debe incluirse en servicio en el ámbito de los transportes, en el sentido del artículo 2, apartado 2, letra d), de la Directiva 2006/123/CE y excluirse como servicio de la sociedad de la información en el sentido de la Directiva 98/34/CE y de

---

197 TORRES RIVERA, R.L., "La transformación jurídica en una economía digital: el caso Uber Legal transformation in a digital economy: The Uber case", *Iuris Dictio*, núm. 24, 2019, p. 39.

198 GORRIZ, C., "Incumbent Strategies against Collaborative Platforms: Lessons from the battle between taxi drivers and Uber in Spain", *Law in Context*, vol. 36, núm. 2, 2019, p. 79.

199 También fue relevante el concepto de ajenidad como determinante para establecer si los conductores de *Uber* trabajan por cuenta ajena o por cuenta propia en tres puntos: la ajenidad en los frutos, por cuanto el usuario o pasajero paga directamente a la plataforma sin intervención del conductor; ajenidad en los riesgos, por cuanto los conductores de *Uber* soportan riesgos más altos que los trabajadores convencionales, teniendo que proveerse ellos mismos sus equipos de protección y gastos de funcionamiento; y la ajenidad en el mercado, por cuanto entre el conductor como trabajador directo y el pasajero o consumidor interviene de manera obligatoria la figura jurídica del intermediario, que cobra por el servicio y teniendo en cuenta la ajenidad de los frutos, paga al conductor un valor a modo de salario por el servicio de transporte que presta; SÁENZ DE BURUAGA AZCARGORTA, M., "Implicaciones de la «gig-economy» en las relaciones laborales: el caso de la plataforma Uber", *Estudios de Deusto*, vol. 67, núm. 1, 2019, pp. 402-403.

la Directiva 2000/31/CE[200], dicho de otra manera, la Directiva 2000/31/CE no es aplicable a un servicio de intermediación con las características de la plataforma *Uber*.

En el asunto *Airbnb Ireland UC* (2019), el TJUE clasificó las plataformas en línea que prestan servicios de intermediación para el alojamiento como prestadores de servicios de la sociedad de la información, por cuanto, por un lado cumplen los cuatro requisitos para ejecutar esta actividad: que exista una remuneración, que se realice a distancia, por vía electrónica y a petición individual de un destinatario de servicios de la Directiva 2000/31/CE y por otro, no se evidencia de acuerdo con lo señalado por el TJUE que exista un nivel de influencia decisiva en la prestación del servicio de arrendamiento como sí acontece con la plataforma *Uber* respecto del servicio de transporte.

El objeto del contrato de intermediación para alojamiento de acuerdo con el TJUE[201] en el contexto de las plataformas en línea se trata de:

> "Poner en contacto, una plataforma electrónica, a cambio de una remuneración, a potenciales arrendatarios con arrendadores profesionales o no profesionales que ofrecen servicios de alojamiento de corta duración, con el fin de que los primeros puedan reservar un alojamiento".

De acuerdo con el TJUE, el servicio de intermediación que prestan las plataformas en línea en este contexto no puede equipararse al de las agencias inmobiliarias puesto que el objetivo inmediato de estas plataformas no es el arrendamiento, sino que proporcionan un instrumento, una lista de alojamientos disponibles y organizados que, aunados a las herramientas de búsqueda y comparación de precios, facilita la contratación en transacciones futuras[202].

El caso *Airbnb Ireland UC* (2019) es un poco más complejo que el caso *Uber* (2017) porque trata también de determinar si aplica o no al modelo de negocio de *Airbnb* el artículo 5 de la Directiva (UE) 2015/1535 que impone a los Estados miembros ciertas obligaciones frente a la Comisión Europea cuando establecen reglas técnicas a los prestadores de servicios de la sociedad de la información. Sin embargo, el razonamiento para establecer que las plataformas en línea de intermediación se incluían o no en esa categoría, fue al igual que el de *Uber*, el nivel de influencia y control que la

---

200 FERNÁNDEZ GARCÍA DE LA YEDRA, A., *ob. cit.*, p. 112.

201 Caso *Airbnb Ireland UC* FJ 45.

202 Caso *Airbnb Ireland UC* FJ 50-57.

plataforma en línea ejerce sobre las condiciones de prestación del servicio subyacente; en el caso de *Uber* (2017) el TJUE consideró que la influencia era decisiva y que ambos servicios tanto el principal como el secundario se encontraban englobados en un solo servicio y en el caso de *Airbnb* se indicó que su influencia no era decisiva[203] para la manera en cómo se presta el servicio de alojamiento, y ello conlleva a que el servicio de intermediación proveído por la plataforma sea independiente del servicio global de arrendamiento[204].

Sin embargo, debe decirse, que ha habido algunas críticas a este fallo, puesto que si bien realiza una distinción entre la actividad de intermediación de las plataformas en línea y la de los arrendamientos cortos, las plataformas en línea han revolucionado de tal manera el acceso a los alojamientos turísticos por este medio, que se han convertido en una economía masiva que ha impactado en su regulación en la UE, por tanto, la línea de separación entre una y otra actividad teniendo en cuenta las consecuencias económicas del negocio de las plataformas en línea puede no ser tan clara[205].

1.1. *La imposición de obligaciones nacionales a las prestadoras de servicios de la sociedad de la información en los Estados miembros de la UE. Aproximación desde el alojamiento turístico*

El TJUE en el asunto *Airbnb Ireland UC* (2019), clasificó las plataformas en línea que prestan servicios de intermediación para el alojamiento como prestadoras de servicios de la sociedad de la información y con ello, les es

---

[203] El grado de control o nivel de las plataformas en línea o digitales como *Airbnb* existe, lo que recalca el TJUE es que no es decisivo en la contratación como si lo es en el caso *Uber*, por ello plataformas en línea como *Airbnb* permanecen dentro de los contratos de intermediación y los servicios de intermediación que presta *Uber* se engloban en el contrato subyacente; IAMICELI, P., "Online Platforms and the Digital Turn in EU Contract Law: Unfair Practices, Transparency and the (pierced) Veil of Digital Immunity", *European Review of Contract Law*, vol. 15, núm. 4, 2019, pp. 416-417.

[204] SZPUNAR, M., "Reconciling new technologies with existing EU law-Online platforms as information society service providers", *Maastricht Journal of European and Comparative Law*, vol. 27, núm. 4, 2020, p. 404.

[205] MORAIS CARVALHO, J., "Airbnb Ireland Case: One More Piece in the Complex Puzzle Built by the CJEU around Digital Platforms and the Concept of Information Society Service", *Italian Law Journal*, núm. 6, 2020, pp. 470-471.

aplicable el régimen de exención de responsabilidad para los prestadores de servicios intermediarios de la Directiva 2000/31/CE[206] de acuerdo con su Art. 3, apartado 4, letra b), segundo guion, que indica la imposibilidad de que un Estado miembro diferente en el que el prestador de servicios de la sociedad de la información tiene su sede social pueda imponerles obligaciones que restrinjan la libre circulación de este tipo de servicios, a menos que de manera previa a adoptar dichas obligaciones o medidas, estas sean notificadas a la Comisión Europea y al Estado miembro en el cual se encuentra la sede social de la prestador de servicios de la sociedad de la información.

Esta interpretación tiene importantes repercusiones respecto de los Estados miembros y sobre las legislaciones existentes y futuras tanto nacionales como locales que imponen a las plataformas en línea ciertas obligaciones en las que, por la naturaleza de los datos que alojan y tratan pueden intervenir más fácilmente que el Estado para bloquear o suprimir contenido ilícito. Sin embargo, este es un tema complejo en el que los derechos de las plataformas en línea se encuentran en pugna con las obligaciones de vigilancia y control del Estado, en la que incluso los tribunales nacionales pueden tomar posturas contradictorias. Veamos a continuación dos casos judiciales sobre plataformas en línea de alojamientos turísticos uno español y uno italiano en donde se evidencia la dificultad en la interpretación de la 2000/31/CE frente a las legislaciones de los Estados miembros por los tribunales nacionales y que por tanto tienen la misma línea argumentativa que el caso *Airbnb Ireland UC* (2019).

En primer lugar España, específicamente en Cataluña, mediante sentencia del año 2019, del Tribunal Superior de Justicia de Catalunya[207], respaldó la resolución de la Dirección General de Turismo de la Generalitat que impuso a plataformas como *Airbnb* las obligaciones de bloquear, suprimir o suspender definitivamente de su página web, los anuncios turísticos sobre inmuebles localizados en la comunidad autónoma en cuestión en los que no constara el número de inscripción en el Registro de Catalunya.

El tribunal consideró que la Dirección General de Turismo de la Generalitat no le niega o prohíbe a la plataforma *Airbnb* el ejercicio de su actividad comercial de intermediación, sino que el objetivo de la medida es que la plataforma oferte viviendas de uso turístico[208] y sólo pueden hacerlo las

---

206 Asunto *Airbnb Ireland UC* FJ 89-96.

207 STSJ de Cataluña núm. 931/2019, de 13 de noviembre, ES:TSJCAT:2019:8266.

208 Véase el apartado 2.3 de este capítulo, donde se indica con detalle que se considera vivienda de uso turístico de acuerdo con la normativa catalana.

que se encuentran inscritas en el registro de turismo catalán. Dentro de la argumentación de la sentencia se introdujeron algunos argumentos del asunto *Airbnb Ireland UC* (2019), pero al momento de ser dictada la sentencia del Tribunal Superior de Justicia de Catalunya la cuestión prejudicial no se había resuelto y el tribunal consideró que los efectos de la sentencia no debían suspenderse hasta que fuese resuelto tal asunto por el TJUE.

De manera posterior, el Tribunal Supremo en sentencia del finales de 2020[209], resuelve un recurso de casación presentado por la plataforma *HomeAway*, renombrada actualmente como *VRBO*, en contra de la STSJ de Cataluña de 5 de octubre[210] que permitió mantener eficacia de la medida tomada por la Dirección General de Turismo de la Generalitat que impuso a las plataformas la obligación de bloquear, suprimir o suspender definitivamente de su página web, los anuncios turísticos localizados en Cataluña en los que no constara el número de inscripción en el Registro de Cataluña.

En esta sentencia el Tribunal Supremo (2020) establece que las plataformas como *Homeaway y Airbnb* no son empresas turísticas, sino que son intermediarias prestadoras de servicios de la sociedad de la información sujetas a la Directiva 2000/31/CE, por lo cual es necesario interpretar con base en el derecho de la UE el alcance de sus obligaciones, así como de la jurisprudencia del TJUE. El Tribunal Supremo establece que corresponde a la administración catalana y no a la plataforma, detectar cuando los sujetos obligados se encuentren en incumplimiento de las normas administrativas y declarar tal infracción para que, partiendo de ello, pueda requerir a las plataformas para que retiren el anuncio o restrinjan el acceso a este. El fundamento de tal decisión se basa en que las prestadoras del servicio de alojamiento de datos no son responsables de contenidos, aunque sean ilícitos, a menos que las autoridades de la comunidad autónoma correspondiente hayan declarado tal ilicitud, puesto en caso contrario se les trasladaría a empresas privadas la obligación de vigilancia de una entidad pública como es la Dirección General de Turismo de la Generalitat.

Pareciera ser entonces que existe una prohibición general de aplicar medidas o restricciones por parte de los Estados miembros a los prestadores de servicios de la sociedad de la información, cuando no ha habido una declaración expresa del contenido ilícito de los datos que alojan, sin

---

209 STS núm. 4484/2020 de 30 de diciembre, ECLI:ES:TS:2020:4484.

210 STSJ de Cataluña núm. 7090/2018, de 5 de octubre, ECLI:ES:TSJCAT:2018:7090.

embargo, debe tenerse en consideración el asunto *Glawischnig-Piesczek*[211], en el cual el TJUE permite imponer obligaciones de supervisión a los prestadores de servicios de alojamiento de datos en circunstancias específicas[212]. Una circunstancia específica de acuerdo con lo establecido por esta sentencia de este tribunal puede originarse en una información precisa, que almacena:

> "El prestador de servicios de alojamiento de datos de que se trata a instancia de un determinado usuario de su red social, cuyo contenido ha sido analizado y apreciado por un tribunal competente del Estado miembro, que, al término de su apreciación, lo ha declarado ilícito"[213].

En el asunto *Glawischnig-Piesczek*, el TJUE fundamenta su argumentación en que, si una red social continúa almacenando la información que haya sido declarada ilícita, un usuario de esa red podría reproducirla y compartirla pese a aquella declaración. Por tanto, en aras de evitar esta situación, un tribunal de un Estado miembro puede exigirle que bloquee o retire los datos idénticos o casi idénticos (con contenido similar) a los que hayan sido declarados ilícitos, o imponer medidas cautelares al respecto con el fin de evitar que se sigan violando los derechos de la víctimas[214], la territorialidad de las medidas no se limita a las fronteras nacionales, sino a nivel mundial, ampliando la jurisdicción del tribunal competente[215], tomando en consideración del Derecho internacional correspondiente[216].

---

211 As. C-18/18, de 3 de octubre de 2019, ECLI:EU:C:2019:821, *Eva Glawischnig-Piesczek* vs *Facebook Ireland Limited*, FJ 34-40.

212 DE MIGUEL ASENSIO, P.A., "El Tribunal Supremo (Sala de lo Contencioso) y los mandamientos de cesación frente a conductas ilícitas en plataformas de Internet", 6 de marzo de 2021, disponible en: https://pedrodemiguelasensio.blogspot.com/2021/03/el-tribunal-supremo-sala-de-lo.html. Fecha de consul ta: 31 de mayo de 2023.

213 Asunto *Glawischnig-Piesczek*, FJ 35.

214 El asunto *Glawischnig-Piesczek* evidencia que acudir a una instancia judicial para reivindicar los derechos de los usuarios frente a los prestadores de servicios de la sociedad de la información es una circunstancia atípica, que se limita a actores en calidad de víctimas que tienen los recursos económicos para hacerlo y cuentan con el apoyo de alguna entidad para lograr su reparación; HAMILTON, R. J. "Governing the Global Public Square", *Harvard International Law Journal*, vol. 62, núm. 1, 2021, p. 167.

215 CAVALIERE, P., "Glawischnig-Piesczek v Facebook on the Expanding Scope of Internet Service Providers' Monitoring Obligations", *European Data Protection Law Review*, núm. 5, 2019, p. 577.

216 Debe tenerse en cuenta que esta excepción fue aplicada a un prestador de servicios de la sociedad de la información que también tiene la categoría de red social,

El día 7 de enero de 2022, el Tribunal Supremo resolvió un recurso de casación[217] presentado por *Airbnb Ireland UC* y *Airbnb Marketing Services S.L.U.*, contra la sentencia n.º 931/2019, de 13 de noviembre, dictada por la Sección Quinta de la Sala de lo Contencioso-administrativo del Tribunal Superior de Justicia de Cataluña, en el que fijó el criterio jurisprudencial:

> "Un prestador de servicios de la sociedad de la información de alojamiento de datos, tal como se definen en la Directiva 2000/31/CE, en la interpretación efectuada por el Tribunal de Justicia de la Unión Europea, y en la Ley nacional 34/2002, no está sujeto de manera directa a las normativas sectoriales, sino que su régimen de responsabilidad es el determinado por el artículo 16 de la citada Ley española, todo ello en los términos más detallados que se exponen en el fundamento de derecho sexto".

Este criterio sigue la misma lógica y estructura y confirma la posición del Tribunal Supremo respecto de la imposibilidad que los Estados miembros impongan obligaciones a las plataformas como prestadoras de servicios de la sociedad de la información que fue establecida en la STS de 30 de diciembre de 2020 anteriormente mencionada y confirma que las plataformas juegan un papel neutro, puesto que su actividad es básicamente técnica, automática y pasiva y en ningún caso su rol puede ser descrito como activo o de supervisión[218].

En segundo lugar, en Italia, el alcance del Art. 4 del Decreto-Ley N.º 50 de 2017 sobre "Disposiciones urgentes en materia financiera, iniciativas a favor de las autoridades locales, nuevas intervenciones para áreas afectadas por eventos sísmicos y medidas para el desarrollo"[219], fue aclarado por el

---

y no todos los prestadores de servicios de la sociedad de la información prestan servicios que pueden ser considerados como propios de una red social tal cual ocurre con *Airbnb* o *Uber.*

217 STS núm. 2/2022 de 7 enero, ECLI:ES:TS:2022:6.

218 DE MIGUEL ASENSIO, P.A., "Nueva sentencia del Tribunal Supremo (Sala de lo Contencioso) sobre (ir)responsabilidad de las plataformas en línea", 29 de enero de 2022, disponible en: https://pedrodem iguelasensio.blogspot.com/2022/01/nueva-sentencia-del-tribunal-supremo.html. Fecha de consulta: 31 de mayo de 2023.

219 Decreto-Ley N. 50 de 24 de abril de 2017, "Disposiciones urgentes en materia financiera, iniciativas a favor de las autoridades locales, nuevas intervenciones para áreas afectadas por eventos sísmicos y medidas para el desarrollo" (traducción propia), publicado en la *Gazzetta Ufficiale* n. 95 del 24 de abril de 2017, disponible en: https://www.gazzettaufficiale.it/eli/id/2017/04/24/17G00063/sg. Fecha de consulta: 31 de mayo de 2023.

Tribunal Administrativo Regional de Lazio mediante sentencia[220] en el que resuelve un recurso presentado por la plataforma en línea *Airbnb* que solicitó anulación de las obligaciones que ese Art. imponía a los operadores de portales en línea. El Art. 4 del Decreto-Ley N.º 50 de 2017 regula los arrendamientos turísticos de corta duración en materia tributaria y establece que, cuando sean inferiores a 30 días, estos deberán ser comunicados a las Agencias de Hacienda Pública tanto por los agentes inmobiliarios como por los portales telemáticos que prestan servicios de intermediación para el alojamiento, que están obligados a realizar ciertas retenciones y pagarlas directamente a hacienda.

Como se ha señalado la naturaleza de Decreto-Ley N.º 50 de 2017 es tributaria y no civil[221], pero prevé definiciones importantes sobre arrendamientos de corta duración y portales telemáticos, que han servido como parámetro para identificar la correcta calificación de un alojamiento turístico como "alquiler de corta duración" o *locazione breve* y excluirlo de la actividad de los hoteles u otra actividad empresarial similar[222]. También estipula obligaciones específicas para agentes inmobiliarios y portales telemáticos de recogida y transmisión de información de los datos de los contratos de intermediación que celebra y también los de arrendamiento y establece la obligación de actuar como gestor fiscal o agente retenedor de los impuestos relativos a los contratos de arrendamiento sobre los cuales gestiona el pago y la obligación de designar un representante legal si el operador de portales en línea no tiene un representante legal residente en la Unión Europea.

Airbnb basó su recurso, en que las obligaciones del Art. 4 el Decreto-Ley Nº. 50 de 2017, generan restricciones de carácter operativo y funcional que obstaculizan injustificadamente su actividad en el mercado, como por ejemplo tener que reportar a la agencia cada nuevo contrato que se realice bajo su intermediación. Adicionalmente, considera que las medidas im-

---

220 Sentencia n. 2207 de 18 de febrero de 2019, de *Tribunale Amministrativo Regionale: Lazio.* Disponible en: https://www.giustizia-amministrativa.it/portale/pages/istituzionale/visualizza?nodeRef=&schema=tar_rm&nrg=201708819&nomeFile=201902207_01.html&subDir=Provvedimenti. Fecha de consulta: 31 de mayo de 2023.

221 NICOTERA, L., "La disciplina delle locazioni brevi ad uso turístico", *Rivista italiana di Diritto del turismo,* núm. 25-26, 2017, p. 276.

222 Sentencia No. 4451 del 2 de novembre de 2019, *Commissione Tributaria Regionale Di Lombardia,* disponible en: https://www.giustiziatributaria.gov.it/gt/web/guest/la-commissione?idpoi=RMI. Fecha de consulta: 31 de mayo de 2023.

puestas son discriminatorias respecto del modelo de negocio de plataformas en línea como *Airbnb* y concede a los intermediarios inmobiliarios que no intervienen en el pago una ventaja, que se refleja en una menor carga administrativa. Finalmente, *Airbnb* adujo que la Directiva 1535/2015/UE prevé la obligación de notificar a la Comisión Europea con anterioridad a la imposición la introducción de obligaciones a las prestadoras de la sociedad de la información, lo cual no se realizó.

El Tribunal Administrativo Regional de Lazio desestimó el recurso inicial y respecto de ciertos hechos y pretensiones se declaró incompetente para conocer del caso concreto[223] *Airbnb* impugnó esta sentencia del Tribunal Administrativo Regional de Lazio ante el Consejo de Estado[224], que consideró que era necesario plantear una petición de decisión prejudicial al Tribunal de Justicia de la Unión Europea puesto que en el caso concreto era necesario la interpretación sobre las disposiciones el artículo 4, apartados 4, 5 y 5 bis, del Decreto-ley No. 50, de 24 de abril de 2017, respecto de si, esta norma se encuentra en contradicción con el Tratado de Funcionamiento de la Unión Europea[225], en adelante, TFUE y con las Directivas Nos. (UE) 2015/1535, 2006/123/CE, 2000/31/CE y 98/34/CE[226]. Las

---

223 La decisión se basó en que las pretensiones de Airbnb estaban mal encausadas (falta de interés respecto del acto impugnado), y no existían causales de discriminación pues la medida se aplica de manera igualitaria para evitar la evasión fiscal en este sector y no para destruir la actividad de Airbnb. Tampoco se violaron las disposiciones de la Directiva 2015/1535 por cuanto, la obligación de notificar de manera previa a la Comisión Europea se refiere a la imposición de medidas técnicas que obstaculicen la actividad de las prestadoras de servicios de la sociedad de la información, aunque se trate disposiciones fiscales o financieras tal y como señala su Art. 5. Se justifica la decisión basado en la voluntad expresa del legislador señalando que las disposiciones del Decreto-Ley N°. 50 de 2017 no obstaculizan la actividad de Airbnb o evitan el consumo de sus servicios y tampoco tienen ningún carácter que incentive o promueva la contratación de sus servicios, pues solo se trata de una manera de recaudar impuestos sobre el contrato de arrendamiento. Por estas razones el Tribunal Administrativo Regional de Lazio consideró que no existe la necesidad de siquiera plantear ninguna cuestión prejudicial al Tribunal de Justicia de la Unión Europea, Véase: PILOT, M., *Affitti brevi e bed and breakfast*, Milà, 1ª ed., Giuffrè Francis Lefebvre, 2021, p. 98.

224 *Il Consiglio* di Stato, Ordinanza N. 06219/2019 disponible en: https://www.neldiritto.it/public/pdf/Cds%20ord.%206219%20del%202019.pdf. Fecha de consulta: 08 de abril de 2021.

225 Tratado de Funcionamiento de la Unión Europea, de 13 de diciembre de 2007, versión consolidada publicada en: *DO* núm. 202 de 7 de junio de 2016.

226 Directiva (UE) 2015/1535 del Parlamento Europeo y del Consejo de 9 de septiembre de 2015 "por la que se establece un procedimiento de información en

cuestiones de interpretación en la cuestión petición de decisión prejudicial planteadas por el Consejo de Estado se basan en si las normas nacionales que trasladan a una empresa las obligaciones de recaudación de impuestos por razón de la ineficiencia de un Estado en la recaudación son contrarias o no a los principios fundamentales del Derecho de la Unión Europea.

El TJUE declaró inadmisible en el año 2020[227] esta petición de decisión prejudicial por no encontrarse dentro de los parámetros del reglamento de procedimiento del TJUE para solicitarla[228]. El TJUE, aunque consideró inadmisible la solicitud, aclara que en cualquier momento el tribunal remitente puede volver a presentar la solicitud de cuestión prejudicial que será aceptada siempre que cumpla con los requisitos en el reglamento de procedimiento del TJUE. En enero de 2021, el Consejo de Estado planteó nuevamente la petición de decisión prejudicial al Tribunal de Justicia de la Unión Europea[229], con los cambios solicitados, y se encuentra en pendiente de ser admitida por el TJUE[230].

---

materia de reglamentaciones técnicas y de reglas relativas a los servicios de la sociedad de la información", *DOUE* núm. 241 de 17 de septiembre de 2015, Directiva 2006/123/CE del Parlamento Europeo y del Consejo de 12 de diciembre de 2006, "relativa a los servicios en el mercado interior", *DOUE* núm. 376 de 27 de diciembre de 2006 y la Directiva 2000/31/CE del Parlamento Europeo y del Consejo de 8 de junio de 2000 "relativa a determinados aspectos jurídicos de los servicios de la sociedad de la información, en particular el comercio electrónico en el mercado interior", *DOCE* núm. 178, de 17 de julio de 2000, Directiva 98/34/CE del Parlamento Europeo y del Consejo de 22 de junio de 1998, "por la que se establece un procedimiento de información en materia de las normas y reglamentaciones técnicas y de las reglas relativas a los servicios de la sociedad de la información", *DOCE* núm. 204, de 21 de julio de 1998.

227 As. C-723/19, de 30 de enero de 2020, ECLI:EU:C:2020:509, *Airbnb Ireland UC, Airbnb Payments UK Ltd* vs *Agenzia delle Entrate.*

228 En general por la falta de precisión respecto a la solicitud de interpretación de las normas de la UE, en especial, porque no se describió la naturaleza del servicio de la sociedad de la información, no se hizo referencia exacta a cómo la norma en cuestión ha llevado al tribunal remitente a cuestionar la interpretación de la normativa de la UE, no se analizó el vínculo entre esta y la normativa nacional, y por último, no se señaló específicamente cuales son los principios de la UE que el remitente considera objeto de interpretación para verificar su cumplimiento en el caso concreto.

229 Il Consiglio di Stato, Ordinanza N. 777/2021 disponible en: https://www.neldiritto.it/sezioni/amministrativo/18524/alla-cgue-i-limiti-applicativi-delle-misure-di-carattere-tributario-non-direttamente-rivolte-ai-servizi-di-societa-dell-informazione.html?sezione=amministrativo. Fecha de consulta: 30 de abril de 2022.

230 As. C-83/21, de 9 de febrero, *Airbnb Ireland UC, Airbnb Payments UK Ltd* vs. *Agenzia delle Entrate.*

En el año 2022, surge una nueva cuestión prejudicial iniciada por el mismo tribunal italiano ante TJUE[231]. La cuestión prejudicial se solicita dentro de un proceso contencioso administrativo, cuyas partes son *Airbnb Ireland Unlimited Company* y la *Autorità per le Garanzie nelle Comunicazioni*, teniendo en cuenta que esta entidad pública expidió la Decisión n.º 200/21/CONS el 17 de junio de 2021, mediante la cual impuso a los proveedores de servicios de intermediación en línea y a los proveedores de motores de búsqueda en línea la obligación de inscribirse en el registro de operadores de comunicaciones. La cuestión judicial se basa en si debe realizarse una interpretación extensiva del artículo 3, apartado 4, letra b), de la Directiva 2000/31/CE, así como de la Directiva (UE) 2015/1535 y el Reglamento (UE) 2019/1150 para determinar si permiten que disposiciones nacionales impongan a los proveedores de servicios de intermediación en línea y de motores de búsqueda en línea obligaciones como inscribirse en un registro y otro tipo de obligaciones pecuniarias y administrativas, que en caso de cumplirse podrían ser causal de sanción.

En ambos escenarios, el italiano y el catalán, la dificultad de imponer obligaciones a las prestadoras de servicio de la sociedad de la información es evidente, y hay que tener en cuenta que imposición de obligaciones válidas y exigibles no viene dada por quien tiene mejor acceso a la información posiblemente contraria a la ley, si la plataforma en línea o el Estado, sino por dos razones. En primer lugar, que la medida a imponer fuese justificada, motivada y necesaria de acuerdo con los parámetros de la Directiva 2000/31/CE y en segundo, que antes de la adopción de la medida se hubiese notificado a la Comisión Europea y al Estado miembro donde el prestador de servicios de la sociedad de la información tuviere su establecimiento. La ausencia de esta notificación es una falta al debido proceso que impide que estas medidas tengan efectos ante terceros[232].

Por último, es relevante señalar dos casos en los que se han impuesto obligaciones a las plataformas por parte de los Estados miembros, en dos materias especiales. Uno, la cuando se trata de normas que protegen el interés público y el otro, cuando se trata de materia de fiscalidad. El primero se trata

---

[231] As. C-662/22, de 19 de octubre de 2022, *Airbnb Ireland UC* vs *Autorità per le Garanzie nelle Comunicazioni.*

[232] DE MIGUEL ASENSIO, P.A., "Plataformas digitales y actividades transfronterizas", en: JIMÉNEZ BLANCO, P., ESPINIELLA MENÉNDEZ, A. (dirs.), *Nuevos escenarios del Derecho internacional privado de la contratación*, Valencia, 1ª ed., Tirant Lo Blanch, 2021, p. 409.

de la sentencia 1 de julio de 2021 del Tribunal Judicial de París[233], en la que se condena a la PLAT *Airbnb Ireland*, a pagar una multa de ocho millones de euros a favor de municipio de Paris, por cuanto esta PLAT tenía más de 1000 anuncios de alojamientos turísticos ubicados en la ciudad de Paris en *Airbnb.fr* que no tenían el registro administrativo previo correspondiente a los alquileres de corta duración que debía efectuarse de acuerdo a la obligación de los artículos L. 324-1-1 y L. 324-2-1 *Code du Tourisme*[234].

El Tribunal Judicial de París falla en contra de *Airbnb*, basándose en el asunto *Cali Apartments* (2020)[235], que se trata de hechos similares a los mencionados, pero en los que se valida que el propietario de alojamientos turísticos debe tener la autorización previa municipal de cambio de uso de vivienda, aunque se trate de alojamientos anunciados en *Airbnb*. En contraste, en el caso de 2021, se impone una multa a *Airbnb* por no exigir a los propietarios que exhiban en sus anuncios el número de registro de alojamiento turístico. Así las cosas, en el asunto *Cali Apartments* (2020) el TJUE establece que se encuentra justificada la medida de imponer un régimen de autorización los alojamientos turísticos por cuanto se protege el interés público o general del Estado de tomar medidas contra la escasez de vivienda residencial[236], argumento que es replicado por el Tribunal Judicial de París. Adicionalmente, debe tenerse en cuenta que en el mismo día que fue expedida la sentencia, *Airbnb* realizó un acuerdo con su contraparte judicial, en el que se obliga a exigir a los propietarios el número de registro de alojamiento turístico al momento de crear un anuncio. Tanto el asunto *Cali Apartments* (2020) como la sentencia de 2021 del Tribunal Judicial de París nos permite vislumbrar que es posible imponer obligaciones a las plataformas en materia de alojamientos turísticos, pero debe existir una

---

233 *Tribunal judiciaire de Paris*, 1 de julio de 2021, n° 19/54288, *Ville de Paris* vs *Airbnb Ireland Unlimited Company* y *Airbnb France*, disponible en: https://www.doctrine.fr/d/TJ/Paris/2021/UB181DA208C961 D8 1AD2C#decision-table-of-contents-3. Fecha de consulta: 3 de junio de 2023.

234 Disponible a: https://www.legifrance.gouv.fr/codes/id/LEGITEXT000006074073/. Fecha de consulta: 26 de mayo de 2023.

235 As. C-724/18 y C-727/18, ECLI:EU:C:2020:743, de 22 de septiembre de 2020, *Cali Apartments SCI, HX* vs *Procureur général près la cour d'appel de Paris*, Ville de Paris, FJ 65.

236 FONT I MAS, M., MARIN CONSARNAU, D., LAMBEA LLOP, N., CANALES GUTIÉRREZ, S., "La regulación catalana sobre les plataformas digitales de vivienda turística y su encaje en la normativa y jurisprudencia de la Unión Europea", *Centre d'Estudis Jurídics i Formació Especialitzada de la Generalitat de Catalunya*, 2022, pp. 139-142.

justificación que no se base en imponer medidas de vigilancia y control a las plataformas sino en tomar una medida necesaria para proteger el interés público de un Estado, en concordancia con el Art. 3.4, i) de la Directiva 2000/31/CE.

El segundo caso se trata de una cuestión prejudicial planteada por la *Cour Constitutionnelle* de Bélgica, que también solicita la interpretación de la normativa nacional (Ley regional de 23 de diciembre de 2016), que en aras de identificar a los sujetos pasivos de un impuesto turístico regional, obliga a las plataformas de intermediación de alojamientos turísticos a comunicar, previa solicitud por escrito de la Administración tributaria, los datos del operador, las señas de los establecimientos de alojamiento turístico, el número de pernoctaciones y de unidades de alojamiento explotadas durante el año anterior. La norma en cuestión contempla que el incumplimiento de esta obligación trae consigo la imposición de una multa administrativa frente a la Directiva 2000/31/CE y el artículo 56 del Tratado de Funcionamiento de la Unión Europea. Esta cuestión prejudicial fue resuelta mediante sentencia el 27 de abril de 2022[237], y el TJUE decidió que las obligaciones contenidas en tal norma nacional se encuentran incluidas bajo la categoría "materia de fiscalidad" y por tanto, excluidas del ámbito de aplicación de la Directiva 2000/31/CE. Así las cosas, la plataforma en línea *Airbnb* debe cumplir las obligaciones de la normativa nacional al no encontrarse en este caso cubierta por régimen de derechos y obligaciones que esta Directiva contempla para los prestadores de servicios de la sociedad de la información. Adicionalmente el TJUE indica que no se incumple lo establecido en el artículo 54 del TFUE porque de acuerdo con su propia jurisprudencia:

> "Una normativa nacional aplicable a todos los operadores que ejercen su actividad en el territorio nacional, que no tenga por objeto regular las condiciones de ejercicio de la prestación de servicios de las empresas en cuestión y cuyos efectos restrictivos sobre la libre prestación de servicios sean demasiado aleatorios e indirectos para poder considerar que la obligación establecida puede constituir un obstáculo a esta libertad, no es contraria a la prohibición prevista en el artículo 56 TFUE"[238].

La decisión tomada por el TJUE, impacta la jurisprudencia de esta entidad, que se había inclinado anteriormente por una posición cautelosa y

---

237 As. C-674/20, 27 de abril de 2022, ECLI:EU:C:2022:303, *Airbnb Ireland UC* vs *Région de Bruxelles-Capitale*, FJ 33-34.

238 *Ibídem*, FJ 42.

rígida en imponer cualquier obligación a las plataformas en línea como *Airbnb.* Esta sentencia aún mantiene algún nivel de cautela y aunque se trate de materia de fiscalidad, es un antecedente importante de como en algunos casos es posible imponer a las plataformas obligaciones por los Estados miembros interpretando los lineamientos de la Directiva 2000/31/CE, en ciertas materias. La incógnita que surge es si el TJUE reiterará esta posición o no en el marco de la cuestión prejudicial italiana[239] mencionada anteriormente, que si bien, también se trata de materia de fiscalidad, contempla requisitos similares y adicionales para las plataformas en línea en materia de alojamientos turísticos, así como definiciones y consideraciones que son especialmente creadas para ellas, excediendo el marco de la fiscalidad y que pueden ser aplicados a otras áreas a falta de una norma especial, como acontece en Italia.

1.2. La nueva regulación de las plataformas en el Digital Services Act (2020)

Las disposiciones de la Directiva 2000/31/CE han sido transformadas en el Reglamento (UE) 2022/2065 del Parlamento Europeo y del Consejo de 19 de octubre de 2022 relativo a un mercado único de servicios digitales[240], de aplicación directa a los Estados miembros[241], en adelante, *Digital Services Act* (DSA)[242]. La razón de esta transformación es que la Directiva

---

239 As. C-83/21 de 9 de febrero, *Airbnb Ireland UC, Airbnb Payments UK Ltd* vs *Agenzia delle Entrate.*

240 Reglamento (UE) 2022/2065 del Parlamento Europeo y del Consejo de 19 de octubre de 2022 relativo a un mercado único de servicios digitales y por el que se modifica la Directiva 2000/31/CE (Reglamento de Servicios Digitales), publicado en: *DOUE* núm. 277 del 27 de octubre de 2022.

241 Con la excepción de Dinamarca.

242 El *Digital Services Act,* fue una de las dos iniciativas legislativas que la Comisión Europea propuso con el fin de mejorar las reglas actuales de los servicios digitales en la UE. La otra iniciativa, que actualmente se trata del Reglamento (UE) 2022/1925 del Parlamento Europeo y del Consejo de 14 de septiembre de 2022 sobre mercados disputables y equitativos en el sector digital y por el que se modifican las Directivas (UE) 2019/1937 y (UE) 2020/1828 (Reglamento de Mercados Digitales), publicado en: DOUE núm. 265 de 12 de octubre de 2022 (*Digital Markets Act)* se excluye del objeto de esta investigación por tratarse de una iniciativa creada para paliar los efectos de las violaciones al derecho de la competencia en la UE, y que los mercados que cuentan con *gatekeepers* sean justos y no trata específicamente de actualizar los principios de la Directiva 2000/31/CE para evitar, controlar y sancionar el contenido ilícito que difunden las plataformas digitales, como si lo hace el

2000/31/CE se ha quedado corta ante las múltiples formas del comercio electrónico[243], y en general los servicios que se prestan a través de Internet pueden ser como mínimo un reto para la legislación vigente, porque si bien existen riesgos sobre violaciones de derechos para los usuarios, las nuevas tecnologías y los servicios digitales también han demostrado ser indispensables para el desarrollo de la sociedad y para el crecimiento económico, especialmente en tiempos de la COVID-19[244] en donde se ha hecho indispensable la virtualidad, al estar restringidos los canales físicos de prestación de servicios. Si bien la Directiva 2000/31/CE ha ganado alguna obsolescencia con el paso del tiempo, el *Digital Services Act* no pretende su total revocación, sino la conservación, especialización y mejoramiento de los principios esenciales establecidos por esta Directiva para que en la

---

DSA; ARROYO AMAYUELAS, E., "El derecho de las plataformas en la Unión Europea", en: ARROYO AMAYUELAS, E., MARTÍNEZ MATA, Y., RODRÍGUEZ FONT, M. TARRÉS VIVES M., *Servicios en plataforma. Estrategias regulatorias,* Madrid, 1ª ed., Marcial Pons, 2021, p. 23. Véase también: Comisión Europea, "The Digital Services Act Package", disponible en: https://digital-strategy.ec.europa.eu/en/policies/digital-services-act-package. Fecha de consulta: 1 de junio de 2023.

243 La necesidad de una renovación de preceptos de la Directiva 2000/CE/31 para adaptarse al nuevo escenario comercial creado por las plataformas en línea fue evidenciado por el *European Law Institute-ELI* que se trata de una organización independiente y sin ánimo de lucro "creada para iniciar, realizar y facilitar la investigación, formular recomendaciones y proporcionar orientación práctica en el ámbito del desarrollo jurídico europeo". Esta organización, reunió a una red de juristas y profesionales, para crear (2017-2019) las normas modelo (*ELI Model Rules*), cuyo propósito de acuerdo con su Art. 1 es establecer un conjunto de reglas que contribuyan a la equidad y la transparencia en las relaciones entre los operadores y los usuarios de las plataformas y que pueden servir de modelo para los legisladores nacionales, europeos e internacionales, así como de fuente de inspiración para la autorregulación y la normalización. Estas normas aportan al debate actual sobre la regulación de las plataformas y algunos de sus elementos fueron fuente de inspiración para el actual del Reglamento *Digital Services Act*; BUSCH, C., DANNEMANN, G., SCHULTE-NÖLKE, H., WIEWIÓROWSKA-DOMAGALSKA, A., ZOLL, F., "An Introduction to the ELI Model Rules on Online Platforms", *Journal of European Consumer and Market Law*, vol. 9, núm. 2, 2020, p. 61 y CAMPOS CARVALHO, J., "Plataformas en línea: concepto, papel en la conclusión de contratos y marco legal actual en Europa", *Cuadernos de Derecho Transnacional,* vol. 12, núm. 1, 2020, pp. 873-874. Información del *European Law Institute* disponible en: https://www.europeanla winstitute.eu/ y https://www.europeanlawinstitute.eu/fileadmin/userupload/peli/Publications/ELI_Model_Rules_on_On line_Platforms.pdf. Fecha de consulta: 1 de abril de 2023.

244 FAHAD SATTAR, M., "Covid-19 Global, Pandemic impact on World Economy", *Technium Social Sciences Journal,* vol. 11, 2020, p. 170.

Unión se garantice la seguridad en la prestación de servicios digitales tanto para el usuario como para el prestador y para el intermediario[245].

Adicionalmente, reitera la vigencia de las normas de la Directiva 2000/31/CE que establecían responsabilidades para los prestadores de servicio que actúan como intermediarios, pero adicionalmente consagra en su contenido la interpretación realizada por el Tribunal de Justicia de la Unión Europea sobre la Directiva 2000/31/CE[246], por motivos de armonización y coherencia del Derecho de la UE[247].

---

245 Véase también las siguientes tres resoluciones del Parlamento Europeo sobre que crean recomendaciones para la Comisión Europea con ocasión del *Digital Services Act* o Ley de servicios digitales: la Ley de Servicios Digitales: una mejora del funcionamiento del mercado único, la Ley de Servicios Digitales: adaptación de las normas de derecho mercantil y civil a las entidades comerciales que operan en línea y la Ley de Servicios Digitales y cuestiones relacionadas con los derechos fundamentales, disponibles respectivamente en: Resolución sobre la Ley de servicios digitales y cuestiones relacionadas con los derechos fundamentales [2020/2022(INI)]: https://www.europarl.europa.eu/doceo/document/TA-9-2020-0274_ES.html, Resolución sobre una mejora del funcionamiento del mercado único [2020/2018 (INL)]: https://www.europarl.europa.eu/doceo/document/TA-9-2020-0272_ES.html y Resolución sobre la adaptación de las normas de Derecho mercantil y civil a las entidades comerciales que operan en línea [2020/2019(INL)]: https://eur-lex.europa.eu/legal-content/ES/TXT/?uri=CELEX:52020IP0273l. Fecha de consulta: 30 de abril de 2023.

246 Como por ejemplo el asunto *Uber* (2017) y el asunto *Airbnb* (2019).

247 Otras normas de la UE que hacen parte de la protección al consumidor y que deben interpretarse de manera armónica con la Directiva 2000/31/CE pueden incluirse en la siguiente lista no exhaustiva: la Directiva 2010/13/UE del Parlamento Europeo y del Consejo de 10 de marzo de 2010 sobre la coordinación de determinadas disposiciones legales, reglamentarias y administrativas de los Estados miembros relativas a la prestación de servicios de comunicación audiovisual (Directiva de servicios de comunicación audiovisual), publicada en: *DOUE* núm. 9 de 15 de abril de 2010, la Directiva (UE) 2019/2161 del Parlamento Europeo y del Consejo de 27 de noviembre de 2019 por la que se modifica la Directiva 93/13/CEE del Consejo y las Directivas 98/6/CE, 2005/29/CE y 2011/83/UE del Parlamento Europeo y del Consejo, en lo que atañe a la mejora de la aplicación y la modernización de las normas de protección de los consumidores de la Unión, publicada en: *DOUE* núm. 328/7 18 de diciembre de 2019, la Directiva 98/6/CE del Parlamento Europeo y del Consejo de 16 de febrero de 1998, relativa a la protección de los consumidores en materia de indicación de los precios de los productos ofrecidos a los consumidores, publicada en: *DOCE* núm. 80, de 18 de marzo de 1998, la Directiva 2005/29/CE del Parlamento Europeo y del Consejo de 11 de mayo de 2005 relativa a las prácticas comerciales desleales de las empresas en sus relaciones con los consumidores en el mercado interior. *DOUE* núm. 149/22 de

La armonización de la normativa sobre plataformas en línea es uno de los objetivos principales del DSA, cuya base jurídica es el artículo 114 de TFUE que establece que se adoptaran medidas para garantizar el funcionamiento del mercado interior, que actualmente se encuentra indefectiblemente ligado a los servicios digitales transfronterizos y que requiere condiciones homogéneas para evitar su obstaculización. Para poder cumplir esos objetivos, el *Digital Services Act* establece que los prestadores de servicios que actúan como intermediarios, especialmente las plataformas en línea son sujetos de responsabilidades tales como, pero sin excluir otras posibles y relacionadas, la rendición de cuentas, la diligencia debida, la transparencia, garantizar la seguridad de los usuarios y respetar sus derechos y permitir que se impugnen las decisiones por parte de los usuarios. Debe reiterarse la importancia de la premisa el DSA quiere transmitir en la exposición de motivos; que es complementario a la Directiva 2000/31/CE y a la normativa sectorial sobre servicios de la sociedad de la información.

Respecto del contenido del *Digital Services Act* que aplica de manera directa a las PLAT, la definición de los servicios de la sociedad de la información se mantiene respecto de la Directiva 2000/31/CE, sin embargo, el elemento innovador en el área de los servicios de la sociedad de información es la importancia y efectos de la conexión del prestador de estos servicios con el territorio de la Unión. La conexión sustancial con el territorio de la Unión, la tendrá un prestador de servicios que tenga un establecimiento de comercio en la UE, o que cumpla unos criterios objetivos como pueden ser una cantidad importante de usuarios en algún Estado miembro o que dirijan sus actividades hacia el territorio de la Unión. También se define el término "servicio intermediario", indicando que los servicios de esta naturaleza podrán incluirse en esta categoría siempre que puedan ser catalogados en cualquiera de estos tres subgrupos: servicios de mera transmisión; un servicio de memoria caché; o un servicio de alojamiento de datos.

Por último, la novedad en las definiciones es principalmente el término "plataforma en línea", que no se contemplaba en la Directiva 2000/31/CE, y que evidencia la evolución de los agentes y prestadores de servicios en línea que no podían ser regulados de manera íntegra por esta Directiva que

---

11 de junio de 2006 y la Directiva 2011/83/UE del Parlamento Europeo y del Consejo de 25 de octubre de 2011 sobre los derechos de los consumidores, por la que se modifican la Directiva 93/13/CEE del Consejo y la Directiva 1999/44/CE del Parlamento Europeo y del Consejo y se derogan la Directiva 85/577/CEE del Consejo y la Directiva 97/7/CE del Parlamento Europeo y del Consejo, *DOUE* núm. 304/64 22 de noviembre de 2011.

fue elaborada en un contexto virtual menos complejo que el actual, y en el que las plataformas en línea pueden crear o impactar mercados en línea, recolectar información o producir ganancias a partir de las redes sociales.

En los términos del *Digital Services Act* la plataforma en línea es entonces un prestador de un servicio de alojamiento de datos que, a partir de la solicitud del destinatario del servicio, guarda y divulga al público unos datos específicos. Este servicio debe ser principal y en caso de que sea secundario y complementario la plataforma no será obligada a cumplir con lo establecido en el Reglamento, a menos que, el servicio secundario haya sido constituido de esta manera para eludir que la *Digital Services Act* fuese aplicable.

Adicionalmente, se establece el concepto de plataformas en línea de muy gran tamaño, a aquellas que presten sus servicios a por lo menos 45 millones de destinatarios del servicio activos en territorio de la UE, teniendo en cuenta que este número puede variar, pero debe corresponder cada año a por lo menos el 10% de la población de la Unión. El *Digital Services Act* impone a este tipo de plataformas obligaciones más enérgicas y específicas que a las plataformas pequeñas o medianas, debido a que el impacto que estas tienen el mercado interior justifica que la Unión tome las medidas necesarias para mantener el equilibrio y la competitividad en el comercio.

El impacto de la *Digital Services Act* será importante en las PLAT, especialmente porque se modificará el régimen de auditoria en el cumplimiento de las obligaciones contenidas este Reglamento y se mantendrá el régimen de exención de responsabilidad, sobre lo cual deben hacerse las siguientes precisiones para concluir el análisis del DSA:

1) Para las plataformas de gran tamaño, que pueden ser por ejemplo las cuatro PLAT más relevantes: *Airbnb*, *Booking*, *TripAdvisor* y *VRBO* por parte de *Expedia Inc.*, el Art. 41 DSA indica que cada una de ellas deberá nombrar uno o varios encargados del cumplimiento de las obligaciones contenidas en el *Digital Services Act*, que deben tener conocimientos especializados en el tema. Por tanto, cuando el *Digital Services Act* sea aplicable, las PLAT deberán contratar este encargado de manera directa o a través de otra empresa, pero debe advertirse que, es una obligación que no corresponde a la PLAT como parte contractual sino como empresa auditada y vigilada por las autoridades de la UE.

La importancia de esta obligación viene dada por el Art. 56 DSA que determina que tendrán competencia exclusiva para supervisar y hacer cumplir las normas previstas en este Reglamento las autoridades designadas por cada Estado miembro donde se encuentra el establecimiento de comercio del prestador de servicios intermediarios. En caso de que no tenga un establecimiento, serán competentes las autoridades del Estado miembro donde su representante legal resida o esté establecido y en caso de no designar un representante, serán competentes todos los Estados miembros y en el caso de las plataformas en línea de muy gran tamaño o de un motor de búsqueda de muy gran tamaño, la Comisión dispondrá de competencias para supervisar y garantizar el cumplimiento del DSA.

2) Para los prestadores de servicios intermediarios que no tengan un establecimiento en la Unión (Art. 13 DSA), pero ofrezcan sus servicios en los Estados miembros, deberán designar por escrito un representante legal en alguno de esos Estados donde ofrezcan el servicio, que será responsable por el incumplimiento de las obligaciones del prestador de servicios intermediarios. En el caso de las PLAT, de las cuatro más relevantes, sólo *TripAdvisor* no tiene su sede social en la Unión pero si cuenta con una filial en España, *Niumba,* como se indica en la tabla 1[248]. Aunque debe decirse que cada una controla plataformas independientes y, por tanto, habría de valorarse si es suficiente que la empresa matriz cuente con una filial en la UE, que preste servicios independientes a los de su filial, para cumplir o no lo señalado en el Art. 13 DSA. Sobre este tema también deberá ser necesario valorar[249] si sociedades que no son matrices y no tienen sede en la UE, pero cuentan con una empresa del mismo grupo societario en la UE, han de cumplir lo señalado en el Art. 13 DSA. Como por ejemplo *Stayz* con sede en Australia, cuya matriz es *Expedia inc.* con sede en Estados Unidos y con *VRBO* con sede en Irlanda que pertenece a su mismo grupo societario siendo filial de la misma matriz. Otras PLAT con sede en terceros Estados y que no tienen un establecimiento en la UE son, por ejemplo, *KidandCoe, 9flats, Owner-direct* y *Temporadalivre.*

3) La responsabilidad en general para los prestadores de servicios intermediarios en la sociedad de la información[250] y la inexistencia de la obligación general de supervisión se mantienen sin mayores cambios en

248 Véase la tabla 1. que se encuentra en el apartado 4. literal e) de este capítulo.

249 Véase el apartado 4. de este capítulo.

250 La responsabilidad de los prestadores de servicios intermediarios se basa en las nociones de servicios de mera transmisión, memoria caché y alojamiento de datos. Para cada uno de este tipo de servicios se prevé una forma de responsabilidad y exoneración; SCHWEME, S. F., "Liability exemptions of non-hosting intermediaries: Sideshow in the Digital Services Act?", *Oslo Law Review,* vol. 8, núm. 2021, p. 27.

los términos de la Directiva 2000/31/CE[251], tal y como se mencionó en el apartado 1.1 del capítulo II de esta investigación. Sin embargo, deben realizarse algunas consideraciones: en primer lugar debe decirse que, el *Digital Services Act,* reitera el régimen de exención de responsabilidad para los prestadores de servicios de la sociedad de la información en su Art. 6 DSA, a los que no se les puede atribuir responsabilidad sobre el contenido ilícito de los datos que alojan si no tienen conocimiento efectivo de la naturaleza ilícita de estos datos o sin que exista una instrucción especifica de la administración para retirar o bloquear estos datos. Sin embargo, se adiciona en el Art. 6.3 DSA, que cuando se trata de plataformas en línea, estas no se exoneran de responsabilidad por alojar contenido ilícito cuando se les indique a los consumidores que el producto o servicio es proveído por la propia plataforma o por un destinatario del servicio que actúe bajo su control, induciéndoles a error.

En segundo lugar, debe mencionarse la novedosa cláusula de "buen samaritano" consagrada en el Art. 7 DSA, que mantiene la exención de la responsabilidad de los prestadores de servicios intermediarios de los Arts. 4 a 6 DSA, cuando actúen por iniciativa propia para iniciar investigaciones para detectar y retirar contenido ilícito[252].

En tercer lugar, la inexistencia de obligación general de supervisión del Art. 8 DSA, que retoma lo señalado en el Art. 15 de la Directiva 2000/31/CE, indica que las autoridades de los Estados miembros no pueden imponerles a prestadores de servicios intermediarios obligaciones generales de supervisión de los datos que transmitan o almacenen, y tampoco se les impone la búsqueda activa de hechos relativos a conductas ilícitas[253]. En el contexto de la PLAT, este Art. 8 DSA. es especialmente relevante porque si un anfitrión que no tenga la titularidad del inmueble pero lo anuncie en la plataforma con el fin de promover un alojamiento en el que actuará como el arrendador, genera datos o contenido ilícito, la plataforma al estar exenta de responsabilidad por el mero alojamiento de datos (ilícitos) de

---

251 SAGAR, S., HOFFMANN, T., "Intermediary Liability in the EU Digital Common Market – from the E-Commerce Directive to the Digital Services Act", *IDP: Revista d'Internet, dret i política,* núm. 34, 2021, p. 6.

252 MORAIS CARVALHO, J., ARGA LIMA, F., FARINHA, M., "Introduction to the digital services act, content moderation and consumer protection", *Revista de direito e tecnología,* vol. 3, núm. 1, 2021, p. 93.

253 VAN CLEYNENBREUGEL, P., "The Commission's digital services and markets act proposals: First step towards tougher and more directly enforced EU rules?", *Maastricht Journal of European and Comparative Law,* vol. 28, núm. 5, 2021.

acuerdo con la Directiva 2000/31/CE y el *Digital Services Act*, puede prestar sin inconvenientes su servicio de intermediación digital hasta que una autoridad administrativa le indique de manera específica le ordene bloquear o suspender estos anuncios y las cuentas relacionadas con ellos[254].

Por último, debe mencionarse que, el *Digital Services Act* podría cambiar de manera indirecta la interpretación ya establecida por la jurisprudencia del TJUE sobre cómo deben ser reconocidos los indicios de las actividades dirigidas en los términos del Art. 17.1 c) RBIbis[255]. En las condiciones actuales, se han determinado una lista no exhaustiva de indicios por parte del TJUE para determinar que el profesional dirige sus actividades al Estado miembro del domicilio del consumidor, sin embargo, de acuerdo con el artículo 13. del *Digital Services Act* las plataformas que dirijan sus actividades a los Estados miembros deberán tener un representante en territorio de la Unión, por tanto, si el huésped-consumidor desea demandar a la plataforma, puede verificar si esta tiene o no un representante en los Estados miembros y si dirige sus actividades a su domicilio, a través de, por ejemplo, el coordinador de servicios digitales de su Estado miembro. El tribunal habrá de analizar si toma como indicio esta información o como un concepto más cercano a la prueba documental aportada por un tercero, que en este caso es imparcial y hace un análisis objetivo de las actividades dirigidas y concede una respuesta asertiva sobre si determinada plataforma dirige o no sus actividades a un Estado miembro, criterio fundamental para determinar la calidad de consumidor pasivo, lo cual trae consigo derechos especiales en la UE que serán analizados en los capítulos III y IV de esta investigación.

2. RELACIONES JURÍDICAS EN EL MARCO DE LA ACTIVIDAD DE LAS PLAT

La relación tripartita entre la PLAT, el anfitrión y el huésped, genera tres diferentes contratos con obligaciones autónomas y derechos especiales y particulares para cada una de las partes involucradas. Esta diferenciación debe realizarse, por cuanto, si bien el objeto de esta investigación se sitúa principalmente en el marco de la relación jurídica de la PLAT y el huésped

---

254 FONT I MAS, M., MARÍN CONSARNAU, D., LAMBEA LLOP, N., CANALES GUTIÉRREZ, S., *ob. cit*, pp. 161-164.

255 Sobre el Artículo 17.1 c) véase el apartado 2.1 y 3.1 del capítulo III.

cuando este actúa como consumidor, las otras relaciones jurídicas que se forman serán objeto de análisis en las partes II y III en una menor proporción, especialmente cuando se trata de los derechos de un huésped que no tiene la condición de consumidor (huésped no consumidor) frente a la plataforma o cuando se trata de la relación entre el huésped y el anfitrión.

Lo anterior, teniendo en cuenta que al tratarse de una relación tripartita, es imposible desligar de la investigación al anfitrión, por dos razones: la primera porque al ser el efectivo proveedor del servicio ha de cumplir ciertas obligaciones frente al huésped y ante el Estado en donde se encuentra ubicado el inmueble, y la segunda se basa en que uno de los objetivos de la investigación es concederle al huésped cuando actúa como consumidor un panorama sobre opciones judiciales y extrajudiciales para reclamar sus derechos y no es posible separar tan fácilmente donde empiezan las obligaciones de la PLAT y empiezan las del anfitrión.

Visto lo anterior, se crean de manera ordenada las siguientes relaciones contractuales: 2.1 Contrato de agencia o corretaje entre el anfitrión y la PLAT, 2.2 Contrato de servicios de intermediación digital entre la PLAT y el huésped y 2.3 Contrato de arrendamiento entre el anfitrión y el huésped.

2.1. Contrato de agencia o corretaje entre el anfitrión y la PLAT

La primera relación que se crea en el contexto de la actividad comercial de intermediación de la PLAT es la conformada entre esta última y el anfitrión, cuando este acepta los términos y condiciones de la PLAT para acceder en la página web de la plataforma a la publicación de sus anuncios sobre para el alquiler de una habitación o inmueble que tenga a su disposición[256].

El anfitrión puede tratarse de una persona natural o jurídica, y si se trata de la primera esta puede tener un margen inferior de conocimientos sobre marketing y manejo de los huéspedes[257], en comparación de la

[256] La titularidad del inmueble no es exigida por las plataformas para prestar servicios al anfitrión. Véase el apartado 5.2 del capítulo II. en el que se indican los pocos o inexistentes requisitos exigidos por las plataformas para que el anfitrión demuestre la titularidad del inmueble.

[257] MAGNO, F., CASSIA, F., UGOLINI, M. M., "Accommodation prices on Airbnb: effects of host experience and market demand", *The TQM Journal*, vol. 30, núm. 5, 2018, p. 613. Ello no indica que no existan anfitriones como personas naturales

segunda, que, tiene una actividad mercantil establecida en el marco de los alojamientos turísticos. Los empresarios que se dedican a actuar como anfitriones tienen un impacto en la economía de plataforma[258], por cuanto, por un lado, tienden a elevar los precios de los alquileres justificados en sus propios gastos operacionales[259], y por otro, cambian la dinámica de las relaciones con los huéspedes, haciéndolos doblemente consumidores, frente a la plataforma y frente al anfitrión, lo cual refuerza la teoría de que la economía de plataforma cada vez de aleja más de la dinámica *P2P*[260].

Jurídicamente, la relación plataforma-anfitrión, ha sido considerada por algunos autores como un contrato de agencia o uno de corretaje[261]. En el contexto de la UE, el contrato de agencia se encuentra regulado en la Directiva del Consejo del 18 de diciembre de 1986 "relativa a la coordinación de los derechos de los Estados miembros en lo referente a los agentes comerciales independientes"[262]. De acuerdo con esta Directiva un agente comercial se trata de:

---

que puedan tener el estatus de profesional y se dediquen de manera permanente al alquiler turístico por medio de PLAT. Tal cual se mencionó anteriormente, si el anfitrión es una persona física actuando por fuera de su actividad profesional puede ser reconocido como consumidor frente a al profesional, en este caso la PLAT, por tanto, en el marco del contrato entre la PLAT y el anfitrión pueden configurarse relaciones *B2C* y *B2B*.

258 En la ciudad de Mallorca en el año 2017, por ejemplo, de acuerdo con la asociación balear *Terraferida*, veinte personas controlan el 17% de toda la oferta de *Airbnb*, algo verificable al indagar que el mismo anfitrión tiene registrados en la plataforma varios espacios o inmuebles; Entrevista disponible en: https://www.eldiario.es/economia/Entrevista-Terraferida-Airbnb-Mallorca_0_631687329.html. Fecha de consulta: 30 de abril de 2023.

259 CASAMATTA, G., GIANNONI, S., BRUNSTEIN, D., JOUVE, J., "Host type and pricing on Airbnb: Seasonality and perceived market power", *Tourism Management*, vol. 88, 2022, p. 2.

260 Véase el apartado 3. del capítulo I.

261 CANNON, B., CHUNG, H., "A Framework for Designing Co-Regulation Models Well-Adapted to Technology-Facilitated Sharing Economies", *Santa Clara High Technology Law Journal*, núm. 31, 2014-2015, p. 30, MOYA BALLESTER, J., "Una aproximación al régimen legal aplicable en el ámbito del turismo colaborativo", *International Journal of Scientific Management and Tourism*, vol. 2, núm. 1, 2016, pp. 374-375.

262 Directiva 86/653/CEE del Consejo de 18 de diciembre de 1986 relativa a la coordinación de los derechos de los Estados miembros en lo referente a los agentes comerciales independientes. Publicado en *DOCE*: núm. 382/17, el 31 de diciembre de 1986.

> "toda persona que, como intermediario independiente, se encargue de manera permanente ya sea de negociar por cuenta de otra persona, denominada en lo sucesivo el «empresario», la venta o la compra de mercancías, ya sea de negociar y concluir estas operaciones en nombre y por cuenta del empresario"[263].

En este caso, la PLAT no encaja de manera específica en el concepto de agente comercial puesto que, por su intermediación no se adquieren mercaderías, sino servicios de alojamiento temporal, reservas y experiencias. Respecto del contrato de corretaje, este no se encuentra autónomamente definido en la normativa de la UE, por cuanto el corretaje puede recaer sobre diferentes negocios específicos como el caso de los productos de doble uso y los contratos de seguro. En primer lugar, el Reglamento (CE) no 428/2009 del Consejo por el que se establece un régimen comunitario de control de las exportaciones, la transferencia, el corretaje y el tránsito de productos de doble uso[264], determina que el contrato de corretaje se trata de:

> "la negociación u organización de transacciones para la compra, venta o suministro de productos de doble uso desde un tercer país a otro tercer país cualquiera, o — la compra o venta de productos de doble uso que se encuentren en terceros países para su transferencia a otro tercer país"[265].

En este caso, el corretaje recae únicamente sobre la enajenación de productos de doble uso, lo que no constituye el objeto del contrato entre la plataforma y el anfitrión, por lo cual no podría regularse mediante este tipo de corretaje. En segundo lugar, la mediación o corretaje de seguros se encuentra regulado por la UE en la Directiva 2002/92/CE del Parlamento Europeo y del Consejo de 9 de diciembre de 2002 sobre la mediación en los seguros[266], sin embargo, el objeto de esta Directiva solo recae sobre el contrato de seguro y reaseguro, por lo cual se excluye del tipo de corretaje que involucra a la plataforma y al anfitrión.

Si bien no es posible encontrar un tipo de corretaje genérico regulado por la UE de manera específica, ello no implica que la celebración de este contrato atípico no deba seguir una normativa directa; la interna. Por ejemplo, el lugar donde tiene ubicada su sede social la plataforma puede

---

[263] *Ibídem*. Art. 1.2.

[264] Publicado en: *DOUE núm. 134*, de 19 de mayo de 2009.

[265] *Ibídem*. Art. 2.

[266] Publicado en: *DOCE núm. 9, de* 15 de enero de 2003.

ser un factor importante para determinar si está o no en cumplimiento de la normativa interna del Estado en el que se encuentra ubicada. Veamos por ejemplo la normativa interna española, teniendo en cuenta que de acuerdo con la tabla 1[267], ocho PLAT tienen su sede social en ese Estado[268].

De acuerdo con lo anterior, el contrato de agencia se encuentra regulado en la Ley 12/1992[269], sobre Contrato de Agencia, de la siguiente manera:

> "Por el contrato de agencia una persona natural o jurídica, denominada agente, se obliga frente a otra de manera continuada o estable a cambio de una remuneración, a promover actos u operaciones de comercio por cuenta ajena, o a promoverlos y concluirlos por cuenta y en nombre ajenos, como intermediario independiente, sin asumir, salvo pacto en contrario, el riesgo y ventura de tales operaciones"[270].

Por su parte, el contrato de corretaje, no se encuentra expresamente regulado en el ordenamiento jurídico español, tratándose de un contrato atípico[271], pero ha sido definido por la jurisprudencia como aquel por medio del cual una de las partes, llamada corredor, se obliga a indicar a la otra, llamada comitente, la oportunidad de concluir un negocio jurídico con un tercero o a ser intermediario en ese negocio a cambio de un precio[272], aclarándose que este sólo se pagará en caso de concretarse el contrato[273].

La diferencia principal entre ambos contratos radica en la permanencia, debido a que para el contrato de agencia la continuidad del contrato es un elemento esencial de este negocio jurídico, que permite que las partes logren los efectos deseados a través del tiempo[274]. En contraste, el contrato

---

267 Ver el apartado 4. literal e) del capítulo II de esta investigación.

268 *Hundred Rooms, Muchosol, Ruraltop, Rentalia, Niumba, Hotdogholidays, Interhome* y *Holidu.* Páginas web: https://www.hundredrooms.com/, https://www.muchosol.es/, https://ruraltop.es/ https://es.rentalia.c om/, https://www.niumba.com/, http://www.hotdogholidays.com/, https://www.interhome.es/ y https://www.holidu.es/. Fecha de consulta: 30 de diciembre de 2021.

269 Ley 12/1992, de 27 de mayo, sobre Contrato de Agencia, publicado en: BOE núm. 129, de 29/05/1992.

270 *Ibídem.*

271 GÁZQUEZ SERRANO, L.., *El contrato de mediación o corretaje*, Madrid, 1ªed., La Ley, 2007, p. 161.

272 SAP de Burgos, núm. 573/2005, de 22 de diciembre, ES:APBU:2005:1131.

273 STS núm. 448/2014 de 30 de julio, ECLI:ES:TS:2014:3557.

274 LARA GONZÁLEZ, R., "¿Contrato de mediación o contrato de agencia? El carácter estable y continuado de la relación", *Revista Doctrinal Aranzadi Civil-Mercantil*, núm. 11, 2015, p. 5.

de corretaje puede presentarse de manera esporádica, y no necesita para constituirse una garantía de continuidad.

En el terreno de las PLAT, algunos autores han señalado que respecto de la relación plataforma-anfitrión, debe tenerse en cuenta que la plataforma actúa como un agente virtual, lo cual permite la conexión o intermediación entre personas que quieren alquilar su inmueble o un espacio en el, con personas que buscan un alquiler a corto plazo y bajo costo[275]. Sin embargo, el contrato de agencia, como se ha señalado, se necesita que su objeto se desarrolle de manera continuada, lo cual no es común con el modelo de negocio de las PLAT.

Adicionalmente, el contrato de agencia está destinado para la promoción del producto o servicio por parte de un agente. Tal promoción puede derivar o no en la venta del producto y al agente se le remunera por esa actividad de promoción, situación que no es común en las plataformas objeto de esta investigación, debido a que estas sólo cobran su tasa de intermediación cuando se ha realizado y aceptado la reserva y habitualmente, permiten que de manera gratuita los futuros anfitriones promocionen sus inmuebles o espacios de alquiler en su página web. Visto lo anterior, el contrato de corretaje, en el contexto del Estado español, podría ser una opción más cercana a la dinámica de las PLAT en la relación plataforma-anfitrión.

Si bien el corretaje, es la opción que más se adapta a la relación plataforma-anfitrión, es de aclarar que, por tratarse de un contrato atípico, que regularmente puede ser definido y delimitado por la jurisprudencia y no por la ley, cada Estado miembro y terceros Estados, tendrán su propia caracterización de esta figura[276], lo cual implica que en todos los contextos

---

275 LINDNER, A., *ob. cit.*, p. 1.

276 En los países latinoamericanos corresponderá buscar la regulación del contrato de corretaje en la legislación interna de cada país, en Colombia por ejemplo, está regulada en los Arts. 1340-1346 del Código de Comercio, que indica como definición: "Se llama corredor a la persona que, por su especial conocimiento de los mercados, se ocupa como agente intermediario en la tarea de poner en relación a dos o más personas, con el fin de que celebren un negocio comercial, sin estar vinculado a las partes por relaciones de colaboración, dependencia, mandato o representación". Sin embargo, a 2023 no se ha identificado jurisprudencia en ese país que asocie específicamente tal artículo con el contrato celebrado entre el anfitrión y la PLAT. Decreto 410 de 1971, de 27 de marzo, Diario Oficial No. 33.339 del 16 de junio de 1971, por el cual se expide el Código de Comercio, disponible en: https://www.iiiglobal.org/sites/default/files/4-_Colombia_Commercial_Code.pdf. Fecha de consulta: 30 de abril de 2023.

esta relación no puede ser reconocida como de corretaje, y deberá analizarse en el caso concreto, varios factores como la naturaleza y el lugar de domicilio de las partes, el lugar de cumplimiento del contrato, entre otros. Adicionalmente, debe reiterarse que, al no contemplar la UE, un concepto genérico de los contratos de corretaje y de agencia, no es posible encontrar las herramientas necesarias para realizar una correcta caracterización de la relación plataforma-anfitrión[277], tal y como si acontece con la relación plataforma-huésped.

2.2. *Contrato de servicios de intermediación digital*

El segundo contrato que se crea en la relación tripartita entre la PLAT, el anfitrión y el huésped es el contrato de intermediación de servicios digitales entre la plataforma en línea y el huésped, veamos a continuación varios puntos relevantes de esta relación contractual.

– La naturaleza del contrato, su perfeccionamiento y la calificación de la naturaleza del huésped como consumidor y la de la PLAT como profesional: que será tratada en el apartado 2.2.1. de este capítulo.

– Tipo de contrato: la naturaleza del contrato suscrito con las plataformas puede ser apreciado desde varias perspectivas. Como se ha señalado es un contrato celebrado con un prestador de servicios de la sociedad de la información y también puede tratarse de un contrato de consumo de acuerdo con la naturaleza de las partes. Pero el fondo del contrato, el tipo de servicio que presta es el que trae consigo algunas dificultades de clasificación en la normativa vigente en actividades similares.

– El fondo de la actividad de la plataforma en línea: sin que exista clasificación en algún contrato nominado existente es, de acuerdo con el TJUE en el caso *Airbnb Ireland UC* (2019) prestar un servicio oneroso de intermediación cuya finalidad es poner en contacto a través de la plataforma

---

277 Debido a que, aunque esta relación no es el objeto de esta investigación en materia de DIPr, especialmente respecto de competencia judicial internacional y ley aplicable y ello requiere un estudio autónomo, brevemente puede indicarse que en la UE en materia de competencia judicial internacional el anfitrión compartiría los mismos foros que el huésped-consumidor frente a la PLAT cuando se trate de un consumidor pasivo y los mismos que el huésped no consumidor cuando se trate de un profesional o un consumidor activo, sobre el particular, véase el apartado 4.1 del capítulo III la misma lógica debe aplicarse respecto de la determinación de ley aplicable, véase el apartado 4. del capítulo V.

electrónica a arrendatarios con arrendadores, y estos últimos pueden o no ser profesionales para prestar servicios de alojamiento de corta duración y otros servicios accesorios[278].

Sin embargo, algunos autores consideran que las plataformas en línea como *Airbnb,* al no ser propietarias de los bienes a arrendar, y ofrecer un mercado de intercambio en línea a través de su página web[279], actúan por medio de un contrato de corretaje[280], es decir, que por cada reserva de un alojamiento realizada en su sitio web la plataforma en línea gana una porción del valor total del alojamiento[281]. Esta categorización ha ayudado a que algunas autoridades nacionales puedan calcular de manera más precisa los impuestos que cobran a las plataformas en línea[282], sin embargo, no es correcto generalizar y establecer que todas las plataformas en línea actúan como *brokers* puesto que depende del nivel de control en moldear las condiciones de servicio, la información y los servicios ofrecidos, teniendo en cuenta que la relación entre la plataforma y el consumidor puede contener elementos de otros contratos, convirtiendo la relación en mixta[283].

---

278 Caso *Airbnb Ireland UC,* FJ 69.

279 Además de prestar servicios de intermediación para alojamiento, las PLAT también pueden prestar servicios de intermediación para otras actividades, como reservas en restaurantes, viajes, actividades en línea y presenciales, entre otros. Sobre esto véase el apartado 4. de este capítulo.

280 La posibilidad que las plataformas digitales puedan ser englobadas dentro de otro contrato del ámbito del mandato; el contrato de agencia, no encaja claramente en esta relación contractual debido a que si bien la plataforma en línea ofrece al huésped un servicio profesional y remunerado, este no es continuo o permanente y la plataforma en línea solo obtiene la remuneración cuando el contrato se suscribe, es decir cuando se realiza la reserva por el huésped mediante la autorización del pago y esta es aceptada por el anfitrión, adicionalmente la plataforma, en principio, no puede concluir operaciones en nombre y por cuenta del huésped, pues su intervención como intermediario sólo se inicia por solicitud directa del huésped; CUENA CASAS M., *ob. cit.,* p. 330. Véase también CAMACHO LOPEZ, M.E., "Contrato de Agencia Comercial", *Revista E-Mercatoria,* núm. 7, 2008, p. 30.

281 STRØMMEN-BAKHTIAR, A., VINOGRADOV, E., *The impact of the sharing economy on business and society: Digital transformation and the rise of platform business,* Nueva York, 1ª ed., Routledge, 2020, p. 76.

282 FETZER, T., DINGER, B., "The Digital Platform Economy and Its Challenges to Taxation", *Tsinghua China Law Review,* núm. 12, 2019, p. 52.

283 BLAUROCK, U., SCHMIDT-KESSEL, M., ERLER, K., *Plattformen: Geschäftsmodell und Verträge,* Baden-Baden, 1ª ed., Nomos, 2018, p. 90.

Adicionalmente, podría considerarse la posibilidad de que se trate de un contrato de servicios informáticos de naturaleza técnica para el intercambio de información, la dificultad es que, si no existe pago y reserva aceptada por el anfitrión, la plataforma no recibe ninguna remuneración, pues su ganancia principal no es la publicidad como por ejemplo la de la plataforma *Wallapop*[284]. Las PLAT se consideran a sí mismas como intermediarios en la relación comercial, como facilitadores pasivos en transacciones entre terceros y se aseguran de exponer esta descripción en sus términos y condiciones, sin incluir el término corretaje o agencia[285].

Lo anterior se acompasa con lo establecido por el TJUE en el caso *Airbnb Ireland UC* (2019), en el que no se dilucidó si el contrato entre una plataforma en línea como *Airbnb* se puede incluir o no dentro de la actividad de intermediación inmobiliaria, pues la pregunta interpretativa formulada en la cuestión prejudicial no se trata de si la ley *Hoguet*, que exige a las inmobiliarias en Francia requisitos formales para ejercer la actividad, es aplicable a plataformas como *Airbnb* como inmobiliaria, si no que se enfoca a si es oponible esta ley a las plataformas al tratarse una norma restrictiva de la libre prestación de servicios de la sociedad de la información[286]. Así las cosas, el TJUE no realiza un análisis sobre la categorización de las plataformas en línea como *Airbnb* dentro del ámbito inmobiliario, sino que limita su interpretación a clasificarla como prestadora del servicio de la sociedad de la información y por tanto, de acuerdo a la Directiva 2000/31/CE no es posible imponerles obligaciones a este tipo de compañías sin un proceso de notificación previo, el cual no se llevó a cabo en el caso de la ley *Hoguet*[287], y por tanto, no es posible sancionar a *Airbnb* por incumplir lo señalado en esa norma[288].

---

284 CUENA CASAS M., *ob. cit.,* pp. 331-332 y 328.

285 BERKE, D., "Products Liability in the Sharing Economy", *Yale Journal on Regulation,* núm. 33, 2016, pp. 637-638.

286 Caso *Airbnb Ireland UC,* FJ 71.

287 La ley *Hoguet* es anterior a la Directiva 2000/31/EC, allí se encuentra la mayor dificultad en aplicar la obligación de notificación previa a los Estados miembros, sin embargo, el TJUE decide si es aplicable tal obligación, aunque se trate de una legislación anterior; ESPOSITO, F., HACKER, P., "European Union Litigation", *European Review of Contract Law,* vol. 16, núm. 1, 2020, p. 228.

288 BODIROGA-VUKOBRAT, N., POSCIC, A., MARTINOVIC, A., "Old Economy Restrictions in the Digital Market for Services", *Journal for International and European Law,* núm. 15, 2018, p. 18.

La naturaleza del contrato entre la plataforma en línea y el huésped se sitúa hasta el momento en lo señalado por el TJUE, como prestadores de servicios de intermediación por medios digitales para el servicio subyacente de arrendamiento, en el marco de la sociedad de la información, caracterización atípica para un contrato de intermediación pero que sienta las bases de la regulación de las plataformas en línea para el *Digital Services Act,* que ya ha sido abordado en este capítulo.

Por último, debe indicarse que muchas otras PLAT, ofrecen intermediación para el acceso al alojamiento en habitaciones de hoteles, lo cual excede el objeto de esta investigación, que para todos los efectos queda relegado en la categoría de servicios secundarios, especialmente porque en el contrato entre la PLAT y el hotel sólo puede darse la relación *B2B*, y donde la protección al consumidor sólo tiene cabida cuando este se enfrenta como huésped a estos dos profesionales, teniendo especial consideración en que, frente al hotel se realiza un contrato de hospedaje. El servicio de intermediación que realizan las PLAT frente a los hoteles fue objeto de interpretación por el TJUE en el asunto *Booking* (2019)[289], sobre una disputa entre esta PLAT y un hotel alemán que había utilizado los servicios de esta plataforma en línea como anfitrión en la que este último deseaba demostrar que su contraparte abusaba de su posición dominante al cambiar y aplicar las cláusulas de condiciones generales del servicio de manera unilateral.

La cuestión prejudicial radica en la dificultad de aplicar el Reglamento (UE) No. 1215/2012[290], para determinar si la competencia judicial internacional debe determinarse el apartado 1 o por el apartado 2 del Art. 7 de este Reglamento, respecto de una acción entablada para conseguir el cese de ciertos actos derivados del contrato entre el demandante y *Booking*, referidos al cambio unilateral de las cláusulas contractuales por éste último, por lo cual se le acusa de abusar de su posición dominante en contradicción del Derecho de la competencia. El apartado 1 del Art. 7 del Reglamento (UE) No. 1215/2012 permite que el demandante acuda al órgano jurisdiccional del lugar de cumplimiento de la obligación

---

289 As. C-59/19, ECLI:EU:C:2020:950, de 24 de noviembre de 2020, *Wikingerhof GmbH & Co. KG* vs *Booking.com BV.*

290 Reglamento (UE) Nº 1215/2012 del Parlamento Europeo y del Consejo de 12 de diciembre de 2012, relativo a la competencia judicial, el reconocimiento y la ejecución de resoluciones judiciales en materia civil y mercantil publicado en: *DOUE* núm. 351, de 20 de diciembre de 2012.

que sirva de base a la demanda y el apartado 2 del Art. 7 del Reglamento (UE) No. 1215/2012 establece que la demanda podrá ejercitarse ante el órgano jurisdiccional del lugar donde se haya producido o pueda producirse el hecho dañoso. El TJUE se decanta por la aplicación del Art. 7.2 incluyendo la naturaleza del asunto sobre abuso de posición dominante en violaciones al derecho de la competencia dentro la materia delictual y cuasidelictual, por cuanto, se alega por el demandante el incumplimiento de una obligación impuesta por la ley y, por tanto, la conducta ilícita en caso de ser probada, no se deriva directamente de las obligaciones contractuales[291].

Respecto del perfeccionamiento del contrato entre PLAT y el huésped tiene dos pasos. El primero es que el huésped, una vez seleccionado el anuncio, la fecha para el alojamiento e introducido los datos de pago, decida realizar la reserva. Ese es primer paso de la intermediación, que el huésped a través de la plataforma en línea se ponga en contacto con el anfitrión que tiene dos opciones, aceptar la reserva o declinarla. En caso de que ocurra esto último la PLAT no recibe el valor del servicio de intermediación que consiste en una porción del precio del arrendamiento, ni se realiza ningún cobro al huésped.

El segundo paso se configura cuando la reserva es aceptada por el anfitrión, perfeccionándose el contrato y en ese momento la plataforma en línea recauda de la cuenta bancaria proveída por el huésped el valor total de la intermediación más el alojamiento[292].

En este punto, es necesario señalar que en el asunto *Airbnb Ireland UC* (2019), el TJUE indica que hay diferentes sociedades involucradas en el servicio, aunque todas son parte del grupo *Airbnb*, una es *Airbnb Ireland* que gestiona la página web y facilita la intermediación, otra es *Airbnb Payments UK*, que gestiona los pagos, y es la que recibe los fondos por parte del huésped, retiene la comisión del 6 % y el 12 % de dicho valor por la intermediación de *Airbnb Ireland* y conserva los fondos, para transferirlos al arrendador únicamente 24 horas después de que inicie el alojamiento en las fechas previstas[293], y la última es *Airbnb France SARL*, que, constituida como sociedad francesa, se encarga de la promoción de *Airbnb Ireland* entre los usuarios del mercado francés.

---

291 Asunto *Booking*, FJ 33-37.

292 CUENA CASAS M., *ob. cit.*, p. 328.

293 Caso *Airbnb Ireland UC* FJ 19.

Si bien la perfección del contrato con la sociedad que gestiona la plataforma, en este caso *Airbnb Ireland UC*, se da en el momento en que el anfitrión acepta la reserva, la aceptación de los términos y condiciones se produce de manera previa de acuerdo con los términos de servicio de *Airbnb*, que, accediendo desde España, sitúa tal aceptación al momento en el que huésped reserva un anuncio[294]. Otras PLAT como *VRBO*[295] y *TripAdvisor*[296] y *Booking*[297] indican que con sólo acceder al sitio web ya se aceptan los términos y condiciones. La PLAT *Booking* especifica que sólo con el uso de su aplicación móvil ya se entiende que existe una aceptación por parte del huésped. La manera en que las PLAT presumen la aceptación por parte del huésped, evidencia algunos indicios de la relación latente de consumo, en la cual el consumidor no tiene ningún poder de negociación de los términos y condiciones de servicios, sin embargo, aunque la PLAT tiene la condición de empresario, los términos no son negociados, aún quedaría por saber si el huésped cumple ciertas condiciones para ser tratado como consumidor, pues tal calidad no es automática. A 2023, la plataforma *Booking* ha cambiado sus términos y condiciones especificando que se entenderán aceptados siempre y cuando el usuario complete la reserva y se ha retirado la aceptación automática por medio de la aplicación. Este cambio evidencia la evolución de *Booking* frente a su clausulado anterior, porque le permite al usuario, que puede tratarse de un consumidor, aceptar los términos y condiciones una vez suscriba el contrato y no de manera previa al acuerdo[298].

2.2.1. La calidad de huésped-consumidor

La noción general de "consumidor" en el Derecho de la UE, se caracteriza por su versatilidad, pues las aproximaciones a tal calidad no son uniformes en todos los instrumentos normativos y su caracterización depende del caso concreto al que son aplicados y a la interpretación de las

---

294 Véase: https://www.airbnb.es/help/article/2908/t%C3%A9rminos-de-servicio. Fecha de consulta: 2 de junio de 2023.

295 Véase: https://www.vrbo.com/es-es/legal/terminos-condiciones-viajeros. Fecha de consulta: 2 de junio de 2023.

296 Véase: https://tripadvisor.mediaroom.com/us-terms-of-use#OLE_LINK2. Fecha de consulta: 2 de junio de 2023.

297 Véase: https://www.booking.com/content/terms.es. Fecha de consulta: 2 de junio de 2021.

298 Disponible en: https://www.booking.com/content/terms.es.html. Fecha de consulta: 2 de junio de 2023.

instituciones de la UE sobre ello, con lo cual tal calidad puede calificarse cuando menos de flexible[299].

La UE ha reconocido especialmente la condición del consumidor de los usuarios de las plataformas en línea cuando estas llevan a cabo un contrato de intermediación en el documento "Una Agenda Europea para la economía colaborativa" del año 2016[300], estableciendo que un comerciante, en este caso la plataforma, es una persona que reúne las condiciones para ser considerado como tal y que por tanto participa en "prácticas comerciales" y "actúa con un propósito relacionado con su actividad económica, negocio, oficio o profesión ". Así mismo, también deberán incluirse en la categoría de comerciantes los prestadores de servicios subyacentes si cumplen estas condiciones. Respecto a esto último, en el asunto *Tiketa* (2022)[301], el TJUE precisó el concepto de "comerciante" cuando se trata de contrato de consumo de acuerdo con el Art. 2, punto 2, de la Directiva 2011/83/UE[302], en el que este concepto se refiere tanto a una persona física o jurídica que actúa con un propósito que tiene relación con su actividad comercial o profesional como a la persona física o jurídica que actúa en calidad de intermediario en nombre o cuenta de aquel, precisando que no es requerida una doble prestación de servicio para que ambos puedan ser considerados como "comerciantes". En esta sentencia se especifica entonces, que los intermediarios que prestan sus servicios en línea deben ser considerados comerciantes frente al consumidor, así como los prestadores del servicio principal, ambos respecto de las obligaciones contenidas en los Art. 6 y 8 de la Directiva 2011/83/UE, sin que exista una verificación o estudio exhaustivo de cumplimiento de ciertas responsabilidades u obligaciones para tener esta calificación[303].

---

299 ARROYO APARICIO, A., "Noción de consumidor para el Derecho Europeo (Noción del Reglamento 1215/2012 versus la de las Directivas de protección de los consumidores)", *Revista Electrónica de Direito*, vol. 15, núm. 1, 2018, p. 11.

300 COM (2016) 356 final, de 2 de julio de 2016, Una Agenda Europea para la economía colaborativa.

301 As. C-536/20, de 24 de febrero de 2022, ECLI:EU:C:2022:112, *Tiketa UAB* vs *M. Š.*, FJ 33 y 36.

302 Directiva 2011/83/UE del Parlamento Europeo y del Consejo de 25 de octubre de 201, sobre los derechos de los consumidores, por la que se modifican la Directiva 93/13/CEE del Consejo y la Directiva 1999/44/CE del Parlamento Europeo y del Consejo y se derogan la Directiva 85/577/CEE del Consejo y la Directiva 97/7/CE del Parlamento Europeo y del Consejo, publicado en: *DOUE* núm. 304, de 22 de octubre de 2011.

303 CANALES GUTIÉRREZ, S., "El intermediario como "comerciante" en el contrato de consumo: comentario a la STJUE TIKETA, asunto: C-536/20 de 24 de febrero de 2022, *Revista General de Derecho Europeo*, núm. 58, 2022, pp. 436-437.

La contraparte de los comerciantes, los consumidores, de acuerdo con la Directiva 2011/83/UE son personas que actúan "con un propósito ajeno a su actividad económica, negocio, oficio o profesión", y aplicados a la actividad de la PLAT, los consumidores son los participantes de la relación tripartita que cumplan las condiciones para ser nominados como tales. Ello indica, como se ha señalado que el anfitrión puede ser un consumidor y también el huésped, al que de ahora en adelante nos referiremos como huésped-consumidor si cumple estos requisitos y huésped no consumidor en caso de que no los cumpla.

Un huésped-consumidor es entonces, la persona física que contrata los servicios de intermediación digital de la PLAT con el fin de suscribir un contrato de arrendamiento con un anfitrión, mediante el ingreso a la página web o aplicación, y que actúa por fuera de su actividad profesional, es decir que su reserva no está relacionada con su trabajo, sino que se realiza con fines personales, como turismo, entretenimiento, ocio, entre otros. Un huésped no consumidor puede tratarse de una persona jurídica o una persona física que contrata los servicios de la PLAT, pero actúa por dentro de su actividad profesional.

Las implicaciones legales sobre la categorización de la relación contractual entre la PLAT y el huésped-consumidor como de consumo, pueden tener importantes repercusiones en materias como la validez de las cláusulas contractuales, los tribunales ante los cuales se puede presentar la reclamación, la ley que aplica al contrato, los montos indemnizatorios, el tipo de procedimiento judicial por medio del cual se encausa la reclamación, entre otros.

La versión del huésped-consumidor aquí señalada es una visión general del consumidor, y es importante señalar que, el concepto de consumidor puede tener diferentes requisitos y exigencias de acuerdo con la normativa que sea aplicable. Esto aplica tanto dentro como fuera de la UE, pues en cada contexto pueden existir varios instrumentos normativos y jurisprudencia que establezcan diferentes aproximaciones al concepto de consumidor de acuerdo con la relación jurídica. Si el huésped en el caso concreto no cumple con esos requisitos, aunque sea una persona física actuando por fuera de actividad profesional no podrá acceder al estatus de consumidor y con ello la protección adicional de parte débil.

En las partes II y III de esta investigación se analizará como se determina la competencia judicial internacional y la ley aplicable para un huésped-consumidor y para un huésped no consumidor, en el marco del contrato de intermediación digital entre la PLAT y el huésped.

2.2.2. Interactividad del huésped-consumidor

El huésped-consumidor ingresa a la PLAT[304] a realizar la reserva del alojamiento, selecciona el alojamiento en las fechas seleccionadas, pero también puede interactuar con el futuro anfitrión para obtener información acerca del alojamiento, de manera previa a la reserva. Como se ha señalado anteriormente, una vez realizada la reserva y con ello autorizado el pago, y si el anfitrión la acepta, queda perfeccionado el contrato tanto el de intermediación con la PLAT como el de arrendamiento con el anfitrión[305].

Las PLAT realizan seguimiento a la reserva del inmueble, recordándole al huésped la fecha de inicio del alojamiento y enviándole publicidad de lugares para conocer en la ciudad a donde se dirige. Una vez se inicia el alojamiento, a las 24 horas siguientes a ello, la PLAT cobra el valor total del arrendamiento más su comisión.

En cualquier momento, el huésped puede comunicarse con la PLAT si existe algún problema con el inmueble o con el anfitrión[306], pero también puede hacerlo de manera directa con este último. Sin embargo, cuando el huésped se enfrenta al anfitrión no existe un procedimiento para resolver controversias por el alojamiento, y en ocasiones no comparten un idioma en común para llegar a un arreglo. En comparación, la PLAT, atenderá la reclamación del huésped en su propio idioma y en ocasiones, como el caso de *Airbnb* establece un procedimiento de reclamaciones[307] para el huésped contra la PLAT, por circunstancias a las que denomina contratiempo de viaje y que se encuentran relacionadas con la insatisfacción del huésped respecto de las condiciones del alojamiento[308]. Otra PLAT, *Booking*[309], no

---

304 Se toma para este apartado el procedimiento de contratación y seguimiento de la PLAT *Airbnb*, a menos que se mencione específicamente otra PLAT.

305 La PLAT *Airbnb* prevé esto en sus términos de servicio: "Al recibir la confirmación de la reserva, queda formalizado un contrato de Servicios de Anfitrión entre usted y el Anfitrión (en ocasiones, denominado «reserva» en los presentes Términos), disponible en: https://www.airbnb.es/help/article/2 908/t%C3%A9rminos-de-servicio. Fecha de consulta: 1 de noviembre de 2023.

306 Véase el apartado 5. de este capítulo.

307 PETERSEN, C.S., ULFBECK, V.G., HANSEN, O., "Platforms as Private Governance Systems-The Example of Airbnb", *Nordic Journal of Commercial Law*, núm. 1, 2018, pp. 46-50.

308 Véase:https://www.airbnb.es/help/article/2868/pol%C3%ADtica-de-reembolso-al-hu%C3%A9sped-de-airbnb. Fecha de consulta: 30 de junio de 2023.

309 Véase: https://secure.booking.com/dispute_resolution.es. Fecha de consulta: 30 de noviembre de 2022.

establece un procedimiento de reclamación, sino que dirige al huésped a su centro de resolución de litigios que no es interactivo desde el inicio como el de sistema de reclamación de *Airbnb,* sino que permite enviar la queja directamente a la PLAT y esperar una respuesta. En caso de que no se llegue a una resolución directa con la PLAT, las opciones judiciales y extrajudiciales del huésped frente a esta se encuentran señaladas en la parte II de esta investigación para los huéspedes con domicilio en la UE y en Colombia, México, Argentina y Brasil.

Por último, el huésped puede dar su opinión sobre el anfitrión[310], pues las PLAT han creado sistemas de reputación cuyos datos provienen de las opiniones y calificaciones por parte de los huéspedes respecto de los anfitriones junto con los alojamientos[311], y constituyen una de las mayores herramientas de descarte o selección de un alojamiento por parte de los futuros huéspedes; el balance de esta actividad para la plataforma es instar a los proveedores a cumplir las normas estandarizadas de comportamiento y verificar su rendimiento, aunque no puede garantizarse que no existan por parte de los huéspedes o de los anfitriones una completa objetividad respecto de su contraparte al momento de participar en el sistema de reputación[312].

En la PLAT *Airbnb,* los comentarios y calificaciones dentro el sistema de reputación coadyuvan a crear y mantener la categoría *superhost,* que se refiere a un anfitrión que cuenta con comentarios mayoritariamente positivos y puntuaciones altas de manera reiterada por parte de los huéspedes, por tanto, permite realizar una experiencia de alojamiento extraordinaria[313].

---

310 El anfitrión también puede calificar y comentar el comportamiento del huésped en el alojamiento, y el comentario quedará en su perfil dentro de la plataforma.

311 El sistema métrico de reputación se encuentra incorporado a las mayores empresas de servicios digitales como *Amazon, Uber* y *Airbnb,* y se usan para mejorar la experiencia de los usuarios y obtener retroalimentación de su modelo de negocio; CORRALES COMPAGNUCCI, M., FORGÓN, N., KONO, T., TERAMOTO, S., VERMEULEN, E. (eds.), *Legal Tech and the New Sharing Economy,* Singapur, 1ª ed., Springer, 2020, p. 159.

312 SPITKO, E., "Reputation Systems Bias in the Platform Workplace", *Brigham Young University Law Review,* núm. 5, 2019, pp. 1270-1271.

313 KATSCH, E., RABINOVICH-EINY, O., "Technology and Dispute Systems Design: Lessons from the Sharing Economy", *Dispute Resolution Magazine,* núm. 21, 2015, p. 11.

2.3. Contrato de arrendamiento entre el anfitrión y el huésped (vivienda turística y alquiler de habitaciones)

La tercera relación es la de anfitrión-huésped, y es el contrato subyacente y principal de la relación tripartita que configura la intermediación. Esta relación entre el anfitrión y el huésped ha sido considerada como un contrato de arrendamiento[314], y así fue calificado por el TJUE en el caso *Airbnb Ireland UC* (2019)[315], aunque debe decirse que algunas de las funciones del anfitrión/arrendador han sido trasladadas a la plataforma, como la realización del pago por parte del huésped/arrendatario a la PLAT y la suscripción del contrato de arrendamiento que como se ha señalado se crea al mismo momento que el de intermediación.

En la UE, no existe una Directiva o Reglamento que establezca una definición exacta de contrato de arrendamiento, sin embargo, podemos referirnos a un documento académico importante, sin valor vinculante, que busca establecer un cuerpo normativo europeo para regular la compra y venta de bienes[316]: el *Draft Common Frame of Reference,* que compila principios, definiciones y normas modelo de Derecho Privado Europeo, e indica especialmente el concepto de *lease of goods* o arrendamiento de bienes como aquel en el que:

---

314 MAESE, M., *ob. cit.,* pp. 495-496. Se descarta el modelo del contrato de hospedaje en materia de arrendamiento de habitaciones a través de PLAT, a menos que el arrendador sea un hotel que cuente con personal e instalaciones especializadas para hospedaje, teniendo en cuenta que el contrato de habitaciones en las PLAT se trata de una vivienda donde suele residir el anfitrión. En España podemos encontrar que este contrato es aquel "en el que se combina arrendamiento de cosas (para la habitación o cuarto), arrendamiento de servicios (para los servicios personales), de obra (para comida) y depósito, para los efectos que introducen"; STS (Sala de lo Civil, Sección 1ª), de 20 de junio de 1995. También debe recordarse que en las comunidades autónomas las definiciones relativas a proveedores de los servicios de alojamiento u hospedaje, así como intermediarios se encuentran incluidas en normas autonómicas como el caso de Cataluña a través del Decreto 75/2020, de 4 de agosto, de turismo de Cataluña, que se analizará más adelante. Publicado en: DOGC núm. 8195, de 6 de agosto de 2020, disponible a: https://www.meseconomia.cat/wp-content/uploads/Dedret-dusos-turistics.pdf. Fecha de consulta: 30 de abril de 2022.

315 Caso *Airbnb Ireland UC* (2019) FJ 47.

316 SPRANKLING, J.G., *The international Law of Property,* Oxford, 1ª ed., Oxford University Press, 2014.

"en virtud del cual una parte, el arrendador, se compromete a proporcionar a la otra parte, el arrendatario, un derecho temporal de uso de bienes a cambio del alquiler. El alquiler puede ser en forma de dinero u otro valor"[317].

Esta definición aplicada a la relación anfitrión-huésped, sigue la misma línea de los argumentos previstos por el TJUE, en el caso *Airbnb Ireland UC* (2019), que indica que se trata de dos personas que a través de la plataforma se ponen en contacto, una que ofrece servicios de alojamiento de corta duración a cambio de una remuneración; el arrendador y otra que desea reservar los servicios de alojamiento y pagar el precio por ello; el arrendatario[318].

Sin embargo, esta sentencia del TJUE si bien establece que debe tratarse de un arrendamiento corto, no indica específicamente la duración del alojamiento y no menciona si se trata de arrendamientos de inmuebles completos o por habitaciones pues sólo se hace referencia a alojamientos. De manera general, debe indicarse que, de acuerdo con la calificación autónoma de normativa de la UE, especialmente el Reglamento (UE) No. 1215/2012[319] y Reglamento (CE) No. 593/2008[320], podemos decir que se trata de un contrato de arrendamiento inferior a seis meses y cuya destinación sea para un uso particular, y adicionalmente que el arrendatario se trate de una persona física[321].

---

317 Texto original: "A contract for the lease of goods is a contract under which one party, the lessor, undertakes to provide the other party, the lessee, with a temporary right of use of goods in exchange for rent. The rent may be in the form of money or other value", traducción propia. Véase: VON BAR, C., CLIVE, E., SCHULTE-NÖLKE, H., BEALE, H., HERRE, J., HUET, J., STORME, M., SWANN, S., VARUL, P., VENEZIANO A., FRYDERYK ZOLL, F., *Principles, Definitions and Model Rules of European Private Law: Draft Common Frame of Reference (DCFR)*, Munich, 1ª ed., Sellier European law publishers GmbH, 2009, p. 292.

318 Caso *Airbnb Ireland UC* (2019) FJ 45-47.

319 Reglamento (UE) Nº 1215/2012 del Parlamento Europeo y del Consejo de 12 de diciembre de 2012, relativo a la competencia judicial, el reconocimiento y la ejecución de resoluciones judiciales en materia civil y mercantil publicado en: *DOUE* núm. 351, de 20 de diciembre de 2012.

320 Reglamento (CE) Nº 593/2008 del Parlamento Europeo y del Consejo de 17 de junio de 2008 sobre la ley aplicable a las obligaciones contractuales (Roma I), publicado en: *DOUE* núm. 177 del 4 de julio de 2008.

321 FONT I MAS, M., "El contrato internacional de arrendamiento de bienes inmuebles en la Unión Europea", MUÑIZ ESPADA, E., NASARRE AZNAR, S., RIVAS NIETO, E., URQUIZU CAVALLÉ, A. (dirs.), *Reformando las tenencias de la vivienda: Un hogar para tod@s*, Valencia, 1ª ed., Tirant lo Blanch, 2018, p. 461.

Es necesario señalar que son las legislaciones nacionales, las que han regulado las viviendas turísticas y el alquiler de habitaciones, aunque también es menester indicar que, los Estados miembros también establecen normas sobre lo que se considera un arrendamiento corto.

En el caso *Cali Apartments* (2020)[322], por ejemplo, el TJUE indicó la importancia de regular en los Estados miembros el arrendamiento de viviendas completas por más 120 días año estableciendo que:

> "la actividad de arrendamiento de inmuebles amueblados por un período breve de tiempo tiene un efecto inflacionista significativo en el nivel de los arrendamientos, sobre todo en París, pero también en otras ciudades francesas, especialmente cuando la ejercen arrendadores que ofrecen en arrendamiento dos o más viviendas completas, o una vivienda completa más de 120 días al año, procede considerar que una normativa como la controvertida en el litigio principal está justificada por una razón imperiosa de interés general".

Sin embargo, nada se menciona sobre arrendamiento de habitaciones, que es un concepto totalmente diferente, pues es más restringido que el de la vivienda, por cuanto, depende de ella y una misma vivienda puede contar con varias unidades habitacionales, que deben ser consideradas individuales, aunque compartan áreas comunes de la vivienda[323].

Los requisitos sobre que puede considerarse, habitación, vivienda turística y arrendamientos cortos en el contexto de las PLAT (ámbito turístico) varían en las legislaciones nacionales de los Estados miembros, tal y como se ha mencionado anteriormente, para lo cual mostraremos algunos ejemplos para evidenciar la dificultad en agrupar mediante las mismas características conceptos similares en diferentes países y las obligaciones que se les exigen a los arrendatarios. Veamos entonces a continuación la normativa autonómica de Cataluña y de Italia, lugares profundamente turísticos, y en el caso de Cataluña, se evidencia aún más que en algunos Estados miembros, como el caso de España, en los que existe regulación autonómica sobre arrendamientos turísticos no es posible establecer reglas armonizadas a nivel nacional, pues la competencia en esta materia recae sobre las comunidades autónomas.

Por un lado, el Art. 4 de Decreto-Ley N°. 50 de 2017, que como se señaló anteriormente reglamenta los arrendamientos turísticos de corta duración

---

[322] Asunto *Cali Apartments*, FJ 69.

[323] MOYA, J., "Una aproximación al régimen legal aplicable en el ámbito del turismo colaborativo", *International Journal of Scientific Management and Tourism, vol.* 2, 2016, pp. 376-377.

(*locazione breve*) e indica que se trata del: I) alquiler de bienes inmuebles residenciales para uso no residencial; II) hasta por 30 días; III) por personas físicas actuando por fuera de su actividad profesional y; IV) de manera directa o través de un portal telemático. De acuerdo con el Decreto-Ley Nº. 50 de 2017, una *locazione breve* está relacionada con una vivienda turística "como las que prevén suministro de ropa de cama y servicios de limpieza", y su arrendatario debe tratarse de un turista, una persona física actuando por fuera de su actividad profesional, que ha suscrito el contrato de arrendamiento, directamente con el propietario, a través de un agente inmobiliario o a través de un portal en línea que actúe como intermediario.

Por otro lado, el Decreto 75/2020 de turismo de Cataluña[324], aplicable desde 26 de agosto de 2020[325], establece requisitos mínimos para las empresas y actividades turísticas dentro del territorio catalán, y debe tenerse en cuenta que es una normativa especializada y extensa en comparación con el Decreto-Ley Nº. 50 de 2017 italiano, que sólo cuenta con un Art. para regular los arrendamientos cortos. El Decreto No. 75 de 2020 de turismo de Cataluña aplica de manera directa a las empresas tradicionales de alojamientos, también debe aplicarse a las nuevas modalidades de empresas turísticas de alojamiento entre las que se incluyen áreas de acogida de autocaravanas, alojamientos singulares y hogares compartidos[326]. Adicionalmente, el Decreto 75/2020 prevé como novedad en su Art. 251-1, la definición de intermediarios e intermediarias de empresas y establecimientos turísticos de alojamiento, como cualquier entidad, operador de mercado o prestador de servicios de la sociedad de la información que, de manera directa o indirecta realice actividades de intermediación[327] por un precio sobre alojamientos turísticos ubicados en Cataluña. Sobre arrendamientos de corta duración en materia de la vivienda de uso turístico para ser con-

---

324 *Decret 75/2020, de 4 d' agosto, de turisme de Catalunya*, publicado en: *DOGC* núm. 8195, de 6 de agosto de 2020, disponible a: https://www.meseconomia.cat/wp-content/uploads/Dedret-dusos-turistics. pdf. Fecha de consulta: 13 de abril de 2021.

325 El título IV sobre la regulación de los hogares compartidos es aplicable desde el 6 de agosto de 2021.

326 Art. 111-2 Decreto 75/2020, novedad frente al Decreto 159/2012.

327 Art. 251-1: estas actividades de intermediación que pueden realizarse por medios audiovisuales, electrónicos o informáticos y por sistemas o aplicaciones interactivos son: (i) Presentar ofertas, promocionarlas o ponerlas en el mercado en base a la información que le ha facilitado la persona que pretende explotar el alojamiento; (ii) Facilitar el contacto entre vendedores y compradores (iii) Facilitar la contratación o comercialización (iv) Realizar reservas o la gestión del alojamiento.

siderada como tal debe cumplir con tres requisitos: Cesión total[328] de la vivienda por su propietario a terceros de manera directa o indirecta por 31 días o menos a cambio de una contraprestación económica, en condiciones de inmediata disponibilidad.

El Decreto No. 75 de 2020 establece entonces que las viviendas turísticas deben ser cedidas por completo en un periodo limitado de tiempo[329]. Nótese que la norma se refiere a viviendas y no inmuebles, porque de acuerdo con los requisitos exigidos a los propietarios, sus viviendas deben estar totalmente amobladas, listas para uso inmediato y contar con cédula de habitabilidad que establece las plazas que pueden ser ocupadas por cierto número personas, cupo que debe respetarse en caso de arrendamiento de la vivienda[330]. Adicionalmente, debe estar permitido por los estatutos de la comunidad y las normas aplicables el arrendamiento de vivienda para fines turísticos. En este caso, las plataformas en línea son intermediarias para el arrendamiento de un inmueble entre arrendador y arrendatario cuando la estancia no supere los 31 días, y en caso de que la estancia supere este periodo, no serían aplicables las obligaciones de este decreto por no tratarse de viviendas turísticas sino de arrendamiento por temporadas contenido en el Art. 3 de la Ley de Arrendamientos Urbanos.

Sobre el segundo, los hogares compartidos, los requisitos y características que la norma trae consigo difieren principalmente porque ya no se trata de una vivienda turística, sino de una vivienda que actúa como residencia del anfitrión y que una parte del inmueble ha sido destinada a alojamiento turístico. En primer lugar, se exige en la normativa catalana que el inmueble objeto del arrendamiento sea la vivienda principal y efectiva del propietario que comparte el espacio en el que ya habita a cambio de una

---

328 El artículo 111-4 del Decreto No. 75 de 2020 define el término habitación como "unidad de alojamiento privativa de capacidad individual, doble, triple o cuádruple, en camas bajas, que se comercializa entera e incluye el baño en su interior", lo cual entraría en la órbita de actividad de un hotel regular, en comparación, el artículo 221-1 indica que las viviendas de uso turístico se ceden enteras y no se permite la cesión por estancias. QUESADA SÁNCHEZ A.J., "La cesión de viviendas turísticas por habitaciones: situación legal en España y propuestas razonables", *Revista Crítica de Derecho Inmobiliario*, núm. 783, 2021, p. 299.

329 Se considera estancia de temporada de acuerdo toda ocupación de la vivienda por un periodo de tiempo continuado igual o inferior a 31 días.

330 VILALTA NICUESA, A.E., "La regulación europea de las plataformas de intermediarios digitales en la era de la economía colaborativa", *Revista Crítica de Derecho Inmobiliario*, núm. 765, 2018, p. 294.

contraprestación para un arrendamiento en un periodo igual o inferior a 31 días. Y, en segundo lugar, los requisitos para hogares compartidos exigen que el propietario que haga las veces de anfitrión debe estar empadronado en el inmueble y debe notificar a las autoridades si se realiza alguna actividad ilícita por parte de los inquilinos.

A grandes rasgos, ambos decretos tanto el catalán como el italiano comparten ciertas semejanzas, con excepción de la materia de los hogares compartidos que no se regula en el decreto italiano. La duración del contrato, la disponibilidad del alojamiento, destinación específica para vivienda turística son algunos de los rasgos similares entre ambas normativas, pero indicarse que la dificultad también se presenta en lo no regulado por estas normas especiales para vivienda turística, pues se ha de recurrir a la normativa general de arrendamientos de Italia[331] y de España[332] en caso de controversia en cada uno de estos Estados. El contrato de arrendamiento entre el anfitrión y el huésped, es una materia que merece un estudio autónomo y especializado que no se acompasa con los objetivos de esta investigación, pero si ha sido necesario plantear brevemente algunas regulaciones sobre arrendamientos turísticos para el huésped-consumidor pueda vislumbrar la dificultad en materia de derechos y obligaciones cuando suscribe un contrato de intermediación por Internet con una plataforma en línea, en donde puede tener acceso a los términos y condiciones de ese contrato, pero el de arrendamiento queda supeditado a las leyes del lugar donde se encuentra ubicado el inmueble, lo cual puede generar un escenario de reclamación diferente que es del huésped-consumidor frente a la plataforma[333].

---

331 Los artículos 1571 y ss. del Código Civil Italiano (1942), que son las disposiciones genéricas del contrato de arrendamiento, de las cuales emana la facultad para suscribir este tipo de contratos en Italia y su regulación; *Il Regio Decreto* de 16 marzo de 1942, n. 262, "Approvazione del testo del Codice Civile", publicado en la: *Gazzetta Ufficiale* n. 79 del 4 abril de 1942, disponible en: https://www.codice-civile-online.it/. Fecha de consulta: 30 de abril de 2023.

332 En Cataluña puede ser de aplicación la figura de arrendamiento por temporadas de la Ley 29/1994, de 24 de noviembre, de Arrendamientos Urbanos, publicado en: BOE núm. 282, de 27/03/2013, cuando se excede de la duración contemplada en el decreto catalán o cuando no sea posible aplicar esa figura, por duración del arrendamiento, o por el bien sobre el que recae o como supletorio de la norma, se aplicará el Real Decreto de 24 de julio de 1889 por el que se publica el Código Civil, publicado en: BOE núm. 206, de 25/07/1889.

333 La única plataforma en línea que al año 2023 contempla regulación específica sobre derechos y obligaciones del huésped como arrendatario y del anfitrión como arrendador de las 35 objeto de esta investigación, es la PLAT *VRBO*,

3. EL ELEMENTO EXTRANJERO O INTERNACIONAL EN LA CONTRATACIÓN ENTRE EL HUÉSPED-CONSUMIDOR Y LA PLAT

La existencia de un elemento internacional que vincule una situación jurídica a dos o más Estados[334]u ordenamientos jurídicos, puede identificarse de acuerdo con las características del caso concreto. Si en este, alguna de las partes contractuales o ambas son extranjeras, si el objeto o materia de la situación dentro del escenario del Derecho privado trasciende las fronteras nacionales, si existe vinculación de este objeto, su cumplimiento, naturaleza o características a un ámbito territorial diferente al doméstico; puede entenderse que se está en presencia de un elemento internacional[335], y, por tanto, debemos calificar la relación jurídica para poder subsumirla en una norma de DIPr.

En la relación contractual entre la PLAT y el huésped-consumidor el elemento de internacionalidad suele cumplirse en la mayoría de los casos en el contexto del turismo, lo cual se justifica en que el Internet es el escenario en el cual se realiza la contratación y, por tanto, no existen limitaciones territoriales que restrinjan el contacto[336]. La PLAT opera a través de mercados en línea multilaterales[337] permitiéndole al huésped-

---

que ingresando desde España indica la normativa aplicable a cada comunidad autónoma, aunque en algunos casos, como el de la comunidad autónoma de Cataluña no se encuentra actualizado y se mantiene la legislación anterior, y por tanto no se ha incorporado el Decreto No. 75 de 2020: disponible en: https://www.vrbo.com/es-es/l/regulacion/. Fecha de consulta: 2 de junio de 2023.

334 ESPLUGUES, C., IGLESIAS, J.L., PALAO, G., *Derecho Internacional Privado,* Valencia, 12ª ed., Tirant lo Blanch, 2018, p. 85.

335 RODRÍGUEZ BENOT, A., *Manual de Derecho Internacional Privado*, Madrid, 6ª ed., Editorial Tecnos, 2019, p. 21.

336 La contratación electrónica por consumidores ha favorecido la inclusión de un elemento trasnacional como una constante en este tipo de contratos, debido a la diversificación y crecimiento de la oferta de técnicas de venta y prestación de servicios, así como el desplazamiento de los consumidores, que pueden o no contratar desde su domicilio habitual a través de Internet. Véase a HERNÁNDEZ FERNÁNDEZ, A., "La protección del consumidor transfronterizo intracomunitario: Cuestiones de Derecho internacional privado", *Estudios sobre Consumo,* núm. 79, 2006, p. 17.

337 MAYORGA TOLEDANO, M.C., "La intermediación en línea de las plataformas. El caso de AIRBNB", en: GONZÁLEZ CABRERA, I., RODRÍGUEZ GONZÁLEZ, M. D. P., *Las viviendas vacacionales. Entre la economía colaborativa y la actividad mercantil,* Madrid, 1ª ed., Dykinson, 2019, p. 55.

consumidor contratar desde su domicilio o desde otro lugar, con una PLAT con sede social en cualquier parte del mundo.

En este punto debe tenerse en cuenta que en ocasiones el servidor de red, es decir el lugar donde se transmiten y alojan los datos tratados por la PLAT se encuentran en un lugar diferente al de su sede social, para ello debe tenerse en cuenta que el elemento internacional que es decisivo, como por ejemplo en materia de competencia judicial internacional, este depende del Estado en el cual la PLAT tenga su efectivo establecimiento, y no del lugar donde emita o procese la información a través de un servidor de red[338].

La internacionalidad del contrato de intermediación digital debe provenir de la parte específica de la relación contractual que vincula a la PLAT y al huésped-consumidor, al tratarse de un contrato autónomo del de arrendamiento y el del suscrito entre la PLAT y el anfitrión. Si el elemento internacional proviene del anfitrión o del inmueble objeto del contrato de arrendamiento[339], y tanto la PLAT como el huésped-consumidor tienen su domicilio o residencia en un mismo Estado, estaríamos en el ámbito del Derecho privado nacional no del DIPr.

Los dos restantes contratos mencionados también pueden tener elementos de internacionalidad, pero por su naturaleza y por la de las partes involucradas, cada relación jurídica puede estar regulada de manera diferente. Debe mencionarse que de acuerdo con el elemento internacional del contrato de intermediación celebrado entre la PLAT y el huésped-consumidor, se determina en DIPr la manera de abordar el caso concreto; si el huésped-consumidor tiene su domicilio en un Estado miembro o en un tercer Estado o si la PLAT tiene sede social o algún establecimiento de comercio dentro o fuera de la UE, son circunstancias que repercuten en la determinación de la competencia judicial internacional y de la ley aplicable, lo cual se mostrará en las partes II y III de esta investigación.

---

[338] CALVO CARAVACA, A-L., CARRASCOSA GONZALEZ, J., *Derecho internacional privado, Granada, 18ª* ed., Editorial Comares, 2018, p. 1127. Véase también DE MIGUEL ASENSIO P.A., *Conflict of Laws and the Internet,* Cheltenham, 1ª ed., Edward Elgar publishing, 2020, p. 452.

[339] Véase: FONT I MAS, M., "*El contrato internacional…*", *ob. cit.*, pp. 460-461.

4. ESTADO ACTUAL Y ESTRUCTURA SOCIETARIA DE LAS CUATRO PLAT MÁS RELEVANTES

En 2020, la Comisión Europea estableció el estatus de cuatro PLAT como las más importantes y significativas para el turismo de la UE: *Airbnb*, *Booking*, *Expedia Group* y *TripAdvisor*[340] y llegó a un acuerdo con las compañías que las dirigen sobre el uso compartido de datos, permitiendo que la oficina estadística de la UE, la Eurostat, pueda publicar información sobre alojamientos con datos extraídos del intermediario de servicios; la plataforma, y no con el directo prestador del servicio de alojamiento[341].

Las estadísticas la Eurostat de 2019[342] sobre el particular, que se compilan de acuerdo con el número de alojamientos reservados y ocupados por países y no por la PLAT a través de la cual se realizó la reserva, muestran que en 2019 los Estados miembros que más tuvieron alojamientos ocupados dentro de la dinámica de las "*online collaborative economy platforms*", —que es como la Comisión Europea se refiere a las PLAT— en orden descendiente son: Francia, España, Italia, Alemania, Polonia y Portugal[343].

Si bien estas son las PLAT más relevantes en la UE, su actividad comercial no afecta solo a las personas que residen en territorio de la Unión, por cuanto los datos recopilados por la Eurostat también indican que en 2019

---

340 Comisión Europea, Comunicado de prensa: "Commission reaches agreement with collaborative economy platforms to publish key data on tourism accommodation", del 5 de marzo de 2020, disponible en: https://ec.europa.eu/commission/presscorner/detail/en/ip_20_194. Fecha de consulta: 2 de junio de 2023.

341 Véase el siguiente enlace: https://ec.europa.eu/eurostat/web/experimental-statistics/collaborative-economy-platforms. Fecha de consulta: 2 de junio de 2023.

342 Debe indicarse que se toma como referencia el año 2019, tanto en estadísticas cómo en el análisis, por ser el año antes de la pandemia de la COVID-19, en el que no existían restricciones respecto al turismo. Las cifras de 2023, año en que se retoma el turismo sin restricciones considerables a nivel global, estarán disponibles en 2024, y por tanto se encuentran excluidas en esta primera edición, lo anterior teniendo en cuenta que el ámbito temporal de la investigación realizada para publicar este libro culminó en 2023.

343 Debe tenerse en cuenta que Reino Unido no fue incluido en las estadísticas, pese a que en 2019 todavía hacia parte de la UE. El número exacto de alojamientos ocupados en 2019 de los Estados miembros mencionados son: Francia: 10.962.000, España: 8.545.000, Italia: 7.764.000, Alemania: 4.604.000, Polonia: 3.186.000, Portugal 2.622.000: información disponible en: https://ec.europa.eu/eurostat/web/experimental-statistics/collaborative-economy-platforms. Fecha de consulta: 30 de agosto de 2023.

se recibió en la UE un total de 53.136.000 de huéspedes que contrataron alojamientos a través de las PLAT, de los cuales 21.140.000 eran residentes de la UE y 31.996.000 eran huéspedes internacionales con residencia fuera de la UE.

Estos datos indican que los clientes de las PLAT, los futuros huéspedes, residen por dentro y por fuera de la UE, y los derechos como consumidores que estos tienen frente a la PLAT pueden variar especialmente si su sede social o alguno de sus establecimientos de comercio se encuentra ubicado o no en territorio de la UE.

Aunque las PLAT tengan su sede social o establecimiento en los Estados miembros de la UE, suelen realizar sus actividades en un contexto transnacional, lo cual debe tenerse en cuenta a la hora de verificar que ley les aplica en materia de constitución, capacidad, representación, funcionamiento, transformación, disolución y extinción, pues esta ley es diferente a la ley que aplica a la actividad que desarrollen en un país específico.

A grandes rasgos en la Unión Europea, existen dos teorías acerca la manera de determinar la *lex societatis*, la teoría de la sede real[344] y la de incorporación, aunque debe decirse que objetivamente, la mayor parte de la doctrina científica y de la jurisprudencia del TJUE se decantan por el respeto a la libertad de establecimiento y, por tanto, a la teoría de la incorporación[345]. Esta teoría indica que será aplicable la ley del Estado en la cual la

---

[344] Brevemente, la teoría de la sede real indica que el lugar que determina la *lex societatis* es aquel donde la sociedad tiene efectivamente su sede social, que puede no coincidir con el lugar donde se encuentra registrada. La sede real puede determinarse a partir de la administración central de la sociedad, su establecimiento principal o donde desarrolla o explota sus principales actividades; GARCÍA ARENAS, R., "El Derecho internacional privado de sociedades como reflejo del Derecho material de sociedades", en: FORNER DELAYGUA, J.J., GONZÁLEZ BEILFUSS, C., VIÑAS FARRÉ, R. (coords.), *Entre Bruselas y La Haya: Estudios sobre la unificación internacional y regional del Derecho internacional privado. Liber amicorum Alegría Borrás*, Madrid-Barcelona, 1ª ed., Marcial Pons, 2013, p. 138, HEREZA, J., "El domicilio social de la Sociedad Europea: Traslado de domicilio social", *Cuadernos de Derecho y Comercio*, núm. 47, 2007, pp. 46-48 y RINGE, G., "Sparking Regulatory Competition in European Company Law-The Impact of the Centros Line of Case-Law and its Concept of Abuse of Law", en: DE LA FERIA, R., VOGENAUER, S. (eds.), *Prohibition of Abuse of Law: A New General Principle of EU Law*, Oxford, 1ª ed., Hart Publishing, 2011, pp. 107-110.

[345] BALLESTEROS BARROS, A.M., "Reflexiones sobre la modernización del derecho europeo de sociedades: forum societatis y lex societatis", *AEDIPr*, t. XVIII, 2018, p. 315.

sociedad ha sido incorporada o constituida[346], lo cual permite de manera inequívoca identificar la ley aplicable, en contraste con la teoría de la sede real que puede estar sujeta a interpretaciones y, por tanto, a inseguridad jurídica[347].

El Estado en el cual una PLAT tiene su sede social, es decir, el lugar donde fue constituida puede ser distinto del Estado con el cual la PLAT tiene un establecimiento de comercio, puesto que, para algunas PLAT, como el caso de las cuatro más relevantes, se encuentran estructuradas como grupos empresariales cuyas relaciones de dependencia pueden ser invisibles para el observador[348]. En este caso el huésped-consumidor, al ingresar a la página web de una PLAT como *Airbnb* desde España, contrata con el establecimiento de comercio de *Airbnb* con sede en Irlanda. El ejemplo de *Airbnb* muestra la dificultad para el consumidor de establecer en términos simples con quien contrata, especialmente si los términos y condiciones no están en su idioma como el caso de *airbnb.cat,* que se encuentran disponibles únicamente en inglés, y si se cambia la página a español, se cambia el dominio a.*es*[349].

Así las cosas, identificar una *lex societatis* común para un grupo de sociedades no es correcto[350], y de acuerdo a la UE, es necesario recurrir a la teoría de la incorporación, en la cual la sede social registrada es la que cuenta, y tal y como se señalará en la parte II de esta investigación, en materia de consumo si el comerciante tiene un establecimiento en la UE, todos los litigios relativos a su explotación podrán ser dirigidos al establecimiento ubicado en un Estado miembro, aunque su matriz se encuentre en un tercer Estado.

---

346 CHEFFINS, B.R., *Company law: Theory, structure and operation,* Oxford, 1ª. ed., Clarendon press, 1997, p. 427.

347 RINGE, W-G, HELLGARDT, A., "The International Dimension of Issuer Liability-Liability and Choice of Law from a Transatlantic Perspective", *Oxford Journal of Legal Studies,* vol. 31, núm. 1, 2011, p. 51.

348 BOUDERHEM, R., "The Position of the Member States of the European Union and the Solutions of European Union Law with Regard to Groups of Companies", *International Business Law Journal,* núm. 3, 2017, p. 233.

349 Disponible en: https://www.airbnb.cat/help/article/2908/condicions-del-servei. Fecha de consulta: 4 de junio de 2023.

350 En caso de que conexión entre matriz y la filial sea ficticia o fraudulenta, podría levantarse el velo corporativo para que el demandante pudiera reclamar directamente a la matriz; BOUDERHEM, R., *ob. cit.*, p. 246.

Caso especial de Reino Unido:

El Estado donde la PLAT tenga su sede social, es entonces crucial para determinar *lex societatis*, con lo cual algunas PLAT designan este lugar por la facilidad en el trámite de constitución de la sociedad en algunas legislaciones como sucede al respecto de Dublín o de Londres[351]. Sin embargo, debe tenerse en cuenta que Reino Unido ya no hace parte de la UE, y a una PLAT como *OneFineStay* con sede social en Londres y sus usuarios, ya no les aplican de manera directa las normas de la UE de protección al consumidor, que se mantienen en territorio de la UE. Ello reduce las expectativas de protección para los residentes en la UE que contratan con esta PLAT, por cuanto las mismas reglas que de antaño eran aplicables ahora ya no lo son. Sin embargo, debe tenerse en cuenta que contratos de consumo en el Reino Unido son regulados, ahora que no hace parte de la UE, por el *Consumer Rights Act* de 2015[352], que contiene enfoques notablemente diferentes al de las directivas sobre consumo de la UE[353], y que de ahora en adelante debe ser interpretado de manera autónoma sin la legislación de la UE y sin la posibilidad de ampararse en la jurisprudencia del TJUE[354].

En materia de DIPr, el escenario también cambia, especialmente en lo que respecta a determinación de la competencia judicial internacional y la ley aplicable objeto de esta investigación, por cuanto Reino Unido ya no se rige por los reglamentos de la UE, y habrá de recurrirse al sistema de DIPr inglés para conocer la respuesta sobre estas áreas. Sin embargo, debe indicarse que si las PLAT con sede social en Reino Unido tienen establecimientos de comercio en la UE o si dirigen sus actividades a un Estado miembro y en el marco de sus actividades celebren contratos con consumidores residentes o con domicilio en la UE, estos podrían encontrar amparo

---

351 FONT I MAS, M., "*The social, public...*", *ob. cit.*, p. 13.

352 *Consumer Rights Act* (*CRA*) de 26 de marzo de 2015, disponible en: https://www.legislation.gov.uk/ukpga/2015/15/contents/enacted. Fecha de consulta: 4 de junio de 2023.

353 Como ejemplo de la diferencia podemos decir que el *Consumer Rights Act* define al consumidor como una persona que actúa con fines total o principalmente ajenos a su actividad comercial, empresarial, artesanal o profesional., traducción propia. Y la normativa de la UE, como por ejemplo la Directiva 93/13/CEE no incluye el término "principalmente", que puede tener repercusiones importantes para determinar la calidad de consumidor.

354 KELLY, C., "Consumer reform in Ireland and the UK: Regulatory divergence before, after and without Brexit", *Common Law World Review*, vol. 4, núm. 1, 2018, pp. 54, 71-72.

a sus derechos en sus Estados miembros, aunque Reino Unido ya no haga parte de la Unión[355].

Vistas estas consideraciones generales, veamos a continuación algunas de las características más importantes de *Airbnb, Booking, Expedia Group,* y *TripAdvisor* para verificar si cuentan o no con un establecimiento de comercio en la UE. Recordemos que, si se trata de un PLAT que hace parte de un grupo de sociedades como filial esta tendrá una personalidad jurídica propia y contará con autonomía jurídica respecto de la sociedad matriz, pero seguirá siendo dependiente de ella en materia económica[356]. Por último, se mostrará una tabla en la cual se indican los nombres, las sedes sociales y las conexiones societarias de las 35 PLAT objeto de esta investigación.

a) Airbnb

Airbnb (airbed and breakfast), fue fundada en el año 2008 por Brian Chesky, Joe Gebbia, and Nathan Blecharczyk en San Francisco, California, como una idea para pagar su propio alojamiento durante un viaje. Poco a poco la idea obtuvo financiación y la plataforma fue expandiéndose y con ella la oferta de espacios y anfitriones disponibles, hasta llegar a tener operación en 191 países[357]. Según su página web *Airbnb* se dedica a tres grandes áreas; alojamientos, experiencias y experiencias *online*[358]. El sector de alojamiento es el área principal de negocio de *Airbnb,* y el objeto de esta investigación, es decir, el contrato de intermediación digital para el alojamiento turístico, pero los servicios secundarios por medio de los cuales obtiene un provecho económico también son parte de su actividad[359].

Respecto de las experiencias, la plataforma ofrece la oportunidad de realizar actividades de todo tipo junto con una persona experta en el tema objeto de la actividad o en ciertos casos, una persona que vive en un lugar

---

355 Sobre el particular, véase el apartado 3. del capítulo III.

356 ESPLUGUES MOTA, C. (dir.), *Derecho del Comercio Internacional,* Valencia, 5ª ed., Tirant lo Blanch, 2012, p. 165, FERNÁNDEZ ROZAS, J., CUARTERO RUBIO, M., "Jurisprudencia española comunitaria de Derecho internacional privado", *REDI,* vol. 48, núm. 2, 1996, p. 276.

357 *Airbnb,* disponible en: https://airbnb370.wordpress.com/history-of-airbnb/. Fecha de consulta: 4 de junio de 2023.

358 Véase: https://www.airbnb.es/s/experiences/online. Fecha de consulta: 4 de junio de 2023.

359 Debe indicarse que en el catálogo de servicios de *Airbnb* dentro del área del alojamiento también pueden incluirse las reservas de hoteles o similares, pero esta investigación sólo se enfoca en alojamientos en el área de la vivienda turística.

determinado y cuenta con los conocimientos necesarios para guiar la actividad. Las experiencias pueden incluir desde navegación hasta *tours* de arte urbano, dependiendo de las características de la ciudad. Por otro lado, las experiencias *online*, permiten reservar actividades recreativas y/o de aprendizaje, que pueden ir desde aprender a preparar una comida típica de un lugar o hacer yoga en línea, hasta recibir un tutorial o clase en línea de cómo realizar un deporte específico impartido por un atleta olímpico o paraolímpico[360].

La sede principal y sociedad matriz de *Airbnb* es *Airbnb inc.* está ubicada en California, lugar donde fue incorporada. El grupo *Airbnb* está compuesto por varias sociedades directa o indirectamente participadas por *Airbnb inc.*[361] y cuenta con una filial con domicilio social en Dublín llamada *Airbnb Ireland UC* (*private unlimited company*)[362], aunque debe decirse que el sistema de pagos de esta última es gestionado a través de terceras empresas[363]. La empresa *Airbnb Ireland UC* es sociedad de Derecho irlandés en Dublín (Irlanda), está participada al 100% por *Airbnb Inc.*[364].

---

360 Disponible en: https://www.airbnb.es/s/experiences/online. Fecha de consulta: 4 de junio de 2023.

361 Caso *Airbnb Ireland UC* (2019) FJ 18. El grupo *Airbnb* tiene establecimientos de comercio en: Estados Unidos, Irlanda, Reino Unido, Alemania, España, Italia, Francia, Australia, India, Brasil, China, Japón, Luxemburgo, México, Rusia, Singapur, Corea del sur, entre otros, información extraída de: https://craft.co/airbnb/locations, https://www.theofficialboard.com/org-chart/airbnb y del documento de registro de *Airbnb.inc* actualizado a 16 de noviembre de 2020: https://www.sec.gov/Archives/edgar/data/1559720/000119312520294801/d81668ds1.htm. Fecha de consulta: 31 de octubre de 2023.

362 Véase: https://ie.globaldatabase.com/company/airbnb-ireland-unlimited-company#div_ownership. Una compañía de responsabilidad ilimitada implica que en caso de que los activos de la compañía no fueren suficientes para pagar las deudas contraídas por la sociedad, los socios responden con su propio patrimonio para saldarlas. GRIFFIN, S., *Company Law: Fundamental Principles*, Harlow, 4ª ed., Pearson, p. 78.

363 SALUNG PETERSEN, C., GARF ULFBECK, V., HANSEN, O. (coords.), "Platforms as Private Governance Systems: The Example of Airbnb", *Nordic Journal of Commercial Law*, núm. 1, 2018, p. 51. El hecho que los pagos sean tramitados por una tercera empresa no debe opacar el hecho que el contrato se suscribe y perfecciona con la PLAT.

364 STSJ de Cataluña núm. 931/2019, de 13 de noviembre, ES:TSJCAT:2019:8266.

De acuerdo con los términos y condiciones de esta PLAT[365], el huésped-consumidor con residencia en la UE contrata con el establecimiento de comercio de *Airbnb* con sede en Irlanda o con la sociedad *Airbnb Travel LLC*, con sede en Estados Unidos, si esta última aparece señalada en el anuncio dentro del proceso de contratación.

Para Latinoamérica se especifica que se celebra el contrato de intermediación de servicios de alojamiento en todos los casos con *Airbnb Travel LLC*[366]. Por tanto, los huéspedes-consumidores con domicilio en Latinoamérica y en ocasiones los que tienen su domicilio en la UE si *Airbnb Travel LLC* se identifica en el proceso de contratación, están contratando con una empresa filial de *Airbnb inc.* con domicilio en Estados Unidos, que tiene como característica principal la responsabilidad limitada, lo cual indica que en principio sus socios no responden con su patrimonio por los daños, deudas y responsabilidades derivados de la actividad de la sociedad, y en caso de que el huésped-consumidor realizase una reclamación por daños estos serían compensados utilizando el propio patrimonio social de la compañía[367].

Sin embargo, debe especificarse que los términos y condiciones se indica que cuando se trata de alojamientos o anuncios sobre inmuebles ubicados en Estados Unidos para estancias por más de 28 días el cocontratante es *Airbnb Stays, inc.*, otra empresa filial de *Airbnb inc.*, también con sede social en San Francisco, California. En el caso de las experiencias y las experiencias *online*, los términos y condiciones especifican que el consumidor con residencia UE o Latinoamérica contrata con *Airbnb Ireland UC,* la filial de *Airbnb* en Irlanda[368].

La importancia de establecer la sociedad con la cual se realiza la contratación radica en que, el lugar donde esté ubicada la sede social o un

---

365 Véase: https://www.airbnb.es/help/article/2908/t%C3%A9rminos-de-servicio #EUSchedule1. Fecha de consulta: 25 de junio de 2023.

366 Véase:http://search.sunbiz.org/Inquiry/CorporationSearch/ConvertTiffToPDF?storagePath=COR%5C2020%5C0317%5C42073035.Tif&documentNumber=M20000002893. Fecha de consulta: 4 de junio de 2023.

367 CODY, T., *Guide to Limited Liability Companies,* Chicago, 9ªed., CHH editorial Staff publication-Wolters Kluwers, 2007, p. 17.

368 De acuerdo con los términos y condiciones de *Airbnb,* del lugar donde resida el huésped depende la sociedad del grupo *Airbnb* con la cual se realiza la contratación; FELIU ALVAREZ DE SOTOMAYOR, S., "Modelos colaborativos en plataformas digitales: nuevos retos para los negocios internacionales y para el Derecho internacional privado", *AEDIPr,* t. XVIII, 2018, p. 403.

establecimiento de comercio es un factor por considerar en aras de conocer los derechos y obligaciones del huésped-consumidor, así como el funcionamiento de su estructura social. Algo que, puede resultar provechoso conocer al momento de presentar una solicitud, queja o reclamación legal contra la plataforma.

Airbnb fue la primera PLAT en el contexto de la recuperación económica y el *boom* de la economía colaborativa en 2008, y es el referente para cualquier aspecto jurídico, económico, comercial y/o tributario[369] dentro del contexto de las PLAT, no sólo por el dinero que recauda, y los países en lo que tiene presencia y ejerce su actividad, sino también porque es el que más desarrollo ha tenido, en el ámbito académico, regulatorio y es la PLAT con más presión social de respetar las normas puesto que por años fue el único representante visible del éxito de los alojamientos turísticos de corta duración[370]. Ese liderazgo y el sentido de responsabilidad social que hace parte de su imagen lo ha llevado a crear programas como el mencionado anteriormente; *Airbnb.org* que conecta gratuitamente a anfitriones con huéspedes en situaciones de vulnerabilidad. También ha creado ciertas políticas que pueden generar bienestar social, pero también son una forma de evitar responsabilidad futura en caso de daños, como políticas antidiscriminación y de asistencia para vecinos.

En primer lugar, la política antidiscriminación se trata de instrucciones para contener o evitar la discriminación por parte de los usuarios de la plataforma, la cual fue instaurada como consecuencia de algunos episodios de discriminación aislados[371] y un estudio realizado en la Universidad de Harvard que arrojó como resultado que es más probable que las personas

---

369 *Airbnb* paga más de 110 millones de dólares en impuestos en por lo menos 200 jurisdicciones alrededor del mundo. Sobre esto, véase a STEMLER, A., "The Myth of the Sharing Economy and Its Implications for Regulating Innovation", *Emory Law Journal*, núm. 67, 2017-2018, p. 224.

370 INTERIAN, J., "Up in the Air: Harmonizing the Sharing Economy through Airbnb Regulations", *Boston College International and Comparative Law Review*, vol. 39, núm. 1, 2016, p. 132.

371 Respecto a uno de los casos más famosos de discriminación, este se presentó en California, Estados Unidos, en el año 2017, cuando un anfitrión se negó a recibir en su casa a una mujer asiática como huésped por cuestión de su raza. Véase, SOLON O., "Airbnb host who canceled reservation using racist comment must pay $5,000", *The Guardian*, 2017, disponible en: https://www.theguardian.com/technolog y/2017/jul/13/airbnb-california-racist-comment-penalty-asian-american. Fecha de consulta: 1 de julio de 2023.

afroamericanas sean discriminadas y no les sea permitido en todos los casos figurar como huéspedes en un porcentaje del 16% en contraste con las personas caucásicas[372]. Esta política sienta un precedente importante para evitar la discriminación por razón del color de piel, la etnia, la nacionalidad, la religión, la orientación sexual[373], la identidad de género, el estado civil, y la discapacidad. Los usuarios que manifiesten conductas discriminatorias podrán ser dados de baja por la plataforma[374].

Esta política antidiscriminación ha puesto en evidencia hasta qué punto las plataformas son responsables de la discriminación realizada por un anfitrión en contra de un huésped, y también si es o no obligatorio para el anfitrión aceptar a cualquier persona en su propia casa por encontrarse el anuncio de alojamiento publicado en la plataforma.

En segundo lugar, el servicio de asistencia para vecinos, que permite a las comunidades de vecinos donde existe un alojamiento turístico anunciado a través de *Airbnb* obtener asistencia y ayuda a través de la plataforma, en caso de que la actividad de alojamiento continuada o irresponsable de una vivienda de uso turístico ocasione inconvenientes a los vecinos[375].

Por último, es necesario señalar el servicio de *Airbnb* ofrece desde el año 2022, llamado *AirCover* que de acuerdo con su página web se trata de:

> "una protección amplia y gratuita que está incluida en todas las reservas. Ofrece cobertura si el anfitrión cancela, si el alojamiento no coincide con el anuncio o si se produce algún otro problema, por ejemplo, al acceder al espacio. Además, tendrás a tu disposición una línea de protección 24 horas"[376].

---

[372] EDELMAN, B., LUCA, M., DAN SVIRSKY, D., "Racial Discrimination in the Sharing Economy: Evidence from a Field Experiment", *American economic journal applied economics*, núm. 2, 2017, pp. 1-2.

[373] Los huéspedes LGTBI han sido víctimas de discriminación incluso en países que cuentan con políticas relativamente avanzadas e inclusivas respecto de minorías sexuales. Un estudio reciente descubrió que en la plataforma *Airbnb, el 25% de las reservas realizadas por parejas masculinas abiertamente homosexuales no fueron aceptadas por el anfitrión;* AUSTIN, D., WOJCIK, M. E., "Freedom's Frontiers: The Travails of LGBT Travelers", *Pólemos*, vol. 12, núm. 2, 2018, pp. 287-288.

[374] *Airbnb*, disponible en: https://www.airbnb.es/help/article/1405/airbnb-snondiscrimination-policy–our-commitment-to-inclusion-and-respect. Fecha de consulta: 4 junio de 2023.

[375] Disponible en: https://www.airbnb.es/neighbors. Fecha de consulta: 4 de junio de 2023.

[376] Disponible en: https://www.airbnb.es/aircover. Fecha de consulta: 4 de junio de 2023.

Específicamente las eventualidades que cubre este servicio a favor de los huéspedes son: cancelación de la reserva en los 30 días previos a la llegada o en caso de que no sea posible acceder al alojamiento, el huésped puede optar por un reembolso o ayuda para encontrar otro alojamiento por parte de *Airbnb.* Si las características del anuncio no coinciden con la realidad del inmueble, el huésped puede informar a *Airbnb* y tendrá las mismas opciones anteriormente mencionadas. También se ha dispuesto un grupo especializado de *Airbnb* para atender una línea de protección disponible las 24 horas en caso de que exista algún riesgo o peligro para huésped relacionado con la estancia.

Este servicio de *AirCover* tiene sus propias condiciones, con lo cual el reembolso no es automático, y es necesario justificar la existencia de una situación que dé lugar a un reembolso. Su cobertura está supeditada a ciertas circunstancias que no son una novedad en materia del servicio de atención al cliente de *Airbnb,* puesto que las situaciones mencionadas ya eran previstas por el centro de resoluciones[377], siendo la novedad la línea de protección 24 horas.

Adicionalmente, es necesario destacar que la página web de *Airbnb* indica que, para anfitriones, *AirCover* incluye un servicio de responsabilidad civil por daños de hasta un millón de dólares[378]. Sin embargo, para huéspedes, no se especifica la existencia de un seguro de responsabilidad de este tipo ni un monto de cobertura, con lo cual, de acuerdo con lo extraído de la página web, el *AirCover* para huéspedes es un servicio prestado por *Airbnb,* propio del centro de resoluciones.

b) Expedia inc. y VRBO

Expedia nació en 1996[379] en Estados Unidos, como una agencia de viajes en línea, pero desde el año 2013, inició en el negocio de la intermediación para alojamientos turísticos adquiriendo PLAT como *Homeaway* y *VRBO.* A 2023, el *Expedia Group,* se dedica al servicio de intermediación para el

---

377 Disponible en: https://www.airbnb.es/login?redirect_url=%2Fresolutions. Fecha de consulta: 4 de junio de 2023.

378 Disponible en: https://www.airbnb.es/aircover-for-hosts. Fecha de consulta: 4 de junio de 2023.

379 Historia de Expedia disponible en: https://www.expediagroup.com/who-we-are/our-story/default.aspx #module-tabs_item–6. Fecha de consulta: 6 de noviembre de 2021.

alojamiento tanto en hoteles como en viviendas para uso turístico, alquiler de vehículos, viajes en cruceros, entre otros[380].

Actualmente, la PLAT *Homeaway* no existe y se redirige automáticamente a la PLAT *VRBO*[381], y debe mencionarse que antes de producirse este cambio, la PLAT *Homeaway* era el segundo referente, después de *Airbnb*[382] en materia de plataformas turísticas tanto para viajeros como para autoridades nacionales[383].

El grupo *Expedia* al igual que *Airbnb*, ha mostrado interés en mostrar responsabilidad social empresarial y desde 2017, alineó su programa *Expedia Cares* con 8 de los 17 Objetivos de Desarrollo Sostenible (ODS) de las Naciones Unidas, especialmente el ODS 8 que se refiere a trabajo decente y crecimiento económico, dentro del que se encuentra la esclavitud moderna. El Grupo *Expedia* participa en una serie de programas e iniciativas para erradicar la esclavitud moderna y la trata de personas y conceder asistencia a refugiados a través de diferentes colaboradores y socios a nivel internacional[384].

De acuerdo con el *U.S. Securities and Exchange Commission* de Estados Unidos[385], esta compañía tiene su sociedad matriz y 21 empresas filiales en terri-

---

380 Disponible en: https://www.expediagroup.com. Fecha de consulta: 2 de enero de 2023.

381 La página web de *VRBO* indica el siguiente *disclaimer*: "*HomeAway* es ahora *Vrbo*, en esta transición, cambiamos nuestro nombre, pero mantenemos nuestra filosofía: ayudar a las familias de todo el mundo a encontrar la casa de vacaciones perfecta para volver a conectar con los demás", traducción propia. Texto original disponible en: https://www.vrbo.com/en-gb/about/. Fecha de consulta: 4 de junio de 2023.

382 DE RIVERA, J., GORDO, A., CASSIDY, P., "La economía colaborativa y sus impactos sociales en la era del capitalismo digital", en: COTARELO, R., GIL, J., *Ciberpolítica. Hacia la cosmópolis de la información y la comunicación, Madrid, 1ª ed.*, Instituto Nacional de Administración Pública (INAP), 2017, p. 23.

383 HARRINGTON, R., "Vacation rentals: Commercial activity butting heads with CC&RS", *California Western Law Review, vol. 51, núm. 2, 2015, p. 190,* ARCILA, B., "Sharing data in the sharing economy: Policy recommendations for local governments", *Indiana Journal of Law and Social Equality*, vol. 9, núm. 1, 2021, p. 3.

384 Disponible en: https://www.expediagroup.com/who-we-are/corporate-standards/msa-statement/defau lt.aspx. Fecha de consulta: 4 de junio de 2023.

385 Listado completo de empresas filiales de Expedia inc. disponible en: https://www.sec.gov/Archives/edgar/data/1324424/000119312511253475/d211678dex211.htm. Fecha de consulta: 6 de julio de 2023. De acuerdo con su página web, la función principal de la *U.S. Securities and Exchange Commission* es proteger a los inver-

torio estadounidense y 74 filiales internacionales. Es de aclarar que debido a que las actividades comerciales de *Expedia Inc.* son variadas, algunas de estas filiales no se dedican a prestar servicios de intermediación para alojamiento turístico, por tanto, aunque sean plataformas en línea no son PLAT.

El grupo *Expedia* tiene una particularidad dual con la que no cuentan *Airbnb* o *Booking*: es un grupo que posee diferentes sociedades dedicadas a la intermediación digital para alojamientos turísticos, pero cuenta también con diferentes PLAT independientes entre sí, con su propia identificación como marca, siendo la más importante de ellas, *VRBO*, pues además de tener el legado de *HomeAway*, su página web señala que las otras PLAT del grupo *Expedia* se encuentran dentro de la "familia *VRBO*"[386], las cuales son las siguientes: *Abritel.fr*, *FeWo-direkt.de*, *Bookabach.co.nz* y *Stayz.com.au*. Cada una de ellas tiene su sede social en un Estado diferente y es controlada por una sociedad filial de *Expedia inc.*, por tanto, al ingresar a cualquiera de estas PLAT, el huésped-consumidor contrata con una sociedad específica que puede o no tener sede en su Estado miembro. Veamos a continuación la sede de cada una de ellas y la sociedad que las controla, de acuerdo con la información que ofrecen las páginas web de estas PLAT ingresando desde España:

1. *VRBO*: la contratación se realiza con *EG Vacation Rentals Ireland Limited*, con sede en Dublín, Irlanda[387].
2. *Abritel.fr*: la contratación se realiza con *EG Vacation Rentals Ireland Limited*, con sede en Dublín, Irlanda[388].
3. *Bookabach.co.nz*: la contratación se realiza con *Bookabach Ltd*, con sede en Nueva Zelanda[389].

---

sionistas y mantener la integridad de los mercados de valores. Esta organización exige a las empresas con valores bursátiles negociables revelar al público toda su información financiera para que los futuros inversores tengan esta información en cuenta antes de tomar una decisión de inversión; disponible en: https://www.sec.gov/investor/espanol/quehacemos.htm. Fecha de consulta: 3 de julio de 2023.

386 Disponible en: https://www.vrbo.com/es-es/. Fecha de consulta: 5 de julio de 2023.

387 Disponible en: https://www.vrbo.com/es-es/legal/terminos-condiciones-viajeros. Fecha de consulta: 5 de julio de 2023.

388 Disponible en: https://www.abritel.fr/legal/conditions-generales. Fecha de consulta: 5 de julio de 2023.

389 Disponible en: https://www.vrbo.com/en-nz/legal/traveller-terms-and-conditions. Fecha de consulta: 5 de julio de 2023.

4. *Expedia*: la contratación se realiza con *Expedia Inc.*, con sede en Seattle, Estados Unidos[390].

5. *FeWo-direkt.de*: la contratación se realiza con *EG Vacation Rentals Ireland Limited*, con sede en Dublín, Irlanda[391].

6. *Stayz.com.au.*: la contratación se realiza con *Stayz Pty Ltd*, con sede en Australia[392].

Tres de las PLAT que hacen parte del grupo *Expedia*, se encuentran ubicadas en un Estado miembro de la UE, Irlanda, pero las tres restantes se encuentran ubicadas en terceros Estados, lo cual, al momento de presentar una reclamación por parte del huésped-consumidor, puede plantear diferentes escenarios judiciales, pero debe tenerse en cuenta la importancia que aunque la PLAT contratante no tenga sede en un Estado miembro aún puede ser demandada en la UE, si alguno de sus establecimientos tiene sede en la UE como es el caso, o si puede probarse que dirige sus actividades a un Estado miembro y que permite la contratación desde ese Estado[393].

c) TripAdvisor

TripAdvisor inc. es una compañía ubicada en Massachussets, Estados Unidos[394], fundada en el año 2000[395], cuyo enfoque principal es prestar servicios que permitan al viajero reservar todos servicios principales y complementarios que hacen parte de un viaje, dentro de los que actualmente se encuentra servicio de intermediación digital para vivienda de uso turístico. El TJUE en sentencia del año 2018[396], se refirió a *Tripadvisor* y *Booking* como sitios de Internet de opinión sobre viajes y en foros de viajes interactivos, por cuanto permiten que los mismos usuarios comenten y com-

---

390 Disponible en: https://www.expedia.es/lp/lg-terms. Fecha de consulta: 28 de octubre de 2021.

391 Disponible en: https://www.fewo-direkt.de/legal/agb-urlauber. Fecha de consulta: 5 de julio de 2023.

392 Disponible en: https://www.vrbo.com/en-au/legal/traveller-terms-and-conditions. Fecha de consulta:5 de julio de 2023.

393 Véase el apartado 3. del capítulo III.

394 *TripAdvisor*, disponible en: https://www.tripadvisor.com/pages/directions.html. Fecha de consulta: 5 de julio de 2023.

395 Disponible en: https://tripadvisor.mediaroom.com/us-about-us. Fecha de consulta: 5 julio de julio de 2023.

396 As. T-122/17, de 25 de octubre de 2018, ECLI:EU:T:2018:719, *Devin AD* vs *Oficina de Propiedad Intelectual de la Unión Europea (EUIPO)*, FJ 40.

partan sobre viajes, establecimientos de comercio y servicios en general de terceros proveedores a través de su plataforma en línea. De acuerdo con la página web de *TripAdvisor* se indica que sus servicios son "ayudar a los clientes a recopilar información de viajes, publicar contenido y buscar y reservar servicios de viajes y reservas y ayudar a las empresas de viajes, turismo y hostelería a relacionarse con los clientes actuales y potenciales, mediante servicios gratuitos y/o de pago ofrecidos por o a través de las Empresas de *TripAdvisor*"[397]. La intermediación digital para alojamientos turísticos estaría incluida en los servicios de pago, puesto que *TripAdvisor* cobra un valor por ello.

Al igual que el *Expedia inc.*, *TripAdvisor inc.* es una matriz también está conformado por una amplia estructura societaria, en la cual existen 27 filiales de acuerdo con la *U.S. Securities and Exchange Commission* de Estados Unidos[398], y sólo algunas de ellas se encuentran dedicadas al sector del alojamiento de vivienda de uso turístico y controlan a algunas PLAT. Con el grupo *TripAdvisor* se presenta una situación en materia de contratación que ninguna de las otras PLAT requiere, y es que, en ocasiones el contratante sólo se conoce al momento de realizar el pago, es decir, no se encuentra especificado en los términos y condiciones de la plataforma, que establecen que la sociedad contratante sólo se conoce al momento del pago. *TripAdvisor inc.*, cuenta con seis PLAT y cinco de ellas, *Housetrip*[399], *Niumba*[400], *Holidaylettings*[401], *Vacationhomerentals*[402] y *FlipKey*[403], tienen esta especificación y sólo la PLAT *TripAdvisorRentals*[404], es la única que prevé en su términos y condiciones que la contratación será llevada a

---

397 Disponible en: https://tripadvisor.mediaroom.com/us-terms-of-use. Fecha de consulta: 30 de abril de 2023.

398 Disponible en: https://www.sec.gov/Archives/edgar/data/1324424/000119312511253475/d211678dex2 12.htm. Fecha de consulta: 30 de abril de 2023.

399 Disponible en: https://www.housetrip.es/. Fecha de consulta: 30 de abril de 2023.

400 Disponible en: https://www.niumba.com/. Fecha de consulta: 30 de abril de 2023.

401 Disponible en: https://www.holidaylettings.com/. Fecha de consulta: 30 de abril de 2023.

402 Disponible en: https://www.vacationhomerentals.com/. Fecha de consulta: 30 de abril de 2023.

403 Disponible en: https://www.flipkey.com/. Fecha de consulta: 30 de abril de 2023.

404 Disponible en: https://tripadvisor.mediaroom.com/ES-terms-of-use. Fecha de consulta: 30 de abril de 2023.

cabo con la sociedad *Tripadvisor, LLC*, con sede en Estados Unidos y filial de *TripAdvisor inc.*

Respecto de las sociedades que son reveladas al momento de la contratación con la plataforma, pueden ser cualquiera de las siguientes[405]: *FlipKey, Inc.*, con domicilio social en Boston, Estados Unidos; *Holiday Lettings Limited*, con domicilio social en Londres, Reino Unido o Guía de apartamentos *Niumba S. L. U.*, empresa con domicilio en Barcelona, España.

Los términos y condiciones de servicios de las cinco PLAT mencionadas de las cuales no se conoce al contratante sino hasta la reserva, también indican que hay una exclusión de responsabilidad de *TripAdvisor LLC*, que, según se indica en ningún caso puede ser considerado contratante, y que el pago puede ser procesado por cualquiera de las tres empresas mencionadas, así la contratación se realice con una diferente.

Esta forma en la que *TripAdvisor* realiza la contratación, evidencia que esta compañía ciertamente puede inducir en error al huésped-consumidor, especialmente respecto del lugar en que puede presentar la reclamación y ante quien debe hacerlo, por cuanto, los nombres de las tres sociedades con sedes sociales ubicadas en países distintos coinciden con los nombres de tres de estas PLAT (*Flipkey, Holidaylettings* o *Niumba*), pero en ocasiones en la contratación pueden no hacerlo[406] y el huésped-consumidor sólo será informado de esta particularidad al momento del pago.

d) Booking

Booking.com B.V. es la empresa que maneja a *Booking.com* y tiene su sede social en Ámsterdam, en Los Países Bajos. *Booking B.V.* es una filial de la matriz *Booking Holdings Inc.*[407], que es una empresa estadounidense[408]. De acuerdo con su página web, su misión es "hacer que descubrir el mundo

---

405 *TripAdvisor*, disponible en: https://rentals.tripadvisor.com/es_ES/termsandconditions/traveler. Fecha de consulta: 30 de abril de 2023.

406 Este tema se tratará más a profundidad en el apartado 3.2 del capítulo III.

407 Disponible en: https://www.booking.com/content/about.es. Fecha de consulta: 5 de julio de 2023.

408 Disponible en: https://www.bookingholdings.com/privacy-policy/. Fecha de consulta: 5 de julio de 2023. Debe aclararse que *Booking* nació en Holanda en 1996, donde fue registrada y de manera posterior fue adquirida por la sociedad estadounidense *Priceline Group inc.* en el año 2005. En año 2018, *Priceline Group inc.* pasó a llamarse *Booking Holdings Inc.*, véase: https://www.hosteltur.com/126767_grupo-priceli ne-pasa-denominarse-booking-holding.html, https://tecnohotelnews.

sea más fácil para todos", ofreciendo una gama de servicios amplia que no inició con la intermediación digital para vivienda de uso turístico, pero este es ahora uno de sus principales negocios. El rango de negocio de *Booking* es similar a *TripAdvisor*, y ofrece alojamiento, vuelos, vuelo+hotel, alquiler de coches, atracciones turísticas y transporte al aeropuerto, por tanto, su rango de negocio es más amplio que el de algunas PLAT dedicadas de manera exclusiva a alojamiento[409].

De las cuatro PLAT más relevantes *Booking* tiene el mayor número de empresas filiales en el mundo, 72 repartidas en todos los continentes[410], sin embargo, se indica que estas empresas solo prestan apoyo a *Booking.com* dentro de un país determinado, pero en ningún caso son las titulares de la contratación. El hecho que una PLAT cuente con filiales dentro un territorio, cuando no se encuentre ubicada en ese Estado su sede social, es relevante en materia de competencia judicial internacional en Latinoamérica, especialmente se mostrará en el capítulo III, como en Argentina los tribunales de ese país determinan que son competentes para conocer de un caso en el que una de las partes se trata de una filial de *Booking* en ese territorio, y no un establecimiento de comercio, aunque el demandado original era la empresa *Booking* con sede social en Los Países Bajos. En la UE,

---

com/2018/02/22/priceline-group-boo king-holding/ y https://hmong.es/wiki/Booking.com. Fecha de consulta: 5 de julio de 2023.

409 Aunque se dediquen a negocios similares dentro en los que se incluye la intermediación digital para alojamiento en vivienda de uso turístico, *Booking* y *TripAdvisor* tienen una diferencia fundamental, mientras el primero sólo permite que quienes contraten con esa plataforma puedan incluir comentarios y *reviews* sobre su experiencia de alojamientos, transporte o cualquier actividad, en el segundo, cualquier persona puede incluir esta información en la plataforma, con lo cual no se tiene la certeza de si ha usado o disfrutado los servicios de la plataforma o los del proveedor subyacente en cualquier ocasión, lo cual, disminuye su fiabilidad; BALAGUÉ, C., MARTIN-FUENTES, E., GÓMEZ, J., "Fiabilidad de las críticas hoteleras autenticadas y no autenticadas: el caso de Tripadvisor y Booking.com", *Cuadernos de Turismo*, núm. 38, 2016, p. 68. Adicionalmente, *Booking*, al igual que otras PLAT, también ha enfocado parte de su negocio en la sostenibilidad, lo que implica que tiene como meta contribuir con otras entidades en objetivos como detener el cambio climático, especialmente con el control de las emisiones de carbono e insertar la característica de sostenibilidad en el turismo tomando ciertas medidas específicas cuyos resultados plasma en un reporte del año inmediatamente anterior disponible en su página web; https://www.sustainability.booking.com/. Fecha de consulta 3 de julio de 2023.

410 Disponible en: https://www.booking.com/content/offices.es.html?auth_success=1. Fecha de consulta: 5 de julio de 2023.

en materia de competencia judicial internacional en términos del artículo 17 RBIbis la relevancia de la estructura societaria parte de que, cuando no el comerciante no tenga su domicilio en un Estado miembro, pero posea una sucursal, agencia o cualquier otro establecimiento en un Estado miembro, se considerará para todos los litigios relativos a su explotación que está domiciliado en dicho Estado miembro.

e) Sede social de 35 PLAT: Tabla 1

En la tabla 1. a continuación se exponen los nombres de las 35 PLAT objeto de esta investigación, con el fin de facilitar su ubicación en materia de sede social, estructura societaria y exponer si tienen alguna filial UE para verificar si estas realizan contrataciones autónomas e independientes de la matriz, o si únicamente cuentan con su sede social. La información contenida en esta tabla será ampliamente utilizada y citada en las partes II y III de esta investigación.

Tabla 1

No.	Nombre de la PLAT	Matriz	Sede social UE/filiales
1	**Airbnb**	Estados Unidos	Irlanda
2	**Booking**	Estados Unidos	Países bajos
3	**Expedia inc.**	Estados Unidos	VRBO, Abritel,FeWo-direkt, Bookabach, Stayz
4	VRBO	Expedia Inc.	Irlanda
5	Abritel	Expedia Inc.	Irlanda
6	FeWo-direkt	Expedia Inc.	Irlanda
7	Bookabach	Expedia Inc.	Nueva Zelanda
8	Stayz	Expedia Inc.	Australia
9	**TripAdvisor**	Estados Unidos	TripAdvisorRentals,Niumba, Vacationhomerentals, Holidaylettings,Housetrip, FlipKey
10	Niumba	TripAdvisor	España
11	Vacationhomerentals	TripAdvisor	Estados Unidos
12	Holidaylettings	TripAdvisor	Reino Unido
13	Housetrip	TripAdvisor	Estados Unidos
14	FlipKey	TripAdvisor	Estados Unidos
15	**Holidu**	Alemania	Bookiply
16	Bookiply	Holidu	España
No.	**Nombre de la PLAT**	**Pais donde tiene domicilio su sede social (establecimiento único)**	
17	Homestay	Irlanda	
18	Hometogo	Alemania	
19	Hotdogholidays	España	
20	Hundred Rooms	España	
21	Interhome	España	
22	Kid & Coe	Estados Unidos	
23	Muchosol	España	
24	Novasolvacaciones	Dinamarca	
25	OneFineStay	Reino Unido	
26	Owner-direct	Canadá	
27	Rentalia	España	
28	Roomlala	Francia	
29	Ruraltop	España	
30	Temporadalivre	Brasil	
31	Tripping	Alemania	
32	Villapolis	España	
33	Weekendesk	Francia	
34	Wimdu	Alemania	
35	9flats	Singapur	

Creación propia

El método para escoger las PLAT, adicionales a las cuatro más relevantes de acuerdo con la UE, se realizó a partir de un análisis año a año de la realización de esta investigación, en el que se buscaban plataformas parecidas a las mencionadas anteriormente, con criterios similares plasmados en anuncios publicitarios, páginas sugeridas, búsqueda de palabras claves e incluso blogs de turismo. Estos criterios similares son: que se tratase de plataformas en línea con sede en la UE o en la Latinoamérica, que tuviesen una página web que permitiera desde la puesta en contacto de las partes hasta como mínimo el pago en la plataforma, que fuesen populares en el ámbito del alojamiento de uso turístico o que fuesen comparadas por los usuarios por prestar servicios similares a los de las PLAT más relevantes.

Por último, debe indicarse que la tabla 1. no contempla los establecimientos de comercio de las PLAT mencionadas, o todas sus filiales alrededor del mundo, pues se trata sólo de domicilio social de las PLAT, sus matrices, filiales en territorio de la UE y Latinoamérica o si se trata de una única sociedad que tiene ninguna afinidad societaria, para facilitar el estudio. Respecto de los establecimientos de comercio o sucursales en territorio de la Unión o de Latinoamérica, estos se expondrán conforme se realice el análisis de las plataformas, especialmente en el capítulo III[411], puesto que existen algunas PLAT con un cuantioso número de establecimientos a nivel mundial como *Booking* o *Expedia*, u otros como *Airbnb* o *Tripadvisor* que los utilizan para prestar diferentes servicios relativos o no al alojamiento de uso turístico, con lo cual la información sobre los establecimientos de comercio de las PLAT se irá integrando al análisis de manera paulatina para determinar la competencia judicial internacional mediante ejemplos y verificar la aplicación de ciertos derechos especiales del huésped-consumidor.

Respecto de Latinoamérica, es necesario señalar que cada uno de los países seleccionados para la investigación cuentan con por lo menos un establecimiento de comercio secundario de una PLAT norteamericana o europea en su territorio[412] y esta información será ampliamente expuesta en los capítulos siguientes. Es de mencionarse la excepción de Brasil que sí cuenta con una PLAT de con domicilio social en su territorio, *Temporada Livre*, que se encuentra señalada en la tabla 1.

---

411 Véase el apartado 3. y ss. del capítulo III.

412 La PLAT *Booking* tiene establecimientos de comercio (oficinas) en Colombia, México, Argentina y Brasil. Véase: https://www.booking.com/content/offices.es. Fecha de consulta: 18 de junio de 2023.

4.1. La COVID-19 y su afectación a la actividad de las PLAT

El 11 de marzo de 2020, la Organización Mundial de la Salud declaró que la COVID-19 como una pandemia mundial y la definió como *"la enfermedad infecciosa causada por el coronavirus que se ha descubierto más recientemente"*[413]. Además de las enormes pérdidas humanas que ocasionó la crisis sanitaria, se inició de manera paralela una profunda crisis económica que además de generar insolvencia en diferentes sectores, rompió la cadena de suministro y cambió los modelos de trabajo e incluso las preferencias de los consumidores[414].

Los efectos de la COVID-19 en el turismo fueron causados por la medida principal de contención del virus, el confinamiento, que causó la quiebra de micro, pequeñas y medianas empresas, y sólo las compañías o empresas dedicadas a la salud, alimentos, entregas a domicilio, telecomunicaciones y tecnología digital sin relación al turismo se han mantenido económicamente estables durante la pandemia[415]. Medidas como el confinamiento total o parcial, obligaron a los turistas a cambiar o cancelar sus viajes y por tanto sus reservas tanto en hoteles como PLAT. La OMT indica en su página web que la afectación del turismo por causa de la COVID-19 se ha evidenciado en todos los continentes, tanto en la llegada de turistas internacionales, como en el turismo en general. En el año 2021, el segundo año de la pandemia, el turismo tuvo algún grado de recuperación, un 4% de llegadas de turistas internacionales, que se encuentra por debajo el nivel medio de turismo en tiempos anteriores a la pandemia y en general existe un 72% menos de llegadas internacionales en 2021, respecto de 2019[416].

---

413 Información extraída de la página de la OMS disponible en:https://www.who.int/es/emergencies/diseases/novel-coronavirus-2019/advice-for-public/q-a-coronaviruses. Fecha de consulta: 30 de junio de 2020.

414 REEVES, M., CANDELON, F. (eds.), *The Resilient Enterprise: Thriving amid Uncertainty*, Berlin, 1ª ed., De Gruyter, 2021, p. 11.

415 ROJO, M., BONILLA, D., "COVID-19: La necesidad de un cambio de paradigma económico y social", *CienciAmérica*, vol. 9, núm. 2, 2020, pp. 77-79.

416 Información y cifras de la OMT respecto de la recuperación del turismo disponibles en: https://www.unwto.org/es/news/el-turismo-crece-un-4-en-2021-muy-por-debajo-aun-de-los-niveles-prepa ndemicos. Fecha de consulta: 14 de febrero de 2022. De acuerdo con la OMT, el turismo en el año 2022 se está recuperando, pero se enfrenta a ciertos retos como la invasión de Rusia a Ucrania y las restricciones por la COVID-19 en algunos países: https://www.unwto.org/es/news/turismo-inicia-2022-fuerte-pero-se-enfrenta-a-nuevas-incertidumbres. Fecha de consulta: 9 de mayo de 2023.

El declive del turismo por causa de la pandemia afectó la actividad de las PLAT que tuvieron que cancelar reservas, cambiar protocolos de limpieza y compensar a los huéspedes sin conocer con certeza si sus clientes habituales volverán a usar el servicio o si conseguirán atraer a nuevos huéspedes después de que sea instaurada la nueva normalidad. El director ejecutivo de la PLAT *Airbnb* Brian Chesky indicó en una entrevista realizada el 22 de junio de 2020[417], que la plataforma estaba pasando por una crisis económica profunda, y que el patrimonio construido en 12 años se perdió casi todo en 6 semanas. Respecto de las cancelaciones *Airbnb* estableció un plazo para cancelar sin penalizaciones y estableció una política de reembolso especial por causa de la COVID-19[418]. Adicionalmente estableció pautas de limpieza para los anfitriones en el nuevo escenario que se presentó una vez culminado confinamiento inicial, para prevenir la expansión del virus[419].

Teniendo en cuenta lo anterior, podemos decir que, la pandemia de la COVID-19 ha sido la circunstancia que más ha suspendido e interrumpido el turismo global en la época contemporánea, y ello trajo consecuencias negativas para las plataformas en línea de alojamientos de uso turístico como *Airbnb*, que reportó una caída significativa en reservas y cancelaciones por este motivo[420]. Sin embargo, hubo algunos cambios positivos, por cuanto, no son los sitios híper turísticos los que atrajeron a los turistas en tiempos de la COVID-19, sino alojamientos en sitios que, si bien tienen algún interés turístico, no son muy conocidos a nivel europeo o a nivel global y que son más cercanos al domicilio del huésped[421]. Las PLAT se adaptaron

---

417 TRIGUERO B., "El CEO de Airbnb reconoce el golpe del coronavirus: "Lo hemos perdido casi todo", *Vozpopuli,* 26 de junio de 2020, disponible en: https://www.businessinsider.es/ceo-airbnb-dice-ha-perdido-casi-todo-apenas-6-semanas-664913. Fecha de consulta: 30 de mayo de 2023.

418 Información extraída de: https://www.airbnb.es/help/article/2701/pol%C3%ADtica-de-causas-de-fuerza-mayor-relativa-al-coronavirus%C2%A0covid19. Fecha de consulta: 30 de junio de 2021.

419 Información extraída de: https://www.airbnb.es/resources/hosting-homes/a/cleaning-guidelines-to-help-prevent-the-spread-of-covid-19-163. Fecha de consulta: 30 de junio de 2020.

420 ŞTIUBEA, E., "Booking travel through the Airbnb platform during the covid 19 pandemic", *The Annals of the University of Oradea. Economic Sciences,* tomo. XXX, núm. 1, 2021, pp. 154-155.

421 WOLVERTON, T., "Airbnb empieza a recuperarse de los efectos del coronavirus: su nuevo reto será atraer más turistas que su competidor Vrbo", *Business Insider,* 15 de junio de 2020, disponible en: https://www.businessinsider.es/airbnb-recupera-covid-19-mientras-compite-vrbo-658605.Fecha de consul ta: 7 de noviembre de 2021.

a esta situación y el turismo floreció en estos lugares y, por tanto, son los locales de estos sitios, los propietarios de inmuebles y los comerciantes los que se beneficiaron del turismo que antes solían acaparar otras ciudades. PLAT como *Airbnb*, *VRBO*, *Tripadvisor* y *Booking*, crearon una sección especial en su página de inicio, que exponía anuncios de alojamientos cercanos al lugar donde el huésped ingresaba a su plataforma hasta 2022.

Las cifras actuales del turismo han cambiado desde el 2020, acercándose cada vez más a los porcentajes del 2019 de acuerdo con la OMT, que indica que, en 2022, hubo más de 960 millones de desplazamientos internacionales de turistas, y, por tanto, se restablecieron dos tercios de las cifras prepandémicas. Respecto a 2023, las llegadas internacionales alcanzaron el 80% de los niveles previos a la pandemia a inicios del año 2023[422]. El turismo global es de acuerdo con la OMT, resiliente, y las PLAT se muestran como activas en la recuperación del turismo en sus páginas web, en las que indican el éxito en la reconstrucción del negocio de intermediación para alojamientos turísticos[423]. Sin embargo, aunque la pandemia en términos generales haya quedado relegada a la historia y la OMT declarase el fin de la crisis sanitaria global en mayo de 2023[424] y aunque los casos de coronavirus continúen de manera aislada, las medidas tomadas por las PLAT para afrontar el virus permitieron vislumbrar su rol activo en la relación contractual y el poder decisorio frente a la limitación de los derechos de anfitriones y huéspedes como se indicará en el siguiente apartado.

4.2. La intervención de las plataformas para contrarrestar la COVID-19

La cancelación de las reservas para alojamientos mediante PLAT por efecto colateral de la pandemia[425] aunado a la necesidad de establecer parámetros para evitar el contagio, tuvieron como consecuencia la crea-

---

422 Información extraída de: https://www.unwto.org/es/news/nuevos-datos-apuntan-a-una-recuperacion-total-del-turismo-con-un-vigoroso-arranque-en-2023, Fecha de consulta: 10 de julio de 2023.

423 Información disponible en: https://www.airbnb.es/d/rebuildingtogether, https://partner.booking. com/es-ar/recuperaci%C3%B3n y https://cincodias.elpais.com/cincodias/2021/12/17/compañías/1639735612_205987.html. Fecha de consulta: 10 de julio de 2023.

424 Información disponible en https://news.un.org/es/story/2023/05/1520732. Fecha de consulta: 10 de julio de 2023.

425 PATRAUS, M., OFRIM, I., "Contractual Unpredictability in the Context of Covid-19 Pandemic", *Athens Journal of Law,* vol. 7, núm. 4, 2021, p. 501.

ción de una política de cancelación de reservas sin costo adicional por causa de la pandemia que en caso de *Airbnb* fue denominada "Política de Causas de Fuerza Mayor relativa al coronavirus"[426]. Antes de continuar es necesario indicar que en las otras tres PLAT consideradas como más relevantes por la UE, tales políticas de cancelación no existen, pero existe alguna consideración o aclaración al respecto. En el caso de *VRBO* y *Tripadvisor* nada se menciona sobre cancelaciones gratuitas de reservas de alojamientos por motivos de la COVID-19 en los términos y condiciones o en sus páginas web, y respecto de *Booking*, se realiza una excepción que indica lo siguiente[427]:

> "Condiciones de la reserva:
> Para las reservas realizadas el 6 de abril de 2020 o después, te recomendamos considerar el riesgo asociado al coronavirus (COVID-19) y las medidas que han tomado los Gobiernos. Si no reservas una tarifa flexible, es posible que no puedas optar a un reembolso. La petición de cancelación la gestionará el alojamiento teniendo en cuenta las condiciones de la reserva y las leyes de protección del consumidor aplicables. En estos tiempos de incertidumbre, te recomendamos reservar opciones con cancelación gratis. Si cambias de planes, podrás cancelar sin costes hasta la fecha límite del periodo de cancelación gratis".

En esta condición de reserva, la cancelación es gratuita si se elige un anuncio de alojamiento que conceda esta opción, por tanto, se da por sentado que la gratuidad de la cancelación se pacta de manera previa por las partes, aunque sobrevengan circunstancias de fuerza mayor relacionadas con la COVID-19.

En el caso de *Airbnb*, la "Política de Causas de Fuerza Mayor relativa al coronavirus (COVID-19)" establecía condiciones para dos tipos de reservas, las realizadas antes y después del 14 de marzo de 2020. Para las primeras, se recibiría un reembolso completo en caso de cancelación y para las segundas, se estableció que no se aplicaría la cancelación de la reserva con reembolso total, a menos que el viajero o el anfitrión contraigan la CO-

---

426 Disponible en: https://www.airbnb.es/help/article/2701/pol%C3%ADtica-de-causas-de-fuerza-mayor-relativa-al-coronavirus%C2%A0covid19. Fecha de consulta: 15 de febrero de 2023.

427 Disponible en: https://www.booking.com/covid-19.es.html?aid=397594;label=gog235jc-1DCAEoggI46adiclgdaeaiaqgyaqq4arfiaqzyaqpoaqh4aqkiaggoago4as6cr-pagwaib0gikzddhogjlogqtnwzknc00njq4ltg0zjutzdfhmwmwnjzhmjex2aie4aib;sid=fddbbe28854f2179d78f6d38ca8e147ccondiciones de la reserva. Fecha de consulta: 15 de febrero de 2023.

VID-19. Esta política fue impuesta a los anfitriones por *Airbnb* de cara a la pandemia sin que existiera alguna comunicación, consentimiento previo, o por lo menos la posibilidad de negociar o recibir una compensación de la plataforma por elegir de manera unilateral una fecha para declarar la gratuidad de todas las cancelaciones de reservas. En teoría, y de acuerdo con el asunto *Airbnb Ireland UC* (2019) la plataforma es tan sólo un mero intermediario de las partes, pero en este caso la plataforma pudo interferir de manera unilateral en la existencia y continuidad del contrato subyacente de arrendamiento del anfitrión y el huésped ocupando un rol tan relevante en la relación contractual que permite poner en duda su estatus de simple intermediario concedido por el TJUE[428].

La inmersión de *Airbnb* dentro del contrato de arrendamiento por causa de la COVID-19, del que técnicamente no es parte, le costó millones de dólares en compensaciones y parte de su credibilidad como empresa, puesto que las cancelaciones masivas de las reservas autorizadas por esta plataforma sin el consentimiento de los anfitriones la llevaron a crear un procedimiento de compensación de 250 millones de dólares para anfitriones hasta un máximo del 25% de las pérdidas y adicionalmente ello retrasó su cotización en la bolsa de valores inicialmente programada para 2020[429].

La decisión de cancelar de forma gratuita las reservas por parte de *Airbnb*, y a favor de los huéspedes, ocasionó perjuicios para el anfitrión y debe ponerse en perspectiva pues, por un lado, muchos de ellos quedaron en la bancarrota al no cumplirse los pagos que razonablemente habían sido objeto de compromiso con el huésped[430], pero por otro lado, también es cierto que la COVID-19 y sus inesperados efectos son una circunstancia sobreviniente del contrato que podía renegociarse[431], lo cual no sucedió[432], y que en todo caso

---

428 MARTÍNEZ NADAL, A., COVID-19, alquiler turístico y políticas de cancelación ¿emergencia en tiempos de pandemia de la oculta(da) naturaleza de las plataformas digitales?", *IDP. Revista de Internet, Derecho y Política*, núm. 32, 2021, pp. 4-5.

429 NHAMO, G., DUBE, K., CHIKODZI, D., *Counting the Cost of COVID-19 on the Global Tourism Industry*, Berlin, 1ª ed., Springer, 2020, p. 199.

430 SPRAGUE, R. "Are Airbnb Hosts Employees Misclassified as Independent Contractors?", *University of Louisville Law Review*, vol. 59, núm. 1, 2020, p. 87.

431 PATRAUS, M., OFRIM, I., *ob. cit.*, p. 501.

432 El reconocimiento de la unilateralidad de la medida tomada por parte de *Airbnb* consistente en permitir que las reservas fuesen canceladas de forma gratuita por parte del huésped, sin contar con el consentimiento de los anfitriones, se evidencia en la "carta a los anfitriones" publicada el 1 de abril de 2020 en el que el director ejecutivo de *Airbnb*, Brian Chesky, se disculpa por no haber pedido el

no podía predecirse o contenerse con antelación. No se cuestiona entonces el contenido de las medidas o los objetivos que perseguían sino la posición de mero intermediario de la plataforma, que pudo tomar decisiones sin el consentimiento de las partes, justificándose en que tomar la medida de forma masiva y de una sola vez, era más eficiente que esperar a que los arrendadores tuviesen el buen criterio de manejar por sí mismos la situación de manera adecuada. Establecer medidas de esta naturaleza expuso el nivel de control que tiene sobre el contrato subyacente de arrendamiento que también se refleja en las compensaciones económicas a los anfitriones por imponerles una carga a la que contractualmente no se encontraban obligados.

Otro antecedente no relacionado con la COVID-19 sobre como *Airbnb* podría haber excedido su rol como intermediario, se dio cuando a partir del 2 de noviembre de 2019, esta PLAT prohibió las *party houses* en la plataforma, es decir viviendas que se destinaban para realizar fiestas o reuniones de más de una decena de personas en lugar del alojamiento turístico regular. La justificación de la plataforma era evitar que se repitiesen actos violentos similares a los que ocurrieron en California, en Estados Unidos, donde en una de estas *party houses* se realizó una fiesta que dio como resultado la muerte de cinco personas en un tiroteo[433]. La manera de prohibir este tipo de alojamientos por parte de *Airbnb* fue limitar globalmente el número máximo de huésped por inmueble a 16 personas, aunque el inmueble tenga capacidad para acoger más[434], aunque ya existiesen reservas. La pandemia de la COVID-19 hizo que, por las limitaciones de apertura de restaurantes y bares, las personas ignorasen la prohibición de *Airbnb* sobre *party houses*. Debido a esto, *Airbnb* tomó acciones legales en Estados Unidos contra los huéspedes, y no contra los anfitriones[435], lo cual indicó la existencia de un nivel de intromisión en el contrato de arrendamiento

---

consentimiento de los anfitriones para tomar y ejecutar la medida, carta disponible en: https://news.airbnb.com/es/carta-a-los-anfitriones/. Fecha de consulta: 16 de febrero de 2023.

433 MOSBERGEN, D., "Airbnb Bans 'Party Houses' After Deadly Halloween Shooting At California Rental Home", *Huffpost*, 3 de noviembre de 2019, disponible en: https://www.huffpost.com/archive/au/entry/airbnb-bans-party-houses_au_5dbf3dd4e4b0 fffdb0f8bea5. Fecha de consulta: 31 de mayo de 2023.

434 Información disponible en: https://news.airbnb.com/airbnb-announces-global-party-ban/. Fecha de consulta: 18 de febrero de 2023.

435 DURBIN, D., "Airbnb takes legal action against guest after 3 shot at unauthorized U.S. party", *Global news*, 12 de agosto de 2020, disponible en: https://globalnews.ca/news/7288016/airbnb-bans-house-parties-worldwide/ Fecha de consulta: 18 de febrero de 2023.

y puso en evidencia que en ocasiones esta PLAT excede su rol de mero intermediario.

El TJUE señaló en el asunto *Airbnb Ireland UC* (2019), que el servicio de la plataforma *Airbnb* es crear y mantener una lista estructurada de alojamientos disponibles que facilite la conclusión de contratos entre el arrendador y arrendatario[436]. Adicionalmente, indica que *Airbnb* no es indispensable para prestar el servicio de arrendamiento, ya que las partes pueden entre ellas ponerse de acuerdo de muchas maneras sin necesitar la intervención de la plataforma[437], sin embargo, en las circunstancias descritas en los párrafos anteriores, que llevaron a la cancelación de reservas por parte de *Airbnb* y la prohibición sobre la destinación del inmueble para ciertas actividades de ocio, debe cuando menos cuestionarse si *Airbnb* actuaba dentro los parámetros de mero intermediario[438] respaldado por su categoría de prestador de servicios de la sociedad de información o si esta actuación específica no encaja en la descripción de la actividad comercial de la plataforma analizada en los fundamentos jurídicos del TJUE en la sentencia mencionada. En tal caso, si la función de la plataforma no es neutra, pasiva y automática, sino cuando menos activa y parcializada, no podrá beneficiarse de las limitaciones de responsabilidad establecidas de la Directiva 2000/31/CE sobre comercio electrónico[439] y también podrá ser sujeto pasivo de las reclamaciones del huésped referidas al alojamiento, porque en este caso es parte en el contrato de arrendamiento.

5. LAS CONTROVERSIAS MÁS COMUNES ENTRE LA PLAT Y EL HUÉSPED-CONSUMIDOR

Antes o después de la estancia, el huésped puede presentar afrontar problemas o inconvenientes con su reserva que pueden llevarlo a presentar una reclamación, teniendo en cuenta que generalmente no existe contrato escrito con el anfitrión, y que por tanto aplicaría generalmente la ley de arrendamientos correspondiente, que de acuerdo con el lugar donde

---

436 Caso *Airbnb Ireland UC* (2019) FJ 53.

437 Caso *Airbnb Ireland UC* (2019) FJ 55.

438 MARTÍNEZ NADAL, A., *ob. cit.*, p. 9.

439 DE MIGUEL ASENSIO, P.A., "La ordenación de las plataformas de intermediación tras la(s) sentencia(s) Airbnb", 2019, disponible en: https://pedrodemiguelasensio.blogspot.com/2019/12/la-ordenacion-de-las-plataformas-de.html. Fecha de consulta: 16 de febrero de 2023.

se encentre situado el inmueble y la duración de la estancia puede variar como se señaló anteriormente. Adicionalmente, sólo se tiene la referencia escrita de las obligaciones por términos y condiciones de servicio de las PLAT, que como se indicó en el apartado anterior pueden hacerse responsables por ciertos imprevistos en el alojamiento, aunque algunas de ellas como *TripAdvisor*, indican en sus términos y condiciones de manera específica que no es la responsable de la información incorrecta publicada por terceros en su plataforma y no responderá por imprecisiones o errores de otros[440].

Este *disclaimer* puede actuar como parámetro de referencia de como las plataformas consideran que su labor es únicamente de intermediación y en ningún caso pueden controlar o censurar los anuncios publicados por el anfitrión. A continuación, veamos algunas controversias que pueden presentarse en la relación tripartita del huésped la plataforma y el anfitrión, que han sido extraídas de los términos y condiciones de las plataformas[441], blogs de huéspedes, noticias, casos judiciales y otros:

a) Condiciones reales del inmueble, imposibilidad de acceder al inmueble y cancelación de la reserva

Una controversia común se basa en que las condiciones reales del inmueble a arrendar no son iguales o si quiera similares a las fotografías y descripción señaladas en la plataforma[442]. En la plataforma *Airbnb*, ya se encuentra establecida esta como una causal de reclamación, más exactamente: "El Anuncio contiene una imprecisión sustancial", que se encuentra inmerso en la política de la página web llamada "Contratiempos de viaje por los que puedes presentar una reclamación en virtud de la Política de

---

440 Disponible en: https://tripadvisor.mediaroom.com/us-terms-of-use. Fecha de consulta:10 de julio de 2023.

441 De acuerdo con la "Política de Reserva Alternativa y Reembolso" de *Airbnb*, un huésped puede solicitar el reembolso de su reserva cuando el anfitrión del alojamiento; cancela una reserva poco antes del inicio pactado, o cuando no concede al huésped los medios razonables para acceder al alojamiento. Adicionalmente cuando la descripción del alojamiento en el anuncio no coincide con la realidad o cuando una vez iniciada la estancia el alojamiento no cumple las condiciones pactadas, especialmente respecto de condiciones sanitarias, véase: https://www.airbnb.es/help/article/2868. Fecha de consulta: 10 de julio de 2023.

442 Véase el apartado 5.2 de este capítulo en el que se explica la posición de sujeto pasivo de las PLAT utilizando como base este tipo de controversia.

Reembolso al Huésped"[443]. En el caso de *VRBO*, esta circunstancia se llama "Cuando una propiedad no resulta ser como indica su descripción", que se encuentra dentro del centro de ayuda al viajero[444]. En ambas se provee a través de la plataforma un proceso específico de reclamación.

Respecto de las condiciones reales del inmueble también puede suceder que al momento de ingresar por primera vez el huésped, note que el piso está en mal estado o con daños en el mobiliario, y el huésped debe provisionarse de las pruebas necesarias para demostrar a la plataforma que el piso ofrecido fue encontrado en malas condiciones[445], para poder acceder a la política de reembolso.

Otra controversia que se presenta es la cancelación por parte del anfitrión que en cualquier momento puede cancelar la reserva, aunque esta ya haya sido aceptada por el, a lo cual la plataforma, a elección del huésped, gestiona el reembolso completo o transfiere un pago a una nueva reserva[446]. El anfitrión puede ser sancionado por la PLAT por esta cancelación a menos que se trate de una circunstancia de fuerza mayor especificada por sus políticas[447]. Lo mismo ocurre, cuando la reserva no es cancelada y el anfitrión se niega a entregar las llaves o no permite el acceso al inmueble. Este punto presenta una complejidad para determinar el posible demandado en caso de una reclamación judicial, debido a que, si bien algunas plataformas como *Airbnb* se hacen responsables ante el huésped de acuerdo con su política de reembolso cuando ocurran este tipo de circunstancias[448], el huésped podría reclamar al anfitrión, cuando este, por ejemplo, no le

---

443 Disponible en: https://www.airbnb.es/help/article/3028. Fecha de consulta: 10 de julio de 2023.

444 Disponible en: https://www.vrbo.com/es-es/ayuda/articles/Que-puedo-hacer-si-la-propiedad-no-es-com o-aparece-en-el-portal. Fecha de consulta: 10 de julio de 2023.

445 *Masedimburgo*, disponible en: https://masedimburgo.com/2016/07/18/mala-experiencia-con-airbnb/. Fecha de consulta: 10 de julio de 2023.

446 *Airbnb*, disponible en: https://www.airbnb.es/help/article/170/what-happens-if-my-host-cancels-my-reservation. Fecha de consulta: 10 de julio de 2023.

447 Disponible en: https://www.airbnb.es/help/article/2908/t%C3%A9rminos-de-servicio#7. Fecha de consulta: 10 de julio de 2023.

448 Estas plataformas son objeto de reseñas de los servicios que prestan por parte de los huéspedes, por tanto, en aras de mantener a sus usuarios y conseguir nuevos, algunas tienen la previsión de crear políticas como la de reembolso, para darle seguridad jurídica al consumidor y como estrategia de *marketing*.

entrega las llaves o cuando las fotografías que no coinciden con la realidad en virtud del contrato de arrendamiento existente entre ambos.

Otras plataformas como *Booking*, no se hacen responsables de manera directa, es decir por medio de una política, sino que exponen lineamientos generales de cancelación en su página web, pero para saber si existe siquiera la posibilidad de obtener un reembolso, hay que contactar directamente con la plataforma e iniciar sesión como usuario[449]. En el caso de la plataforma *Tripadvisor*, no se concede siquiera al usuario la posibilidad de conocer lineamientos generales de reembolso y cancelación o sus causales sin iniciar sesión como usuario en la página web, en el apartado llamado "buzón"[450].

b) Pérdida de las pertenencias del huésped

Pueden presentarse robos de las pertenencias del huésped mientras dure su estancia[451], sin embargo, no es común que las plataformas adquieran pólizas de seguro teniendo como beneficiarios a viajeros, pues regularmente esta garantía se constituye a favor de los anfitriones[452]. Sin embargo, en aras de obtener una compensación por parte de la plataforma y, por ejemplo, beneficiarse de la política de reembolso, el huésped puede reclamar a la plataforma por la pérdida o daño de sus bienes, aunque es claro que ésta es tan sólo una posibilidad, y el huésped puede dirigirse en contra del anfitrión en el contexto del contrato de arrendamiento.

Debido a que se trata de una conducta que puede tener connotaciones penales, puede haber lugar a una denuncia por parte del huésped, pero adicionalmente, en materia de reclamación civil dentro del contrato de arrendamiento, es probable que el huésped la dirija a la PLAT y no al anfitrión si este es sospechoso del robo, sobre todo si se trata de un turista que no conoce el idioma del anfitrión. Sin embargo, debe decirse que, en este

---

449 Disponible en: https://secure.booking.com/help.es.html?label=gen173nr-1DCAEoggI46AdIClgEaEaIAQGYAQq4ARfIAQzYAQPoAQH4AQKIAgGoAgO4As-7P6JMGwAIB0gIkZTM1NjJiOGQtZWNhYy00YTZiLWJjMzMtOWFmZmI0YTgyN-GYx2AIE4AIB&sid=49e9d4e6374ceccfd012b0a55ac706b9#/faqs_list/31/cancellations. Fecha de consulta: 10 de mayo de 2023.

450 Disponible en: https://www.tripadvisorsupport.com/es-ES/hc/traveler/articles/447. Fecha de consulta: 10 de mayo de 2023.

451 *Community*, disponible en: https://community.withairbnb.com/t5/Ayuda/ME-HAN-ROBADO-MIS-PERTENENCIAS-EN-UN AIRBNB/td-p/281434. Fecha de consulta: 10 de mayo de 2023.

452 *Airbnb*, disponible en: https://www.airbnb.es/help/article/241/i-m-a-guest–what-are-some-safety-tips-i-can-follow. Fecha de consulta: 10 de mayo de 2023.

caso, la PLAT no tiene conexión como en el literal a) respecto de los inconvenientes o problemas que se presentan en el alojamiento. En el literal a) son los anuncios del inmueble en la página web de la PLAT que fueron parte del contrato de intermediación digital los que causan la controversia, aunque la PLAT tenga o no control sobre ellos, pero en este caso ya el contrato de intermediación digital ha sido ejecutado y es en el contexto exclusivo del contrato de arrendamiento donde se presenta el robo de pertenencias, por tanto, habría que demostrar la responsabilidad de la PLAT que a primera vista parece ajena a este tipo de situación que no involucra la apariencia del inmueble, a menos que se trate del literal siguiente.

c) Reclamación por la redacción de las cláusulas en los términos y condiciones de la plataforma

En una sentencia del año 2019 de la Audiencia Provincial de Madrid[453], se declara la abusividad de ciertas cláusulas contractuales de la plataforma *HomeAway Spain SL.*, (hoy, *VRBO*). En esta sentencia se determinó que la redacción de las cláusulas evidenciaba la voluntad de la plataforma *HomeAway* de exonerarse de todo tipo de responsabilidad, contrario a lo establecido por la Ley 34/2002, de servicios de la sociedad de la información y de comercio electrónico[454], que indica que los prestadores de servicios de la sociedad de la información serán responsables de alojar contenido ilícito cuando les sea notificado u advertido y no reaccionen con diligencia para retirar tal información.

Tales cláusulas eran una limitación a los derechos de reclamación e indemnización de los consumidores y por ello, el juzgador declaró la nulidad de este tipo de cláusulas de los términos y condiciones de *HomeAway Spain SL.* En demanda, la pretensión era que *HomeAway*, la parte demandada, respondiera por daños y perjuicios ante el huésped-consumidor, la parte actora, por razón de la falsedad de un anuncio sobre un alojamiento turístico ya reservado. En los hechos de la demanda consta que *HomeAway* procedió a informar al huésped-consumidor sobre que este anuncio reservado podría ser fraudulento y el huésped-consumidor le solicita una indemnización por daños y la nulidad de sus cláusulas de exoneración de responsabilidad. En la sentencia de primera instancia ninguna de las pretensiones fue acogida por el juez, pero en la de segunda, la Audiencia Provincial con-

---

453 SAP de Madrid, núm. 406/2019, de 13 de septiembre, ECLI:ES:APM:2019:10987.

454 Ley 34/2002, de 11 de julio, de servicios de la sociedad de la información y de comercio electrónico, publicado en: BOE núm. 166, de 12 de julio de 2002.

sideró que la plataforma actuó de conformidad con las obligaciones de un prestador de servicios de la sociedad de la información que cuando tuvo conocimiento de contenido ilícito procedió a retirarlo, e incluso excedió sus obligaciones comunicándole esta información al huésped-consumidor. Si bien este último no tiene derecho a una indemnización por parte de la plataforma de acuerdo con la sentencia, las cláusulas establecidas contemplan una exoneración total de responsabilidad y pasividad frente al consumidor y, fueron declaradas nulas de pleno derecho porque la ley española, en este caso la Ley 34/2002 no indica que las plataformas en todos los casos puedan ser exoneradas de responsabilidad, sino sólo bajo ciertas circunstancias, mencionadas anteriormente.

d) Comprobación de datos personales del anfitrión

Una controversia que ha sido objeto de las reclamaciones y demandas del huésped en contra de estas plataformas se presenta cuando estas últimas no hacen una comprobación de los antecedentes penales del anfitrión, permitiéndoles darse de alta en la plataforma en ese rol sin realizar verificaciones. En caso de que el anfitrión realice conductas delictivas o incorrectas que perjudiquen al huésped durante su estancia, y que pudieron haberse prevenido con la verificación de antecedentes, esto podría acarrear responsabilidad a la plataforma[455]. La comprobación de antecedentes penales es permitida en algunos casos en Estados Unidos, Estado donde se encuentran las sociedades matrices de las cuatro PLAT más relevantes, sin embargo, se está convirtiendo en una práctica cada vez más frecuente debido a las medidas tomadas por la administración del ex presidente de los Estados Unidos Donald Trump[456] y las nuevas medidas migratorias de la administración actual del presidente Joe Biden[457].

---

455 LEVIN, S. "Airbnb sued by woman who says she was sexually assaulted by super host", *The Guardian*, 2017, Disponible en: https://www.theguardian.com/technology/2017/jul/27/airbnb-guest-sexual-assault-allegation. Fecha de consulta: 10 de mayo de 2023.

456 Sobre esto, véase a KULISH, N., DICKERSON, C., ROBBINS, L., "Los migrantes en Estados Unidos se preparan para lo peor", *The New York Times*, 2017, Disponible en: https://www.nytimes.co m/es/2017/02/13/los-migrantes-en-estados-unidos-se-preparan-para-lo-peor/, y SULLIVAN, D., "Emplo yee Violence, Negligent Hiring, and Criminal Records Checks: New York's Need to Reevaluate Its Priorities to Promote Public Safety", *St. John's Law Review*, núm. 72, 1998, pp. 581-584.

457 Disponible en: https://www.dallasnews.com/espanol/al-dia/inmigracion/2022/05/02/cambios-ley-politica-migratoria-estados-unidos-migracion-reforma/. Fecha de consulta: 10 de mayo de 2023.

Sin embargo, en el caso particular de la UE, el Reglamento (UE) 2016/679 del Parlamento Europeo y del Consejo de 27 de abril de 2016 relativo a la protección de las personas físicas en lo que respecta al tratamiento de datos personales y a la libre circulación de estos datos[458], establece en su Art. 10 que el tratamiento de datos personales relativos a condenas e infracciones penales sólo podrá llevarse a cabo bajo la supervisión de las autoridades públicas o cuando lo autorice el Derecho de la Unión o de los Estados miembros, cuando se establezcan garantías adecuadas para los derechos y libertades de los interesados. Por tanto, en el caso concreto, este Reglamento no permitiría que la plataforma realizara un chequeo de antecedentes del anfitrión en el contexto de la UE.

En contraste en Latinoamérica, en países como Colombia, permiten que cualquier persona pueda acceder al certificado de antecedentes penales propios o de otra persona, sólo basta introducir el número del documento de identificación en el sistema en línea de la Policía Nacional de Colombia, para que el certificado sea expedido en línea de forma gratuita[459]. Adicionalmente, es común que en ese país el certificado de antecedentes penales sea solicitado por el futuro empleador en una entrevista de trabajo o por un contratante en caso de tener la voluntad de suscribir un contrato[460]. De acuerdo con lo anterior, la disponibilidad de esta información en un país como Colombia podría permitir que una PLAT solicitara al anfitrión este certificado antes de darle de alta en el sistema. Sin embargo, no todos los países latinoamericanos cuentan con esa particularidad, en México, por ejemplo, la expedición del certificado de antecedentes penales[461] requiere ingresar a un sistema a través de una clave personal, pagar una tasa por el procedimiento y finalmente recoger de forma personal el certificado en las oficinas de la Fiscalía General de Justicia del Estado de México. Así las cosas, en ese país los antecedentes penales son una información sensible que no se encuentra disponible al público en general y que, por tanto, no podría solicitarse como un requisito para convertirse en anfitrión en una

---

458 Publicado en: *DOUE* núm. 119, de 04 de mayo de 2016.

459 Policía Nacional de Colombia, disponible en: https://antecedentes.policia.gov.co:7 005/WebJudicial/in dex.xhtml. Fecha de consulta: 1 de julio de 2023.

460 Información disponible en la página web del Ministerio de Educación de Colombia: https://www.mineducacion.gov.co/1621/article-136394.html. Fecha de consulta: 12 de julio de 2023.

461 Fiscalía General de Justicia del Estado de México, disponible en: https://www.gob.mx/fgr/acciones-y-programas/constancia-de-datos-registrales. Fecha de consulta: 1 de julio de 2023.

PLAT, so pena de encontrarse en violación de los derechos fundamentales del anfitrión.

e) Problemas con el pago

La PLAT es quien controla de manera directa los pagos realizados por el huésped, y el anfitrión queda, por tanto, excluido del procedimiento de pagos, y de los posibles problemas que se presenten derivados de ellos. Si la PLAT no acepta el valor pagado, o se realiza un cobro que no se encuentra autorizado de la cuenta del huésped, es el responsable directo por ser el contratante de la intermediación y el responsable de los pagos. Sin embargo, en ocasiones, las PLAT crean empresas autónomas para gestionar los pagos que pueden estar ubicadas en un Estado diferente y establecen en sus términos y condiciones que si hay lugar a problemas en esta área las reclamaciones deben dirigirse de manera exclusiva a la sociedad encargada de gestionar los pagos y no a la sede de la PLAT contratante, como ejemplo *Airbnb* en la UE y *Airbnb Payments Luxembourg S.A.* (sede en Luxemburgo) en donde se establece un procedimiento para la reclamación a esta última[462], sin embargo, el huésped realizó el contrato de intermediación digital con la plataforma y no con filial de la misma sociedad matriz exclusivamente creada para pagos, pero puede dirigir su reclamación a su contratante, pues lo hace dentro de la misma plataforma en el apartado de "ayuda"[463].

En los términos y condiciones de esta PLAT cuando se refieren a *Airbnb Payments Luxembourg S.A.*, se especifica que *Airbnb* actúa a través de esta para temas específicos de pagos y reembolsos, por tanto, la compañía a *Airbnb Payments Luxembourg S.A.*, no actúa de manera desligada o independiente de *Airbnb* respecto del contrato de intermediación suscrito con el huésped-consumidor y este puede dirigirse principalmente a *Airbnb* y de manera subsidiaria a *Airbnb Payments Luxembourg S.A.*, en caso de reclamación.

f) Robo de la cuenta del huésped dentro de la plataforma

El sistema de comentarios y puntuaciones entre huéspedes y anfitriones de *Airbnb* ayuda a ambas partes a conocer la experiencia e información básica de los futuros contratantes. Sin embargo, en 2017, en Estados Unidos, *hackers* encontraron la manera de suplantar a los huéspedes con

---

462 Disponible en: https://www.airbnb.es/help/article/2909/t%C3%A9rminos-de-pago-del-servicio#EU18. Fecha de consulta: 1 de julio de 2023.

463 Disponible en: https://www.airbnb.es/help?audience=guest. Fecha de consulta: 1 de julio de 2023.

más altas puntuaciones para reservar alojamientos a su nombre y una vez obtuvieron el acceso al inmueble robaron los enseres de tales viviendas. Si bien los primeros sospechosos fueron los huéspedes, se llevó a cabo una investigación que concluyó en descubrir la suplantación en las cuentas de *Airbnb*. La plataforma hizo efectiva su póliza de seguros y compensó a los anfitriones cuyos inmuebles habían sido objeto de robo[464]. Sin embargo, el riesgo sigue latente, tanto para los huéspedes como para los anfitriones, y aunque *Airbnb* ha prometido mejorar su sistema de seguridad en lo referente a las cuentas y existió una compensación por parte de la plataforma a los anfitriones, los huéspedes en esta situación podrían presentar una reclamación por falta de protección a sus datos personales y daño sufrido a su buen nombre.

g) Indemnización por conductas discriminatorias del anfitrión

El Caso *Gregory Selden vs Airbnb*[465], fue una controversia que tuvo connotaciones globales, y aunque sucedió en Estados Unidos, el lugar donde tiene su matriz esta plataforma es importante retomar sus características principales para analizar si una plataforma puede ser responsable de conductas discriminatorias de parte del anfitrión. El señor Selden un ciudadano afroamericano con domicilio en los Estados Unidos, que quería contratar con *Airbnb* el servicio de intermediación para alojarse un fin de semana en la ciudad de Filadelfia en el año 2015. El señor *Selden* procedió a crearse una cuenta en *Airbnb* con su foto y envió una solicitud de reserva a un anfitrión que la rechazó, indicando que no estaba disponible el inmueble para esa fecha. El señor *Selden* creó otra cuenta con un nombre diferente con la foto de perfil de un hombre blanco y realizó la solicitud de reserva al anfitrión, que la aceptó. El señor *Selden*, sintiéndose discriminado por la situación creó la etiqueta en la red social *Twitter* que se hizo viral: *#airbnbwhileblack*[466].

---

464 O'DONOVAN, C., "Here's How Hackers Used Airbnb To Rob Hosts' Homes", *BuzzFeed News*, 2017, disponible en: https://www.buzzfeednews.com/article/carolineodonovan/heres-how-hackers-used-airbnb-to-rob-hosts-homes. Fecha de consulta: 1 de julio de 2023.

465 *Gregory Selden* vs *Airbnb Inc.*, Caso núm. 16-cv-933, *US District Court for the District of Columbia*, disponible en: https://www.clearinghouse.net/chDocs/public/FHDC-0014-0006.pdf. Fecha de consulta: 10 de mayo de 2023.

466 RESTREPO AMARILES, D., LEWKOWICZ, G., ¿"Does a global law exist? A Reflection on *Selden* vs *Airbnb* case and its aftermath", en: MUIR H., BÍZIKOVÁ, L., BRANDÃO DE OLIVEIRA, A., FERNANDEZ ARROYO, D.P. (eds.), *Global Private International Law*, Northampton, 1ª. ed., Elgar, 2019, pp. 425-426.

Con base en los anteriores hechos, señor *Selden* presentó una demanda por discriminación racial ante las cortes estadounidenses (*District Court for the District of Columbia*) contra *Airbnb.* Sobre la demanda dos cuestiones, la primera, que el condujo su reclamación a través de una acción colectiva (*class action*) representando sus propios intereses y los de todas las personas afroamericanas que hubiesen sido tratadas de esta misma manera dentro de la plataforma *Airbnb*, y la segunda, que las normas que utilizó para sustentar sus pretensiones fueron normas sobre derechos civiles y antidiscriminación racial en el derecho de los contratos y especialmente en materia de arrendamientos[467].

La primera dificultad de este proceso fue la existencia previa de una cláusula de arbitraje que se encuentra en los términos y condiciones de la plataforma *Airbnb*, y que se consideran aceptados por el señor *Selden.* Debido a esta cláusula, *Airbnb* argumentó que la reclamación sólo podía ser compatible mediante un procedimiento arbitral y no un proceso civil como el *class action*, que requiere la presencia de un jurado. La segunda dificultad fue que el señor *Selden* alegó que la cláusula de arbitraje no era válida porque él no conocía las implicaciones, y que, si una cláusula de este tipo no era aplicable a asuntos de discriminación podía ser considerada abusiva y desproporcionada[468].

La Corte Distrital le dio la razón a *Airbnb* y tal decisión fue confirmada en segunda instancia, debido a que la corte validó el acuerdo de arbitraje y su aceptación por parte del señor *Selden* e indicó que por medio de arbitraje pueden solicitarse pretensiones reparatorias por discriminación racial. La decisión tomada, permite únicamente que el señor *Selden* pueda reclamar de manera individual y ante un tribunal arbitral sus pretensiones, pero un procedimiento arbitral puede generar altos costos para el huésped-consumidor, y sería más factible que hubiese una reclamación si esta se presentara en grupo, compartiendo los gastos del litigio y haciendo posible visualizar para el juez el patrón de prácticas discriminatorias en circunstancias similares.

Adicionalmente, existiendo dos posibles sujetos procesales a los que reclamar por el mismo hecho, es decir el anfitrión y la plataforma, esta juris-

---

467 *Civil Rigths Acts* del año 1866 y de 1964 y el *Fair Housing Act*, que se encuentran disponibles en los siguientes enlaces respectivamente: https://loveman.sdsu.edu/docs/1866FirstCivilRightsAct.pdf, https://d1 lexza0zk46za.cloudfront.net/history/am-docs/civil-rights-1964.pdf y el *Fair Housing Act* como reforma del *Civil Rights Act* de 1968: https://www.fairhousingfirst.org/documents/fairhousingact.pdf, Fecha de consulta: 21 de octubre de 2023.

468 RESTREPO AMARILES, D., LEWKOWICZ, G., *ob. cit.*, pp. 426-427

prudencia obliga a que se realicen dos reclamaciones por separado; una ante los tribunales civiles en contra del anfitrión y otra ante los arbitrales para la plataforma, lo cual dificulta aún más la posibilidad de reclamación teniendo en cuenta los altos costos del litigio[469].

Las posibles consecuencias de tal decisión son las siguientes:

1. Es posible para un huésped-consumidor presentar una reclamación a un tribunal arbitral en Estados Unidos en materia de discriminación en contra de *Airbnb.*

2. *Airbnb* puede ser demandado ante la justicia civil de Estados Unidos por actos de discriminación si no existe una cláusula arbitral.

3. Las plataformas en línea como *Airbnb*, pueden cambiar sus políticas y sus términos y condiciones al ser objeto de presión social a través de las redes sociales. En este caso, *Airbnb*, incluyó políticas especiales para anfitriones de Estados Unidos, la Unión Europea y Canadá sobre "no discriminación" en la que se compromete a familiarizarse con las leyes federales, estatales y locales aplicables a alojamientos en materia de derechos civiles que se encuentran en las políticas de *Airbnb*, ingresando desde España[470] y prevé una serie de obligaciones específicas para los anfitriones respecto prácticas antidiscriminatorias. Respecto de países distintos a los mencionados, *Airbnb* establece en estas mismas políticas que es posible que existan o se permitan normas que creen distinciones entre personas en terceros países en materia de alojamientos. *Airbnb* no está de acuerdo con este tipo de restricciones, pero no puede pedirles a los anfitriones que acojan a huéspedes que podrían tener un impacto en su vida o sus propiedades, y los anfitriones han de indicar claramente estas medidas. La plataforma *Airbnb* ha tomado seriamente la lucha contra la discriminación después de esta demanda, creando políticas y publicidad antidiscriminación, sin embargo, el problema sigue vigente, pues existiendo una cláusula arbitral, los derechos de los consumidores en una materia tan delicada como lo es la discriminación, se ven claramente mermados al tener como única posibilidad un procedimiento con altos costos cuyo valor puede disuadirlos de la reclamación y continuar así con el patrón discriminatorio dentro de la platafor-

---

469 MCLAUGHLIN, B., "*AirbnbWhileBlack*: Repealing the Fair Housing Act's Mrs. Murphy Exemption to Combat Racism on Airbnb", *Wisconsin Law Review,* núm. 1., 2018, p. 183.

470 Disponible en: https://www.airbnb.es/help/article/2867?_set_bev_on_new_domain=1689586414_MGUyZWRkMDZmMmE5. Fecha de consulta: 10 de julio de 2023.

ma[471]. Si bien es cierto que el huésped puede dirigirse contra el anfitrión de manera directa por la conducta discriminatoria, en el caso mencionado el demandante reclama a *Airbnb* y no al anfitrión porque la redacción de las cláusulas contenidas en los términos del servicio permitía conductas discriminatorias y sobre ello el anfitrión no tenía ningún control.

h) Accidentes y siniestros

El objeto de esta investigación se refiere exclusivamente a controversias contractuales, sin embargo, con el objetivo de mostrar la situación actual de las PLAT cuando ocurre un accidente o siniestro que involucre a huéspedes y anfitriones, se exponen algunos casos en los que, si bien parece que la responsabilidad directa es del anfitrión o arrendador, se le exige a *Airbnb* el pago de una indemnización por daños.

1. Accidentes en España y Reino Unido

   – Accidente de un niño francés en un balcón en Ibiza: En el año 2016, un niño de siete años de una familia francesa que estaba disfrutando vacaciones en Ibiza y había reservado un alojamiento turístico a través de *Airbnb*, sufrió un accidente grave, se cayó del balcón del inmueble, lo cual le generó heridas graves que llevó a los médicos a extirparle un riñón, para salvarle la vida. El anuncio del inmueble arrendado tenía las calificaciones de la plataforma como "ideal para unas vacaciones en familia" y "perfecta para los niños", pero al llegar al destino se dieron cuenta de que tales características no coincidían con la realidad y el niño sufrió el accidente mencionado. El padre del niño inició una guerra en los medios con Airbnb para que se responsabilizara de lo acontecido, pero la plataforma guardó silencio, incluso cuando la reclamación fue realizada a la sociedad matriz en Estados Unidos. Dos años después del incidente el padre contrató nueve camiones publicitarios que transitaron por las calles de París publicitando el incidente y exigiendo responsabilidad por parte de la plataforma. Este acto creó una presión mediática a *Airbnb*, que a los pocos días buscó realizar un acuerdo con el reclamante de manera directa[472].

---

471 BARKEN, M., SEAQUIST, G., BRAMHANDKAR, A., "Airbnb: a digital platform for sharing or excluding?", *NorthEast Journal of Legal Studies*, vol. 37, núm. 1, 2018, p. 12.

472 Noticia completa disponible en: https://www.diariodeibiza.es/ibiza/2018/09/28/guerra-airbnb-accident e-hijo-casa-29863747.html. Fecha de consulta: 1 de junio de 2023.

- Accidente en Reino Unido por caída de cuatro huéspedes de un balcón: En el año 2016, cuatro huéspedes de un alojamiento en Brighton reservado a través de *Airbnb* cayeron al vacío por razón que el balcón del alojamiento arrendado colapsó. Todos ellos sobrevivieron, pero recibieron heridas graves con secuelas permanentes, con lo cual se determinó que necesitaban asistencia médica vitalicia. El accidente también les generó consecuencias económicas importantes, que llevaron a algunos de ellos a renunciar a sus trabajos[473]. *Airbnb* fue demandado por los cuatro huéspedes para obtener una compensación por daños sufridos a causa de los hechos mencionados. En el año 2018, las partes llegaron a un acuerdo y el proceso terminó de manera anticipada[474].

2. Explosiones de gas-México

- En el año 2019, en el Estado de Guanajuato en México, cuatro huéspedes de nacionalidad mexicana que alquilaron una casa por medio de *Airbnb* resultaron afectados por una explosión de gas, y uno de ellos murió, quedando los otros tres gravemente afectados. Según se verificó por las autoridades la casa no tenía registro, permiso oficial, o la factibilidad para ser arrendada como punto de hospedaje[475]. En 2020, *Airbnb* al ser requerida indica que el responsable es el propietario y no la plataforma, sin embargo, el propietario tampoco asumió la responsabilidad[476]. A 2023 el caso aún no ha sido resuelto judicialmente, pero dio lugar a la expedición de la Ley de Hospedaje a través de Plataformas en línea del Estado de Guanajuato[477], que exige entre otros requisitos, el regis-

---

473 Noticia completa disponible en: https://www.theargus.co.uk/news/14939509.victims-injured-in-brighton-balcony-collapse-want-airbnb-to-accept-responsibility/. Fecha de consulta: 1 de junio de 2023.

474 Noticia completa disponible en: https://www.brightonandhovenews.org/2018/07/16/nobody-investigated-airbnb-balcony-collapse/ Fecha de consulta: 1 de junio de 2023.

475 Noticia completa disponible en: https://www.elfinanciero.com.mx/bajio/muere-joven-por-explosion-en-casa-rentada-por-airbnb-en-guanajuato/. Fecha de consulta: 10 de mayo de 2023.

476 Noticia completa disponible en: https://guanajuato.lasillarota.com/estados/a-un-ano-de-explosion-en-gto-airbnb-no-indemniza-a-familiares/371423. Fecha de consulta: 10 de mayo de 2023.

477 Decreto número 239 de 19 de noviembre de 2020, disponible en: https://lefisco.com/estat al/guanajuato/mercantil/lhtpdegto09122020/. Fecha de consulta: 3 de marzo de 2023.

tro de los anfitriones que usen plataformas en línea para prestar servicios de hospedaje y constituir un seguro de responsabilidad civil para cubrir los riesgos derivados de tal actividad.

- En el año 2019, en la ciudad de Playa del Carmen en México, Kim Akker, reconocida campeona nacional de judo de Los Países Bajos, y de nacionalidad neerlandesa, falleció por quemaduras sufridas por una explosión de gas en el piso que arrendó por cuestiones de trabajo usando como intermediaria a la PLAT *Airbnb*[478]. Sobre este caso aún no ha habido pronunciamiento judicial.

3. Escape de gas Chile

   En Santiago de Chile en el año 2016, murieron por intoxicación por fuga de gas seis turistas brasileños que se encontraban alojados en un apartamento sin registrar que habían alquilado a través de las PLAT *Airbnb*[479]. *Airbnb* declaró que los incidentes de este tipo son extremadamente raros y se hizo cargo de los costos de la repatriación de los cuerpos. *Airbnb* pudo realizar un acuerdo conciliatorio con las familias de los fallecidos, pero esa información permanece confidencial[480].

Hemos visto que pueden presentarse muchos inconvenientes en la relación tripartita entre la PLAT, el anfitrión y el huésped, y cuando este último desea reclamar para obtener un reembolso por daños, en algunos casos se atribuye responsabilidad directa a la PLAT, en otros al anfitrión y en otros no se descarta a ninguno de los dos como posibles responsables. Si bien la PLAT no tiene ninguna relación o control respecto de los inmuebles, debe decirse que estos accidentes hubiesen podido haberse evitado con la exigencia del requisito mínimo de un documento acreditativo de habitabilidad de los inmuebles o de que se tuviese en regla de acuerdo con la normativa local, sus servicios públicos domiciliarios. El inconveniente es que en estas legislaciones no existe una exigencia a la PLAT de que verifique tales requisitos, y es necesario acudir y endilgar la falta de inspección o verificación correspondiente en los inmuebles a las autoridades adminis-

---

478 Noticia completa disponible en: https://www.reportur.com/mexico/2019/07/10/riviera-maya-judoka-muere-al-explotar-casa-airbnb/. Fecha de consulta: 10 de mayo de 2023.

479 Disponible en: https://www.hosteltur.com/lat/128902_mueren-intoxicados-6-turistas-brasilenos-en-un-airbnb-en-chile.html. Fecha de consulta: 10 de mayo de 2023.

480 Disponible en: https://www.t13.cl/noticia/nacional/airbnb-tragedia-turistas-brasilenos-seguridad-es-nuestra-prioridad. Fecha de consulta: 10 de mayo de 2023.

trativas locales y por supuesto a los propietarios, arrendatarios o tenedores que actuaban como anfitriones.

En ocasiones, la PLAT asume la responsabilidad para limpiar su imagen y parecer confiable ante sus clientes, y se estima que, por ejemplo, la PLAT *Airbnb* tiene un área especializada en daños y gasta al año 50 millones de dólares en compensaciones para evitar controversias judiciales que puedan dañar o menoscabar su imagen[481]. Adicionalmente, para mantener su imagen y evitar litigios, las PLAT pueden tomar ventaja de su posición privilegiada para redactar las cláusulas contractuales e introducir cláusulas de arbitraje e imponer por contrato la renuncia a presentar demandas colectivas, por un lado, para desmotivar al posible reclamante de iniciar un procedimiento de altos costos en un país diferente al de su residencia[482] y por otro, para evitar crear una línea jurisprudencial de condenas en su contra que cree un antecedente, que permita demandar más fácilmente a futuros huéspedes inconformes.

5.1. Cláusulas abusivas en el contexto de las PLAT

Las sociedades matrices de las plataformas más relevantes *Airbnb, VRBO, Booking* y Tripadvisor, están ubicadas en Estados Unidos, de modo que hemos de tener en cuenta que en ocasiones las cláusulas contractuales se redactan conforme a los usos de ese país protegiendo los intereses de la plataforma, a menos que existan cláusulas distintas que se aplican de manera diferenciada teniendo en cuenta el factor del domicilio o residencia del consumidor que contrata con la plataforma. Cuando las cláusulas se redactan de aquella manera, es posible encontrar una cláusula que obligue a los consumidores a someterse a arbitraje y a las normas de la *Federal Arbitration Act* (FAA)[483]. Tal cláusula puede ser considerada legal en Estados Unidos donde prima la voluntad de las partes. Mientras tanto, la misma cláusula en la UE puede ser considerada abusiva de acuerdo con la Directiva 93/13/

---

481 Artículo completo disponible en: https://www.turama.es/airbnb-paga-anualmente-50-millones-para-es conder-incidentes-graves. Fecha de consulta: 3 de julio de 2023.

482 COHEN, J.E., "Law for the Platform Economy", U.*C. Davis Law Review*, vol. 51, núm. 1, 2017, p. 179.

483 Disponible en: https://arbitrationagreements.org/federal-arbitration-act/. Fecha de consulta: 4 de noviembre de 2023.

CEE[484]. Sin embargo, si la cláusula hace parte de términos y condiciones dirigidos a países diferentes a Estados Unidos, la PLAT, ha de tomar en cuenta que se enfrenta a consumidores pasivos con derechos particulares que deben ser respetados por los comerciantes, aunque se trate de contratación en línea y se debe evitar la inclusión de cláusulas abusivas en los contratos celebrados por los consumidores.

Consignar este tipo de cláusulas en los contratos es una práctica común que ha ganado relevancia en los últimos años debido al incremento de los contratos en línea. Esto último, se debe a que el comercio ha mutado en parte a canales de intercambio de información por Internet[485], en los cuales se crean relaciones jurídicas nuevas e innominadas, en las que, dentro del marco de la legalidad, deben respetarse los derechos y garantías de los consumidores.

Las cláusulas abusivas han sido definidas por la Directiva 93/13/CEE como las que "pese a las exigencias de la buena fe, causan en detrimento del consumidor un desequilibrio importante entre los derechos y obligaciones de las partes que se derivan del contrato". Lo anterior, debido a que las condiciones que rigen el contrato que da origen a la relación de consumo generalmente se encuentran previamente elaboradas por el empresario, y no son negociadas con el consumidor, que, únicamente se adhiere al contrato, sin tener la posibilidad de cambiar lo que ha establecido el empresario como los términos y condiciones del contrato[486].

Una cláusula puede considerarse abusiva cuando el empresario oculta o no hace accesible al consumidor los términos y condiciones del contrato, permitiendo que este, acepte el acuerdo con déficit de información[487], que, de haberse conocido, hubiese sido decisiva para la suscripción o no del contrato. Lo anterior, genera falta de transparencia[488] de las condiciones del acuerdo, y favorece al empresario en detrimento del consumidor.

---

484 MUIR H., BÍZIKOVÁ, L., BRANDÃO DE OLIVEIRA, A., FERNÁNDEZ ARROYO, D.P. (eds.), *"Global Private..."*, *ob. cit.*, pp. 426-430.

485 EGOCHEAGA, J., "Reclamaciones en materia de Internet y redes sociales", en: ABASCAL, P. NIETO, C. *Reclamaciones en materia de consumo*, Madrid, 1ª ed., Dykinson, 2016, pp. 279-280.

486 CHASSE PLATE, L., DELPIAZZO, C., DÍEZ ESTELLA, F., *Derecho de los consumidores y usuarios: una perspectiva integral*, La Coruña, 1ª ed., Netbiblo, S. L., 2008, p. 299.

487 STS núm. 138/2014, de 25 de marzo de 2015, ECLI:ES:TS:2015:1280.

488 RODRÍGUEZ ACHÚTEGUI, E., "La posición de los tribunales españoles respecto al concepto de consumidor amparado frente a cláusulas abusivas", *Revista Aranzadi Doctrinal*, núm. 5, 2016, p. 4.

En este contexto, se le ha concedido al juez la función de identificar y anular las cláusulas abusivas que puedan vulnerar los derechos de los consumidores, de acuerdo con la Directiva 93/13/CEE, por razón de la falta de transparencia al momento de la suscripción de contrato, por la imposición de una indemnización desproporcionadamente alta al consumidor[489], entre otros. Adicionalmente, para comprobar la posible nulidad de estas cláusulas debe verificarse también su contenido, pues estas pueden estar en flagrante violación de los derechos del consumidor y por tanto se tendrán por no escritas. En el caso de los consumidores, generalmente estos no conocen sus derechos, los que los hace vulnerables[490].

Lo anterior, se ajusta a un contrato por adhesión donde las cláusulas no son negociadas de manera individual con el consumidor, sin embargo, la Directiva 93/13/CEE señala que *per se*, este tipo de cláusulas no pueden ser consideradas abusivas, pues deben, causar un perjuicio al consumidor por ocasionar un desequilibrio entre los derechos y obligaciones de las partes, por tanto, es necesario verificar las condiciones de la contratación en cada caso, así como el perjuicio específico que se ocasione con la aceptación de los términos y condiciones. Debemos tener especialmente en cuenta que de acuerdo con artículo 4 de la Directiva 93/13/CEE, el carácter abusivo de las cláusulas debe apreciarse en armonía con otros elementos del contrato como el equilibrio entre precio y retribución, o los servicios o bienes que hayan de proporcionarse de acuerdo con su objeto[491].

Visto lo anterior, es necesario mencionar un comunicado de prensa de la Comisión Europea, sobre las cláusulas de servicio de *Airbnb*. El 16 de julio de 2018, la Comisión Europea y las autoridades de protección de los consumidores de la UE instaron a la PLAT *Airbnb*, a adaptar sus cláusulas a la normativa de protección del consumidor de la UE, por encontrarse en incumplimiento de varias normas y regulaciones de la UE[492].

---

489 ALONSO BEZOS, J.J., "Consumidores y usuarios. Préstamo personal. Cláusulas abusivas", *Revista Aranzadi Doctrinal*, núm. 1, 2016, p. 1.

490 HUALDE MANSO, T., *Del consumidor informado al consumidor real. El futuro del derecho de consumo europeo*, Madrid, 1ª ed., Dykinson, 2016, pp. 83-84.

491 Sobre el particular véase la sentencia del TJUE, As. C-415/11, ECLI:EU:C:2013:164, del 14 de marzo de 2013, *Mohamed Aziz* vs *Caixa d'Estalvis de Catalunya, Tarragona i Manresa (Catalunyacaixa)*, FJ 71.

492 Comisión Europea, Comunicado de prensa: "Normativa de protección de los consumidores de la UE: La Comisión Europea y las autoridades de protección de los consumidores de la UE instan a Airbnb a cumplirla", del 16 de julio

Específicamente se indicó por la Comisión que conductas como la falta de transparencia de los precios y la incursión en otras prácticas comerciales abusivas, así como la falta de claridad en las condiciones o su ilegalidad afectaban directamente al consumidor. Respecto de la falta de transparencia, la Comisión señaló que cuando *Airbnb* ofrezca una vivienda debe indicar al consumidor el precio total incluidos gastos adicionales. Adicionalmente *Airbnb* debe informar al consumidor si la oferta proviene de un anfitrión con la calidad de empresario, debido a que las normas de protección al consumidor de la UE toman en consideración tal distinción.

Respecto de la falta de claridad y/o legalidad de las condiciones, la Comisión indica que *Airbnb* no debe inducir a error a los consumidores acudiendo a una jurisdicción diferente a la del Estado miembro de su residencia, no debe cambiar las condiciones de manera unilateral y sin el consentimiento del consumidor, no debe privar a los consumidores de la facultad de demandar a los anfitriones en caso de daños personales, entre otros. Adicionalmente debe incluir en su sitio web el enlace de la plataforma de resolución de litigios en línea (RLL), junto con información clara de esta herramienta.

La Comisión Europea, le concedió un plazo a *Airbnb* para realizar estos cambios, y adaptarse a la normativa de la UE de protección al consumidor. El plazo culminó el 31 de agosto de 2018, y en el mes de septiembre de 2018 se llevó a cabo la revisión de los cambios, que en caso de que no haberse realizado, la Comisión prometió tomar las medidas pertinentes. Sin embargo, después de realizarse una negociación entre las partes sobre los términos finales para la aplicación de las medidas, la Comisión Europea dio a conocer el 20 de septiembre de ese año que *Airbnb* había cumplido lo ordenado, haciendo énfasis en los siguientes puntos:

a) La transparencia de precios y otras prácticas comerciales desleales: en este punto, *Airbnb* se obligó a mostrar en los anuncios publicados en su página web el precio total de sus reservas incluyendo las tarifas adicionales obligatorias y no sólo el precio del alojamiento. Adicionalmente, esta plataforma se obligó a mostrarle a los huéspedes si quien ofrece el alojamiento es un particular o un profesional, distinción que puede afectar los derechos del consumidor.

---

de 2018, disponible en: http://europa.eu/rapid/press-release_IP-18-4453_es.htm. Fecha de consulta: 1 de julio de 2023.

b) Respecto de los consumidores, *Airbnb* se obligó a establecer claramente que estos pueden presentar una reclamación jurídica en contra del anfitrión o la plataforma, y en el caso de esta última, podrán presentarla ante los tribunales de su país de residencia. Así mismo, *Airbnb* debe informar a los consumidores cuando cambie el contenido sus términos y condiciones, de esta manera los consumidores pueden tomar las acciones legales que crean pertinentes[493].

De acuerdo con lo anterior, cuando se trata de huéspedes-consumidores en la UE, no es posible obligarlos a acudir a arbitraje sin que se les permita conocer y ejercer si así lo requieren, la posibilidad de utilizar un mecanismo de resolución extrajudicial de conflictos o de demandar en su propia residencia o en la de la PLAT[494], lo cual será analizado a profundidad en la parte II de esta investigación. Adicionalmente, en Latinoamérica, el panorama legal y judicial tampoco permite imponer cláusulas arbitrales, pues incluso en escenarios diferentes al de consumo, y el uso generalizado del arbitraje se encuentra en proceso de consolidación[495].

5.2. El sujeto pasivo y el objeto de reclamación

Como se señaló anteriormente, en el desarrollo de la actividad de intermediación digital realizada por las PLAT, por medio de la cual nace el contrato de arrendamiento entre anfitrión y huésped, pueden presentarse inconvenientes, problemas o imprevistos que pueden ser objeto de reclamación por parte del huésped-consumidor en materia de daños en el contexto contractual[496]. Frente a esto, se presentan unos interrogantes

---

493 Comisión Europea, Comunicado de prensa: "Normas de la UE en materia de consumo: *Airbnb* se compromete a cumplir con las exigencias de la Comisión Europea y de las autoridades competentes en materia de consumo de la UE", del 20 de septiembre de 2018, disponible en: http://europa.eu/rapid/press-release_IP-18-5809_es.htm. Fecha de consulta: 1 de julio de 2023.

494 Véase el apartado 2.3 del capítulo III.

495 ESPLUGUES, C., "El arbitraje comercial en Iberoamérica: una realidad consolidada no exenta de tensiones", en: ESPLUGUES MOTA, C. (ed.), *Tratado de Arbitraje Comercial Interno e Internacional en Iberoamérica*, Valencia, 1ª ed, Tirant lo Blanch, 2019, pp. 56-60.

496 El objeto de esta investigación únicamente abarca las reclamaciones por obligaciones contractuales y excluye la responsabilidad civil extracontractual derivada de la interacción entre el huésped-consumidor, la PLAT y el anfitrión, aunque debe aclararse que la exclusión no se debe a falta de relevancia del tema señalado

que el huésped-consumidor deberá afrontar al momento de considerar presentar una reclamación tales como; determinar quién debe responder ante el huésped-consumidor, si la PLAT o el anfitrión de acuerdo con el objeto de la reclamación y el tipo de contrato, cuáles son los parámetros para establecer los límites de la responsabilidad frente a cada individuo y adicionalmente, las consecuencias jurídicas de elegir a uno u otro o a ambos como sujetos pasivos de la reclamación, en relación con la protección especial del consumidor.

Situémonos por un momento en la posición del huésped que desea gestionar una reclamación frente a una relación jurídica tripartita en la que dos sujetos, PLAT y anfitrión le prestan servicios de manera simultánea sin que exista una línea divisoria clara entre las obligaciones de cada una de las partes frente a él. La simultaneidad en la prestación de los servicios se basa en que la intermediación que presta la plataforma no culmina cuando las partes se ponen en contacto, por cuanto, la plataforma sigue siendo el escenario de comunicación principal entre las partes, donde están indicados los datos de estas últimas y del inmueble, donde se encuentran registrados los pagos realizados o por realizarse para cubrir la intermediación y el precio del arrendamiento y donde se encuentran señaladas las fechas del alojamiento con la constancia de la reserva en el periodo seleccionado.

Teniendo en cuenta lo anterior, si bien la plataforma pone en contacto a estas dos partes con intereses recíprocos, nunca pierde la comunicación con ellas, pues en caso de que le sea reportado un inconveniente con la reserva antes, durante o de manera posterior al alojamiento, interviene de forma inmediata para servir de mediador entre las partes, como ente sancionador en caso de que el anfitrión cometa una falta[497], como contraparte de la reclamación por parte del huésped, o como supervisor de la actividad de arrendamiento. Pese a lo anterior, debe tenerse en cuenta que, los huéspedes también pueden elegir no reportar el inconveniente surgido dentro el desarrollo del contrato de arrendamiento a la plataforma y gestionarlo

---

sino a cuestiones de delimitación de objeto de la investigación y el análisis del enfoque hacia el RBIbis y RRI desde la perspectiva del consumidor.

497 La palabra "falta" se refiere al incumplimiento del contrato suscrito entre el anfitrión y la plataforma, por ejemplo, en el caso de *Airbnb*, el anfitrión puede ser sancionado por cancelar una reserva sin justificar tal acción por causas de fuerza mayor. Las sanciones pueden ser económicas y si se realizan más de tres cancelaciones al año esta plataforma puede suspender la cuenta del anfitrión. Información disponible en: https://www.airbnb.es/help/article/990/host-penalties-for-canceling-reservations. Fecha de consulta: 11 de enero de 2023.

de manera directa con el anfitrión, sin embargo, tal reclamación presenta algunas dificultades.

En primer lugar, las PLAT suelen establecer términos y condiciones del servicio de intermediación digital con el huésped en su página web pero no indican o publican las condiciones o las cláusulas del contrato de arrendamiento[498], por lo cual, el huésped no puede basar sus pretensiones en el incumplimiento de una obligación contractual que fue acordada por las partes y que previamente conoce, sino en el entramado de derechos en materia de arrendamiento de un ordenamiento jurídico específico, que suele ser la ley del lugar donde se encuentra ubicado el inmueble[499]. Al tratarse de alojamientos turísticos es poco probable que se trate de la ley de su propio país de residencia y también puede no coincidir con la del lugar de residencia del propietario, por tanto, es posible que se enfrenten a un sistema jurídico desconocido, en un idioma que puede ser distinto al de su conocimiento y al tratarse de una reclamación de baja cuantía (*small claims*), las pretensiones pueden superar los costos que generan estas barreras y ocasionar que el huésped decida de manera razonable no iniciarla.

En segundo lugar, el huésped como arrendatario sólo tiene la información que le provee la plataforma, la cual no se encuentra contrastada o verificada por esta[500]. En el caso de las cuatro PLAT más relevantes[501], no se

---

498 En las 35 PLAT en las que se basa esta investigación, incluyendo las cuatro más relevantes, no se ha encontrado ningún formato de contrato de arrendamiento entre el anfitrión y el huésped publicado o accesible desde la página web de la plataforma, a 20 de julio de 2023.

499 Véase el apartado 4 del capítulo V. para determinar la ley aplicable en el contrato de arrendamiento.

500 Hay estudios que demuestran que la calidad del servicio y la calidad de la información es decir su veracidad y el nivel de detalle que esta conceda a los usuarios puede ser decisivo para elegir contratar con una u otra plataforma. WANG, Y., ASAAD, Y., FILIERI, R., "What Makes Hosts Trust Airbnb? Antecedents of Hosts' Trust toward Airbnb and Its Impact on Continuance Intention", *Journal of Travel Research*, vol. 59, núm. 4, 2020, p. 691.

501 En el caso de *Airbnb*, en el numeral 10. de sus condiciones generales el anfitrión con la aceptación de los términos garantiza que es el propietario o está autorizado para conceder a *Airbnb* los derechos establecidos en ese acuerdo; en *VRBO* en los numerales 1.1 y 2.3 de sus condiciones generales se indica que sólo pueden publicar anuncios propietarios que sean dueños de propiedades individuales o gestores de propiedades inmobiliarias; en *Booking*, el apartado de definición de sus términos y condiciones indica que se refieren a proveedor de viajes como el que provee el alojamiento, dentro de los que se incluye propietario o propietaria, pero incluye tam-

exigen documentos acreditativos de la identidad o de la propiedad del inmueble para obtener la calidad de anfitrión, por tanto, su identidad dentro de la plataforma se construye diligenciando un formulario, con información que puede o no ser real. El acceso a los datos del anfitrión por parte del huésped es limitado a los anuncios publicados y al perfil que consta en la página web de la plataforma[502]. Sin el acceso a los datos más básicos y/o reales del anfitrión como nombre, identificación y domicilio[503], la posibilidad de iniciar una reclamación[504], un proceso judicial o utilizar un mecanismo de resolución alternativa de conflictos se diluye, quedando el huésped sin la posibilidad de tener una contraparte en la reclamación a menos que se trate de la plataforma y de posteriormente acceder a una compensación en caso de daños[505].

Cabe resaltar que los argumentos aquí expuestos no se refieren principalmente a materias meramente procesales o estratégicas, que determinen

bién los hoteles, moteles, y *bed & breakfast*, y *Tripadvisor* en sus términos y condiciones indica que son terceros proveedores los que poseen propiedades y facilitan su reserva a través de la plataforma. En el contenido de los términos y condiciones de las 4 PLAT señaladas no se establecen formas de verificación de los elementos que constituyen su definición en estos documentos legales, sólo existe una presunción de su cumplimiento por parte del anfitrión antes de publicar un anuncio. Disponible en: https://www.airbnb.es/help/article/2908/t%C3%A9rminos-de-servicio, https://www.vrbo.com/es-es/legal/terminos-condiciones-viajeros, https://www.booking.com/content/terms.ca.html?aid=397 594 y https://tripadvisor.mediaroom.com/ES-terms-of-use#OLE_LINK10. Fecha de consulta: 10 de julio de 2023.

502 Adicionalmente, el huésped puede no tener nunca contacto físico con el anfitrión, pues en el caso de la entrega de llaves, esta puede hacerse a través de un tercero o se puede acceder al inmueble con una clave automatizada.

503 El huésped solo conoce al arrendador o anfitrión por medio de los *reviews* de su perfil y su autodescripción, a la que tiene acceso a través de la plataforma.

504 SERITTI, L., "Online Shopping and Quality Problems: What Safeguards for Platform Users Under the EU Consumer Protection Regime?", *Journal of European Consumer and Market Law*, vol. 10, núm. 5, 2021, p. 186.

505 Para demostrar que las PLAT no exigen tan siquiera un documento acreditativo de la propiedad del inmueble o que por lo menos que se pueda disponer de este de forma legal, en España por ejemplo, existen casos en los que okupas que ingresan ilegalmente a la vivienda y permanecen allí hasta que sean expulsados por vía judicial, han obtenido rentabilidad con la creación de un perfil en la PLAT *Airbnb* a través de la publicación de un anuncio del inmueble el cual han alquilado por medio de esta plataforma en repetidas ocasiones. Véase: https://www.libremercado.com/2020-10-03/maite-okupa-airbnb-arruina-vida-propietari o-consigue-quedarse-6665960/. Fecha de consulta: 12 de enero de 2022.

a la plataforma en lugar del arrendador como contraparte procesal más fácilmente identificable o con un respaldo económico garantizado para suplir las pretensiones del huésped, por cuanto debe tomarse en cuenta, que si el contrato de arrendamiento no se realiza con una persona que tenga derecho sobre el inmueble, ya sea propietario o tenedor, una reclamación civil derivada de un contrato de arrendamiento con una persona sobre la que no existen datos no está llamada a prosperar[506]. Si consideramos esta alternativa de reclamación como posible, el huésped deberá enfrentarse en este punto, a una persona sin relación legítima con el inmueble, que ha aportado información falsa o incompleta para completar su perfil en la plataforma y publicar el anuncio, y que no tiene acceso a la información legal del inmueble ni puede disponer de él.

En tercer lugar, el huésped desempeña un rol contractual frente a cada una de las partes, pero sólo si se cumplen ciertos requisitos puede ser considerado consumidor, asunto que será tratado en profundidad respecto a la PLAT y el huésped-consumidor en los capítulos III-VI de esta investigación. Ha de señalarse de manera preliminar que la PLAT siempre se trata de un comerciante que se dedica de manera profesional a la intermediación digital y el anfitrión puede actuar o no de manera profesional en el contrato de arrendamiento[507]. La calidad de consumidor concede en derechos especiales a favor del huésped, y en caso de que su contraparte se trate de

---

506 Un ejemplo de una demanda que sí está llamada a prosperar es aquella que presenta el arrendador contra el arrendatario, por causa que este último subarrendó el piso a través de *Airbnb*, cuando existía una cláusula contractual que se prohibía hacerlo. *Airbnb* no tiene obligación de verificar el contrato de arrendamiento por tanto no es posible imputarle responsabilidad por el acto del subarrendamiento. Sobre el particular, la sentencia italiana, del Tribunal de Bolonia de 2017, decide resolver el contrato de arrendamiento por causa de subarrendarlo a través de *Airbnb* cuando existía una prohibición contractual para ello por tener el inmueble dedicación residencial exclusiva. Sentencia del *Tribunale Bologna* n. 2236 del 27 de octubre de 2017.

507 El anfitrión puede dedicarse de manera profesional y no esporádica al arrendamiento de inmuebles, y de acuerdo con la página web de *Inside Airbnb*, si un anfitrión tiene múltiples anuncios de diferentes inmuebles es más probable que se dedique de manera profesional a esa actividad, y las cifras cambian de acuerdo con cada ciudad. Por ejemplo, en Roma, el 63.3% de los anfitriones tienen un solo anuncio frente al 36.7% que han publicado dos o más en contraste, en Paris, el 31.6% de anfitriones con múltiples anuncios y el 68.4% son publicados por anfitriones con un único anuncio; información disponible en: http://insideairbnb.com/rome/ y http://insideairbnb.com/paris/. Fecha de consulta: 17 de julio de 2023.

un anfitrión no profesional, aquel estatus no se configura y el huésped será tratado como un igual frente al arrendador, en el contexto del sistema de DIPr del lugar donde se desee presentar la demanda[508]. Cabe señalar que en el contrato de arrendamiento existen también algunas particularidades de acuerdo con cada legislación, entre ellos la duración del contrato, si se realiza o no con fines turísticos y la frecuencia y manera en la que el anfitrión arrienda el inmueble, por cuanto estos son factores decisivos para establecer que la regulación debe ser de arrendamientos cortos (*lodgings*) o de larga duración (*leases*)[509].

El hecho que actualmente el huésped se encuentre muy protegido como consumidor frente a la plataforma y en contraste, en el escenario del contrato de arrendamiento, no exista una protección siquiera comparable, aunque las relaciones jurídicas mencionadas se creen mediante un solo acto, carece, en el clima actual de protección de los derechos del consumidor de coherencia[510] y limita el alcance de las posibles reclamaciones del huésped[511]. También debe tenerse en cuenta que tanto las obligaciones como la exigencia legal requerida al profesional son creadas en aras de res-

---

508 Cuando el anfitrión actúa de manera no profesional, el huésped dentro del contrato de arrendamiento no actúa como consumidor y pierde beneficios que en caso contrario hubiese sido titular, como por ejemplo en materia de desistimientos, cuya regulación en la UE en materia de consumo, se encuentra regulada por la Directiva 2011/83/UE, en caso de que el huésped-consumidor fuese residente en la UE; QUARTA, A., *ob. cit., p. 5. El derecho al desistimiento en materia de consumo es la excepción al principio de Pacta sunt servanda y permite que dentro de un rango de tiempo específico y sin ningún motivo justificado, el consumidor pueda rescindir el contrato, sin ninguna consecuencia económica;* SERITTI, L., *ob. cit.*, pp. 181-182. Directiva 1999/44/CE del Parlamento Europeo y del Consejo y se derogan la Directiva 85/577/CEE del Consejo y la Directiva 97/7/CE del Parlamento Europeo y del Consejo Texto pertinente a efectos del EEE, publicada en: *DOUE* núm. 304 de 22 de noviembre de 2011.

509 MERRILL, T.W., "The Economics of Leasing", *Journal of Legal Analysis*, núm. 12, 2020, pp. 5-6.

510 En transacciones entre pares *C2C* y *P2P* no se encuentran incluidas en el marco europeo legal de protección al consumidor, como si lo están las relaciones *B2C*. SERITTI, L., *ob. cit.*, pp. 18 y 185.

511 En todo caso debe tenerse en cuenta que las PLAT no se encuentran reguladas por una *lex specialis* como las que se aplica a otros intermediarios tales como los agentes comerciales, aunque sí se encuentran cubiertos bajo la calificación de prestadores de servicios de la sociedad de la información, e imponerles obligaciones que se encuentran más allá de su posición de empresario frente al consumidor es cuando menos complejo. Véase: OSTERGAARD, K., JAKOBSEN, S.,

tablecer el equilibrio contractual y favorecer a la parte débil, algo difícil de imponer a un contrato entre pares, cuando el contrato de arrendamiento se suscriba entre personas naturales no profesionales.

Determinar a la plataforma como sujeto pasivo de la reclamación en lugar del anfitrión, puede generar inquietudes sobre cómo deben separarse las obligaciones del anfitrión de las de la plataforma respecto de la relación jurídica tripartita mediante la cual nace y se ejecuta el alojamiento.

Sobre el particular, las decisiones judiciales pueden darnos algunas luces, exactamente en materia de controversias sobre la adaptación de las condiciones reales del inmueble al anuncio publicado en la página web de la plataforma y cancelaciones de reservas. En España, mediante sentencia de 2020 de la Audiencia Provincial de Santa Cruz de Tenerife[512] atribuyó responsabilidad a la PLAT *Airbnb* por estos motivos, como sujeto pasivo de la demanda.

En la sentencia mencionada, un huésped-consumidor residente en España al que le fue proveído un alojamiento que no coincidía con el anuncio reservado demandó a *Airbnb Marketing Services S.L.*, sociedad española, con el fin de obtener una compensación por los gastos y daños ocasionados, que lo llevaron a buscar y pagar un alojamiento en un hotel teniendo a cargo un menor de edad en una ciudad en la que tenía la calidad de turista. Cabe señalar que la plataforma devolvió al huésped el dinero de la reserva.

Las pretensiones no fueron concedidas en primera instancia, por razón de que la contratación se había realizado con *Airbnb Ireland UC*, con sede en Irlanda que es quien explota la plataforma y no la sociedad española *Airbnb Marketing Services S.L.*, que según se argumentó, es ajena al proceso de contratación y se ocupa de actividades comerciales y de marketing de la plataforma *Airbnb* en España. Sin embargo, la sentencia que nos ocupa reconoce que la contratación se realizó con la sociedad irlandesa pero que la sociedad española se encuentra íntegramente participada por la sociedad matriz *Airbnb inc.* con sede en Estados Unidos, y fue constituida con el fin de facilitar el uso del dominio español*.es*.

Al ser todas estas sociedades del mismo grupo y al estar íntegramente participadas por la misma sociedad, la Audiencia Provincial de Santa Cruz

---

"Platform Intermediaries in the Sharing Economy: Questions of Liability and Remedy", *Nordic Journal of Commercial Law*, núm. 1, 2019, p. 24.

512 SAP de Santa Cruz de Tenerife, núm. 394/2020, de 19 octubre, ECLI:ES:APTF:2020:2307.

de Tenerife entiende que la sociedad española fue creada para facilitar la actividad del empresario y dificultar las reclamaciones del consumidor, porque, aunque tenga derecho a demandar al empresario en su propio país de domicilio, se le obliga a invertir más tiempo y dinero en dirigirse a una sociedad extranjera, en este caso con la cual se realizó la contratación.

Por tanto, si el huésped-consumidor reside en España y notifica de la demanda a *Airbnb Marketing Services S.L.* con sede en ese mismo Estado, es razonable pensar que podrá notificarle del proceso a *Airbnb Ireland UC* al estar a su mismo nivel. Adicionalmente, en la página web de la plataforma con dominio*.es*, se incumple el artículo 60 de la Ley para la Defensa de Consumidores y Usuarios, por cuanto no se le informa al consumidor del número de teléfono de la plataforma y otros datos relevantes, con lo cual omite información obligatoria previa al contrato. Debido a esto, el juez decide levantar el velo corporativo, estimar el recurso de apelación y le atribuye a *Airbnb Marketing Services S.L.*, la calidad de sujeto pasivo de la demanda.

Respecto del fondo del asunto, el juez de primera instancia considera que el daño causado por *Airbnb* fue resarcido cuando se efectuó la devolución de lo pagado por la reserva al demandante. El tribunal de segunda instancia se encuentra en desacuerdo, condenando a la parte demandada al pago de la factura del hotel y de las comidas que debió efectuar el demandante como huésped y sus acompañantes, también huéspedes, entre ellos un menor de edad, por razón de que debido a los inconvenientes del alojamiento, se forzó a los huéspedes a contratar una estancia en un hotel y a tomar sus alimentos por fuera de ese lugar, al no estar provisto de cocina, como si lo hubiera estado el alojamiento de la reserva cancelada, ocasionándole perjuicios económicos que debían ser compensados por *Airbnb*.

En la sentencia no se discute o pone en duda si el anfitrión puede ser también sujeto pasivo de la demanda o si le corresponde alguna responsabilidad por la disconformidad del anuncio reservado con la realidad del inmueble, por cuanto, el huésped-consumidor contrató a través de la PLAT un alojamiento con unas características específicas, siendo esta última, la parte visible de la contratación e imputable de responsabilidad y no el anfitrión. Así las cosas, este puede ser un parámetro judicial para delimitar la responsabilidad de la plataforma, cuando se trata de disconformidad del inmueble reservado con la realidad, y es posible reclamar de manera directa y única a la plataforma para obtener una compensación o por lo menos la devolución de los dineros de la reserva de alojamiento.

Presentar una reclamación o demandar a una u otra parte tiene efectos diferentes a nivel jurídico y procesal que serán analizados en los siguientes capítulos de esta investigación. Debe señalarse de manera preliminar que, en caso de que, el huésped considere demandar de manera conjunta al anfitrión y a la plataforma, otras reglas aplicarían a este asunto y ello será analizado en el apartado 4.3 del capítulo III.

Por último, se encuentra la manera en cómo es gestionada la reclamación dentro de la plataforma, las cuales crean en sus términos y condiciones de servicio causales para responder por determinadas conductas del anfitrión y por imprevistos que surjan relativos al alojamiento. Estos casos específicos en sus términos y condiciones, ellas mismas se atribuyen responsabilidad si existen ciertos problemas con el contrato de arrendamiento subyacente, y establecen un reembolso o indemnización en caso de que ocurran esas circunstancias y el huésped-consumidor pueda probarlas, de acuerdo con los parámetros de prueba indicados en sus políticas, que generan obligaciones contractuales. Si el huésped-consumidor no puede probar el daño en los términos exigidos por la PLAT, deberá revisar sus opciones judiciales y extrajudiciales, contenidas en la parte II de esta investigación.

Veamos a continuación como dos de las PLAT más relevantes *Airbnb* y *Booking* intervienen en caso de imprevistos en el alojamiento:

- *Airbnb*: De acuerdo con su política de ¿cómo cancelar una estancia?[513], esta PLAT recomienda al huésped contactar con el anfitrión para resolver el problema, pero también ofrecen ayuda para enviar una solicitud en caso de reembolso o de cancelación de la reserva al anfitrión. Si este anfitrión rechaza el contacto o deniega las peticiones hechas por el huésped una vez iniciada la estancia, en un lapso de 1 hora después de realizada la comunicación, el huésped puede solicitarle a *Airbnb* que intervenga y la plataforma aplicará su política de reembolso[514].
- *Booking:* De acuerdo con la página web de *Booking*, cuentan con un centro de resolución de litigios[515] que puede ser usado tanto por

[513] Disponible en: https://www.airbnb.es/help/article/544/c%C3%B3mo-cancelar-durante-la-estancia. Fe cha de consulta: 17 de febrero de 2023.

[514] Disponible en: https://www.airbnb.es/help/article/2868/pol%C3%ADtica-de-reembolso-al-hu%C3%A 9sped-de-airbnb. Fecha de consulta: 17 de febrero de 2023.

[515] Disponible en: https://secure.booking.com/dispute_resolution.es.html?aid=397594;label=gog235jc-1DCAEoggI46AdIClgDaEaIAQGYAQq4ARfIAQzYAQPoAQH4AQKIAgGoAgO4AtmIuZAGwAIB0gIkZWVmNDY5N2YtNjgxZC00YmYxLWJlNzYtNz-

el huésped como por el anfitrión, pero no indican las causales específicas por las cuales puede solicitarse un reembolso en caso de que el inconveniente o controversia atribuible al anfitrión y/o a las condiciones del inmueble. En todo caso se establece una política de cancelación para el huésped que depende de una sola variable: el momento en que se realice la solicitud de cancelación, si se hace antes o durante la reserva influye en el monto de la devolución del valor de la reserva[516].

Vistas estas dos vías de gestión de las controversias por parte de las plataformas respecto del huésped[517] por inconvenientes presentados durante el alojamiento es factible señalar que estas PLAT tienen enfoques diferentes en su gestión, mientras *Airbnb* establece políticas de reembolso estandarizadas, *Booking* indica que las causales para hacerlo dependerán de cada alojamiento, aunque establece cierto tiempo para solicitarlo, de forma uniforme.

Respecto de la naturaleza del objeto de la reclamación o de las causales de reembolso que nacen de la relación con la plataforma, pero pueden tratarse tanto de la intermediación digital como del arrendamiento, pues la línea divisoria entre ambas actividades como hemos indicado no es fácil

---

MzNzRmZDdlYWU02AIE4AIB;sid=49e9d4e6374ceccfd012b0a55ac706b9. Fecha de consulta: 12 de febrero de 2023.

516 De acuerdo con sus términos y condiciones estos plazos pueden variar de acuerdo con el anuncio de alojamiento seleccionado, cada anfitrión decide hasta qué punto responder de manera previa a la contratación y plasma esto en el anuncio, que el huésped acepta al realizar la solitud de reserva. Disponible en:https://www.booking.com/content/terms.es.html?aid=397594;label=gog235jc-1DCAEoggI46AdIClg-DaEaIAQGYAQq4ARfIAQzYAQPoAQH4AQKIAgGoAgO4AtmIuZAGwAIB0gIkZWVmNDY5N2YtNjgxZC00YmYxLWJlNzYtNzMzNzRmZDdlYWU02AIE4AIB;sid=49e9d4e6374ceccfd012b0a55ac706b9#nov2021_terms_accommodations_heading. Fecha de consulta: 17 de febrero de 2023.

517 Respecto del anfitrión o arrendador, la PLAT *Airbnb* cuenta con un seguro de daños a favor del anfitrión que cubre los daños causados por el huésped en el inmueble, pero el huésped no cuenta con un seguro de esta naturaleza. Vale la pena señalar que otros intermediarios tradicionales, como las inmobiliarias normalmente no ofrecen este tipo de seguros a favor de los huéspedes, GRUNDMANN, S., HACKER, P., "*Digital Technology as…*", *ob. cit.*, pp. 274-275. Por su parte, la PLAT *VRBO* indica que no se proporciona a ningún usuario de la plataforma, ningún tipo de seguro de responsabilidad y que se aconseja al huésped contratar un seguro de viaje. Información sobre los daños causados a anfitriones en: https://www.airbnb.es/help/article/937/seguro-de-responsabilidad-civil-para-anfitriones y. Fecha de consulta: 17 de julio de 2023.

de trazar, especialmente cuando la PLAT excede su rol de mero intermediario. Visto lo anterior, podemos extraer las siguientes consideraciones:

1. Cuando el huésped-consumidor tiene un inconveniente, el primer paso es verificar si tiene derecho a un reembolso automático y ponerse en contacto la plataforma para obtenerlo. Puede que el huésped se dirija sólo a la plataforma, aunque no debe descartarse que el huésped pueda dirigirse contra el anfitrión, sobre todo si la plataforma no tiene sede social o establecimiento comercial en la UE y el anfitrión sí tiene su domicilio en este territorio.

2. Cuando el huésped-consumidor tenga problemas con el pago, devoluciones y reembolsos, debe ponerse en contacto con la plataforma, aunque el alojamiento haya comenzado o culminado, la plataforma es quien se encarga de esta parte del servicio y el anfitrión es completamente ajeno a este procedimiento.

3. Cuando se presenten inconsistencias entre el inmueble real y el anuncio publicado en la plataforma, el huésped-consumidor podría recurrir tanto al anfitrión como a la plataforma. Pero existe un antecedente judicial, la SAP de Santa Cruz de Tenerife citada, en la que el huésped reclama directamente a la PLAT y esta última es condenada por razón de las inconsistencias mencionadas. Ello se justifica en que, si la plataforma establece en sus términos y condiciones o en sus políticas de reembolso como en el caso de *Airbnb*, que responde ante el huésped por este tipo de inconvenientes, aunque la disconformidad entre la realidad y el anuncio venga dada por la mala fe o el error del anfitrión, contractualmente se encuentra obligada ante el huésped-consumidor a responder por ese inconveniente siempre que se cumplan algunos requisitos probatorios. Si la plataforma no establece una política de reembolsos nada impide al huésped-consumidor presentar la reclamación en su contra, sin embargo, la disconformidad de los anuncios con la realidad podría ser atribuible al anfitrión como incumplimiento del contrato de arrendamiento, aunque la plataforma también puede ser sujeto de responsabilidad si se demuestra que sí tiene control sobre el contenido de los anuncios o sobre el contrato de arrendamiento. En todo caso, correspondería una revisión de la normativa local de arrendamiento.

4. Si el inmueble no se encuentra apto para el alojamiento o no se puede ingresar a este ocurre lo mismo que en numeral anterior, puesto que si se trata de *Airbnb* también se contempla en sus políticas estas circunstancias como una causal de reembolso. Especialmente cuan-

do el inmueble no sea apto para el alojamiento, puede atribuirse como incumplimiento del contrato de arrendamiento por parte del propietario, más aún si ya ha iniciado el alojamiento, especialmente en materia de reparaciones, típico de este contrato.

5. Inconvenientes sobre protección de datos, el huésped-consumidor debe dirigirse contra la plataforma, el anfitrión no almacena ni trata sus datos, pues sólo tiene conocimiento de su perfil público dentro de la plataforma[518]. Esta última sí aloja los datos personales del huésped entre ellos los de su domicilio y datos bancarios.
6. La pérdida de pertenencias del huésped durante el alojamiento puede ser directamente atribuible al anfitrión quién es que tiene la disposición del inmueble y en esta parte del desarrollo de la actividad la plataforma no interviene, por tanto, atribuirle responsabilidad sería como mínimo difícil de probar.
7. Otras controversias: como el incumplimiento de políticas de discriminación y de la COVID-19, en este caso, si las políticas fueron informadas y aceptadas por el anfitrión, la responsabilidad le sería atribuible en caso de que las infringiera, sin embargo, existen antecedentes como el caso *Selden* donde se ha argumentado que la plataforma podría tener responsabilidad ante los consumidores por permitir conductas discriminatorias en la redacción de las cláusulas contractuales. En caso de que la plataforma no informase a los anfitriones de sus políticas como ocurrió con *Airbnb* y las políticas de reembolso relativas a la COVID-19, es la plataforma y no el anfitrión quien deberá ser el sujeto pasivo único de la reclamación, al decidir de manera unilateral un aspecto crucial del contrato de arrendamiento relativo a su continuidad y terminación.

6. CONSIDERACIONES SOBRE PROTECCIÓN A LOS HUÉSPEDES-CONSUMIDORES EN LATINOAMÉRICA

La manera como es concebida la protección al consumidor en Latinoamérica presenta grandes diferencias con la UE y con Estados Unidos, que es donde se encuentran las sedes sociales y las sociedades matrices de la

518 El anfitrión tendría responsabilidad si tuviese acceso a los datos del huésped, pero ello puede variar en cada plataforma. En el caso de *Airbnb*, el anfitrión si así lo requiere puede tener acceso a una copia del documento de identificación del huésped.

mayoría de PLAT y otras plataformas en línea[519]. En el caso específico de la UE, existe una intención estatal y supraestatal más contundente de regular a estas plataformas en defensa de los derechos de los consumidores. Sin embargo, aunque los esfuerzos de la UE son un antecedente importante, debe indicarse que si el consumidor no tiene domicilio o residencia en su territorio las reglas sobre su protección cambian, aunque la plataforma tenga una sede o establecimiento en la Unión. Existen pocas PLAT con establecimientos en Latinoamérica, pero ello no indica que sus residentes no contraten sus servicios para acceder a alojamientos en lugares hiper turísticos dentro de la UE, o que los residentes en la UE no usen PLAT domiciliadas en Latinoamérica o en la UE para acceder a alojamientos en Latinoamérica o en cualquier parte del mundo.

A efectos de esta investigación, la proporción en el enfoque de la protección a los huéspedes-consumidores en la UE excede con creces el enfoque a los huéspedes consumidores en Latinoamérica y ello obedece a dos razones: la primera es que las normas de la UE se encuentran centralizadas en Reglamentos y Directivas mientras que en Latinoamérica es necesario acudir al sistema de DIPr o a la legislación interna de cada uno de los países estudiados para analizar como conciben al consumidor en sus normas o qué herramientas judiciales y extrajudiciales cuenta el consumidor cuando desea demandar a la PLAT en alguno de esos países. La segunda, es que la muestra de los países que se han tomado (Colombia, México Argentina y Brasil), aunque sean representativos en materia turismo y población, son apenas cuatro de todos los Estados que conforman ese territorio, en cambio, en la UE los Estados miembros de manera general se encuentran regidos por las normas de UE en materia de consumo.

Adicionalmente, la manera de compilar y analizar los datos se encuentra centralizada en la UE, donde las plataformas de "Economía colaborativa" son conocidas por el 52% de los residentes de la UE y el 17% las han usado. Adicionalmente, las personas jóvenes y posiblemente con alguna educación superior, que viven en áreas urbanas y que son autónomos o empleados, son quienes probablemente tienen conciencia de las plataformas en línea (63%), frente al ciudadano promedio[520].

---

519 KALTMEIER, O., "La refeudalización de la estructura social": *Refeudalización: Desigualdad social, economía y cultura política en América Latina en el temprano siglo XXI*, Bielefeld, 1ª ed., Bielefeld University Press, 2019, p. 44.

520 *Report, "The use of collaborative platforms", Flash Eurobarometer 438,* Encuesta requerida por la Comisión Europea, Dirección General de Mercado Interior, Industria,

Respecto de Latinoamérica, no existe aún una compilación o clasificación de datos importante sobre el impacto de las PLAT, específicamente *Airbnb*, que es la plataforma más usada en ese continente[521]. En términos de los espacios disponibles para el desarrollo de la intermediación digital para alojamientos turísticos, América Latina contaba en 2016 con 60.000 alojamientos registrados en *Airbnb*, veamos a continuación la tabla 2. que indica las ciudades de América Latina que cuentan con los porcentajes de alojamiento más representativos.

Tabla 2[522]

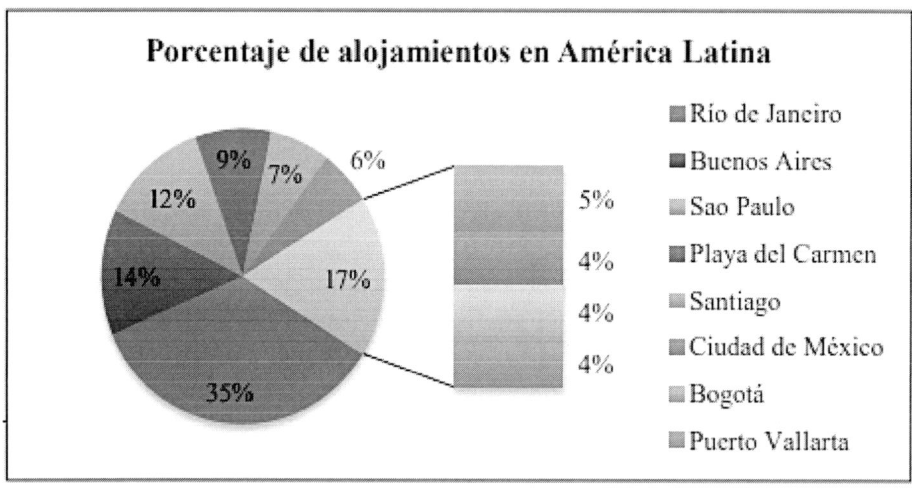

Como se indica, Rio de Janeiro, ciudad hiper turística brasileña, cuenta con el 35% de los anuncios para alojamientos de América Latina dentro de la plataforma *Airbnb*, siendo esta ciudad, la cuarta con más anuncios publicados en la plataforma a nivel global[523]. Buenos Aires, capital de Argentina

---

Emprendimiento y Pymes y coordinada por la Dirección General de Comunicación, 2016. Se utiliza el término plataformas de economía colaborativa porque en este *Report* son llamadas de esta manera.

521 PÉREZ GARRIDO, R., "Caracterizando la Economía Colaborativa: la visión de los fundadores", en: FONDO MULTILATERAL DE INVERSIONES, *Economía colaborativa en América Latina*, Madrid, 1ª ed., IE Business School, 2016, pp. 20-21.

522 La imagen llamada Porcentaje de alojamientos en América Latina fue tomada de SOLTERO MARISCAL, D., VARGAS-HERNÁNDEZ, J.G., *ob., cit.*, p. 360.

523 De acuerdo con la sala de prensa de *Airbnb* "los principales mercados, ordenados en función del número de anuncios activos, son París, Londres, Nueva York, Río de Janeiro, Los Ángeles, Barcelona, Roma, Copenhague, Sídney y

es otra ciudad de Latinoamérica que se caracteriza por un constante flujo de turistas a través de *Airbnb*, sin embargo, debe decirse que, si se suman los anuncios sobre alojamientos publicados en esta plataforma de todas las ciudades argentinas, estos ascienden a 52.700 de acuerdo con la información disponible en la página web de *Airbnb*[524].

Sin embargo, aunque la recopilación de datos o el impacto del turismo no tenga las mismas proporciones en Latinoamérica que en la UE, debemos mencionar una normativa importante, de uno de los países analizados, Colombia, que expidió la Ley de turismo 2068 del 31 de diciembre de 2020[525], "Por la cual se modifica la Ley general de turismo y se dictan otras disposiciones". Esta norma evidencia al igual que la normativa europea mencionada anteriormente sobre alojamientos, la necesidad de regulación de plataformas en línea en el ámbito del alojamiento turístico dispone algunos conceptos importantes y obligaciones para los prestadores de servicios de alojamiento y expone como ventaja su uso para la recuperación de la industria turística por razones de la pandemia[526].

Dentro de esta ley colombiana se incluyen estipulaciones innovadoras respecto de las plataformas electrónicas o digitales de servicios turísticos y consumidores. Al respecto tres consideraciones importantes: en primer lugar, el Art. 3.8 define este tipo de plataformas como intermediarios entre el turista y el prestador de servicios para que los primeros busquen y encuentren un servicio turístico en su destino de viaje proveído efectivamente por el segundo. Las plataformas cobran una comisión, remuneración o tarifa por realizar el contacto entre las partes y pueden prestar servicios relativos a la reserva y el pago. Esta ley indica de manera expresa que cuando una

---

Ámsterdam", disponible en: https://press.airbnb.com/es/fast-facts/. Fecha de consulta: 1 de julio de 2023.

524 *Airbnb*, disponible en: https://press.airbnb.com/ea/900-000-viajeros-se-alojaron-en-la-argentina-a-traves-de-airbnb-en-2018/. Fecha de consulta: 1 de julio de 2023.

525 Ley 2068 de 2020, de 31 de diciembre, por el cual se modifica la Ley General de Turismo y se dictan otras disposiciones, publicado en el Diario Oficial No. 51.544 de 31 de diciembre de 2020, disponible en: http://secretariasenado.gov.co/senado/basedoc/ley_2068_2020.html. Fecha de consulta: 12 de marzo de 2023.

526 De acuerdo con su Art. 1, el objeto de esta ley es "Fomentar la sostenibilidad implementar mecanismos para la conservación, protección y aprovechamiento de los destinos y atractivos turísticos, así como fortalecer la formalización y la competitividad del sector y promover la recuperación de la industria turística, a través de la creación de incentivos, el fortalecimiento de la calidad y la adopción de medidas para impulsar la transformación y las oportunidades del sector".

plataforma no presta el servicio de intermediación no puede ser calificada como una plataforma electrónica o digital de servicios turísticos de acuerdo con los parámetros de esa ley.

En segundo lugar, por un lado, se define el prestador de servicio turístico (Art. 3.7), no sólo como el que presta el alojamiento efectivo, sino también toda persona natural o jurídica con domicilio dentro o fuera del territorio colombiano, que de manera directa o indirecta preste, intermedie o comercialice servicios turísticos. Para poder ejercer esta actividad es necesario que el prestador de servicio turístico se inscriba en el Registro Nacional de Turismo (en adelante, RNT) de manera previa a la prestación de los servicios. Por otro, se define el operador de plataforma electrónica o digital de servicios turísticos (Art. 3.9) y se le imponen obligaciones (Art. 38), el cual también se engloba en la definición de prestador de servicios turísticos, como aquella persona natural o jurídica que opera o representa una plataforma electrónica o digital de servicios turísticos. Sus obligaciones consisten, además de mantener un registro activo en el RNT, en interoperar con el RNT, habilitar las áreas para que el prestador de servicios turísticos pueda utilizar la plataformas e informar sus términos y condiciones, responder quejas y reclamos, entre otros. Por último, el Art. 39, reconoce la calidad de consumidores a quienes usen las plataformas electrónicas o digitales de servicios turísticos, e indica que sus operadores son responsables frente a ellos por publicidad engañosa al permitir que puedan acceder a los servicios de la plataformas sin que cuenten con el registro en el RNT.

En tercer lugar, el contrato de alojamiento u hospedaje contemplado en el Art. 79 de la Ley 300 de 1996[527] de Colombia, es redefinido en el Art. 21 como un contrato de adhesión en el cual una persona natural o jurídica presta alojamiento a otra, llamada huésped, por un precio, siempre que la duración sea inferior a 30 días[528].

---

527 Ley 300 de 1996, de 26 de julio, "Por la cual se expide la Ley General de Turismo y se dictan otras disposiciones", publicado en el Diario Oficial No. 42.845, de 30 de julio de 1996, disponible en: http://www.secretariasenado.gov.co/senado/basedoc/ley_ 0300_1996.html. Fecha de consulta: 24 de marzo de 2023.

528 Cámara de Comercio de Medellín para Antioquia, "Modificaciones a la Ley General de Turismo", 14 de mayo de 2021, disponible en:https://www.camaramedellin.com.co/articulos-y-noticias/noticias/modifi caciones-a-la-ley-general-de-turismo. Fecha de consulta: 2 de abril de 2023.

Los cambios e innovadores conceptos introducidos por esta ley, que se expide en el mismo año que el Decreto No. 75 de 2020 de Cataluña y que también regula los arrendamientos tomando en cuenta un periodo de 30 días, muestran una tendencia internacional —teniendo en cuenta también el ya mencionado Decreto-Ley N.º 50 de 2017 de Italia— de regular la actividad de las plataformas y su rol frente a los consumidores, que sobrepasa el ámbito de la UE y que permite visualizar la necesidad de clasificar tanto a los actores que intervienen en el alojamiento como a la forma o periodo en el que debe llevarse a cabo para ser objeto de una regulación especial.

La necesidad de regulación del turismo en Latinoamérica surge de la proliferación de esa actividad de manera progresiva en este territorio, pues de acuerdo con las cifras OMT, en tiempos pre-COVID-19, el turismo se encontraba en constante crecimiento y existen actualmente planes de recuperación del turismo para las Américas, cuyo fin es crear proyectos de reactivación haciendo del sector una prioridad, pero que el nuevo enfoque tenga como característica la sostenibilidad[529].

Antes de la pandemia, de acuerdo la OMT los países latinoamericanos más populares como destino turístico fueron en este orden México, Brasil, Argentina y Colombia, los cuales reportaron de acuerdo con un informe de la OMT del año 2019, altos ingresos por turismo internacional[530]. Si bien es cierto, el porcentaje de turistas en Latinoamérica es menor que el de Europa, que es continente más turístico del mundo[531], por cuanto, países de la UE como España, Francia y Alemania, que además de ser históricamente turísticos, crean de manera voluntaria infraestructuras y espacios turísticos para incrementar sus ganancias a través de ese sector[532], es posible señalar que los turistas residentes en los Estados de la UE y Latinoamérica pueden

---

529 Disponible en: https://www.unwto.org/es/news/omt-y-ministros-de-turismo-de-las-americas-se-unen-para-el-relanzamiento-del-turismo-en-la-region: fecha de consulta:24 de febrero de 2023.

530 A continuación, las cifras en millones de dólares (USD) México: 22.510, Brasil: 5.917, Argentina: 5.558 y Colombia: 5.556, Panorama del turismo internacional Edición 2019, OMT, pp. 12 y 20. disponible en: https://www.e-unwto.org/doi/pdf/10.18111/9789284421237. Fecha de consulta: 10 de junio de 2023.

531 Disponible en: https://ec.europa.eu/regional_policy/es/policy/themes/tourism/. Fecha de consulta: 24 de febrero de 2023.

532 Disponible en: https://es.weforum.org/agenda/2019/09/estos-son-los-paises-mas-preparados-para-el-turismo-del-mundo/, Foro Económico Mundial. Fecha de consulta: 24 de febrero de 2023.

viajar entre estos, especialmente conectados por las coincidencias con el idioma y las facilidades en materia de visados[533].

Aunque la destinación turística por excelencia sea Europa, también es importante señalar que la mayoría de PLAT tienen un establecimiento de comercio en algún país de la Unión, incluidas las cuatro más relevantes[534]. En Latinoamérica, los países señalados cuentan con por lo menos un establecimiento de comercio de las PLAT de la UE o norteamericanas en su territorio. Ello indica que la contratación de alojamientos turísticos entre Latinoamérica y la UE se realiza entre residentes en los Estados que las conforman y las PLAT establecidas en esos territorios que suscriben contratos de intermediación digital con huéspedes-consumidores, a los que les son aplicables determinas normas de DIPr de acuerdo con el lugar donde tengan su domicilio, residencia, donde se encuentre ubicada la plataforma, e incluso donde se encuentre ubicado el inmueble objeto de alojamiento cuando se trata de reclamaciones referentes al contrato de arrendamiento.

En este punto, cuando existe una controversia con elemento internacional, debemos recurrir al DIPr, que como se ha señalado, en la UE se encuentra centralizado y armonizado y en Latinoamérica se encuentra en proceso de unificación, por tanto, fue necesario, tomar para el análisis de los capítulos siguientes, Estados latinoamericanos con una tradición de DIPr, por cuanto, no todos cuentan con un desarrollo legal o académico profundo sobre el tema, lo cual fue decisivo para seleccionar a Colombia, México, Argentina y Brasil como ordenamientos base para la comparación con la UE.

Adicionalmente, en materia de consumo, estos Estados cuentan con normas irrenunciables internas de protección a los consumidores y en el caso argentino especializadas de DIPr. Estas leyes serán analizadas como normas irrenunciables de consumo en el capítulo VI, pero a continuación se menciona brevemente como cada una de ellas, que son las leyes generales de protección a los consumidores en cada país definen el concepto de

---

533 Brasil, Colombia, Argentina y México no requieren visado de turismo para entrar a la UE, disponible en:https://www.visaeuropa.com/noticias/visa-schengen-latinoamerica. Fecha de consulta: 24 de febrero de 2023.

534 22 de ellas de acuerdo con la tabla 1 (apartado 4. literal e) del capítulo II. de esta investigación) y aunque no se trate de un Estado miembro, pero si de un Estado de Europa, el Reino Unido también es sede de plataformas cuyo caso específico y excepcional en materia de competencia judicial internacional serán tratados en el capítulo III. de esta investigación.

cláusula abusiva, para verificar que cuentan con elementos similares a la Directiva 93/13/CEE, que sirve norma base en la UE para los contratos de consumo y para el mencionado capítulo.

– En Colombia se regulan las cláusulas abusivas en la Ley 1480 de 2011[535] "Por medio de la cual se expide el Estatuto del Consumidor y se dictan otras disposiciones", en la que se establece que estas son cláusulas que ocasionan un desequilibrio injustificado entre las partes, en detrimento del consumidor y son consideradas ineficaces de pleno derecho.

– En México, la Ley Federal de Protección al Consumidor[536] hace énfasis tanto en las cláusulas abusivas como en la publicidad abusiva, cuando se muestren precios que no son los reales, cuando se establecen condicionamientos para vender los bienes o servicios o cuando por ejemplo se consigna en el contrato y/o se ejercen pautas o conductas discriminatorias.

– En Argentina la Ley Nº 24.240[537], llamada Ley de Defensa del Consumidor, establece que las cláusulas abusivas se tienen por convenidas cuando limiten la responsabilidad por daños, las que limiten los derechos del consumidor ampliando los de la contraparte, y las que inviertan la carga de la prueba en perjuicio del consumidor. En todo caso, se establece que, cuando exista un vacío jurídico en el contrato, la interpretación que deberá elegirse será la más favorable al consumidor.

– En Brasil la Ley Nº 8.078[538], sobre protección al consumidor, establece que una cláusula o práctica abusiva es aquella en la que evidencia la posición dominante de una de las partes, en detrimento del consumidor, especialmente cuando aquella se aprovecha de su debilidad o ignorancia;

[535] Art. 42 de la Ley 1480 de 2011, de 12 de octubre, por medio de la cual se expide el Estatuto del Consumidor y se dictan otras disposiciones, publicado en: Diario Oficial No. 48.220 de 12 de octubre de 2011, disponible en: http://www.secretariasenado.gov.co/senado/basedoc/ley_1480_2011.html. Fecha de consulta: 26 de febrero de 2023.

[536] Art. 25 de la Ley Federal de Protección al Consumidor publicada en el Diario Oficial de la Federación el 24 de diciembre de 1992, disponible en: https://www.profeco.gob.mx/juridico/pdf/l_lfpc_ultimo_cam dip.pdf. Fecha de consulta: 2 de febrero de 2023.

[537] Art. 37 de la Ley Nº 24.240, sobre "Normas de Protección y Defensa de los Consumidores. Autoridad de Aplicación. Procedimiento y Sanciones. Disposiciones Finales", del 22 de septiembre de 1993.

[538] Art. 39 de la Ley N.º 8.078, de 11 de Setembro de 1990, sobre "Dispõe sobre a proteção do consumidor e dá outras providências".

cuando se condiciona el suministro del producto o servicio adquirido con la compra de otro adicional, cuando se exige al consumidor una actuación que le otorga a la contraparte una ventaja excesiva, cuando se abstiene de estipular plazos para el cumplimiento de las obligaciones contractuales, cuando se sube el precio de los productos y servicios sin justa causa, entre otros. Si bien estas definiciones son similares, pero no exactas a la Directiva 93/13/CEE, si comparten con ella el efecto principal de una cláusula abusiva, su ineficacia y que la nulidad no es automática, pues debe ser alegada por la parte interesada ante el juez competente basándose en alguna de las normas aquí mencionadas si corresponde, o, si es aplicable, alguno de los instrumentos normativos de la UE y de Latinoamérica que protegen al consumidor.

Así las cosas, cabe preguntarse si en la posición del consumidor residente en Europa, en este caso el viajero o huésped, al realizar una contratación de alojamiento turístico mediante PLAT, ubicada en Latinoamérica, pierde o gana algún derecho como consumidor o conserva los mismos derechos de su país de residencia.

El análisis comparado consistirá en verificar las reglas de Derecho internacional privado que protegen especialmente al consumidor en la UE y en los países seleccionados latinoamericanos partiendo de los sistemas de DIPr y las cláusulas de competencia judicial internacional y ley aplicable de las PLAT, y aplicándolas a situaciones en las que el huésped-consumidor como reclamante tenga su domicilio o residencia en la UE o en Latinoamérica, análisis que será abordado en los siguientes capítulos.

PARTE II. LA COMPETENCIA JUDICIAL INTERNACIONAL Y *ADRS* EN LAS CONTROVERSIAS ENTRE HUÉSPED-CONSUMIDOR Y PLAT EN LA UE Y EN LATINOAMÉRICA

Capítulo III
La competencia judicial internacional

La determinación del tribunal competente es el primer paso para afrontar una controversia de carácter internacional. La importancia de esta determinación radica en que la competencia puede estar relacionada a un Estado específico, o a varios, dependiendo del instrumento internacional que se utilice para establecerla. El tribunal que conocerá del caso, una vez sea determinado por los instrumentos de DIPr, será el que se encuentra establecido como tal en la legislación internacional o interna de manera previa a la controversia y que dirimirá el asunto con los recursos jurídicos y procesales disponibles dentro de su jurisdicción[539]. Además, determinado el tribunal o órgano jurisdiccional internacionalmente competente, de este dependerá el derecho procesal aplicable y de sus normas de DIPr[540] se

---

539 Lo señalado en este párrafo tiene dos excepciones, el *forum non conveniens* y el *forum necessitatis*. El propósito del primero es garantizar que el foro es conveniente para las partes, por tanto, si el juez que conoce inicialmente el proceso, determina que existe un foro diferente en el cual las pretensiones de las partes pueden reconocerse o exigirse más eficientemente, puede aplicar este principio, invocando una necesidad combinada: proteger el orden público y también los intereses privados de las partes; Sobre el particular véase a LEVY, D.J. (ed.), *International Litigation, Defending and suing foreign parties in U.S. Federal Courts*, Chicago, 1ª ed., American Bar Association, 2003, pp. 205-206. Respecto del *forum necessitatis*, este se utiliza cuando un procedimiento judicial no puede iniciarse o llevarse a cabo razonablemente en el foro (s) que determina la norma de DIPr, por tanto, el caso puede ser conocido en un foro no previsto en la norma, de manera residual; Sobre el particular véase a NUTYS, A. (coord.)., *Actualités en Droit International Privé*, Bruselas, 1ª ed., Éditions Bruyland, 2013, p. 22. En la UE, el *forum non conveniens* no está permitido de acuerdo con la jurisprudencia del TJUE: As. C-281/02, ECLI:EU:C:2005:120 de 1 de marzo de 2005, *Andrew Owusu* vs *N.B. Jackson*, FJ 41-46 y respecto del *forum necessitatis* este ha sido aceptado en la mayoría de los reglamentos de DIPr, pero no fue incluido en el régimen general del RBIbis. FERNÁNDEZ ROZAS, J.C., Rigidez versus flexibilidad en la ordenación de la competencia judicial internacional: el *forum necessitatis*, en: ROJAS AMANDI, V. (coord.), *Desarrollos modernos del Derecho internacional privado: Libro homenaje al Dr. Leonel Pereznieto Castro*, Ciudad de México, 1ª ed., Tirant lo Blanch, 2017, pp. 245-246.

540 Sobre esto cabe destacar el principio de relatividad, el cual implica que cada Estado puede proveer una respuesta diferente a tres cuestiones de este derecho: 1) cada Estado tiene sus propias normas de CJI, 2) cada Estado tiene sus propias normas de conflicto y 3) cada Estado tiene sus propias normas de reconocimiento

determinará la ley sustantiva aplicable para resolver, incluida, en su caso, la existencia de normas especiales de determinación de la ley aplicable de protección a la parte débil de un contrato (como en los contratos de consumo) o normas aplicables a determinados contratos, (como los de comercio electrónico).

Antes de indagar en los instrumentos que pueden utilizarse para determinar el foro de competencia en una controversia contractual en materia civil y mercantil, debe indicarse que las partes en un contrato pueden establecer la competencia judicial internacional mediante acuerdo, de manera expresa o tácita. En este tipo de acuerdos, las partes determinan los tribunales que conocerán de las controversias que entre ellas se susciten por razón de una relación contractual. Estos tribunales pueden ser propios del Estado donde residen las partes, pueden estar relacionados con el objeto del contrato; su conformación o cumplimiento, o también es válido elegir un tribunal foráneo sin ninguna relación con las partes o con el objeto del contrato.

Adicionalmente, por acuerdo, las partes pueden renunciar a la justicia ordinaria y someterse a un procedimiento arbitral, de naturaleza privada y onerosa, siempre que la materia que sometan a conocimiento del arbitraje no esté prohibida para ser objeto de este[541]. En todo caso, la determinación por las partes de un tribunal competente ya sea judicial o de arbitraje no excluye directamente en todos los casos la aplicación de los instrumentos internacionales de determinación de la competencia judicial, como cuando se está ante una relación contractual en la cual una de las partes tiene la calidad de consumidor[542], debido a la protección especial de la que goza la parte débil de la relación contractual.

Así las cosas, es factible señalar que el DIPr provee instrumentos para determinar la competencia judicial, reconociendo en primer lugar que las

---

y ejecución de sentencias extranjeras; GARCIMARTÍN ALFÉREZ, F.J., *Derecho Internacional Privado*, Cizur Menor, 4ª ed., Editorial Civitas, 2017, p. 38.

541 STAMPA, G., "El comercio internacional: definición y regulación. La denominada *Lex Mercatoria*, el arbitraje comercial internacional: definición y principales características", en: GINÉS CASTELLET, N., STAMPA, G., *El arbitraje internacional*, Barcelona, 1ª ed., J.M. Bosch Editor, 2009, pp. 16-17.

542 En este punto es necesario señalar que los Reglamentos de la UE, protegen especialmente a la parte débil de la relación contractual, y en este contexto no sólo se protege al consumidor, sino que también existen consideraciones especiales de protección de parte débil en los contratos de seguro y en los contratos individuales de trabajo.

partes están facultadas para elegir por sí mismas la jurisdicción o el árbitro que conocerá y resolverá su controversia y, en segundo lugar, en caso de que las partes no lo determinen, estas herramientas establecen parámetros específicos para fijar la competencia judicial en una controversia internacional[543]. Esos instrumentos normativos, como los reglamentos de la UE, convenios y tratados internacionales, entre otros, son dictados con el objetivo de garantizar una justicia armonizada, necesaria para el buen funcionamiento de los negocios y transacciones en el ámbito internacional[544], así mismo, incrementan la seguridad jurídica al proveer uniformidad en la aplicación de normas en el caso concreto[545].

Tanto en la UE como en Latinoamérica, el estudio se encuentra enfocado directamente al consumidor, por tanto, se analiza y engloba de manera directa la normativa aplicable para determinar la competencia judicial internacional en materias civiles y mercantiles dentro de una relación contractual en los territorios seleccionados. Lo anterior, teniendo en cuenta algunas consideraciones especiales en el caso de la UE, cuyo estudio normativo en esta investigación excede el de Latinoamérica, por cuanto, se analiza de manera más profunda los artículos pertinentes a la relación de consumo del RBIbis para de manera posterior aplicarlos a la relación huésped-consumidor y PLAT. También las alternativas judiciales del huésped cuando no cumple los requisitos para ser consumidor y cuando en calidad de arrendatario desea demandar al arrendador. En contraste, en el caso

543 Excepcionalmente, la norma internacional puede fijar foros especiales y/o de protección que priman sobre la voluntad de las partes respecto del acuerdo de elección de foro de competencia.

544 MUÑOZ FERNÁNDEZ, A., "Nuevas perspectivas en la calificación como contractual o extracontractual de las acciones de responsabilidad en los Reglamentos europeos de Derecho internacional privado", *Anuario de Derecho Civil,* núm. LXIX-II, 2016, p. 439.

545 En este punto es pertinente indicar que el objeto de esta investigación se centra en contratos de servicio entre el huésped-consumidor y la PLAT, por lo cual, la determinación de la competencia judicial internacional partirá de instrumentos normativos de la UE que regulen materias contractuales de tipo civil y comercial, dejando por fuera las cuantiosas materias que regula el DIPr que no tengan conexión con este tipo de relación jurídica. De acuerdo con lo anterior, el análisis partirá del estudio del RBIbis, que para la UE es directamente aplicable a este tipo de asuntos, sin embargo, debe indicarse en las ocasiones cuando el RBIbis no es aplicable deberá recurrirse al sistema de DIPr un Estado miembro específico, en el que sus normas internacionales, o en su defecto internas concederán la respuesta sobre la competencia judicial internacional.

de Latinoamérica, se expone brevemente el panorama de DIPr en materia de competencia judicial internacional en Colombia, México, Argentina y Brasil para aplicar la normativa correspondiente de manera directa a la relación huésped-consumidor y la PLAT.

Por último, se efectuará un ejercicio de verificación de los foros posibles para el huésped-consumidor de acuerdo con el análisis realizado en este capítulo, que parte del lugar en el cual se encuentra su domicilio, puesto que el panorama de competencia judicial internacional varía de acuerdo con este criterio. Para este análisis se tomarán en cuenta cláusulas de competencia judicial internacional extraídas de los términos y condiciones de las PLAT.

1. UE: EL RBIBIS, ÁMBITOS DE APLICACIÓN

Para la aplicación del el Reglamento No. 1215/2012 (RBIbis) relativo a la competencia judicial, el reconocimiento y la ejecución de resoluciones judiciales en materia civil y mercantil[546], el caso concreto debe subsumirse dentro de los cuatro ámbitos que esta norma determina para su aplicación; el temporal, el material, el territorial y el personal o de conexión comunitaria[547]. Sobre el ámbito temporal, debe decirse que existen varios instrumentos en la UE para determinar la competencia judicial internacional en materia civil y mercantil, estos son; el Convenio de Bruselas de 1968[548], el Reglamento No. 44/2001[549] (RBI) y el Reglamento No. 1215/2012[550] (RBIbis). Cada uno de estos instrumentos internacionales tienen una vi-

---

546 Reglamento (UE) nº 1215/2012 del Parlamento Europeo y del Consejo de 12 de diciembre de 2012, relativo a la competencia judicial, el reconocimiento y la ejecución de resoluciones judiciales en materia civil y mercantil publicado en: *DOUE* núm. 351, de 20 de diciembre de 2012.

547 El ámbito personal prevé excepciones, es decir que en ciertos casos no es necesario que el demandado tenga su domicilio en la UE de acuerdo con el Art. 6 RBIbis.

548 Convenio de Bruselas de 1968 relativo a la competencia judicial y a la ejecución de resoluciones judiciales en materia civil y mercantil publicado en: *DOCE* núm. 299, de 31 de diciembre de 1972.

549 Reglamento (CE) nº 44/2001 del Consejo, de 22 de diciembre de 2000, relativo a la competencia judicial, el reconocimiento y la ejecución de resoluciones judiciales en materia civil y mercantil, publicado en: *DOCE* núm. 12, de 16 de enero de 2001.

550 Reglamento (UE) nº 1215/2012 del Parlamento Europeo y del Consejo de 12 de diciembre de 2012, relativo a la competencia judicial, el reconocimiento y

gencia específica que debe tenerse en cuenta al momento de analizar su aplicación. El Reglamento vigente y aplicable es el RBIbis, que sustituyó al RBI, y es aplicable a las acciones judiciales ejercitadas a partir del 10 enero de 2015, de acuerdo con los Arts. 66.1 y 81[551]. Previo a esto, el RBI por su parte, aplicable desde el 1 de marzo de 2002 de acuerdo con su Art. 76, sustituyó al Convenio de Bruselas de 1968[552]. Las fechas mencionadas, nos sitúan en el primer ámbito de aplicación del RBIbis, el temporal, que permite establecer mediante la fecha concreta de un acto procesal[553] que el RBIbis es de aplicación, descartando el RBI y el Convenio de Bruselas de 1968.

En el ámbito material (Art. 1) se exige que el asunto verse sobre materias civiles y mercantiles, y para establecer si un asunto se encuentra inmerso en estas materias es necesario "examinar los rasgos que caracterizan la naturaleza de las relaciones jurídicas entre las partes del litigio o el objeto

---

la ejecución de resoluciones judiciales en materia civil y mercantil publicado en: *DOUE* núm. 351, de 20 de diciembre de 2012.

551 El Reglamento (UE) nº 1215/2012, que se encuentra vigente en la actualidad, trajo consigo cambios importantes respecto del Reglamento (CE) nº 44/2001. Como consecuencia de un estudio cuidadoso de las disposiciones, se identificó la necesidad de mejora de algunas de estas, con el fin de asegurar el acceso a la justicia en los litigios internacionales y facilitar la libertad de circulación de resoluciones judiciales en el territorio de la UE. LORENZO, M., "Las novedades introducidas en el espacio judicial europeo a partir del Reglamento 1215/2012", *Newsletter Pérez-Llorca*, núm. 7, 2015, pp. 8-11.

552 Paralelo a la existencia de estos reglamentos, también debe mencionarse el Convenio de Lugano de 16 de septiembre de 1988 relativo a la competencia judicial, el reconocimiento y la ejecución de resoluciones judiciales en materia civil y mercantil (Lugano I), cuya finalidad era extender inicialmente el espacio judicial europeo creado por el Convenio de Bruselas de 1968 a aquellos países que no siendo Estados miembros las Comunidades Europeas (Islandia, Noruega y Suiza) participaban de la Asociación Europea de Libre Cambio. De manera posterior fue expedido el Convenio de Lugano de 30 de octubre de 2007 (Lugano II) para armonizar las reglas con el Reglamento aplicable en ese momento, el RBI. Sin embargo, este Convenio coincidió al poco tiempo con el RBIbis, en el 2012, quedando la armonización con este Reglamento aun por realizarse. SÁNCHEZ LORENZO, S.A., "El principio de coherencia en el Derecho internacional privado europeo", *Revista Española de Derecho Internacional*, vol. 70, núm. 2, 2018, pp. 24-25.

553 De acuerdo con el Art. 66, el RBIbis no sólo se aplica a las acciones judiciales ejercitadas a partir del 10 enero de 2015, sino que, tomando esta fecha en como parámetro también a los documentos públicos formalizados o registrados oficialmente y a las transacciones judiciales aprobadas o celebradas, ambos a partir del 10 enero de 2015.

de éste"[554], teniendo en cuenta que, aunque el contrato tenga las características requeridas el reglamento prevé algunas excepciones[555]. Respecto del ámbito territorial, este indica que el RBIbis es obligatorio en todos sus elementos y directamente aplicable en los Estados miembros de la UE[556] con excepción de Dinamarca y debe mencionarse el caso de Reino Unido que ya no hace parte de la UE, sobre esto dos consideraciones. La primera es que aunque no le aplica directamente el RBIbis, el Reino de Dinamarca suscribió un Acuerdo con la Comunidad Europea relativo a la competencia judicial, el reconocimiento y la ejecución de resoluciones judiciales en materia civil y mercantil[557], y que de esta manera le fuese aplicable el contenido del RBIbis, y la segunda, que el RBIbis fue aplicable a Reino Unido hasta el 31 de diciembre de 2020 por razón del *Brexit*, sin embargo, debe tenerse en cuenta que el artículo 67 del Acuerdo sobre la retirada del Reino Unido de Gran Bretaña e Irlanda del Norte de la Unión Europea y de la Comunidad Europea de la Energía Atómica, indica que en el Reino Unido las estipulaciones sobre competencia judicial del RBIbis seguirán aplicando respecto de los procesos judiciales incoados antes del final del período

---

554 As. C-302/13, ECLI:EU:C:2014:2319 de 23 de octubre de 2014, *flyLAL-Lithuanian Airlines AS* vs *Starptautiskā lidosta Rīga VAS, Air Baltic Corporation AS*, FJ 26 y As. C-645/11, ECLI:EU:C:2013:228, de 11 de abril de 2013, *Land Berlin* vs *Ellen Mirjam Sapir* y otros, FJ 32. De acuerdo con el TJUE en el asunto *Movic* para determinar si una materia está o no comprendida en el concepto de materia civil y mercantil del RBIbis se ha de identificar la relación jurídica entre las partes de la controversia, el objeto de esta y verificar la naturaleza y modalidad de la acción entablada, As. C-73/19, ECLI:EU:C:2020:568, de 16 de julio de 2020, *Belgische Staat, Directeur-Generaal van de Algemene Directie Controle en Bemiddeling van de FOD Economie, K.M.O., Middenstand en Energie* vs *Movic BV, Events Belgium BV, Leisure Tickets & Activities International BV*, FJ 37.

555 Es de precisar que las materias fiscal, aduanera y administrativa se encuentran excluidas, así como la responsabilidad del Estado por acciones u omisiones en el ejercicio de su autoridad. Esto último fue incluido por incorporación de las decisiones del Tribunal de Justicia de las Comunidades Europeas en la interpretación del Convenio de Bruselas; GUEZ, P., LAHLOU, Y., "The Brussels I Bis Regulation: has shown some progress but can do better", *International Business Law Journal*, núm. 2, 2016, p. 196. Las excepciones propias de las materias civiles y mercantiles se encuentran en el Art. 1.2. RBIbis, dentro de los cuales no consta el contrato de prestación de servicios, que es el contrato del que forma parte la PLAT con el huésped-consumidor.

556 Art. 81.3 del RBIbis.

557 *DOUE* núm. 182 de 10 de julio de 2015.

transitorio y respecto de los procesos o acciones que tengan relación con tales procesos judiciales[558].

El ámbito de aplicación personal o de conexión comunitaria el RBIbis indica que de manera general que el demandado debe estar domiciliado en un Estado miembro[559]. El RBIbis establece el criterio para determinar el domicilio del demandado en caso de que se trate de una persona física o jurídica; si el demandado es una persona física el Art. 62 determina que los criterios para determinar su domicilio dependen de la ley del Estado miembro cuyos tribunales conocen del asunto. Respecto de las personas jurídicas el Art. 63 RBIbis indica que su domicilio puede ser alternativo[560], a elegir entre su sede estatutaria, su administración central, o su centro de actividad principal.

El ámbito de aplicación personal o de conexión comunitaria prevé algunas excepciones, que, en caso de configurarse, y cumpliéndose los restantes ámbitos de aplicación, el RBIbis es aplicable, aunque el domicilio del demandado no se encuentre en un Estado miembro de la UE (Art. 6.1). Las excepciones son: los foros exclusivos (Art. 24), la sumisión expresa (Art. 25)[561] y los foros de protección al consumidor y al trabajador, Arts. 18.1 y 21.2 respectivamente[562]. En el caso particular de los foros de

---

558 Acuerdo sobre la retirada del Reino Unido de Gran Bretaña e Irlanda del Norte de la Unión Europea y de la Comunidad Europea de la Energía Atómica, *DOUE* núm. 66 del 19 de febrero de 2019.

559 Arts. 5-6 del RBIbis.

560 MAESTRE CASAS, P., "Reglamento (UE) n.º 1215/2012 del Parlamento Europeo y del Consejo, de 12 de diciembre de 2012, relativo a la competencia judicial, el reconocimiento y la ejecución de resoluciones judiciales en materia civil y mercantil (refundición) [DOUE L 351, de 20-XII-2012]: Reforma del sistema de competencia judicial y reconocimiento y ejecución de resoluciones en materia civil y mercantil", *Ars Iuris Salmanticensis*, vol. 1., 2013, p. 194.

561 El acuerdo de atributivo de competencia general del Art. 25 en conexión con el Art. 19 sobre este tipo de acuerdos en contratos celebrados por los consumidores será analizado en el apartado 2.4. Los acuerdos atributivos de competencia son independientes al contrato base, y su validez no depende de la validez global del contrato, novedad introducida en el RBIbis respecto del RBI, DE MIGUEL ASENSIO P.A., "El nuevo Reglamento sobre competencia judicial y reconocimiento y ejecución de resoluciones", *Diario La Ley*, núm. 8013, 2013, p. 11.

562 MAESTRE CASAS, P., *ob. cit.*, p. 194. En los foros de protección del consumidor y el trabajador existe "una inversión de la carga del riesgo internacional por razones de protección deliberada del demandante", lo cual les permite demandar en su propio domicilio, véase: CARRASCOSA GONZÁLEZ, J., "Foro del domicilio del

protección al consumidor, ha de verificarse si aplican los requisitos del Art. 17 respecto de la definición del concepto de consumidor, los requisitos exigidos de acuerdo con la naturaleza del contrato, y si el profesional cuyo domicilio se encuentra ubicado por fuera de la UE cuenta con sedes secundarias en los Estados miembros[563].

2. EL CONSUMIDOR EN EL RBIBIS

El concepto de consumidor en el RBIbis tiene como base justificadora la posición de inferioridad de este frente al cocontratante, que lo hace vulnerable en una relación de naturaleza contractual; al detectar tal desequilibrio el legislador de la UE consignó en el Reglamento ciertos derechos especiales con el fin de reequilibrar los derechos de la parte débil[564].

En el caso del consumidor, esta vulnerabilidad se ve reflejada en dos aspectos fundamentales; la posición económica y el conocimiento sobre el negocio u objeto del contrato. El cocontratante del consumidor es un comerciante, es decir, una persona física o jurídica que se dedica profesionalmente a las actividades que promueve u ofrece, por tanto, conoce las ventajas y desventajas de su sector y del objeto y particularidades del futuro contrato; en contraste, no se le exige al consumidor unos conocimientos especializados, sino que se trate de una persona física o natural que ejerce un acto de consumo, teniendo en cuenta que esto último debe presentarse en todos los casos, por cuanto no basta con la mera condición de persona física para concederle al contratante la categoría de consumidor y la protección que lleva consigo[565].

---

demandado y Reglamento Bruselas 'I-bis 1215/2012. Análisis crítico de la regla actor sequitur forum rei", *Cuadernos de Derecho Transnacional*, vol. 11, núm. 1, 2019, p. 119 y BUREAU, D., MUIR WATT, H., *Droit international privé*, Paris, 3ª ed., Presses universitaires de France, 2014, pp. 142-145.

563 En caso de que alguno de estos ámbitos no pueda ser cumplido por las circunstancias particulares del caso concreto, será de aplicación el convenio internacional que verse sobre materia de competencia judicial. En caso de que no se cumplan los requisitos para la aplicación del convenio, corresponderá a la legislación interna de cada ordenamiento jurídico quien se ocupe de determinar la competencia judicial internacional, que, para el caso español, por ejemplo, es la Ley Orgánica 6/1985, de 1 de julio, del Poder Judicial (LOPJ)..

564 GARCIMARTÍN ALFÉREZ, F. J., "*Derecho Internacional...*", *ob. cit.*, p. 29.

565 CALVO CARAVACA, A.L., "Consumer Contracts in the European Court of Justice Case Law: Latest Trends", *Cuadernos Derecho Transnacional*, vol. 12, núm. 1, 2020, p. 94.

La asimetría en el conocimiento sobre el negocio es evidente[566], pues mientras que el empresario conoce, produce y maneja la información de su actividad comercial de forma permanente, el consumidor generalmente sólo la conoce de manera ocasional y limitada para acceder a un producto o servicio. Adicionalmente, el comerciante se lucra con esta actividad[567], lo cual lo convierte en la parte fuerte —en términos económicos— de la relación contractual frente al consumidor, que se trata de una persona física, que se involucra como cliente en la actividad del comerciante por voluntad propia, sin buscar un provecho económico más allá del cumplimiento del objeto del contrato, por tanto, actúa por fuera de su esfera profesional. Sin embargo, debe tenerse en cuenta que en DIPr la inequidad o desequilibrio del consumidor frente al profesional no debe tener base principal en una óptica económica[568] o en el riesgo generalizado de explotación por parte del profesional, sino que debe basarse en la asimetría de la información suministrada por el empresario al consumidor, que al dedicarse y obtener provecho de una actividad tiene unos conocimientos específicos que puede omitir u ocultar para abusar de su condición, especialmente cuando se trata de transacciones transfronterizas[569].

Si bien en el acervo normativo de la UE, se conceden algunos elementos para identificar tanto al consumidor como el profesional, debemos tener en cuenta la UE no establece una definición uniforme sobre el concepto de consumidor[570], tal y como se ha explicado en la parte I. de esta investigación, insistimos en que cada instrumento normativo, directiva o reglamento enfocado a este tema puede definirlo de manera autónoma, por

---

566 CARRIZO AGUADO, D., *Régimen jurídico de las operaciones internacionales de consumo en los servicios turísticos digitales*, Madrid, 1ª ed., Dykinson, 2018, p. 41.

567 Para establecer que se trata de un contrato de consumo, no basta que el comprador o adquiriente actúe por fuera de su actividad profesional, sino que también es necesario que el profesional actúe en el ejercicio de sus actividades profesionales. Así las cosas, uno de los requisitos para configurar el contrato de consumo cuando el profesional actúa como tal y no a título particular. CASTELLANOS RUIZ, M.J., "El foro de consumidores: comentarios a la Sentencia del TJUE de 23 de diciembre de 2015, *Rüdiger Hobohm C. Benedikt Kampik Ltd. & Co. KG* y otros, C-297/14", *Cuadernos de Derecho Transnacional*, vol. 9, núm. 2, 2017, p. 545.

568 En el caso concreto la situación económica del consumidor puede ser incluso mejor que la del profesional, por tanto, esta presunción puede ser desvirtuada y no es la base del desequilibrio entre las partes.

569 RUHL, R., "La protección de los consumidores en el Derecho internacional privado", *AEDIPr*, T.X, 2010, p. 95.

570 VEGA VEGA, J.A., *ob. cit.*, p. 97.

tanto, la interpretación de "consumidor" o de "contrato de consumo", no se encuentra unificada y dependerá de la definición de la norma específica que se aplicará al caso concreto[571].

La definición del Art. 17 RBIbis sobre los contratos celebrados por los consumidores indica que: "en materia de contratos celebrados por una persona, el consumidor, para un uso que pueda considerarse ajeno a su actividad profesional"[572]. Esta definición tiene un componente subjetivo, propio de la conducta o condición personal del consumidor; y el componente objetivo que requiere que el consumidor sea parte de un contrato cuyo objeto sea comercial con independencia de la materia, pero exceptuando el contrato de transporte[573]. Esta descripción nos concede algunas

---

571 También debe tenerse en cuenta que la interpretación de la norma debe hacerse de acuerdo con los lineamientos jurisprudenciales del TJUE, que en caso del RBIbis, son mucho más prolíferos que, por ejemplo, los del Reglamento (CE) No. 593/2008 del Parlamento Europeo y del Consejo de 17 de junio de 2008 sobre la ley aplicable a las obligaciones contractuales (Roma I), publicado en: *DOUE* núm. 177 del 4 de julio de 2008. FORNER DELAYGUA, J.J., "El Reglament europeu sobre llei aplicable a les obligacions contractuals (Roma I): Aplicabilitat espacial de la normativa elaborada a Catalunya en materia de contractes", en: Institut de Dret privat europeu i comparat Universitat de Girona (*coord.*), *Els Reglaments europeus i l'evolució del Dret català de contractes, familia i successions*, Girona, 1ª ed., Documenta Universitaria, 2019, p. 22.

572 Esta definición es coincidente con otras normas de la UE para darle coherencia al concepto del consumidor, sin embargo, se difiere en la cuantía de contrato de consumo, por cuanto, mientras algunas directivas exigen una cuantía específica del contrato de consumo para su aplicación, el RBIbis no menciona esta característica, permitiendo una mayor protección, y que el consumidor pueda tener acceso a los tribunales de su domicilio; CALVO CARAVACA, A.L., "Los contratos de consumo en la jurisprudencia del Tribunal de Justicia de la Unión Europea: Últimas tendencias", en: ÁLVAREZ GONZÁLEZ, S., ARENAS GARCÍA, R., DE MIGUEL ASENSIO, P.A., SÁNCHEZ LORENZO, S.A., STAMPA CASAS, G. (eds.), *Relaciones transfronterizas, globalización y derecho (Homenaje al Prof. Dr. José Carlos Fernández Rozas), Cizur Menor,* 1ª ed., Thomson Reuters, 2020, p. 175.

573 ESPINAR VICENTE, J.M., PAREDES PÉREZ J. I., *El régimen jurídico de las obligaciones en Derecho internacional privado español y de la Unión Europea*, Madrid, 1ªed., Dykinson, 2019, p. 82. En este punto debe hacerse la consideración de que, si bien el contrato de transporte queda excluido de la protección especial del consumidor del RBIbis, cuando se trate de viajes combinados, en los que se incluya el transporte y otro servicio, como por ejemplo alojamiento, el contratante recupera la calidad de consumidor y con ello todos los derechos vinculados a esta condición, Art. 17.3. Sobre el particular, véase As. C-464/18, ECLI:EU:C:2019:311 de 11 de abril de 2019, *ZX* vs *Ryanair* DAC, FJ 28-29.

luces sobre el concepto de consumidor, específicamente la parte objetiva es desarrollada por el TJUE que establece más elementos para adicionar a la definición, veamos a continuación lo señalado por este tribunal en sentencia de 2005:

> "De lo anterior se desprende que, en principio, las reglas de competencia específicas de los artículos 13 a 15 del Convenio de Bruselas solamente se aplican en el supuesto de que la finalidad del contrato celebrado entre las partes tenga por objeto un uso que no sea profesional del bien o servicio de que se trata"[574].

En este fragmento de la sentencia se indica que la naturaleza del contrato de consumo se basa en la obtención de bienes o servicios a cualquier título, siempre que el objeto del contrato sea destinado a un uso personal y no profesional[575]. De otra parte, la sentencia del Tribunal de Justicia de 21 de junio de 1978[576] indica que el contrato de consumo, en particular, el de compraventa (de manera instantánea o por plazos), ha recibido la protección especial de la jurisprudencia al evidenciarse que los compradores se encuentran en una posición de debilidad frente al vendedor debido a que no se dedican de manera profesional a ejercer las actividades objeto del contrato. En ese mismo sentido, el Tribunal de Justicia en Sentencia de 19 de enero de 1993[577] determina que el régimen particular establecido por los artículos 13 y siguientes del Convenio de Bruselas de 1968 tienen como objetivo extender la esfera de protección del consumidor hasta el escenario judicial, en el cual no debe verse forzado a reclamar sus derechos ante los tribunales del domicilio del profesional.

Uno de los elementos generales de la definición de consumidor: "la exigencia que este actúe por fuera de su actividad profesional al realizar el contrato", se complejiza cuando la condición de la persona es dual, y sus actos pueden tener base tanto en una motivación personal como en una comercial. En este caso, el TJUE indica que el Art. 17 del RBIbis debe

---

574 As. C-464/01, ECLI:EU:C:2005:32, de 20 de enero de 2005, *Johann Gruber* vs *Bay Wa AG*, FJ 37.

575 FELIU ÁLVAREZ DE SOTOMAYOR, S., *La contratación internacional por vía electrónica con participación de consumidores*, Granada, 1ª ed., Editorial Comares, 2006, pp. 40-43.

576 As. C-150/77, ECLI:EU:C:1978:137, de 21 de junio de 1978, *Bertrand* vs *Paul Ott KG*, FJ 13 y 21.

577 As. C-89/91, ECLI:EU:C:1993:15, de 19 de enero de 1993, *Shearson Lehman Hutton Inc.* vs *TVB Treuhandgesellschaft für Vermögensverwaltung und Beteiligungen mbH*, FJ 17.

interpretarse en el sentido en que la determinación de una persona como consumidor debe analizarse de acuerdo con su posición contractual, su naturaleza y objetivo que se plantea para llevar a cabo el contrato y no de acuerdo a sus circunstancias subjetivas intrínsecas, ya que su estatus como consumidor puede variar, y para algunas situaciones puede ser considerado de esta manera, y para otras como un operador económico que realiza actos de comercio[578]. De acuerdo con lo anterior, debe indicarse que lo establecido en la sección 4 del capítulo I del RBIbis[579] solo debe aplicarse cuando la finalidad u objeto del contrato sea para un uso personal del bien o servicio al que se accede con la contratación, y que, por consiguiente, satisfaga las necesidades de consumo privado del individuo[580].

También puede ocurrir que, en el caso concreto los elementos que determinan la naturaleza de la actividad profesional que da lugar al contrato, puedan sufrir variaciones de acuerdo con las circunstancias de tiempo, modo y lugar en que se desarrollan los hechos. En respuesta a lo anterior, el TJUE ha precisado algunas características de este tipo de actividades como; (i) el objeto del contrato no cambia, aunque contemple una actividad profesional que se realice en un momento posterior[581], (ii) el ob-

---

578 As. C-630/17, de 14 de febrero de 2019, ECLI:EU:C:2019:123, *Anica Milivojević* vs *Raiffeisenbank St. Stefan-Jagerberg-Wolfsberg eGe,n* FJ 87-88 y As. C-208/18, de 3 de octubre de 2019, ECLI:EU:C:2019: 825, *J.P.* vs *FIBO Group Holdings Limited,* FJ 41.

579 Competencia en materia de contratos celebrados por los consumidores Arts. 17, 18 y 19.

580 As. C-498/16, ECLI:EU:C:2018:37, de 19 de marzo de 2018, *Maximilian Schrems* vs *Facebook Ireland Limited,* FJ 30. Debe tenerse en cuenta especialmente que, cuando la contratación se hace en línea, y a través de redes sociales y los consumidores utilizan varios servicios de los ofrecidos por el profesional, se hace más complejo determinar el número y la naturaleza de estos contratos, más aún si estos son independientes y por tanto, si de acuerdo al fin perseguido con cada contrato, se pierde o se conserva la condición de consumidor del usuario, y con ello la protección en materia de competencia judicial internacional, CAAMINIA DOMÍNGUEZ, C.M., "La noción de consumidor en Internet: el asunto C-498/16, Maximilian Schrems y Facebook Ireland Limited", *Cuadernos de Derecho Transnacional,* vol. 11, núm. 1, 2019, p. 721.

581 As. C-269/95, ECLI:EU:C:1997:337, de 3 de julio de 1997, *Francesco Benincasa* vs *Dentalkit s. r. 1.* FJ 17. Sólo los litigios en los que se trata de contratos celebrados fuera de una actividad o de una finalidad profesional están sujetos a las normas especiales de los contratos celebrados con consumidores, si se trata de contratos realizados dentro de una actividad profesional, deben considerarse sujetos a las normas ordinarias, incluso si esta actividad aún no se ha llevado a cabo. FRANZINA, P., *La Giurisdizione in materia contrattuale,* Padua, 1ª ed., Cedam, 2006, p. 193.

jeto del contrato puede estar relacionado con fines profesionales o con fines personales, pero si en relación con la actividad profesional es tenue o marginal y no tiene una influencia definitiva en la finalidad del contrato, el contratante no pierde la calidad de consumidor[582], (iii) el objeto del contrato debe ser considerado de manera global y podrá catalogarse como un contrato de consumo si persigue mayoritariamente fines privados[583]. Las cuestiones prejudiciales que plantean la delimitación entre actividades realizadas dentro de un contexto profesional y uno personal no son pocas, y evidencian la dificultad en precisar estos dos conceptos en el caso concreto.

Si bien las definiciones de consumidor y profesional pueden extraerse del RBIbis y de jurisprudencia del TJUE, también debe tenerse en cuenta, para aplicar la protección especial de este Reglamento al consumidor, el concepto de actividades dirigidas a un Estado miembro que permite identificar si se trata de un consumidor activo o pasivo, contemplado como requisito en el Art. 17 RBIbis.

2.1. Aplicación del art. 17 del RBIbis a la contratación en línea, actividades dirigidas y geobloqueo

El Art. 17 del RBIbis exige que la relación contractual en la cual es partícipe un consumidor tenga como objeto la compraventa a plazos de mercaderías, el préstamo a plazos u otra operación similar relativa a mercaderías y en todos los demás casos, cuando la parte profesional/empresario de la relación de consumo, ejerza sus actividades de comercio en el Estado miembro que corresponda al domicilio del consumidor[584] o dirija estas actividades a ese Estado miembro o varios y el contrato se encuentre dentro de estas actividades.

En este punto, para garantizar los derechos del consumidor es necesario precisar su ubicación geográfica y la manera en cómo se efectúan los actos de comercio del profesional que son determinantes para establecer

---

582 As. *Schrems* FJ 32.

583 As. *Milivojević* FJ 91.

584 Cuando el profesional que presta los servicios ejerce sus actividades en el mismo Estado miembro del domicilio del consumidor, no es necesario establecer indicios de las actividades dirigidas a un Estado miembro para identificar si el consumidor es pasivo o activo y el consumidor tiene el derecho de acceder a los foros de protección del Art. 18 y a lo establecido en los Arts. 17 y 19 RBIbis.

el concepto de actividades dirigidas y cuales acciones pueden ser cubiertas bajo este espectro[585]. Así las cosas, tenemos que, si el empresario no dirige sus actividades al Estado miembro de domicilio del consumidor, pero este efectúa la contratación de los servicios, no tendrá la protección establecida en el Art. 17 RBIbis[586], lo que se denomina consumidor activo[587]. Caso contrario es el del consumidor pasivo, el cual es captado en su propio Estado de domicilio por el profesional para la venta de productos o la contratación de servicios[588], por tanto, dirige claramente sus actividades de comercio al país de domicilio del consumidor y quedaría protegido por el RBIbis[589] siempre que el objeto del contrato se encuentre comprendido dentro de estas actividades.

---

585 Debido a su posición de superioridad, el comerciante no es una parte contractual genérica, por cuanto se encuentra obligado a cumplir tanto las obligaciones comerciales pactadas en el contrato, como las normas de protección al consumidor, contempladas en la normativa de la UE, que se especializan cuando se trata de contratación en línea. Principalmente, podemos evidenciar estas obligaciones en la Directiva 2011/83/UE, sobre los derechos de los consumidores, en la cual se establece que el profesional que gestione su negocio a través de una página web deberá (I) indicarle al consumidor las características, precio e impuestos de los bienes y/o servicios a adquirir, su identidad, sus datos de contactos, (II) los procedimientos de compra, entrega, devoluciones y la política de reembolso, (III) la garantía de los bienes, (IV) las restricciones de entrega, (V) entregarle al consumidor copia del contrato en físico o en un soporte duradero, (VI) redactar de forma legible y clara toda la información a la que tiene acceso el consumidor, entre otros.

586 CARRIZO AGUADO, D., "*Régimen jurídico de las operaciones internacionales...*", *ob. cit.*, pp. 101-102.

587 El consumidor activo es quien se desplaza a otro Estado, para adquirir bienes y servicios. En el caso del comercio electrónico no ocurre un desplazamiento físico, pero el consumidor contrata con un profesional que no ha promocionado, por ejemplo, sus bienes y servicios en el Estado en que tiene su domicilio el consumidor. CARRIZO AGUADO, D., "La relación de causalidad como indicio justificativo de la "actividad dirigida" en el contrato internacional de consumo: Análisis del foro de protección de la parte débil", *Cuadernos de Derecho Transnacional*, vol. 8, núm. 1, 2016, pp. 301, 312-313.

588 SOSA OLÁN, H., *El derecho de desistimiento como mecanismo protector del consumidor en la contratación electrónica*, Salamanca, 1ª ed., Ediciones Universidad de Salamanca, 2015, p. 64.

589 Se recalca que la importancia de identificar a los consumidores pasivos y activos se debe a la diferencia en el espectro de protección de cada uno de ellos. El consumidor activo no es plenamente protegido por el RBIbis, CALVO CARAVACA, A-L., CARRASCOSA GONZÁLEZ, J., *Litigación internacional en la Unión Europea I. Competencia judicial y validez de resoluciones en materia civil y mercantil en la Unión*

La disposición "actividades dirigidas a un Estado miembro" del Art. 17 del RBIbis, debe precisarse en el contexto de los negocios en línea, puesto que, este tipo de negocios en los cuales los contratos se encuentran desmaterializados, son un reto para el DIPr. Ello es así porque los elementos que identifican que el consumidor es pasivo o activo se complejizan en un contexto virtual, en el que, por un lado, las normas específicas para este sector son más flexibles que en un negocio tradicional[590] y por el otro, la aplicación de los derechos especiales al consumidor pasivo depende de su determinación como tal; que, valga la pena señalar, la jurisprudencia del TJUE establece indicios y no reglas para llevar a cabo tal calificación. Estos indicios para determinar que existen actividades dirigidas a un Estado miembro en el contexto de una empresa que presta sus servicios en línea[591] apunta a que la intención del profesional es comerciar con consumidores que residan en Estados miembros y que se tiene la disposición de suscribir contratos con estos. Como los indicios más comunes el TJUE establece que son:

> "El carácter internacional de la actividad, la descripción de itinerarios desde otros Estados miembros al lugar en que está establecido el vendedor, la utilización de una lengua o de una divisa distintas de la lengua o la divisa habitualmente empleadas en el Estado miembro en el que está establecido el vendedor, la mención de números de teléfono con indicación de un prefijo internacional, la utilización de un nombre de dominio de primer nivel distinto al del Estado miembro en que está establecido el vendedor"[592].

Visto lo anterior, es pertinente señalar que no basta con que la persona con domicilio en la UE ingrese o acceda a la página web, también es

---

Europea. Comentario al Reglamento Bruselas I Bis, Navarra, 1ª ed., Thomson Reuters Aranzadi, 2017, p. 409. Si se demuestra que, aunque se trate de un consumidor cuyo domicilio se encuentra en un Estado miembro, sería necesario identificar que el empresario dirige sus actividades a ese Estado miembro de manera verificable, como por ejemplo cumpliendo con alguno de los indicios establecidos por el TJUE, para que el consumidor pueda mantener su estatus pasivo y con ello la protección del RBIbis. En caso contrario sería considerado un consumidor activo y, por tanto, le serían de aplicación los foros del huésped no consumidor como veremos en el apartado 4.1 de este capítulo.

590 HEREDIA CERVANTES, I., "Consumidor pasivo y comercio electrónico internacional a través de páginas web", *Revista Jurídica Universidad Autónoma de Madrid,* núm. 5, 2001, p. 87.

591 As. C-585/08 y C-144/09, ECLI:EU:C:2010:740, del 7 de diciembre de 2010, *Peter Pammer* vs. *Reederei Karl Schlüter GmbH & Co KG* y *Hotel Alpenhof GesmbH* vs *Oliver Heller*, FJ 83-84.

592 Asunto *Pammer*, FJ 93.

necesario que pueda llevar a cabo la contratación de los servicios a través de esta página. Por tanto, sería fundamental verificar que las actividades o servicios que ofrece puedan ser adquiridos o disfrutados tanto por un consumidor con domicilio en la UE como por cualquier otro usuario o existan indicios de que la actividad se dirige de manera específica al Estado de domicilio del consumidor[593]. Adicionalmente, el contenido publicitario de la página web puede indicar el tipo de consumidores a los cuales se dirige el profesional[594], que, al ser un grupo poblacional identificable, puede ayudar a establecer que las actividades comerciales que este realiza se dirigen o no a determinado Estado miembro.

Establecer que un profesional dirige sus actividades al Estado miembro del domicilio del consumidor, aunque su establecimiento de comercio se encuentre ubicado por fuera de la UE[595], implica que el profesional ha invadido el mercado del consumidor y permite la contratación a través de sus sistemas informáticos desde el Estado miembro de este último, por tanto, corre el riesgo de ser demandado en ese Estado miembro[596].

---

593 Los indicios establecidos por el TJUE están sujetos a interpretación y no son exhaustivos, con el fin de probar las actividades dirigidas deben analizarse todas las manifestaciones de la voluntad del profesional de atraer a los consumidores de determinado Estado miembro, DE MIGUEL ASENSIO, P.A., "Competencia y derecho aplicable en el Reglamento general sobre protección de datos de la Unión Europea", *Revista Española de Derecho Internacional*, vol. 69, núm. 1, 2017, p. 85.

594 *Ibídem.*

595 Debe señalarse que en el RBI el ámbito personal (Art. 4.1) sólo contemplaba como excepciones los foros exclusivos y el pacto atributivo de competencia a un tercer país, pero el RBIbis, amplia las excepciones incluyendo las mencionadas y permite que, de acuerdo con su Art. 6 que el consumidor y el trabajador puedan demandar al profesional o al empleador en la UE sin que estos tengan sede o establecimiento Estado miembro, siempre que se cumplan ciertas condiciones (Art. 18.1 y 21.2 RBIbis). CAMPUZANO DÍAZ, B., "Las normas de competencia judicial internacional del Reglamento 1215/2012 y los demandados domiciliados fuera de la UE: Análisis de la reforma", *Revista Electrónica de Estudios Internacionales*, núm. 28, 2014, p. 11.

596 CASTELLANOS RUIZ, E., "El concepto de actividad profesional «dirigida» al Estado miembro del consumidor: Stream-of-Commerce", *Cuadernos de Derecho Transnacional*, vol. 4, núm. 2, 2012, p. 92. El criterio de actividades dirigidas, fue originado en Estados Unidos dentro de la doctrina del *purposeful availment* y fue consagrado en la normativa de la UE por primera vez en el Art. 15.1.c) RBI e incorporado posteriormente al Art. 17 del RBIbis, y también se encuentra en otras normativas como en el Art. 6 del RRI, LÓPEZ-TARRUELLA MARTÍNEZ, A., "El criterio de las actividades dirigidas como concepto autónomo de DIPR de la Unión Europea

Respecto a que a la disposición "que el contrato se encuentre dentro de dichas actividades", debe analizarse si una vez establecido que las actividades son dirigidas por el empresario a un Estado miembro[597], estas engloban el objeto y las obligaciones del contrato de consumo suscrito entre las partes.

Aunado a la dificultad para determinar de manera directa e inequívoca si un profesional dirige sus actividades a un Estado miembro, en el contexto de Internet y las nuevas tecnologías, también debe mencionarse el geobloqueo, partiendo de la base que un consumidor puede contratar con un comerciante desde cualquier lugar del mundo, no sólo desde el país donde se encuentra ubicado[598], a menos que, el comerciante que administra el sitio web restrinja a posibles usuarios el acceso a la página web[599]. El geobloqueo es entonces, una práctica realizada por comerciantes que ejercen su negocio a través de Internet, mediante la cual se bloquea o se restringe el acceso a usuarios de acuerdo con su ubicación geográfica[600].

En la UE la Directiva 2006/123/CE del Parlamento Europeo y del Consejo sobre los servicios en el mercado interior[601], estableció medidas para evitar que los prestadores de servicios por Internet con establecimientos de comercio en los Estados miembro de la UE traten de manera distinta

---

para la regulación de las actividades en Internet", *Revista Española de Derecho Internacional*, vol. 69, núm. 2, 2017, p. 224.

597 El concepto de las actividades dirigidas a un Estado miembro engloba el concepto de *Stream-of-commerce* que, de acuerdo con CASTELLANOS RUIZ, se evidencia cuando, por ejemplo, el comerciante en su página web establece como idioma el italiano, y ofrece precios determinados cuando se adquiera el bien o servicio desde Italia, por tanto, esta estrategia comercial indica que su *Stream-of-Commerce* está dirigido a ese Estado, y será más fácil probarlo, CASTELLANOS RUIZ, E., "*El concepto de actividad profesional…*", *ob. cit.*, p. 80.

598 EARLE, S., "The Battle against Geo-Blocking: The Consumer Strikes Back", *Richmond Journal of Global Law and Business*, núm. 15, 2016, p. 16.

599 Debe aclararse que las restricciones del geobloqueo son comerciales y dependen del profesional, pueden existir otras de tipo administrativo o penal que dependen de cada Estado.

600 TRIMBLE, M., "Copyright and geoblocking: The consequences of eliminating geoblocking", *Boston University Journal of Science and Technology Law*, núm. 25, 2019, p. 477.

601 Directiva 2006/123/CE publicada en: *DOUE* núm. 376, de 27 de diciembre de 2008, relativa a los servicios en el mercado interior.

a sus usuarios[602] al margen de su nacionalidad o el lugar donde residan. Sin embargo, la eficacia de tal Directiva no fue contundente ni sirvió para eliminar la inseguridad jurídica[603] o garantizar la transparencia en los servicios prestados electrónicamente[604].

Posteriormente, fue dictado el Reglamento (UE) No. 2018/302 de 28 de febrero de 2018[605], sobre medidas destinadas a impedir el bloqueo geográfico injustificado y otras formas de discriminación por razón de la nacionalidad, del lugar de residencia o del lugar de establecimiento de los clientes en el mercado interior, el cual representa por un lado, un cambio dinámico que involucra una nueva estrategia legislativa con efectos claros y directos en cuestiones de los consumidores y los alcances y limitaciones del geobloqueo[606], y por otro, una estrategia para evitar la discriminación a los consumidores principalmente por razón del lugar donde residen[607].

Respecto de la discriminación a la que se refiere el Reglamento (UE) No. 2018/302, esta se produce tanto de manera directa como indirecta de acuerdo con el Art. 1. La discriminación directa se da cuando el comerciante incurre en un trato diferencial frente al usuario por razón de la nacionalidad, residencia o lugar del establecimiento de comercio de la empresa, causales que ya se encuentran consagradas en el artículo primero del Reglamento en cuestión. En contraste, la discriminación indirecta cuando se dan otros factores de discriminación que no están expresamente consagrados en el Art. 1. pero que no se encuentran jus-

---

602 Se aplica tanto a personas naturales dentro de las que se incluyen los consumidores y también a personas jurídicas como las microempresas y las pequeñas y medianas empresas (Pymes).

603 Estos argumentos fueron incorporados como justificación dentro del considerando 4. del Reglamento (UE) nº 2018/302, que fue dictado con el fin evitar la discriminación al establecer el geobloqueo.

604 ORTEGA GÓMEZ, M., *Derecho de la Unión Europea*, Barcelona, 1ª ed., J.M. Bosch, 2018, p. 43.

605 Reglamento (UE) nº 2018/302 de 28 de febrero de 2018, sobre medidas destinadas a impedir el bloqueo geográfico injustificado y otras formas de discriminación por razón de la nacionalidad, del lugar de residencia o del lugar de establecimiento de los clientes en el mercado interior y por el que se modifican los Reglamentos (CE) nº 2006/2004 y (UE) nº 2017/2394 y la Directiva 2009/22/CE, publicado en: *DOUE* núm. 60 del 2 de marzo de 2018.

606 ELAM, V., "Mercado único digital: un largo camino por recorrer", *IDP. Revista de Internet, Derecho y Política,* núm. 26, 2018, p. 48.

607 ESPINAR VICENTE J.M., *Tratado Elemental de Derecho Internacional Privado,* Madrid, 1ª ed., Marcial Pons, 2008, p. 180.

tificados y pueden tener los mismos efectos dañosos que las causales contempladas en la norma[608].

Reglamento (UE) No. 2018/302 contempla que su aplicación no debe afectar lo establecido en la normativa de la UE sobre competencia judicial internacional y ley aplicable, —indica especialmente el RBIbis y el RRI[609], en lo relacionado con el concepto de actividades dirigidas. Como se ha señalado, este concepto afecta la calificación de una de las partes contractuales como consumidor, de lo cual se derivan derechos especiales. En el supuesto que una página web no realizase geobloqueo y permitiese la contratación al Estado miembro de domicilio del consumidor, aunque no dirija expresamente sus actividades comerciales a ese Estado miembro, el consumidor podría demandar en su domicilio y la ley aplicable[610] sería la de ese Estado, si el Reglamento (UE) No. 2018/302 no estableciera claramente que no basta que no exista geobloqueo para que pueda indicarse de manera directa que se configuran las actividades dirigidas[611]. Adicionalmente, este Reglamento establece de manera expresa que no se puede considerar que el profesional dirija sus actividades al Estado miembro del consumidor cuando le concede información y asistencia de manera posterior a la suscripción del contrato en cumplimiento de sus obligaciones[612].

Así las cosas, el concepto de actividades dirigidas no se configurará cuando el consumidor pueda acceder a otras interfaces de la página web del profesional sin que el contenido esté bloqueado o limitado; cuando no sea redirigido a otra interfaz; cuando no se le impongan condiciones para

---

608 PAREDES PÉREZ, J.I., "Medidas contra el bloqueo geográfico injustificado: el Reglamento (UE) 2018/302 y su incidencia sobre las normas europeas de Derecho internacional privado", *Revista electrónica de estudios internacionales*, núm. 35, 2018, pp. 35-36.

609 Reglamento (CE) nº 593/2008 del Parlamento Europeo y del Consejo de 17 de junio de 2008 sobre la ley aplicable a las obligaciones contractuales (Roma I), publicado en: *DOUE* núm. 177 del 4 de julio de 2008.

610 De acuerdo con el Art. 6 del RRI, la ley aplicable, cuando no existe acuerdo entre las partes, sería la del lugar de residencia del consumidor, cuando, por cualquier medio el profesional dirija sus actividades al país de residencia habitual del consumidor. Debe indicarse que este artículo será analizado especialmente en el capítulo V. de esta investigación.

611 LÓPEZ-TARRUELA MARTÍNEZ, A., "El Reglamento 2018/302 sobre bloqueo geográfico injustificado y su relación con el criterio de las actividades dirigidas", *Bitácora Millennium DIPr*, núm. 7, 2018, p. 8.

612 Art. 1.6 Reglamento (UE) nº 2018/302.

el acceso a la adquisición de productos o prestación de servicios y cuando se acepten medios de pago emitidos en un Estado miembro diferente al lugar donde está ubicado el profesional. Este último, al realizar estos actos cumple el Reglamento (UE) No. 2018/302 y no por ello dirige sus actividades al Estado miembro del consumidor, que, en caso de tener la intención de presentar una demanda, deberá demostrar por otros medios que existe una actividad dirigida[613].

De acuerdo con lo anterior, es claro que el objetivo del Reglamento (UE) No. 2018/302 es evitar la discriminación y establecer seguridad jurídica en el mercado interior, pero las buenas intenciones de esta norma se ven eclipsadas por la modificación de la interpretación del concepto de actividades dirigidas. Sin embargo, se ha señalado que delimitar de manera totalmente objetiva si un comerciante dirige o no sus actividades a un Estado miembro no es tarea fácil, tanto así que el TJUE establece en el icónico asunto *Pammer* (2010)[614] que: "Entre los indicios que permiten determinar si una actividad está «dirigida» al Estado miembro del domicilio del consumidor figuran todas las expresiones manifiestas de la voluntad de atraer a los consumidores de dicho Estado miembro". Lo anterior, en el contexto de lo establecido en el Reglamento (UE) No. 2018/302 se diluye un poco, en el sentido en el que al no existir el geobloqueo el comerciante ofrece y permite la contratación desde cualquier Estado miembro sin importar el lugar donde se encuentre ubicado el usuario, por tanto, el indicio de "atraer a los consumidores", con el fin de realizar la contratación no puede aplicarse de manera genérica[615]. La única manera de evitar recaer al 100% en una de las causales de geobloqueo injustificado sería que el comerciante creara una página sólo para fines publicitarios, que no permitiera la contratación, lo cual es poco probable porque el objetivo de un comerciante es principalmente captar clientes, ejercer sus actividades y lucrarse con ello[616].

Anterior a la expedición de este Reglamento, el comerciante podía bloquear el acceso a su interfaz o en caso de posibilitar el acceso, este podía

---

613 CAAMINIA DOMÍNGUEZ, C.M., "El consumidor frente al profesional en entornos digitales. Tribunales competentes y ley aplicable", *Cuadernos de Derecho Transnacional,* vol. 12, núm. 2, 2020, p. 167.

614 Asunto *Pammer,* FJ 80.

615 LÓPEZ-TARRUELA MARTÍNEZ, A., *"El Reglamento 2018/302...", ob. cit.,* pp. 9-11.

616 LAFUENTE SÁNCHEZ, R., "Mercado único digital: medidas contra el bloqueo geográfico injustificado, contratos de consumo concluidos por vía electrónica y normas de derecho internacional privado", *Cuadernos de Derecho Transnacional,* vol. 11, núm. 2, 2019, p. 142.

redirigir al consumidor a otra versión de la interfaz, acciones que el juez podía valorar como indicios de que no estaba dirigiendo sus actividades a un determinado Estado miembro. Sin embargo, una vez aplicable el Reglamento (UE) No. 2018/302, tales acciones son discriminatorias y el comerciante debe permitir el acceso a la misma interfaz en todos los Estados miembros[617].

En caso de que el juez determine que el concepto de actividades dirigidas no puede aplicarse al caso concreto y por tanto no se encuentre involucrado un consumidor pasivo, no serán aplicables los Arts. 17, 18 y 19 del RBIbis y la competencia sería concurrente tanto al Art. 4 que establece el foro general del domicilio del demandado como por el Art. 7.1. que trata de un foro especial en materia contractual[618]. La comprobación de que existen actividades dirigidas es crucial para determinar la competencia de los tribunales de un Estado miembro, especialmente cuando se trata de contratos celebrados por los consumidores con profesionales con domicilio en terceros Estados que no tienen establecimientos comerciales en la UE, puesto que si no existiera esta norma, podrían ser demandados indiscriminadamente en los Estados miembros, aunque se tratase de consumidores activos y el contrato no tuviese una conexión sustancial con el territorio de la UE[619].

2.2. Art. 17.2: Demandar a las sedes secundarias del profesional

El numeral 2. del Art. 17, del RBIbis indica que:

> "Cuando el cocontratante del consumidor no esté domiciliado en un Estado miembro, pero posea una sucursal, agencia o cualquier otro establecimiento en un Estado miembro, se considerará para todos los litigios relativos a su explotación que está domiciliado en dicho Estado miembro".

---

617 LÓPEZ-TARRUELA MARTÍNEZ, A., *"El Reglamento 2018/302…", ob. cit.*, pp. 9-10.

618 PAREDES PÉREZ, J.I., *ob. cit.*, p. 19.

619 TAKAHASHI, K., "Review of the Brussels I Regulation: A Comment from the Perspectives of Non-Member States (Third States)", *Journal of Private International Law*, vol. 8, núm. 1, pp. 4-5. También debe señalarse que, de manera excepcional, respecto del Art. 17. 1 c) RBIbis los consumidores que suscriban contratos conexos que tienen una especial conexión económica o funcional con el principal que se encuentra bajo la esfera de las actividades dirigidas, pueden ser beneficiarios de la protección respecto de la competencia en estos contratos secundarios, que en caso de considerarse de manera individual no hubiesen sido considerados dentro del espectro de protección del Art. 17.1 RBIbis. FERNANDEZ ROZAS, J.C., ARENAS GARCIA, R., DE MIGUEL ASENSIO, P.A., *Derecho de los negocios internacionales*, Madrid, 6ª ed., Iustel, 2020, p. 355.

El objetivo de este numeral es proteger al consumidor cuando el empresario tiene algún establecimiento comercial en un Estado miembro, entendiéndose que dirige sus actividades hacia los consumidores de ese Estado miembro, aunque no esté localizada su matriz o establecimiento principal dentro de la UE[620]. Por tanto, extiende la protección del consumidor, que en caso de no existir esta norma y de no haber pacto expreso entre las partes, podría descartar la aplicación del RBIbis y su opción hubiese sido recurrir a las normas de Derecho internacional privado nacionales[621].

La noción de establecimiento del Art. 17.2 RBIbis es la misma que la del Art. 7.5 RBIbis que indica: "si se trata de litigios relativos a la explotación de sucursales, agencias o cualquier otro establecimiento, ante el órgano jurisdiccional en que se hallen sitos". La interpretación de estos artículos sobre el establecimiento, consiste en que se trata de un lugar de negocios o de actividades o centro de operaciones (*place of business*) que tiene la apariencia de permanente y que es una extensión de la matriz, pero con la característica adicional que debe tener capacidad de ser el interlocutor primario o incluso exclusivo para terceros en la negociación de contratos[622].

El "centro de operaciones" debe estar bajo el control del demandado y por tanto subordinado a él. Teniendo en cuenta lo anterior, las sociedades filiales en un grupo de sociedades al ser independientes y al tener personalidad jurídica propia, en principio no pueden ser demandadas como un "establecimiento" en los términos del Art. 7.5 RBIbis, puesto que no se encuentran subordinadas a la matriz a menos que de manera excepcional se configure el principio de apariencia, mediante el cual aunque societariamente no exista subordinación, puede apreciarse por un observador objetivo que en el tráfico común de sus negocios, si tienen una relación de dependencia[623].

---

620 ESPINIELLA MENENDEZ, A., "Consumer Contracts in the Commercial Traffic EU-Third Countries", *AEDIPr*, t. XIV-XV, 2014-2015, pp. 281-282.

621 CAMPUZANO DÍAZ, B., "*Las normas de competencia judicial...*", *ob. cit*, p. 29.

622 MAGNUS, U., MANKOWSKI, P. (eds.) *European Commentaries on Private International Law*, Sellier European Law Publishers Otto Schmidt, Munich, 1ª ed., 2016, pp. 507-508.

623 GARCIMARTÍN ALFÉREZ, F.J., "*Derecho Internacional...*", *ob. cit.*, p. 101. Véase también, PALAO MORENO G., "Competencia judicial internacional en supuestos de responsabilidad civil en Internet", *en:* PLAZA PENADÉS, J. (coord.), *Cuestiones de Derecho y Tecnologías de la Información y la Comunicación*, Cizur Menor, 1ª ed., Thomson Aranzadi, 2006, pp. 275-280.

La aplicación del Art. 17.2 RBIbis puede resultar compleja en el contexto del comercio electrónico, en especial porque las páginas web pueden tener un servidor de red en un Estado diferente al de su establecimiento comercial principal o secundario, por tanto, deberá tenerse en cuenta como sucursal, agencia o establecimiento secundario el lugar donde se desarrolle efectivamente la actividad económica y no el lugar de domicilio del proveedor de servicios que mantiene y concede acceso al sitio web[624].

De esta manera CALVO CARAVACA y CARRASCOSA GONZÁLEZ indican que cuando se trata de contratación por Internet, y los sujetos participantes de la relación contractual son un consumidor y un profesional es "indiferente" el lugar donde se ubican los ordenadores o el servidor de red desde los cuales se realiza la contratación, debido a que este lugar de acuerdo al RBIbis, es el Estado miembro en el cual se encuentra la sede social del profesional o en tal caso, el Estado miembro en donde está localizado alguno de sus establecimientos de comercio[625].

Lo anterior, se justifica en que existe una menor previsibilidad para el consumidor de servicios por Internet de conocer que en ocasiones no coincide el lugar de establecimiento real del prestador con el lugar donde se encuentran los recursos tecnológicos que utiliza para emitir o poner a disposición la información. Debido a esta divergencia que puede perjudicar los derechos del consumidor, este debe ser informado de tal circunstancia[626] para poder identificar claramente quien es su contraparte contractual, y en caso de controversia tener la facultad de dirigir su reclamación al prestador con el que contrató los servicios.

Esta previsión tiene su base normativa en la Directiva 2000/31/CE sobre comercio electrónico, que indica en su considerando 19 que el lugar del establecimiento del prestador de servicios se determina por la realización durante un periodo fijo o permanente de realización de su actividad económica, y en el caso de los servicios prestados por Internet, si existe más

---

624 FELIU ÁLVAREZ DE SOTOMAYOR, S., "*La contratación internacional por…*", *ob. cit.*, p. 104.

625 CALVO CARAVACA, A-L., CARRASCOSA GONZALEZ, J., "*Derecho internacional privado…*", *ob. cit.*, p. 1127. También podemos clasificar el lugar de establecimiento real como en donde se realiza la efectiva actividad económica del prestador; FELIU ÁLVAREZ DE SOTOMAYOR, S., "*La contratación internacional por…*", *ob. cit.*, p. 104.

626 DE MIGUEL ASENSIO, P.A., *Derecho privado de Internet*, Cizur Menor, 5ª ed., Thomson Reuters, 2015, pp. 1021-1022.

de un establecimiento del mismo prestador habría de determinarse en qué lugar se presta el servicio objeto del contrato, lo cual puede ser resuelto cuando se determina la conexión entre este servicio específico y el lugar en el que prestador tiene su centro de actividades.

Por último, ha de indicarse que las leyes de cada Estado miembro sobre constitución de establecimiento comercial también han de tenerse en cuenta al determinar si en un territorio específico existe o no una sede secundaria o principal del profesional. Tomemos el ejemplo de España, para determinar si existe o no un establecimiento comercial ha de demostrase que esa sede está inscrita en el registro mercantil, o en otro registro de España, en que sea necesario inscribirse para obtener personalidad jurídica, por tanto, la prestación o acceso del servicio o la utilización de medios tecnológicos en territorio español no es suficiente para demostrar que existe un establecimiento comercial secundario de acuerdo con la legislación española[627].

2.3. Art. 18: Foros de competencia para el consumidor

Para acceder a los foros de protección al consumidor del Art. 18 RBIbis, el contrato de consumo debe tener un elemento extranjero[628], y así lo establece el TJUE cuando indica que para que sea aplicable tal disposición, deben existir indicios de una situación trasfronteriza[629], que respecto de la prestación de servicios en línea entre un profesional y un consumidor correspondería a que sus domicilios estuviesen ubicados en diferentes Estados. Adicionalmente, las partes contractuales tanto consumidor como profesional deben cumplir los requisitos del Art. 17 RBIbis, teniendo en cuenta que los foros de protección del Art. 18 RBIbis se aplican únicamente al consumidor pasivo.

Veamos entonces a continuación el Art. 18 RBIbis que establece la competencia en materia de consumo:

> "La acción entablada por un consumidor contra la otra parte contratante podrá interponerse ante los órganos jurisdiccionales del Estado miembro en que esté domiciliada dicha parte o, con independencia del domicilio de la otra parte, ante el órgano jurisdiccional del lugar en que esté domiciliado el consumidor".

---

627 *Ibídem*, pp. 157-158.

628 CAAMINIA DOMÍNGUEZ, C.M., "*El consumidor frente al profesional en entornos digitales...*". *ob.cit.*, p. 168.

629 As. C-266/18, de 3 de abril de 2019, ECLI:EU:C:2019:282, *Aqua Med sp. z o.o.* vs *Irena Skóra*, FJ 45.

Este artículo indica el foro particular del consumidor con domicilio en la UE, quien, en caso de controversia está facultado para presentar la demanda judicial ante los tribunales del Estado miembro en el cual tenga su propio domicilio o ante los tribunales del Estado miembro en el que tenga su domicilio el empresario. Sobre lo anterior se reitera que, el RBI establecía que era necesario que el demandado se encontrara domiciliado en un Estado miembro para gozar de la protección de esta norma. El hecho que el alcance de protección de los derechos del consumidor sea más extensivo en el RBIbis, no implica que no existiese algún tipo de protección en el RBI y en el Convenio de Bruselas de 1968. El TJUE que interpretó estas normas en sede de jurisprudencia e indicó que de ellas se desprende un régimen de protección al consumidor, que se basa en la noción de que es la parte débil y menos experimentada de la relación contractual desde la perspectiva legal, interpretación que también es válida para el RBIbis[630].

La facultad de demandar en los foros establecidos por el Art. 18.1 RBIbis no es transmisible a terceros, en consecuencia, si el consumidor cediera sus derechos sería aplicable el régimen general[631]. Adicionalmente, estos foros no pueden ser invocados para acciones colectivas de grupo, las acciones de representación conjunta[632] o cualquier tipo de demanda en grupo, por tanto, deben ser presentadas por el consumidor de manera individual, para así reforzar el concepto de parte débil[633].

---

630 Sobre el particular, véase As. C-297/14, ECLI:EU:C:2015:844 de 23 de diciembre de 2015, *Rüdiger Hobohm* vs *Benedikt Kampik Ltd & Co. KG, Benedikt Aloysius Kampik, Mar Mediterraneo Werbe-und Vertriebsgesellschaft für Immobilien, S.L.*, FJ 31. El cambio contemplado en el RBIbis ocurre por la intención actual de la UE de proteger de manera más contundente los derechos de la parte débil de la relación jurídica contractual, que en este caso es el consumidor frente al empresario; LORENZO, M., *ob. cit.*, p. 10.

631 CARRIZO AGUADO, D., "*Régimen jurídico de las operaciones internacionales...*", *ob. cit.*, p. 316.

632 ESPINAR VICENTE, J.M., PAREDES PÉREZ J. I., "*El régimen jurídico de las obligaciones...*" *ob. cit.*, p. 82.

633 En este punto es necesario hacer un comentario sobre el caso judicial estadounidense *Selden vs Airbnb* que fue expuesto en el capítulo II. En este caso, se decidió que debido a que existía una cláusula arbitral aceptada por el huésped-consumidor, no era posible encausar la reclamación en un proceso civil y menos uno de grupo (*class action*). En la UE, aunque a la luz del RBIbis la cláusula arbitral previa al litigio no sea válida en materia de contratos de consumo a los que aplica el reglamento, y sea necesario recurrir a los foros del Art. 18, el consumidor solo podría reclamar de manera individual si presenta su reclamación frente a los tribunales de estos foros de protección, en caso contrario será tratado como una

Por parte del consumidor, el beneficio de demandar en su propio domicilio tiene su fundamento en que, en ocasiones, y especialmente en controversias derivadas de contratos de consumo en línea, la cuantía de las pretensiones suele ser mínima, y no cubre cuando menos los gastos procesales de un proceso judicial en otro Estado. Cuando el consumidor considera que un litigio transfronterizo es su única opción, puede disuadirse de presentar una reclamación judicial quedando sus derechos sin la posibilidad de ser reivindicados[634]. Así las cosas, el hecho de que el consumidor pueda, demandar ante los tribunales de su propio domicilio; en su centro socioeconómico[635] maximiza el acceso a la justicia[636], y permite que el consumidor pueda calcular más fácilmente los costos y particularidades procesales de una reclamación judicial.

De acuerdo con el Art. 18.1 RBIbis el consumidor tiene la posibilidad de demandar en su propio domicilio aun cuando el profesional no tenga sede o establecimiento en la UE, basado en la expresión: "con independencia del domicilio de la otra parte"[637], pero el juez deberá verificar de acuerdo al Art. 17.1 RBIbis que se trata de un consumidor pasivo, que el profesional al momento de la contratación dirigía sus actividades al Estado miembro del domicilio del consumidor y que el contrato objeto del litigio se encuentra comprendido dentro de esas actividades[638].

La posibilidad de demandar al profesional en su propio domicilio cuando este tenga su domicilio social o algún establecimiento en la UE (Art. 17.2 RBIbis) también es una alternativa de protección a la parte débil, y aunque no es una opción que le evite al consumidor un litigio transfronterizo, permite que el demandante y demandado tengan seguridad jurídica

---

parte contractual regular y le aplicarán los foros indicados para el huésped no consumidor indicados en el apartado 4.1 de este capítulo.

634 DE MIGUEL ASENSIO, P.A, "*Derecho privado de Internet...*", *ob. cit.*, pp. 1025-1026.

635 AÑOVEROS TERRADAS, B., "La política europea de protección de los consumidores", en: ORTEGA GÓMEZ, M., *Las políticas de la Unión Europea en el siglo XXI*, Barcelona, 1ª ed., J.M. Bosch Editor, 2017, p. 427, ARENAS GARCÍA, R., "Del Reglamento Bruselas I al Reglamento Bruselas I bis", *REDI, vol. LXV, núm. 2, 2013, p. 382.*

636 FELIU ÁLVAREZ DE SOTOMAYOR, S., "*La contratación internacional por...*", *ob. cit.*, p. 111.

637 En concordancia con los arts. 5 y 6 del RBIbis.

638 LAFUENTE SÁNCHEZ, R., "El criterio del international Stream-of-Commerce y los foros de competencia en materia de contratos electrónicos celebrados con consumidores", *Cuadernos de Derecho Transnacional*, vol. 4, núm. 2, 2012, pp. 200-201.

al prever de manera razonable los tribunales ante los cuales se presentará la demanda[639] y así mismo calcular sus beneficios y riesgos.

Litigar en el Estado miembro del domicilio del profesional puede presentar una ventaja procesal por cuanto, jurisprudencialmente en ese Estado, pueden existir reclamaciones similares a las del consumidor o condenas a un empresario del mismo gremio por pretensiones o circunstancias parecidas a la del consumidor demandante. También pueden existir sanciones administrativas o disciplinarias a ese empresario relacionadas con la gestión de sus negocios o haberse documentado conductas o actividades que perjudiquen los derechos de los consumidores. Todos estos documentos y antecedentes judiciales pueden servir de fundamento, para respaldar la demanda del consumidor en el Estado miembro del domicilio del profesional. Sin embargo, debe decirse que es poco probable que el consumidor presente la demanda en el Estado miembro del domicilio del profesional, al ser generalmente la parte financieramente más débil, la que menor conocimiento tiene del negocio, y carece de experiencia y cualificación[640], por tanto, en muchos casos esta es una opción que no beneficia al consumidor, de manera contundente.

Respecto del profesional, el Art. 18.2 del RBIbis, indica lo siguiente:

> "La acción entablada contra el consumidor por la otra parte contratante solo podrá interponerse ante los órganos jurisdiccionales del Estado miembro en que esté domiciliado el consumidor".

El legislador de la UE al establecer beneficios procesales del Art. 18 a favor del consumidor[641], potencia la posición del demandante, indicando que el *forum actoris* es el único foro al que puede recurrir el empresario, lo que genera una inversión de la carga del riesgo internacional con el objeto de proteger al demandante, que no beneficia al profesional[642]. El empresario queda atado a que la presentación de la demanda deba realizarse en el domicilio del consumidor, lo cual es una regla para establecer la competencia judicial más beneficiosa a los intereses de la parte débil de

---

639 As. C-208/18, de 3 de octubre de 2019, ECLI:EU:C:2019:825, *J.P.* vs *FIBO Group Holdings Limited*, FJ 52.

640 TANG, Z.S., *Electronic consumer contracts in the conflicts of laws*, Oxford, 1ª ed., Hart Publishing, 2009, p. 10.

641 PERTEGÁS SENDER, M., "New International Rules on Choice of Court Agreements in International Contracts: Hague Convention and Brussels I Bis Regulation", *AEDIPr*, t. XIV-XV, 2014-2015, p. 118.

642 CARRASCOSA GONZÁLEZ, J., *"Foro del domicilio del demandado…", ob cit.*, pp. 118-119.

lo que disponen los foros generales[643], y en el caso de los Estados miembros el profesional deberá presentar la demanda contra el consumidor en su domicilio, con los costes procesales que ello implica.

Las opciones procesales para el consumidor y el profesional[644] respecto del foro en que pueden demandar son claras en el RBIbis siempre que ambos conserven su mismo domicilio al momento de presentación de la demanda. En el caso del profesional su domicilio está determinado por el Art. 63 RBIbis tal y como se señaló anteriormente, sin embargo, el consumidor puede cambiar de Estado miembro de su domicilio una vez realice la contratación, o puede que, una vez realizada la contratación su paradero o domicilio sean desconocidos para el profesional, situación que puede presentarse especialmente en la contratación por Internet.

En el primer caso, el consumidor puede tener derecho un tercer foro que no contempló el RBIbis: el del Estado miembro en el cual solía tener su domicilio y desde el cual realizó la contratación. Sobre el particular, la doctrina se encuentra dividida, por un lado, se indica que el consumidor puede tener derecho a demandar al profesional tanto en su lugar de domicilio anterior como en el actual siempre que el comerciante ejerza actividades comerciales en ambos Estados miembros y el contrato objeto de controversia se encuentre enmarcado dentro de estas actividades. Por otro lado, se indica que, el nuevo domicilio del consumidor, en el que se encuentra establecido cuando se presenta la demanda, es el que debe definir la competencia[645].

En el segundo caso, si el domicilio del consumidor es desconocido, el TJUE ha señalado que serán competentes los tribunales de su último domicilio conocido, cuando no se logre determinar su domicilio actual ni

---

643 As. C-106/17, de 31 de enero de 2018, ECLI:EU:C:2018:50, *Paweł Hofsoe* vs *LVM Land wirtschaftlicher Versicherungsverein Münster AG*, FJ 44.

644 Otra opción procesal es la reconvención, prevista en el Art. 18.3 RBIbis que indica que, si bien el consumidor sólo puede ser demandado ante los tribunales de su propio domicilio, este puede presentar reconvención ante el tribunal que conozca de la demanda en su contra. El mismo derecho aplica al profesional cuando es demandando en un foro que no es su domicilio o el del consumidor.

645 BOSNER, B., "Cross-border trade and consumer protection", 22nd International Scientific Conference on Economic and Social Development "Legal Challenges of Modern World", Varaždin, Croacia, 29 y 30 de junio de 2017, p. 423 y referencia dentro de la conferencia en este tema a MAGNUS, U., MANKOWSKI, P. (eds.),"*European Commentaries…*", *ob. cit.*, p. 512.

existan indicios probatorios que el demandado pueda estar domiciliado en un tercer Estado por fuera de la UE[646].

En caso de que se incumpla lo señalado en la sección 4 del capítulo II. del RBIbis que incluye los Arts. 17, 18 y 19, en el supuesto que el proceso judicial que inicie y culmine en directa contravención a la protección reforzada de parte débil del RBIbis, habría consecuencias procesales directas respecto a su ejecución: el juez del Estado miembro en el cual se desee ejecutar la sentencia podrá denegar, a instancia de parte, el reconocimiento de la sentencia por desconocerse las normas de competencia de la UE de acuerdo con el Art. 45 1. e) i) RBIbis[647].

2.4. Arts. 19 y 25 del RBIbis: El pacto atributivo de competencia

El RBIbis prevé y valida los acuerdos atributivos de competencia incluso cuando se trata de contratos celebrados por los consumidores bajo unas condiciones específicas. El Art. 25 RBIbis consagra de manera general la sumisión expresa y permite que las partes con independencia de su domicilio[648] pacten los tribunales a los cuales desean someter la controversia "que hubiere surgido o que pudiere surgir con ocasión de una determinada relación jurídica"[649]. Sin embargo, no basta por sí sola la existencia del acuerdo atributivo de competencia por cuanto, debe realizarse de manera consentida por ambas partes[650], y expresarse de manera clara y precisa[651].

---

646 As. C-327/10 de 17 de noviembre de 2011, ECLI:EU:C:2011:745, *Hypoteční banka a.s.* vs *Udo Mike Lindner*, FJ 45-46.

647 "A petición de cualquier parte interesada, se denegará el reconocimiento de la resolución; en caso de conflicto de la resolución con lo dispuesto en: i) el capítulo II, secciones 3, 4 o 5, en el supuesto de que el demandado sea el tomador del seguro, el asegurado, un beneficiario del contrato de seguro, la persona perjudicada, el consumidor o el trabajador". Véase: MARCHAL ESCALONA, N., "Sobre la sumisión tácita en el Reglamento Bruselas I Bis ", *AEDIPr,* t. XIII, 2013, p. 165.

648 CAMPUZANO DÍAZ, B., "*Las normas de competencia judicial…*", *ob. cit.*, p. 12.

649 GARAU SOBRINO, F., "Jurisdiction Agreements and International Civil Procedural Law", *Cuadernos Derecho Transnacional*, núm. 52, 2010, pp. 58-59.

650 Es labor del juez verificar cuando conoce del asunto, si la cláusula atributiva de competencia ha sido pactada con el consentimiento válido de ambas partes: As. C-543/10, ECLI:EU:C:2013:62 de 7 de febrero de 2013, *Refcomp SpA* vs *Axa Corporate Solutions Assurance SA* y otros, FJ 27-28.

651 CAMPUZANO DÍAZ, "Las partes vinculadas por el acuerdo de elección de foro. Nota a la Sentencia del TJUE de 28 de junio de 2017, Leventis y Vafeias, As. 436/162", *Cuadernos de Derecho Transnacional,* vol. 10, núm. 1., 2018, p. 554.

Si el contenido del contrato cumple estas condiciones, la voluntad de las partes puede ser plasmada por escrito o verbalmente, esto último siempre que se realice de manera posterior una confirmación por escrito. El Art. 25 RBIbis también prevé por un lado que el pacto puede realizarse por medios electrónicos si se conserva su contenido en un medio duradero de registro que permita el acceso a las partes y, por otro, que se pueda acordar el pacto mediante los procedimientos o hábitos establecidos entre las partes o por medio de los usos comerciales que el tráfico mercantil internacional que las partes conocieran o tuvieran el deber de conocer. Tanto el requisito de la existencia de un acuerdo atributivo de competencia como los requisitos de forma señalados en el Art. 25 RBIbis deben ser tratados como los únicos requisitos de eficacia que no pueden ser modificados por los ordenamientos jurídicos nacionales de acuerdo con el TJUE en el asunto *Castelletti* (1997)[652].

El RBIbis también establece algunas consideraciones sobre la validez de una cláusula de foro de competencia que se pacta para un contrato especifico, cuando del Art. 25 RBIbis se infiere que existe una limitación del acuerdo que atribuye la competencia, pues sólo debe aplicarse a las controversias derivadas de la relación contractual que dio origen al pacto, y no puede aplicarse de manera indiscriminada a todas las relaciones mercantiles entre el consumidor y el empresario[653]. De otra parte, de acuerdo con el Art. 25.5 RBIbis la nulidad de la cláusula de atribución de competencia no afecta la eficacia y validez de las otras cláusulas del contrato, por cuanto este tipo acuerdo es independiente del resto del clausulado[654].

El Art. 25 RBIbis señala que cuando estos acuerdos someten la competencia de futuras controversias a los tribunales de determinado Estado, serán válidos siempre que no sean nulos de pleno Derecho en cuanto a su validez material de acuerdo con el Derecho específico de ese Estado miembro. El TJUE en el caso *DelayFix* (2019) esta parte del Art. 25 RBIbis debe interpretarse en que, una tarea fundamental del tribunal del Estado miembro que ha sido designado por las partes para conocer del asunto es

---

652 GARCIMARTÍN ALFÉREZ, F.J., "*Derecho Internacional...*", *ob. cit.*, p. 179. As. C-159/97, ECLI:EU:C:1999:142 de 16 de marzo de 1999, *Trasporti Castelletti Spedizioni Internazionali SpA* vs *Hugo Trumpy SpA*, FJ 38.

653 ESPINAR VICENTE, J.M., PAREDES PÉREZ, J.I., "*El régimen jurídico de las obligaciones...*", *ob. cit.*, p. 66.

654 DE MIGUEL ASENSIO P.A., "*El nuevo Reglamento...*", *ob cit.*, p. 11.

analizar y decidir si la normativa del Estado miembro donde tiene su jurisdicción con arreglo al derecho de la Unión permite este acuerdo[655].

La prórroga de la competencia que es permitida por el Art. 25 RBIbis también prevé algunas excepciones, lo establecido en los Arts. 15, 19 o 23 RBIbis[656] y los foros exclusivos. Nos enfocaremos en el Art. 19 RBIbis, por tratarse de contratos celebrados por los consumidores el objeto de esta investigación. El Art. 19 RBIbis indica que los derechos del consumidor en el terreno de la competencia judicial no son absolutos y puede haber cierto margen de actuación que permita que la autonomía de la voluntad privada pueda imponerse sobre los limitados foros de competencia que protegen al consumidor frente al profesional[657]. Este margen de actuación puede tener su justificación en que, generalmente a los consumidores no se les permite negociar los acuerdos de sumisión a determinados tribunales al momento de suscribir el contrato con el profesional, pero si el acuerdo es posterior, es probable que haya sido negociado por las partes.

El Art. 19 RBIbis indica entonces tres excepciones que prevalecen sobre los foros de protección del Art. 18 RBIbis, sin que exista la posibilidad de impugnar la competencia. Las excepciones se remiten al contenido y fecha de los acuerdos de competencia judicial internacional, veamos a continuación el texto literal del Art. 19 RBIbis:

> "Únicamente prevalecerán sobre las disposiciones de la presente sección los acuerdos: 1) posteriores al nacimiento del litigio; 2) que permitan al consumidor formular demandas ante órganos jurisdiccionales distintos de los indicados en la presente sección, o 3) que, habiéndose celebrado entre un consumidor y su cocontratante, ambos domiciliados o con residencia habitual en el mismo Estado miembro en el momento de la celebración del contrato, atribuyan competencia a los órganos jurisdiccionales de dicho Estado miembro, a no ser que la ley de este prohíba tales acuerdos".

El numeral 1) indica que, en primer lugar, sólo serán válidos los acuerdos atributivos de competencia judicial internacional posteriores al nacimiento del litigio. Esta consideración toma en cuenta que el consumidor

---

655 As. C-519/19, ECLI:EU:C:2020:933 de 18 de noviembre de 2020, *Ryanair DAC* vs *DelayFix,* anteriormente *Passenger Rights sp. z o.o.*, FJ 49-51.

656 Estos tres artículos del RBIbis; 15 (contratos de seguros) 19 (contratos celebrados por consumidores) y 23 (contratos individuales de trabajo) consagran las excepciones para que sea válida una cláusula de prórroga de competencia en estas materias.

657 AÑOVEROS TERRADAS, B., "*La política europea de protección...*", *ob. cit.*, p. 428.

ya tiene el *forum actoris* y tiene derecho a presentar la demanda ante los tribunales del domicilio del profesional, pero una vez ha nacido el litigio, él puede acceder, esta vez de meditadas las opciones, a un acuerdo de competencia judicial diferente[658]. Lo anterior, teniendo en cuenta que las condiciones contractuales han cambiado, ya no se trata de un consumidor que acepta una cláusula de competencia que se encuentra inmersa en unas condiciones de servicio y sin oportunidad de negociación, ahora es un demandante que, con conocimiento de sus derechos, acepta un acuerdo posterior, que puede ser más cercano a sus intereses que los foros del Art. 18 RBIbis.

El numeral 2) establece que, se pueden acordar que las cláusulas incluyan tanto el foro del consumidor como el del profesional y otros adicionales, así se permite que el consumidor conserve las opciones de foro originales del Art. 18, pero también tenga la posibilidad de presentar la demanda en otros foros, ampliándose el rango de posibilidades respecto a la competencia judicial internacional. El asunto *Petruchová* (2018)[659] el TJUE analizó si un contrato celebrado por un consumidor (con domicilio en República Checa) con una sociedad de corretaje (con domicilio en Chipre) se enmarcaba en un contrato de consumo y por ende le eran de aplicación los Arts. 17-19 RBIbis. El TJUE establece que, si este contrato fue celebrado dentro de una relación de consumo y, por tanto, no fue suscrito en el marco de la actividad profesional, la cláusula del contrato (previa al litigio) que establecía un acuerdo atributivo de competencia única a favor de los tribunales chipriotas era ineficaz.

El TJUE indicó que si el tribunal nacional remitente verificaba que el demandante no estaba actuando dentro de su actividad profesional, le serían aplicables los foros del Art. 18.1 RBIbis, descartando la aplicación de las excepciones del Art. 19 RBIbis por cuanto el acuerdo atributivo de competencia no era posterior al litigio, no incluía como foro el Estado miembro de domicilio del consumidor (República Checa) y las partes tenían su domicilio en diferentes Estados miembros al momento de la celebración del contrato.

El numeral 3) indica que serán válidos los acuerdos suscritos entre el consumidor y el profesional cuando al momento de la contratación ambos

---

658 ESPINAR VICENTE, J.M., PAREDES PÉREZ, J.I., "*El régimen jurídico de las obligaciones...*", *ob. cit.*, p. 83.

659 As. C 208/18, de 3 de octubre de 2018, ECLI:EU:C:2019:825, *Jana Petruchová y FIBO Group Holdings Limited*, FJ 29.

tengan su domicilio o residencia habitual en un mismo Estado miembro y determinen como competentes los tribunales de ese foro, siempre que la ley de ese lugar permita realizar acuerdos en estos términos. El Art. 19.3 RBIbis contempla una consideración especial que sólo aplica para este supuesto, y que no se había mencionado en ninguno de los artículos de esta sección (Arts. 17 y 18 RBIbis), el requisito obligatorio de que la ley nacional del Estado miembro en el cual se encuentran domiciliadas o tengan su residencia habitual las partes permita los acuerdos de competencia. Esta norma sobre ley aplicable determina la validez material de la cláusula de competencia judicial[660], evidenciando que el legislador europeo usa el método sustantivo en la norma para determinar consideraciones específicas que influyen en la admisibilidad, validez formal y eficacia de las cláusulas de prórroga de competencia[661].

2.5. Art. 26: La sumisión tácita en los contratos celebrados por los consumidores

De manera general, el demandado —aunque se trate de un consumidor— puede comparecer ante tribunales diferentes a los establecidos en el acuerdo atributivo de competencia mediante sumisión tácita de acuerdo con el Art. 26 RBIbis, el cual que prevé que serán competentes los tribunales del Estado miembro ante el que comparezca el demandado[662]. Para que pueda considerarse que este último se somete a la competencia de un tribunal específico, debe cumplirse uno de los siguientes requisitos; que comparezca ante el tribunal ante el cual ha sido presentada la demanda en su contra y ejerza su voluntad de hacer parte en el proceso, o cuando siendo notificado de la demanda, no comparezca, conociendo del proceso judicial en su contra[663]. Al realizar el demandado estos actos inequívocos

---

660 CARRIZO AGUADO, D., "*Régimen jurídico de las operaciones internacionales...*", *ob. cit.*, pp. 114-115.

661 ESPINAR VICENTE, J.M., PAREDES PÉREZ, J.I., "*El régimen jurídico de las obligaciones...*", *ob. cit.*, p. 82.

662 A menos que se trate de competencias exclusivas del Art. 24 RBIbis o que la comparecencia del demandado tenga el objetivo de impugnar la competencia.

663 De acuerdo con CALVO CARAVACA y CARRASCOSA GONZÁLEZ la sumisión tácita tiene tres consecuencias favorables importantes: "Crea una unidad jurisdiccional de litigios", que permite que las partes que ya han resuelto disputas ante determinado tribunal los elijan nuevamente, enfrentándose en un escenario que ya conocen y un juez que se encuentra familiarizado con las partes, aunque se trate de circunstancias diferentes*;* "Genera economía procesal" debido a que las partes pueden elegir de manera eficiente el escenario que mejor les convenga para re-

de reconocimiento de la competencia judicial internacional de un tribunal específico, manifiesta de manera tácita su voluntad de someterse a ese juzgador[664]. La sumisión tácita aplica incluso cuando contravenga los foros establecidos en el RBIbis[665] con algunas excepciones[666] dentro de las que se contempla el contrato celebrado por los consumidores de acuerdo con lo señalado en el Art. 26.2 RBIbis.

El Art. 26.2 RBIbis establece una protección adicional para las partes más débiles del contrato; el consumidor, el trabajador, y en el contrato de seguro; el tomador, el asegurado o el beneficiario, estableciendo que podrán someterse tácitamente a un foro diferente tanto del que consta en el acuerdo atributivo de competencia como los foros de protección respectivos. En el caso del consumidor[667] será válida la sumisión tácita cuando el juez de oficio[668] previo a asumir la competencia del asunto, verifique que se le ha informado al demandado de su derecho a impugnar la competencia y sobre las consecuencias de su comparecencia en el proceso.

Lo consagrado en el Art. 26.2 del RBIbis es una novedad respecto del RBI, teniendo en cuenta que este cambio obedece a la corriente actual de los instrumentos normativos de la UE que establecen asistencia e informa-

---

solver su controversia, como por ejemplo un lugar relacionado directamente con el objeto de la disputa y; "Permite la elección del mejor tribunal", por cuanto las partes deciden cual es el tribunal más especializado para resolver la controversia, creando una sana competencia entre los tribunales. Véase CALVO CARAVACA, A-L., CARRASCOSA GONZÁLEZ, J. "La sumisión tácita como foro de competencia judicial internacional y el Art. 24 del Reglamento 44/2001 de 22 de diciembre 2000", *International Law: Revista Colombiana de Derecho Internacional*, núm. 4, 2004, p. 52.

664 La sumisión tácita prevalece sobre la sumisión expresa, tal y como se establece el TJUE en Sentencia As. C-175/15, ECLI:EU:C:2016:176 de 17 de marzo de 2016, *Taser International Inc.* vs *SC Gate 4 Business SRL, Cristian Mircea Anastasiu*, FJ 23-24.

665 Aunque se contravengan las disposiciones del Reglamento, si existe comparecencia del demandado y se acepta de manera tácita la competencia de los tribunales a los que se comparece considera para efectos legales que la competencia ha sido prorrogada. As. C-464/18, ECLI:EU:C:2019:311, de 11 de abril de 2019, ZX vs Ryanair DAC, FJ 38.

666 As. C-111/09, ECLI:EU:C:2010:290, de 20 de mayo de 2010, *Česká podnikatelská pojišťovna as, Vienna Insurance Group* vs *Michal Bilas*, FJ 21-22.

667 CAAMINIA DOMÍNGUEZ, C.M., "*El consumidor frente al profesional en entornos digitales...*". *ob. cit.*, p. 168.

668 HAY, P., "Notes on the European Union's Brussels-I "Recast" Regulation", *The European Legal Forum*, núm. 1, 2013, p. 4.

ción a las partes contractuales que se encuentran en posición de vulnerabilidad frente al empresario[669]. Tal cambio fue inspirado en la ya mencionada sentencia del TJUE asunto *Bulstrad Vienna Insurance Group* (2009)[670], que interpreta el objetivo de los Arts. 3-5 del RBI que es dotar de una protección reforzada a la parte contractual más débil y establece que el juez ante el cual comparece el demandado, que no coincide con el juez natural del caso, ha de asegurarse que el demandado conozca plenamente las consecuencias de comparecer en el proceso[671].

Procesalmente, si el consumidor que acordó una cláusula de atribución de competencia a unos tribunales específicos, pero compareciera a otro tribunal en que haya sido demandado cumpliendo el juez la obligación contenida en el Art. 26.2 RBIbis, la sumisión tácita desactiva a la expresa, por encajar esta premisa en la idea central del Derecho privado: la eficiencia los pactos privados frente a las estipulaciones legales, que ha sido confirmada por la jurisprudencia de la UE en el caso *Elefanten vs. Jacqmain* (1980)[672].

3. APLICACIÓN DEL RBIBIS PARA DETERMINAR LA CJI EN EL CONTRATO CELEBRADO ENTRE EL HUÉSPED-CONSUMIDOR Y LA PLAT

El huésped-consumidor con domicilio en un Estado miembro de la UE que contrata los servicios de las PLAT, ha de verificar ciertos aspectos antes de establecer que le es aplicable el RBIbis y con ello los foros de protección del Art. 18 RBIbis. El primer paso es verificar si se cumplen los ámbitos de aplicación del RBIbis en las circunstancias que dieron origen a la controversia.

---

669 FORNER DELAYGUA, J.J., "Derecho internacional privado", *REDI*, vol. LXV, núm. 2, 2013, p. 386.

670 As. C-111/09, FJ 32.

671 GARCIMARTÍN ALFÉREZ, F.J., SÁNCHEZ, S., "El nuevo Reglamento Bruselas I: Qué ha cambiado en el ámbito de la competencia judicial", *Revista Española de Derecho Europeo*, núm. 48, 2013, p. 17.

672 LORENTE MARTÍNEZ, I., "Cláusula atributiva de competencia en favor de tribunales de terceros Estados y sumisión tácita a favor de tribunales de un Estado miembro: el dilema", *Cuadernos de Derecho Transnacional*, vol. 9, núm. 1, 2017, pp. 448-449. As. 150/80, ECLI:EU:C:1981:148, de 24 de junio de 1981, *Elefanten Schuh GmbH, vs. Pierre Jacqmain*, FJ 10-11.

El primero, el ámbito territorial, el huésped-consumidor que desee demandar a la plataforma en la UE debe verificar si en el Estado miembro en el que presentará la demanda el RBIbis es aplicable, teniendo en cuenta que en 26 Estados miembros es de directa aplicación y que Dinamarca lo aplicará en virtud del Acuerdo con la Comunidad Europea relativo a la competencia judicial, el reconocimiento y la ejecución de resoluciones judiciales en materia civil y mercantil por el cual Dinamarca puede aplicar el contenido del RBIbis. También debe tenerse la ya mencionada situación generada por *Brexit* en Reino Unido, cuyo periodo de transición terminó el 31 de diciembre de 2020[673]. Si se aplica lo anterior a la realidad de las PLAT, si alguna de estas tiene o su sede social o un establecimiento de comercio en Reino Unido como *Onefinestay*[674] o *Holidaylettings*[675] que permiten la contratación con huéspedes-consumidores con domicilio en la UE, y estos últimos desean demandar en ese país por hechos ocurridos en la actualidad y después de la culminación del periodo transitorio, no le será aplicable el RBIbis, y los tribunales ingleses aplicarán su propio sistema de DIPr para verificar que son competentes o no para conocer del asunto. Antes de 2023, algunas PLAT que hacían parte del *Expedia Group* tenían su sede en Londres: *Homeaway, Arbitrel homeaway y Homelidays,* sin embargo, estas PLAT ya no existen y al ingresar a su página web, se redirige a la PLAT *VRBO,* con domicilio social en Dublín, Irlanda[676]. Respecto de Dinamarca, deberá tenerse claro que si un huésped-consumidor con domicilio en la UE desea demandar a una PLAT como *Novasol* con sede en Copenhague[677], lo hará en virtud del Acuerdo con la Comunidad Europea relativo a la competencia judicial, el reconocimiento y la ejecución de resoluciones judiciales en materia civil y mercantil en virtud del cual Dinamarca puede aplicar el contenido del RBIbis[678].

El segundo, el temporal, sólo se cumple si la acción judicial es ejercitada a partir del 10 enero de 2015; anterior a esa fecha sería aplicable el RBI, y no se menciona el Convenio de Bruselas de 1968, por la juventud de las

---

673 *DOUE* núm. 66 del 19 de febrero de 2019.

674 Véase: https://www.onefinestay.com. Fecha de consulta: 15 de mayo de 2023.

675 Véase: https://www.holidaylettings.co.uk. Fecha de consulta: 15 de mayo de 2023.

676 Véase: https://www.vrbo.com/en-gb/about/. Si en 2023 se ingresa en el buscador web H y www.homelidays.com el buscador redirige al usuario a la página de www.vrbo.com. Fecha de consulta: 1 de agosto de 2023..

677 Véase: https://www.novasol-vacaciones.es. Fecha de consulta: 15 de mayo de 2023.

678 *DOUE* núm. 182 de 10 de julio de 2015.

PLAT, cuyo nacimiento y/o éxito se sitúa a partir de la crisis económica mundial de 2008[679].

El tercero, el ámbito material establece que el contrato objeto del litigio debe estar comprendido dentro de las materias civiles y mercantiles, para lo cual la jurisprudencia del TJUE en el asunto *Movic* (2019) indica que se debe "identificar la relación jurídica entre las partes en el litigio y el objeto de este o, con carácter alternativo, examinar la fundamentación y las modalidades de ejercicio de la acción entablada"[680]. De acuerdo con lo anterior, el contrato de servicios de intermediación entre la PLAT y el huésped-consumidor se puede subsumir en el área mercantil por varias razones: es un contrato con ánimo de lucro en el que se prestan servicios recibiendo a cambio una contraprestación económica; se trata de un contrato de consumo, por tanto involucra a un comerciante y a un consumidor[681]; la naturaleza del objeto del contrato es mercantil, al tratarse de un

---

679 *Airbnb*, que es una de las PLAT más relevantes fue creada en 2008, pero ello no indica que antes no existieran páginas web de intermediación turística que de manera posterior y en el *boom* de la economía colaborativa mutaran a la estructura de la PLAT, como *HomeAway* que fue fundada en 2005, pero cambió a la estructura de negocio de las plataformas hasta 2016, cuando suspendió la obligación de pagos anuales a sus usuarios por la de tarifa de intermediación en cada contratación tal como lo hace *Airbnb* aunque aún permite la suscripción anual de manera voluntaria; a 2023 y como se señaló en el capítulo II, la PLAT *Homeaway* se llama *VRBO*. Información sobre *HomeAway* disponible en: https://www.vrbo.com/en-gb/about/. Fecha de consulta: 7 de agosto de 2023.

680 Asunto *Movic* FJ 37. El segundo rasgo de identificación "examinar la fundamentación y las modalidades de ejercicio de la acción entablada" es alternativo, y, en principio no es necesario recurrir a él para determinar si el contrato de servicios entre la plataforma y el huésped consumidor es del ámbito mercantil, puesto que ya existe antecedente jurisprudencial que detalla y caracteriza este contrato. Si el modelo de las PLAT mutara a otro diferente que no permita subsumirlo dentro de las estipulaciones realizadas por el TJUE podría recurrirse a este segundo rasgo de identificación, para establecer si el contrato se encuentra inmerso en el ámbito material del RBIbis.

681 El Derecho de consumo de la UE hace parte del Derecho privado y/o Derecho civil patrimonial de la UE, y su interpretación debe estar armonizada con los principios rectores de DIPr y de Derecho privado de cada Estado miembro, RUIZ MARTÍN, A., "Ámbito material del Reglamento Bruselas I bis: Prácticas comerciales desleales (B2C) y acciones colectivas de cesación: comentario a la STJUE *Movic bv* (C-73/19)", *Cuadernos de Derecho Transnacional*, vol. 13, núm. 1, 2021, p. 1078. Adicionalmente, si bien no menciona en los Arts. 17 a 19 RBIbis o en las directivas de la UE como se determina la competencia judicial en los contratos en línea, es claro que estos instrumentos normativos de la UE aplican a los contratos internaciones *B2C* que es

prestación de servicios de intermediación independiente de un contrato de arrendamiento. Sobre esto último el TJUE en el asunto *Airbnb Ireland UC* (2019), señaló que el servicio prestado por *Airbnb* es de intermediación y de acuerdo con esto no es posible establecer que esta sea parte un servicio global que incluya como servicio principal el alojamiento[682].

El hecho que se trate de un contrato de servicios que se realiza por medios electrónicos a cambio de un precio determinado coincide con los elementos de la Directiva 2000/31/CE en la definición de servicio de la sociedad de la información, que indica que se trata de "todo servicio prestado normalmente a cambio de una remuneración, a distancia, por vía electrónica y a petición individual de un destinatario de servicios". Tal clasificación fue confirmada por el TJUE para la plataforma *Airbnb* en el caso *Airbnb Ireland UC* (2019), con lo cual se creó un parámetro aplicable a las plataformas que sigan el mismo modelo de negocio[683].

Por último, el ámbito de aplicación personal, el huésped-consumidor como parte activa que desea aplicar el RBIbis, deberá tener en cuenta que no es necesario verificar este ámbito para la aplicación del Reglamento (Art. 6 RBIbis), sin embargo, si se deberá identificar si la PLAT dirige sus actividades al Estado miembro del domicilio del consumidor de acuerdo con los parámetros del Art. 17 RBIbis, aunque no tenga un establecimiento en la UE[684], o si tiene su domicilio social o un establecimiento secundario en territorio de la UE, o si se configura alguna de las excepciones del Art. 19 RBIbis.

3.1. Aplicación del art. 17 al contrato suscrito entre el huésped-consumidor y la PLAT, especial consideración a los indicios

Es necesario precisar que, las PLAT ofrecen servicios de intermediación, y no la venta de mercaderías u operaciones de crédito, por tanto, le sería aplicable el último literal c) del numeral 1. del Art. 17, teniéndose

---

donde se clasifica el contrato celebrado entre una plataforma digital y un consumidor, SÁNCHEZ CANO, M.J., ROMERO MATUTE, Y., "El régimen jurídico de las redes sociales y los retos que plantea el acceso a dichas plataformas", *Cuadernos de Derecho Transnacional*, vol. 13, núm. 1, 2021, p. 1146.

682 Asunto *Airbnb Ireland,* FJ 57.

683 Asunto *Airbnb Ireland,* FJ 52-53.

684 PAREDES PÉREZ, J.I., "Contratos de suministro de contenidos y tales B2C: problemas de calificación y tribunales competentes", *Revista Electrónica de Estudios Internacionales*, núm. 41, 2021, pp. 3-4.

en cuenta que los servicios de intermediación son actividades comerciales que pueden estar dirigidas a un consumidor con domicilio en un Estado miembro[685]. La definición de consumidor aplicada al turista que contrata con las PLAT se determina por la calidad en la que actúa el huésped. El primer requisito de acuerdo con la interpretación del Art. 17 RBIbis es que el consumidor se trate de una persona física, sin embargo, este requisito no es obligatorio para contratar los servicios de las PLAT, puesto que la contratación pueden realizarla tanto las personas físicas como las jurídicas. En PLAT como *Booking* con domicilio en Los Países Bajos, se incluyó el término persona física en el contrato de servicios para referirse a los derechos del huésped-consumidor[686], en contraste, la PLAT *Wimdu* con domicilio en Alemania no hace referencia alguna a si el huésped, que en esta PLAT es llamado "usuario", puede ser una persona física o jurídica[687]. Si tanto personas jurídicas como físicas pueden realizar la contratación a través de las PLAT no es posible verificar de manera preliminar que el huésped se trate de una persona física, sin embargo, esta cuestión puede determinarse en el caso concreto.

El Art. 17 RBIbis también establece que el consumidor debe ser una persona que actúe por fuera de su actividad profesional, y en este punto sí puede existir una determinación preliminar sobre la manera en que contrata el huésped-consumidor. Ha de tenerse en cuenta que, si bien un alto porcentaje de los huéspedes son turistas, cada PLAT puede establecer o no si previo o durante la contratación reconoce la calidad de consumidor del huésped. En una PLAT como *Airbnb* con sede social en Irlanda, le solicita al huésped accediendo desde España, la indicación antes de hacer la reserva, de si viaja por trabajo o no, lo cual sería un indicio de que *Airbnb* realiza la consulta al huésped porque tiene conocimiento de que si este

---

685 De acuerdo con ESPINAR VICENTE y PAREDES PÉREZ este artículo contempla protección tanto al consumidor activo como pasivo. El activo, cuando se indica el contrato de compraventa de mercaderías y el del préstamo a plazos o de otra operación de crédito y el pasivo cuando el consumidor tiene su domicilio en un Estado miembro y el profesional tiene establecimiento en ese Estado miembro, o cuando no lo tiene, pero dirige sus actividades a ese lugar, ESPINAR VICENTE, J.M., PAREDES PÉREZ, J.I., "*El régimen jurídico de las obligaciones…*", *ob. cit.,* p. 82.

686 Los términos y condiciones a 2023 de Booking.com respecto del alojamiento ya no incluyen el término persona física y sólo se refieren al usuario como consumidor. Ambas versiones se encuentran disponibles en: https://www.booking.com. Fecha de consulta: 1 de agosto de 2023.

687 Términos y condiciones de servicio de *Wimdu* disponibles en: https://www.wimdu.es/aviso-legal#cg. Fecha de consulta: 9 de agosto de 2023.

contrata dentro de su actividad profesional ya no podría ser considerado consumidor y no podrían aplicarse las normas de protección de la UE para consumidores[688].

La PLAT *TripAdvisor* con sede en Estados Unidos, y que permite la contratación desde España, establece que quien accede a la página como consumidor y no como empresa o representante legal tiene derecho a presentar reclamaciones contra esa PLAT en los tribunales de su país de residencia[689]. Esta indicación se realiza en los términos y condiciones de esta PLAT, y a diferencia de *Airbnb* no se le solicita al huésped-consumidor en cada reserva que indique si actúa por dentro o por fuera de su actividad profesional.

En contraste, la PLAT *Hotdogholidays*[690] con domicilio en España, no hace ninguna alusión a consumidores en sus términos y condiciones, por tanto, quien contrata sus servicios, aunque lo haga como consumidor acepta los mismos términos y condiciones que un huésped que actúa dentro de su actividad profesional.

Si en el caso concreto, aunque el huésped cumpla los requisitos básicos de la definición de consumidor establecidos por la primera parte del Art. 17 RBIbis, todavía faltaría establecer si se trata de un consumidor pasivo o activo en los términos de su literal c), por cuanto únicamente el consumidor pasivo es quien se encuentra previsto de garantías especiales en el RBIbis. El concepto de actividades dirigidas que trae consigo este literal, como se ha señalado anteriormente, puede ser ampliamente interpretado y los indicios establecidos por el TJUE son parámetros no excluyentes que ayudan a identificar si el profesional dirige o no sus actividades al Estado miembro del domicilio del consumidor. Veamos a continuación algunos indicios sobre actividades dirigidas realizadas por empresarios[691] que fueron establecidos por el TJUE en el caso *Pammer* (2010)[692] y que aplicados a

---

[688] Disponible en: www.airbnb.es, Fecha de consulta: 1 de mayo de 2023.

[689] Véase: https://tripadvisor.mediaroom.com/ES-terms-of-use. Fecha de consulta: 23 de agosto de 2023.

[690] Véase: https://hotdogholidayhomes.com/. Fecha de consulta: 14 de febrero de 2023.

[691] ESTEBAN DE LA ROSA, F., "La aproximación europea al modelo contractual triangular de la economía colaborativa" en: JIMÉNEZ BLANCO, P., ESPINIELLA MENÉNDEZ, A. (dirs.), *Nuevos escenarios del Derecho internacional privado de la contratación*, Valencia, 1ª ed., Tirant Lo Blanch, 2021, pp. 432-433.

[692] *Asunto Pammer* FJ 93.

las PLAT específicamente a sus páginas web, pueden servir como guía para verificar si sus actividades comerciales son dirigidas al Estado miembro de domicilio del consumidor.

a) El carácter internacional de la actividad

La actividad comercial de las PLAT se desarrolla en el escenario turismo, tanto interno como internacional, y sólo basta ingresar a sus páginas web principales para evidenciar las sugerencias de alojamientos extranjeros cuando el huésped-consumidor accede a la página web desde su domicilio principal, para demostrar lo anterior, se ingresa desde España a las páginas web de las PLAT a continuación. La PLAT *Airbnb,* al inicio de su página web indica la sección "Descubre destinos cerca de ti"[693], en la que sugiere contratar destinos nacionales e internacionales teniendo en cuenta la localización del huésped-consumidor. Por su parte la PLAT *VRBO* indica como título principal el eslogan "casas rurales, en la playa y apartamentos en todo el mundo"[694] y otra PLAT, *Booking* indica en su página inicial "¡Encuentra ventajas exclusivas en cualquier rincón del mundo!"[695]. Sin embargo, la ubicación del inmueble, aunque haga parte de la publicidad de la PLAT, no es un factor determinante para verificar la internacionalidad del contrato entre esta y el huésped-consumidor, pues como se ha señalado, la intermediación realizada por la PLAT entre huésped-consumidor y anfitrión no se basa en el arrendamiento de un inmueble sino en el poner en contacto a personas con necesidades recíprocas referentes al alojamiento de uso turístico. La internacionalidad partiría entonces de un factor intrínseco de las partes, el lugar de su ubicación, el de su domicilio. Si el huésped-consumidor ubicado en España contrata con las PLAT mencionadas *Airbnb*, *VRBO* y *Booking*, teniendo en cuenta que las dos primeras tienen su sede social en Dublín, pero el dominio de primer nivel ingresando desde España es.*es* y la tercera sita en Ámsterdam, con dominio de primer nivel.*com,* se evidencia que el contrato de servicios entre el huésped-consumidor y las PLAT excede las fronteras nacionales y se trata de un contrato con elemento internacional.

---

693 Véase: https://www.airbnb.es/. Fecha de consulta: 14 de febrero de 2022.

694 Véase: www.vrbo.com/es-es. Fecha de consulta: 23 de agosto de 2022.

695 Véase: https://www.booking.com/. Fecha de consulta: 23 de agosto de 2022.

b) Descripción de itinerarios desde otros Estados miembros al lugar en que está establecido el empresario

Las PLAT como *Booking*, *Airbnb*, *VRBO*, *Onefinestay* o *Homestay*[696] diseñan sus páginas web para que el huésped-consumidor que acceda a cotizar su itinerarios (consultar las fechas de entrada y salida del inmueble, es decir la duración del alojamiento) pueda hacerlo independientemente del lugar donde se encuentra localizado, su domicilio o el de la PLAT, por tanto, pueden elegir sus itinerarios sin limitación o condicionamiento geográfico de manera independiente del dominio principal de la página web. Como ejemplo tenemos que accediendo desde España a *Airbnb* se permite reservar alojamientos ubicados en Milán, lo mismo ocurre si se ingresa a la página web de *Airbnb* desde Alemania[697].

c) La utilización de una lengua o de una divisa distintas a las habitualmente empleadas en el Estado miembro de domicilio del empresario y la utilización de un nombre de dominio de primer nivel distinto al del Estado miembro en que está establecido el empresario

Las PLAT son versátiles respecto a cómo aproximarse al huésped-consumidor en dos categorías. La primera de ellas son las PLAT como *Booking.com* con sede en Los Países Bajos, que si bien no tienen un dominio identificable sobre el país desde el cual accede el huésped-consumidor, al acceder desde España esta PLAT se encuentra en español y la moneda de pago es el euro[698]; similar situación ocurre con el huésped-consumidor que ingresa desde Alemania, puesto que la página web automáticamente al acceder se encuentra en alemán y la moneda de pago es el euro[699]. Cabe decir que por más que el dominio de primer nivel sea *.com,* de manera secundaria el enlace contiene los sufijos*.es* para España y *.de* para Alemania[700].

---

696 La sede social de *Homestay* está en Irlanda. Véase: https://www.homestay.com/es. Fecha de consulta: 24 de agosto de 2023.

697 Véase: https://www.airbnb.de/. Fecha de consulta: 24 de agosto de 2023.

698 Véase: https://www.booking.com/index.es.html. Fecha de consulta: 24 de febrero de 2023.

699 Véase: https://www.booking.com/index.de.html?aid=202008. Fecha de consulta: 24 de agosto de 2023.

700 El hecho que la PLAT tenga un dominio de primer nivel global como*.com* no implica que no dirija sus actividades a un Estado miembro, pudiendo verificarse a través de herramientas de geolocalización si regularmente contrata con consumidores ubicados en determinados Estados miembros; CARRIZO AGUADO, D., "*La relación de causalidad como indicio...*", *ob. cit.*, pp. 315.

La segunda categoría son las PLAT que en su dominio principal ya contienen el sufijo del país al que se encuentra dirigida la página web, y el idioma que utilizan al igual que la moneda no tiene nada que ver con su sede social. En el ejemplo del párrafo anterior, *Booking* tiene sede en Los Países Bajos y dirige sus actividades a dos Estados miembros de la UE, por tanto, determinar que el pago del precio sea en euros es coherente al coincidir su moneda con la de la mayoría de los Estados miembros de la Unión. En contraste, la PLAT *TripAdvisor* tiene sede en Estados Unidos, pero al ingresar desde España, Alemania y Los Países Bajos el dominio de primer nivel cambia a *.es*, *.de* y *.nl*[701] respectivamente, también cambia el idioma de cada país y se determina como moneda de pago el euro, lo cual es un indicio que esta PLAT ha realizado cambios de manera voluntaria en sus páginas web a idiomas y monedas que no son oficiales en el país donde tiene su sede social para dirigir sus actividades comerciales a Estados miembros de la UE.

d) La mención de números de teléfono con indicación de un prefijo internacional

La mención de un prefijo internacional en un número de teléfono facilitado por la PLAT pareciera ser una cuestión fácil de identificar, pero en las condiciones actuales[702] las PLAT prefieren que el contacto entre ellas y los huéspedes se realice en línea. Únicamente cuando la solución no pueda encontrase a través del centro de ayuda, es que cuando PLAT facilita el número de teléfono o llama directamente al huésped. En la PLAT *Airbnb,* accediendo desde España, es necesario registrarse en su página web e iniciar sesión para obtener ayuda personalizada, y en caso de facilitar al huésped-consumidor un número de teléfono para comunicarse con *Airbnb,* esto se hará en un chat privado al que sólo se tiene acceso a través de la cuenta personal[703].

La PLAT *Rentalia* con sede en Madrid concede al huésped-consumidor dos opciones en caso de recurrir al centro de ayuda[704]: la primera es a través de una solicitud electrónica de reclamación que permite diligenciar la propia página web y la segunda es a través de teléfonos con prefijo internacional de cuatro países únicamente, España, Portugal, Italia y Francia. Es claro que

---

701 Véase: https://www.tripadvisor.es/, https://www.tripadvisor.de/ https://www.tripadvisor.nl/. Fecha de consulta: 24 de febrero de 2023.

702 Año 2023.

703 Véase: https://www.airbnb.es/help/home. Fecha de consulta: 24 de agosto de 2023.

704 Véase: https://es.rentalia.com/contact.php. Fecha de consulta: 24 de agosto de 2023.

esta PLAT sí menciona números con prefijos específicos, pero solo podría indicarse superficialmente que dirige sus negocios a estos cuatro Estados miembros, porque permite la contratación desde cualquier otro Estado miembro. La premisa de "permitir la contratación en otro Estado miembro", es mucho más compleja de lo parece, puesto que una PLAT puede indicar que sus actividades se dirigen a un Estado miembro especifico, pero permite que huéspedes-consumidores ubicados en otro Estado miembro puedan contratar sus servicios. Como ejemplo, la PLAT *TripAdvisor* con sede social en Estados Unidos, establece el siguiente *disclaimer*[705] ingresando desde España: "Esta es la versión de nuestra página web dirigida a los hablantes de español en España. Si resides en otro país u otra región, selecciona la versión correspondiente de *Tripadvisor* en el menú desplegable".

En este *disclaimer* se evidencia que la contratación desde la página web de España está dirigida a personas que residen en España, es decir que el consumidor español es captado en España a través de Internet por una PLAT con domicilio por fuera de la UE, que intencionalmente establece una página web para España con condiciones particulares para los huéspedes-consumidores de ese país. Si el huésped-consumidor con domicilio en España contratara con *Tripadvisor.fr*, una página dirigida especialmente a territorio francés[706], y que permite el acceso desde España, en caso de una controversia, el juez, teniendo en cuenta que el mero acceso a la página web no implica la configuración del concepto de actividades dirigidas de acuerdo con el caso *Pammer* (2010) podría interpretar que el huésped-consumidor con domicilio en España pudo acudir intencionalmente a una versión francesa de *Tripadvisor*[707], al salirse de su centro económico principal, su domicilio, para realizar la contratación, y con ello perdiendo la condición de consumidor pasivo con las consecuencias legales que ello implica[708].

---

705 Véase: www.tripadvisor.es. Fecha de consulta: 30 de agosto de 2023.

706 El *disclaimer* de www.tripadvisor.fr establece que: "Esta versión de nuestro sitio web está destinada a francoparlantes en Francia. Si vive en otro país o región, elija la versión adecuada de Tripadvisor para su país o región en el menú desplegable", traducción propia. Fecha de consulta: 30 de agosto de 2023.

707 Los precios y anuncios y disponibles en *TripAdvisor.es* y *TripAdvisor.fr* pueden variar, lo cual sería una razón de peso para que un huésped-consumidor en España pudiera decidir acceder a una página web de esta PLAT dirigida especialmente a Francia con el objetivo de obtener una tarifa más económica.

708 Las conclusiones del Abogado General del asunto *Pammer* sobre este punto (FJ 92) —aunque no hayan sido acogidas por el TJUE en la sentencia— son relevan-

Otros indicios, diferentes a los establecidos por el TJUE que pueden evidenciarse en la realidad actual de las PLAT podrían ser los siguientes;

1) Cuando se establece, tal como lo hacen *Airbnb* y *VRBO* en sus páginas web principales una sección dedicada a alojamientos cercanos a la ubicación del huésped-consumidor sin siquiera iniciar sesión en la PLAT, lo cual indica que la PLAT conoce de acuerdo a sus protocolos informáticos el lugar de contratación, es decir el domicilio del huésped-consumidor y puede sugerirle alojamientos convenientemente ubicados cerca de este, por tanto dirige claramente sus actividades al Estado miembro del domicilio del huésped-consumidor.

2) Cuando se indica una sección de noticias de alojamiento, turismo y ayuda especialmente creada de acuerdo con dominio de la página web, lo cual realiza la PLAT *Airbnb*, que ingresando desde países como España, Francia, Italia, Los Países Bajos y Alemania, el visitante de la página web puede acceder a la opción *newsroom*[709] y con ello se evidencia que esta PLAT dirige claramente sus actividades al Estado miembro porque ha creado un espacio de información dirigida a los huéspedes-consumidores de un Estado miembro específico, en su idioma y con la particularidad que la información o noticias que allí se publican siempre tienen un fondo positivo y su objetivo es estimular la contratación con la PLAT.

3) Cuando se indica una sección de alojamientos nacionales y otra de internacionales, tal como lo hace la PLAT *Hometogo*[710] con domicilio en Berlín, la cual indica ingresando desde España con el dominio de primer nivel*.es*, cuáles son los alojamientos más populares en España y por fuera de este país. Al indicar que existen alojamientos

---

tes para precisar y evidenciar la dificultad en establecer un concepto definitivo de actividades dirigidas a un Estado miembro: si el profesional establece explícitamente en su página web que dirige su actividad a determinado Estado miembro pero permite la contratación a consumidores localizados en otro Estado miembro, y alguno de estos presenta una reclamación, no es coherente alegar que su actividad solo se dirigía al Estado miembro al que explícitamente se refiere, puesto que de manera subyacente permite la contratación a consumidores localizados fuera de ese Estado miembro. CASTELLANOS RUIZ, E., "*El concepto de actividad profesional «dirigida»…*", *ob. cit.*, p. 82.

709 Véase:https://news.airbnb.com/es/, https://news.airbnb.com/fr/, https://news.airbnb.com/it/, https://new s.airbnb.com/nl/ y https://news.airbnb.com/de/. Fecha de consulta: 24 de agosto de 2023.

710 Véase: https://www.hometogo.es/, fecha de consulta: 24 de agosto de 2023.

internacionales, la PLAT evidencia que dirige sus actividades hacia los huéspedes-consumidores con domicilio en España al crear una sección con la que solo ellos pueden tener una conexión geográfica.

Estos son apenas algunos indicios que se han extraído del análisis de las páginas web de las PLAT y se basan principalmente en la detección de la ubicación del usuario de la plataforma a través de medios electrónicos. Probar que efectivamente el profesional dirige las actividades a un Estado miembro, o a varios, debe ir más allá de la simple verificación de medidas geográficas y debe acompañarse de la posibilidad que el consumidor pueda contratar los servicios de la página web, aunque la publicidad u otros medios de venta no especifiquen como objetivo comercial su Estado miembro de domicilio.

3.2. Demandar a los establecimientos secundarios de las PLAT en la UE

Como se señaló en el capítulo II., algunas PLAT tienen su domicilio principal por fuera de los Estados miembros de la UE, pero ello no indica que el huésped-consumidor con domicilio en la UE no pueda presentar una reclamación judicial en territorio de la Unión, pues de acuerdo con el Art. 17.2 RBIbis si el profesional ubicado en un tercer Estado tiene un establecimiento de comercio en uno de los Estados miembros de la UE, el huésped-consumidor puede presentar la demanda en ese Estado o en el de su domicilio, en armonía con el Art. 18 RBIbis. Ello es así porque el RBIbis crea la ficción legal en la que, para efectos litigiosos, el establecimiento secundario representa al principal y le es permitido al consumidor presentar la demanda en la UE, aunque este establecimiento secundario no haya sido parte del contrato original[711].

Debe tenerse en cuenta también que existen PLAT que tienen domicilio en un Estado miembro de la UE y que societariamente son filiales de una sociedad matriz con domicilio en un tercer Estado, como ocurre con *Airbnb.inc*, cuya matriz está en Estados Unidos, pero cuenta con una filial en Irlanda (*Airbnb Ireland UC*) que realiza contrataciones autónomas[712]. La conexión societaria matriz-filial no puede incluirse en los efectos del Art.

---

711 Como por ejemplo la PLAT *Expedia.inc* cuya matriz tiene domicilio en Estados Unidos, pero cuenta con establecimiento de comercio en España: Expedia Spain SL. Véase: https://www.e-registros.es/expedia-spain-sl. Fecha de consulta: 10 de junio de 2023.

712 Véase la tabla 1. que se encuentra en el apartado 4. e. del capítulo II.

17.2 RBIbis, por cuanto las filiales son sociedades autónomas que no se encuentran subordinadas a la matriz, y por tanto no encajan en el concepto de establecimiento de comercio y de sucursal que implica subordinación, contemplado en el Art. 17.2 RBIbis[713].

Tomemos como ejemplo a la PLAT *Booking*, que tiene sede social en Ámsterdam, y es filial de la sociedad estadounidense *Booking Holdings Inc.* Al ingresar a *Booking.com* desde España, el contrato se suscribe con la empresa neerlandesa y el huésped-consumidor con domicilio en España podrá directamente demandar en Los Países Bajos a la PLAT *Booking* o en su propio domicilio, pero no en virtud del Art. 17.2 RBIbis, sino del 18.1 RBIbis al tratarse de una sociedad autónoma con el estatus de filial con sede social en la UE y no de establecimiento de comercio de la matriz.

Cuando la PLAT no tiene domicilio pero si establecimientos de comercio en el territorio de la UE, el huésped-consumidor con domicilio en la UE puede tener acceso a la justicia en territorio de la Unión, pero deben hacerse algunas precisiones, por cuanto el efectivo acceso a la justicia dependerá de diferentes variantes de acuerdo con las circunstancias: no es seguro que el huésped-consumidor pueda conocer que la PLAT con la cual contrata los servicios tiene una afinidad societaria con un establecimiento de comercio de esa compañía en la UE. Esta información no es evidente y todas las PLAT no indican públicamente en sus páginas web esta conexión. Lo anterior, aunado a que la página web de la PLAT puede encontrarse en un idioma diferente al propio del huésped-consumidor, lo cual dificulta el encontrar esta información y que las PLAT, aunque tengan esta conexión pueden tener nombres comerciales diferentes sin ninguna relación aparente a la compañía matriz, la filial o el establecimiento de comercio.

Tomemos como ejemplo a la PLAT *Expedia* que es manejada por *Expedia inc.* con sede en Estados Unidos. Si un huésped-consumidor con domicilio en España contrata con esta PLAT a través de su página web, *www.expedia.es*, y se presenta una controversia, en caso de que desee demandar a la PLAT en España, podría hacerlo frente a un establecimiento de *Expedia inc.*[714] con domicilio en España en virtud del Art. 17.2 RBIbis. Si *Expedia inc.* no tuviese establecimientos de comercio en territorio de la UE,

---

713 MAGNUS, U., MANKOWSKI, P. (eds.), *European Commentaries on Private International Law*, Sellier European Law Publishers Otto Schmidt, Munich, 1ª ed., 2016, pp. 507-508.

714 Véase: https://www.expedia.es/lp/b/terms-of-service. Fecha de consulta: 17 de mayo de 2023.

el huésped podría ejercitar sus derechos a través del Art. 17.1 c) y probar que *Expedia* dirigió sus actividades al Estado miembro de su domicilio, en este caso España, y que el contrato se encuentra comprendido dentro de dichas actividades, sin embargo, esta opción es a todas luces más compleja, por cuanto se basa en la valoración del juez sobre los indicios y no en un hecho objetivo como es que exista o no un establecimiento de comercio en determinado Estado miembro.

Adicionalmente, aunque el huésped-consumidor tenga conocimiento que la PLAT con la que suscribió el contrato cuenta con un establecimiento de comercio en la UE y puede presentar la demanda bajo los parámetros del Art. 17.2 RBIbis, ello no implica que el huésped-consumidor se acoja a los términos y condiciones del establecimiento de comercio en contra del cual va a presentar la demanda, debido a que se mantiene vigente el acuerdo original.

Si bien el huésped-consumidor puede conocer la PLAT con la que contrata de acuerdo con los términos y condiciones como regla general, una de las cuatro PLAT más importantes ha incluido una condición diferente que puede dificultar la aplicación del Art. 17.2 y puede ser considerada abusiva. En los términos y condiciones las PLAT de las tres de empresas filiales de *Tripadvisor*: *Niumba, Holidaylettings y FlipKey*[715] ingresando desde Italia, indican que la contratación que realizan los usuarios con las plataformas puede llevarse a cabo teniendo como titular a cualquiera de las tres compañías mencionadas, sin embargo, sólo hasta que se realice la solicitud de reserva y pago le será revelado al usuario con cuál de estas compañías se realiza efectivamente la contratación.

La dificultad en este tipo de contratación es que cada una de las PLAT mencionadas tiene su sede social ubicada en un lugar diferente, para *Niumba* es España, para *Holidayslettings* es Reino Unido y para *Flipkey* es Estados Unidos y no se revela si tienen establecimientos de comercio en los Estados miembros. Por tanto, si un huésped-consumidor con domicilio en Italia, ingresa a *Niumba* para realizar una reserva, en principio podría pensarse que en caso de controversia podría demandar a *Niumba* sin recurrir al artículo 17.2 RBIbis, porque su domicilio social se encuentra en España, que es un Estado miembro y se aplicaría el Art. 18.1 RBIbis. Sin embargo, si la

---

715 Para *Niumba* y *Holidaylettings* el mismo enlace para términos y condiciones: https://rentals.tripadvisor.com/es_ES/termsandconditions/traveler y para *Flipkey*: https://rentals.tripadvisor.com/enUS/termsandconditions/traveler. Fecha de consulta: 10 de septiembre de 2023.

página web indica que el efectivo contratante es *Holidaylettings* o *Flipkey*, será necesario recurrir a este Art. 17.2 RBIbis y verificar si tienen establecimientos de comercio en territorio de la Unión, en caso de no tenerlos, como se ha mencionado anteriormente se habrá de verificar que se configure el cumplimiento del 17.1 RBIbis.

En un caso más extremo aún, si un huésped-consumidor con domicilio en España ingresa a *Niumba*, que también tiene su domicilio en España, para realizar el contrato de intermediación para servicios de alojamiento, este tipo de contrato ni siquiera tendría un elemento extranjero y ni siquiera sería aplicable el RBIbis sino las normas de competencia del ordenamiento jurídico español. Sin embargo, en un momento anterior de la suscripciónw del contrato[716], se indica que el contratante no es la PLAT *Niumba*, sino una de las otras dos PLAT extranjeras con un pequeño aviso[717], el escenario de la competencia judicial cambia a un plano internacional con todas repercusiones que ello trae consigo no sólo en materia de competencia judicial internacional sino también de ley aplicable. La forma de contratación de estas filiales de *TripAdvisor* no es la regla general de las PLAT, y podría considerarse confuso y abusivo para el huésped-consumidor, que durante todo el proceso de reserva continua en la misma PLAT a la que ingresa, en español y con sede social en su país, pero al momento inmediatamente anterior al pago efectivo en algunos casos no contrata con ella, sino con una PLAT foránea, que aunque comparte el contenido de sus términos y condiciones con las otras dos PLAT, la divergencia en la ubicación de la sede social y si cuenta o no con establecimientos secundarios puede cambiar sus derechos en DIPr.

3.3. Arts. 18 y 19 RBIbis: consecuencias del pacto sobre CJI en el contrato suscrito entre la PLAT y el huésped-consumidor en la Unión Europea

El huésped-consumidor pasivo con domicilio en la UE que ingresa a la página web de una PLAT con sede social o establecimiento de comercio en territorio de la UE o que dirija sus actividades al Estado miembro de do-

716 Como se ha señalado en el capítulo II. el contrato de intermediación digital entre la PLAT y el huésped-consumidor se perfecciona cuando, una vez realizado el pago, el anfitrión acepta la reserva.

717 Debe indicarse que la página web donde se realiza el contrato sigue siendo *Niumba*, puesto que continúan sus logos, colores y formatos, solo el pequeño anuncio indica que la contratación es con otra PLAT.

micilio del huésped-consumidor, se enfrenta a tres escenarios: el primero es que la PLAT establezca en sus términos y condiciones la competencia judicial internacional lo cual materializaría la sumisión expresa[718], válida si contempla los foros del Art. 18 RBIbis o si cumple algunas de las excepciones del Art. 19 RBIbis. El segundo es que establezca en sus términos y condiciones la competencia judicial internacional sin incluir los foros del Art. 18 y sin incurrir en una de las excepciones del Art. 19, por lo cual la cláusula no sería válida y sería necesario recurrir en primer lugar al RBIbis[719] para determinar la competencia judicial internacional y el tercero es que la PLAT no contemple ninguna consideración sobre competencia judicial internacional y habría de recurrirse igualmente al RBIbis.

Las PLAT objeto de esta investigación pueden encontrarse inmersas en cualquiera de estos tres escenarios, pero suelen tener cláusulas de competencia judicial internacional que pueden cumplir o no los parámetros del RBIbis. Debe decirse que no contemplar cláusulas de competencia judicial internacional en este tipo de contratos no es abusivo, puesto que en caso no existir sumisión expresa, para identificar los tribunales competentes para conocer de su acción, el huésped-consumidor con domicilio en un Estado miembro aplicará las normas de DIPr de su Estado de domicilio[720], encabezadas por las normas de la UE, en este caso el RBIbis, que le permite demandar a la PLAT en su propio domicilio o en el del profesional, cuando tiene su sede social o un establecimiento de comercio en un Estado miembro[721]

Cuando hay sumisión expresa, las cláusulas de competencia judicial internacional redactadas por las PLAT pueden favorecerlas en detrimento del huésped-consumidor, y es común que las partes de un contrato de in-

---

718 No se menciona las circunstancias de sumisión tácita, porque estas dependen de la actuación de las partes no de las cláusulas de competencia judicial internacional que son objeto de estudio, sin embargo, debe decirse que el huésped-consumidor también tendría que tomar en consideración que la sumisión tácita puede presentase posterior a la controversia en cualquiera de los escenarios propuestos.

719 Siempre que se configuren en el caso concreto los ámbitos de aplicación (con la excepción ya mencionada del ámbito personal) y se cumplan los requisitos de la definición de consumidor y actividades dirigidas del Art. 17 RBIbis, pues en caso contrario sería necesario recurrir a las normas generales del RBIbis para determinar la competencia. Si el RBIbis no es aplicable deberá recurrirse a normas internacionales y en su defecto a normas internas.

720 SÁNCHEZ CANO, M.J., ROMERO MATUTE, Y., *ob. cit.*, p. 1146.

721 O cuando dirige o ejerce sus actividades a ese Estado miembro Art. 17.1 c) RBIbis.

termediación por Internet elijan un país situado por fuera de la UE como foro de competencia[722], especialmente cuando elijen los tribunales del Estado donde se encuentra ubicada su sede social como competentes en caso de controversia[723], disuadiendo a los consumidores de acceder a la justicia, puesto al no conocer sus derechos, especialmente los consagrados en el Art. 18 RBIbis, no contemplan que sea posible demandar en su propio domicilio si existe una cláusula que determina como competentes los tribunales de un tercer Estado.

Una cláusula de sumisión en un contrato de consumo suscrito con una PLAT correctamente redactada, para un huésped-consumidor con domicilio en España con una PLAT con domicilio en Los Países Bajos como *Booking*, debe establecer idealmente que el huésped-consumidor tiene la opción tanto de demandar en su propio domicilio, así como en el de la PLAT, como mínimo, pues de acuerdo con el Art. 19 RBIbis si se incluyen más foros a los mencionados la cláusula también sería válida. También son válidos los acuerdos posteriores al litigio, aunque no se incluyan los foros del Art. 18 RBIbis, o en caso de que el huésped-consumidor también tuviese su domicilio en el mismo Estado donde la PLAT, en este caso *Booking* (Los Países Bajos) sería válido un acuerdo de sumisión a los tribunales de ese Estado miembro. La cláusula también puede incluir, que en caso de que la PLAT desee demandar al huésped-consumidor solo puede hacerlo en el domicilio de este, excluyéndose el foro del lugar donde queda ubicada su sede social.

Un ejemplo de una cláusula de competencia judicial internacional incorrecta de una PLAT con domicilio y/o un establecimiento de comercio en la UE o que dirija sus actividades a un Estado miembro, sería una que asigne competencia exclusiva a unos tribunales específicos, por dentro o por fuera de la UE, sin tener en cuenta los del Estado miembro del domicilio del huésped-consumidor. Para que una cláusula de este tipo sea correcta, no puede establecer los tribunales de un país determinado como competentes, puesto que la validez de la cláusula es dinámica y está supeditada a

---

722 FRANZINA, P., "Promoting fairness and transparency for business users of online platforms: The role of Private International Law", en: PRETELLI, I. (ed.), *Conflict of laws in the maze of digital platforms*, Ginebra, 1ª ed., Schulthess Editions Romandes, 2018, p. 157, sin embargo, aunque se pacte un tribunal específico, cuando trata de un consumidor con domicilio en la UE, debe siempre tenerse en cuenta los tribunales de su lugar de domicilio.

723 FERNÁNDEZ ROZAS, J.C., ARENAS GARCIA, R., DE MIGUEL ASENSIO, P.A., "*Derecho de los negocios internacionales…*", *ob. cit.*, p. 351.

que se contemple el foro del domicilio del huésped-consumidor que cambia de caso en caso y que también incluya la opción de que la PLAT pueda ser demandada en su propio domicilio por el huésped-consumidor.

Si bien es posible detectar claramente en las cláusulas que establecen una jurisdicción exclusiva de determinados tribunales, si se cumple o no lo establecido en el Art. 18 RBIbis, en las cláusulas de jurisdicción no exclusiva o *non-exclusive jurisdiction*, es un poco más compleja esta verificación, por cuanto esta disposición implica que las partes acuerdan un foro específico, pero simultáneamente, deciden no renunciar a presentar la demanda judicial en un foro diferente al pactado, que pudiese resultar competente de acuerdo con las normas aplicables de determinación de la competencia judicial[724]. A diferencia de las cláusulas de jurisdicción exclusiva que son aplicadas de manera directa, las cláusulas de jurisdicción no exclusiva deben tenerse en cuenta por el juez, cuando realiza el ejercicio discrecional en el que decide si declina o no la competencia del asunto[725]. Los acuerdos de jurisdicción no exclusiva se encuentran contemplados por el RBIbis, en su artículo 25, cuando se señala que la jurisdicción elegida por las partes será exclusiva, a menos que estas señalen otra cosa.

El acuerdo de jurisdicción no exclusiva respeta los deseos de las partes[726], que consienten en mantener sus opciones abiertas respecto de un eventual litigio judicial. Debido a esto último, no es posible determinar que la cláusula esté en contradicción de la normativa UE sobre el consumidor, en lo referido a foro de competencia, pues en caso de que el huésped-consumidor desee demandar en su propio domicilio, este tipo de cláusulas le permite hacerlo, aunque no se plasme de manera expresa este derecho.

Para respaldar esta postura, un auto de la Audiencia Provincial de Málaga del año 2021[727], declara la competencia de los órganos jurisdiccionales españoles, en una controversia *pre-Brexit* derivada de un contrato de consumo que incluía una cláusula de sumisión expresa en la que se establecía la competencia no exclusiva de los tribunales ingleses. La audiencia provincial mencionada basándose en los Art. 18 y 19 del RBIbis, considera que el

---

724 SÁNCHEZ LORENZO, S.A. (coord.), *Cláusulas en los contratos internacionales. Redacción y análisis*. Barcelona, 1ª ed., Atelier, 2012, p. 109.

725 KEYES, M., *Jurisdiction in international litigation*, Sidney, 1ª ed., The Federation Press, 2005, p. 95.

726 CHESHIRE, G.C., NORTH, P.M., FAWCETT, J.J., *Private international law*, Londres, 14ª ed., Oxford University Press, 2008, pp. 289-290.

727 AAP de Málaga núm. 345/2021, de 15 de septiembre, ECLI:ES:APMA:2021:1510A.

carácter "no exclusivo" de la competencia no excluye la jurisdicción de los tribunales españoles y que, aunque exista pacto, de acuerdo con el Art. 19 RBIbis no se excluye que el consumidor pueda demandar de acuerdo con los foros de protección del Art. 18 RBIbis. Adicionalmente, debe tenerse en cuenta que esta sentencia realiza un razonamiento que va más allá de los argumentos sobre acuerdos de jurisdicción no exclusiva, puesto que los demandantes-consumidores tienen su domicilio en Reino Unido, y las empresas demandadas que se derivan societariamente de la misma matriz española tienen su domicilio en diferentes sitios entre ellos Reino Unido y España, teniendo en cuenta que aunque existan varias empresas demandadas, el contrato fue firmado con la empresa inglesa. Sin embargo, de acuerdo con el tribunal, el contrato se encuentra fuertemente vinculado con España, por lo cual fue firmado físicamente en España, a partir de una oferta realizada en una página web de dominio español y en castellano y su ejecución también es en este Estado, por lo cual se considera que estos criterios son determinantes para establecer la competencia de los tribunales españoles.

Una cláusula que se encuentre redactada conforme al Art. 18 RBIbis y proteja los derechos del huésped-consumidor es posible y concuerda con la redacción actual de las cláusulas de competencia judicial internacional de tres de las cuatro PLAT más importantes, *Airbnb*, *VRBO* (filial de *Expedia, inc.*) y *Booking*. En el caso de *Tripadvisor*, como se señaló en el apartado anterior, existe todavía la posibilidad de corregir y mejorar los términos y condiciones especialmente la confusión al momento de la reserva en la identificación del contratante. Sin embargo, estos cambios no se dieron por la evolución del derecho de los consumidores o la benevolencia de las PLAT, fue, como se señaló en el capítulo II[728], un esfuerzo conjunto de las instituciones de la UE, que se encargaron de emitir medidas cautelares, comunicaciones y otros documentos, en los que se establecieron los lineamientos y condiciones para que las cláusulas de los contratos de servicios de intermediación suscritas entre las PLAT y huéspedes-consumidores cumplieran lo establecido en la normativa de UE, entre lo que se encuentra los requisitos de competencia judicial internacional para consumidores del RBIbis.

Tomemos como ejemplo el caso de *VRBO* que tenía anteriormente su sede social en los Estados Unidos, y en la actualidad su domicilio social está ubicado en Dublín. En 2018 *VRBO* permitía la contratación desde España

---

728 Apartado 5.1 capítulo II.

sin realizar ninguna consideración al contrato de consumo, sometiendo a arbitraje cualquier litigio que pudiera presentarse entre el huésped-consumidor y esa PLAT, valga decir que sus términos y condiciones eran los mismos que para Estados Unidos y el resto del mundo[729]. A 2023, los términos y condiciones de *VRBO* ingresando desde España, han cambiado diametralmente, se retiró el arbitraje para los huéspedes-consumidores, estableció una cláusula de competencia judicial internacional con especial mención al consumidor y a sus derechos e incluso se establece en el caso de la ley aplicable la irrenunciabilidad a ciertas disposiciones legales[730].

Como *VRBO* hay varias PLAT que han realizado cambios sustanciales a sus términos y condiciones y que pueden cumplir de manera parcial o total las exigencias del Art. 18 RBIbis sobre los foros especiales para el consumidor, también se han creado nuevas PLAT que ya incluyen la normativa de la UE, y hay otras PLAT que pese a lo establecido por las instituciones de la UE continúan incumplimiento los derechos especiales del huésped-consumidor, como veremos a continuación:

3.4. *Cláusulas actuales de competencia judicial de algunas PLAT*

En el apartado anterior se señalaron tres escenarios a los que se enfrenta el huésped-consumidor pasivo cuando ingresa a la página web de una PLAT, en este apartado veremos algunos ejemplos de cláusulas extraídas de los términos y condiciones de plataformas para verificar el panorama actual del cumplimiento del Art. 18 RBIbis.

a) Escenario 1: cumplimiento del Art. 18 RBIbis

En este escenario la PLAT cumple con lo establecido en el art. 18 RBIbis, este es el caso de las cuatro PLAT más relevantes[731], veamos a continuación sus cláusulas de foro de competencia para huéspedes con domicilio en la UE:

---

729 Véase: https://www.vrbo.com/info/terms-and-conditions. Fecha de consulta: 1 de diciembre de 2018.

730 Véase: https://www.vrbo.com/es-es/legal/terminos-condiciones-viajeros. Fecha de consulta: 30 de abril de 2023.

731 En el caso de *Expedia* se toma su plataforma principal *VRBO*, porque *Expedia* no cuenta con cláusula de competencia judicial internacional y por lo cual no pertenece al escenario 1.

– *Airbnb* (Última actualización de cláusulas a 25 de enero de 2023)[732]:

> "En el caso de que actúes como consumidor, podrás iniciar cualquier procedimiento judicial en relación con los presentes Términos ante el tribunal competente de tu lugar de residencia o ante el tribunal competente del domicilio social de Airbnb en Irlanda. Si Airbnb desea hacer valer alguno de sus derechos contra ti como consumidor, solo podrá hacerlo ante los tribunales de la jurisdicción en la que seas residente. Si actúas como empresa, aceptas someterte a la jurisdicción exclusiva de los tribunales irlandeses".

La redacción de la cláusula de competencia para huéspedes-consumidores en la UE propone alternativas judiciales que se encuentran en coordinación con el Art. 18 RBIbis, pues le concede al consumidor dos alternativas de tribunales para presentar la demanda, aunque utiliza el término residencia y no domicilio que tiene connotaciones diferentes[733], los de su propio Estado de residencia o los de la sede social de *Airbnb* en Irlanda. Adicionalmente, indica que la PLAT sólo puede demandar en el Estado de residencia del consumidor. Las condiciones cambian cuando el huésped no tiene esa calidad y se somete sin consideraciones a la competencia de los tribunales irlandeses. La redacción de esta cláusula se debe poner en perspectiva con las cláusulas de esta naturaleza que la PLAT estipula para el resto de los países, pues para resientes en Estados Unidos se establece un acuerdo de arbitraje ante la Asociación Americana de Arbitraje (AAA), y para materias excluidas se estipulan los tribunales de San Francisco, California como competentes. Para China se estipula también una cláusula arbitral ante la Comisión Internacional China de Arbitraje Comercial y Económico.

Para residentes en Brasil, la demanda en contra de *Airbnb* sólo podrá ser presentada ante los tribunales brasileros y para el resto del mundo, se pacta la misma competencia con iguales consideraciones que para los residentes en la UE. Visto esto, se debe indicar que la cobertura de *Airbnb* respecto de los consumidores en la UE, se une a la corriente jurídica actual de protección a los derechos de los consumidores, consagrando en su clausulado, en que como mínimo, estos pueden demandar en su propio Estado de residencia. Las excepciones sobre acuerdos arbitrales son las de Estados Unidos y China, en los cuales no se puede acudir a la jurisdicción ordinaria, teniendo en cuenta que respecto de Estados Unidos podría acu-

---

732 Disponible en: https://www.airbnb.es/help/article/2908/t%C3%A9rminos-de-servicio. 25 de febrero de 2022. Fecha de consulta: 15 de septiembre de 2023.

733 El concepto de residencia habitual se encuentra en el apartado 2. del capítulo V.

dirse de manera excepcional, pero como quedó registrado en el caso *Selden* anteriormente mencionado[734], los jueces de ese país respetan los acuerdos arbitrales, aunque se trate de consumidores.

La redacción de la cláusula respecto al Art. 18 RBIbis, podría mejorar si se cambiase el término residencia por domicilio, al ser este último el incorporado en las estipulaciones de protección a los consumidores del Reglamento, pero en general se ha estipulado dos opciones judiciales para el consumidor, de acuerdo con lo establecido en el mencionado Art.18 RBIbis.

– *Booking*: (Última actualización de cláusulas el 14 de febrero de 2022)[735]

> "En la medida en que lo permita la legislación local obligatoria (del consumidor), cualquier reclamación se someterá exclusivamente a la jurisdicción de los tribunales competentes de Ámsterdam (para alojamientos, vuelos o atracciones turísticas) o de Inglaterra y Gales (para alquiler de coches y transporte público y privado)".

La cláusula de *Booking* es más enigmática y menos explícita que la de *Airbnb*, sin embargo, realizando una interpretación de esta es posible concluir que, aunque existe un acuerdo de jurisdicción exclusiva a los tribunales de Ámsterdam, ello no aplicará a los huéspedes-consumidores, puesto que la norma que rige la competencia judicial internacional en los Estados miembros, el RBIbis, en materia de consumidores les concede en el Art. 18 RBIbis foros especiales de protección, siempre que se trate de consumidores pasivos.

– *VRBO:* (Última actualización de cláusulas el 8 de noviembre de 2022)[736]

> "... Los tribunales irlandeses tendrán competencia no exclusiva para dirimir cualquier reclamación derivada de las presentes condiciones, sin perjuicio de la aplicación de las leyes y de la jurisdicción del lugar de residencia del Huésped (si actúa como consumidor)"

La cláusula de *VRBO*, reconoce que los huéspedes pueden actuar o no como consumidores, e indica que, en caso de tener esta calidad, los tribuna-

---

[734] Apartado 5 del capítulo II.

[735] Disponible en: https://www.booking.com/content/terms.es.html?label=gen173nr-1dcaeoggi46adiclgeaeaiaqgyaqq4arfiaqzyaqpoaqh4aqkiaggoago4atdt45agwaib-0gikzdljztqwodmtntc3yi00zmu0lwe4nwytnzzzgzingm4mzbh2aie4aib;sid=49e9d4e6374ceccfd012b0a55ac706b9. Fecha de consulta 15 de septiembre de 2023.

[736] Disponible en: https://www.vrbo.com/es-es/legal/terminos-condiciones-viajeros. Fecha de consulta 15 de septiembre de 2023.

les competentes para conocer de las posibles controversias serán los del lugar de su residencia, y no se plasma obligación de aceptar la competencia de los tribunales irlandeses por cuanto no tienen competencia exclusiva para conocer del asunto cuando se trata de consumidores. Es de aclarar que, aunque esta cláusula reconoce el derecho del huésped-consumidor de demandar en su propio Estado, en este caso se especifica residencia y no domicilio, al igual que *Airbnb*, lo cual no se encuentra acorde exactamente con la letra del RBIbis y puede ser objeto de cambio, pero se reconoce el derecho mínimo del consumidor de demandar en su propio entorno. Adicionalmente, la cláusula debería contemplar que consumidor también tiene la posibilidad de demandar al profesional en el Estado miembro en el cual la plataforma donde tiene su desde social de acuerdo con el Art. 18 RBIbis.

– *Tripadvisor*: (Última actualización de cláusulas el 15 diciembre de 2022)[737]

> "Por la presente, usted acepta la jurisdicción y el distrito de los tribunales de Massachusetts, EE. UU., en exclusiva, y estipula la equidad y la conveniencia de resolver los procesos judiciales en dichos tribunales para todos los litigios, ya sean contractuales o no contractuales, derivados o relacionados con el uso que usted u otros terceros hagan de los Servicios. Asimismo, acepta que todas las reclamaciones que pueda presentar contra Tripadvisor LLC derivadas o relacionadas con los Servicios deben oírse y resolverse en el tribunal de una jurisdicción competente en la materia y ubicado en la mancomunidad de Massachusetts. El uso de los Servicios no está autorizado en ninguna jurisdicción en la que no tengan efecto todas las disposiciones de los presentes términos y condiciones, lo que incluye, sin que sirva de limitación, este párrafo. Esta cláusula no limita el derecho de Tripadvisor LLC a emprender acciones contra usted en otros tribunales competentes. Lo especificado anteriormente no se aplicará en la medida en que la legislación aplicable de su país de residencia requiera la aplicación de otra ley o jurisdicción —en particular, si utiliza los Servicios como consumidor— y no se puede excluir por contrato ni regirse por la Convención de las Naciones Unidas sobre los Contratos de Compraventa Internacional de Mercaderías, si fuera aplicable por cualquier otro motivo. Si utiliza los Servicios como consumidor y no como empresa o Representante legal de una empresa, estará autorizado a presentar reclamaciones contra Tripadvisor en los tribunales de su país de residencia. Esta cláusula se aplicará en la máxima medida permitida por la legislación de su país de residencia".

La cláusula de *Tripadvisor* establece la jurisdicción exclusiva de los tribunales de Massachussets en Estados Unidos, sin embargo, se especifica que si se trata de consumidores esta estipulación no aplica y el consumidor

---

737 Disponible en: https://tripadvisor.mediaroom.com/ES-terms-of-use#OLE_LINK11 Fecha de consulta 15 de septiembre de 2023.

podrá reclamar a la plataforma ante los tribunales de su propio país de residencia. En este caso, no podemos señalar que la palabra residencia no se encuentra en sintonía con el RBIbis, porque *Tripadvisor* es una empresa con sede social en Estado Unidos cuyas cláusulas rigen para todos sus usuarios a nivel mundial. No se trata entonces de una compañía como *Expedia, Airbnb* y *Booking* que, aunque sus matrices son estadounidenses tienen filiales en algún Estado miembro y que conocen la legislación aplicable a consumidores de la UE, también han sido objeto de fallos del TJUE o llamados de atención por parte de la Comisión Europea. Adicionalmente, se señala que la jurisdicción exclusiva de los tribunales de Massachussets no aplica si el país de residencia del consumidor requiere la aplicación de otra jurisdicción, validando así el Art. 18 RBIbis para huéspedes-consumidores con domicilio en los Estados miembros, y también el Art. 17.2 RBIbis, si *TripAdvisor* tiene algún establecimiento de comercio en los Estados miembros.

b) Escenario 2: Incumplimiento del Art. 18 RBIbis (o del Art. 19 RBIbis)

En este escenario las PLAT establecen como competentes tribunales sin que se cumplan las especificaciones del Art. 18 RBIbis, y sin tan siquiera hacer referencia consumidores. En este caso tenemos como ejemplo a las siguientes PLAT, tres con sede en los Estados miembros y una con sede en un tercer Estado:

Homestay con sede en Irlanda, indica que los tribunales irlandeses son exclusivamente competentes para conocer las disputas que surjan respecto de los términos y condiciones[738] y *Rentalia* con sede en España, indica que las partes acuerdan la renuncia expresa a cualquier foro, que, conforme a derecho pudiera corresponderles, y se someten a la jurisdicción de los Juzgados y Tribunales de la ciudad de Madrid[739]. Ambas PLAT establecen que la competencia en caso de conflicto es de los tribunales del Estado en el cual se encuentra ubicada su sede social, no se menciona ni se tiene en cuenta las opciones del consumidor del Art. 18 RBIbis que son aplicables, aunque se acuerde jurisdicción exclusiva de determinados tribunales o, aunque se indique de manera expresa la renuncia a esos foros, a menos que se tratase de una de las excepciones del art. 19 RBIbis, que en este caso

---

738 Actualización de los términos y condiciones del día 23 de mayo de 2018, disponibles en: https://www.homestay.com/es/terms-and-conditions. Fecha de consulta: 15 de septiembre de 2023.

739 Actualización de los términos y condiciones del día 14 de marzo de 2023. Disponibles en: https://es.rentalia.com/owner/conditions. Fecha de consulta: 15 de septiembre de 2023.

no se mencionan. Los foros del Art. 18 RBIbis continúan entonces vigentes y aplicables para el huésped-consumidor, aunque como acontece en este caso, se pacte una estipulación totalmente diferente.

Novasol con sede social en Dinamarca que indica únicamente su domicilio social es el lugar de jurisdicción, sin más detalles[740]. *KidandCoe* con sede Estados Unidos, establece que cualquier disputa que surja de sus condiciones de servicio deberá ser resuelta de manera exclusiva por las cortes estatales o federales localizadas en el Estado de Nueva York[741].

En el caso de *Novasol*, que es una PLAT danesa, el huésped-consumidor con domicilio en España puede presentar la demanda en su domicilio o en Dinamarca de acuerdo con el Acuerdo con la Comunidad Europea relativo a la competencia judicial, el reconocimiento y la ejecución de resoluciones judiciales en materia civil y mercantil en virtud del cual Dinamarca puede aplicar el contenido del RBIbis, aunque la cláusula erróneamente no contenga esta información y sea considerada nula.

Respecto de *KidandCoe*, esta PLAT norteamericana no hace ninguna consideración sobre el consumidor con domicilio en la UE, o en otro territorio, y aunque no tenga un sufijo específico dirigido a los Estados miembros, sí permite la contratación desde territorio de la Unión. Debido a que se trata de una plataforma con domicilio fuera de la UE, el hecho que pueda adaptar sus cláusulas a las necesidades de los huéspedes-consumidores europeos, es una posibilidad remota, aunque valga señalar que *Tripadvisor*, sociedad estadounidense estableció como tribunales competentes los del Estado de residencia del consumidor. Al no tener *KidandCoe* sede social (Art. 18.1 RBIbis) o algún establecimiento en los Estados miembros (Art. 17.2 RBIbis), el huésped-consumidor con domicilio en la UE deberá demostrar lo establecido en el Art. 17.1 c) respecto de las actividades dirigidas al Estado miembro ante los tribunales de su domicilio y también tiene la opción de presentar la demanda en Estados Unidos, aunque respecto de esta última opción, por los altos costos procesales, es poco probable decida demandar en ese Estado.

---

740 Disponible en: https://www.novasol-vacaciones.es/faq/terms-of-use?pis=1. Fecha de consulta: 10 de enero de 2022. No se específica en la página web la fecha de actualización de los términos de uso.

741 Actualización de los términos y condiciones del día 3 de noviembre de 2022. Disponibles en: https://www.kidandcoe.com/terms-of-service. Fecha de consulta: 15 de septiembre de 2023.

c) Escenario 3: cláusulas que no mencionan el Art. 18 RBIbis

Existen plataformas que nada mencionan sobre competencia judicial internacional, y en esos casos, una vez demostrado que cuentan con domicilio social en la UE o con establecimientos de comercio en territorio de la Unión en los términos de los Arts. 17.2 y 18.1 RBIbis, o que sin tener ni domicilio ni establecimiento en los Estados miembros dirigen sus actividades al Estado miembro de domicilio del huésped-consumidor pasivo en los términos del Art. 17.1 RBIbis, el huésped-consumidor puede presentar la demanda en su propio domicilio o en el del profesional si este tiene establecimiento o sede social en la UE. Entre ellos *Wimdu* con sede social en Alemania (Última actualización de cláusulas el 1 de octubre de 2019)[742] y *Hometogo* con sede social en Alemania, (Última actualización de cláusulas el 1 de octubre de 2019)[743].

4. FOROS DE COMPETENCIA PARA EL HUÉSPED NO CONSUMIDOR Y PARA EL HUÉSPED-ARRENDATARIO FRENTE AL ANFITRIÓN

Cuando el huésped-consumidor no cumple los requisitos para ser considerado como consumidor pasivo, es decir se trata de un consumidor activo, o una persona física que actúa por dentro de su actividad profesional, o una persona jurídica que realiza la contratación; será tratado como un contratante más, y el panorama judicial cambia pues ya no le son aplicables los Arts. 17, 18 y 19 del RBIbis. Pero puede seguir siendo de aplicación el RBIbis, por tanto, a continuación, se muestran las opciones judiciales de este tipo de consumidor o parte contractual para construir un panorama completo de la competencia judicial internacional, aunque no se trate de consumidores pasivos. Por último, también se indicará los foros cuando existan disputas entre el anfitrión y el huésped, teniendo en cuenta que los argumentos sobre a quién puede dirigirse una reclamación aún se encuentran en construcción.

742 Disponible en: https://www.wimdu.es/aviso-legal#cg. Fecha de consulta: 15 de septiembre de 2023.

743 Disponible en: https://www.hometogo.es/aviso-legal/ Fecha de consulta: 15 de septiembre de 2023.

4.1. Foro del huésped no consumidor frente a la plataforma

Para determinar el foro del huésped no consumidor frente a la plataforma, debemos primero verificar si existe sumisión expresa o tácita a un foro determinado, por cuanto para establecer la competencia judicial internacional debe acudirse a lo determinado por las partes de acuerdo con el Art. 25 RBIbis. En defecto de estos acuerdos o de circunstancias de sumisión tácita, será de aplicación el foro general del domicilio del demandado (Art. 4 RBIbis) y el Art. 7 RBIbis, que establece las competencias especiales, y se debe clasificar el contrato suscrito entre el huésped no consumidor y la PLAT dentro un tipo de contrato específico para determinar el tipo de competencia especial. Adicionalmente, debe indicarse que deben cumplirse todos los ámbitos de aplicación del RBIbis, incluyendo el personal, es decir que el demandado debe tener su domicilio en un Estado miembro, teniendo en cuenta que un huésped no consumidor no se encuentra incluido en las excepciones del Art. 6 RBIbis que en esta materia sólo abarcan los contratos celebrados por los consumidores.

El contrato suscrito entre la PLAT y el huésped-consumidor es de servicios de intermediación digital[744], por tanto, el contrato suscrito con el huésped no consumidor tiene las mismas características, aunque no se trate de un contrato de consumo, ya que por un precio y a través de una plataforma electrónica se pone en contacto a potenciales arrendatarios con arrendadores para alojamientos de corta duración. Así las cosas, un contrato suscrito entre el huésped no consumidor y la PLAT se encuentra en el marco de prestación de servicios. y se enmarcaría el Art. 7.1 RBIbis[745].

En el contexto de las PLAT, el contrato de intermediación que es el servicio prestado se realiza a través de Internet, por tanto, debemos determinar el Estado miembro en el que, de acuerdo con el contrato, hayan sido o deban ser prestados los servicios. En primer lugar, entonces, debe revisarse el contrato y si existe una cláusula que establezca de manera directa el lugar de prestación de los servicios de intermediación, asunto que es difícil

---

744 De acuerdo el As. C- 390/18, (asunto *Airbnb*) el servicio principal que presta *Airbnb* es la intermediación, pero puede prestar otros servicios accesorios, como se señaló también en el capítulo II de esta investigación.

745 "Una persona domiciliada en un Estado miembro podrá ser demandada en otro Estado miembro: b) a efectos de la presente disposición, y salvo pacto en contrario, dicho lugar será: — cuando se trate de una prestación de servicios, el lugar del Estado miembro en el que, según el contrato, hayan sido o deban ser prestados los servicios".

de determinar cuando el contrato se celebra y se ejecuta por Internet, pero las partes en virtud del principio de la autonomía de la voluntad se encuentran facultadas para hacerlo.

En caso contrario, DE MIGUEL ASENSIO[746] indica la dificultad de establecer el lugar en el que hayan sido o deban ser prestados los servicios en un escenario electrónico, pero concede dos soluciones basadas en la jurisprudencia del TJUE; el lugar de procedencia de los servicios, es decir, el Estado miembro del establecimiento del profesional, o el lugar de destino, que equivale a la residencia del destinatario de los servicios. En el caso *Rehder* (2008)[747], se indican ambos lugares como foros de competencia siempre que puedan ser considerados como el lugar de prestación principal de los servicios y que tengan una relación de proximidad con las circunstancias de tiempo, modo y lugar que sustentan el litigio. Por otro lado, el caso *Car Trim* (2008)[748], indica que debe escogerse uno de estos foros de acuerdo con los objetivos y contenido del RBIbis. En la relación contractual entre el huésped-consumidor y la PLAT el lugar de procedencia de los servicios sería equivalente al Estado miembro en el cual tiene su sede social la PLAT y el lugar de destino de los servicios sería el de la residencia del huésped no consumidor.

Adicionalmente, los foros especiales se encuentran al mismo nivel del foro general de domicilio del demandado[749], por tanto, el huésped no-consumidor, también tendrá la opción de demandar a la PLAT en el domicilio de esta, que necesariamente deberá estar ubicado en un Estado miembro.

De acuerdo con el Art. 7.5 RBIbis si el litigio está relacionado con la explotación de sucursales, agencias o cualquier otro establecimiento, serán competentes los tribunales del Estado miembro donde se encuentren ubicados. Así las cosas, no es obligatorio demandar a la PLAT en su domicilio principal si el litigio es contra uno de sus establecimientos, pues se puede demandar en el Estado miembro donde esté ubicado este último. El TJUE en sentencia de 2018[750], indica que existen dos criterios para determinar si

---

746 DE MIGUEL ASENSIO, P.A, "*Derecho privado de Internet…*", *ob. cit.*, pp. 1020-1021

747 As. C-204/08, ECLI:EU:C:2009:439 de 9 de julio de 2009, *Peter Rehder* vs. *Air Baltic Corporation*, FJ 41-42.

748 As. C-381/08, ECLI:EU:C:2010:90 de 25 de febrero de 2010, *Car Trim GmbH* vs. *KeySafety Systems Srl*, FJ 58-61.

749 RODRÍGUEZ BENOT, A., *ob. cit.*, p. 60.

750 As. C-27/17, ECLI:EU:C:2018:533 de 5 de julio de 2018, *AB flyLAL-Lithuanian Airlines*, en liquidación, *vs Starptautiskā lidosta "Rīga" VAS, Air Baltic Corporation AS, ŽIA Valda AB, VA Reals AB, Lietuvos Respublikos konkurencijos taryba*, FJ 59.

un litigio relativo a la explotación de una sucursal tiene alguna conexión con un Estado miembro, el primero que el término sucursal debe referirse a un centro de operaciones permanente de la matriz con una dirección y organización que permitan negociar con esta de manera autónoma a la matriz, y el segundo que el litigio debe estar referido a los actos de comercio en relación con la explotación de esa sucursal.

De acuerdo con lo anterior, se señala que las opciones del huésped no consumidor son múltiples dependiendo del caso concreto, pero en todo caso menos favorables que las del huésped-consumidor[751]. La pluralidad de opciones del huésped no consumidor se configura cuando no se pacta una cláusula de competencia y se ha de recurrir a los foros especiales del Art. 7.1 o 7.5 RBIbis de acuerdo con las circunstancias del caso, o al foro general del domicilio del demandado. Sin embargo, si existe sumisión, el huésped no consumidor no tiene otra opción que obedecer las cláusulas que ha pactado, en contraste, el huésped-consumidor tiene la comodidad de demandar en un entorno conocido, su propio domicilio, frente al huésped no consumidor que depende del lugar de prestación de los servicios o del domicilio del establecimiento de comercio principal o secundario de la PLAT para presentar la demanda. Respecto de la PLAT, esta tiene las mismas condiciones que el huésped no consumidor, debido a que ya no hay protección a la parte débil y las partes pueden presentar sus demandas siguiendo los mismos foros.

4.2. Foro para el huésped-consumidor frente al anfitrión

Respecto del huésped-consumidor frente al anfitrión, esta se trata de una relación jurídica totalmente diferente que no involucra a la PLAT, que se materializa en un contrato de arrendamiento, tal como se mencionó en

---

751 Si bien es cierto que el huésped no consumidor como parte contractual regular tiene varias opciones, como se ha plasmado en este apartado, estas opciones de foro han sido desarrolladas en parte por el RBIbis y en parte por la jurisprudencia del TJUE, y dependen de varios factores de análisis para determinar la respuesta correcta de foro, o por lo menos justificarla de manera acertada en un litigio. Adicionalmente, los foros de protección del RBIbis respecto del consumidor tienen una ventaja adicional respecto a los foros especiales, su especificidad, pues no están determinados por la clase de contrato, siempre que sea de consumo, y tampoco se menciona el lugar de cumplimiento del contrato como factor para determinar la competencia, asunto que, en la contratación en línea no es fácil de resolver.

el capítulo II. En este punto mencionaremos brevemente los foros a los que tiene derecho en el RBIbis el huésped-arrendatario frente a su arrendador, el anfitrión, en aras de mostrar de manera global todo el escenario judicial al que pueden recurrir los huéspedes-consumidores.

Lo primero que hay que señalar es que, como se trata de un contrato de arrendamiento será aplicable el Art. 24.1 RBIbis que establece como foro exclusivo el del lugar donde el inmueble se encuentra situado cuando se trata de contratos de arrendamiento, pero ha de señalarse que el inmueble debe estar situado en un Estado miembro de la UE, para que los tribunales de estos Estados sean competentes[752]. Sin embargo, también ha de tenerse en cuenta que en este mismo Art. se indica que cuando la duración del contrato de arrendamiento para uso particular sea de hasta seis meses consecutivos, también son competentes los tribunales del Estado miembro en el que el demandado tenga su domicilio cuando el arrendatario sea una persona física, y tenga su domicilio en el mismo Estado miembro de que el propietario. Por último, ha de tenerse en cuenta que las competencias exclusivas prevalecen sobre los acuerdos de competencia judicial internacional celebrados entre las partes y sobre la sumisión táctica, siendo entonces los foros del Art. 24 RBIbis la respuesta correcta sobre competencia judicial internacional en el RBIbis para las controversias que surjan del contrato de arrendamiento existente entre el anfitrión y el huésped[753].

4.3. Demandar de manera conjunta al anfitrión y a la PLAT

La línea divisoria que establece las pretensiones que pueden ser exigidas por el huésped-consumidor tanto al anfitrión como a la plataforma dentro de un procedimiento de reclamación judicial no se encuentra claramente establecida, y, por tanto, es imperativo indicar un escenario de reclamación que permita contemplar esta posibilidad en el escenario del DIPr, y analizar si es permitido por las reglas de competencia judicial internacional del RBIbis que tal reclamación con pluralidad de demandados

---

752 FONT I MAS, M., "Los contratos internacionales de alojamiento de vivienda de uso turístico en la economía "colaborativa" de plataformas digitales", en: JIMÉNEZ BLANCO, P., ESPINIELLA MENÉNDEZ, A. (dirs.), *Nuevos escenarios del derecho internacional privado de la contratación*, Valencia, 1ª ed., Tirant lo Blanch, 2021, pp. 504-505.

753 *Ibídem.*

pueda si quiera plantearse en el contexto de la relación tripartita entre la PLAT, el anfitrión y el huésped.

El Art. 8 RBIbis contempla la posibilidad de que, si existen varios demandados, la demanda puede presentarse en el domicilio de cualquiera de ellos, siempre que su domicilio se encuentre en un Estado miembro[754], y que las demandas estén vinculadas entre sí por una relación tan "estrecha" que es conveniente resolver la controversia de manera conjunta para evitar fallos contradictorios de jueces diferentes.

La connotación a una relación "estrecha", se refiere a una conexión[755] entre los hechos, actores y pretensiones de la demanda en la que una decisión judicial tomada un mismo juez en un proceso único, es la mejor opción para resolver la controversia de manera definitiva, y se cumpliría una de las metas principales de una correcta administración de justicia; honrar el principio de economía procesal[756] y con ello disminuir la posibilidad de que se inicien y culminen procedimientos paralelos[757]. La conexión también debe existir entre los demandados de manera previa al litigio[758], aunque tal estipulación no se encuentre expresamente establecida en el texto del RBIbis, el TJUE[759] y la doctrina han indicado que es necesario tal

---

754 O en Dinamarca, en virtud del tratado suscrito con ese Estado; GARCIMARTÍN ALFÉREZ, F.J., SÁNCHEZ, S., *"El nuevo Reglamento Bruselas I:...", ob. cit.*, p. 11. En caso de que el domicilio de los demandados se encuentre en un tercer Estado, aunque se trate de solo uno de ellos, ya no sería aplicable el artículo 8 RBIbis y serían los derechos autónomos de los Estados miembros y no el RBIbis quien determine como enfrentarse a este supuesto procesal. CAMPUZANO DÍAZ, B., "El TJUE de nuevo con la con el foro de la pluralidad de demandados, nota a la sentencia de I de diciembre de 2011 en el asunto Painer", *Cuadernos de Derecho Transnacional*, vol. 4, núm. 1, 2012, p. 247.

755 ONANDIA CAÑAS, I., "La acción colectiva en la Unión Europea: ¿es posible encajarla en el Reglamento de Bruselas I Bis?, *Revista Jurídica de la Universidad Autónoma de Madrid,* núm. 39, 2019, p. 315.

756 As. C-462/06, ECLI:EU:C:2008:299, de 22 de mayo de 2008, *Glaxosmithkline, Laboratoires Glaxosmithkline* vs. *Jean-Pierre Rouard*, FJ 27.

757 As. C-145/10, ECLI:EU:C:2011:798, de 1 de diciembre de 2011, *Eva-Maria Painer* vs. *Standard VerlagsGmbH* y otros, FJ 77.

758 HERNÁNDEZ RODRÍGUEZ, A., "Spanish courts and Private International Law: Central Santa Lucía v. Meliá Hoteles case. history of an obvious disagreement... (to be continued)", *Cuadernos de Derecho Transnacional*, vol. 13, núm 1, 2021, p. 352.

759 As. C-352/13, ECLI:EU:C:2015:335, de 21 de mayo de 2015, *Cartel Damage Claims (CDC) Hydrogen Peroxide SA* vs *Akzo Nobel NV* y otros, FJ 23.

conexión deba ocurrir para que se respete el principio de previsibilidad, y los posibles demandados puedan prever de manera razonable que podrán ser demandados en el Estado miembro en donde tiene su domicilio el otro demandado[760].

Lo estipulado en el Art. 8 RBIbis puede ser derogado por un acuerdo de elección de foro o un acuerdo arbitral, por tanto, si el demandante y uno o varios de los futuros demandados hayan suscrito este tipo de acuerdos, el demandante no está facultado por el Reglamento a presentar su reclamación judicial en el Estado miembro de domicilio de otro demandado, puesto que la atracción del foro en el litisconsorcio pasivo decae ante la autonomía de la voluntad, siempre que la elección de foro se haya pactado de manera anterior a la presentación de la demanda[761].

Si bien en la relación tripartita del huésped, el anfitrión y la plataforma, existe una estrecha conexión respecto del nacimiento y desarrollo de los contratos derivados de la actividad comercial de intermediación de la plataforma, esta conexión tiene algunos inconvenientes en materia de competencia judicial internacional de acuerdo con los parámetros del RBIbis, para sustentar la conformación de un litisconsorcio pasivo en el que la plataforma y el anfitrión actúen como demandados y el huésped como demandante.

La diferencia en la naturaleza de los contratos que involucran al huésped-consumidor uno de servicios (intermediación digital aunado al contrato de consumo si se reúnen los requisitos) y otro de arrendamiento, son clasificados en categorías diferentes de foros en el RBIbis, el primero de protección y el segundo como foro exclusivo, teniendo en cuenta que, estos prevalecen sobre la sumisión tácita y expresa y ambos son incompatibles con otros foros[762] como los especiales o el foro general del domicilio del demandado[763], quedando la posibilidad de establecer un litiscorsocio pasivo contemplado en el Art. 8.1 RBIbis, descartada.

---

760 HERNÁNDEZ RODRÍGUEZ, A., *ob. cit.*, p. 352.

761 GARCIMARTIN ALFÉREZ, F. J., "*Derecho Internacional...*", *ob. cit.*, p. 142.

762 CALVO CARAVACA, A-L., CARRASCOSA GONZÁLEZ, J., "*Derecho internacional privado...*", *ob. cit.*, pp. 796-800.

763 Uno de los foros que establecen en el Art. 18 RBIbis es el del domicilio del demandado, pero ello no se considera un foro general, si no que hace parte de manera global de los foros de protección al consumidor junto con el del domicilio de este último.

Adicionalmente, debe indicarse que, aunque existiera otra relación de consumo, es decir una adicional a la de la PLAT y el huésped, conformada por la relación huésped-anfitrión, es decir, en el contrato de arrendamiento, el foro exclusivo del Art. 24.1 RBIbis prevalece sobre los foros del Art. 18, puesto que, cuando se trata de un foro exclusivo no es aplicable la sección cuarta de "Competencia en materia de contratos celebrados por los consumidores", por tanto, el foro exclusivo prevalece y el arrendador deberá ser demandado en el lugar donde se halle sito el inmueble[764].

En todo caso, en una controversia internacional en material contractual sobre asuntos civiles o mercantiles en la que no se involucre un foro exclusivo, el litisconsorcio pasivo establecido en el Art. 8 RBIbis es una mera opción para el demandante, que siempre tiene la posibilidad de reclamar al demandado de manera autónoma[765], de acuerdo con los foros del RBIbis.

Visto lo anterior, no es posible que el huésped pueda demandar de manera conjunta al anfitrión y la plataforma de acuerdo con el RBIbis, pero nada le impide demandar a cada una de manera autónoma y simultánea de acuerdo con los parámetros del RBIbis, es decir, al arrendador en lugar donde se encuentra situado el inmueble[766] y a la PLAT en su domicilio o en el del consumidor si este cumple los requisitos para tener esta calidad de acuerdo con el Art. 17 RBIbis.

5. CONSIDERACIONES SOBRE EL DIPR EN LATINOAMÉRICA Y OPCIONES JUDICIALES PARA EL HUÉSPED-CONSUMIDOR

En Latinoamérica la respuesta a la atribución de competencia a un tribunal internacional está dada por las normas internacionales o internas que se encuentran establecidas por cada Estado. Particularmente, al no existir una unidad normativa, las normas de competencia judicial internacional en Latinoamérica pueden llegar a regular un reducido conjunto de

---

764 CARRIZO AGUADO, D., "Trampantojo de foros ante los profusos incumplimientos llevados a cabo por la compañía Ryanair en vuelos internacionales, *Cuadernos de Derecho Transnacional*, vol. 11, núm. 2, 2019, p. 504.

765 HERNÁNDEZ RODRÍGUEZ, A., *ob. cit.*, p. 352.

766 Como se ha mencionado anteriormente en caso de que se trate de un arrendamiento por 6 meses o menos de manera consecutiva, y el arrendador y arrendatario tengan su domicilio en el mismo Estado miembro, de acuerdo con el Art. 24.1 RBIbis son igualmente competentes los tribunales del Estado miembro donde esté domiciliado el demandado.

temas específicos de acuerdo con la materia, pero en ningún caso existe una norma general que aplique a todos los Estados y que nos indique fácilmente la respuesta sobre la atribución de competencia a unos tribunales específicos.

Adicionalmente, no es fácil encontrar una norma interna que regule de manera directa la competencia judicial internacional, sino que se suele atribuir competencia por materias o por territorios en la misma norma de competencia que regula la competencia judicial de manera doméstica[767].Visto lo anterior, no es posible trazar una hoja de ruta del Derecho internacional privado en Latinoamérica en la que se determine claramente la norma a aplicar, por ejemplo, de acuerdo a la naturaleza del contrato, el domicilio de las partes o cualquier otro parámetro utilizado comúnmente en Derecho de la UE para determinar la competencia judicial internacional.

Así las cosas, la determinación de la competencia judicial internacional en el contexto de Latinoamérica dependerá en el caso concreto de la escasa normativa internacional y de la regulación interna de cada Estado, teniendo en cuenta que la mayoría de los casos, no se regula de manera específica cómo proceder ante un conflicto con elemento extranjero. A lo cual debemos situarnos específicamente en la normativa del Estado en el que deseamos conocer cómo se regula la competencia judicial internacional, tal como se indicará más adelante en este capítulo, con Colombia, México, Argentina y Brasil.

5.1. Antecedentes de DIPr en Latinoamérica

A diferencia del Derecho internacional privado de la UE, el de Latinoamérica se caracteriza por su falta de unificación a nivel regional, su incipiente desarrollo[768], su adopción limitada[769] y su rol residual frente a la

---

767 OREJUDO PRIETO DE LOS MOZOS, P. "El Derecho Internacional Privado Colombiano ante la Ley Modelo OHADAC de DIPr", *AEDIPr*, t. XIII, 2013, p. 682.

768 Toda crítica al poco desarrollo del DIPr en Latinoamérica en comparación de la Unión Europea, debe partir de dos hechos: las diferencias fundamentales en las políticas de integración y la historia de cada continente, aunadas a la herencia europea que ha marcado las normas latinoamericanas, que ha dejado poco espacio a la originalidad en asuntos jurídicos coincidentes, HERNÁNDEZ-BRETON, E., "Personajes para una biografía del Derecho internacional privado latinoamericano", *Separata*, núm. 133, 2009, pp. 274-276.

769 La escasez en la ratificación de tratados de DIPr en Latinoamérica se debe a la visión históricamente proteccionista de la mayoría de los Estados latinoamerica-

prevalencia de las normativas internas de cada Estado. Lo anterior no indica que, no existan antecedentes de Derecho internacional privado, previos al siglo XXI, en los que se evidencia la intención de armonización y en algunos casos la creación de normas unificadas para los Estados Latinoamericanos[770], especialmente en materia civil y mercantil.

Es de aclarar que Latinoamérica está conformada por una gamma de Estados diversos[771], cuyo compromiso en la construcción de un DIPr uniforme es reciente, y ha prevalecido más la negociación que suscripción y ratificación o adhesión a tratados multilaterales. Por tanto, en Latinoamérica la máxima de "*la unificación jurídica es el fin de toda fuente internacional*"[772] no ha sido una prioridad de los Estados que la conforman, a diferencia de la UE, en la cual la unificación de las normas de DIPr ha sido constante en los últimos 30 años.

En el ámbito europeo antes de esa fecha ya existían algunos convenios y tratados de DIPr relevantes, como por ejemplo el Convenio de Bruselas de 1968, un nuevo interés hacia este tipo de Derecho se impone con el TFUE, que establece como objetivo de la Comunidad Europea desarrollar la cooperación judicial entre los Estados miembros. Sin embargo, la etapa más rele-

---

nos respecto a la prevalencia de sus propias normas nacionales, PEREZNIETO CASTRO, L., "Notas sobre el derecho internacional privado en América Latina", *Boletín Mexicano de Derecho Comparado nueva serie*, núm. 144, 2015, pp. 1069-1070.

770 JOVA, J., "Private Investment in Latin America: Renegotiating the Bargain", *Texas International Law Journal*, núm. 10, 1975, p. 467.

771 La clasificación de los Estados que conforman Latinoamérica no es pacífica, por cuanto es posible hacer clasificación desde diferentes frentes. Uno de ellos es el geográfico, realizado por las Naciones Unidas que cubre los 33 territorios que se encuentran ubicados en América del sur, América central y el Caribe. Sobre el particular véase https://www.un.org/es/hq/dgacm/regionalgrps.shtml. Fecha de consulta: 17 de abril de 2023. Sin embargo, debe tenerse en cuenta que algunos de estos territorios no son Estados soberanos como Puerto Rico, que es un Estado no incorporado de los Estados Unidos de América, así mismo, también existen territorios que hacen parte en diferentes niveles de Estados foráneos como Guyana francesa, Guadalupe, San Bartolomé, San Martín y San Pedro y Miquelón frente a Francia. El nivel de autonomía política y legislativa y procesos históricos de cada uno de estos territorios es particular, siendo complejo englobarlos en una misma categoría, en especial para un análisis sobre su intervención en el desarrollo del Derecho internacional privado en Latinoamérica debido a que no son Estados representativos del continente en materias de cooperación internacional y no hacen parte de tratados icónicos de DIPr en materia comercial o civil.

772 MATEUCCI, M., "Introduction à l'étude systématique du droit uniforme", *Recueil des Cours*, T. 91, 1957, pp. 388-389.

vante, que llevó a la europeización del Derecho internacional privado fue el Tratado de Ámsterdam de 1997[773], cuyo Art. 65 establece limitaciones para el legislador nacional respecto de DIPr, por cuanto le son restringidas las facultades de creación de normas de esta naturaleza, así como la suscripción y ratificación de tratados internacionales con Estados foráneos[774]. Así las cosas, los Estados nacionales ceden ante la UE su facultad de crear normas de DIPr sobre diversas materias como, por ejemplo, la competencia judicial internacional, el conflicto de leyes, el reconocimiento y ejecución de sentencias, etc[775]., creando así una forma efectiva y homogénea de aplicación de las normas de DIPr en los Estados miembros a través de instrumentos de la UE como reglamentos y directivas[776].

En contraste, en Latinoamérica los intentos de homogeneización del DIPr parten de tratados que abarcan de manera general grandes temas de DIPr, como los Tratados de Montevideo de 1889 y posteriormente el Código Bustamante[777], que no han logrado ser ratificados por todos los Estados y persistiendo la máxima que, ante una controversia con elemento internacional llamada a ser resuelta por el DIPr, son los derechos nacionales los que resultan aplicables tanto a una controversia de esta naturaleza como a disputas domésticas.

En Latinoamérica el DIPr se ha desarrollado debido a los procesos migratorios propios del continente y al auge progresivo del comercio internacional, lo cual se evidencia en la intervención histórica de algunos Estados exportadores de materias primas y con migración mayoritaria de países europeos en negociación de tratados de DIPr como el de Lima de 1878, que tuvo la intervención de Argentina, Ecuador, Bolivia, Chile, Costa Rica Perú y Venezuela[778].

---

773 *DO* núm. 340, de 10 de noviembre de 1997.

774 BORRÁS RODRÍGUEZ, A., "30 años de España en la Unión Europea su significado en el ámbito del Derecho internacional privado", *AEDIPr,* t. XVI, 2016, pp. 37-38.

775 BORRÁS RODRÍGUEZ, A., "Derecho internacional privado y Tratado de Ámsterdam", *REDI,* vol. 51, núm. 2, 1999, p. 423.

776 GOMES, E.B., WINTER, L.A., "Descolonialism and the Private International Law in Latin America: Developing New Paradigms", *Brazilian Journal of International Law,* núm 16, 2019, p. 245.

777 FERNÁNDEZ ROZAS, J.C., "La ordenación de las relaciones privadas internacionales a través de tratados en las postrimerías de su ciclo histórico", en: TORRES BERNÁRDEZ, S., FERNÁNDEZ ROZAS, J.C., y otros (coords.), *El Derecho internacional en el mundo multipolar del siglo XXI obra homenaje al profesor Luis Ignacio Sánchez Rodríguez,* Madrid, 1ª ed., Iprolex, 2013, p. 49.

778 PEREZNIETO CASTRO, L., *"Notas sobre el derecho internacional privado…", ob. cit.,* p. 1064. Es de aclarar que el Tratado de Lima de 1878 no tuvo efectos porque

De acuerdo con PEREZNIETO CASTRO, Latinoamérica ha tenido 4 etapas de desarrollo que se pueden resumir de la siguiente manera[779]:

Tabla 3

Primera etapa	Congreso de Montevideo de 1888-1889	Aprobación de ocho convenciones de varias ramas de Derecho internacional en especial: civil, mercantil, procesal y penal
Segunda etapa	Inicia con la Primera Conferencia Internacional Americana de 1889-1890, en la que se creó la Unión Internacional de las Repúblicas Americanas, y terminó con la Sexta Conferencia	Se aprobó el Código Bustamante, que fue ratificado por 15 países
Tercera etapa	Inicia con la Séptima Conferencia Internacional Americana, celebrada en Montevideo en 1933 y termina con la Octava Conferencia Internacional Americana de 1948, en la que se creó la Organización de Estados Americanos (OEA).	Se llevó a cabo la Segunda Conferencia de Montevideo (1939-1940), donde se aprobaron ocho tratados y un protocolo, con 8 países participantes
Cuarta etapa	Inició con la creación de la Comisión Interamericana Especializada en DIPr (CIDIP) y la celebración de las Conferencias Americanas Especializadas en DIPr en 1975, de las cuales se han celebrado siete ediciones. La última se llevó a cabo en 2009 en Washington.	Se llevó a cabo la séptima Conferencia Especializada en DIPr en 2009, sobre dos temas: 1) Protección al Consumidor-Ley Aplicable, Jurisdicción, y Restitución Monetarias y 2) Garantías mobiliarias. Sólo se aprobó el "Reglamento Modelo para el Registro en Virtud de la Ley Modelo Interamericana sobre Garantías Mobiliarias"

Creación propia

---

sólo fue ratificado por Perú, pero se considera el primer antecedente de Derecho internacional privado en Latinoamérica. Fue iniciativa del Congreso americano de jurisconsultos y su objetivo al realizar ese documento fue "uniformar la jurisprudencia de la América en lo que se refiere al Derecho internacional privado, que en la actualidad tiene mucha importancia por las comunicaciones y el incremento de los negocios mercantiles": CONGRESO AMERICANO DE JURISCONSULTOS, *Tratado para establecer en América reglas uniformes sobre Derecho internacional privado*, Lima, 1ª ed., Imprenta del Estado, 1878, p. 5.

779 La información de la tabla. 3 fue un resumen de información extraído de PEREZNIETO CASTRO, L., "*Notas sobre el derecho internacional privado…*", *ob. cit.*, pp. 1065-1066.

5.2. Breves antecedentes de competencia judicial internacional en Latinoamérica

El antecedente más importante de un tratado de competencia judicial internacional[780] ha sido el Código Bustamante, dictado en el año 1928 como preludio de la gran depresión, que fue creado como resultado de la Sexta Conferencia Internacional Americana[781]. El objetivo del Código Bustamante fue unificar las normas de Derecho internacional en los ámbitos civil, penal, mercantil y procesal, con la inclusión especial de la extradición[782], siendo a criterio de la doctrina de Derecho internacional el máximo logro de su época en el DIPr en Latinoamérica y la base o fuente principal de creación e interpretación instrumentos internacionales de posterior celebración[783].

En el proceso de negociación del Código Bustamante, participaron 21 países de América[784], pero sólo Colombia y Costa Rica suscribieron el tratado de manera global, con algunas reservas[785]. Respecto de las estipulacio-

---

[780] Es de mencionar que, el Tratado de Derecho Civil Internacional de Montevideo, de 12 de febrero de 1889 contempla algunas cuestiones sobre competencia judicial internacional, sin embargo, los temas que allí se tratan son materias muy específicas, tales como enajenación de bienes matrimoniales, medidas urgentes que conciernen a las relaciones personales entre cónyuges, ejercicio de la patria potestad, tutela, curatela y juicios de rendición de cuentas. Debido a las breves consideraciones sobre competencia de este tratado no puede ser considerado la base de la competencia judicial internacional en Latinoamérica y debe considerarse el Código Bustamante que abarca varios supuestos de jurisdicción.

[781] Texto completo disponible en: https://www.oas.org/juridico/spanish/mesicic3_ven_anexo3.pdf. Fecha de consulta: 15 de mayo de 2023.

[782] MONROY CABRA, G., *Derecho internacional privado,* Bogotá, 8ª ed., Editorial Temis, 2017, p. 59.

[783] PIÑEIRO Y DEL CUETO, C., "El Derecho internacional privado en el sistema interamericano-el Código Bustamante", *Revista Jurídica de la Universidad Interamericana de Puerto Rico,* vol. 21, núm. 3, 1986-1987, pp. 619-621.

[784] Perú, Uruguay, Panamá, Ecuador, México, El Salvador, Guatemala, Nicaragua, Bolivia, Venezuela, Colombia, Honduras, Costa Rica, Chile, Brasil, Argentina, Paraguay, Haití, República Dominicana, Estados Unidos de América y Cuba.

[785] Las reservas de estos Estados se referían al rechazo de la nacionalidad de las sociedades, la adopción de la ley del domicilio en lugar de la ley personal, que permite que una u otra sean aplicables dependiendo del caso y que al divorcio le fuese aplicable la ley del domicilio conyugal. Si bien el Código Bustamante fue suscrito por 20 Estados sólo fue ratificado por 15, los 4 Estados que no lo ratificaron fueron Colombia, Argentina, México, Paraguay y Uruguay; MONROY CABRA, G., "*Derecho internacional …*", *ob. cit.*, p. 59. En especial, podemos resaltar una de las reservas de la delegación de Argentina que resume la intención reticente de la

nes sobre competencia judicial internacional el título segundo del Código Bustamante en materia civil y mercantil le da prevalencia a lo estipulado por las partes tanto por sumisión expresa como sumisión tácita. Sin embargo, si no concurren circunstancias de sumisión el Código establece que el juez competente será el del lugar del cumplimiento de la obligación, o el del domicilio del demandado y subsidiariamente el de su residencia[786].

Veinte años después de la expedición del Código Bustamante[787]el Comité Jurídico de la Organización de los Estados Americanos, en adelante, OEA, intentó realizar la codificación de la totalidad de los temas pertene cientes al DIPr e incorporarlos al Código Bustamante[788] y a los tratados de Montevideo de 1889 y 1940, para cual se preparó un proyecto de Código, que no fue apoyado por la OEA. A partir de ese momento, el DIPr entró en una etapa de codificación por sectores de sus materias, etapa que continúa desarrollándose en la actualidad[789].

---

mayoría de los Estados americanos a ceder parte de su soberanía ante un tratado internacional que involucra repercusiones económicas considerables: "Entiende que la Codificación del Derecho Internacional Privado debe ser "gradual y progresiva", especialmente respecto de las instituciones que presentan en los Estados Americanos, identidad o analogía de caracteres fundamentales". Texto completo de las reservas de la República de Argentina disponibles en: https://www.oas.org/es/sla/ddi/tratados_multilaterales_interamericanos_A-31_Codigo_Bustamente_firmas.asp#Argentina. Fecha de consulta: 17 de mayo de 2023.

786 En los artículos siguientes se estipulan algunas excepciones a esta regla general en materia de acciones reales sobre bienes inmuebles, acciones mixtas de deslinde y división de la comunidad, en los juicios de testamentaría o *ab intestato*, en los concursos de acreedores y en las quiebras, en jurisdicción voluntaria, entre otros.

787 Este Código está en vigor aún para los Estados que lo ratificaron o se adhirieron a él, los cuales son: Las Bahamas, Bolivia, Brasil, Chile, Costa Rica, Cuba, Ecuador, El Salvador, Guatemala, Haití, Honduras, Nicaragua, Panamá, Perú, República Dominicana y Venezuela. Información disponible en: http://www.oas.org/es/sla/ddi/tratados_multilaterales_interamericanos_A31_Codigo_Bustamente_firmas.asp. Fecha de consulta: 20 de junio de 2023.

788 El Código Bustamante no ha unificado significativamente el DIPr de los países Latinoamericanos, y se ha aplicado menos de lo que se esperaba de los países que lo ratificaron, pero su mayor aporte ha sido el doctrinal, donde ha servido como parámetro de interpretación sobre disposiciones relativas a contratos, especialmente en lo referido a acuerdos sobre ley aplicable puesto que no prohíbe expresamente, pero tampoco existe un artículo que los regule de manera específica; VIAL UNDURRAGA, M.I., "International Contracts in Latin America: History of a Slow Pace towards the Acceptance of Party Autonomy in Choice of Law", *Revista de Derecho Privado,* núm. 38, 2020, pp. 257-258.

789 Véase: http://www.oas.org. Fecha de consulta 1 de abril de 2023.

En Latinoamérica el mecanismo regular para llevar a cabo un proyecto normativo de DIPr que pueda derivar en la suscripción de un tratado, tiene su origen en una conferencia de DIPr que permite a través de la reunión de representantes de varios Estados la discusión y negociación de temas de actualidad de DIPr[790]. Desde 1970 se han celebrado las Conferencias Interamericanas sobre Derecho Internacional Privado, en adelante, CIDIPs, que han tenido siete versiones en distintas ciudades de América siendo la primera que se celebró en ciudad de Panamá en 1975 y la última en Washington en 2009. En las CIDIPs se ha logrado suscribir 26 instrumentos de DIPr, que incluyen Protocolos, convenciones, documentos de uniformidad de conceptos y una Ley Modelo[791].

Respecto de competencia judicial internacional en las CIDIPs no se ha dado origen a un tratado sobre el tema, pues prevalece la construcción y negociación de instrumentos sobre derecho aplicable, que serán abordados en el capítulo V. de esta investigación. Sin embargo, existen dos antecedentes importantes sobre jurisdicción internacional; el primero una resolución aprobada en el 8 de febrero de 2002 en la sexta conferencia especializada interamericana sobre Derecho internacional que expone la necesidad de crear una regulación uniforme sobre Derecho aplicable y jurisdicción internacional competente en materia de responsabilidad civil extracontractual y establece que se realizará un estudio preliminar sobre los posibles foros de competencia frente a los cuales se puede demandar en relación con la favorabilidad y accesibilidad de su régimen legal para los demandantes, así como la conexión de los distintos foros con el objeto de la reclamación y con las leyes que puedan ser aplicables[792].

---

790 Es así cómo se llevó a cabo la suscripción del Código Bustamante y los tratados de Montevideo.

791 Disponible en: http://www.oas.org. Fecha de consulta: 1 de abril de 2023. Es de mencionar que en la CIDIP-VII/RES.1/09 se realizó una propuesta de Reglamento modelo para el registro en virtud de la Ley Modelo interamericana sobre garantías mobiliarias, el 9 de octubre de 2009, disponible en: http://www.oas.org/es/sla/ddi/docs/garantias_mobiliarias_Reglamento_Modelo.pdf. Fecha de consulta: 2 de septiembre de 2023.

792 Asamblea General de la OEA, CIDIP-VI/RES. 7/02 sobre ley aplicable y jurisdicción internacional competente en materia de responsabilidad civil extracontractual, 8 de febrero de 2002, disponible en: http://www.oas.org/es/sla/ddi/docs/CIDIP-VI_RES_7-02.pdf, Fecha de consulta: 1 de junio de 2023.

El segundo, tuvo su origen en la convocatoria para la CIDIP VII[793], realizada por la asamblea general de la OEA en la cual se aprobaron dos temas fundamentales después de realizar un estudio de las propuestas sugeridas por los Estados, por un lado, protección al consumidor: ley aplicable, jurisdicción, y restitución monetaria y por otro, garantías mobiliarias. Sin embargo, la CIDIP VII, sólo se enfocó en garantías mobiliarias, quedando la protección al consumidor como uno de los temas por considerar para la CIDIP VIII[794].

Las CIDIPs han sido el hilo conductor para la discusión y la codificación de normas de DIPr en Latinoamérica[795], sin embargo, es innegable que el alcance y repercusión de las CIDIPs es progresivo y los espacios temporales en los que se realiza son amplios si se tiene en cuenta la rápida evolución del comercio internacional, tanto así, que han pasado más de 10 años sin que se realice la siguiente versión, y no existe una fecha exacta de celebración.

Los elementos legales unificadores de DIPr y especialmente referidos a competencia judicial internacional en un sector como el mercantil, son clave para generar un mercado de inversión atractivo y garantizar seguridad jurídica a los posibles actores del comercio internacional. Su escasez en el contexto Latinoamericano trajo como consecuencia la creación de la Organización para la Armonización del Derecho Empresarial en el Caribe, en adelante, OHADAC[796], que replicó el modelo de la Organización para la Armonización del Derecho Empresarial en África (OHADA) y cuenta con la participación de 31 Estados Caribeños[797].

---

793 Asamblea General de la OEA, RES. 2065 (XXXV-O/05) sobre los temas a tratar en la séptima conferencia especializada interamericana sobre Derecho internacional privado, 7 de junio de 2005, Disponible en: http://www.oas.org/es/sla/ddi/docs/AG-RES_2065_XXXV-O-05_esp.pdf. Fecha de consulta: 1 de abril de 2023.

794 El temario de la CIDIP-VII que no fue tratado sería reconsiderado para la CIDIP-VIII. Consejo Permanente de la OEA, Selección de temas para una posible octava conferencia especializada interamericana sobre Derecho internacional privado, 29 noviembre 2011, p. 2, disponible en http://www.oas.org/consejo/sp/CAJP/dip.asp#CIDIP-VIII. Fecha de consulta: 1 de junio de 2023.

795 SIQUEIROS, J.L., "La Conferencia de la Haya y la perspectiva Latinoamericana", *Boletín de la facultad de Derecho UNED Madrid*, núm. 16, 2000, p. 222.

796 La OHADAC es dirigida por ACP LEGAL, con sede en Isla de Guadalupe.

797 Antigua y Barbuda, Antillas Holandesas, Bahamas, Barbados, Belice, Bermuda, Colombia, Costa Rica, Cuba, Dominica, Granada, Guadalupe, Guatemala, Guyana, Guyana francesa, Haití, Honduras, Jamaica, Martinica, México, Montserrat,

El objetivo de la OHADAC es consolidar la integración económica de la región Caribe y ayudar en la creación de una ley común que sea respetada y reconocida en el ámbito internacional y en crecimiento progresivo de la confianza de los inversores extranjeros[798],

Para lograr este fin la OHADAC creó un anteproyecto de Ley Modelo en el año 2014 que incluye especiales consideraciones sobre competencia judicial internacional aplicada a los derechos del consumidor[799]. El proyecto de la OHADAC reúne a una sexta parte de los Estados que integran la Comunidad Internacional, y que suman 260 millones de habitantes[800]. Si bien el anteproyecto de Ley Modelo se encuentra disponible desde 2014, y fue elaborado teniendo cuidadosamente en cuenta las particularidades de los ordenamientos jurídicos involucrados[801] y normas de Derecho internacional privado foráneas al Caribe, aún se encuentra a la espera de aprobación en los países caribeños. La naturaleza jurídica de los principios OHADAC es considerada *soft law* y su objetivo como Ley Modelo es establecer un marco legal neutral que permita que las partes puedan incluir de manera parcial o total en sus contratos reglas que les proporcionen seguridad jurídica[802].

Este anteproyecto tiene elementos sobre protección al consumidor que fueron inspirados en el RBIbis. En primer lugar, porque la protección a la parte débil juega un papel importante por cuanto se establecen foros especiales para el consumidor, que podrá demandar ante cualquiera de los tribunales caribeños, siempre que se encuentre domiciliado en uno de los

---

Nicaragua, Panamá, Puerto Rico, República Dominicana, San Cristóbal y Nieves, San Vicente, Las Granadinas, Saint Lucia, Surinam, Trinidad y Tobago y Venezuela. Información disponible en: http://www.ohadac.com/article/2/ohadac-y-acp-legal.html?lang=en. Fecha de consulta: 1 de septiembre de 2023.

798 Disponible en: http://www.ohadac.com/article/2/ohadac-y-acp-legal.html?lang=en. Fecha de consulta: 1 de septiembre de 2023.

799 Anteproyecto de Ley Modelo OHADAC relativa al Derecho internacional privado, Disponible en: http://www.ohadac.com/textes/5/89/capitulo-ii-foros-de-competencia.html. Fecha de consulta: 1 de septiembre de 2023.

800 SÁNCHEZ LORENZO, S.A., "OHADAC Strategies for the Harmonization of Business Law in the Caribbean", *AEDIPr,* t. X, 2010, p. 822.

801 ZÚÑIGA, J.G., "Deficiencies in the Internal Rules of Law Applicable to International Contracts, in the Countries Member of the Pacific Alliance", *AEDIPr,* t. VIII, 2018, p. 612.

802 BERMÚDEZ ABREU, Y., ESIS VILLARROEL, I., "Hacia la armonización del derecho mercantil en el Caribe: los Principios OHADAC sobre los contratos comerciales internacionales", *Revista de Derecho Privado,* núm. 41, 2021, p. 203.

países del Caribe, y el profesional ejerza sus actividades comerciales en el Caribe o dirija por cualquier medio sus actividades hacia ese territorio y el contrato estuviese comprendido dentro de estas actividades[803].

Es de aclarar que el RBIbis establece que las actividades dirigidas deben enfocarse hacia el Estado miembro del domicilio del consumidor, pero la Ley Modelo indica que basta con que las actividades sean dirigidas hacia el Caribe, lo cual crea un rango de protección mucho más amplio, por cuanto el consumidor puede estar domiciliado en un Estado del Caribe al cual el profesional no dirija sus actividades comerciales, pero una vez se realice la contratación, el consumidor podría reclamar judicialmente, sus pretensiones ante un juez de su propio Estado, sólo porque el profesional dirija sus actividades a uno o alguno de los restantes 31 Estados que conforman el Caribe de acuerdo a la OHADAC[804].

Esta protección extendida puede traer problemas de interpretación, debido a que el concepto de actividades dirigidas y qué se puede entender por indicios de estas circunstancias no ha sido exhaustivamente delimitado ni siquiera por el Tribunal de Justicia de la Unión Europea, que ha solucionado cuestiones prejudiciales al respecto de la interpretación e implicaciones del término indicio, tal y como se mencionó anteriormente en este capítulo.

Por tanto, implementar por primera vez un sistema uniforme de DIPr en Latinoamérica respecto de competencia judicial internacional que permita al consumidor demandar al profesional frente a cualquier tribunal del Caribe cuando es posible que las actividades no se encuentren dirigidas a su Estado de domicilio, puede resultar contrario a los objetivos de la Ley

---

803 Redacción y contenido inspirado en Art. 17.1. c). del RBIbis.

804 Es de aclarar que el anteproyecto de Ley Modelo de Derecho Internacional Privado se encuentra en etapa preliminar de negociación, por tanto, el escenario que se plantea sobre la protección del consumidor en los Estados del Caribe sería posible siempre que el anteproyecto trascendiera a tratado multilateral y fuese aprobado y ratificado por los países participantes. Sin embargo, si la aceptación y ratificación de la Ley Modelo fuese una realidad, la protección al consumidor sobrepasaría la del RBIbis debido a que bastaría con que el profesional dirigiera sus actividades a uno de los Estados parte, lo cual permitiría que el consumidor pudiera presentar la demanda en su propio domicilio, aunque se trate del Estado al que el profesional no dirige sus actividades comerciales. También es posible que la Ley Modelo pudiera ser adaptada como Derecho interno de cada Estado, para lo cual la expresión tribunales caribeños, pueda ser reemplazada por los tribunales propios de cada Estado.

Modelo que implica generar seguridad jurídica e inversión internacional y limitar la oferta comercial extranjera. Cuando no pueda demostrarse los elementos de las actividades dirigidas hacia el Caribe, la Ley Modelo, indica que los tribunales caribeños serán competentes respecto de las obligaciones contractuales, cuando estas hayan nacido o deban cumplirse en el Caribe[805].

Es de aclarar que, estos foros de protección para el consumidor sólo entrarían en vigor cuando no se hubiesen realizado acuerdos de sumisión expresa o no se den circunstancias de sumisión tácita. La Ley Modelo sigue entonces la línea de Código Bustamante en la cual prevalecen los pactos de las partes frente a los foros específicos por razón de materia o la naturaleza de las partes[806], como es el caso del consumidor.

Respecto de la sumisión expresa y tácita, la Ley Modelo OHADAC establece que, una vez realizado el pacto entre las partes, los tribunales que elijan como competentes tendrán el estatus de competencia exclusiva. Estos pactos entre las partes sólo serán válidos y por tanto competentes los tribunales caribeños, cuando el consumidor sea demandante, el acuerdo se realice de manera posterior al litigio o ambos contratantes tuviesen su domicilio en el Caribe al momento de la celebración del contrato.

En el texto comentado de la Ley Modelo, se indica que se ha tenido especial consideración al consumidor, debido al incremento del turismo extranjero, que tiene repercusiones en la economía nacional de los países caribeños. La contratación turística es entonces una dimensión del contrato de consumo, de la que deriva que el turista bajo esta denominación tenga derechos específicos y una posición de privilegio frente al empresario[807]. Esta concepción proteccionista del consumidor es también compartida por la UE, pero con la diferencia que el RBIbis no es dispositivo y los foros del consumidor en el RBIbis no protegen a los turistas que no tienen

---

805 Art. 14. Anteproyecto de Ley Modelo.

806 Se aclara que la Ley Modelo no permite la prórroga de la competencia cuando se trata de competencias exclusivas o derechos de la persona o de la familia (Arts. 9 y 13), en ninguno de los cuales es mencionado el consumidor.

807 Ley Modelo OHADAC de Derecho internacional privado texto articulado comentado para promover un debate abril, 2014, disponible en: https://www.ohadac.com/textes/5/anteproyecto-de-ley-modelo-ohadac-relativa-al-derecho-internacional-privado.html, pp. 33-34. Fecha de consulta: 1 de septiembre de 2023.

domicilio en la UE, como pareciera ser la intención del anteproyecto de la Ley Modelo[808].

Visto lo anterior podemos decir que la unificación del DIPr Latinoamericano en especial lo referido a competencia judicial internacional, se encuentra en proceso de construcción. Si bien existen algunos convenios multilaterales, y los múltiples esfuerzos de armonización del DIPr, para establecer cuál es la competencia judicial internacional en el caso concreto debemos revisar el sistema de Derecho internacional privado del Estado específico al cual queremos atribuir competencia.

A continuación, revisaremos este sistema en Colombia, México, Argentina y Brasil[809], con el fin sentar las bases del análisis sobre las opciones de reclamación judicial de los huéspedes-consumidores con domicilio tanto en la UE como en la Latinoamérica frente a la PLAT ubicada en algún país de América Latina o con sede en un Estado miembro de la UE. Es necesario indicar que cada uno de los Estados latinoamericanos tiene una tradición jurídica, y un sistema político diferente que influye en la adaptación o aprobación de las normas de DIPr.

Estas precisiones son necesarias debido a que, en la Unión Europea si bien existe una pluralidad de Estados con sistemas de Derecho distintos[810], el RBIbis se aplica a todos los Estados miembros, con la excepción ya mencionada de Dinamarca, mientras que en Latinoamérica la suscripción de tratados y convenios depende de la voluntad del Estado participante y

---

808 Así las cosas, bajo este Anteproyecto de la Ley Modelo, un turista con domicilio en la UE y con estatus de consumidor podría demandar a un profesional con domicilio en Colombia, en ese Estado, si han acordado la competencia de los tribunales caribeños, y este acuerdo tendrá el estatus de competencia exclusiva de acuerdo con la Ley Modelo.

809 Anteriormente se había señalado que la elección de estos países como objeto de estudio en Latinoamérica se debía a su actual o potencial rol como potencia turística en ese lugar (véase el apartado 6. del capítulo II.), sin embargo, también es pertinente aclarar que son Estados con un desarrollo importante del Derecho internacional privado, tanto en suscripción de convenios, investigación, la implementación de cátedras especializadas y la impartición de seminarios y conferencias sobre el particular; PEREZNIETO CASTRO, L., "*Notas sobre el derecho internacional privado...*", *ob. cit.*, pp. 1073-1079.

810 La armonización del Derecho de consumo de la UE se ha llevado a cabo a través de directivas, que, mediante su transposición en los Estados miembros, tiene como objetivo garantizar la protección del consumidor y expandir el desarrollo del mercado interno. MORAIS CARVALHO, J., "La protección de los consumidores en la Unión Europea: ¿mito o realidad?, *Criterio jurídico*, núm. 6, 2006, p. 257.

esta voluntad puede estar influenciada por la dificultad en aplicabilidad de normas foráneas dentro de su sistema jurídico, porque históricamente no ha habido un antecedente, porque existen leyes locales contradictorias al respecto, porque no existe un órgano supranacional que interprete las normas a aplicar, porque la jerarquía de los tratados internacionales puede depender de la materia de acuerdo con cada ordenamiento jurídico, en especial los relativos a Derechos Humanos[811], entre otros.

Por tanto, en los siguientes apartados se expondrá brevemente el panorama de DIPr de Colombia, México, Argentina y Brasil respecto a tratados y normas internas referentes a competencia judicial internacional que puedan ser aplicables para determinar los foros de competencia para el huésped-consumidor en una controversia contra la PLAT en estos ordenamientos jurídicos, tomando especial consideración en la jerarquía de los tratados y las leyes en cada sistema de DIPr, el desuso de algunas normativas internacionales, su aplicabilidad y la respuesta del derecho interno para determinar la competencia cuando existe una controversia internacional en materia de consumidores.

5.3. Colombia: La primacía de la competencia territorial

La Corte Constitucional de Colombia[812] estableció que los tratados internacionales económicos, de inversión o comerciales no tienen jerarquía normativa superior ni constituyen parámetros de constitucionalidad[813],

---

811 GÓNGORA MERA, M.E., "La difusión del bloque de constitucionalidad en la jurisprudencia latinoamericana y su potencial en la construcción del *ius constitucionale commune* Latinoamérica", en: FIX FIERRO, H., BOGDANDY, A.V., MORALES ANTONIAZZI, M., *Ius constitucionale commune en América Latina. Rasgos, potencialidades y desafíos,* México, 1ª ed., UNAM, Instituto de Investigaciones Jurídicas, 2016, pp. 303-304.

812 La Corte Constitucional es la institución que interpreta los preceptos constitucionales y garantiza su efectividad, la Constitución es el texto legal de más alta jerarquía en Colombia y se salvaguarda mediante esta garantía jurisdiccional; JARAMILLO DUQUE, M.D., "La Constitución Política de 1991 y su fuerza normativa: una visión crítica", en: RODRÍGUEZ VILLABONA, A.A. (ed.), *Veinticinco años de la Constitución (1991-2016). Debates constitucionales y perspectivas constituyentes,* Bogotá, 1ªed., Universidad Nacional de Colombia, 2018, pp. 192-193.

813 Una vez ratificados por Colombia, los tratados internacionales pasan a ser parte del bloque de constitucionalidad, que se trata de un concepto de origen francés que indica que existen normas constitucionales que, si bien no aparecen directamente en la Constitución Política, tienen este estatus y deben ser aplicadas con

como sí lo tienen los tratados sobre derechos humanos, por tanto, no hacen parte del bloque de constitucionalidad y tienen la misma jerarquía de las leyes ordinarias[814].

Visto lo anterior, debemos tener en cuenta que los tratados internacionales que regulan las materias de competencia judicial internacional en temas mercantiles, y que pueden servir de base para un análisis sobre a cuáles tribunales puede acudir el huésped-consumidor, tienen la misma jerarquía que las leyes internas, y, el consumidor sólo podría invocar aquellas y desplazar las leyes colombianas cuando éstas mejoren su situación[815], en este caso sería cuando los tratados internacionales le dieran aún más opciones de foro que las leyes internas.

Esta jerarquía legal de los tratados internacionales de acuerdo con la materia es un punto de desconexión entre el ordenamiento jurídico colombiano y los Estados que conforman la UE, pues mientras que en la Unión el Derecho interno es la *última ratio* frente a la normativa de la UE y tratados internacionales, en Colombia el derecho interno prevalece a menos que las partes atribuyan competencia a otros tribunales o que el demandante pudiese acreditar que una ley que determine la competencia judicial distinta a la del Estado de su domicilio, Colombia, le es aplicable y más favorable.

Así las cosas, respecto a la competencia judicial internacional, Colombia ha suscrito algunos tratados de DIPr respecto a temas judiciales[816], pero ha

---

preferencia a las leyes de menor categoría; UPRIMNY YEPES, R., "El bloque de constitucionalidad en Colombia. Un análisis jurisprudencial y un ensayo de sistematización doctrinal", en: VALENCIA VILLA, A., (dir.), *Compilación de jurisprudencia y doctrina nacional e internacional,* Bogotá, 1ª ed., Nuevas ediciones Ltda., 2002, pp. 100-101.

814 Sentencia C-446 de 2009 de 8 de julio, Corte Constitucional de Colombia, "Tratado de libre comercio con El Salvador, Guatemala y Honduras y canjes de notas de corrección de anexo del capítulo relativo al trato nacional y acceso de mercancías", disponible en: https://www.corteconstitucional.gov.co/relatoria/2009/C-446-09.htm.

815 Este análisis es doctrinal y no legal, véase OREJUDO PRIETO DE LOS MOZOS, P., *ob. cit.,* p. 684.

816 Para visualizar el panorama de Derecho internacional de Colombia es pertinente señalar que un área que también se encuentra bajo la esfera del DIPr y tiene relación directa con la competencia judicial internacional, es la cooperación judicial internacional que tampoco tiene una extensa proliferación a lo largo de la historia de este Estado. Sobre el particular, Colombia ha suscrito 10 tratados multilate-

de aclararse que son escasos y no conceden en su mayoría una respuesta global sobre cuál es el juez al que debe acudirse en caso de controversia entre dos personas con domicilio en diferentes países y que deseen presentar la demanda en Colombia, por cuanto, este último, en estos temas, ha suscrito algún tratados bilateral que regula materias específicas y no grandes ramas de Derecho como veremos a continuación.

En materia de competencia judicial internacional Colombia ha suscrito un tratado bilateral con Ecuador y dos tratados multilaterales sobre el particular. En primer lugar, el Tratado sobre DIPr realizado en Quito el 18 de junio 1903[817] regula materias variadas; la ley que rige el estado y la capacidad jurídica de las personas, los bienes situados en la República y los contratos celebrados en el país extranjero, los matrimonios celebrados en el país extranjero y de los celebrados por los extranjeros en Colombia, la sucesión, de la competencia de los tribunales colombianos sobre actos jurídicos realizados fuera de Colombia, y sobre los celebrados por los extranjeros que no residen en ella, la ejecución de las sentencias y otros actos jurisdiccionales, la jurisdicción colombiana sobre delitos cometidos en Ecuador y sobre las legalizaciones de documentos extranjeros. Específicamente de competencia judicial internacional este tratado tiene consideraciones en su título cuarto, respecto de los jueces que son competentes en caso de presentarse una controversia que surja de una obligación de naturaleza contractual. La primera consideración es que las personas que tengan domicilio en Colombia o Ecuador pueden ser demandados cualquiera de los tribunales de los dos Estados, para el cumplimiento de los contratos celebrados en el otro Estado. En caso de no tener el domicilio en Colombia o Ecuador, también tienen derecho a presentar reclamación

---

rales con México, Perú, Costa Rica, Argentina, Chile, Estados Unidos, el Vaticano y España, de los cuales se encuentran vigentes 6 de ellos y tratan principalmente sobre temas de asistencia legal, obtención y práctica de pruebas y la ejecución de sentencias. Información disponible en: http://apw.cancilleria.gov.co/tratados/SitePages/BuscadorTratados.aspx?TemaId=11&Tipo=B. Fecha de consulta: 4 de abril de 2023. En tratados multilaterales Colombia ha suscrito 16 de los cuales se encuentran vigentes 13, y tratan mayoritariamente sobre recepción de pruebas en el extranjero, eficacia extraterritorial de sentencias y laudos arbitrales y la legalización de documentos extranjeros. Información disponible en: http://apw.cancilleria.gov.co/tratados/SitePages/BuscadorTratados.aspx?TemaId=11&Tipo=M. Fecha de consulta: 4 de abril de 2023.

817 Texto completo se encuentra disponible en: https://www.lexis.com.ec/biblioteca/tratado-derecho-internacional-privado-ecuador-colombia. Fecha de consulta: 1 de agosto de 2023.

judicial en los términos mencionados anteriormente si la contraparte del contrato es un nacional de Colombia o Ecuador o un extranjero que se encuentre domiciliado en cualquiera de estos dos Estados.

Adicionalmente, los extranjeros pueden ser demandados ante cualquiera de los tribunales de Colombia o Ecuador por obligaciones contraídas o que deban ejecutarse en los territorios de los Estados mencionados, así mismo, pueden ser demandados si poseen bienes en estos países, cuando el objeto de la demanda esté relacionado con esos bienes, o cuando se atribuya competencia a los tribunales colombianos o ecuatorianos por obligaciones contraídas en un tercer Estado.

Respecto de los dos tratados multilaterales[818] en competencia judicial internacional tenemos el primero de ellos es el Tratado de Montevideo de 1889 sobre Derecho civil internacional[819], que regula materias como matrimonio y divorcio, capacidad de las personas, patria potestad y tutelas, sucesión, acciones reales, existencia y disolución de sociedades civil, ley aplicable a obligaciones contractuales, entre otros. Este tratado tiene un título[820] especial para jurisdicción, en el que por materias determina los tribunales competentes para cada caso. Sin embargo, hay una consideración general para las acciones personales que indica que:

---

818 El segundo y último tratado multilateral relativo a competencia judicial internacional es la Convención Interamericana sobre obligaciones alimentarias que se encuentra vigente para Argentina, Belice, Bolivia, Brasil, Colombia, Costa Rica, Ecuador, Guatemala, México, Panamá, Paraguay, Perú y Uruguay.
Este tratado establece como competentes en el tema de reclamaciones alimentarias a los jueces tanto del lugar de domicilio o residencia del deudor o acreedor o del lugar en el cual el deudor posea bienes u obtenga beneficios económicos. Sin embargo, para el asunto específico de los contratos suscritos entre el huésped-consumidor y las PLAT, esta Convención no regula si quiera de manera general otras obligaciones distintas a las alimentarias y sólo sirve como marco de referencia para evidenciar los escasos tratados internacionales que regulan la competencia judicial internacional en el caso colombiano. Fecha de entrada en vigor 26 de agosto de 2010, disponible en: https://www.oas.org/juridico/spanish/firmas/b-54.html. Fecha de consulta: 6 de septiembre de 2023.

819 Este tratado multilateral se encuentra vigente para Argentina, Bolivia, Colombia, Paraguay, Perú y Uruguay. Texto completo se encuentra disponible en: http://www.secretariasenado.gov.co/senado/basedoc/ley_0033_1992.html. Fecha de consulta: 1 de agosto de 2023.

820 Título XIV, Arts. 56-67, Tratado de Montevideo de 1889 sobre Derecho Civil Internacional.

"Las acciones personales deben entablarse ante los jueces del lugar a cuya ley este sujeto el acto jurídico materia de juicio. Podrán entablarse igualmente ante los jueces de domicilio de demandado"[821].

La doctrina clásica de Derecho civil clasifica los derechos en reales y personales, teniendo en cuenta que los primeros recaen sobre un objeto específico, y los segundos, recaen sobre una relación jurídica entre dos personas en la que una de ellas tiene el derecho de exigir que la otra cumpla o se abstenga de una obligación de dar o de hacer[822].

El Tratado de Montevideo de 1889 sobre Derecho civil internacional aplicado a los contratos de servicios suscritos entre las PLAT y el huésped-consumidor, debe hacerse con precaución, por cuanto, aunque se trata de una norma antigua que continua vigente[823], los elementos relacionados a este contrato como contratación electrónica e incluso el contrato de consumo han sido legal y doctrinalmente desarrollados casi un siglo después de la expedición de esta norma. El término consumo, por ejemplo, fue introducido por primera vez el ordenamiento jurídico colombiano mediante el Acto Legislativo 1 de 1968, que reformó la Constitución política de 1886[824], y por medio del cual el tratamiento de los derechos del consumidor se incluyó de manera muy básica dentro de los deberes sociales del Estado[825]. Cualquier interpretación de este tratado debe tener en cuenta la barrera temporal que existe entre el momento de ratificación de esta

---

821 *Ibidem,* Art. 56.

822 MONROY CABRA, M., *Introducción al Derecho,* Bogotá, 14ª ed., Temis, 2006, p. 320, DÍEZ-PICAZO, L., GULLÓN, A., *Sistema de derecho civil,* Madrid, 9ª ed., Editorial Tecnos, 2016, p. 24. Adicionalmente los derechos reales son absolutos, es decir, oponibles respecto de todo el mundo, mientras que los personales son relativos, es decir que son exigibles a una o más personas determinadas; OSPINA FERNANDEZ, G. *Régimen general de las obligaciones,* Bogotá, 8ª ed., Temis, 2020, pp. 18-19.

823 La Corte Constitucional en sentencia C-276 de 1993, de 22 de julio de 1993 indicó que los Tratados de Montevideo de 1889 se encontraban ajustados a la Constitución y no han sido denunciados por el Estado colombiano, por tanto, la vinculación de Colombia a este instrumento continua vigente y es plena en el orden jurídico internacional, disponible en: https://www.corteconstitucional.gov.co/relatoria/1993/C-276-93.htm. Fecha de consulta: 12 de agosto de 2023.

824 Acto Legislativo 1 de 1968, de 11 de diciembre, por el cual se reforma la Constitución Política de Colombia, disponible en http://www.suin-juriscol.gov.co/viewDocument.asp?id=1825156. Fecha de consulta: 3 de septiembre de 2023.

825 QUINTERO GARCÍA, O., "Defensas administrativas y judiciales del consumidor. Del Decreto 3466 de 1982 a la Ley 1480 de 2011", *Revista E-Mercatoria,* vol. 13, núm. 1, 2014, pp. 93-94.

norma y los cambios progresivos en el escenario jurídico y social colombiano, por cuanto, las soluciones que prevé este tratado ante controversias de DIPr no se corresponden a la realidad del comercio actual, ni a las tendencias jurídicas y jurisprudenciales sobre temas de comercio transnacional, pero ello no le resta menos importancia al aporte de este tratado al sistema de DIPr de Colombia y tampoco cambia o menoscaba su vigencia[826].

Si aplicamos este tratado a los contratos de servicios suscritos entre la PLAT y el huésped-consumidor, se clasificarían en los derechos personales, teniendo en cuenta que la obligación de la plataforma es de "hacer", lo que le implica principalmente poner en contacto a dos personas; huésped y anfitrión, con el objetivo de recibir una retribución.

De acuerdo con el Tratado de Montevideo de 1889 sobre Derecho civil internacional, las acciones personales se entablan ante los jueces del lugar a cuya ley esté sujeto el acto jurídico materia de juicio o ante los jueces del domicilio del demandado. En el primer foro, pareciera ser en principio que la ley aplicable determina la competencia judicial internacional[827] y que si el acto jurídico está sujeto a las leyes de Argentina, Bolivia, Colombia, Paraguay, Perú o Uruguay el tribunal competente para resolver la controversia debería corresponder con ello.

El Art. 34 de este mismo tratado (Tratado de Montevideo de 1889 sobre Derecho civil internacional) indica que cuando se trate de contratos de prestación de servicios: a) Si recaen sobre cosas, por la ley del lugar donde ellas existían al tiempo de su celebración; b) Si su eficacia se relaciona con algún lugar especial, por la ley de aquel donde hayan de producir sus efectos; c) Fuera de estos casos, por la ley del lugar del domicilio del deudor al tiempo de la celebración del contrato.

Si aplicáramos estos artículos al contrato de servicios suscrito entre el huésped-consumidor y la PLAT, se eliminaría el literal a) y el b) ya que el contrato objeto de estudio es celebrado en línea y tiene plenos efectos desde que es suscrito por Internet, existiendo la imposibilidad relacionarlo a un lugar concreto en los términos del tratado.

---

826 MARTÍNEZ LUNA, W.F., "Límites a la elección del derecho aplicable al contrato internacional, a propósito de la propuesta de reforma al Código Civil Colombiano", *Revista de la Facultad de Derecho de México*, tomo LXXI, núm. 280, 2021, p. 693.

827 *Forum causae.* Véase a BORRÁS RODRÍGUEZ, A., LÉOPOLD DROZ, G.A., *E pluribus unum: liber amicorum Georges A.L. Droz: on the progressive unification of private international law=sur l'unification progressive du droit international privé*, La Haya, 1ª ed., Martinus Nijhoff Publishers, 1996, p. 44.

El literal c) podría ser de aplicación y valida que el huésped-consumidor demanda a la PLAT en el lugar donde esta tenga su domicilio social al momento de la celebración del contrato. El segundo foro que es permitido por el Art. 56 del Tratado de Montevideo de 1889 sobre Derecho civil internacional para presentar una acción personal es ante los jueces de domicilio de demandado, que de acuerdo con la norma permite la elección de cualquiera de los dos por la parte interesada. El domicilio del demandado es un foro general utilizado comúnmente en DIPr[828], incluida Latinoamérica[829], y en el caso del huésped-consumidor, coincide con el foro del literal c) del Art. 34, dejándonos el domicilio del demando como única opción en el escenario de una reclamación judicial en contra de una PLAT.

Visto el escenario internacional al cual nos enfrentamos en Colombia, podemos continuar con la regulación interna de la competencia judicial internacional. Este tipo de normas no se encuentran expresamente mencionadas en el ordenamiento jurídico colombiano, por tanto, se debe recurrir a las normas de competencia judicial general que se encuentran contenidas en el Código General del Proceso[830], en adelante CGP. El Art. 28 del CGP establece la competencia territorial de acuerdo con la naturaleza del proceso o del asunto. En materia contractual numeral 3 del Art. 28 indica que:

> "En los procesos originados en un negocio jurídico o que involucren títulos ejecutivos es también competente el juez del lugar de cumplimiento de cualquiera de las obligaciones. La estipulación de domicilio contractual para efectos judiciales se tendrá por no escrita".

De este numeral podemos extraer que, en temas contractuales el juez competente es el del lugar de cumplimiento de las obligaciones, y las partes no pueden estipular un domicilio judicial que no coincida con el domicilio real de cada una de ellas. En el contexto de las PLAT, podemos situar como un negocio jurídico el contrato suscrito entre el huésped-consumidor y

---

828 CARRASCOSA GONZÁLEZ, J., "Foro del domicilio del demandado…", *ob. cit.*, p. 117.

829 TELLECHEA BERGMAN, E., "La jurisdicción internacional como condición para el reconocimiento del fallo extranjero, necesidad de una nueva regulación en el ámbito interamericano", *Boletín Mexicano de Derecho Comparado*, vol. 49, núm. 146, 2016, p. 231.

830 Ley 1564 de 2012 de 12 de julio, Diario Oficial No. 48.489 de 12 de julio de 2012, por medio de la cual se expide el Código General del Proceso y se dictan otras disposiciones, disponible en https://www.funcionpublica.gov.co/eva/gestornormativo/norma.php?i=48425. Fecha de consulta: 20 de agosto de 2023.

la PLAT y en el caso que una de las partes desee demandar en Colombia, puede hacerlo por dos vías, una que el lugar de cumplimiento de las obligaciones sea este país[831], o que el domicilio de la PLAT ya sea principal o secundario se encuentre ubicado en ese Estado de acuerdo con el numeral 5 del Art. 28 del CGP[832]. Adicionalmente, para que los jueces colombianos sean competentes debe demostrarse que existe algún punto material de conexión entre las circunstancias de tiempo, modo y lugar que sustentan el proceso y el Estado colombiano[833].

Respecto a la sumisión expresa y tácita, no es posible asignar competencia a los tribunales colombianos cuando no se dan las circunstancias de conexión o no se materializan alguna de las condiciones de la competencia territorial. Por tanto, debe tenerse en cuenta que, en el contexto del contrato celebrado entre el huésped-consumidor y las PLAT, si se pacta la competencia de los tribunales colombianos en caso de conflicto, estos acuerdos serán válidos siempre que exista alguna conexión con Colombia, de lo contrario los jueces colombianos podrían declinar su competencia[834]. Debido a que en Colombia sólo existen normas de competencia territorial, podemos decir que hace falta un sistema jurídico que regule asuntos como la competencia judicial internacional[835], que son fundamentales para generar seguridad jurídica y consolidar un aparato judicial que permita someter la competencia a tribunales extranjeros con la misma validez y eficacia que a los tribunales nacionales.

En el ordenamiento jurídico colombiano al prevalecer las normas de competencia territorial en materia de competencia, no es imperativo ve-

---

831 Tomar como criterio para determinar la competencia el lugar de cumplimiento de un contrato virtual sin una disposición normativa específica en el CGP y sin antecedentes jurisprudenciales en el contexto de las PLAT sobre cómo identificar este lugar, puede ser la justificación para descartar este foro en un escenario judicial real.

832 En materia de responsabilidad civil extracontractual, las partes podría también recurrir al numeral 6. del Art. 28, que indica que también es competente el juez del lugar en donde sucedió el hecho.

833 ZULETA LONDOÑO, A., "Las cláusulas de selección de foro y selección de ley en la contratación internacional: una visión desde el Derecho internacional privado colombiano", *Revista de Derecho Privado*, núm. 44, 2010, p. 42.

834 MARÍN FUENTES, J.L., "La competencia judicial en Colombia, una mirada desde el Derecho internacional privado", *Revista de Derecho Privado: Cuarta Época*, núm. 9, 2016, p. 213.

835 OREJUDO PRIETO DE LOS MOZOS, P., *ob. cit.*, p. 683.

rificar el foro aplicable de acuerdo con el tratado de Montevideo de 1889 sobre Derecho civil internacional, aunque tenga la misma jerarquía de las normas internas de competencia judicial para establecer cuál prevalece, puesto que es poco factible que un juez colombiano asuma la competencia de un caso que no tenga conexión con Colombia, y que prefiera una norma internacional genérica y antigua sobre la colombiana de directa aplicación en un caso que involucra un asunto tan actual como es la contratación electrónica. Sin embargo, valga decir que el Tratado de Montevideo de 1889 sobre Derecho civil internacional continua vigente, aunque para el caso de las PLAT sea poco probable su aplicación.

Las PLAT estudiadas permiten la contratación desde el territorio de ese país y sólo dos de ellas tienen el dominio.co que indica que es especialmente creado para acceder desde Colombia. Estas plataformas son *Airbnb* y *Tripadvisor*[836]. Por último, se indica que únicamente la PLAT *Booking.com* tiene un establecimiento en territorio colombiano¸ *Booking.com Colombia S.A.S*[837].

5.4. México: Forum shopping ad intra

Una vez los tratados internacionales en el sistema federalista mexicano hacen parte del ordenamiento jurídico de ese país, estos deben aplicarse con preferencia a la ley federal y a la local, pero se encuentran jerárquicamente debajo de la Constitución[838]. Los tratados internacionales son un

---

836 Véase: https://www.airbnb.com.co/ y http://ww01.tripadvisor.com.co/Tripadvisor.com.co. Fecha de consulta de las PLAT referidas en este párrafo 17 de agosto de 2023.

837 Véase: https://www.booking.com/content/offices.es.html. Fecha de consulta: 19 de agosto de 2023.

838 La jerarquía de aplicación de las tratados no fue tarea fácil en México, puesto que si bien siempre ha prevalecido la Constitución como norma de normas, en sentencia de la Suprema Corte de Justicia del año 1992, este tribunal estableció que los tratados internacionales tenían la misma jerarquía que las leyes federales y locales, pero de manera posterior, en el año 1999, el alto tribunal adoptó el criterio que permanece hasta hoy, en el cual los tratados internacionales son jerárquicamente inferiores a la Constitución pero superiores a las leyes federales y locales, el criterio fue revisado y corroborado nuevamente en 2007. Amparo en revisión 1475/98. Sindicato Nacional de Controladores de Tránsito Aéreo. 11 de mayo de 1999 y Amparo en revisión 120/2002. McCain México, Sociedad Anónima de Capital Variable. 13 de febrero de 2007, disponible en: https://www.supremacorte.gob.mx/sites/default/files/versiones-taquigraficas/docu mento/2016-10-26/1999may3_0.pdf. Fecha de consulta: 5 de septiembre de 2023.

medidor de constitucionalidad de las leyes de menor jerarquía, y se han convertido en elementos normativos sustanciales[839] del ordenamiento jurídico mexicano[840].

Una vez establecida la jerarquía de los tratados internacionales y las leyes, es pertinente resaltar que, de acuerdo con la Secretaría de Economía del Gobierno de México, este Estado cuenta con:

> "Una red de 12 Tratados de Libre Comercio con 46 países (TLCs), 32 Acuerdos para la Promoción y Protección Recíproca de las Inversiones (APPRIs) con 33 países y 9 acuerdos de alcance limitado (Acuerdos de Complementación Económica y Acuerdos de Alcance Parcial) en el marco de la Asociación Latinoamericana de Integración (ALADI)"[841].

Lo anterior, evidencia que México es un Estado prolifero en materia comercial, en comparación con Colombia, por ejemplo, que sólo tiene 16 acuerdos comerciales internacionales en materia mercantil[842]. Esta progresión en materia comercial no fue un accidente, sin una decisión estratégica del Estado mexicano. Después de pasar 40 años con un sistema territorialista cerrado y de aislamiento hacia el DIPr[843], se inició con la suscripción y adhesión de tratados internacionales de contenido comercial y se tomó la decisión de modernizar el sistema jurídico[844].

---

839 DEL ROSARIO RODRÍGUEZ, M.F., "La supremacía constitucional y su evolución jurisprudencia en México", *Ars Iuris*, núm. 43, 2010, p. 35.

840 BECERRA RAMÍREZ, M., "Tratados internacionales se ubican jerárquicamente por encima de las leyes y en un segundo plano respecto de la constitución federal (amparo en revisión 1475/98)", *Revista Mexicana de Derecho*, núm. 3, 2000, p. 53.

841 Información disponible en: https://www.gob.mx/se/acciones-y-programas/comercio-exterior-paises-con-tratados-y-acuerdos-firmados-con-mexico. Fecha de consulta: 15 de mayo de 2020.

842 Información extraída del Informe del Ministerio de comercio de Colombia sobre los acuerdos comerciales vigentes de Colombia, disponible en: https://www.tlc.gov.co/acuerdos/vigente. Fecha de consulta: 11 de septiembre de 2023.

843 PEREZNIETO CASTRO, L. *Derecho internacional privado. Parte general,* México D.F., 10ª ed., Oxford University Press, 2015, pp. 27-28.

844 PEREZNIETO CASTRO hace referencia a las disposiciones espejo en materia comercial como la estrategia de modernización mexicana en materia de creación de normas comerciales teniendo en cuenta que son "reglas que, acordadas internacionalmente, son reproducidas internamente para asegurarse que la conducta del país en cuestión, al menos en materia de comercio, se desarrollara de acuerdo con dichas reglas". Véase PEREZNIETO CASTRO, L. "La revolución del Derecho internacional privado en el mundo de hoy", *Anuario Hispano Luso Americano de Derecho Internacional, vol. 21, 2013, pp. 408-409.* BORTON, J. H., *The evolution of the*

En tratados bilaterales de Derecho internacional México tiene más de trescientos tal y como establece su Cámara de Diputados, sin embargo, en materia de DIPr, no tiene ninguno que pueda de manera directa o indirecta establecer la competencia judicial internacional para contratos de servicio de naturaleza mercantil[845].

Respecto de tratados multilaterales de DIPr México tiene dieciocho, que principalmente regulan materias como; tratamiento legal a los extranjeros, cobro de alimentos, matrimonio, obtención de pruebas en el extranjero, conflictos de leyes, arbitraje, domicilio de personas físicas, sustracción internacional de menores, adopción, personalidad y capacidad de las personas jurídicas[846]. Sobre competencia judicial internacional sólo puede mencionarse el Convenio sobre Acuerdos de Elección de Foro de la Conferencia de La Haya de Derecho Internacional Privado[847], al que México se adhirió el 1 de octubre de 2015[848], que de acuerdo con su Art. 1 aplica "en situaciones internacionales a los acuerdos exclusivos de elección de foro que se celebren en materia civil y comercial", pero de acuerdo con su Art. 2.1 a) se excluyen de manera directa los acuerdos exclusivos de elección de foro en los que es parte un consumidor, y por tanto no puede aplicarse a la relación contractual entre la PLAT y el huésped-consumidor.

Una vez descartados los tratados internacionales como fuente para determinar la competencia judicial internacional para un contrato de servicios, pasemos al derecho interno mexicano, para lo cual es necesario recordar que México es un Estado federal. De acuerdo con GONZÁLEZ MARTIN, la clave para identificar cuales tribunales son los competentes

---

trade regime; politics, law and economics of the GATT and the WTO, Princeton, 1ª ed., Princeton University, 2008, p. 27.

845 Listado de tratados internacionales disponibles en: file:///C:/Users/User/Documents/MEXICO/list a%20todos%20los%20tratdos%20mexico.pdf y en http://www.diputados.gob.mx/Leyes Biblio/compila/ tratados.htm. Fecha de consulta 12 de agosto de 2023.

846 Información sobre los tratados aquí mencionados disponible en: https://www.gob.mx/se/acciones-y-programas/comercio-exterior-paises-con-tratados-y-acuerdos-firmados-con-mexico. Fecha de consulta 4 de septiembre de 2023.

847 Convenio sobre Acuerdos de Elección de Foro, hecho el 30 de junio de 2005, *Hague Conference on Private International Law*, disponible en: https://www.hcch.net/es/instruments/conventions/full-text/?cid=98. Fecha de consulta: 12 de junio de 2023.

848 Véase: https://www.hcch.net/es/instruments/conventions/status-table/?cid=98. Fecha de consulta: 18 de junio de 2023.

para conocer de un caso concreto en este Estado se encuentra en los Arts. 73 y 124 de la Constitución[849].

El Art. 73 establece las materias en las que el Congreso puede legislar, (en las que no se incluye la competencia judicial internacional en materia civil, por tanto, le corresponde a cada Estado establecerlas) y el Art. 124 indica que las facultades que no están expresamente asignadas a los funcionarios federales se entienden reservadas a los Estados.

Para determinar la competencia judicial internacional tenemos dos opciones, una de ellas se encuentra atribuida a una competencia federal y otra a cada Estado. La federal es el Código de Comercio que rige para todo el territorio mexicano y en la segunda, debemos recurrir a los Códigos de procedimiento civil de cada Estado, por tanto, el actor puede ejercer *forum shopping ad intra*[850], y decidir presentar la demanda en el Estado que más le favorezca a sus intereses[851].

En primer lugar, el Código de Comercio mexicano[852], indica que es válida a sumisión expresa y la tácita[853]. En el caso de la sumisión expresa el

---

849 GONZÁLEZ MARTÍN, N., RODRÍGUEZ JIMÉNEZ, S., *Derecho internacional privado: parte general*, México D.F., 1ª ed., Nostra: Universidad Nacional Autónoma de México, 2010, pp. 22-24.

850 *Ibidem*. p. 42.

851 Establecer la competencia judicial internacional mediante un sistema monista como el mexicano trae consigo desventajas, puesto que lo más eficiente sería establecer normas de competencia judicial internacional y en defecto de estas, normas de competencia judicial internas, lo anterior debido a que si los jueces civiles de todos los Estados federales mexicanos pueden ser competentes de conocer un caso específico se pueden presentar circunstancias fraudulentas respecto de litispendencia judicial y otros aspectos procesales; RODRÍGUEZ JIMÉNEZ, S., “Competencia judicial internacional. Dos aspectos para reflexionar”, *Revista de la Facultad de Derecho de México*, vol. 59, núm. 251, 2009, p. 339.

852 Código de Comercio mexicano, publicado en el Diario Oficial de la Federación del 7 de octubre al 13 de diciembre de 1889, disponible en: https://mexico.justia.com/federales/codigos/codigo-de-comercio/libro-quinto/titulo-primero/capitulo-viii/#articulo-1104. Fecha de consulta: 28 de julio de 2023.

853 Las causales de sumisión tácita las determina el Art. 1094 Código de Comercio mexicano, indican que esta se presenta cuando se contesta la demanda, se contesta la reconvención, cuando no interpone dentro del término las excepciones una vez haya sido notificado el demandado, el que presenta una demanda y desiste de ella, el que se involucra al proceso por medio de incidente o como tercero interesado, o el que sea llamado a juicio y pueda ofrecer pruebas e interponer recursos pero decida no hacerlo dentro de los plazos establecidos para ello.

Art. 1093 indica que las partes pueden renunciar al foro que por ley les corresponde y pactar como competentes en caso de controversia los tribunales de su domicilio, el lugar del cumplimiento de las obligaciones o el de la ubicación de la cosa. Las partes pueden elegir uno de estos foros o varios de ellos, y a la hora de presentar la demanda escoger el que le favorezca más al actor. Cuando no hay pactos entre las partes sobre competencia, o cuando no se presentan circunstancias de sumisión tácita a estos foros, el Art. 1104 del Código de Comercio mexicano determina que los foros en caso de conflicto tendrán un orden preferente. Primero, el del lugar que el demandado hubiese designado para ser requerido judicialmente de pago; y el segundo, el del lugar designado en el contrato para el cumplimiento de la obligación[854].

Vistas las consideraciones del Código de Comercio mexicano sobre competencia judicial, podemos establecer un punto en común y uno de diferenciación con el RBIbis. Respecto del primero, en ambas normas la sumisión expresa no es ilimitada, es decir que las partes no pueden elegir cualquier tribunal para que conozca de sus futuras controversias, pero con la previsión que en caso del RBIbis para que la cláusula sea válida, la limitación se circunscribe a materias determinadas, como los contratos de consumo, trabajo y seguros y las competencias exclusivas[855], en el caso del Código de Comercio mexicano el legislador indica de manera taxativa los foros a los que las partes pueden someterse por medio de pacto en materia de Derecho comercial en general[856], quedando la autonomía de la voluntad limitada a los foros que el legislador consideró indispensables.

Respecto del segundo, el punto de diferenciación lo trae el Art. 1104 del Código de Comercio mexicano, en el que se determina como foro principal, en caso de no configurarse la sumisión, el lugar en el demandado hubiese designado para ser requerido judicialmente de pago, que no

---

[854] También debe tenerse en cuenta el domicilio del deudor si se cumplen las condiciones especiales del Art. 1105, GONZÁLEZ, E., "The Hague Convention on Choice of Court Agreements of June 30, 2005: A Mexican View", *Southwestern Journal of Law and Trade in the Americas*, núm. 13, 2006-2007, p. 44.

[855] Las limitaciones a la autonomía de la voluntad en estas materias tampoco son absolutas, pues se prevén excepciones como las del Art. 19 RBIbis que si permite los pactos de competencia judicial en materia de consumo cuando el pacto cumple unos requisitos específicos. ESPINAR VICENTE, J.M., PAREDES PÉREZ J. I., "El régimen jurídico de las obligaciones…", *ob. cit.*, pp. 63-64.

[856] SILVA, J.A., *Compilación de estudios de Derecho internacional privado*, vol. II, Ciudad de Juárez, 1ª.ed., Universidad Autónoma de Ciudad de Juárez, 2020, pp. 882-883.

se contempla en el RBIbis ni para el consumidor, ni en otra materia contractual[857]. Adicionalmente, el que el foro del domicilio del demandado, que en caso de controversia suele ser la opción principal o por lo menos secundaria en materia contractual, fue relegado como tercera opción.

El Código de Comercio mexicano no hace ninguna referencia especial al consumidor o a los foros a los que este tiene derecho, por tanto, en caso de que, esta normativa sea de aplicación, el consumidor deberá ser tratado como una parte contractual ordinaria. Una vez visto lo señalado en el Código de Comercio mexicano, revisemos cuales foros establece el Código de Procedimiento Civil, pero al ser normativa autónoma de cada Estado, existen 32 Códigos de Procedimiento Civil con normativa específica sobre competencia judicial, por lo cual se tomará una muestra; Ciudad de México, en la cual la PLAT *Booking* tiene un establecimiento[858] y el del Estado de Jalisco que tiene dos de las ciudades más turísticas de México, Puerto Vallarta y Guadalajara[859], y que son destinaciones ideales para los huéspedes que contratan a través de las PLAT.

El Código Procesal Civil de la Ciudad de México indica en su Art. 149[860] que la competencia por razón del territorio y materia son las únicas que se pueden prorrogar[861]. Teniendo en cuenta esto, permite la sumisión en sus dos modalidades; la expresa cuando renuncian al juez que les corresponde por ley y establecen otro como competente, la tácita cuando el demandante presenta la demanda, aunque posteriormente la desista, cuando el

---

857 Si bien en el RBIbis, no se contempla un foro como este de forma expresa, el Art. 7 de competencias especiales indica que una persona domiciliada en un Estado miembro podrá ser demandada en otro Estado miembro en materia contractual, ante los tribunales del lugar se haya cumplido o deba cumplirse la obligación que sirva de base a la demanda; de manera que, si la base de la demanda es el pago, podría interpretarse que el RBIbis sí contempla este elemento de manera implícita y no expresa como el Código de Comercio mexicano.

858 Servicios Booking.com México S.A. de C.V., disponible en: https://www.booking.com/content/offi ces.es-mx.html. Fecha de consulta: 6 de septiembre de 2023.

859 Datos Extraídos de la Secretaría de Turismo de México, información disponible en: https://www.gob.mx/sectur. Fecha de consulta: 12 de agosto de 2023.

860 Código de Procedimientos Civiles para el Distrito Federal, publicado en el Diario Oficial de la Federación los días 1o. al 21 de septiembre de 1932, disponible en http://www.aldf.gob.mx/archivo-ab814182c8da973b9fba2cabed6183b5.pdf. Fecha de consulta 12 de junio de 2020.

861 De acuerdo con el Art. 144 del Código Procesal Civil de la Ciudad de México son irrenunciables o improrrogables las competencias determinadas por la cuantía o el grado (jerarquía judicial).

demandado la contesta o en el caso de un tercero, este intervenga en el juicio[862]. En caso de que no exista prórroga de la competencia, el Artículo 156 del Código Procesal Civil de la Ciudad de México indica la competencia judicial de acuerdo con la materia.

En materia contractual, el numeral 2, que es el concepto más general en donde puede tener cabida un contrato de servicios de acuerdo con los parámetros de las PLAT —al no existir consideraciones especiales para el consumidor o los contratos de servicios—, establece que serán competentes los jueces del lugar señalado en el contrato para el cumplimiento de la obligación.

Por su parte, el Código de Procedimiento Civil del Estado de Jalisco[863], indica en sus Arts. 157 y 158 que se admite la sumisión expresa y tácita. En el caso de la sumisión expresa, debe renunciarse claramente a los tribunales que legalmente les correspondiera conocer y designar con toda precisión los nuevos tribunales a los cuales se someten[864]. Respecto de la sumisión tácita, se consideran sometidos a una determinada jurisdicción, el demandante que presenta la demanda, aunque la desista, el demandado que la contesta o que reconviene, y el tercero que intervenga en el juicio. En caso de no configurarse la sumisión el Art. 161 Código de Procedimiento Civil del Estado de Jalisco, que indica que en materia contractual serán competentes los jueces del lugar establecido en el contrato para el cumplimento de la obligación.

Tanto en el Código Procesal Civil de la Ciudad de México como en el Código de Procedimiento Civil del Estado de Jalisco, se hacen consideraciones muy parecidas respecto de la competencia judicial, y se concluye que, en caso de no existir sumisión, los jueces que conocerán del asunto son los del lugar del cumplimiento de la obligación, pero ninguno de los dos códigos establece los requisitos para determinar este lugar.

---

862 Arts. 152 y 153 del Código Procesal Civil de la Ciudad de México.

863 Decreto nº 4409, Código de Procedimientos Civiles del Estado de Jalisco, Congreso del Estado de Jalisco, disponible en: https://congresoweb.congresojal.gob.mx/BibliotecaVirtual/legislacion/C%C3%B3 digos/C%C3%B3digo%20de%20Procedimientos%20Civiles%20del%20Estado%20de%20Jalisco.doc. Fe cha de consulta: 15 de septiembre de 2023.

864 En el escenario de las PLAT, estas suelen establecer cláusulas de jurisdicción no exclusiva, consideración que debe tratarse con precaución si se plantea aplicar este Código, debido a que sólo serán válidos los acuerdos de sumisión a tribunales designados con toda claridad y precisión.

Establecer el lugar cumplimiento de un contrato de servicios celebrado entre el huésped-consumidor y una PLAT no es un asunto de poca complejidad. La línea divisoria entre la celebración del contrato y su cumplimiento no es clara, teniendo en cuenta que con la aceptación de la oferta, las obligaciones contractuales nacen y también se cumplen en un mismo momento, cuando se acepta la reserva por parte del anfitrión, lo cual implica la aceptación de las condiciones, la realización del pago, la aprobación de la reserva y la prestación del servicio de intermediación. Teniendo en cuenta lo anterior, podríamos recurrir al Código de comercio mexicano que, si bien no establece específicamente los parámetros para determinar el lugar de cumplimiento de un contrato en línea, sí determina que se entiende por celebración de la siguiente manera:

> "Artículo 80: "Los convenios y contratos mercantiles que se celebren por correspondencia, telégrafo, o mediante el uso de medios electrónicos, ópticos o de cualquier otra tecnología, quedarán perfeccionados desde que se reciba la aceptación de la propuesta o las condiciones con que ésta fuere modificada".

De acuerdo con este Art. la celebración de los contratos en línea o electrónicos puede realizarse por Internet cuando el vendedor realiza la oferta y el comprador la acepta, el contrato se perfecciona y de él se derivan derechos y obligaciones[865]. La doctrina nos da algunas luces[866]sobre como establecer específicamente el lugar de celebración del contrato, a partir de la Ley Modelo de la CNUDMI sobre comercio electrónico[867], que determina que, si no existe un acuerdo entre las partes en el que se indique el lugar de celebración del contrato, este debe presumirse en dos sitios diferentes. El primero, el lugar donde se encuentre ubicado el establecimiento de comercio del comerciante y el segundo el lugar de domicilio del destinatario de la oferta. En contexto de las PLAT, estos dos foros se materializarían en el lugar donde se encuentre ubicado el establecimiento de comercio de la PLAT[868] y el lugar de domicilio del

---

865 RÍOS RUIZ, A. "Análisis y perspectivas del comercio electrónico en México", *Perfiles de las Ciencias Sociales*, núm. 5, 2015, p. 71.

866 REBOSA ÁLVAREZ, L. F., "El Contrato en el Contexto del Comercio Electrónico", *ITESM Campus Estado de México: Proyecto Internet*, 2006, p. 6.

867 Ley Modelo de la CNUDMI sobre Comercio Electrónico Guía para su incorporación al derecho interno con la 1996, disponible en: https://uncitral.un.org/sites/uncitral.un.org/files/media-documents/uncitr al/es/05-89453_s_ebook.pdf. Fecha de consulta: 30 de agosto de 2023.

868 VALENCIA MONGE, J.G., "Validez jurídica de los contratos por Internet", en: Colegio de profesores de Derecho civil de la facultad de Derecho de la UNAM,

consumidor. Sin embargo, se reitera que, aplicar la interpretación que el cumplimiento y la celebración del contrato entre la PLAT y el huésped-consumidor se realiza en el mismo acto, debe considerarse como una opción, no como el único camino para determinar que puede entenderse por cumplimiento de este tipo de contratos y por tanto, la aplicación de estos foros es apenas una posibilidad.

Una vez expuesta la legislación general que puede ser aplicable en el ordenamiento jurídico mexicano, es necesario indicar que la legislación mexicana contempla derechos especiales del consumidor en la Ley Federal de Protección al Consumidor[869], que aplica en todo el territorio mexicano. Sin embargo, antes de explicar el contenido de esta ley es necesario hacer algunas consideraciones. La Ley Federal de Protección al Consumidor es un referente importante para determinar la competencia judicial internacional en las relaciones de consumo, sin embargo, sólo protege a consumidores con domicilio en México y que se enmarquen en la definición de consumidor que esa ley establece[870]. Así las cosas, esta ley sólo tiene una dimensión doméstica, y si bien se reconocen los medios electrónicos como una forma de contratación con consumidores, esta norma no aplica para PLAT ubicadas en el extranjero que contraten en línea con consumidores en México[871] que no tengan establecimientos en territorio mexicano.

Temas de Derecho civil, homenaje al doctor Jorge Mario Magallón Ibarra, México D.F., 1ª. ed., Editorial Porrúa, 2011, p. 322.

869 Ley Federal de Protección al Consumidor, ley publicada en el diario oficial de la federación el 24 de diciembre de 1992, disponible en: http://www.diputados.gob.mx/LeyesBiblio/pdf/113_261219.pdf. Fecha de consulta:15 de agosto de 2023.

870 El Art. 2. de la Ley Federal de Protección al Consumidor indica que este se trata de una persona física que adquiere bienes o servicios siendo su destinatario final, pero nada se establece sobre que si el consumidor debe actuar a título personal o profesional. Los problemas de adecuación a los que se hace referencia pueden presentarse cuando un consumidor con domicilio en la UE o en otro país de Latinoamérica presente la demanda en México, por cuanto ni en la Unión ni en los restantes países de Latinoamérica objeto de estudio una persona que actúe dentro de su actividad profesional puede ser considerada consumidor. Lo anterior, puede complejizarse más aún cuando el adquiriente del bien o servicio sea considerado consumidor para determinar la competencia judicial internacional pero la ley aplicable sea la de alguno de los Estados mencionados y el adquiriente no tenga esta calidad.

871 RUZ SALDÍVAR, C., "Procuraduría de protección al consumidor, ineficaz defensora de derechos fundamentales en México", *Revista Académica de Investigación TLATEMOANI*, núm. 27, 2018, p. 155.

En caso de que se cumplan todos los parámetros que esta la Ley Federal de Protección al Consumidor exige, su Art. 90 indica que no serán válidas las cláusulas que atribuyan competencia a tribunales extranjeros, por tanto, en México, sólo los tribunales mexicanos pueden conocer de las controversias que se presenten entre el huésped-consumidor y la PLAT de acuerdo con esta norma.

Para poner en contexto esta situación, en 2018 la Procuraduría Federal del Consumidor en México inició un procedimiento[872] en contra de la PLAT *Booking.com*[873]con sede en *Ámsterdam* pero con establecimiento comercial en la ciudad de México, argumentando que, sus términos y condiciones establecían cláusulas abusivas, por cuanto se determinaba la renuncia a la competencia de los tribunales mexicanos en caso de conflicto y se sometía a los consumidores a los tribunales de Ámsterdam y a la legislación neerlandesa, en contravención con lo establecido en el Art. 85 de la Ley Federal de Protección al Consumidor[874].

La PLAT *Booking.com* de acuerdo a lo señalado por esa entidad, cambió sus cláusulas de foro de competencia y ley aplicable en lo que respecta al consumidor en México, pues aunque mantiene que la competencia en caso de conflicto será de los tribunales de Ámsterdam, si se trata de un consumidor este también podrá iniciar procesos judiciales en los tribunales del

---

[872] Información disponible en: https://www.gob.mx/profeco/prensa/inicia-profeco-procedimientos-administrativos-por-infracciones-a-la-ley-en-contra-de-proveedores-de-servicio-de-alojamiento. Fecha de consulta: 15 de agosto de 2023.

[873] *Booking.com* es el nombre comercial de la sociedad *Servicios Booking.com México, S.A. de C.V.*, sita en ciudad de México y es una de las filiales de la sociedad *Booking.com B.V.*, con sede en Ámsterdam, información disponible en: *https://www.booking.com/content/offices.es-mx.html.* Fecha de consulta: 15 de agosto de 2023.

[874] El Art. 85 de la Ley Federal de Protección al Consumidor reza: "Para los efectos de esta ley, se entiende por contrato de adhesión el documento elaborado unilateralmente por el proveedor, para establecer en formatos uniformes los términos y condiciones aplicables a la adquisición de un producto o la prestación de un servicio, aun cuando dicho documento no contenga todas las cláusulas ordinarias de un contrato. Todo contrato de adhesión celebrado en territorio nacional, para su validez, deberá estar escrito en idioma español y sus caracteres tendrán que ser legibles a simple vista y en un tamaño y tipo de letra uniforme. Además, no podrá implicar prestaciones desproporcionadas a cargo de los consumidores, obligaciones inequitativas o abusivas, o cualquier otra cláusula o texto que viole las disposiciones de esta ley".

país donde conste su domicilio, y puede que los procesos contra un consumidor solo se puedan iniciar en los tribunales de su país de residencia"[875].

En caso de que, no se cumplan los requisitos de la Ley Federal de Protección al Consumidor, las normas mexicanas de protección al consumidor en el contexto contractual de la competencia judicial internacional son muy limitadas, debido a que no existen tratados internacionales a los que recurrir, y en el derecho interno mexicano las normas de competencia se encuentran dispersas. Y, en segundo lugar, cuando se recurre a normas generales como el Código de Comercio y los Códigos de procedimiento civil de los Estados, las respuestas ante cual foro acudir son múltiples y si bien el huésped-consumidor puede realizar *forum shopping ad intra,* no existe una norma específica para el consumidor que demuestre un grado de protección más alto como parte débil, a menos que se trate de un consumidor con domicilio en México que contrate con una PLAT con establecimiento de comercio en ese país y en tal caso los tribunales competentes serían directamente los mexicanos aunque exista una cláusula de foro de competencia a otro Estado[876].

5.5. Argentina: Foros concurrentes a favor del consumidor

La jerarquía de la ley en Argentina es encabezada por la Constitución y los tratados internacionales relativos a Derechos Humanos, los restantes tratados internacionales, los tratados de integración y normas dictadas en consecuencia que deleguen competencias y jurisdicción a organizaciones supraestatales[877], las leyes emitidas por el Congreso en la misma línea de los reglamentos con rango de ley, las constituciones provinciales y las leyes de cada provincia[878].

---

875 Es de tenerse en cuenta que estas modificaciones afectan únicamente a los términos y condiciones de la plataforma *Booking.com* a la que accediendo desde territorio mexicano se prevén términos y condiciones de servicio especiales para ese Estado; los términos y condiciones de *Booking.com,* administrada por la empresa matriz *Booking.com B.V.,* no son afectados por las decisiones de la Procuraduría Federal del Consumidor en México, cuyas facultades sancionatorias no tienen efectos sobre una empresa con sede Ámsterdam aunque permita la contratación con consumidores con domicilio en México.

876 Art. 90. VI de la Ley Federal de Protección al Consumidor.

877 Art. 75, inciso 24 de la Constitución de la Nación Argentina.

878 MARTÍNEZ L.A., "Reflexiones sobre la jerarquía normativa de las diferentes leyes del Congreso. A propósito de la ley de expropiación de YPF y el fallo Zofracor", en: ALONSO REQUEIRA, E. M., *Estudios de Derecho público,* Buenos Aires, 1ª ed., 2014, Asociación de docentes, pp. 202-204.

Una vez indicada la jerarquía de la ley, procedamos a indagar sobre si existen tratados de DIPr, y si estos contemplan alguna consideración sobre competencia judicial para después hacer algunas consideraciones sobre el bien estructurado DIPr argentino de fuente interna.

El DIPr en Argentina es prolífero ya que, según el Ministerio de Justicia y Derechos Humanos de Argentina, este Estado cuenta con 142 tratados internacionales cuyo contenido se encuentra vinculado a DIPr. Los temas fundamentales que abarcan son principalmente asistencia judicial mutua, ley aplicable, alimentos, derecho penal, sociedades mercantiles, pautas marítimas, entre otros. Si bien el Estado argentino tiene numerosos tratados de DIPr, en materia de competencia judicial internacional ha ratificado 3 tratados, y sólo ha sido parte en un Protocolo.

Dos de los tratados ratificados ya han sido mencionados anteriormente en el apartado correspondiente a Colombia; son el Tratado de Montevideo de 1889 sobre Derecho civil internacional y la Convención Interamericana sobre obligaciones alimentarias. El que primero debe tenerse en cuenta que las acciones personales, en las que pueden incluirse de los contratos de servicios al ser una obligación de hacer, pueden presentarse ante los jueces del lugar a cuya ley esté sujeto el acto jurídico material de juicio o ante los jueces de domicilio de demandado.

Si se requiere utilizar este tratado para determinar la competencia judicial en el contexto de los contratos suscritos entre el huésped-consumidor y la PLAT debe tenerse en cuenta que no es aplicable a todas las situaciones porque los Estados parte son Argentina, Bolivia, Colombia, Paraguay, Perú y Uruguay, y en el caso de Argentina este tratado fue ratificado el 12 noviembre de 1994. Respecto de la Convención Interamericana sobre obligaciones alimentarias, si bien establece algunos foros de competencia, ya se ha establecido que, por su materia, no es aplicable a las PLAT.

El Tratado de Montevideo de 1940 sobre Derecho Civil Internacional[879] ratificado por Argentina en el año 1956 y del que hace parte junto con Uruguay y Paraguay[880], no tiene consideraciones específicas en materia contractual, pero sí establece pautas de competencia judicial internacional

---

[879] Firmado en Montevideo el 19 de marzo de 1940 en el Segundo Congreso Suramericano de Derecho Internacional Privado, disponible en: https://sociedip.files.wordpress.com/2013/12/tratado-de-monttevideo-de-1940.pdf. Fecha de consulta: 15 de agosto de 2023.

[880] Información extraída de http://www.oas.org/juridico/spanish/firmas/f-17.html. Fecha de consulta: 19 de agosto de 2023.

debido a que indica en su Art. 56 que las acciones personales deben presentarse ante los jueces del lugar a cuya ley está sujeto el acto jurídico materia de juicio. Adicionalmente, la demanda también puede presentarse ante los jueces del domicilio del demandado. En el contexto de las PLAT, este tratado debe considerarse un recurso más para el huésped-consumidor en materia de competencia, pero debe tenerse en cuenta que el ámbito de aplicación del tratado sólo se encuentra vigente para tres Estados, y ha sido profundamente criticado por no contemplar regulación para acuerdos de sumisión expresa previos al litigio, causa por la cual Brasil y Chile no se adhirieron a este tratado[881].

Respecto del Protocolo mencionado, es necesario precisar que, Argentina junto con Brasil, Paraguay, Uruguay y Venezuela, conforman el Mercado Común del Sur, en adelante, MERCOSUR, un proceso de integración regional cuyo objetivo primordial es generar oportunidades de inversión y crecimiento comercial de las economías que lo conforman frente al mercado internacional[882]. La importancia de MERCOSUR respecto de la competencia judicial internacional es que detectó que los Estados parte carecían de normas unificadas de DIPr que permitieran identificar claramente el tribunal que conocería de la controversia en el marco de los negocios con elemento internacional que promueve MERCOSUR[883]. En el año 1996, los Estados miembros del MERCOSUR aprobaron el Protocolo sobre Jurisdicción Internacional en Materia Contractual[884], que establece reglas sobre competencia judicial internacional para las personas físicas o jurídicas con domicilio o sede social en diferentes Estados que hacen parte del Protocolo. Adicionalmente, también es aplicable cuando una de las partes contractuales tenga su domicilio en uno de los Estados parte, se realice un acuerdo de elección de foro a favor de los tribunales de algunos de ellos y exista

---

[881] BOUTIN G., "Del rol de la regla de la autonomía de la voluntad en los convenios de Derecho internacional privado en América Latina: Código Bustamante 1928, Tratados de Montevideo 1889-1940 y Convención de México de 1994", *AEDIPr*, t. VIII. 2008, p. 637.

[882] Información extraída de la página web del MERCOSUR, disponible en: https://www.mercosur.int/. Fecha de consulta: 14 de septiembre de 2023.

[883] NOODT TAQUELA, M.B. "Los acuerdos de elección de foro en el Mercosur", *Revista Jurisprudencia Argentina*, tomo II, 1996, pp. 738-740.

[884] MERCOSUR/CMC/DEC nº 01/94 de 5 de agosto, Protocolo de Buenos Aires sobre jurisdicción internacional en materia contractual, texto completo disponible en https://normas.mercosur.int/public/normativas/1956. Fecha de consulta: 2 de septiembre de 2023.

una conexión razonable de acuerdo con lo establecido en el Protocolo. Respecto del consumidor, el Protocolo sobre Jurisdicción Internacional en Materia Contractual hace una consideración especial por cuanto considera excluidos en su Art. 2 los contratos de venta al consumidor, pero nada menciona de los contratos de servicios donde el consumidor es parte. Al no realizarse la exclusión, las controversias entre el huésped-consumidor y la PLAT en el cual una de las partes tenga su domicilio en uno de los Estados miembros del MERCOSUR, pueden ser resueltas por algunos de los tribunales de estos Estados siempre que cumplan con los requisitos de conexidad del Protocolo.

El Protocolo sobre Jurisdicción Internacional en Materia Contractual, respecto de los foros de competencia contempla dos situaciones específicas; cuando las partes realizan acuerdos para someterse a la jurisdicción de uno de los Estados miembros de este protocolo y cuando no realizan acuerdos de esta naturaleza, a lo que denominan jurisdicción subsidiaria. En primer lugar, se indica que son válidos los acuerdos de jurisdicción previos o posteriores al conflicto, pero en cuestión de sumisión tácita, para que la jurisdicción de determinados tribunales sea válida, el demandado debe contestar la demanda de forma voluntaria y no someterse de forma ficta al proceso. El Protocolo también acepta la sumisión a un tribunal arbitral. En segundo lugar, cuando no existen pactos de competencia, el actor puede escoger entre tres foros diferentes; el del lugar de cumplimiento del contrato, el del domicilio del demandado y el de su domicilio o sede social siempre y cuando demuestre que cumplió con la prestación a la que se obligó en el contrato.

En el contexto de las PLAT, y de este Protocolo, los acuerdos suscritos con el huésped-consumidor sobre competencia serían válidos, cuando una de las partes se encuentre domiciliada en un Estado parte del Protocolo, y desee demandar en alguno de esos Estados en concordancia con el acuerdo de sumisión y siempre que exista una conexión razonable[885]. En caso de no existir acuerdos, el huésped-consumidor podría demandar a la PLAT y viceversa en cualquiera de los tres foros establecidos en el párrafo anterior.

---

[885] Art. 1. b). Si bien la vocación del concepto de conexión razonable es la objetividad, el contenido del Protocolo no define este término, por tanto, la conexión razonable puede ser justificada sin ceñirse a unos parámetros específicos que permitan delimitar el alcance del elemento de internacionalidad, ALMEIDA IDIARTE, R., "Inconsistencias prácticas derivadas del literal C, Art. 7 del Protocolo de Buenos Aires sobre jurisdicción internacional en materia contractual", *Revista de Derecho*, núm. 16, 2017, p. 32.

El Protocolo sobre Jurisdicción Internacional en Materia Contractual aporta sin duda soluciones cuando no existe acuerdo sobre foro de competencia y valida los pactos de sumisión a tribunales específicos. El inconveniente radica en que solo aplica a los Estados parte del MERCOSUR, y no existe actualmente una normativa regional o Latinoamericana que conceda una respuesta uniforme en materia de competencia judicial internacional[886].

Una vez visto el escaso y poco especializado escenario internacional para determinar la competencia judicial internacional en un contrato de servicios, pasemos al derecho interno argentino que, a diferencia de Colombia y México cuenta con un capítulo especial para DIPr dentro del Código Civil y Comercial de la Nación que en su Art. 2.654 establece las reglas de jurisdicción internacional[887] para contratos de consumo[888] y que prevé foros concurrentes a elección del consumidor, entre los siguientes: i) el de los jueces del lugar de celebración del contrato, ii) el del lugar de cumplimiento de la prestación del servicio, iii) el del lugar de la entrega de bienes, iv) el del lugar de cumplimiento de la obligación de garantía, v) el del domicilio del demandado, vi) el del lugar donde el consumidor realiza actos necesarios para la celebración del contrato y vii) el del lugar donde el demandado tiene sucursal, agencia o cualquier forma de representación comercial[889]. En contraste, el profesional solo puede demandar al consumidor en el Estado de domicilio de este último. Respecto de la sumisión

---

886 TELLECHEA BERGMAN, E., *ob. cit.*, p. 212.

887 Código Civil y Comercial de la Nación, Ley 26.994, 1 de octubre de 2014, publicado en el Boletín Oficial del 08 de octubre de 2014, disponible en: http://servicios.infoleg.gob.ar/infolegInternet/anexos/235000-239999/235975/texact.htm#51. Fecha de consulta: 18 de agosto de 2023.

888 La protección de los consumidores del Código Civil y Comercial de la Nación se encuentra en sintonía con la Constitución Nacional que indica como eje principal de la relación de consumo la defensa del consumidor; PORCELLI, A.M., "Fuentes del derecho internacional privado en el sistema jurídico argentino: jerarquía normativa y su interpretación jurisprudencial", *Revista Estudios Socio-Jurídicos*, núm. 21, 2019, p. 23.

889 Nótese que si bien este Código trae consigo una protección excepcional al consumidor permitiéndole elegir entre foros concurrentes, no prevé el foro del Estado de su domicilio como una de las opciones permitidas ni tampoco establece ninguna consideración sobre los consumidores pasivos, como sí lo hace el RBIbis; SCOTTI, L., "Diálogo de fuentes: las normas regionales del MERCOSUR y las nuevas disposiciones del Derecho internacional privado argentino", *Revista de la Secretaría del Tribunal Permanente de Revisión*, núm. 7, 2016, pp. 177-178.

expresa el Código indica que en materia de consumidores no se permiten pactos sobre competencia judicial y sobre sumisión tácita tampoco existe la posibilidad de que los consumidores renuncien a los foros de protección contemplados en esta norma[890].

También debe mencionarse que el Código Civil y Comercial de la Nación, indica para todas las relaciones jurídicas, incluidas las de consumo, que los jueces argentinos pueden conocer de casos a los que la ley no les atribuya esta competencia, pero si no lo hicieren incurrirían en una denegación al acceso a la justicia y por tanto al derecho de defensa. El foro de necesidad surge de manera excepcional[891], para evitar un daño, que es causado por la ausencia de normas que le atribuyan competencia a un juez específico. Para remediar lo anterior, el juez local puede conocer de un caso, que en una situación normal le estaría excluido, para garantizar que los derechos puedan ser reclamados y ejercidos en el territorio nacional[892]. El foro de necesidad[893] puede permitir que el huésped-consumidor con domicilio en Argentina pueda demandar a la PLAT en su propio domicilio cuando no pueda recurrir a los foros concurrentes de consumo ya mencionados.

Veamos un ejemplo de cómo aplicaríamos las normas de DIPr argentinas para determinar los tribunales competentes en una controversia internacional. Si un huésped-consumidor con domicilio en México o en la UE desea demandar a una PLAT como *Booking* en territorio argentino, debe

---

890 BAROCELLI, S.S., "Principios y ámbito de aplicación del derecho del consumidor en el nuevo Código Civil y Comercial", *DCCyE*, núm. 63, 2015, pp. 5-6.

891 En Argentina el foro de necesidad surge a partir de caso *Vlasov*, en el que los jueces argentinos fueron declarados competentes de conocer el proceso de divorcio de dos personas que celebraron su matrimonio en Rumania, pero que su último domicilio común fue Argentina, teniendo en cuenta que originalmente no tenían competencia legal para conocer de este proceso. Corte Suprema de justicia de la Nación de Argentina, Cavura de, E. C. Vlasov, A. S., de 25 de marzo de 1960, disponible en: http://www.saij.Gob.ar. Fecha de consulta 1 de septiembre de 2023.

892 GERBAUDO, G.E., "La aplicación del foro de necesidad en los contratos internacionales de consumo electrónicos", *Diario Comercial*, núm. 223, 2019, pp. 2-3.

893 Aunque la ley no les atribuya competencia, los jueces argentinos pueden conocer un caso: "i) con la finalidad de evitar la denegación de justicia, ii) siempre que no sea razonable exigir la iniciación de la demanda en el extranjero, iii) en tanto la situación privada presente contacto suficiente con el país, iv) se garantice el derecho de defensa en juicio y v) se atienda a la conveniencia de lograr una sentencia eficaz"; SCOTTI, L. "El acceso a la justicia en el derecho internacional privado argentino: nuevas perspectivas en el Código Civil y Comercial de la Nación", *Red Sociales, Revista del Departamento de Ciencias Sociales*, vol. 3, núm. 6, 2016, p. 36.

acudir directamente a las normas de DIPr internas porque ni México ni los Estados miembros de la UE tienen suscrito un tratado, protocolo o convenio internacional con Argentina que permita establecer la competencia judicial internacional para un contrato de esta naturaleza. El huésped-consumidor primero ha de descartar la posibilidad de alegar un pacto de sumisión a los tribunales argentinos o interponer la demanda ante ellos para buscar que se configure una sumisión tácita, por cuanto esto no está permitido por las normas de competencia del Código Civil y Comercial de la Nación para el contrato de consumo con elemento internacional. Como solución para determinar la competencia esta norma establece siete foros concurrentes que para el consumidor y el número vii), que determina "el del lugar donde el demandado tiene sucursal, agencia o cualquier forma de representación comercial", sería el que aplicaría al caso concreto, puesto que *Booking* con sede social en Ámsterdam cuenta con un establecimiento en territorio argentino, *Booking.com Srl*[894], y, por tanto, los jueces argentinos son competentes para conocer del asunto.

Sobre la determinación de la competencia judicial Argentina cuenta con un antecedente jurisprudencial importante, respecto de la PLAT *Booking.com*; el caso Gonzalo Martin Pérez Morales vs *Booking.com* Argentina SRL y otros s/ ordinario, dictado por la Cámara Nacional de Apelaciones en lo Comercial (2017)[895], en el cual expuso que no es fácil establecer una regla para determinar la jurisdicción competente en un contrato en línea en el cual el profesional tiene un servidor de red en un país foráneo, y un sufijo geográfico como *ar.*, *br.*, *es.*, pero en el mundo real tiene una sede física que no coincide con la del servidor de red o el sufijo. Respecto de *Booking.com* accesible desde Argentina, el conector de red se encuentra ubicado en Ámsterdam y aunque no cuenta con el sufijo.*ar*, es posible determinar que los jueces argentinos son competentes para conocer de la controversia entre esta PLAT y el huésped-consumidor, por cuanto tiene un establecimiento de comercio en territorio argentino.

El fallo también menciona el foro de necesidad y que en caso de que no sea posible localizar el domicilio del demandado, para evitar la inse-

---

894 Información disponible en: https://www.booking.com/content/offices.es.html?auth_success=1. Fecha de consulta: 20 de septiembre de 2023.

895 Decisión del 10 de agosto de 2017, de la Cámara Nacional de Apelaciones en lo Comercial de Argentina, disponible en: http://fallos.diprargentina.com/2018/07/perez-morales-gonzalo-martin-c_24.html. Fecha de consulta: 20 de agosto de 2023.

guridad jurídica en el comercio electrónico los jueces argentinos pueden conocer del caso si concurren elementos suficientes para vincular el caso a Argentina y que el consumidor pueda tener acceso a la justicia que en caso contrario le hubiese sido denegada[896].

5.6. Brasil: Foros en conexión con Brasil o sumisión a tribunales brasileros

Los tratados internacionales que se refieren a materias mercantiles son muy comunes en Brasil, cuya política exterior económica opta hacia la multilateralidad y los acuerdos comerciales de integración regional, lo cual se evidencia en que entre 2002 y 2008 Brasil aumentó de 4 a 10 veces el comercio con otros Estados de Latinoamérica, a pesar de la crisis económica de 2008[897]. De acuerdo con el Sistema de información sobre Comercio Exterior de la OEA, Brasil cuenta con un total de 18 tratados en vigor que se refieren a materias comerciales entre los que se incluyen tratados de libre comercio, uniones aduaneras, acuerdos marco de comercio, tratados y acuerdos comerciales preferenciales[898]. Sobre lo anterior debe tenerse en cuenta que la mayoría de estos acuerdos se han realizado a través de MERCOSUR, que como se ha señalado, Argentina también es parte.

Respecto a DIPr, de acuerdo con el *Ministério das Relações Exteriores* existen 47 instrumentos (memorandos, convenciones y tratados) de esta materia[899]. Principalmente los temas que reglamentan son cooperación judicial, capacidad de las personas jurídicas y comercio internacional. Brasil también hace parte de cuatro convenios de la Conferencia de La Haya de DIPr,

---

896 TAMBUSSI, C.E., "Decisiones judiciales referidas al comercio electrónico en la Argentina desde el Derecho de consumidores y usuarios", *LEX,* núm. 22, 2018, p. 121.

897 GUERRA-BARÓN, A., "Colombia y Brasil: un análisis desde la perspectiva económica", en: PASTRANA BUELVAS, E., JOST, S., FLEMES, D. (eds.), *Colombia y Brasil: ¿socios estratégicos en la construcción de Suramérica?,* Bogotá, 1ª ed., Editorial Pontificia Universidad Javeriana, 2012, pp. 404-405.

898 Información disponible en: http://www.sice.oas.org/ctyindex/BRZ/BRZagreements_s.asp. Fecha de consulta: 13 de septiembre de 2023.

899 Es de aclarar que el *Ministério das Relações Exteriores,* separa los tratados de DIPr generales y los de ley aplicable. Sobre estos últimos existen 35, de los cuales Brasil es parte o se encuentran firmados, o a la espera de aprobación, y sobre otros temas de DIPr hay 12. Información extraída de: http://www4.planalto.gov.br/legislacao/. Fecha de consulta: 20 de septiembre de 2023.

que establecen consideraciones generales sobre el particular pero que no estipulan específicamente cuestiones sobre jurisdicción internacional[900].

Respecto de competencia judicial internacional existen dos tratados que regulan la materia: el Código Bustamante y el Protocolo sobre Jurisdicción Internacional en Materia Contractual que aplica a los Estados miembros del MERCOSUR. Sobre el primero, recordemos que permite la sumisión expresa y tácita y en caso de que, las partes no manifiesten su voluntad sobre los tribunales que conocerán del asunto en caso de controversia, este Código indica dos foros principales a elección por parte del actor; el del lugar del cumplimiento de la obligación, o el del domicilio de los demandados, y de manera subsidiaria el de su residencia. Sobre el Código Bustamante debe indicarse que no se encuentra vigente para México, Argentina y Colombia, y en caso de requerirse su aplicación en el contexto brasileño deberá centrarse el análisis en los Estados parte que lo conforman.

El Protocolo sobre Jurisdicción Internacional en Materia Contractual, que también es aplicable para Argentina, se ha señalado que permite los acuerdos de sumisión expresa, pero en cuestión de sumisión tácita debe existir una demostración de voluntad expresa de demandado, que no puede ser presunta. En caso de que no se presenten circunstancias de sumisión, el Art. 7 del Protocolo sobre Jurisdicción Internacional en Materia Contractual establece tres foros a elección del actor; el del lugar de cumplimiento del contrato, el del domicilio del demandado y el de su domicilio siempre que pueda probarse que se cumplió con la prestación objeto del contrato. Tal y como se ha expuesto, no existen muchos tratados internacionales vigentes para Brasil que regulen la competencia judicial internacional demostrando la carencia de normas específicas que resuelvan de forma eficaz conflictos transnacionales en el marco de las actividades comerciales que se realizan a través de Internet[901].

Sin embargo, el derecho interno brasileño sí que contempla foros específicos que permiten atribuir competencia a los tribunales de ese Estado, y que incluso establecen foros de protección para el consumidor. El Código

---

900 Información disponible en: https://concordia.itamaraty.gov.br/pesquisa?tipo Pesquisa=2&TituloAcordo=%20direito%20internacional%20privado&TipoAcordo=BL,TL,ML. Fecha de consulta: 13 de septiembre de 2023.

901 CARRASCO MEDINA J., LOPES MATOS, I., "Desafíos de la responsabilidad civil en Internet. Una realidad compleja en Brasil", *Revista de Derecho (Concepción),* núm. 245, 2019, pp. 281-282.

de Proceso Civil[902], indica que de manera exclusiva le corresponde a la autoridad judicial brasileña conocer de las acciones judiciales si se presenta alguna de las siguientes tres situaciones; cuando el demandado se encuentre domiciliado en Brasil, ya sea con establecimientos de comercio principales o secundarios; cuando la obligación deba cumplirse en ese Estado y, cuando el motivo que da lugar a la acción es un hecho que ocurrió en Brasil o un acto practicado en el territorio brasileño. En caso del contrato de consumo, las autoridades judiciales de Brasil también conocerán del proceso si el consumidor tiene un domicilio o residencia en Brasil. Adicionalmente, el Código permite que las partes, cualquiera que sea su origen, puedan someterse de manera tácita o expresa a los tribunales brasileños, aunque no se cumplan ninguna de las tres circunstancias arriba señaladas que determinan una conexión con Brasil.

Si aplicamos lo establecido en el Código de Proceso Civil, un huésped-consumidor con domicilio en España que contrata con una PLAT ubicada en Brasil como *Temporada Livre*[903], o *VRBO.br*[904], y en caso de una controversia desee demandar a una de estas PLAT en Brasil, podrá hacerlo de acuerdo con el Código de Proceso Civil, por tener estas PLAT un establecimiento de comercio en Brasil. También es posible que los tribunales brasileros conozcan de la reclamación judicial por medio de sumisión tácita o expresa, aunque la PLAT no tenga sede en ese Estado[905].

Cuando la PLAT tiene un establecimiento de comercio en Brasil, el huésped-consumidor puede optar por una jurisdicción especial, la de los Juzgados Especiales Civiles y Criminales que fue creada por la Ley nº 9.099 de 1995[906], bajo el amparo del Código Brasileño de Protección y Defensa

---

902 Arts. 21-25 de la Ley nº 13.105, de 16 de marzo de 2015, *Código de Processo Civil*, disponible en: http://www.planalto.gov.br/ccivil_03/_Ato2015-2018/2015/Lei/L13105.htm. Fecha de consulta: 2 de septiembre de 2023.

903 Véase: https://www.temporadalivre.com/es. Fecha de consulta: 16 de agosto de 2023.

904 Véase: https://www.vrbo.com/pt-br. Fecha de consulta: 16 de agosto de 2023.

905 Debe reiterarse que la PLAT *Airbnb* tiene consideraciones especiales para Brasil que no tiene con ningún otro país de Latinoamérica o de la UE. Cómo se mencionó anteriormente en este capítulo, si el huésped reside o tiene su lugar de establecimiento en Brasil sólo podrá demandar a *Airbnb* ante los tribunales brasileros en caso de controversia.

906 Ley nº 9.099, de 26 de septiembre de 1995, publicado en DOU de 27 de septiembre de 1995, disponible en: http://biblioteca.cejamericas.org/bitstream/

del Consumidor[907]. Los procesos judiciales realizados ante esta jurisdicción especial se consideran juicios rápidos, con dos audiencias; una de conciliación[908] y otra para la instrucción del proceso y la sentencia[909]. Respecto de los foros de competencia la Ley nº 9.099 de 1995 indica conocerán de las causas que se presenten ante esta jurisdicción los jueces del lugar de cualquiera del establecimiento de comercio del comerciante, el lugar en el cual la obligación debe cumplirse y en el caso de procesos para reparación de daños, el lugar del domicilio de quien produzca el daño.

Respecto de estos foros lo siguiente: En el caso del huésped-consumidor, la Ley nº 9.099 de 1995 puede resultar aplicable, pero deben hacerse dos consideraciones: la primera que el domicilio del consumidor no se encuentra dentro de los foros permitidos para esta jurisdicción especial, por tanto, el consumidor sólo podría demandar a la PLAT si esta tiene algún establecimiento de comercio en Brasil. La segunda, es que la cuantía máxima para estos procesos es cuarenta veces el salario mínimo de Brasil, que a 2023 se encuentra en 1.320 reales[910]. El huésped-consumidor que desee demandar a la plataforma en ese país, debe tener en cuenta los costos procesales, que podrían no compensar los gastos procesales frente a una pretensión que no puede superar los 10.040 euros.

---

handle/2015/4507/bra-ley9099-juzgados.pdf?sequence=1& isAllowed=y. Fecha de consulta: 26 de agosto de 2023.

907 Ley nº 8.078, del 11 de septiembre de 1990, que dispone sobre protección al consumidor y otras providencias, publicado en DOU de 4 octubre 2017, disponible en: http://derechodelturismo.net/ver/129/%20ley-8078-de-defensa-del-consumidor. Fecha de consulta: 26 de agosto de 2023

908 Los conciliadores deben ser preferiblemente abogados, pero el proceso de conciliación no es dirigido por ellos, sino por el juez de conocimiento. Si la conciliación de las disputas llega a configurarse, debe constar por escrito el acuerdo al que llegaron las partes y es homologado por el juez de conocimiento. En caso de que las partes no lleguen a un acuerdo, las partes tienen dos opciones: someter su controversia ante un árbitro a su elección o continuar el proceso judicial con la segunda y última audiencia de instrucción y dictamen de sentencia.

909 BRITO NOVAIS, S.L., "Los sistemas de proteção ao consumidor espanhol e brasileiro: a mediação de consumo como forma de resolução cidadã", *EDUCARE Revista Científica do Colégio Militar de Fortaleza*, núm. 6, 2014, p. 82.

910 1.320 reales equivalen a 251 euros esto multiplicado por 40 serían equivalentes 10.040 euros. Conversión de reales a euros realizada el 20 de septiembre de 2023 en la página web: https://exchangerates.org/1320-brl-to-eur e información sobre el valor del salario mínimo de Brasil extraída de: https://valor.globo.com/brasil/noticia/2023/05/01/salario-minimo-de-2023-tem-novo-valor-veja.ghtml. Fecha de consulta: 20 de septiembre de 2023.

6. CASOS PRÁCTICOS DE CJI PARA CONTROVERSIAS ENTRE HUÉSPEDES-CONSUMIDORES CON DOMICILIO EN LA UE Y LATINOAMÉRICA Y LAS PLAT

A lo largo de este capítulo se expuso el marco legal sobre competencia judicial internacional en la UE, Colombia, México, Argentina y Brasil, y se ha señalado si dentro de esas alternativas existe algún foro especial de protección para el consumidor —que difiere en cada instrumento normativo—, o si este solo puede reclamar sus derechos como una parte contractual regular, cuando en ocasiones la calidad de consumidor no puede subsumirse en la definición y/o requisitos de un instrumento normativo especifico o no implica derechos especiales que le permitan presentar la demanda o la reclamación en su domicilio.

En este apartado, a modo de conclusión del análisis realizado, se indicarán las opciones o alternativas judiciales para el huésped-consumidor con domicilio en la UE o en Latinoamérica que desea demandar a la PLAT con domicilio dentro o fuera del territorio de la UE. Para efectos académicos debe presumirse que lo señalado en este apartado corresponde a casos donde en los aplique la sección cuarta del capítulo II del RBIbis, es decir los Arts. 17, 18 y 19, a menos que se indique lo contrario. La aplicación de estos Arts. indica que en estos casos se cumplen los ámbitos de aplicación del RBIbis, con las excepciones al ámbito de aplicación personal por razón de tratarse de contratos de consumo y también se presume que el huésped-consumidor se subsume dentro de la definición del Art. 17. En caso de que el huésped sea un consumidor activo o no tenga la calidad de consumidor debe verificarse el apartado 4. de este capítulo. También si el RBIbis no es aplicable deberá buscarse la respuesta a la competencia judicial internacional en tratados internaciones aplicables sobre esta materia o en su defecto, en la legislación interna del Estado miembro correspondiente.

Veamos a continuación los diferentes escenarios cuando existe o no cláusula de sumisión:

1) Huésped-consumidor con domicilio en la UE que demanda a una PLAT con domicilio o establecimiento de comercio en la UE:

   a) Con cláusula de CJI: para que la cláusula de CJI sea válida debe incluir los foros del Art. 18 RBIbis o contemplar alguna de las excepciones del Art. 19 del RBIbis. Si la cláusula es válida, el huésped-consumidor pasivo puede entonces demandar a la PLAT en su propio domicilio o en el Estado miembro en el cual tenga la PLAT su sede social o en su defecto, en el Estado miembro en el cual tenga su establecimiento de comercio cuando la sede social se encuentra por fuera de la UE.

b) Sin cláusula de CJI válida o inexistente: El huésped-consumidor pasivo de acuerdo con el RBIbis puede demandar a la PLAT en su propio domicilio o en el Estado miembro en el cual tenga la PLAT su sede social o en su defecto, en el Estado miembro en el cual tenga su establecimiento de comercio cuando la sede social se encuentra por fuera de la UE.

2) Huésped-consumidor con domicilio en la UE que demanda en la UE a una PLAT que no tiene sede o establecimiento en la UE:

Con o sin cláusula de atribución de competencia el huésped-consumidor pasivo con domicilio en la UE puede presentar la demanda en su propio domicilio siempre que la PLAT con sede en un tercer Estado ejerza o dirija sus actividades al Estado miembro del domicilio del consumidor y el contrato se encuentre incluido dentro de dichas actividades de conformidad con los Arts. 17.1 y el Art. 18.1[911]. Respecto del Art. 19, son válidos los pactos posteriores al litigio y los que permitan al consumidor formular demandas ante los tribunales de su propio domicilio y otros.

3) Huésped-consumidor con domicilio en la UE que desea demandar a una PLAT en Latinoamérica específicamente en: Colombia, México, Argentina o Brasil y que no cuenta con un establecimiento de comercio en la UE:

En el caso de los países mencionados la opción factible y regla general es acudir a derecho interno de cada uno de los Estados Latinoamericanos para determinar la CJI, porque aunque exista prevalencia legal en la mayoría de los Estados respecto de los tratados internacionales de CJI, es probable que los jueces no los conozcan o no los apliquen, particularmente, cuando se trata de contratos en línea que aunque pueden ser categorizados dentro de un contrato genérico, como el de servicios o en el caso de las acciones, las personales, no consta en la letra de los tratados internacionales suscritos hasta el momento como determinar la competencia internacional en este tipo de contratos, por su antigüedad o falta de especialización, o en el caso de Argentina y Brasil sí que existen tratados internacionales

911 GARCIMARTÍN ALFÉREZ, F.J., SÁNCHEZ, S., *"El nuevo Reglamento Bruselas I:... "*, *ob. cit.*, pp. 14-17.

de CJI pero solo aplican entre Estados del MERCOSUR o algunos países Latinoamericanos.

a) Colombia: son válidos los pactos entre las partes, pero condicionados a una conexión territorial, es decir que la PLAT tenga un establecimiento de comercio en Colombia, en caso de no existir pacto se aplica el mismo principio.

b) México: son válidos los pactos entre las partes, pero a foros específicos. En caso de que la cláusula no sea válida o las partes no hayan elegido un foro como competente, el huésped-consumidor ha de elegir (*forum shopping ad intra*) entre las normas competencia judicial internacional disponibles, que pueden o no atribuir competencia a los tribunales mexicanos, dependiendo del caso específico.

c) Argentina: existe legislación específica para la CJI en el Código Civil y Comercial de la Nación, pero no son válidos los pactos de competencia en caso de consumidores ni tampoco la sumisión tácita. Se prevén siete foros de protección aplicables; se podrá demandar a una PLAT ante los jueces argentinos si esta tiene su sede o algún establecimiento comercial en territorio argentino, existe un antecedente jurisprudencial sobre el tema, puede tomarse en consideración el foro de necesidad pero no es automático.

d) Brasil: Los jueces de Brasil podrán conocer del asunto a través de sumisión expresa o tácita. En caso de no existir acuerdo entre las partes, el huésped-consumidor podrá demandar a la PLAT en territorio brasilero si tiene ésta algún establecimiento en ese Estado o si la residencia del huésped-consumidor se encuentra en Brasil.

4) Huésped-consumidor con domicilio en Colombia, México, Argentina o Brasil que desea demandar a una PLAT con domicilio en la UE:

En este caso no aplican los foros del Art. 18 RBIbis porque el huésped-consumidor no tiene domicilio en un Estado miembro y, por tanto, no cumple con los parámetros Art. 17 RBIbis para el contrato de prestación de servicios. Sin embargo, ello no implica que el RBIbis no sea de aplicación, el huésped-consumidor con domicilio en un tercer Estado y que desea demandar a una PLAT con domicilio en un Estado miembro de la UE, ha de recurrir al sistema de Derecho internacional privado del Estado miembro en cuestión, que estará encabezado por el RBIbis, que en primer lugar, valida los pactos entre las partes, a través de su Art. 25 RBIbis; que indica que las partes, con independencia de su domicilio, pueden elegir los tribunales de un Estado miembro como competentes[912] y también cuando el demandado comparezca ante los tribunales de alguno de los Estados miembros estos también serán competentes de acuerdo con el Art. 26 RBIbis, sobre sumisión tácita. Por tanto, son válidas las cláusulas o acuerdos atributivos de competencia.

En caso de no existir sumisión expresa o tácita y una vez verificados los ámbitos de aplicación del RBIbis, los foros aplicables son el general del domicilio del demandado Art. 4 RBIbis y el foro especial del Art. 7.1 RBIbis referido al contrato de prestación de servicios: el Estado miembro en el que hayan sido o deban ser prestados los servicios[913]. De acuerdo con lo anterior: pueden ser competentes los tribunales del Estado miembro del domicilio de la PLAT, en caso de que sea demandada por el huésped-consumidor con domicilio en Colombia, México, Argentina o Brasil.

[912] De acuerdo con el artículo 25 RBIbis estos acuerdos son válidos a menos que el acuerdo sea nulo de pleno derecho en cuanto a su validez material según el Derecho de dicho Estado miembro.

[913] Verificar el apartado 4.1 de este capítulo en el cual se explica la dificultad de establecer el lugar en el que hayan sido o deban ser prestados los servicios para aplicar este foro especial.

Capítulo IV
Mecanismos alternativos de solución de conflictos: ADRs

En el sistema de Derecho tradicional los conflictos que se presenten en el contexto del DIPr generalmente estarán sometidos a la competencia de un Estado específico. Sin embargo, en ocasiones y en materias específicas, las partes de un vínculo contractual deciden renunciar a tal sometimiento y consentir que un tercero diferente al juez natural intervenga en la resolución de su controversia[914]. De esta manera, en caso de incumplimiento[915], las partes pueden acordar como han de resolverse los conflictos, de manera judicial o extrajudicial, lo que concede previsibilidad a la relación contractual. La vía judicial fue expuesta en el capítulo III, en el que teniendo en cuenta la normativa aplicable para competencia judicial internacional tanto en la UE como en algunos países de Latinoamérica se expusieron y analizaron las disposiciones que permiten al huésped-consumidor y a la PLAT acordar que los conflictos que surjan de su contrato sean conocidos por los tribunales que elijan en determinadas circunstancias, teniendo en cuenta para el caso del huésped-consumidor ciertos foros de protección.

En contraste, los métodos extrajudiciales incluidos en los llamados *ADRs* (*Alternative Dispute Resolution*-Resolución Alternativa de Disputas), incluyen tanto la prevención como la resolución de conflictos. La voluntad es el componente esencial en los *ADRs*, pues sin esta no existe sometimiento a terceros diferentes a los tribunales judiciales. En la actualidad, existen diferentes tipos de *ADRs*[916], cuyo desarrollo y utilización se ha incrementado por la proliferación de litigios de pequeñas cuantías, sin embargo, cuando se trata de acudir a un *ADRs* por razón de un conflicto transfronterizo cuando se trata de sujetos especialmente protegidos como el consumidor,

---

914 CHARNEY, J., "Third Party Dispute Settlement and International Law", *Columbia Journal of Transnational Law,* núm. 36, 1998, p. 80.

915 IBARGUEN, M., "El Procedimiento Arbitral: Una alternativa tentadora para la solución de conflictos", *Revista de la Facultad de Derecho,* núm. 10, 1996, p. 33.

916 GARCÍA VILLALUENGA., L., TOMILLO URBINA, J., VÁZQUEZ DE CASTRO, E., *Mediación, arbitraje y resolución extrajudicial de conflictos en el siglo XXI,* Madrid, 1ª ed., Editorial Reus, 2010, pp. 18-19.

particularmente si suscribe el contrato por medios electrónicos[917], se requiere una atención y consideración especializada a nivel de la UE y de cada Estado de acuerdo con el grado de protección aplicable.

A continuación, se indicarán los *ADRs* más importantes en el contexto de la UE referidos al contrato de consumo; el arbitraje y la mediación[918] como mecanismos que pueden ser usados por el huésped-consumidor para resolver las controversias que se presenten con las PLAT; en especial, se hará una consideración de una forma de mediación en línea: la plataforma de resolución de litigios en línea de la UE, fundamental para los derechos del huésped-consumidor. En el contexto de las PLAT, los *ADRs* son una herramienta popular para resolver una controversia entre las partes, debido a su celeridad y eficacia, frente procesos judiciales extensos y poco ágiles —dependiendo del foro—, en los cuales los gastos relativos al litigio superan el monto de la reclamación, quedando entonces el proceso judicial como último recurso, una vez se haya agotado la posibilidad de usar *ADRs*[919]. Lo anterior teniendo en cuenta que, en las reclamaciones de consumo suele existir un desequilibrio considerable entre el valor del producto o servicio objeto del contrato y los gastos que implica una reclamación por daños, por eso, los *small claims* que se conducen a través de los *ADRs* podrían ser la única solución efectiva de la controversia para el consumidor que busca una compensación[920].

En Latinoamérica, se expondrán por cada uno de los países objeto de estudio los *ADRs* disponibles para el huésped-consumidor y aunque debe tenerse en cuenta que no existe una plataforma de resolución de conflictos

---

917 DE MIGUEL ASENSIO, P.A., "Internet y Derecho internacional privado balance de un cuarto de siglo 2020", en: ÁLVAREZ GONZÁLEZ, S., ARENAS GARCÍA, R., DE MIGUEL ASENSIO, P.A., SÁNCHEZ LORENZO, S.A., STAMPA CASAS, G. (eds.), *Relaciones transfronterizas, globalización y derecho (Homenaje al Prof. Dr. José Carlos Fernández Rozas)*, Cizur Menor, 1ª ed., Thomson Reuters, 2020, p. 8.

918 Véase a PALAO MORENO, G., *Los nuevos instrumentos europeos en materia de conciliación, mediación y arbitraje de consumo: su incidencia en España, Irlanda y el Reino Unido*, Valencia, 1ª ed., Tirant lo Blanch, 2016, pp. 15-18 y MONTESINOS GARCÍA, A., "Últimas tendencias en la Unión Europea sobre las acciones colectivas de consumo. La posible introducción de fórmulas ADR", *REDUR*, núm. 12, 2014, pp. 99-100.

919 HATZOPOULOS, V., *The Collaborative Economy and the EU Law*, Portland, 1ª ed., Hart Publishing, 2018, pp. 175-176.

920 BARRAL VIÑALS, I., "La mediación y el arbitraje de consumo: explorando sistemas de ODR", *IDP. Revista de Internet*, núm. 11, 2010, p. 6.

enfocada especialmente al consumidor que adquiere bienes y servicios en línea, y en algunos casos el arbitraje se encuentra excluido de las controversias nacidas de una relación de consumo.

Sin embargo, antes de proceder a explicar de manera específica los *ADRs* seleccionados, debe indicarse que el huésped-consumidor, puede buscar una solución directa con la PLAT, puesto que la mayoría de ellas, incluidas las cuatro más relevantes[921] tienen protocolos de atención al cliente en caso de controversias o problemas con el alojamiento. Sin embargo, al buscar la compensación por parte de la PLAT de manera directa el huésped-consumidor también debe seguir los protocolos de reclamación que la PLAT establece, y proveerse de pruebas específicas y realizar la reclamación de manera inmediata en los parámetros establecido por cada PLAT. Si no cumple lo que la PLAT establece o incluso si lo cumple, no hay garantía de una compensación, que en todo caso suele ser en crédito para gastar en otro alojamiento anunciado por la PLAT.

Una vez se expongan todas las herramientas extrajudiciales para el huésped-consumidor, este capítulo culminará con su aplicación a situaciones en donde este se encuentre domiciliado en Latinoamérica y en la UE y las diferentes respuestas jurídicas en materia de *ADRs*, de acuerdo con el domicilio del huésped-consumidor.

1. LA MEDIACIÓN Y LA PLATAFORMA DE RESOLUCIÓN DE LITIGIOS EN LÍNEA DE LA UE

El mediador, un tercero ajeno a una controversia específica que no ocupa una posición diferente o de superioridad frente a las partes —como ocurre con el árbitro y el juez—, se ocupa de conducir a las partes a solucionar el conflicto, sin emitir opiniones jurídicas, personales o de cualquier clase[922]. Actualmente, la mediación como mecanismo alternativo de solución de conflictos, se encuentra integrado a los sistemas de justicia de mu-

---

[921] Los protocolos de ayuda en caso de controversia para las cuatro PLAT más relevantes (*Airbnb, Booking, TripAdvisor* y por parte de *Expedia* su filial *VRBO*) se encuentran respectivamente en: https://www.airbnb.es/help/article/2868/pol%C3%ADtica-de-reembolso-al-hu%C3%A9sped-de-airbnb, https://www.tripadvisorsupport.com/en-US/hc/traveler y. Fecha de consulta: 5 de septiembre de 2023.

[922] QUERO, M., "Aspectos generales sobre la mediación. El mediador. Técnicas de la mediación", en: PÉREZ-UGENA, M., *"Arbitraje y mediación en el ámbito arrendaticio"*, Madrid, 1ª ed., Dykinson, 2017, p. 233.

chos países, cambiando el concepto de acceso a la justicia que de antaño se encontraba ligado de manera exclusiva a los tribunales nacionales[923]. Una ventaja importante de la mediación frente al procedimiento contencioso ya sea judicial o arbitraje, es que independientemente que se llegue o no a un acuerdo, las partes pueden cambiar su visión del conflicto, y a pesar de la controversia surgida, mantener su relación comercial y no renunciar ella por un conflicto irreconciliable[924].

Actualmente en el escenario internacional, el instrumento jurídico más importante sobre mediación mercantil es la Ley Modelo sobre conciliación comercial internacional, de la Comisión de las Naciones Unidas para el Derecho Mercantil Internacional (en adelante, CNUDMI), aprobada el 19 de noviembre de 2002[925]. Esta Ley Modelo es una carta de navegación para los Estados en materia de mediación y se recomienda incluirla a sus ordenamientos jurídicos internos, debido a que fue redactada con el objetivo de ser adaptable a distintos sistemas jurídicos, sociales y económicos[926].

En el contexto de la UE, la mediación fue considerada como el método alternativo de resolución de conflictos idóneo para proteger los derechos del consumidor frente al empresario o profesional[927]. En concordancia con lo anterior fue expedida la Directiva 2013/11/UE del Parlamento Europeo y del Consejo de 21 de mayo, relativa a la resolución alternativa de litigios en materia de consumo y por la que se modifica el Reglamento (CE) No. 2006/2004 y la Directiva 2009/22/CE[928] en adelante, fue la DRAL, que tiene un claro objetivo: contribuir al buen funcionamiento del mercado interior al garantizar que los consumidores tengan la posibilidad

---

923 ESPLUGUES, C. (ed.), *Civil and Commercial Mediation in Europe. Cross-Border Mediation*, Cambridge, 1ª ed., Intersentia, vol. II, 2014, p. 5.

924 DOMINGO, B., TIXIS, B., "La mediación, un cambio de paradigma", *Actualidad Jurídica Aranzadi*, núm. 922, 2016, pp. 1-2.

925 RODRÍGUEZ, L., *Mediación comercial internacional*, Madrid, 1ª ed., Dykinson, 2016, p. 51.

926 *Ibidem*, pp. 51-52.

927 También existen otras ayudas para el consumidor en la UE de asesoramiento y gestión de la reclamación contra el profesional como lo son los Centros Europeos del Consumidor que funcionan en territorio de la UE, Noruega e Islandia, por tanto, el consumidor debe tener domicilio en uno de esos lugares para poder acceder a este servicio gratuito, Véase https://ec.europa.eu/consumers/odr/main/?event=main.home 2.show&lng=ES. Fecha de consulta: 7 de septiembre de 2023.

928 Directiva 2013/11/UE publicada en: *DOUE* núm. 165, de 18 de junio de 2013.

de presentar reclamaciones ante los empresarios a través de algún mecanismo de resolución de conflictos que sea imparcial y transparente, por esta razón "facilita el recurso a mecanismos extrajudiciales para resolver litigios de consumo internacionales (intracomunitarios), situaciones para las que el marco nacional resulta normalmente insuficiente"[929]. Cada Estado miembro al trasponer esta Directiva exige requisitos especiales para entidades de resolución alternativa localizadas o con conexión a su territorio. Como ejemplo, en España esta Directiva fue traspuesta mediante la Ley 7/2017[930], lo cual habrá de tomarse en cuenta para los consumidores residentes en la UE, que requieran utilizar los servicios de alguna de las entidades de resolución alternativa establecidas en España.

La DRAL fue expedida para remediar algunas debilidades de la normativa de la UE referidas al acceso del consumidor a sistemas alternativos de resolución de conflictos. Debido a que, este tipo de mecanismos no funcionaban de forma exitosa en todas la zonas geográficas y empresariales de la UE, y no eran conocidos por la totalidad de consumidores, por lo cual, existía una desconfianza de los comerciantes y consumidores a utilizar estos sistemas cuando quienes los llevan a cabo no se encuentran localizados en su país de domicilio[931].

En el mismo sentido de la DRAL fue dictado el Reglamento (UE) No. 524/2013 de 21 de mayo de 2013[932], cuyo objeto es similar al de la DRAL, con un elemento especial, la creación de una plataforma de resolución de litigios en línea de la UE, que encaja en la categoría de *Online Dispute Resolution* (en adelante, ODR)[933], facilita "la resolución extrajudicial de litigios entre consumidores y comerciantes en línea de forma independiente,

---

929 VALBUENA GONZÁLEZ, F., "La Directiva Europea sobre resolución alternativa de litigios (ADR) en materia de consumo", *Justicia: Revista de derecho procesal*, núm. 2, 2014, p. 412.

930 Ley 7/2017, de 2 de noviembre, relativa a la resolución alternativa de litigios en materia de consumo, publicada en: BOE núm. 268, de 4 de noviembre de 2017.

931 MARTÍNEZ RODRÍGUEZ, N., "Un paso adelante en la protección del consumidor en el comercio electrónico: la resolución de litigios en línea", *Revista Doctrinal Aranzadi Civil-Mercantil*, núm. 1, 2018, pp. 1-2.

932 Reglamento (UE) nº 524/2013 del Parlamento Europeo y del Consejo de 21 de mayo de 2013 sobre resolución de litigios en línea en materia de consumo y por el que se modifica el Reglamento (CE) nº 2006/2004.

933 PETERS, S., "The evolution of alternative dispute resolution and online dispute resolution in the European Union", *Revista CES Derecho*, vol. 12, núm. 1, 2021, pp. 4-5.

imparcial, transparente, eficaz y equitativa"[934]. La plataforma de resolución de litigios en línea de la UE funciona de la siguiente manera: el usuario, que puede ser un consumidor o un empresario[935], presenta la reclamación ante esta plataforma, para lo cual debe completar íntegramente el formulario electrónico de reclamación y adjuntar los documentos pertinentes.

La plataforma de resolución de litigios en línea de la UE tramitará la reclamación de manera oportuna a la parte reclamada y le indicará que las partes deben ponerse de acuerdo sobre la entidad de resolución alternativa de litigios (en adelante, RAL) que tramitará la reclamación. Esta deberá ser una que se encuentre ubicada en el Estado miembro del domicilio del consumidor, sin importar que la sede del profesional se encuentre ubicada en otro Estado miembro[936]. No es relevante que el litigio sea transfronterizo o de órbita interna de un Estado pues lo que se requiere de acuerdo con el ámbito de aplicación (Art. 2) del Reglamento (UE) No. 524/2013 es que ambas partes, el consumidor y el profesional se encuentren ubicados en la UE o en Noruega, Islandia o Liechtenstein[937] el primero con respecto de su residencia habitual y el segundo respecto de algún establecimiento comercial[938].

---

934 Reglamento (UE) nº 524/2013, Art. 1.

935 Para usar la plataforma el consumidor y el empresario deben estar ubicados en la UE, Noruega, Islandia o Liechtenstein. Si bien el consumidor puede presentar su reclamación a través de la plataforma en contra de cualquier empresario con sede en la UE o cualquiera de los Estados señalados, el profesional sólo puede presentar su reclamación contra el consumidor si este reside en Bélgica, Alemania, Luxemburgo o Polonia, información disponible en: https://ec.europa.eu/consumers/odr/main/?event=main.home.howitworks#he ading-4. Fecha de consulta:18 de agosto de 2023.

936 Información disponible en: https://europa.eu/youreurope/business/dealing-with-customers/solving-disputes/online-dispute-resolution/index_es.htm#shortcut-2. Fecha de consulta: 9 de agosto de 2023.

937 La plataforma de resolución de conflictos en línea de la UE está disponible para consumidores y comerciantes de Islandia, Liechtenstein y Noruega desde el 1 de julio de 2017; COM(2019) 425 final, de 25 de septiembre, Informe de la Comisión al Parlamento Europeo, al Consejo y al Comité Económico y Social Europeo, sobre la aplicación de la Directiva 2013/11/UE del Parlamento Europeo y del Consejo, relativa a la resolución alternativa de litigios en materia de consumo, y del Reglamento (UE) n.º 524/2013 del Parlamento Europeo y del Consejo, sobre resolución de litigios en línea en materia de consumo.

938 VALBUENA GONZÁLEZ, F., "La plataforma europea de resolución de litigios en línea (ODR) en materia de consumo", *Revista de Derecho Comunitario Europeo*, núm. 52, 2015, p. 1006.

Una vez acordado la entidad RAL, la plataforma le comunicará que las partes han decidido someter su controversia a ese centro, y este último deberá indicar si puede o no conocer y tramitar el asunto. En caso positivo, el centro les informará a las partes del procedimiento y los costos de su servicio. El procedimiento para la resolución del conflicto depende de cada entidad de resolución alternativa.

Respecto del procedimiento de mediación a través de esta plataforma es necesario señalar que si bien todas las entidades de *ADRs* que se encuentran indicadas en la página web de las plataformas prestan el mismo servicio, sus características pueden variar de acuerdo con su especialidad. Lo anterior se evidencia en; a) el pago de las tasas, cuyo pagador varía de acuerdo con lo establecido por cada entidad, en algunas es el consumidor, en otras el profesional y en ocasiones, de manera conjunta; b) la duración media del procedimiento puede oscilar entre uno y tres meses; c) la elección de una entidad de acuerdo con la legitimación que esta prevea para iniciar el procedimiento, el consumidor o el profesional o ambos; d) el idioma del procedimiento, entre otros[939].

La plataforma de resolución de litigios en línea de la UE se encuentra referida en algunas PLAT, como una alternativa a los propios sistemas de resolución de conflictos como políticas de devolución de dinero, cancelación de reservas, entre otros[940]. Lo anterior, en concordancia con el Art. 14 del Reglamento (UE) No. 524/2013 que establece la obligación de los comerciantes con establecimiento en la UE que celebren contratos de compraventa o de prestación de servicios en línea, como es el caso de las PLAT, de ofrecer en sus páginas web un enlace a la plataforma de resolución de litigios en línea de la UE[941].

---

939 Información sobre las entidades de *ADRs* disponibles y sus requisitos, disponible en: https://ec.europa.eu/consumers/odr/main/?event=main.adr.show2. Fecha de consulta: 18 de agosto de 2023.

940 Disponible en: https://www.airbnb.es/help/topic/250/terms—policies. Fecha de consulta: 18 de agosto de 2023.

941 Adicionalmente, el 25 de junio de 2020, el TJUE resolvió una cuestión prejudicial bajo el asunto C-380/19, en la que interpreta el alcance del Art. 13, apartados 1 y 2 de la Directiva 2013/11/UE, que contempla la obligación de los Estados miembros de velar que los comerciantes ubicados en sus territorios informen a sus consumidores sobre las entidades de resolución alternativa de conflictos. Los comerciantes deberán exponer frente a sus consumidores la dirección del sitio web de las entidades de resolución alternativa de conflictos. La interpretación del TJUE es tan proteccionista que extiende la obligación de este Art. a los comerciantes

En el caso particular de *Airbnb,* como se señaló en el capítulo II, la Comisión Europea estableció que esta plataforma debía poner una referencia en su página web sobre la plataforma de resolución de litigios en línea de la UE. *Airbnb* cumplió lo señalado por la Comisión, que en comunicado de prensa del 11 de julio de 2019 indicó sobre *Airbnb* que con los cambios realizados "ofrece en su sitio web un enlace de fácil acceso a la plataforma de resolución de litigios en línea de la UE y toda la información necesaria sobre resolución de litigios"[942]. Otra plataforma que decidió incluir en sus condiciones el enlace de la plataforma de resolución de litigios en línea fue *Wimdu,* con sede en Berlín, sin embargo, indicó como *disclaimer* que "no participa ni está obligado a participar en la resolución de conflictos en línea ante ninguna institución de resolución de conflictos de los consumidores"[943]. Sin embargo, debe aclararse que, su obligación nunca fue someterse a este tipo de mediación en todos los casos, porque al ser estos mecanismos alternativos, son también voluntarios, y la plataforma cumple, tal y como cumplió *Airbnb* de acuerdo con la Comisión Europea su obligación de dar a conocer el enlace de la plataforma de resolución de litigios en línea de la UE en su página web[944].

---

que ofrecen los servicios a través de una página web, pero no permiten a través de esta la contratación de sus productos o servicios. La indicación de la información de las entidades de resolución alternativa de conflictos debe constar de manera evidente y principal en el sitio web del comerciante y no en documento adjunto al contrato o revelar la información al momento de la celebración del contrato As. C-380/19, ECLI:EU:C:2020:498, de 25 de junio de 2020, *Bundesverband der Verbraucher zentralen und Verbraucherverbände-Verbraucherzentrale Bundesverband eV* vs. *Deutsche Apotheker-und Ärztebank eG,* FJ 36.

942 Comisión Europea, Comunicado de prensa: "Normas de la UE en materia de protección de los consumidores: Airbnb colabora con la Comisión Europea y las autoridades de protección de los consumidores de la UE, mejorando la forma en que presenta sus ofertas", de 11 de julio de 2019, disponible en: http://europa.eu/rapid/press-release_IP-18-5809_es.htm, y https://ec.europa.eu/commission/presscor ner/detail/es/IP_19_3990. Fecha de consulta: 1 de septiembre de 2023.

943 Términos y condiciones de *Wimdu* disponibles en: https://www.wimdu.es/aviso-legal. Fecha de consulta 9 de septiembre de 2023.

944 En contraste, también hay PLAT que no prevén ninguna información sobre la plataforma de resolución de litigios en línea en la UE como, por ejemplo; *Muchosol* con sede en Valencia, o *Rentalia* con sede en Madrid. Información extraída de las páginas web y los términos y condiciones de estas plataformas disponible en: https://www.muchosol.es/informacion-legal#condiciones-generales y. Fecha de consulta: 10 de agosto de 2023.

De las 35 PLAT objeto de esta investigación sólo 15 de ellas referencian el enlace de la plataforma de resolución de litigios en línea de la UE en su páginas web, las 20 restantes no hacen referencia a esta, aunque en ocasiones establezcan cláusulas de competencia judicial internacional como se evidencia en la Tabla 4[945].

Tabla 4

No.	Nombre de la PLAT	Referencia el enlace http://ec.europa.eu/consumers/odr/ en sus términos y condiciones?
1	Airbnb	Si
2	Booking	Si
3	Expedia inc.	Si
4	VRBO	Si
5	Abritel	Si
6	FeWo-direkt	Si
7	Bookabach	No
8	Stayz	No
9	TripAdvisor	Si
10	Niumba	Si
11	Vacationhomerentals	Si
12	Holidaylettings	Si
13	Housetrip	Si
14	FlipKey	Si
15	Holidu	No
16	Bookiply	No
17	Homestay	No
18	Hometogo	Si
19	Hotdogholidays	No
20	Hundred Rooms	No
21	Interhome	No
22	Kid & Coe	No

[945] Verificación realizada el 25 de septiembre de 2023. Debe decirse que respecto de la PLAT Villapolis, esta se encuentra inactiva desde el año 2022 y la verificación de sus términos y condiciones y su página web se realizó previo a esa fecha.

No.	Nombre de la PLAT	Referencia el enlace http://ec.europa.eu/consumers/odr/ en sus términos y condiciones?
23	Muchosol	No
24	Novasolvacaciones	No
25	OneFineStay	No
26	Owner-direct	No
27	Rentalia	No
28	Roomlala	No
29	Ruraltop	No
30	Temporadalivre	No
31	Tripping	Si
32	Villapolis	No
33	Weekendesk	No
34	Wimdu	Si
35	9flats	No

Creación propia

De la tabla 4. debe indicarse que sólo las PLAT que tengan su domicilio social o algún establecimiento de comercio en la UE se encuentran obligadas a exhibir el enlace de plataforma de resolución de litigios en línea de la UE en sus páginas web de acuerdo con lo señalado por el Art. 4.2 de la Reglamento (UE) No. 524/2013 en concordancia con el Art. 4.2 de la DRAL. Teniendo en cuenta la tabla 1. las PLAT que deberían tener el enlace de plataforma de resolución de litigios en línea de la UE en sus páginas web y lo tienen son los trece siguientes: *Holidu, Bookiply, Homestay, Hotdogholidays, Hundred Rooms, Interhome, Muchosol, Novasol, Roomlala, Wimdu, Ruraltop, Rentalia* y *Weekendesk.*

En el caso de Reino Unido debe tenerse en cuenta el Acuerdo sobre la retirada del Reino Unido de Gran Bretaña e Irlanda del Norte de la Unión Europea y de la Comunidad Europea de la Energía Atómica, el *Brexit,* que contempla un periodo de transición que acabó 31 de diciembre de 2020, con lo cual se finiquita la salida de Reino Unido de la UE, y ello implica que los consumidores residentes en Reino Unido no pueden enviar nuevas solicitudes a la plataforma de resolución litigios en línea de la UE ni intervenir en un caso en curso. Así mismo, a los consumidores residentes en la UE, Noruega, Islandia o Liechtenstein no les será permitido formular reclamaciones contra profesionales en el Reino Unido ni tampoco pueden solicitar que su caso sea conocido por una entidad de resolución de litigios de ese Estado, lo mismo ocurre con los profesionales de Reino Unido, que no podrán acceder a la plataforma[946].

Cuando existe una controversia sobre hechos ocurridos en 2023 entre una PLAT como *onefinestay* o *Holidaylettings* que tienen su domicilio social en Reino Unido con huéspedes-consumidores residentes en los Estados miembros de la UE y de Noruega, Islandia o Liechtenstein debido al *Brexit*, ya no existe la posibilidad de buscar a través de la plataforma de resolución litigios en línea de la UE un acuerdo compensatorio.

La plataforma de resolución de litigios en línea de la UE es usada mayoritariamente por consumidores en contra de la plataforma/empresario y no viceversa[947]. En los datos estadísticos que esta plataforma expone en su página web se indica que sólo el 3.97% de las reclamaciones tiene que ver con hoteles y otros alojamientos de vacaciones[948], por tanto, aunque este instrumento es muy útil, evidencia que la mayoría de las reclamaciones de huéspedes-consumidores frente a la PLAT no se resuelven por esta vía.

La plataforma de resolución de litigios en línea de la UE no es un impedimento para que el huésped-consumidor acceda a los tribunales de su propio domicilio, puesto que al acudir a esta plataforma no existe ninguna garantía que la PLAT acceda a sus pretensiones, y la posibilidad de que pueda utilizarse puede tener un efecto disuasivo en el profesional especialmente de servicios turísticos, el cual conoce que por razones de cuantía las reclamaciones de consumidores no suelen llegar a escenarios judiciales, y que teniendo conocimiento de que existe un mecanismo en línea de fácil acceso para el consumidor puede abstenerse de actuar en contradicción de los derechos del consumidor en la UE[949].

---

946 Información extraída de https://ec.europa.eu/consumers/odr/main/index.cfm?event=main.home2.show&lng=ES Fecha de consulta: 20 de septiembre de 2023.

947 HATZOPOULOS, V., *ob. cit.*, pp. 184-185.

948 El tema más frecuente de reclamación es transporte aéreo con un 14.85%, de acuerdo con los datos de la plataforma, disponibles en: https://ec.europa.eu/consumers/odr/main/?event=main.statistics.show. Fecha de consulta 25 de octubre de 2020.

949 CARRIZO AGUADO, D., "Asistencia extrajudicial al consumidor transfronterizo europeo extrajudicial", *Cuadernos de Derecho Transnacional,* vol. 10, núm. 1, 2018, p. 67.

Si bien la plataforma de resolución de litigios en línea de la UE es por sí misma un *ADRs*, ello no implica que las entidades acreditadas RAL, no puedan por sí mismas ofrecer sus servicios de mediación de manera física o virtual por fuera de la plataforma de resolución de litigios en línea de la UE, siguiendo los parámetros del Reglamento (UE) No. 524/2013, por tanto, esta sería otra opción extrajudicial para el huésped-consumidor, mediante el acceso directo a las entidades RAL[950].

Por último, debe mencionarse una opción de resolución extrajudicial de litigios, contenida en el Reglamento *Digital Services Act* mencionado anteriormente[951], aplicable a partir del 17 de febrero de 2024. En los Arts. 20 y 21 de este Reglamento se indica que las plataformas en línea facilitarán a los destinatarios del servicio, el acceso a un sistema interno y eficaz de tramitación de reclamaciones, en el cual estos puedan presentar sus reclamaciones frente a la plataforma de manera electrónica y gratuita. De acuerdo con el Art. 20, una vez la plataforma tome la decisión de acuerdo con su sistema interno de reclamaciones, el destinatario final podrá acudir a un órgano de Resolución extrajudicial de litigios certificado por el coordinador de servicios digitales del Estado miembro donde este órgano esté establecido. De acuerdo con el Reglamento, estos órganos han de tener conocimientos especializados en consumo y los honorarios que cobren por sus servicios han de ser razonables. Esta alternativa de resolución extrajudicial de litigios tiene como objetivo que en la UE se consoliden órganos de resolución extrajudicial de litigios especializados en contratos de consumo con plataformas en línea, que permitan al consumidor con domicilio en los Estados miembros reclamar a una plataforma con domicilio en territorio de la Unión, y así tener una posibilidad de reclamación adicional o complementaria a las de la plataforma de resolución de litigios en línea de la UE.

---

950 Véase: https://www.consumoresponde.es. Fecha de consulta: 5 de septiembre de 2023.

951 Reglamento (UE) 2022/2065 del Parlamento Europeo y del Consejo de 19 de octubre de 2022 relativo a un mercado único de servicios digitales y por el que se modifica la Directiva 2000/31/CE (Reglamento de Servicios Digitales).

2. EL ARBITRAJE EN LOS CONTRATOS DE CONSUMO EN LA UE: EL ORDENAMIENTO ESPAÑOL

El arbitraje es originado por medio de un acuerdo en el cual las partes de una relación contractual someten sus futuros conflictos a una decisión definitiva y exclusiva proferida por un tercero llamado árbitro, de acuerdo con las reglas de arbitraje que pacten o sean aplicables[952]. En materia de Derecho internacional privado los árbitros son particularmente relevantes, por cuanto los jueces nacionales habitualmente no son expertos en casos cuya resolución involucre este tipo de derecho, y no se encuentran preparados o especializados en ciertas materias, en contraste con los árbitros que pueden tener los conocimientos específicos de DIPr para valorar de manera más rigurosa una situación privada internacional[953], los árbitros cuentan entonces con conocimientos legales pero también técnicos para la resolución de la controversia, lo cual es una de las razones fundamentales del éxito del arbitraje en los negocios internacionales[954].

El arbitraje de consumo es una forma específica de esta figura, a la que puede acudir el consumidor como parte débil de la relación contractual, cuando se presenta una controversia relacionada con el bien o servicio objeto del contrato de consumo. Generalmente, las reclamaciones derivadas de los contratos de consumo son de naturaleza patrimonial y las pretensiones son de valores pequeños, por lo que existe poca probabilidad que dichas reclamaciones sean presentadas ante tribunales judiciales y que, frecuentemente se decidan mediante un mecanismo de resolución de conflictos rápido y de bajo costo, como el arbitraje de consumo[955].

En el ordenamiento español, se regula el arbitraje de consumo mediante el Real Decreto 231/2008[956], de 15 de febrero, que establece el Sistema Arbitral de Consumo (en adelante, SAC) y el procedimiento del arbitraje

---

952 CASTILLO FREYRE, M., VÁSQUEZ FUNZE, R., "Arbitraje: Naturaleza y Definición", *Derecho PUCP*, núm. 59, 2006, pp. 273-275.

953 KESSEDJIAN, C., "Le tiers impartial et indépendant en droit international, juge, arbitre, médiateur et conciliateur. Cours général de droit international", *Rivista di Diritto Internazionale*, núm. 2, 2021, p. 640.

954 DE NOVA, G., "Expert Witnesses and Arbitration with seat in Italy", *Rivista dell'arbitrato*, núm. 3, 2021, p. 475.

955 BARRAL, I., "La mediación y el arbitraje de consumo: explorando sistemas de ODR", *IDP. Revista de Internet, Derecho y Política*, núm. 11, 2010, pp. 5-6.

956 Real Decreto 231/2008, de 15 de febrero, por el que se regula el Sistema Arbitral de Consumo, publicado en: BOE núm. 48, de 25 de febrero de 2008.

de consumo, en armonía con la Ley 60/2003[957], de arbitraje. El Real Decreto 231/2008 establece el SAC como materia de competencia exclusiva del Estado, sin embargo, la administración pública puede acordar a través de convenios la creación de instituciones de arbitraje[958]; se establece la creación de las Juntas Arbitrales de Consumo (en adelante, JAC), entidades encargadas de dirigir y promover el SAC., teniendo como funciones principales, fomentar el arbitraje de consumo, llevar un registro de las empresas y profesionales adheridos al SAC, elaborar y actualizar la lista de árbitros acreditados ante las JAC, garantizar el acceso a mediación previa al proceso arbitral, entre otros. Respecto de los consumidores, las JAC deben garantizar que estos tengan acceso a los formularios de solicitud de arbitraje, contestación y aceptación, y también a las ofertas públicas de adhesión al SAC.

Cuando las PLAT que deseen adherirse al SAC, habrán de cumplir con los requisitos del Art. 25 del Real Decreto 231/2008, de acuerdo al cual se deberá formular un escrito de oferta unilateral de adhesión al SAC que tendrá carácter público, así como incluir dentro de sus contratos de servicio o en un acuerdo independiente, una cláusula arbitral que refiera que las partes resolverán sus controversias a través del SAC Finalmente, el Real Decreto 231/2008, permite la realización del arbitraje de consumo electrónico, mediante el cual se inicia, lleva a cabo y culmina el procedimiento arbitral por medios electrónicos, permitiendo una mayor accesibilidad a consumidores, sin tenerse en cuenta la comunidad autónoma donde tengan su domicilio, por tanto, los costos del procedimiento son menores[959].

Este tipo de arbitraje puede resultar una alternativa interesante para huéspedes-consumidores que suscriben contratos de servicios[960] con las PLAT con domicilio o con establecimiento en España de acuerdo con el Art. 25, siempre que exista un consentimiento informado y transparente de la renuncia a la jurisdicción ordinaria, y que el consumidor decida someterse a este tipo de arbitraje[961].

---

957 Ley 60/2003, de 23 de diciembre, de Arbitraje, publicado en: BOE núm. 309, de 26 de diciembre de 2003.

958 BUJOSA VADELL, L., "El arbitraje de consumo", *Revista Jurídica de Castilla y León*, núm. 29, 2013, pp. 4-5.

959 VALBUENA GONZÁLEZ, F., *ob. cit.,* pp. 427-428.

960 El arbitraje de consumo internacional está permitido de acuerdo con el Art. 33. 3 del Real Decreto 231/2008.

961 Es importante señalar que, a través del SAC se pueden resolver controversias sobre contratos con elemento internacional (Art. 33). Cuando aplicamos esto a un conflicto entre el huésped-consumidor y las PLAT, la controversia puede resolver-

Es importante mencionar el Art. 10 de la DRAL, porque afecta directamente a la validez del arbitraje de consumo, por cuanto se indica que por regla general sólo serán válidos los acuerdos sobre arbitraje en materia de consumo cuando se hayan pactado de manera posterior al litigio. Los acuerdos que son pactados con anterioridad al litigio no son vinculantes para el consumidor, debido a que tienen por efecto privarlo del derecho de recurrir a los tribunales competentes para conocer de su litigio. De acuerdo con el Art. 10.2 de la DRAL la excepción a esta regla general se da cuando las partes hayan sido informadas con antelación del carácter vinculante del pacto arbitral y exista aceptación expresa de tal acuerdo.

3. *ADRS* EN LATINOAMÉRICA ENFOCADOS AL CONSUMIDOR Y PANORAMA EXTRAJUDICIAL PARA EL HUÉSPED-CONSUMIDOR

En el contexto de Latinoamérica los *ADRs* son llamados principalmente Resolución Alternativa de Disputas (en adelante, RAD) y Mecanismos Alternativos de Solución de Conflictos (en adelante, MASC) y se incluyen dentro de su ámbito de aplicación toda forma de prevención y de resolución de conflictos que no involucre una sentencia judicial, el abandono del conflicto o usar la fuerza para llegar a un acuerdo[962]. Los mecanismos utilizados bajo la esfera de los *ADRs* han mostrado un crecimiento exponencial debido a las carencias actuales de la justicia civil latinoamericana, especialmente en materia de coste, duración y resultados[963]. Las vías de *ADRs* han funcionado tanto en el escenario prejudicial como requisito para presentar la demanda como en los casos en que actúa como solución final al conflicto.

Antes de utilizar un mecanismo *ADRs* es necesario analizar si los costos por tiempo invertido, el costo de oportunidad y los costos legales[964], presentan un mejor escenario de actuación y un posible resultado favorable

---

se a través de este sistema cuando la PLAT tenga domicilio o establecimiento en España y se cumpla con los requisitos establecidos por el Real Decreto 231/2008 y la Ley 60/2003.

962 ÁLVAREZ, G. S., HIGHTON, E.I., *La mediación en el panorama latinoamericano*, Madrid, 1ª ed., CEAEJ, 2001, pp. 1-2.

963 BELLOSO MARTÍN, N., "Formas alternativas de resolución de conflictos: experiencias en Latinoamérica", *Revista Seqüencia,* núm. 48, 2004, p. 187.

964 HERRERO, A., PUENTE, J.M. "Los costos de los conflictos empresariales en América Latina", Debates IESA, vol. XIII, núm 2, 2008, p. 70.

en comparación con un litigio judicial tradicional. En el caso particular del consumidor que desea utilizar procedimiento de *ADRs* en el contexto Latinoamericano, deberá acudirse a las normas legales del país específico en el cual desee iniciar el mecanismo, debido a que las opciones pueden variar en cada Estado, e incluso en algunos existen *ADRs* especialmente creados para el consumidor.

A continuación, se indicará primero si existen tratados internacionales y normas internas que se ocupen del arbitraje, arbitraje de consumo, mediación y cualquier otro *ADRs* para situaciones privadas internacionales en Colombia, México, Argentina y Brasil y se analizará cuáles de ellos son aplicables a una controversia entre la PLAT y el huésped-consumidor, para ellos se expondrán y resolverán algunos casos hipotéticos y cláusulas de los términos y condiciones que contemplen *ADRs* de dos PLAT. Lo anterior con el fin de exponer el panorama general del huésped-consumidor con domicilio en Latinoamérica o en la UE de desee utilizar uno de estos mecanismos.

3.1. Colombia: MASC y arbitraje doméstico, internacional y virtual

En materia de tratados internacionales Colombia es parte en varios tratados internacionales que involucran el arbitraje, incluyendo la Convención de Nueva York de 1958 sobre el reconocimiento y ejecución de las sentencias arbitrales extranjeras[965], la Convención de Panamá de 1975 sobre arbitraje comercial internacional[966], el Convenio sobre la Resolución

965 Convención sobre el reconocimiento y ejecución de las sentencias arbitrales extranjeras, adoptada por la Conferencia de las Naciones Unidas sobre Arbitramento Comercial el 10 de junio de 1958, hecha en Nueva York, disponible en: https://bibliotecadigital.ccb.org.co/handle/11520/15464. Cabe resaltar que 26 Estados miembros también son parte de esta Convención, con la excepción de República Checa. https://uncitral.un.org/es/texts/arbitration/conventions/foreign_arbitral_awards/status2. Fecha de consulta: 18 de junio de 2023.

966 Convención Interamericana sobre Arbitraje Comercial Internacional de 30 de enero de 1975, hecha en Panamá de la que son parte: Argentina, Bolivia, Brasil, Chile, Colombia, Costa Rica, Ecuador, El Salvador, Estados Unidos, Guatemala, Honduras, México, Nicaragua, Panamá, Paraguay, Perú, República Dominicana, Uruguay y Venezuela, indica que las partes pueden someter a decisión arbitral las diferencias que surjan de un negocio de carácter mercantil, disponible en: http://www.oas.org/es/sla/ddi/tratados_multilaterales_interamericanos_B-35_arbitraje_comercial_internacional.aspl. Fecha de consulta: 13 de septiembre de 2023.

de Controversias de Inversión entre Países y Nacionales de Otros Países[967], el Tratado de Montevideo de 1889 sobre Derecho Procesal Internacional[968] y la Convención Interamericana sobre validez extraterritorial de juicios extranjeros y laudos Arbitrales de 1979[969].

Los contratos de consumo no se encuentran excluidos de ninguno de estos cinco instrumentos internacionales; respecto de la Convención de Nueva York de 1958 sobre el reconocimiento y ejecución de las sentencias arbitrales extranjeras, ha de tenerse en cuenta que de acuerdo con su Art. 5) 2 se indica que para denegar el reconocimiento y ejecución de un laudo arbitral se tomará en cuenta la ley y el orden público del país donde pretende reconocerse y ejecutarse el laudo que por ningún motivo puede ser contrario a las normas de orden público, por tanto, deberá verificarse en la normativa de cada país este tema en particular[970]; lo mismo ocurre con la Convención de Panamá 1975 sobre arbitraje comercial internacional en su Art. 5) 2. En el caso del Convenio sobre la Resolución de Controversias de Inversión entre Países y Nacionales de Otros Países, este indica en su Art.

---

967 Fecha de entrada en vigor del Convenio 14 de octubre de 1966, hecho en Washington. Texto completo disponible en: https://icsid.worldbank.org/en/Documents/icsiddocs//ICSID%20Convention%20Spanish.pdf. Fecha de consulta: 17 de agosto de 2023.

968 Este tratado fue firmado en Montevideo el 11 de enero de 1889 y trata de Derecho procesal internacional, no debe confundirse con el Tratado de Derecho Civil Internacional de Montevideo, de 12 de febrero del mismo año, disponible en: https://sociedip.files.wordpress.com/2013/12/tratado-de-derecho-procesal-internacional-montevideo-1889.pdf. Fecha de consulta: 15 de agosto de 2023. Este tratado actualmente está vigente para Argentina, Bolivia, Brasil, Colombia, Paraguay, Perú y Uruguay, e indica brevemente algunas consideraciones sobre el cumplimiento de laudos arbitrales en los Estados firmantes. Este tratado indica que los laudos que se dicten en materias civiles o mercantiles serán reconocidos y ejecutados en un Estado diferente al que fueron proferidos siempre que el árbitro que los dicte sea competente, que el laudo esté ejecutoriado y tenga efectos de cosa juzgada, que se haya respectado el debido proceso, especialmente en materia de notificación y que no contradiga el orden público del Estado en el cual se quiere ejecutar.

969 Fecha de la Convención 8 de mayo de 1979, hecha en Montevideo, disponible en: http://www.oas.org/JURIDICO/spanish/tratados/b-41.html. Fecha de consulta: 25 de agosto de 2023.

970 ELLERMAN, I., "La arbitrabilidad en los contratos de consumo internacionales y las condiciones de validez de la cláusula arbitral", *XXVI Jornadas Nacionales de Derecho Civil: Comisión de Derecho Internacional Privado "Consumidor Internacional"*, La Plata, septiembre de 2017, p. 6.

54) 3. que el laudo deberá ejecutarse de acuerdo con las leyes de ejecución vigentes del Estado de ejecución, por tanto, ha de verificarse si de acuerdo con las leyes de ese Estado el consumo es susceptible de arbitraje. En el Tratado de Montevideo de 1889 sobre Derecho Procesal Internacional y en la Convención Interamericana sobre validez extraterritorial de juicios extranjeros y laudos arbitrales de 1979 no indican de manera expresa la exclusión de los contratos de consumo, pero establecen respectivamente en el Art. 5) d. y en el Art. 2) h. que el reconocimiento y ejecución del laudo dependerá de que no se oponga a las leyes de orden público del país de su reconocimiento y/o ejecución.

Al encontrarse todos estos instrumentos vigentes, su aplicación deberá ceñirse a las particularidades del caso concreto, y si en caso de que pueda superponerse su aplicación algunos de ellos podría haber varias soluciones: 1) que las partes de manera expresa hayan elegido uno de estos instrumentos como aplicables; 2) basado en el principio de *lex specialis* podría aplicarse el instrumento con la conexión más estrecha con el caso concreto de acuerdo a su ámbito de aplicación, si por ejemplo son aplicables la Convención de Nueva York de 1958 y la Convención de Panamá de 1975, pero las circunstancias del caso se relacionan únicamente con el ámbito latinoamericano se prefiere la aplicación de esta última; 3) compatibilizar y aplicar los principios de ambos instrumentos al caso concreto; 4) aplicar el instrumento cuyo contenido sea más favorable, de acuerdo al principio de eficacia máxima[971].

De los cinco instrumentos señalados, tres de ellos se enfocan en reconocimiento y ejecución de laudos arbitrales y tienen muy pocas consideraciones sobre el acuerdo arbitral o el procedimiento: la Convención de Panamá de 1975 sobre arbitraje comercial internacional, el Tratado de Montevideo de 1889 sobre Derecho Procesal Internacional y la Convención Interamericana sobre validez extraterritorial de juicios extranjeros y laudos Arbitrales de 1979.

Los dos restantes, la Convención de Nueva York de 1958 sobre el reconocimiento y ejecución de las sentencias arbitrales extranjeras y el Convenio sobre la Resolución de Controversias de Inversión entre Países y Nacionales de Otros Países prevén disposiciones de fondo sobre el pacto arbitral.

---

971 OEA, *Arbitraje Comercial Internacional: El Reconocimiento y la Ejecución de Sentencias y Laudos Arbitrales Extranjeros. Reunión de Alto Nivel Miami, Florida (EE. UU.) 21 y 22 de enero de 2013,* Washington D.C., 1ª ed., Departamento de Derecho Internacional; Organización de Estados Americanos, 2014, p. 50.

La Convención de Nueva York de 1958 en su Art. 2 establece la validez del acuerdo arbitral a partir la voluntad de las partes contractuales siempre que conste por escrito, sin embargo, de acuerdo con su Art. 1 cada Estado parte decidirá si aplicará la Convención al reconocimiento y a la ejecución de las sentencias arbitrales dictadas en el territorio de otro Estado Contratante únicamente. Colombia aceptó sin reservas esta Convención[972] y por tanto le aplica de manera general, con efectos *erga omnes*, aunque el pacto arbitral involucre a un Estado no parte de esta Convención.

El segundo, el Convenio sobre la Resolución de Controversias de Inversión entre Países y Nacionales de Otros Países, llevado a cabo por el Centro Internacional de Arreglo de Diferencias Relativas a Inversiones[973] en adelante, CIADI, ha sido ratificado por 154 Estados. Este Convenio establece un procedimiento de arbitraje específico, al cual las partes pueden acudir en caso de requerir que el CIADI a través de su lista de árbitros y conciliadores conozca de su controversia en un proceso arbitral o conciliación. Este Convenio es una alternativa que se agrega a todas las opciones de centros de arbitrajes internacionales, como la Cámara de Comercio de París, pero, debe tenerse en cuenta que estos centros de arbitraje suelen resolver conflictos entre comerciantes y estos frente a Estados[974], quedando el consumidor con esta opción, pero con la limitación relativa a los altos costos del procedimiento.

El huésped-consumidor puede valorar estas opciones que prevé el sistema de DIPr de Colombia, tomando también en consideración la posibilidad de pactar una cláusula que someta el eventual conflicto a árbitros o conciliadores ubicados en el territorio colombiano. La Constitución Política de Colombia que en su Art. 116 le concede fundamento jurídico a los MASC[975], indicando que, si bien la administración de justicia se ejerce a través de la rama judicial, los particulares pueden de manera transitoria ejercer esta acción en la condición de conciliadores o árbitros. Aunque la

---

972 Véase: https://uncitral.un.org/es/texts/arbitration/conventions/foreign_arbitral_awards/status2. Fecha de consulta: 24 de agosto de 2023.

973 Con sede en Washington, y su página web es: https://icsid.worldbank.org/es/acerca. Fecha de consulta: 24 de agosto de 2023.

974 OEA, Arbitraje comercial internacional: El reconocimiento y la ejecución de sentencias y laudos arbitrales, 2013, p. 54, disponible en: http://www.oas.org/es/sla/ddi/docs/arbitraje_comercial_ publicacio nes_Reconicimiento_Ejecucion_Sentencias_Laudos_2013.pdf. Fecha de consulta: 17 de agosto de 2023.

975 ARIZA SANTAMARÍA, R., "Estado del arte de los mecanismos alternativos de solución de conflictos en Colombia", *Revista IUSTA*, núm. 26, 2007, p. 62.

Constitución sólo menciona conciliación y arbitraje, el huésped-consumidor también puede considerar la mediación y la amigable composición[976] y el caso especial de los procesos llevados por la Superintendencia de Industria y Comercio, en adelante SIC, sobre consumo[977].

Respecto del arbitraje en Colombia este se encuentra regulado en la Ley 1563 de 2012[978], y podría ser una opción por considerar para el huésped-consumidor siempre que concurran dos circunstancias, una obligatoria y una de conveniencia. La primera que el tema objeto del arbitraje no se encuentre reservado de manera exclusiva a los jueces ordinarios, circunstancia que acontece en el contrato de servicios entre el huésped-consumidor y la PLAT, que al tratarse una materia de libre disposición[979] en el ámbito comercial, las controversias que surjan del contrato pueden ser conocidas tanto por los jueces ordinarios como por los árbitros siempre que se pacte una cláusula compromisoria. La segunda, es que la cuantía de la pretensión compense los gastos del proceso arbitral que suelen superar a los de un proceso judicial ordinario, principalmente porque la administración de justicia es una función pública y gratuita y en contraste, el proceso arbitral es una opción privada y onerosa.

La Ley 1563 de 2012, contempla también una sección de arbitraje internacional, e indica que, para que se configure este tipo de mecanismo las partes deben tener sus domicilios en Estados diferentes al momento de la celebración del acuerdo, o el lugar del cumplimiento de las obligaciones o el del objeto del litigio tenga una relación más estrecha; estén situados fuera del Estado en el cual las partes tienen sus domicilios o, por último,

---

976 La amigable composición contemplada en los Arts. 59, 60 y 61 de la Ley 1563 de 2012, es un mecanismo similar a la conciliación, en el cual las partes nombran a un tercero, al que llaman "amigable componedor", para dirimir un conflicto que nazca una obligación contractual de libre disposición. Al igual que la conciliación el acuerdo resultante de este mecanismo tiene fuerza vinculante para las partes y su efecto legal es el de la transacción.

977 Ley 1480 de 2011 de 12 de octubre, Diario Oficial No. 48.220 de 12 de octubre de 2011, por medio de la cual se expide el Estatuto del Consumidor y se dictan otras disposiciones, disponible en: https://www.wipo.int/edocs/lexdocs/laws/es/co/co103es.pdf. Fecha de consulta: 20 de junio de 2020.

978 Ley 1563 de 2012 de julio 12, Diario Oficial No. 48.489 de 12 de julio de 2012, por medio de la cual se expide el Estatuto de Arbitraje Nacional e Internacional y se dictan otras disposiciones, disponible en: http://www.secretariasenado.gov.co/senado/basedoc/ley_1563_2012.html. Fecha de consulta: 20 de agosto de 2023.

979 MARTÍNEZ NEIRA, N.H., *El pacto arbitral: Estatuto arbitral colombiano*, Bogotá, 1ª ed., Legis, 2013, p. 42.

que la controversia que está sometida a decisión arbitral afecte los intereses del comercio internacional. Los Arts. 62 a 68 de la Ley 1563 de 2012 contemplan algunas reglas para el arbitraje y la competencia para la anulación del laudo arbitral, es de resaltar que esta ley indica que las reglas allí establecidas no pueden ir en contradicción con los tratados internacionales vigentes para Colombia.

Aunque el arbitraje es una opción a considerar por el consumidor, debe tenerse en cuenta que de acuerdo con el informe final del diagnóstico del arbitraje en el territorio nacional realizado por la Cámara de Comercio de Bogotá, "*el promedio de casos de arbitramento presentados ante los centros de arbitraje es de 477 procesos en los últimos 3 años*"[980], lo cual indica que esta opción sigue siendo muy poco usada en Colombia aunque definitivamente tiene ventajas importantes, es usada de manera muy excepcional frente a la justicia tradicional. En el caso del arbitraje internacional que se lleva a cabo en Colombia, las partes contractuales deben tener en cuenta las reglas contempladas en la ley que, si bien no establece restricciones sobre materias que pueden ser conocidas en un arbitraje internacional, si determina reglas sobre notificaciones, interpretación y objeción al arbitraje.

Adicionalmente, el Decreto 1829 de 2013[981], estableció la opción de realizar el arbitraje de manera virtual, y determinó que los centros de arbitraje en Colombia pueden ofrecer este servicio, y realizar desde actos procesales hasta expedir laudos arbitrales, por medios electrónicos[982], bajo el cumplimiento de unos parámetros específicos. El arbitraje virtual puede ser otra opción para el huésped-consumidor que desea iniciar este MASC en Colombia, aunque su domicilio o el de la PLAT se encuentran por fuera del país. Supongamos que un huésped-consumidor con domicilio en Colombia presenta una solicitud de arbitraje virtual según los términos el

---

980 Informe completo disponible en: http://info.minjusticia.gov.co:8083/portals/0/masc/documentos/informe%20final%20diagnostico%20de%20%20arbitraje%20en%20colombia%20version%20final.pdf. Fecha de consulta: 1 de agosto de 2023.

981 Decreto 1829 de 2013, de 27 de agosto, Diario Oficial 48895 de agosto 27 de 2013, por el cual se reglamentan algunas disposiciones de las Leyes 23 de 1991, 446 de 1998, 640 de 2001 y 1563 de 2012, disponible en: https://www.redjurista.com/Documents/decreto_1829_de_2013_ministerio_de_justicia_y_del_derecho.aspx. Fecha de consulta: 1 de agosto de 2023.

982 ORREGO-GARAY, S., "El Comercio Electrónico y los mecanismos online para la Resolución de Disputas", *EAFIT Journal of* International Law, vol. 6, núm. 1, 2015, p. 105.

Decreto 1829 de 2013 a la PLAT *Tripping*[983] con domicilio en Berlín. Sin embargo, al revisar las cláusulas de esta PLAT la competencia se somete a las cortes de Berlín, por tanto, aunque sea poco probable que la PLAT renuncie al foro ya pactado, la constitución de una cláusula compromisoria posterior sería la única posibilidad que podría permitir el arbitraje virtual de este decreto.

Respecto de la conciliación, la ley colombiana indica que se encuentran autorizados para realizarla los conciliadores de centros de conciliación, los servidores públicos que ley determine y los notarios, siempre que el objeto de la conciliación sea sobre materias que sean susceptibles de transacción, desistimiento y conciliación[984]. El acuerdo conciliatorio tiene efectos de cosa juzgada y el acta de conciliación presta mérito ejecutivo[985]. La conciliación en materia de consumo puede darse especialmente en el proceso judicial que conoce la Superintendencia de Industria y Comercio, en adelante, SIC, que se explicará a continuación. Esta entidad podrá citar a petición de parte, o de oficio, a una audiencia de conciliación dentro de ese proceso[986].

La SIC, es una entidad que corresponde a la rama ejecutiva del poder público colombiano —y al igual que otra entidad del mismo rango, la Superintendencia de Sociedades— de forma excepcional, se le atribuyeron unas funciones jurisdiccionales en materias específicas[987], aunque se trate

---

983 Disponible en: https://www.tripping.com/legal#dataprotection. Fecha de consulta: 1 de agosto de 2023.

984 Ley 640 de 2001 de 5 de enero, Diario Oficial No. 44.303 de 24 de enero de 2001, por la cual se modifican normas relativas a la conciliación y se dictan otras disposiciones, disponible en: https://www.oas.org/dil/esp/Ley_640_de_2001_Colombia.pdf. Fecha de consulta: 25 de junio de 2020.

985 Ley 446 de 1998 de 7 de julio, Diario Oficial No. 43.335, de 8 de julio de 1998, por la cual se adoptan como legislación permanente algunas normas del Decreto 2651 de 1991, se modifican algunas del Código de Procedimiento Civil, se derogan otras de la Ley 23 de 1991 y del Decreto 2279 de 1989, se modifican y expiden normas del Código Contencioso Administrativo y se dictan otras disposiciones sobre descongestión, eficiencia y acceso a la justicia, disponible en: https://www.oas.org/dil/esp/ Ley_446_de_1998_Colombia.pdf. Fecha de consulta. 1 de agosto de 2023.

986 Ley 4356 de 2012, de 2 de febrero, por la cual se asignan algunas funciones jurisdiccionales, Superintendencia de Industria y Comercio, Publicado en el diario oficial de 3 de febrero de 2012.

987 Debe indicarse que por orden de esta investigación el proceso jurisdiccional ante la SIC ha sido insertado en los MASC, cuando pudo incluirse en el apartado de

de autoridades administrativas[988]. Las funciones jurisdiccionales de la SIC atañen al contrato de consumo, por tanto, conoce de las demandas presentadas por consumidores ante esa Superintendencia por violaciones a las normas de protección al consumidor. La SIC puede imponer multas en caso de fallar favorablemente, de hasta ciento cincuenta salarios mínimos legales mensuales vigentes[989], también puede imponer esta multa al consumidor que presente a demanda de manera temeraria[990].

Presentar una demanda ante la SIC puede ser una opción por considerar para el huésped-consumidor, por cuanto es un proceso más rápido que el de la justicia ordinaria y conocen del caso jueces especializados en derechos del consumidor[991], lo cual es una ventaja teniendo en cuenta lo joven y poco explorado que es este tipo de derecho en Colombia para los jueces especializados en lo mercantil. Sin embargo, deben hacerse dos consideraciones, la primera es que, en caso de presentarse recurso de apelación, conocerían del caso los jueces de segunda instancia dentro de la rama judicial, por lo cual el tiempo ahorrado al acudir a la SIC, puede ganarse en segunda instancia, por temas de congestión judicial. La segunda es que, en el caso de las PLAT, para que los jueces de la SIC pudiesen conocer del caso concreto, la PLAT debe tener algún establecimiento de comercio en Colombia, por razón de que la SIC sólo puede conocer casos que se presenten por violaciones a derechos del consumidor en las entidades que vigila[992].

---

competencia judicial de Colombia, debido a que no se trata de jueces habituales que pertenezcan a la rama judicial y, por tanto, un tratado internacional no le asignaría competencia directa, adicionalmente requiere una audiencia de conciliación previa.

988 GARCÍA BARAJAS, C.M., "Atribuciones jurisdiccionales de la Superintendencia de Sociedades: características, críticas y dificultades", *Revist@ e -Mercatoria*, vol. 11, núm. 2, 2012, p. 5.

989 Para el año 2022 el salario mínimo para Colombia es de $1.000.000 lo que equivale a 244 euros en junio de 2022. Por tanto, la sanción máxima sería de 31.000 euros aproximadamente. Salario mínimo mensual de Colombia disponible en: https://www.salariominimocolombia.net/. Conversión de moneda realizada en: https://www.xe.com/es/currencyconverter/convert/?Amount=1000000&From=COP&To=EUR. Fecha de consulta: 1 de agosto de 2023.

990 Página web de la SIC: https://www.sic.gov.co/grupo-de-defensa-del-consumidor. Fecha de consulta:17 de agosto de 2023.

991 SAYAS CONTRERAS, R., MEDINA ARTETA, R., "Caracterización de las funciones jurisdiccionales de la Superintendencia de Industria y Comercio, en el marco de la protección de los derechos del consumidor", *Advocatus*, vol. 14, núm. 27, 2016, p. 127.

992 Art. 57, Ley 1480 de 2011.

De acuerdo con lo anterior, los casos en los cuales la PLAT no tuviese un establecimiento en Colombia no podrían ser conocidos por la SIC, aunque el huésped-consumidor tenga su domicilio en Colombia. Sin embargo, si la PLAT tiene sede social o algún establecimiento en Colombia y el huésped-consumidor tiene domicilio en otro Estado, la SIC puede ser competente para conocer de su reclamación[993]. El huésped-consumidor debe tener en cuenta que la SIC no depende de la competencia territorial para conocer de un caso, sino que el huésped-consumidor, independientemente de su domicilio ha de trasladarse al lugar donde la SIC tiene sede, a presentar la demanda o hacerlo por Internet[994] a través de la plataforma habilitada para ello[995], lo cual sería una opción por considerar para el huésped-consumidor que no tiene domicilio en Colombia.

Los MASC disponibles para Colombia tanto en materia nacional como internacional no se encuentran señalados o referidos ni en la página principal ni en los términos y condiciones de las 35 PLAT objeto de esta investigación accediendo desde Colombia.

3.2. México: arbitraje de consumo y conciliación

México es parte de varios tratados multilaterales internacionales que tratan de arbitraje. Al igual que Colombia, México hace parte de la Convención de Nueva York de 1958, la de Panamá de 1975 y la Convención Interamericana para la validez extraterritorial de sentencias y laudos arbitrales extranjeros de 1979. Pero recordemos que la segunda y tercera no establecen un procedimiento arbitral, sino que se limitan al reconocimiento

---

993 De acuerdo con la respuesta al oficio radicación No. 21-327216-1 de fecha 19 de agosto de 2021 de la SIC, que consta como anexo 1, la competencia para conocer de una reclamación de consumo por parte de esa entidad depende de si el profesional tiene establecimiento de comercio en Colombia, si es así, el consumidor independientemente de su domicilio, puede presentar su reclamación a través de la SIC, pero se hace la acotación que en caso de tener domicilio en el extranjero, el consumidor requerirá un apoderado para presentar su reclamación.

994 RAMÍREZ TORRADO, M.L., HERNÁNDEZ MEZA, N., "Análisis de las funciones administrativas y jurisdiccionales de la Superintendencia de Industria y Comercio en materia de libre competencia", *Revista Derecho* del Estado, núm. 41, 2018, pp. 338-339.

995 Protocolo para el trámite de procesos de manera virtual ante la Delegatura para Asuntos Jurisdiccionales de la Superintendencia de Industria y Comercio, disponible en: https://www.sic.gov.co. Fecha de consulta: 19 de agosto de 2023.

del laudo por parte de los tribunales nacionales, y aunque sean aplicables al contrato de consumo no conceden muchas luces sobre como acogerse a un procedimiento arbitral en el marco del Derecho internacional mexicano. La Convención de Nueva York de 1958 sí establece la validez del pacto arbitral y fue ratificada por México sin reservas y por tanto le aplica de manera general, con efectos *erga omnes*, aunque el pacto arbitral involucre a un Estado no parte de esta Convención.

Respecto de los tratados bilaterales, se encuentra el Convenio entre los Estados Unidos Mexicanos y el Reino de España sobre Reconocimiento y Ejecución de Sentencias Judiciales y Laudos Arbitrales en Materia Civil y Mercantil, permite que los laudos arbitrales que se profieran en México y España sean reconocidos en esos Estados sin necesidad de realizar proceso de homologación[996].

En el ámbito interno[997], el arbitraje se encuentra regulado del Código de Comercio mexicano[998] que contiene varias reglas sobre arbitraje comer-

996 Fecha de adopción 17 de abril de 1989, disponible en: https://aplicaciones.sre.gob.mx/tra tados/muestratratado_nva.sre?id_tratado=863&depositario=. Fecha de consulta: 18 de agosto de 2021. Existen otros tres tratados bilaterales suscritos por México en temas de arbitraje: el Tratado General de Arbitraje Obligatorio entre los Estados Unidos Mexicanos y el Reino de Italia de 16 de octubre de 1907, el Convenio de Arbitraje entre los Estados Unidos Mexicanos y los Estados Unidos del Brasil de 11 de abril de 1909 y el Tratado de Arbitraje entre los Estados Unidos Mexicanos y la República de Colombia de 11 de julio de 1928, pero estos no son aplicables a las relaciones privadas internacionales por tratarse de convenios o tratados de Derecho internacional público, documentos disponibles en: https://aplicaciones.sre.gob.mx/tratados/consultanva.php. Fecha de consulta: 18 de agosto de 2023.

997 El arbitraje y otros MASC han ido creciendo tanto en oferta como en demanda dentro del ordenamiento jurídico mexicano, y el mismo Estado mexicano se ha encargado de establecerlos dentro de sus políticas públicas como una opción viable, especialmente en las áreas, penal, civil y de familia; ISLAS COLÍN, A., DOMÍNGUEZ VÁZQUEZ J.A., “México ante el arbitraje de inversión CIADI, la justicia alternativa en materia de inversiones”, *Revista Lex Mercatoria*. vol. 13, 2019, p. 56.

998 Código de comercio mexicano, Art. 1415-1463. Los artículos relativos a arbitraje fueron introducidos a este código por la incorporación a la legislación mexicana de la Ley Modelo de Naciones Unidas sobre Conciliación Comercial Internacional que elaboró la Comisión de las Naciones Unidas para el Derecho Mercantil Internacional (CNUDMI/UNCITRAL); QUINTANA ADRIANO, E.A., Marco jurídico del arbitraje nacional, regional e internacional, en: MENDEZ-SILVA, R. (coord.), *Contratación y arbitraje internacionales,* Ciudad de México, 1ª. ed., UNAM, 2010, p. 399.

cial y en las que distingue entre arbitraje nacional y arbitraje internacional. El primero es cualquier procedimiento arbitral de naturaleza comercial, y el segundo se configura cuando, las partes al momento de suscribir el acuerdo de arbitraje, tienen sus establecimientos de comercio en países diferentes o, que esté situado por fuera del país en que las partes tienen su establecimiento: el lugar de arbitraje pactado, el lugar del cumplimiento de una parte sustancial de las obligaciones o el lugar con el cual el objeto del litigio tenga una relación más estrecha[999]. Si se cumple cualquiera de estas condiciones el arbitraje será internacional, lo único que debe ser común a todos los casos es que el centro de arbitraje esté establecido en territorio mexicano para que le apliquen las reglas del Código de comercio mexicano[1000].

En materia de consumo, este Código no prevé reglas específicas, pero establece de manera general que el arbitraje puede resolver una controversia de naturaleza comercial que no se encuentre excluida de ser resuelta mediante arbitraje de acuerdo con los tratados internacionales vigentes para México y con su legislación interna[1001]. Es claro que no existe un tratado o convención internacional que permita de manera específica el arbitraje de consumo en México, pero la legislación interna mexicana prevé en la Ley Federal de Protección al Consumidor[1002], el arbitraje de consumo[1003] y un proceso conciliatorio especial para el consumidor.

Ambos mecanismos alternativos son llevados ante la Procuraduría Federal del Consumidor, y se diferencian de un proceso judicial regular por su gratuidad, rapidez e inmediatez[1004]. La Procuraduría Federal del Consumidor contempla dos formas de acudir al procedimiento arbitral de con-

---

999 Art. 1416, Código de comercio mexicano.

1000 QUINTANA ADRIANO, E.A., *ob. cit.*, p. 400.

1001 Art. 1415, Código de Comercio mexicano.

1002 Ley Federal de Protección al Consumidor, *ob. cit*, Art. 111 y ss. De acuerdo el Art. 120 de esta ley las normas del Código de Comercio son supletivas del procedimiento arbitral llevado ante la Procuraduría Federal del Consumidor.

1003 HERRERA DE LAS HERAS, R., GONZÁLEZ RODRÍGUEZ, S., "La protección de los consumidores y el sistema extrajudicial de resolución de conflictos; una perspectiva comparada entre México y España", *Boletín Mexicano De Derecho Comparado*, vol. 48, núm. 142, 2015, pp. 381-382.

1004 STEELE GARZA, J.G., "Arbitraje de consumo: un largo camino hacia el arbitraje on-line internacional", en: GONZALO QUIROGA, M., GORJÓN GÓMEZ, F.J., SÁNCHEZ GARCÍA, A., (coord.), *Métodos alternos de solución de conflictos: Herramientas de paz y modernización de la justicia*, Madrid, 1ªed., Dykinson, 2011, p. 327.

sumo, el primero es a través de una conciliación fallida, al no establecerse un acuerdo entre las partes, y el segundo es realizar la solicitud de manera directa ante las Unidades Administrativas de la Procuraduría[1005].

La conciliación ante esta Procuraduría también puede hacerse en línea ante una plataforma llamada *concilianet*, en la que el procedimiento conciliatorio se lleva exclusivamente por Internet desde la presentación de la queja, las audiencias, hasta final del procedimiento que puede culminar o no con acuerdo conciliatorio[1006]. Debe tenerse en cuenta que, para utilizar esta plataforma, los profesionales deben encontrarse previamente en su registro[1007] para que el consumidor pueda realizar la solicitud de conciliación.

Para el huésped-consumidor con domicilio en España que desee resolver su controversia mediante arbitraje o conciliación en México con por ejemplo la PLAT *Booking.com* con establecimiento en México[1008], puede acudir a la Procuraduría Federal del Consumidor tanto para conciliación como para arbitraje de consumo[1009] pero ello requeriría su presencia en territorio mexicano o un apoderado, a menos que presentase la solicitud a través de la plataforma *concilianet*, pero lastimosamente, a la fecha no existe ninguna PLAT registrada[1010].

1005 Información extraída de: https://www.gob.mx/tramites/ficha/procedimiento-arbitral-ante-la-profeco/PROFECO143. Fecha de consulta: 18 de agosto de 2023.

1006 STEELE GARZA, J.G., *ob. cit.*, p. 329.

1007 Véase: https://concilianet.profeco.gob.mx/Concilianet/: Fecha de consulta: 18 de agosto de 2021.

1008 Véase: https://www.booking.com/content/offices.es.html. Fecha de consulta: 19 de agosto de 2021.

1009 Para considerar las opciones extrajudiciales de la Procuraduría Federal del Consumidor como factibles, el huésped-consumidor deberá tomar en cuenta que para arbitraje el Informe Anual 2020 de la Procuraduría Federal del Consumidor indica en ese año sólo hubieron 11 arbitrajes concluidos, pero respecto de la conciliación a través de *concilianet*, en la que aún no hay inscrita ninguna PLAT, fueron radicados 11.820 expedientes, con un porcentaje de conciliación del 88.7%, por tanto la opción del arbitraje de consumo, tan poco usada en México es la opción clave para el huésped-consumidor. Disponible en: https://www.gob.mx/cms/uploads/attachment/file/659948/INFORME_ANUAL_PROFECO_2020.pdf, 2020, 22 y 27. Fecha de consulta: 19 de agosto de 2023.

1010 A junio de 2023 se encuentran registradas las siguientes plataformas en *concilianet*: *amazon, ebay, rappi*, mercado libre, *Groupon*, de remate, disponible en: https://concilianet.prof eco.gob.mx/Concilianet/proveedores_que_concilian.jsp. Fecha de consulta: 30 de junio de 2023.

También un huésped-consumidor con domicilio en España o en cualquier otro Estado puede acudir a un centro de conciliación y arbitraje privado sito en México, para que le sean aplicables las normas del Código de comercio mexicano respecto de arbitraje internacional, y dependiendo de las reglas del centro de arbitraje[1011] y conciliación estos procedimientos pueden ser o no en línea.

Por último, ha de señalarse que los métodos alternativos de solución de conflictos disponibles para México tanto en materia nacional como internacional no se encuentran señalados o referidos ni en la página principal ni en los términos y condiciones de las 35 PLAT objeto de esta investigación accediendo desde México, pero todas permiten la contratación desde ese país. Sin embargo, en la PLAT *Booking* con dominio secundario.*mx* menciona que para consumidores del Espacio Económico Europeo se puede usar la "plataforma de resolución de litigios de la Comisión Europea"[1012].

3.3. Argentina: arbitraje de consumo especial

Argentina es parte de varios tratados internacionales relativos a arbitraje que no excluyen de manera expresa los contratos de consumo. En primer lugar, hace parte al igual que Colombia, México de la Convención de Nueva York de 1958 la Convención de Panamá de 1975 y la Convención de Montevideo de 1979, que se ocupan básicamente de establecer normas de reconocimiento y ejecución de laudos arbitrales, y como se ha señalado, con la excepción de la Convención de Nueva York de 1958 que también valida el pacto arbitral[1013]. En segundo lugar, debemos recordar que Argentina y Brasil son parte del MERCOSUR, y Argentina hace parte de varios tratados suscritos en el marco de ese proceso de integración regional: el Protocolo de Las Leñas de Cooperación y Asistencia Jurisdiccional en Ma-

---

1011 Centro de Arbitraje de México puede conocer sobre controversias con consumidores, información facilitada por la Secretaría General del CAM, Sylvia Sámano Beristain, en correo electrónico de fecha 19 de agosto de 2021.Véase: https://camex.com.mx/. Fecha 19 de agosto de 2023.

1012 Véase lo siguiente: https://www.booking.com/content/terms.es-mx.html. Fecha de consulta: 7 de septiembre de 2023.

1013 Argentina realizó dos reservas a la aplicación de esta Convención: "(a) Este Estado sólo aplicará la Convención al reconocimiento y la ejecución de laudos dictados en el territorio de otro Estado Contratante y (c) Este Estado aplicará la Convención sólo a las controversias derivadas de relaciones jurídicas, sean o no contractuales, consideradas como mercantiles por el derecho interno".

teria Civil, Comercial y Administrativa[1014] los Tratados de Montevideo de 1889 y 1940 sobre Derecho procesal civil y el Acuerdo sobre Arbitraje Comercial Internacional del MERCOSUR[1015]; sobre estos instrumentos debe tenerse en cuenta que los cuatro primeros en materia de arbitraje se limitan a reconocimiento y ejecución del laudo y en el quinto prevé reglas de procedimiento arbitral y es aplicable al contrato de consumo de acuerdo con su ámbito material[1016]. Este instrumento, el Acuerdo sobre Arbitraje Comercial Internacional del MERCOSUR establece el procedimiento para llevar a cabo el arbitraje, desde cómo debe constituirse el acuerdo arbitral

---

1014 Fecha del Protocolo del 27 de mayo de 1992, disponible en: https://www.iberred.org/convenios-civil/protocolo-de-las-lenas-de-cooperacion-y-asistencia-jurisdiccional-en-materia-civil. Fecha de consulta: 27 de agosto de 2023. El Protocolo de Las Leñas tuvo el objetivo de aumentar y mejorar la cooperación judicial internacional entre los Estados parte del MERCOSUR, con el fin que sus residentes permanentes pudiesen tener seguridad jurídica y la garantía de que sus derechos, una vez reconocidos por el juez o árbitro serían debidamente ejecutados en otro Estado parte, TORRES KIRMSER, J.R., "Protocolo de las leñas y el impacto de sus disposiciones por su aplicación práctica en el ámbito del MERCOSUR", *Revista U.N.A.,* 2003, p. 140. El contenido de este Protocolo indica que los laudos arbitrales proferidos en los Estados parte del MERCOSUR tendrán eficacia extraterritorial en cada Estado parte siempre que se cumplan unos requisitos específicos en los documentos y anexos que conforman el laudo tales como: que sean considerados auténticos de acuerdo a las formalidades del Derecho internacional de cada Estado, que estén debidamente traducidos de manera oficial, que hayan sido proferidos por un órgano arbitral competente, que se haya respetado el debido proceso en especial en temas de notificación y derecho de defensa, que la decisión tenga efectos de cosa juzgada y finamente, que la decisión no sea contraria a las normas de orden público del Estado en el cual se desea ejecutar el laudo.

1015 MERCOSUR/CMC/DEC. Nº 03/98, de 23 de julio de 1998, Acuerdo sobre arbitraje comercial https://tratados.cancilleria.gob.ar/busqueda.php?consulta=si&modo=c. Fecha de consulta: 20 de agosto de 2023.

1016 El Art. 1 del Acuerdo sobre Arbitraje Comercial Internacional del MERCOSUR indica que su objeto es "regular el arbitraje como medio alternativo privado de solución de controversias, surgidas de contratos internacionales comerciales entre personas físicas y jurídicas de Derecho privado", dentro de los que se incluye de acuerdo con su Art. 4 los contratos por adhesión y, por ende, los contratos de consumo. Para que el Acuerdo sea aplicable debe existir un punto de conexión con los Estados parte; DÍAZ, S., ROTHSCHILD, J., RUANOV, M., "Acuerdo de arbitraje comercial internacional del MERCOSUR", *Revista de Derecho de la Universidad de Montevideo,* núm. 11, 2017, p. 18.

y los parámetros procesales del arbitraje hasta el reconocimiento del laudo en los Estados miembros del MERCOSUR[1017].

En el derecho interno argentino el arbitraje de consumo cuenta con algunos vacíos jurídicos, que son suplidos por el Código Civil y Comercial de la Nación. El arbitraje comercial general se encuentra regulado en el libro sexto del Código Civil y Comercial de la Nación, que establece que las cuestiones que pueden someterse a arbitraje deben ser susceptibles de transacción, así mismo, el arbitraje debe constar en un acuerdo en el contrato o pactado de manera posterior a su suscripción. El Código Civil y Comercial de la Nación trae consigo reglas de procedimiento extensas y específicas para llevar a cabo el arbitraje, sin embargo, en materia de contratos celebrados con usuarios y consumidores prohíbe expresamente el arbitraje de acuerdo con su Art. 1651, al ser esta una norma interna, podría pensarse en primer lugar que sólo aplica a contratos domésticos que no tengan un elemento internacional.

Sin embargo, la Ley 27.449 de 2018 de Arbitraje Comercial Internacional[1018], que regula el arbitraje en situaciones privadas internacionales no prohíbe ni contempla los contratos de consumo, pero indica en su Art. 5 que esa ley no afectará a otras disposiciones legales que establezcan cuales materias no son susceptibles de arbitraje, o que dispongan someter el arbitraje mediante determinadas condiciones. Debido a esta alusión al derecho común, es decir al Código Civil y Comercial de la Nación, el arbitraje comercial internacional no es aplicable al contrato de consumo, quedando el huésped-consumidor sin la posibilidad de acudir a arbitraje internacional o doméstico en Argentina[1019].

1017 El ámbito de aplicación de este tratado se limita a Estados miembros del MERCOSUR, por tanto, solo se podría recurrir a este instrumento si existe una conexión entre su domicilio y el del profesional, en diferentes Estados parte del MERCOSUR. También debe tenerse en cuenta que, los contratos de consumo no son susceptibles de arbitraje en Argentina, por tanto, esta consideración ha de ser importante si el laudo va a ser ejecutado en ese país, por cuanto un juez argentino puede negar su reconocimiento y ejecución de acuerdo con el Art. 5 a) de la Convención de Panamá de 1975, teniendo en cuenta que esta última es mencionada como fuente del Acuerdo sobre Arbitraje Comercial Internacional del MERCOSUR en su Art. 23.

1018 Ley 27.449 de 25 de julio de 2018, sobre Arbitraje Comercial Internacional, publicada en BO del 26 de julio 2018, Ley de Arbitraje Comercial Internacional, disponible en: https://www.uv.es/medarb/observatorio/leyes-arbitraje/latinoamerica/argentina-ley-arbitraje-comercial-internacional.pdf. Fecha de consulta: 21 de agosto de 2023.

1019 CAIVANO, R. J., "Propuestas para mejorar la Legislación sobre Arbitraje Doméstico", *Revista Argentina de Arbitraje,* núm. 7, 2021, p. 10.

Así las cosas, respecto de los consumidores, la ley argentina no permite que el profesional y el consumidor puedan someterse a tribunales o árbitros de acuerdo con su voluntad, pues como se ha señalado en el apartado de competencia judicial internacional de Argentina se prohíbe la prórroga de competencia en contratos celebrados con consumidores estableciendo la ley foros específicos de protección. La misma línea se sigue en el Código Civil y Comercial de la Nación al prohibir el arbitraje en materia de usuarios y consumidores, pues al limitar la autonomía de la voluntad de esta manera el consumidor ha de presentar su reclamación únicamente frente a los tribunales de justicia ordinaria establecidos en los foros de protección Código Civil y Comercial de la Nación[1020].

Si bien el arbitraje comercial en materia de consumo no se encuentra permitido por el Código Civil y Comercial de la Nación, se estableció un procedimiento alternativo de solución de conflictos que, aunque tiene el mismo nombre que el arbitraje, y parezca contradictorio a lo señalado anteriormente, no tiene relación con la figura del arbitraje en los términos de la Convención de Nueva York o de cualquier otro convenio o tratado internacional. Este procedimiento alternativo es un "arbitraje" público, con un régimen especial, puesto que es provisto por la administración y no por tribunales de arbitraje privado. Así las cosas, la Ley 7.363 de 2005[1021], creó los tribunales arbitrales de consumo, configurando el Sistema Nacional de Arbitraje de Consumo, al que las partes pueden acudir si establecen una cláusula por escrito en cual pacten su sometimiento a este tribunal arbitral.

La Ley 7.363 de 2005 se encarga de establecer el procedimiento y características para que los tribunales de consumo diriman las controversias que se presentan con ocasión del contrato de consumo, sin embargo, debe decirse que este procedimiento arbitral dista en gran medida del Código Civil y Comercial de la Nación, principalmente porque el Estado se encarga de regular estos tribunales arbitrales y es un procedimiento gratuito. Adicional a su gratuidad, es importante mencionar que este procedimiento se caracteriza por que se inicia con una solicitud electrónica o física, tiene

---

[1020] PORCELLI, A.M., "Regulación jurídica de los contratos internacionales en el Código Civil y Comercial de la Nación", *Revista Electrónica del Instituto de Investigaciones "Ambrosio L. Gioja"*, núm. 15, 2015, p. 110.

[1021] Ley 7.363 de 26 de abril de 2005 publicada en Boletín Oficial, 24 de mayo de 2005, disponible en: http://www.saij.gob.ar/7363-local-mendoza-creacion-tribunales-arbitrales-consumo-competencia-reclamos-consumidores-lpm0007363-2005-04-26/123456789-0abc-defg-363-7000mvorpyel. Fecha de consulta: 25 de agosto de 2023.

un plazo máximo de duración 120 días hábiles, y se encuentra vinculado a una entidad pública, el Ministerio de Desarrollo Productivo de Argentina.

El arbitraje de consumo puede ser una opción por considerar para el huésped-consumidor, pero hay que tener en cuenta que, si bien cualquier consumidor puede solicitar iniciar este procedimiento, el profesional, en este caso las PLAT, deben tener establecimiento en Argentina y estar en el registro del Sistema Nacional de Arbitraje de Consumo, en el que, en la actualidad, *Booking* que tienen un establecimiento de comercio en Argentina (*Booking.com Srl*), ni otra PLAT se encuentran registrada[1022]. El Sistema Nacional de Arbitraje de Consumo tiene sede principal en la ciudad de Buenos Aires, y pueda conocer de las controversias con empresa ubicada en cualquier parte del territorio argentino[1023]. Tal herramienta se encuentra a la espera de ser utilizada por el huésped-consumidor, pero sin una regulación específica que obligue a las plataformas con establecimiento en Argentina a incorporarse al Sistema Nacional de Arbitraje de Consumo, es poco probable que pueda ser una opción viable de reclamación.

Respecto de mediación y conciliación, existen en Argentina normas de derecho interno sobre estos *ADRs*, que prevén que son mecanismos obligatorios que deben realizarse antes de acceder a la jurisdicción argentina, por tanto, el huésped-consumidor con domicilio en la UE debe tomar esto en consideración antes de demandar a la PLAT con domicilio en Argentina, sin embargo, no disponen nada para mediación y conciliación en una disputa transfronteriza[1024]. También debe indicarse que el huésped-consumidor puede tener acceso al proceso de mediación que debe llevarse a cabo para presentar una reclamación judicial ante los tribunales argentinos, conforme a la Ley 26.589 de abril 15 de 2010[1025], que establece la obligatoriedad de la mediación previa en los procesos judiciales.

1022 Listado completo disponible en: https://www.argentina.go b.ar/sites/default/files/empresas_adheridas _s nac_1.pdf. Fecha de consulta: 19 de agosto de 2023.

1023 GARCÍA FAURE, M.C., “El arbitraje de consumo desde una perspectiva comparada: Derechos español, portugués y argentino”, *Revista internacional de doctrina y jurisprudencia*, vol. 15, 2017, p. 17.

1024 Ley 24.573 de 4 de octubre de 1995, Mediación y Conciliación, publicada en Boletín Oficial de 27 de octubre de 1995, disponible en: http://servicios.infoleg.gob.ar/infolegInternet/verNorma.do?id=29037 y la Ley 26.993 de 17 de septiembre de 2014, Sistema de Resolución de Conflictos en las Relaciones de Consumo, publicada en Boletín Oficial de 19 de septiembre de 2014.

1025 Ley 26.589 de abril 15 de 2010: Establécese con carácter obligatorio la mediación previa a procesos judiciales, publicada en el Boletín Oficial de 6 de mayo

Por último, se indica que los métodos alternativos de solución de conflictos disponibles para Argentina tanto en materia nacional como internacional no se encuentran señalados o referidos ni en la página principal ni en los términos y condiciones de las 35 PLAT objeto de esta investigación accediendo desde Argentina, pero todas permiten la contratación desde ese país.

3.4. Brasil: arbitraje y mediación

Los tratados internacionales sobre arbitraje[1026] vigentes para Brasil coinciden en su mayoría con los que Argentina es parte, especialmente al ser ambos miembros del MERCOSUR. Tenemos entonces, la Convención de New York de 1958[1027], la Convención de Panamá de 1975, la Convención de Montevideo de 1979, el Protocolo de Las Leñas de Cooperación y Asistencia Jurisdiccional en Materia Civil, Comercial y Administrativa, el Acuerdo sobre Arbitraje Comercial Internacional del MERCOSUR, el Tratado de Montevideo de 1889 sobre derecho procesal internacional y el Código Bustamante.

Debido a que las consideraciones sobre arbitraje en tratados internacionales ya han sido ya abordadas en los apartados anteriores, con excepción del Código Bustamante, sólo debe mencionarse que éste último establece en su Art. 432 que el reconocimiento y ejecución de laudos arbitrales y acuerdos realizados por los amigables componedores, deben seguir el mismo procedimiento de reconocimiento y ejecución de sentencias judiciales contemplado en ese Código siempre que las pretensiones que motivaron el arbitraje o de la amigable composición puedan ser objeto de transacción de acuerdo a la ley del país en el que se solicite la ejecución. Si bien Brasil es parte en varios tratados internacionales sobre arbitraje, no ha establecido nuevos acuerdos sobre el tema, pese al crecimiento económico y de inversión extranjera que presenta este país desde 2015. La única medida que ha tomado con relación

---

de 2010, disponible en: http://servicios. infoleg.gob.ar/infolegInternet/anexos/165000-169999/166999/norma.htm. Fecha de consulta: 1 de septiembre de 2023.

1026 Debe tenerse en cuenta que hay materias que no pueden ser objeto de arbitraje y que son competencia exclusiva de los jueces brasileros. Arts. 21-25 Código de Processo Civil brasileño.

1027 Brasil aceptó sin reservas esta Convención y por tanto le aplica de manera general, con efectos *erga omnes*, aunque el pacto arbitral involucre a un Estado no parte de esta Convención.

al arbitraje es restringir el arbitraje de inversión en el que las partes son Estado e inversor y sólo permite esta modalidad entre Brasil y otros Estados[1028]. En derecho interno, Ley nº 9307 de 1996 de arbitraje[1029], que se encarga de regular el procedimiento arbitral y establece que las personas pueden someter sus controversias a arbitraje respecto de derechos patrimoniales disponibles. En los contratos por adhesión, dentro de los que se puede incluir el contrato suscrito entre las PLAT y el huésped-consumidor, la Ley nº 9307 de 1996 establece que sólo serán válidos si el adherente, en este caso huésped-consumidor, inicia el proceso arbitral o lo adopta por escrito en un documento autónomo adjunto al contrato original, en el que se evidencie su consentimiento y aval sobre la cláusula arbitral.

Esta consideración se realiza por cuanto en el Art. 51-VII de la Ley nº 8.078 de 1990, establece como una cláusula abusiva la que impone al consumidor el arbitraje, sin embargo, se interpreta que no existe violación a los derechos de los consumidores si se pacta la cláusula compromisoria de manera informada o posterior al litigio, entendiéndose que el consumidor no pierde de manera automática sus derechos de presentar una demanda judicial sino que de manera consiente renuncia a ellos para someterse a arbitraje[1030].

Respecto de su ámbito de aplicación la Ley nº 9307 de 1996 no distingue si es aplicable a contratos con elemento internacional o doméstico, pues solo hace una consideración geográfica, será extranjero el laudo si es expedido por fuera del territorio nacional, considerándose entonces que los laudos proferidos por árbitros en territorio brasileño sin que se tome en cuenta la internacionalidad del contrato se consideran internos o domésticos de acuerdo al parágrafo único del Art. 34 de la Ley nº 9307 de 1996[1031]. Regularmente en Brasil, el arbitraje que surge una disputa derivada de un

---

[1028] BAS VILIZZIO, M., "Da proteção a facilitação de investimentos: uma análise particular da arbitragem de investimentos no Mercosul", *Revista de la Secretaría del Tribunal Permanente de Revisión*, vol. 6. núm. 12, 2018, p. 50.

[1029] Ley nº 9307 de 23 de septiembre de 1996, que dispone sobre el arbitraje, publicada en DOU del 24 de septiembre de 1996, disponible en: http://www.asociacioneuropeadearbitraje.org/app_iberoamerica/ley/br asil_ley.pdf. Fecha de consulta: 21 de agosto de 2023.

[1030] CAHALI, F.J., *Curso de arbitragem: mediação, conciliação, resolução CNJ125/2010*, São Paulo, 5ªed., Thomson Reuters: Revista Dos Tribunais, 2015. El consentimiento informado o posterior al litigio sobre la renuncia a los jueces ordinarios también valida el pacto arbitral en el arbitraje de consumo español.

[1031] Decisión del Superior Tribunal de Justiça, de 1 de junio de 2011, Recurso especial No. 1231554, Rel. Min. Nancy Andrighi, disponible en: https://stj.

contrato de consumo no es muy común; los consumidores prefieren acudir ante los tribunales judiciales, esencialmente por los costos relacionados al proceso y porque los tribunales, a diferencia de los árbitros suelen reconocer daños morales además de los patrimoniales[1032].

Otra alternativa para el consumidor es la mediación regulada en la Ley nº 13.140 de 2015, de mediación[1033], aplicable tanto a los contratos domésticos como a los internacionales, puesto que permite en su Art. 46 que las partes contractuales con domicilio en un Estado diferente a Brasil puedan acogerse a lo establecido en la Ley nº 13.140 de 2015 y realizar el procedimiento de mediación por Internet. El huésped-consumidor debe tener en cuenta que la mediación es onerosa, y el Art. 4.2) sólo garantiza la mediación de forma gratuita a personas que no puedan pagarlo.

Los *ADRs* disponibles para tanto en materia nacional como internacional no se encuentran señalados o referidos ni en la página principal ni en los términos y condiciones de las 35 PLAT objeto de esta investigación accediendo desde Brasil.

4. CASOS PRÁCTICOS SOBRE *ADRS* PARA CONTROVERSIAS ENTRE HUÉSPEDES-CONSUMIDORES CON DOMICILIO EN LA UE Y LATINOAMÉRICA Y LAS PLAT

Una vez vistos los *ADRs* disponibles en la UE y en Colombia, México, Argentina y Brasil para el consumidor, se procede a concluir este capítulo con la resolución de varios casos hipotéticos en los cuales se indicará si es posible que estos *ADRs* sean aplicables a la relación entre la PLAT y el huésped-consumidor cuando este último desee ejercer uno de estos mecanismos para tramitar una reclamación contra la plataforma, teniendo en cuenta su domicilio. Ello permitirá verificar el panorama extrajudicial de los huéspedes-consumidores y si cambia cuando se encuentran domicilia-

---

jusbrasil.com.br/jurisprudencia/21122169/recurso-especial-resp-1231554-rj-2011-0006426-8-stj. Fecha de consulta: 21 de agosto de 2023.

1032 CAMPOS CARVALHO J., MORAIS CARVALHO J., "Problemas Jurídicos da Arbitragem e da Mediação de Consumo", *Revista Electrónica de Direito,* núm. 1, 2016, p. 5.

1033 Ley nº 13.140, del 26 de junio de 2015, disponible en: https://ccbc.org.br/cam-ccbc-centro-arbitragem-mediacao/es/mediacion/legislacao/. Fecha de consulta: 27 de agosto de 2023.

dos en la UE o en un Estado especifico de Latinoamérica de acuerdo con el estudio realizado. Adicionalmente, se incluirá el análisis de dos cláusulas reales de PLAT que contienen algún *ADRs* con el fin de verificar si se encuentran en sintonía con lo señalado a lo largo del capítulo IV.

Debe indicarse que, en primer lugar, el huésped-consumidor puede intentar llegar a un acuerdo de manera directa con la PLAT, siguiendo sus protocolos de incumplimiento y reembolsos, de manera previa a los procedimientos judiciales y extrajudiciales. Sin embargo, en caso de llegar a un acuerdo con la PLAT que el huésped-consumidor considere insatisfactorio o evidencie que se siguen violando sus derechos podría someterse a un *ADR*. Así las cosas, veamos a continuación el panorama sobre los *ADRs* especializados en consumo que tiene el huésped-consumidor con domicilio dentro y fuera de la UE:

1) Huésped-consumidor con domicilio en la UE y la PLAT con sede o establecimiento en un Estado miembro y desea utilizar un *ADR* en territorio de la UE:

   Puede acceder tanto a la plataforma de resolución de litigios en línea de la UE[1034], como a otro tipo de mediación con entidades especializadas para ello de manera directa y a arbitraje de consumo, respecto de este último *ADR*, deberá verificar en la legislación interna del Estado miembro de su domicilio la norma para arbitraje de consumo sobre situaciones privadas internacionales. Por ejemplo, en España es el Real Decreto 231/2008 en armonía con la Ley 60/2003.

2) Huésped-consumidor con domicilio en la UE frente a una PLAT que no tiene sede o establecimiento en la UE, pero desea utilizar un *ADR* en territorio de la UE.

   No puede acceder a la plataforma de resolución de litigios en línea de la UE porque la PLAT no tiene domicilio ni establecimiento en la UE[1035]. Bajo este mismo argumento tampoco puede acceder directamente a las entidades de mediación para realizar el trámite por fuera de la plataforma de resolución de litigios en línea de la UE. Deberá verificar en la legislación interna del Estado miembro de su domicilio si existe una norma para arbitraje de consumo que aplique

---

1034 Como se ha señalado para usarla el huésped-consumidor y la PLAT, han de tener su domicilio en la UE, pero también en Noruega, Islandia o Liechtenstein.

1035 Véase: https://ec.europa.eu/consumers/odr/main/?event=main.adr.show2. Fecha de consulta: 7 de septiembre de 2023.

a situaciones privadas internacionales. Por ejemplo, en España es el Real Decreto 231/2008 en armonía con la Ley 60/2003.

3) Huésped-consumidor con domicilio en la UE y la PLAT con sede o establecimiento por fuera de la UE, en: Colombia, México, Argentina o Brasil y desea utilizar un *ADR* en territorio de esos Estados.

   a) Colombia: puede acceder a arbitraje internacional, virtual y al proceso conciliatorio por parte de la Superintendencia de Industria y Comercio, que puede o no convertirse en un proceso judicial ante esa entidad, para ello requeriría apoderado.

   b) México: puede acceder a arbitraje internacional y a la Procuraduría Federal del Consumidor tanto para conciliación como para arbitraje de consumo, pero acudir ante esta entidad requiere un apoderado en territorio mexicano.

   c) Argentina: no puede acceder a arbitraje de consumo porque la legislación argentina no admite cláusulas compromisorias para este tipo de contratos. Podría acceder a los tribunales arbitrales de consumo, gratuitos y administrados por Estado, pero a 2023 no hay ninguna PLAT inscrita en el Sistema Nacional de Arbitraje de Consumo. Puede acceder a mediación y conciliación con entidades locales, pero no existe regulación sobre conflictos transfronterizos.

   d) Brasil: puede acceder a mediación regulada para disputas internacionales y a arbitraje no especializado en consumo.

4) Huésped-consumidor con domicilio en Colombia, México, Argentina o Brasil que desea reclamar a una PLAT con domicilio en la UE:

   No puede acceder a los servicios de la plataforma de resolución de litigios en línea de la UE puesto que su domicilio se encuentra por fuera de los Estados miembros de la UE.

   Podría acceder a la mediación directa y por fuera de la plataforma con una entidad de mediación que se encuentre ubicada en el Estado miembro en el que la PLAT tenga su establecimiento o sede social. Deberá verificar en la legislación interna del Estado miembro del domicilio de la PLAT si existe una norma para arbitraje de consumo que aplique a situaciones privadas internacionales, por ejemplo, cuando la PLAT tiene domicilio en España, es el Real Decreto 231/2008 en armonía con la Ley 60/2003.

5) Cláusulas sobre *ADRs* contenidas en las condiciones de servicio de dos PLAT:

a. *Arbitrel.fr*: La sede social de *Arbitrel.fr* se encuentra ubicada en Dublín[1036], sin embargo, la totalidad de su página web se encuentra en francés, el dominio es *fr.* correspondiente a Francia y establece consideraciones especiales sobre *ADRs* para consumidores que tengan su residencia en Francia. En sus términos y condiciones establece una cláusula de mediación que permite al consumidor acudir a este mecanismo en caso de controversia de la siguiente manera[1037]:

"13.5 Si Usted es un consumidor residente en Francia, acepta lo siguiente:
En caso de litigio entre Usted y HomeAway, Usted tiene la posibilidad de recurrir a un procedimiento de mediación convencional o a cualquier otro modo alternativo de resolución de litigios definido por la ley. El mediador del consumo del que depende HomeAway es el servicio de mediador del comercio electrónico de la Federación de las Empresas de Venta a Distancia (FEVAD) http://www.fevad.com/mediation. Después de haber contactado con HomeAway por escrito, y en ausencia de una respuesta satisfactoria por parte de HomeAway en un periodo de 60 días, Usted puede someter su disputa al mediador según las condiciones establecidas en la página web del mediador. ...También puede presentar sus litigios con HomeAway en la plataforma de la Comisión Europea relativa a la resolución de litigios en línea, accesible en http://ec.europa.eu/odr".

Sobre esta cláusula debemos mencionar que como se indicó en el capítulo II. *Arbitrel.fr* hace parte de *Expedia inc.* de la que también hace parte *VRBO*, antes *HomeAway* y en sus términos y condiciones menciona que es una filial de esta empresa matriz. En sus cláusulas se refiere a sí misma como *HomeAway*, por tanto, en la cláusula señalada arriba se evidencia que sólo para consumidores residentes en Francia, la PLAT está dispuesta a utilizar un *ADR*. Indica al consumidor "la posibilidad" de utilizar un mecanismo alternativo, por tanto, le informa que tiene esta facultad, pero no lo forza o condiciona a hacerlo, lo cual se encuentra en concordancia con el principio de autonomía de la voluntad que rige este tipo de mecanismos.

Adicionalmente, la cláusula indica que la PLAT no sólo se encuentra dispuesta a realizar un procedimiento de mediación sino cualquier otro *ADRs*, e incluso incluye el enlace de la plataforma de resolución de litigios en línea de la UE. En caso de que el consumidor no

---

1036 Información disponible en: https://www.abritel.fr/legal/. Fecha de consulta: 12 de septiembre de 2023.

1037 Véase: https://www.abritel.fr/legal/conditions-generales. Fecha de consulta: 12 de septiembre de 2023.

tenga su residencia en Francia, la PLAT no ofrece otra alternativa de *ADRs*, y quedaría sujeto en apariencia[1038] a la cláusula que indica como competentes en caso de conflicto a los tribunales irlandeses de acuerdo con el numeral 13 de sus términos y condiciones.

b. *Booking*

Con sede social en Ámsterdam, en Los Países Bajos, y siendo unas de las cuatro PLAT más relevantes, *Booking* indica en sus términos y condiciones una estipulación especial para los consumidores del Área Económica Europea de la siguiente manera[1039]:

> "… Si tienes alguna consulta o queja, ponte en contacto con nuestro equipo del servicio de Atención al cliente. Puedes hacerlo accediendo a tu Reserva, a través de nuestra app o a través de nuestra página de Ayuda, donde también encontrarás algunas preguntas frecuentes que te serán de utilidad…
> "… Si eres residente en el Espacio Económico Europeo y no estás satisfecho con la forma en que gestionamos tu queja, puedes presentar una reclamación a través de la plataforma ODR (Resolución de litigios en línea) de la Comisión Europea (ec.europa.eu/odr)…".

En esta estipulación podemos ver en primer lugar que la plataforma informa al consumidor que recurrir al sistema de reclamación de la propia plataforma es voluntario, pero es conveniente hacerlo, porque la controversia puede ser resuelta sin que trascienda a otro escenario. En segundo lugar, se incluye también el enlace de la plataforma de resolución de litigios en línea de la UE, estableciéndolo como segunda opción si no se encuentra respuesta positiva por parte de la plataforma. No se ofrece el acceso o recomendación a ningún *ADR* para consumidores con domicilio fuera del Área Económica Europea.

1038 Como se señaló en el capítulo III. teniendo en cuenta que la PLAT tiene su sede social en un Estado miembro y para este ejemplo el huésped-consumidor también tiene su domicilio en territorio de la UE (aunque no su residencia, teniendo en cuenta que este es el requisito exigido por la cláusula), de acuerdo con el Art. 18 RBIbis, el huésped-consumidor tiene el derecho de demandar a la PLAT en el Estado miembro de su domicilio o en el propio, aunque exista sumisión expresa a unos tribunales específicos en el contrato, como se evidencia en esta cláusula.

1039 Disponible en: https://www.booking.com/content/terms.es. Fecha de consulta: 27 de agosto de 2023.

PARTE III: DETERMINACIÓN DE LA LEY APLICABLE Y LEYES MATERIALES EN LAS CONTROVERSIAS ENTRE HUÉSPED-CONSUMIDOR Y PLAT EN LA UE Y LATINOAMÉRICA

Capítulo V
La ley aplicable

El consumidor que reside en la UE y el que reside en Latinoamérica se enfrentan a escenarios diferentes respecto de la determinación de la ley aplicable en materia de contratos con elemento internacional, puesto que en territorio de la Union se tiene el respaldo del RRI y en contraste, en el contexto de latinoamericano, si se pacta como aplicable la ley de uno de los Estados seleccionados, los jueces del foro de esos Estados pueden o no reconocer el pacto, y recurrir a las normas de conflicto cuyo resultado final pueda perjudicarlo o favorecerlo, como se mostrará en el capítulo VI.

El objetivo general de este capítulo es establecer mediante el RRI y las normas de conflicto aplicables en Colombia, México, Argentina y Brasil cómo se determina la ley aplicable a la relación contractual con elemento internacional entre huésped-consumidor y PLAT. Sobre el análisis debe tenerse en cuenta que, en extensión y profundidad de la investigación, el estudio del RRI supera ampliamente en proporción al de las normas latinoamericanas, tal y como aconteció con el RBIbis. También se aportan y analizan algunos puntos comparativos, a través ejemplos prácticos y con cláusulas tomadas de las PLAT con el objetivo de establecer el panorama general para determinar la ley aplicable en una controversia que se presente entre el huésped-consumidor y PLAT. Por último, se realiza un breve análisis de cómo determinar la ley aplicable para el huésped como arrendatario y para el huésped no consumidor, en aras de mantener la coherencia con la parte II de esta investigación y exponer, de acuerdo con el rol que ocupa el huésped, el derecho que le es aplicable.

1. LA DETERMINACIÓN DE LA LEY APLICABLE EN UNA CONTROVERSIA INTERNACIONAL EN LA UE Y APLICACIÓN DEL RRI

Determinar la ley aplicable en una controversia derivada de un contrato con elemento internacional es un factor crucial para resolver la disputa entre las partes, pues de la ley sustantiva determinada como aplicable depende la interpretación de las cláusulas contractuales que concederá la respuesta sobre si las pretensiones del reclamante deben o no ser reconocidas. En ocasiones la ley aplicable puede coincidir con el Estado al que se le ha atribuido la competencia judicial (*Lex fori in foro proprio*)[1040], pero ello no indica que en todos los casos esta sea la norma general. La correlación entre competencia judicial y ley aplicable se basa en que la determinación de esta última depende del sistema del DIPr privado del Estado al que se ha asignado la competencia judicial, que, en caso de los Estados miembros de la UE confluye en un régimen general de determinación de derecho aplicable para las obligaciones contractuales que incluye no sólo operaciones comerciales internacionales entre residentes en los Estados miembros sino también que aplica a negocios internacionales realizados por estos con residentes en terceros Estados[1041].

Al igual que en la competencia judicial internacional, para determinar la ley aplicable lo primero que ha de verificarse es si se ha establecido o no un pacto entre las partes, pues existen diferentes respuestas del DIPr ante estas dos situaciones. Cuando existe pacto entre las partes, este tiene una condición prevalente, pero ha de tenerse en cuenta que su validez puede variar de acuerdo con la materia contractual, la protección de parte débil y las normas imperativas o de orden público[1042]. De acuerdo con CARRASCOSA GONZÁLEZ[1043], se pueden dar tres iniciativas u opciones que coexisten en la regulación de los contratos internacionales para garantizar de seguridad jurídica a los contratantes y mermar los costos asociados a la contratación y a los futuros litigios. La primera se presenta cuando los Estados suscriben tratados internacionales que establecen normas de derecho material que aplican directamente al contrato de acuerdo con la materia; como el Convenio de Viena de 1980 sobre compraventa internacional de mercaderías[1044] o el Convenio de Ginebra de 19 de mayo de 1956

1040 LANDO, O., "Lex Fori in Foro Proprio", *Maastricht Journal of European and Comparative Law*, vol. 2, núm. 4, 1995, pp. 359-360.

1041 FERNÁNDEZ ROZAS, J.C. "Comunitarización del derecho internacional privado y derecho aplicable a las obligaciones contractuales", *Revista Española de Seguros*, núm. 140, 2009, p. 615.

1042 HILL, J. SHÚILLEABHÁIN NÍ, M., *Clarkson & Hill's conflict of laws*, Oxford, 5ª ed., Oxford University Press, 2016, p. 216.

1043 CARRASCOSA GONZÁLEZ, J., "Elección múltiple y elección parcial de la ley aplicable al contrato internacional", *Anales de Derecho*, núm. 18, 2000, pp. 8-9.

1044 En cada caso debe verificarse si de acuerdo con el objeto del contrato existe un convenio de Derecho material aplicable al caso concreto, sobre la Convención de las Naciones Unidas sobre los Contratos de Compraventa Internacional de Mercaderías, hecha en Viena el 11 de abril de 1980, es pertinente señalar que ha sido suscrita por el 66% de Estados en el mundo, por tanto, sobrepasa los límites de la Unión Europea, y permite la convergencia de las prácticas sobre compraventa

modificado por el Protocolo de Ginebra de 5 de junio de 1978, que trata sobre transporte de mercancías por carretera[1045]; La segunda, es generar convenios y tratados que contengan normas de conflicto o indirectas para determinar la ley aplicable[1046] y la tercera, cuando se crean reglas y usos comunes a los negocios internacionales como los INCOTERMS[1047], los principios UNIDROIT[1048], entre otros.

En la UE el instrumento normativo aplicable utilizado para establecer la ley aplicable cuando existe un conflicto de leyes[1049] en materia de con-

---

internacional bajo las mismas reglas. Sobre el particular, véase a GARRO, A., PERALES, P., PÉREZ, M. "Comunicaciones electrónicas en la Convención de Viena de 1980 sobre compraventa internacional de mercaderías (CISG): primera opinión del consejo consultivo de la convención (CISG-AC)", *Revista de Contratación Electrónica*, núm. 48, 2004, pp. 1-3.

1045 El Convenio de Ginebra tiene 27 Estados parte y regula principalmente los requisitos de la carta de porte y la responsabilidad de las partes involucradas en el contrato de transporte por carretera. Sobre el particular, véase a GÓMEZ DE SEGURA, L., "El contrato de transporte y el Convenio de Roma de 19 de junio de 1980, sobre la ley aplicable a las obligaciones contractuales", en: CALVO CARAVACA A.-L., CARRASCOSA GONZÁLEZ J. (dirs.), *Estudios sobre contratación internacional*, Madrid, Colex, 2006, pp. 337-340.

1046 En este punto puede mencionarse los convenios de La Haya sobre ley aplicable que armonizan las normas internacionales principalmente sobre asuntos civiles de familia, pero no establecen normas de conflicto para los contratos mercantiles con elemento internacional.

1047 Los INCOTERMS contribuyen a la simplificación del transporte internacional de mercancías, pues al establecer reglas uniformes permiten que las partes, al elegirlos, tengan muy poco espacio para la negociación, lo cual es beneficioso a la hora de dirimir una controversia, por cuanto existe una mayor delimitación de los derechos y las obligaciones de las partes; MANKOWSKI, P. (ed.), *Commercial Law: Article-by-Article Commentary*, Baden-Baden, 1ª ed., Nomos Verlagsgesellschaft, 2019, pp. 829-830.

1048 Los principios UNIDROIT pueden ser usados como una lista de revisión en la redacción del contrato y también como instrumento persuasivo para las partes de incorporar al contrato ciertas disposiciones de Derecho mercantil que pueden no ser comunes en sus derechos nacionales, pero si en el tráfico internacional que es el escenario en el cual se desarrollará su negocio; MANKOWSKI, P., *ob. cit.*, p. 484.

1049 La existencia de diversos sistemas positivos de normas de conflicto de leyes plantea problemas fundamentales para el DIPr, pues si las normas son estrictamente nacionales nos enfrentamos a percepciones y concepciones diversas sobre conflictos de leyes y se desvía el objetivo de la unificación que en teoría evitaría esta multitud de percepciones y concedería una respuesta concreta sobre el particular; TRIAS DE BES, J.M., "Conflits de Lois", *Recueil des Cours*, T. 62, 1937, pp. 37-38.

tratos civiles y mercantiles es el Reglamento (CE) Nº 593/2008 del Parlamento Europeo y del Consejo de 17 de junio de 2008 sobre la ley aplicable a las obligaciones contractuales (RRI)[1050]. Este instrumento ha contribuido al proceso de la UE de unificación de normas y criterios en materia de normas de conflicto para garantizar que, independientemente del tribunal del Estado miembro al que se encuentran sometidas las partes en un conflicto contractual con elemento internacional, este aplicará las normas de conflicto comunes a la UE lo que garantiza por un lado, que las empresas evidencien que existe seguridad jurídica y con ello incrementen el grado de confiabilidad para realizar sus negocios en territorio de la Unión, teniendo la certeza que someten sus contratos a la misma norma de conflicto[1051]. Por otro, que la parte débil de la relación contractual como el consumidor, tenga la garantía legal de que se respetarán sus derechos, aunque el contrato suscrito sobrepase la órbita doméstica o cuando el pacto determine una ley aplicable diferente a la de su país de residencia habitual[1052].

Para aplicar el RRI, los elementos del caso concreto deben cumplir los tres ámbitos de aplicación de esta norma contenidos en los Arts. 1, 28 y 29 RRI: el material, el temporal y el espacial o territorial.

Sobre el ámbito material contemplado en el artículo 1, establece que el RRI será aplicable a las obligaciones contractuales en materia civil y mercantil[1053] en situaciones que impliquen un conflicto de leyes. Sobre el cual indi-

---

1050 Reglamento (CE) Nº 593/2008 del Parlamento Europeo y del Consejo de 17 de junio de 2008 sobre la ley aplicable a las obligaciones contractuales (Roma I), publicado en: *DOUE* núm. 177 del 4 de julio de 2008.

1051 CARRASCOSA GONZÁLEZ, J., "*Elección múltiple y elección parcial...*", *ob. cit.*, p. 8.

1052 Es de aclarar que el objeto de esta investigación se centra en contratos de servicio entre el huésped-consumidor y la PLAT, por lo cual, la determinación de la ley aplicable partirá de instrumentos normativos de la UE que regulen materias contractuales de tipo civil y comercial, excluyendo las múltiples materias que regula el DIPr que no tengan conexión con este tipo de relación jurídica, de acuerdo a lo anterior, el análisis partirá del estudio del RRI, que para la UE es aplicable directamente a este tipo de asuntos. Sin embargo, cuando el RRI no es aplicable deberá recurrirse al sistema de DIPr un Estado miembro específico, en el que sus normas de conflicto internacionales, o en su defecto normas de conflicto internas concederán la respuesta sobre la ley aplicable.

1053 La naturaleza del contrato es fundamental, por cuanto esta norma de conflicto establece la ley aplicable para ocho contratos fijos de acuerdo con su Art. 4.1, a menos que, de manera excepcional deba aplicarse el Art. 4.3, que indica que si el contrato presenta vínculos más estrechos con otro Estado, se aplicará la ley de ese país. Todo lo anterior, es independiente de la aplicación de los Arts. 5, 6 y 7, sobre

ca de manera más específica las siguientes consideraciones: (i) que existan obligaciones derivadas de un contrato, (ii) que las obligaciones contractuales traten de temas civiles o mercantiles y (iii) que estas obligaciones contractuales surjan en un contexto donde exista conflicto de leyes[1054]. Tanto la primera como en la segunda consideración debe tenerse en cuenta que no existe en el RRI un artículo que establezca la definición de obligaciones contractuales civiles y mercantiles, pero su considerando No. 7 indica que el ámbito de aplicación material debe ser coherente con el RBI y con el RRII[1055]. Adicionalmente, indica materias que no se incluyen dentro del ámbito de aplicación del reglamento: las fiscales, las aduaneras y las administrativas y también en ciertas áreas que si bien son propias del ámbito particular de las materias civiles y mercantiles se encuentran excluidas[1056].

Sobre la tercera consideración, para que se presente conflicto de leyes, el caso objeto de la controversia debe tener un enlace o conexión con un Estado diferente al del foro, como por ejemplo —pero sin excluir los múltiples casos que puedan llegar a presentarse— cuando las partes hayan pactado que la ley aplicable al contrato sea la de un lugar diferente al de su residencia habitual, cuando un contrato se haya ejecutado en otro país diferente al de la residencia habitual de las partes, cuando habiendo establecido las partes la ley aplicable de acuerdo al Estado miembro de su residencia habitual, antes de finalizar el contrato, una de las partes cambia su residencia habitual a otro Estado miembro[1057].

---

contrato de trabajo, consumo y seguros; MARTÍNEZ LUNA, W.F., "Los puntos de conexión rígidos para determinar la ley aplicable al contrato internacional en la Unión Europea. ¿Evolución o retroceso?", *Revista Científica "General José María Córdova"*, vol. 12, núm. 14, 2014, p. 115.

1054 MANKOWSKY, M., MAGNUS, U., *European Commentaries on Private International Law: Rome I Regulation*, vol. II, Köln, 1ª ed., Ottoschmidt, 2017, p. 60.

1055 Reglamento (CE) No. 864/2007 del Parlamento Europeo y del Consejo de 11 de julio de 2007 relativo a la ley aplicable a las obligaciones extracontractuales, publicado en: *DOUE* núm. 199, de 7 de julio de 2007.

1056 Art. 1.2 RRI. Teniendo en cuenta que lo referido al ámbito material del RBIbis puede tomarse también para el RRI de acuerdo con lo establecido en el considerando 7 RRI, debe indicarse el asunto *Movic*, que como fue indicado en el apartado de ámbitos de aplicación del RBIbis del capítulo III, estableció los parámetros para determinar si un asunto puede considerarse dentro de las materias civil y mercantil: identificar la relación jurídica entre las partes de la controversia, el objeto de esta y verificar la naturaleza y modalidad de la acción entablada.

1057 MOSCONI, F., CAMPLIGLIO, C., *Diritto Internazionale Privato e Processuale*, vol. I, Milán, 8ª ed., Utet Giuridica, 2017, p. 378.

Sobre el ámbito temporal, debe decirse que existen dos instrumentos normativos en la UE para determinar la ley aplicable en materia civil y mercantil, estos son; el Convenio sobre la ley aplicable a las obligaciones contractuales abierto a la firma en Roma el 19 de junio de 1980[1058] y el Reglamento (CE) No. 593/2008 del Parlamento Europeo y del Consejo de 17 de junio de 2008, sobre la ley aplicable a las obligaciones contractuales. El Convenio de Roma aplica a los contratos celebrados hasta el 16 de diciembre de 2009, y el RRI a los contratos celebrados a partir del 17 de diciembre de 2009[1059].

El Convenio de Roma de 1980 reconoció la potestad de las partes para señalar por sí mismas la ley aplicable al contrato, y en caso de que omitieran realizar este acuerdo, estableció que la ley aplicable sería la del Estado con el que se tuviesen los "lazos más estrechos". La potestad de las partes para elegir la ley que gobernase el contrato fue retomada de manera posterior por el RRI, que introdujo también algunas novedades en su cuerpo normativo, así como por ejemplo una definición específica del concepto de residencia habitual o la protección al consumidor pasivo por medio del concepto de actividades dirigidas en concordancia con lo establecido por el RBI[1060]. Respecto al consumidor, el Convenio de Roma de 1980 señalaba que las prerrogativas especiales a este sólo serían aplicables a los contratos de consumo que tuviesen por objeto el suministro de bienes muebles

---

[1058] Publicado en: *DOCE* núm. 266, de 9 de octubre de 1980. El Convenio de Roma de 1980 no es en sí mismo un instrumento normativo de la UE, pues tiene la categoría de tratado internacional, al haber sido creado antes de la suscripción del tratado de Maastricht de 7 de febrero de 1992, que entró en vigor el 1 de enero de 1993, y que fundó la UE. Debido a lo anterior, inicialmente debe revisarse en el caso concreto si los Estados involucrados hacen parte del convenio, y el momento de adhesión del Estado específico y la fecha de celebración del contrato.

[1059] Art. 28 RRI. Debe mencionarse la excepción establecida por el TJUE que indica que se mantiene la fecha de aplicación del RRI, pero si un contrato suscrito dentro del ámbito de aplicación temporal del Convenio de Roma, es modificado por las partes de manera voluntaria constituyendo esta modificación un cambio tan sustancial en el contrato que constituye una nueva relación jurídica, puede ser de aplicación el RRI, lo cual deberá ser valorado por el juez del foro; As. C-135/15, ECLI:EU:C:2016:774, de 18 de octubre de 2016, *Republik Griechenland* vs *Grigorios Nikiforidis*, FJ 37. Véase: FONT I MAS, M., "European legal language and the rules of Private International Law: Practical legal-linguistic problems", *Revista de Llengua i Dret*, núm. 68, 2017, pp. 28-29.

[1060] QUIÑONES ESCÁMEZ, A., "Ley aplicable a los contratos internacionales en la Propuesta de Reglamento Roma I de 15.12.2005", *InDret*, núm. 3, 2006, pp. 13-14 y 18.

corporales o de servicios. Esta categorización contemplaba un problema complejo, debido a que existen contratos de consumidores que no encajan en estas categorías como los de *time-sharing*, instrumentos financieros o las licencias de uso de bienes digitales, por tanto, al no encontrarse incluidos en la clasificación, a este tipo de contratos no es posible aplicarles esta disposición[1061]. En contraste, el RRI incluye en su artículo 6 una definición de contratos de consumo más genérica que permite que cuando una de las partes tenga la calidad de consumidor, independientemente de la modalidad contractual que acuerden[1062], le sea aplicable lo establecido en este Reglamento sobre el particular.

Durante la transición entre el Convenio de Roma de 1980 y la expedición del RRI, existió un incremento de los contratos en línea, lo cual convierte en prioritaria la identificación del lugar en que se encuentran ubicadas las partes, para establecer cómo deben garantizarse los derechos del consumidor, y armonizar estas reglas con las ya existentes en materia de jurisdicción. La naturaleza desmaterializada de los contratos en línea requiere un análisis más profundo y especializado que permita establecer cuando deben aplicarse las leyes de la residencia habitual del consumidor, y cuando pueden aplicarse las leyes elegidas por las partes sin renunciar a las normas imperativas del Estado de residencia del consumidor[1063].

Sobre el ámbito espacial, el RRI es aplicable a todos los Estados miembros con excepción de Dinamarca[1064]. El ámbito espacial debe ser inter-

---

1061 MARTÍNEZ LÓPEZ-TARRUELLA, A., "International Contracts Concluded by Consumers: The Contributions of the New Article 6 Rome I Regulations", *AEDIPr*, t. VIII, 2008, pp. 515-516.

1062 Deben tenerse en cuenta las excepciones del Art. 6 numerales 3 y 4 RRI, especialmente para el contrato de prestación de servicios, véase el apartado 2.4 de este capítulo.

1063 GILLIES, L.E., "Choice-of-law rules for electronic consumer contracts: replacement of the Rome Convention by the Rome I Regulation", *German Law Journal*, núm. 10, 2009, p. 101.

1064 De acuerdo con el considerando 46 del RRI, Dinamarca no participa en la adopción del RRI y no se encuentra vinculada por su aplicación. Así las cosas, los jueces daneses aplican el Convenio de Roma de 1980 cuando existe conflicto de leyes en materia de obligaciones contractuales; LANDO, O. NIELSEN, P., "The Rome I Regulation", *Common Market Law Review*, núm. 45, 2008, pp. 1689-1690. Respecto de Reino Unido se debe tomar en consideración que el RRI (al igual que el RBIbis) fue aplicable a Reino Unido hasta el 31 de diciembre de 2020 por razón del *Brexit*, sin embargo debe tenerse en cuenta que el artículo 66 del Acuerdo sobre la retirada del Reino Unido de Gran Bretaña e Irlanda del Norte de la Unión Europea y

pretado junto con el concepto de efecto universal del RRI previsto en su Art. 2, que indica el RRI que la ley designada por ese Reglamento se aplicará, aunque no sea la de un Estado miembro. Así las cosas, los jueces de los Estados miembros, una vez se ha determinado que son competentes, deben aplicar el RRI en caso de que exista un conflicto de leyes sobre un contrato que verse sobre materias civiles y mercantiles con las excepciones mencionadas, incluso cuando las partes elijen como aplicable ley de un tercer Estado[1065], es todavía aplicable el RRI[1066]. Una vez verificados los tres ámbitos, el RRI es de aplicación al caso concreto[1067].

2. EL CONCEPTO DE CONSUMIDOR EN EL ART. 6 RRI Y SU RESIDENCIA HABITUAL

El concepto de consumidor en el RRI es autónomo y ha de entenderse de manera independiente de las restantes definiciones de consumidor previstas en los instrumentos normativos de la UE. En este concepto se destacamos el criterio de la residencia habitual teniendo en cuenta que el RBIbis se refiere principalmente al domicilio del consumidor como base de la competencia judicial internacional y en el RRI la base es la residencia habitual para establecer la ley aplicable.

De acuerdo con el Art. 6, partiendo de la base objetiva que existe un contrato entre las partes, el consumidor se trata una persona física[1068] que

---

de la Comunidad Europea de la Energía Atómica, indica que en Reino Unido las estipulaciones sobre ley aplicable del RRI seguirán aplicando respecto contratos celebrados antes del final del período transitorio.

1065 Efecto universal Art. 2 RRI. CALVO CARAVACA, A.-L., "El Reglamento Roma I sobre la ley aplicable a las obligaciones contractuales: cuestiones escogidas", *Cuadernos de Derecho Transnacional*, vol. 1., núm. 2, 2009, p. 66.

1066 Si una controversia se encuentra sometida al RRI por cumplir sus ámbitos de aplicación, las normas de DIPr internas de los Estados miembros nunca son aplicables, debido a una combinación del efecto universal del RRI y de su estatus de prevalencia sobre la ley nacional de los Estados miembros; MANKOWSKY, M., MAGNUS, U., "*European Commentaries on Private...*", *ob. cit.*, p. 85.

1067 Es pertinente señalar que a diferencia del RBIbis, el RRI no tiene un ámbito de aplicación personal o de conexión comunitaria, es decir que no exige que de manera general el demandado tenga su domicilio en uno de los Estados miembros de la UE.

1068 Sobre el particular, la sentencia del Tribunal de Justicia sobre los asuntos acumulados C-541/99 y C-542/99, establece que debe asumirse que el consumidor es exclusivamente una persona física de acuerdo con la Directiva 93/13/CEE. As.

actúa con un uso o fin diferente al de su actividad profesional. El TJUE en el asunto *Benincasa* (2001) señaló que el consumidor de acuerdo con el Art. 13 del Convenio de Bruselas, que también es aplicable al RRI, que el consumidor en los términos de ese instrumento normativo debe ser el destinatario final, que suscribe el contrato con el propósito de satisfacer sus propias necesidades individuales de consumo[1069].

La contraparte del consumidor es el profesional, que puede tratarse una persona física o jurídica. En este punto debe señalarse que el RRI menciona expresamente al profesional como cocontratante en el contrato de consumo, pero el RBI y el RBIbis no establecen esta especificación dentro de la definición. Sin embargo, se entiende que cuando se indica que existe un contrato de consumo el cocontratante del consumidor ha de ser un profesional o empresario[1070]. Para que pueda aplicarse el Art. 6 RRI el empresario debe conocer de manera razonable que el contrato ha sido suscrito con un consumidor, pero si este deliberadamente lo induce a considerarlo como un profesional, creando una imagen falsa de sí mismo, no puede acudir en caso de conflicto a la protección del art. 6. RRI[1071].

La justificación de estas garantías o derechos especiales del consumidor en el RRI, parte de cuatro ideas fundamentales de acuerdo con CALVO CARAVACA[1072]: La primera de ellas es que en los Estados de la UE existe legislación interna que protege a las partes económicamente más débiles de la relación contractual, y esta legislación se proyecta tanto a los contratos domésticos como a los internacionales. La segunda, es que el DIPr se ha ido permeando de la protección al consumidor recogida en la legislación interna de los Estados miembros hasta hacerla propia. La tercera, es que la libre determinación de la ley aplicable puede ser usada en contra de la parte más débil del contrato, pues los consumidores no tienen poder de negociación[1073] frente al empresario o profesional, y terminan adhiriéndose al contrato y sometiéndose a lo allí señalado sin tener la facultad de intervenir o hacer modificaciones. Por último, para impedir que ocurra lo

---

C-541/99 y As. C-542/99, ECLI:EU:C:2001:625, de 22 de noviembre de 2001, *Cape Snc* vs *Idealservice Sri* y *Idealservice MN RE SAS* vs *OMAI Srl*, FJ 15-17.

1069 MANKOWSKY, M., MAGNUS, U., "*European Commentaries on Private...*", *ob. cit.*, p. 459.

1070 CASTELLANOS RUIZ, E., "*El concepto de actividad profesional «dirigida»...*", *ob. cit.*, p. 77.

1071 MANKOWSKY, M., MAGNUS, U., "*European Commentaries on Private...*", *ob. cit.*, p. 462.

1072 CALVO CARAVACA, A.-L., "*Derecho internacional privado*", *ob. cit.*, p. 837.

1073 ALPA, G., *I contratti del consumatore*, Milano, 1ª ed., Giuffrè editore, 2014, p. 84.

anterior, se puede recurrir a las leyes internas e imperativas para aplicarlas a conflictos internacionales o se pueden dictar normas de conflicto que limiten la autonomía de la voluntad en aras de no privar a la parte débil del contrato de la protección legal de su residencia habitual[1074].

Respecto del concepto de residencia habitual del consumidor este no se encuentra definido en este Reglamento. Sin embargo, vale decir que el Art. 19 RRI, indica como determinar la residencia habitual al momento de la celebración del contrato de una persona jurídica y la de una persona física actúa dentro de su actividad profesional[1075].

El concepto de residencia habitual ha sido incorporado en otros instrumentos normativos de la UE como el RRII[1076], el RRIII[1077] y el RBIIbis[1078] y

---

1074 CALVO CARAVACA, A. L., "*Derecho internacional privado*", *ob. cit.*, p. 187.

1075 De acuerdo con el Art. 19 RRI la residencia habitual de una sociedad, asociación o de una persona jurídica será el lugar de su administración central y la residencia habitual de una persona física que esté ejerciendo su actividad profesional será el lugar de su establecimiento principal. También debe tenerse en cuenta que cuando se trate de un contrato celebrado con un establecimiento comercial, sucursal, agencia o similar o cuando el servicio deba ser prestado por alguno de ellos de acuerdo con el contrato, la residencia habitual será la del lugar donde se ubique el establecimiento correspondiente. El concepto de residencia habitual del RRI no se encuentra en coordinación con el de domicilio del RBI o el RBIbis, cuando se trata de una persona jurídica, una sociedad, asociación puesto que los dos últimos reglamentos mencionados utilizan diferentes criterios de conexión para establecerlo (Art. 60 RBI y Art. 63 RBIbis), mientras que el RRI sólo se basa en el lugar de la administración central, con lo cual las partes pueden prever la ley aplicable basados en un único punto de conexión, evitando el *forum shopping* que se generaría si las partes tuviesen la posibilidad de decidir cual ley sería la aplicable de acuerdo con alguno de los criterios de conexión del RBI o el RBIbis si estos coincidieran con los del RRI. Veáse: FONT I MAS, M., "La noción de la residencia habitual de las sociedades, asociaciones, o personas jurídicas en el Roma I y la ausencia de coordinación con el reglamento de Bruselas I", en: BOSCH CAPDEVILA, E., *Derecho contractual europeo: problemática, propuestas y perspectivas,* Barcelona, 1ª ed., Bosch, 2009, pp. 144-145.

1076 Reglamento (CE) No. 864/2007 del Parlamento Europeo y del Consejo de 11 de julio de 2007 relativo a la ley aplicable a las obligaciones extracontractuales, publicado en: *DOUE* núm. 199, de 31 de julio de 2007.

1077 Reglamento (UE) No. 1259/2010 del Consejo de 20 de diciembre de 2010, por el que se establece una cooperación reforzada en el ámbito de la ley aplicable al divorcio y a la separación judicial, publicado en: *DOUE* núm. 343 de 29 de diciembre de 2010.

1078 Reglamento (CE) n° 2201/2003 del Consejo, de 27 de noviembre de 2003, relativo a la competencia, el reconocimiento y la ejecución de resoluciones judiciales en madebe tenerse en cuenta que la interpretación judicial sobre el concepto de residencia judicial en ellos es muy limitada[1079] y no tiene relación directa con el concepto de consumidor. Sin embargo, tenemos el Informe *Borrás*[1080], en el que se basó el RBIIbis[1081], que indica sobre la residencia habitual es:

> "el lugar en que la persona ha fijado, con carácter estable, el centro permanente o habitual de sus intereses que, a los fines de determinar dicha residencia, han de tenerse en cuenta todos los elementos de hecho constitutivos"

La residencia habitual del consumidor no es entonces un concepto estático que se puede determinar fácilmente en la norma, es un concepto dinámico que ha de establecerse tomando en cuenta todos los elementos de hecho del caso, y así lo contempló la voluntad del legislador de la UE de manera tácita al indicar en el considerando 39 del RRI que para garantizar la seguridad jurídica se requiere en particular definir el concepto de residencia habitual para sociedades, asociaciones y personas jurídicas, que se extiende también a personas físicas que actúan como profesionales de acuerdo con el Art. 19 RRI, pero no se menciona de manera expresa las personas físicas por fuera de su actividad profesional los consumidores, lo cual indica que permite un margen de interpretación para los tribunales del foro[1082].

2.1. *Art. 6.1 RRI sobre la inexistencia del pacto de ley aplicable y las actividades dirigidas a un Estado miembro*

El Art. 6.1 RRI[1083] indica que en los contratos de consumo cuando las partes no elijan la ley que regirá el contrato, esta será la de la residencia habitual del consumidor siempre que el profesional:

---

teria matrimonial y de responsabilidad parental, por el que se deroga el Reglamento (CE) n° 1347/2000, publicado en *DOUE* núm. 338 de 23 de diciembre de 2003.

1079 MANKOWSKY, M., MAGNUS, U., "*European Commentaries on Private...*", *ob. cit.*, p. 803.

1080 Informe explicativo del Convenio celebrado con arreglo al artículo K.3 del Tratado de la Unión Europea, sobre la competencia, el reconocimiento y la ejecución de resoluciones judiciales en materia matrimonial, preparado por la profesora Dra. Alegría Borrás Catedrática de Derecho internacional privado de la Universidad de Barcelona, publicado en: *DOCE* núm. 221, de 16 de julio de 1998, par. 32.

1081 MANKOWSKY, M., MAGNUS, U., "*European Commentaries on Private...*", *ob. cit.*, p. 803.

1082 JUÁREZ PÉREZ, P., "La ley rectora de los contratos internacionales de consumo: el sistema del Reglamento n.° 593/2008 («Roma I»)", *Estudios de Deusto*, vol. 58, núm. 1, 2010, pp. 71-72.

1083 Este artículo se encuentra en conexión con Art. 4 RRI que establece la ley aplicable a falta de elección de acuerdo con la naturaleza contractual, pero indica

"a) ejerza sus actividades comerciales o profesionales en el país donde el consumidor tenga su residencia habitual, o b) por cualquier medio dirija estas actividades a ese país o a distintos países, incluido ese país, y el contrato estuviera comprendido en el ámbito de dichas actividades".

El concepto de actividades dirigidas es otro elemento coincidente entre el RRI y el RBIbis, —que ya fue abordado el capítulo III—, teniendo en cuenta que de acuerdo a jurisprudencia del TJUE[1084] y la doctrina relacionada que el RBIbis, se protege únicamente al consumidor pasivo a través de las garantías respecto del foro de competencia que prevalecen sobre el acuerdo realizado entre las partes, dejando al consumidor activo, que también puede encontrarse en una posición de inferioridad frente al profesional en una posición injustificada de paridad a nivel jurídico-procesal. En el RRI también se protege entonces al consumidor pasivo, que ha de ser el objetivo de las actividades comerciales realizadas por el profesional que lo capta en su país de su residencia habitual y por tanto, el consumidor puede desentenderse de la procedencia del empresario, pues si es extranjero o nacional le es indiferente ya que estará protegido por las leyes de su propio país de residencia habitual[1085]. También es un elemento coincidente con el RBIbis que se apliquen las prerrogativas especiales del consumidor, cuando las actividades comerciales del profesional se ejerzan en el mismo Estado del consumidor, en el caso del RRI, el de su residencia habitual, por lo cual no correspondería demostrar que el profesional dirige sus actividades a ese Estado miembro y sería de aplicación los numerales 1 y 2 del Art. 6 RRI[1086].

---

que para los contratos de transporte, consumo, seguro y contratos individuales de trabajo, previstos en los Art. 5-8 RRI, se aplicarán las disposiciones contenidas en esas normas para establecer la ley aplicable.

1084 Aunque el asunto *Pammer* se trate sobre el RBI también se hace extensiva la interpretación del concepto de actividades dirigidas al RRI por la correlación posible entre *forum-ius*. LÓPEZ-TARRUELA MARTÍNEZ, A., "*International Contracts Concluded...*", *ob. cit.*, p. 229. También debe tenerse en cuenta en materia de indicios sobre actividades dirigidas a un Estado miembro en contratos de consumo la sentencia As. C-218/12, ECLI:EU:C:2013:666, del 17 de octubre de 2013, *Lokman Emrek* vs *Vlado Sabranovic*, FJ 32; en la cual se establece como indicio de actividades dirigidas a un Estado miembro, la existencia de una relación causal entre el medio utilizado para dirigir la actividad comercial o profesional al Estado miembro del domicilio del consumidor y la celebración del contrato de consumo.

1085 CARRIZO AGUADO, D., "*Régimen jurídico...*", *ob. cit.*, pp. 124-125.

1086 Es de aclarar que para la aplicación del Art. 6 cuando no existe pacto de ley aplicable, tanto si se presenta lo previsto en el Art. 6.1 a) sobre el ejercicio de actividades en el Estado miembro de residencia habitual del consumidor como si se presenta

Así las cosas, el concepto de actividades dirigidas del RRI de acuerdo con su considerando 24 toma elementos interpretativos de lo ya establecido para el RBIbis, o más específicamente el RBI, en el que debe probarse que el profesional dirige al Estado miembro de residencia habitual del consumidor sus actividades comerciales y el contrato objeto de controversia debe estar comprendido en esas actividades. En materia de contratos en línea, la manera de demostrar esta circunstancia va más allá de la mera accesibilidad del sitio web, el idioma, la publicidad o las monedas disponibles para el pago[1087], debe probarse mediante indicios clave que la dirección de las actividades en los términos establecidos por el reglamento es inequívoca. El juez además de verificar estos indicios debe realizar un *targeted activity test* para establecer las conexiones relevantes del caso, como, por ejemplo; lo que ofrece y se encuentra anunciado en el sitio web del profesional, las condiciones de entrega en caso de compraventa, los correos electrónicos que las partes pudieron haberse enviado, entre otros[1088].

2.2. Art. 6.2 RRI sobre el pacto de ley aplicable en conexión con el Art. 3 RRI

En el contrato de consumo con elemento internacional, elegir la ley aplicable puede ser un factor sustancial para garantizar la trasparencia en el contrato y paliar la condición de inferioridad del consumidor transfronterizo que frecuentemente desconoce sus derechos en su propio Estado de residencia habitual y carece de expectativas sobre las características de la relación jurídica de la que hace parte[1089]. Estas ventajas pueden verse afectadas por los contratos por adhesión, pues la pretensión principal del profesional es la captación masiva de usuarios de manera ordenada y eficiente en la cual no es posible la negociación y que, idealmente, deben ya contener las previsiones para garantizar los derechos de los consumidores por

---

lo establecido en el Art. 6.1 b) sobre actividades dirigidas a la Estado miembro residencial habitual del consumidor, el contrato de consumo debe incluirse dentro de esas actividades comerciales.

1087 BOGDAN, M., "Contracts in Cyberspace and the Regulation Rome I", *Masaryk University Journal* of *Law and Technology*, núm. 3, 2009, pp. 223-224.

1088 CZIGLER, T. D., "Choice-of-Law in the Internet Age-US and European Rules", *Acta Juridica Hungarica*, núm. 53, 2012, p. 199.

1089 VIEIRA, L.K., "La codificación del Derecho internacional privado del consumidor en el MERCOSUR: las recientes manifestaciones en materia de ley aplicable al contrato internacional con consumidores", *AEDIPr*, t. XVIII, 2018, pp. 628-629.

Internet[1090]. El consumidor suele aceptar las condiciones establecidas por el profesional en dos escenarios: en el primero desconoce los términos del contrato por indiferencia, falta de tiempo, confianza desmedida o escasa experiencia negocial, y en el segundo, conoce los términos contractuales y tiene conocimiento de la abusividad de las cláusulas, pero se rinde ante la necesidad o ante la oportunidad de adquirir un bien o servicio[1091].

La facultad general en los contratos civiles y mercantiles de elegir la ley aplicable al contrato viene dada por el Art. 3 RRI que permite los acuerdos expresos o tácitos para determinar la ley que regirá el contrato. En los acuerdos expresos, se puede indicar como aplicable la ley de un Estado miembro o de un tercer Estado en virtud del efecto universal del Art. 2 RRI, teniendo la potestad de cambiar esta elección en cualquier momento, de acuerdo con la libre conveniencia de las partes o en concordancia con alguna disposición del RRI[1092]. El Art. 3. RRI también contempla la elección tácita de la ley aplicable[1093] que se determina realizando un examen de las circunstancias a través de algún parámetro objetivo y abstracto como el parámetro de la razonabilidad o el *id quod plerumque accidit*[1094] para reconstruir la voluntad de las partes y extraer de esta la disposición inequívoca de ley aplicable, que este caso no se encuentra explícita[1095].

1090 BALDUZZI, L. D. "El contrato de uso de plataforma digital: la estructura jurídica de los modelos de negocio de la economía colaborativa", *Revista de la Facultad*, vol. XI, núm. 2, 2020, pp. 216-217.

1091 ROYO MARTÍNEZ, M., *Contratos de adhesión,* Madrid, 1ª ed., Instituto Nacional de Estudios Jurídicos, 1949, p. 63.

1092 La modificación realizada por las partes no afecta la validez formal del contrato y no afecta los derechos terceros.

1093 KULPERS, J., "Party Autonomy in the Brussels I Regulation and Rome I Regulation and the European Court of Justice", *German Law Journal,* núm. 10, 2009, p. 1511.

1094 O "*that which generally happens*", significa que las cosas que ocurren con frecuencia o, con cierto nivel de regularidad; BELTRÁN CALFURRAPA, R., "Las máximas de la experiencia y su reconstrucción conceptual y argumentativa en sede jurisdiccional", *Revista Ius et Praxis,* núm. 2021, p. 138.

1095 FRANZINA, P., "The tacit choice of the law applicable to a contract under the Rome I Regulation", *Cuadernos de Derecho Transnacional,* vol. 8, núm. 2, 2016, pp. 223-224. La voluntad tácita de las partes debe extraerse razonablemente de las circunstancias del caso o de las disposiciones del contrato; BIAGIONI, G., "Tecniche internazionalprivatistiche fondate sulla volontà delle parti nel diritto dell'Unione Europea", *Cuadernos de Derecho Transnacional,* vol. 2, núm. 2, 2010, p. 26.

Las partes también pueden someter el contrato a varias leyes[1096]. Esta práctica se conoce como *dépeçage*[1097] y permite la aplicación de diferentes leyes sustantivas provenientes de Estados distintos, a controversias nacidas de una misma causa[1098]. En el Derecho del consumo el *dépeçage* está permitido en el RRI[1099], y los contratantes pueden fraccionar la ley que regirá el contrato, eligiendo una para la totalidad del acuerdo o para sólo una porción de este[1100]. Si bien las partes pueden elegir por sí mismas las leyes de diferentes Estados para regular segmentos distintos del contrato, la coherencia es necesaria, puesto que, si han de efectuar *dépeçage*, la elección de leyes distintas para elementos específicos del contrato no puede generar resultados jurídicos contradictorios frente a los restantes elementos del contrato regulados por la ley principal elegida por las partes[1101].

La autonomía de la voluntad para elegir la ley aplicable es amplia en el Art. 3 RRI, sin embargo, sus numerales 3 y 4 imponen dos limitaciones generales a los acuerdos de ley aplicable de acuerdo con los elementos pertinentes del caso[1102]. En primer lugar, el numeral 3. indica que cuando las

---

1096 REESE, W., “Dépeçage: A Common Phenomenon in Choice of Law”, *Columbia Law Review*, núm 73, 1973, pp. 58-59.

1097 El *depeçage* también es considerado como: “the process of cutting up a case into individual issues, each subject to a separate choice-of-law analysis” en: STEVENSON, C., “Dépeçage: Embracing Complexity to Solve Choice-of-Law Issues”, *Indiana Law Review*, núm. 37, 2003-2004, pp. 304-305.

1098 SYMEONIDES, S., “Issue-by-Issue analysis and Dépeçage in Choice of Law: Cause and Effect”, *University of Toledo Law Review*, núm. 45, 2013-2014, p. 755.

1099 En la propuesta del RRI se pretendía descartar la posibilidad de fraccionar la ley que regiría el contrato al excluir la elección de la ley aplicable en los contratos de consumo, como protección reforzada a los consumidores, sin embargo, el Parlamento Europeo en el texto final permitió el *dépeçage*, ESTEBAN DE LA ROSA, F., “La aplicación de la Normativa Común de Compraventa Europea (CESL) a los contratos de consumo: nuevos desafíos para el sistema de Derecho internacional privado europeo”, *InDret*, núm. 1, 2013, p. 25.

1100 Art. 3.1 RRI; CALVO CARAVACA, A.-L., “*El Reglamento Roma I sobre la ley aplicable…*”, *ob. cit.*, p. 76. Véase: DICKINSON, A., PEEL, E., *Conflict of laws companion: Essays in honour of Andrian Briggs*, Oxford, 1ª ed., Oxford University Press, 2021, p. 153.

1101 MOSCONI, F., CAMPLIGLIO, C., *ob. cit.*, p. 386.

1102 Los elementos pertinentes pueden establecerse de acuerdo con los puntos de conexión del contrato; de manera general pueden ser la residencia habitual de las partes y lugar de celebración del contrato. Si fuese un contrato de transporte se tomaría en cuenta el lugar de origen y el de destino, en el caso del contrato de seguro, el lugar de localización del riesgo y en el contrato de trabajo, lugar de realización del trabajo.

partes elijen la ley aplicable de determinado país pero los elementos pertinentes de la situación contractual estén ubicados en otro país se seguirán aplicando, pese al pacto realizado, las normas imperativas de este último. En este caso la autonomía de la voluntad se restringe con la aplicación de las normas imperativas de un país que no fue establecido por las partes en el acuerdo, pero todos los elementos relevantes del contrato se encuentran conectados únicamente a ese ordenamiento jurídico[1103].

En segundo lugar el numeral 4., indica que cuando las partes elijan la ley de un tercer Estado pero los elementos pertinentes se encuentren localizados en uno o dos Estados miembros, la elección de aquella ley se entenderá sin perjuicio de las disposiciones del Derecho de la UE del foro que no puedan excluirse mediante acuerdo. Este numeral del Art. 3, prevé que cuando todos los elementos del caso estén relacionados con la UE, con excepción de la ley aplicable, deben aplicarse las normas de la UE del respectivo foro[1104], por estar el caso totalmente conectado a territorio de la Unión[1105].

La conexión entre el Art. 3 y el Art. 6, viene dada por el numeral 2 de este último, en el cual se prevé que las partes, en este caso el consumidor y el profesional podrán elegir la ley aplicable al contrato[1106] en virtud de lo establecido en el numeral 1 del Art. 3. De acuerdo con esta previsión, el

---

GARAU JUANEDA, L., "La aplicación de los Reglamentos de la UE a los llamados "conflictos internos" y el necesario cambio de paradigma sobre la función de las normas de conflicto", *Bitácora Millennium DIPr*, núm. 10, 2019, p. 54.

1103 CALVO CARAVACA, A.-L., "*El Reglamento Roma I sobre la ley aplicable…*", *ob. cit.*, p. 78.

1104 Esto se refiere a las disposiciones de Derecho de la UE que hayan sido transpuestas al Derecho interno del Estado miembro del foro, como por ejemplo la Directiva 2013/11/UE, del Parlamento Europeo y del Consejo, de 21 de mayo de 2013, relativa a la resolución alternativa de litigios en materia de consumo, transpuesta al Derecho español mediante la Ley 7/2017, de 2 de noviembre. AGUILAR GRIEDER, H., "Alcance de los controvertidos artículos 3 y 4 del Reglamento (CE) núm. 593/2008: perspectiva de lege lata y propuestas de lege ferenda", *Cuadernos de Derecho Transnacional*, vol. 6, núm. 1., 2014, p. 53.

1105 CALVO CARAVACA, A.-L., "*El Reglamento Roma I sobre la ley aplicable…*", *ob. cit.*, p. 78.

1106 El artículo 12 RRI que establece de manera específica qué elementos rige la ley aplicable al contrato; su interpretación, el cumplimiento de las obligaciones, servirá como base en un proceso judicial para determinar y evaluar las consecuencias del daño generado por el incumplimiento, los modos de extinción de las obligaciones y las consecuencias de la nulidad del contrato. Así las cosas, en caso de que el contrato en su totalidad o alguna de sus cláusulas fuesen nulas o su ejecución fuese ilícita, será la *lex causae* la que establezca las consecuencias jurídicas para los

pacto entre las partes en el contrato de consumo prevalece sobre la aplicación de la ley de residencia habitual del consumidor[1107], pero con la consideración de que el consumidor, aunque haya elegido una ley diferente para regir el contrato no pierde la protección de las disposiciones que no pueden excluirse mediante acuerdo de su propio país de residencia habitual[1108].

2.3. Art. 6.2 RRI sobre las disposiciones que no pueden excluirse mediante acuerdo en conexión con el Art. 9 RRI

En el contexto del Art. 6.2 RRI las disposiciones que no pueden excluirse mediante acuerdo son las normas imperativas de protección al consumidor del país de su residencia habitual[1109]. El concepto de normas imperativas, se encuentra contenido de manera general en el Art. 9, sobre leyes de policía, por tanto, se expondrá de manera general lo contenido en este artículo para después enfocarnos en el Art. 6.2, teniendo en cuenta su diferenciación.

---

contratantes; ESPINAR VICENTE, J.M., PAREDES PÉREZ, J.I., *"El régimen jurídico de las obligaciones…", ob. cit.*, p. 137.

1107 HILL, J. SHÚILLEABHÁIN NÍ, M., "*Clarkson & Hill's conflict of laws…*", p. 249.

1108 Debido a la amplitud de la autonomía de la voluntad en materia de ley aplicable, el consumidor con residencia habitual en la UE, aunque esté protegido por las leyes no pueden excluirse mediante acuerdo de su propio país de residencia habitual, debe tomar en consideración que pactar una ley de un tercer Estado como aplicable puede resultar complejo a efectos prácticos, porque en caso de reclamación, las partes deben invertir dinero en la solicitud y la prueba de la ley extranjera; VON HEIN, J., KIENINGER E.M., RÜHL, G. (eds.), *How European is European Private International Law?*, Cambridge, 1ª ed., Intersentia, 2019, pp. 179-180. Los valores generados por estas cuestiones procesales deben tenerse en cuenta al realizar el balance de costo-beneficio respecto de las pretensiones del consumidor, aunque también es cierto que las partes no se encuentran obligadas a permanecer ancladas a la ley aplicable acordada en el contrato, pues están permitidos los acuerdos posteriores a la celebración del contrato de acuerdo con el Art. 3.2 RRI., pudiendo entonces, si la partes así lo aprueban y en aras de evitar estos gastos procesales, elegir de manera posterior como ley aplicable la ley de un Estado miembro.

1109 También deben tenerse en cuenta los "desarrollos jurisprudenciales propios del Derecho general de los contratos que igualmente sirvan para proteger a la parte débil del contrato", CALVO CARAVACA, A.-L., "*El Reglamento Roma I sobre la ley aplicable…*", *ob. cit.*, p. 103.

Las leyes de policía crean una ruptura o excepción a la determinación de la ley aplicable, puesto que priman sobre la ley elegida por las partes o la designada por la norma de conflicto en materias específicas[1110]. El contenido de estas normas es de carácter imperativo y salvaguardan intereses públicos o generales de una nación, que se sobreponen a los intereses privados[1111]. Veamos a continuación la definición del RRI en su Art. 9.1:

> "Una ley de policía es una disposición cuya observancia un país considera esencial para la salvaguardia de sus intereses públicos, tales como su organización política, social o económica, hasta el punto de exigir su aplicación a toda situación comprendida dentro de su ámbito de aplicación, cualquiera que fuese la ley aplicable al contrato según el presente Reglamento".

En concordancia con lo anterior, el TJUE[1112] ha señalado sobre las leyes de policía que se tratan de:

> "disposiciones nacionales cuya observancia se ha considerado crucial para la salvaguardia de la organización política, social o económica del Estado miembro de que se trate, hasta el punto de hacerlas obligatorias para toda persona que se encuentre en el territorio nacional de ese Estado miembro o con respecto a toda relación jurídica localizada en él".

Esta afirmación del TJUE, nos obliga a remitirnos a la dificultad en determinar cuándo se está en presencia de leyes imperativas o de policía, puesto que la salvaguarda de intereses fundantes de un Estado en materia política, social o económica, deben ser precisados y delimitados por el tribunal competente que, teniendo en cuenta los términos del contrato, las leyes aplicables y las circunstancias en que fue suscrito y ejecutado, ha de establecer si una norma que someta al contrato bajo su espectro posee

---

1110 WOJEWODA, M., "Mandatory Rules in Private International Law", *Maastricht Journal of European and Comparative Law*, núm. 7, 2000, p. 185.

1111 GARCIMARTIN ALFÉREZ, F. J., "*Derecho Internacional...*", *ob. cit.*, p. 380. Las normas imperativas crean cruces metodológicos puesto que establecen una interacción legal entre la libertad individual y la autoridad o prevalencia de las leyes sustantivas de un Estado, especialmente en materia de protección de parte débil, donde las partes pueden elegir la ley aplicable pero no es posible privar a la parte débil de la protección que le proporcionaría una ley predeterminada; ANCEL, M-E., DEUMIER, P., LAAZOUZI, *Droit des contracts internationaux*, Paris, 2ª ed., Sirey, 2020, p. 178.

1112 As. C-369/96 y C-376/96, ECLI:EU:C:1999:575, del 26 de noviembre de 1999, *Jean-Claude Arblade, Arblade & Fils SARL*, responsable civil (asunto C-369/96), vs *Bernard Leloup, Serge Leloup, Sofrage SARL*, responsable civil (asunto C-376/96), FJ 30.

carácter imperativo de acuerdo con el fin determinado por el legislador nacional al momento de su expedición[1113].

La finalidad de las leyes de policía es, por un lado, proteger a grupos sociales específicos como trabajadores y consumidores, y por otro, proteger intereses de la sociedad como la libre competencia, el control de cambios, entre otros[1114]. De acuerdo con el Comité Económico y Social Europeo, las leyes de policía son un asunto delicado, debido a que por un lado, el pacto de ley aplicable no debería limitarse por una ley diferente a la acordada a menos que se trate de una casos excepcionales —que en todo caso son técnicamente difíciles de identificar—, y por otro, prescindir de la aplicación de leyes más favorables a las pactadas por las partes cuando se trata de normas imperativas no es coherente con el Derecho de la Unión ni con la opinión de los especialistas en la materia[1115].

En el RRI, el Art. 9 indica la prevalencia de las leyes de policía[1116] sobre la ley que el Reglamento establezca como aplicable, que pueden provenir de tres fuentes distintas: las de Estado de la *lex causae* (Art. 9.1), las de Estado del foro (Art. 9.2) y las de un tercer Estado (Art. 9.3)[1117]. Así las cosas, el numeral 1. nos indica que como regla general deben aplicarse las normas internacionalmente imperativas del Estado cuya la ley sea aplicable de acuerdo con las normas de conflicto contenidas en el RRI, sin embargo, esta definición no tiene en cuenta las leyes imperativas del foro, que se prevén en el numeral 2 del que se infiere que en ciertas ocasiones las normas internacionalmente imperativas contenidas en la *lex causae* contradicen de

---

1113 As. C-184/12, ECLI:EU:C:2013:663, del 17 de octubre de 2013, *United Antwerp Maritime Agencies* (*Unamar*) *NV* vs *Navigation Maritime Bulgare*, FJ 50.

1114 CALVO CARAVACA, A.-L., "*El Reglamento Roma I sobre la ley aplicable...*", *ob. cit.*, pp. 113-115.

1115 COM(2005) 650 final, Dictamen del Comité Económico y Social Europeo sobre la «Propuesta de Reglamento del Parlamento Europeo y del Consejo sobre la ley aplicable a las obligaciones contractuales (Roma I), publicado en: *DOUE* núm. 318/56 de 23 de diciembre de 2006.

1116 La naturaleza de las leyes de policía no depende de la materia o del contenido de que traten sino del fin con el que el legislador las haya consagrado, por esa razón no hay un regla que permita señalar de manera taxativa las leyes de policía, que se identifican por referencia directa del legislador o por indicios que establezcan su carácter extraordinario y su importancia para la salvaguarda de la organización política, social o económica de un Estado; PÉREZ BEVIA, J.A., "Disposiciones imperativas y leyes de policía en el Convenio de Roma, de 19 de junio de 1980, sobre la ley aplicable a las obligaciones contractuales", *REDI*, núm. 34, 1982, p. 121.

1117 WOJEWODA, M., *ob. cit.*, p. 185.

manera directa las establecidas en el foro, y en tal caso la aplicación de estas últimas no puede ser restringida por aquellas[1118], concediéndole al juez del foro cuya competencia judicial que fue determinada mediante un instrumento de DIPr, la obligación de aplicar su propio derecho en circunstancias específicas[1119].

En el caso de numeral 3., las leyes de policía de terceros Estados pueden ser aplicadas por los jueces del territorio de la UE basado en que un contrato privado con elemento internacional puede perjudicar los intereses públicos de otro Estado[1120]. Será el juez del foro quien hará valer los intereses de un Estado foráneo, aunque aplique una ley distinta a la elegida por las partes para el resto del contrato, cuando este deba ejecutarse en aquel Estado[1121]. En el Art. 9.3 RRI la aplicación de las leyes de policía dependerán de una relación negativa entre el contrato y las leyes del Estado donde ha de ejecutarse, es decir, si las obligaciones pactadas apuntan a la ilegalidad en la ejecución del contrato, las leyes de policía prevalecerán, aunque deberá valorarse de manera previa los efectos o consecuencias de su aplicación.

El TJUE en el asunto *Nikiforidis* (2015), puntualiza las disposiciones del artículo 9.3 RRI indicando que el juez no puede aplicar como normas jurídicas leyes de policía diferentes a las del Estado del foro o a las del país de ejecución de las obligaciones, pero sí puede tomar en consideración como circunstancia de hecho, las leyes de policía del país de la *lex causae* designada por el RRI cuando una norma material de esta lo prevea[1122].

Esta regla contemplada en el Art. 9.3. y delimitada por el TJUE, da a entender que aunque es posible aplicar las leyes de policía de otro Estado en el foro, es una circunstancia poco frecuente, puesto que no es deseable que las normas imperativas de otros Estados modifiquen con regularidad

---

1118 BOGDAN, M., *Private International Law As Component Of The Law Of The Forum*, Leiden, 1ª ed., Brill, 2012, p. 240.

1119 *Ibídem*, p. 88.

1120 La colisión entre normas imperativas de dos Estados es inevitable en las controversias privadas internacionales, lo que puede obstaculizar el comercio transfronterizo e impactar negativamente en el mercado interior de la UE; FERNÁNDEZ ROZAS, J.C., "*Comunitarización del derecho internacional...*", *ob. cit.*, p. 613.

1121 CALVO CARAVACA, A-L., CARRASCOSA GONZÁLEZ, J., CAAMIÑA DOMÍNGUEZ, C. *Litigación internacional en la Unión Europea II. Ley aplicable a los contratos internacionales. Comentario al Reglamento Roma I.*, Cizur menor, 1ª ed., Editorial Aranzadi, 2017.

1122 As. C-135/15, ECLI:EU:C:2016:774, de 18 de octubre de 2016, *Republik Griechenland vs Grigorios Nikiforidis*, FJ 50-52.

los parámetros ya establecidos por las normas de conflicto generales y comunes para el territorio de la UE[1123].

Las leyes de policía del Art. 9 RRI salvaguardan o protegen intereses generales de un Estado, sin embargo el Art. 6 RRI protege intereses particulares, en este caso de los consumidores, siendo este Art. la vía directa para aplicar las leyes imperativas internas e irrenunciables de protección al consumidor de su del país de residencia habitual[1124]. Vale la pena resaltar, que no existe un consenso entre las normas y jurisprudencia de la UE o de los Estados miembros que permita separar totalmente ambos Arts. o incluir las normas irrenunciables de protección al consumidor dentro de las leyes de policía; en países como Alemania, la separación de los conceptos es rigurosa y sólo las normas que protegen el interés general y no particular pueden ser consideradas leyes de policía, pero en contraste, en el caso francés se incluyen tanto las normas imperativas generales como las particulares dentro de las leyes de policía[1125]. De acuerdo con CALVO CARAVACA, la doctrina dominante se inclina por separar ambos conceptos, entendiendo que existen dos normas internacionalmente imperativas, las de protección; a) que protegen a una parte contractual débil y cuyo objetivo es restablecer el equilibrio contractual y las normas de dirección; b) que protegen intereses generales y públicos como las normas de *antitrust*, patrimonio histórico, normas de inversión extranjera, entre otros[1126].

Sin embargo, a efectos prácticos, debe entenderse que cuando las partes acuerdan la ley como aplicable en un contrato de consumo, el consumidor no pierde la protección de las normas obligatorias, domésticas y

---

1123 KRONENBERG, A., "Leyes de policía de terceros Estados en el ámbito del Reglamento (CE) No. 593/2008 (Reglamento Roma I). Comentario a la STJUE de 18 de octubre de 2016, asunto C-135/15", *Cuadernos de Derecho Transnacional*, vol. 10, núm. 2, 2018, p. 886.

1124 Si bien el Art. 6 es la vía directa de protección a los consumidores mediante normas imperativas, puede darse que estas no sean aplicables, como por ejemplo, cuando el Estado miembro de residencia habitual del consumidor aún no ha traspuesto una directiva que aplica al caso concreto. En estos casos extremos y excepcionales podría recurrirse al Art. 9 RRI para proteger a los consumidores como parte débil. CALVO CARAVACA, A.-L., *"El Reglamento Roma I sobre la ley aplicable…", ob. cit.*, p. 108

1125 CAMPO COMBA, M., "Derecho internacional privado europeo y aplicación de las directivas europeas protectoras de la parte contractual débil", *Revista Española de Derecho Internacional*, vol. 73, núm. 1, 2021, pp. 75-76.

1126 CALVO CARAVACA, A.-L., "*El Reglamento Roma I sobre la ley aplicable…", ob. cit.*, pp. 108 y 118.

particulares de protección al consumidor de su propio país de residencia habitual de acuerdo con el Art. 6 RRI[1127]. En el caso del Art. 9 RRI la aplicación no es automática al contrato de consumo y hay que valorar de manera muy cuidadosa y restrictiva si en casos extremos[1128]la protección a los consumidores no es cubierta por el Art. 6, y existe tal vulneración a los intereses generales y públicos de la nación que para salvaguardarlos habría que aplicar de manera obligatoria las leyes de policía[1129].

Siguiendo esta lógica, las normas del Art. 9.3, pueden considerarse normas imperativas internacionales, puesto que son aplicables fuera de los límites del Estado del ordenamiento jurídico donde se encuentran contenidas y las normas del Art. 6 son de naturaleza doméstica o interna, puesto que su aplicación protege de manera individual al consumidor residente en ese Estado y parte en un contrato comercial[1130]. Estas normas se aplican de manera autónoma y tratan de materias muy diferentes y variadas, por tanto, si el consumidor cumple los requisitos del art. 6, puede acceder a los beneficios de las leyes imperativas de protección del consumidor de su propio país de residencia habitual[1131]. Debe tenerse en cuenta que si la ley elegida por las partes en el contrato es más favorable para proteger los intereses del consumidor, no hay razón para aplicar la menor garantía prevista por las normas imperativas del país de su residencia habitual[1132].

Tomemos como ejemplo el Art. 6.2 de la Directiva 1993/13/CEE sobre cláusulas abusivas, que comparte una redacción similar a la protección al consumidor del Art. 6 del RRI:

1127 MANKOWSKY, M., MAGNUS, U., "*European Commentaries on Private...*", *ob. cit.*, p. 487.

1128 CALVO CARAVACA, A.-L., "*El Reglamento Roma I sobre la ley aplicable...*", *ob. cit.*, p. 110.

1129 CAMPO COMBA, M., "*Derecho internacional privado europeo...*", *ob. cit.*, p. 79.

1130 Las disposiciones sobre el consumidor respecto a la aplicación de normas imperativas artículo 6, conceden transparencia al contrato, y se constituyen como una cláusula anti-fraude de ley internacional que establece la prevalencia de las normas imperativas del Estado de residencia de habitual del consumidor sobre la ley escogida por la partes. ORTIZ VIDAL. M.D., *Ley aplicable a los contratos internacionales y eficiencia conflictual*, Granada, 1ª ed., Editorial Comares, 2014, pp. 68-69.

1131 MARAZOPOULOU, V., "Overriding Mandatory Provisions of Article 9 Sec. 3 of the Rome I Regulation", *Revue Hellenique de Droit International*, núm. 64, 2011, p. 793.

1132 PIZZOLANTE G., "I contratti conclusi dai consumatori nella proposta di Reglamento Roma I", en: FRANZINA, P. (ed.) *La legge applicabile al contratti nella proposta di Regolamento Roma I.*, Padua, 1ª ed., CEDAM, 2006, pp. 57-58.

> "Los Estados miembros adoptarán las medidas necesarias para que el consumidor no se vea privado de la protección que ofrece la presente Directiva por el hecho de haber elegido el derecho de un Estado tercero como derecho aplicable al contrato cuando el contrato mantenga una estrecha relación con el territorio de un Estado miembro de la Comunidad."

Los objetivos de este fragmento de la Directiva 93/13/CEE son por un lado, que el consumidor se beneficie de las normas del Estado miembro de su residencia habitual, aunque haya acordado como aplicables las leyes de otro Estado miembro o que, en caso de elegir las leyes de un tercer Estado como aplicables, se mantenga la protección de la UE con respecto del consumidor, en caso de que estas leyes no alcancen una mínima protección de acuerdo con los estándares de la UE[1133].

El TJUE, con respecto a la protección al consumidor respecto del profesional en materia de cláusulas abusivas de la Directiva 93/13/CEE ha señalado que, si las cláusulas del contrato de consumo no han sido negociadas individualmente, es abusivo e induce a error al consumidor, el hecho que el profesional no indique expresamente en el contrato la garantía legal de aplicación de las disposiciones imperativas de su propio Estado de residencia habitual y que el consumidor[1134], acorde con esta supresión de información, considere que sólo le son aplicables las leyes establecidas por las partes, o por la norma de conflicto[1135].

En el derecho interno de los Estado miembros, también se ha incluido la referencia a la prevalencia de las normas imperativas o de policía en el contrato de consumo cuando el contrato tenga una vinculación estrecha con un Estado miembro frente a lo establecido por las partes. Por ejemplo, en Francia el "*Code de la consommation*", establece en su Art. L232-1[1136]:

> "Nonobstant toute stipulation contraire, le consommateur ne peut être privé de la protection que lui assurent les dispositions prises par un Etat membre de l'Union européenne en application de la Directive 93/13/CEE du Conseil, du 5 avril 1993 concernant les clauses abusives dans les contrats conclus avec

---

1133 QUIÑONES ESCÁMEZ, A., "Incorrecta transposición de la noción de «vínculo estrecho con el territorio comunitario» de las directivas de consumo (STJCE de 9.9.2004, as. 70/03 Comisión C. España)", *Revista de Derecho Comunitario Europeo*, núm. 21, 2005, p. 547.

1134 Concordancia de esta disposición de la Directiva 93/13/CEE con el Art. 3.4 RRI. Véase el apartado 2.2 de este capítulo.

1135 As. C-191/15, ECLI:EU:C:2016:612, del 28 de julio de 2016, *Verein für Konsumenten information* vs *Amazon EU Sàrl* FJ 71.

1136 *Création Ordonnance*, núm. 2016-301 del 24 de marzo de 2016, Art. L232-1, disponible en: https://www.legifrance.gouv.fr/codes/article_lc/LEGIARTI000032226437/2016-07-01. Fecha de consulta: 14 de septiembre de 2023.

> les consommateurs, los que le contrat présente un lien étroit avec le territoire d'un Etat membre"[1137].

En España, también existe la misma referencia en el Real Decreto Legislativo 1/2007[1138], en el Art. 67 sobre normas de DIPr, cuando se indica que la protección a consumidores sobre cláusulas abusivas se aplicará cuando haya un vínculo estrecho del contrato con el territorio del Estado miembro, independientemente de la ley escogida por las partes. La norma indica que este vínculo se crea cuando el empresario ejerza o dirija sus actividades a un Estado miembro y el contrato se encuentre comprendido dentro de dichas actividades. El Art. 67 del Real Decreto Legislativo 1/2007 también menciona la aplicación de las normas de protección en materia de garantías en el contrato de consumo, independientemente de la ley escogida por las partes en el contrato cuando este último mantenga una conexión con el Espacio Económico Europeo. De acuerdo con esto, se aplicarán estas normas de protección a los consumidores cuando se trate de un contrato que tenga una relación con el mercado de la Unión[1139].

Por último, es necesario señalar que aunque existan leyes internas que contemplen la prevalencia de las normas de protección al consumidor que no pueden excluirse mediante acuerdo, el Art. 6 RRI no concede las herramientas necesarias para establecer las normas que pueden considerarse dentro de esta categoría, y es difícil enumerarlas puesto que el ordena-

---

1137 "No obstante cualquier disposición en contrario, el consumidor no podrá verse privado de la protección prevista por las disposiciones adoptadas por un Estado miembro de la Unión Europea en virtud de la Directiva 93/13/CEE del Consejo, de 5 de abril de 1993, sobre las cláusulas abusivas en los contratos celebrados con consumidores, cuando el contrato tenga un estrecho vínculo con el territorio de un Estado miembro". Traducción propia. El "*Code de la consommation*" también establece en su Art. L232-4, en sintonía con el RRI, que cuando las partes elijan como aplicable la ley de un tercer Estado por fuera de la UE, el juez habrá de rechazar su aplicación en aquellas disposiciones de la ley de residencia del consumidor habitual cuenten con un rango de protección superior al de la ley elegida por las partes.

1138 Real Decreto Legislativo 1/2007 de 16 de noviembre, por el que se aprueba el texto refundido de la Ley General para la Defensa de los Consumidores y Usuarios y otras leyes complementarias publicado en: BOE núm. 287, de 30 de noviembre de 2007.

1139 ESPINAR VICENTE, J.M., PAREDES PÉREZ, J.I., "*El régimen jurídico de las obligaciones...*", *ob. cit.*, p. 140.

miento jurídico de los Estados miembros se renueva constantemente[1140]. Sin embargo, en la actualidad se evidencia un esfuerzo de armonización en las directivas de la UE, especialmente en materia de comercio electrónico para paliar la fragmentación de las normas de las normas imperativas de consumo, como la Directiva 2019/770[1141] y la Directiva 2019/771[1142], en las que específicamente en sus considerandos 4 y 7 respectivamente, se menciona la dificultad y costes para los profesionales en incluir en sus términos y condiciones diferentes legislaciones nacionales[1143], por lo cual es necesario, a través de la armonización plena, minimizar el riesgo que las empresas dirijan sus actividades a solo unos cuantos Estados miembros y se evite la disminución del comercio transfronterizo[1144].

2.3.1. Diferencia entre las leyes de policía y la excepción de orden público del foro en materia de consumo

El concepto de leyes de policía o normas imperativas suele confundirse con el concepto de normas de orden público, para lo cual deben hacerse algunas distinciones, teniendo en cuenta que la aplicación de uno u otro término frente a los derechos del consumidor debe realizarse partiendo de determinadas circunstancias.

De acuerdo con CALVO CARAVACA el orden público internacional impide la aplicación de un derecho foráneo que ha sido determinado por una norma de conflicto, por lo cual sólo puede hablarse de salvaguardar el orden público internacional cuando las leyes del foro reaccionen negativamente ante las normas extranjeras que se pretende aplicar. Respecto de

---

1140 CALVO CARAVACA, A.-L., "*El Reglamento Roma I sobre la ley aplicable...*", *ob. cit.*, p. 110.

1141 Directiva (UE) 2019/770 del Parlamento Europeo y del Consejo, de 20 de mayo de 2019, relativa a determinados aspectos de los contratos de suministro de contenidos y servicios digitales, publicada en: *DOUE* núm. 136 de 22 de mayo de 2019.

1142 Directiva (UE) 2019/771 del Parlamento Europeo y del Consejo, de 20 de mayo de 2019, relativa a determinados aspectos de los contratos de compraventa de bienes, por la que se modifican el Reglamento (CE) n.° 2017/2394 y la Directiva 2009/22/CE y se deroga la Directiva 1999/44/CE publicada en: *DOUE* núm. 136 de 22 de mayo de 2019.

1143 DE MIGUEL ASENSIO, P.A, "Contratación de consumo y Derecho internacional privado: desarrollos recientes", en: PÉREZ VERA, E., FERNÁNDEZ ROZAS, J.C. (eds.), *Derecho internacional privado entre la tradición y la innovación: Libro homenaje al Prof. Dr. José María Espinar Vicente*, Madrid, 1ª ed., Iprolex, 2020, pp. 209-210.

1144 Considerando 7, Directiva 2019/771.

las leyes de policía, estas se encuentran integradas a la ley del foro como normas imperativas, independientemente de que de manera sobreviniente pueda ser aplicable una ley extranjera, por lo cual, el orden público se aplica como excepción y como parte prevalente en una colisión de leyes contrarias y las leyes de policía se aplican por su excepcional carácter imperativo e inmediato[1145].

En la separación del concepto de leyes de policía y orden público hay que considerar el momento en el que puede recurrirse a alguno de ellos con la necesidad de proteger a una parte contractual específica. En el caso del orden público este es considerado en la doctrina como la *'last ditch weapon'*, o último recurso o la última arma, que se aplica a situaciones excepcionales o extraordinarias en las cuales el derecho extranjero contraría en el orden público del foro, y la consecuencia es que no se aplican al caso concreto, por tanto recurrir a ellas es un ejercicio de descarte, de rechazo de la norma foránea. En contraste, las leyes de policía requieren una remisión a ellas que se realiza para incorporarlas a la ley aplicable, mediante un proceso de selección y no de rechazo[1146].

En el RRI la excepción de orden público está prevista en el Art. 21, que contempla que cuando una disposición de la ley aplicable sea manifiestamente contraria al orden público del foro aquella no será aplicada aunque las normas de conflicto del RRI indiquen que es irrefutablemente la ley aplicable al caso concreto. En tal sentido, los valores fundamentales del foro como moralidad, decencia, libertad o justicia son preservados *ex officio*, prevaleciendo sobre los intereses de las partes y garantizando la dignidad de los tribunales y del país del foro[1147].

2.4. Art. 6.3 RRI: la ley aplicable para el consumidor activo y la excepción del Art. 6.4 RRI para prestación de servicios

El Art. 6.3 RRI indica que cuando no se reúnen los requisitos de las letras a) y b) del numeral 1 de ese Art. se aplicará lo establecido en los Arts. 3 y 4 RRI. Debe tenerse especial consideración en este punto porque lo que se prevé es la respuesta a la determinación de ley aplicable cuando el

---

1145 DE MIGUEL ASENSIO, P.A, "*Contratación de consumo y Derecho internacional...*", *ob. cit.*, p. 117.

1146 WOJEWODA, M., *ob. cit.*, p. 183.

1147 BOGDAN, M., "*Private International Law...*", *ob. cit.*, p. 215.

profesional no dirige sus actividades al Estado de residencia habitual del consumidor, es decir, cuando se trata de un consumidor activo, o cuando el profesional si dirige sus actividades a ese Estado, pero el contrato objeto del litigio no se encuentra incluido en esas actividades.

La respuesta a la determinación de la ley aplicable en estas circunstancias se establece por el Art. 3 RRI cuando existe pacto de ley aplicable, y por el Art. 4 RRI cuando las partes no hayan realizado este tipo de acuerdos, la ley aplicable se determinará de acuerdo con la naturaleza del contrato y de ciertos derechos y obligaciones; que en el caso del contrato de prestación de servicios esta será la del país donde el prestador del servicio tenga su residencia habitual.

En este último punto de conexión podemos evidenciar la importancia de establecer que existen actividades dirigidas de acuerdo con los parámetros del Art. 6.1 RRI, por cuanto de ellos depende que el consumidor disfrute o no de la ventaja de que le sean aplicables las leyes de su propio país de residencia habitual o le sean aplicables leyes desconocidas para él, a las que solo ha tenido acercamiento a través del litigio.

El Art. 6.4 RRI establece los tipos o clases de contratos de consumo[1148] a los que no les aplican los numerales 1 y 2 del mismo artículo, dentro de los que se encuentra el contrato de servicios, únicamente cuando los servicios deban prestarse al consumidor, de manera exclusiva, en un país diferente de aquel en que tenga su residencia habitual[1149]. Cuando esto ocurra, la ley aplicable se determinará por los 3 y 4 RRI. Con esta excepción del contrato de servicios se evidencia que el legislador reconoce que en ocasiones el Estado de residencia habitual es una conexión falible al encontrarse el contrato totalmente desvinculado de esta y ligado indefectiblemente a otro Estado miembro por razón del cumplimiento de las obligaciones[1150], y al estar más estrechamente vincula-

---

1148 Dentro de los que se encuentran los de transporte distintos a los de viajes combinados, los que tienen por objeto un derecho real inmobiliario y arrendamiento de bienes inmuebles, los relativos a instrumentos financieros, los celebrados dentro del sistema multilateral dentro del ámbito de aplicación del Art. 4, apartado 1, letra *h)* RRI.

1149 El trato para el este tipo de consumidor pasivo es el mismo que el del consumidor móvil o activo, que puede ser protegido por las normas de su Estado de residencia si las pacta en el contrato, en caso contrario, no tendrá los beneficios del Art. 6. RRI; BALLARINO, T., "Il Regolamento Roma i forza di legge, effetti, contenuto", *Cuadernos de Derecho Transnacional*, vol. 1, núm. 1, 2009, pp. 10-11.

1150 JUÁREZ PÉREZ, P., "*La ley rectora de los contratos…*", *ob. cit.*, p. 17.

dos (por regla general) a otro Estado, el consumidor no puede esperar que se apliquen las leyes del país de su residencia habitual[1151]

3. APLICACIÓN DEL RRI PARA DETERMINAR LA LEY APLICABLE EN EL CONTRATO CELEBRADO ENTRE EL HUÉSPED-CONSUMIDOR Y LA PLAT

El huésped-consumidor con residencia habitual en un Estado miembro de la UE que contrata los servicios de las PLAT, ha de verificar ciertos aspectos antes de establecer que le es aplicable el RRI y con ello la protección al consumidor del Art. 6 RRI. En primer lugar debemos verificar si se cumplen los ámbitos de aplicación del RRI en las circunstancias de hecho relativas al litigio. El primero, el temporal, sólo se cumple si el contrato objeto de la controversia se celebró el 17 de diciembre de 2009 o en fecha posterior a esta. Establecer la fecha de aplicación del Reglamento es importante porque antes del 17 de diciembre de 2009 era aplicable el Convenio de Roma, sin embargo, al situarse el *boom* de las PLAT después de la crisis económica mundial de 2008, es muy probable que la mayoría de las acciones que se ejerciten y que no se encuentren prescritas les sea aplicable el RRI en el contexto de la UE para determinar la ley aplicable al contrato.

En el ámbito material, el RRI establece será aplicable a las obligaciones contractuales en materia civil y mercantil en situaciones que impliquen un conflicto de leyes, por tanto, debemos comprobar que la controversia estudiada tiene un enlace o conexión con un Estado miembro diferente al del foro, para que se configure un conflicto de leyes y que versa sobre materias civiles o mercantiles.

En el caso del contrato de servicios celebrado entre la PLAT y el huésped-consumidor que tal y como se indicó en los capítulos anteriores, se trata de un contrato mercantil en que un profesional en este caso la PLAT, presta servicios de intermediación digital con el fin de poner en contacto al anfitrión y al huésped-consumidor, por un precio. Adicionalmente, se verifica que este contrato no se encuentra dentro de las excepciones del Art. 1.2 RRI, y que no se trata de materias fiscales, aduaneras y administrativas.

1151 LÓPEZ-TARRUELA MARTÍNEZ, A., "*International Contracts Concluded...*", *ob. cit.*, p. 520.

Respecto del ámbito de aplicación espacial, los tribunales de los Estados miembros se encuentran obligados a aplicar el RRI dentro del contexto de un litigio ocasionado por la ejecución de una contrato en materia civil o mercantil que implique un conflicto de leyes del que tengan conocimiento, independientemente que este mismo contrato prevea una cláusula que establezca la ley de un tercer Estado como aplicable.

En segundo lugar, debemos verificar que se cumplen los requisitos del Art. 6.1 RRI respecto de la calidad de huésped como consumidor y las características del contrato de consumo en el caso concreto[1152]. En caso de que no se cumplan, deberemos recurrir a los Art. 3 y 4 RRI. Debe advertirse que el contrato entre la PLAT y el huésped-consumidor no se trata de una materia excluida de acuerdo con el Art. 6.4 a) RRI, puesto que si bien es cierto se trata de un contrato de prestación de servicios, este se realiza en línea, y ello no es suficiente para considerar que la prestación de servicios se realice por fuera del país de residencia habitual del consumidor. Lo anterior, teniendo en cuenta que el TJUE en el asunto *Verein für Konsumenteninformation* (2018)[1153] indicó que cuando se hace referencia al cumplimiento de un contrato en un país distinto al que el consumidor tiene su residencia habitual, ello implica que el consumidor ha debido desplazarse de este último para poder disfrutar de los servicios. Respecto de los contratos en línea entre el huésped-consumidor y la PLAT, si el huésped-consumidor pasivo contrata los servicios de un PLAT desde su lugar de residencia, no existe necesidad de desplazamiento ni para suscribir ni para ejecutar el contrato de intermediación, teniendo en cuenta que estas acciones se realizan bajo un mismo acto. Así las cosas, los contratos transfronterizos que se ejecutan en línea, mientras el consumidor los realice desde su Estado de residencia habitual no son afectados por la exclusión del Art. 6.4 a)[1154].

1152 Esto se analizará de manera específica en el apartado 3.2 de este capítulo.

1153 As. C-272/18, de 3 de octubre de 2019, ECLI:EU:C:2019:827, *Verein für Konsumenteninformation vs TVP Treuhand-und Verwaltungsgesellschaft für Publikumsfonds mbH & Co KG*, FJ 52.

1154 DE MIGUEL ASENSIO, P.A, *"Contratación de consumo…"*, *ob. cit.*, pp. 220-221.

3.1. *El pacto de ley aplicable en el contrato suscrito entre la PLAT y el huésped-consumidor en la UE y algunos ejemplos de cláusulas de ley aplicable*

Para las partes, elegir como aplicable la ley de un Estado específico evidencia que escogen el sistema jurídico de su preferencia[1155] para resolver las controversias futuras que puedan presentarse con ocasión del contrato, y esta elección les concede certeza y seguridad jurídica sobre sus derechos y obligaciones en un ordenamiento jurídico determinado[1156]. En contrato de servicios de intermediación suscrito entre el huésped-consumidor y la PLAT la ley aplicable que se pacta no suele ser la de la residencia habitual del consumidor o la del lugar en el cual se disfruta del alojamiento, sino el del lugar donde el empresario tiene su establecimiento principal o el lugar de una ley escogida por él por motivos de conveniencia para el profesional[1157].

En este contexto, la ley aplicable cobra vital importancia porque si bien el huésped-consumidor es consciente que contrata con la PLAT y esta podría ser su principal adversaria judicial en caso de incumplimiento, puede no conocer ciertas obligaciones y otras relaciones jurídicas secundarias que se crean al realizar la contratación con la PLAT y que, de acuerdo con la ley aplicable estas obligaciones pueden ser interpretadas, o incluso limitadas por las leyes del Estado de residencia habitual del consumidor.

La obligación principal del consumidor en el contrato de intermediación frente a la PLAT es el pago de la reserva, y va a depender de los términos y condiciones específicas de cada PLAT y del Estado de residencia habitual del consumidor del huésped-consumidor, las obligaciones que este contrae. Por ejemplo, en la PLAT *Airbnb* en España tiene dominios autónomos de su página web dentro de ese país, y de acuerdo con el lugar donde

---

1155 CARRASCOSA GONZÁLEZ, J., *"Elección múltiple y elección parcial…"*, *ob. cit.*, p. 13.

1156 SÁNCHEZ LORENZO, S.A. (coord.), *"Cláusulas en los…"*, *ob. cit.*, pp. 244-246.

1157 Como ejemplo tenemos que: *Airbnb* establece como ley aplicable las leyes irlandesas, y su establecimiento comercial en la UE está ubicado en Irlanda, *Wimdu* con sede en Berlín, establece como aplicable la legislación de la República Federal de Alemania, *Homestay* con sede social en Dublín y establece como ley aplicable la irlandesa, *9flats* con sede en Singapur, establece como aplicables las leyes de la República de Singapur. Páginas web consultadas en orden: https://www.airbnb.cat/help/article/2908/condicions-del-servei, https://www.wimdu.es/aviso-legal#cg, https://www.homestay.com/terms-and-conditions, https://www.9flats.com/terms. Fecha de consulta: 12 de septiembre de 2023.

se encuentra ubicado el futuro huésped-consumidor, puede contratar en *Airbnb.cat*[1158] para Cataluña y *Airbnb.es* para el resto de España.

Si bien las obligaciones no difieren, si lo hace el idioma en el que están escritas, para *Airbnb.cat* en inglés y para *Airbnb.es* en español, lo que puede dificultar en Cataluña su compresión y cumplimiento y más si no existe una traducción oficial de la página web al catalán o al español, agregándose entonces un obstáculo mayor para el huésped-consumidor ubicado en Cataluña, en el cual una PLAT crea un dominio especial para ese territorio específico pero pone trabas a que el huésped-consumidor conozca sus propios derechos y obligaciones.

Por otro lado, puede haber también dificultades para determinar la ley aplicable porque al momento de realizar la reserva por medio de la PLAT se crea también un contrato subyacente con el anfitrión de arrendamiento que establece obligaciones autónomas e independientes del contrato de intermediación[1159]. En el caso de *Airbnb*, los términos y condiciones de esta PLAT indican que la ley aplicable que se pacta entre el huésped consumidor y la PLAT es la de Irlanda, con una consideración especial al consumidor[1160]. Sin embargo, en el documento nada se menciona sobre la ley que regirá el contrato de arrendamiento entre el anfitrión y el huésped-consumidor, lo cual crea una incertidumbre jurídica considerable en caso de controversia, pues deberá recurrirse a una norma de conflicto que contemple la ley aplicable por defecto de pacto entre las partes para contrato de arrendamiento de inmueble[1161]. Adicionalmente, una vez determinada la ley aplicable de un Estado específico, debe tenerse en cuenta que esta relación jurídica, la de arrendamiento, suele ser profundamente regulada en cada ordenamiento jurídico, y más aún cuando hay Estados con más de un sistema jurídico[1162].

1158 Términos y condiciones de la página web de *Airbnb* accediendo desde Cataluña. https://www.airbnb.cat/help/article/2908/condicions-del-servei y Términos y condiciones de la página web de *Airbnb* accediendo desde el resto de España https://www.airbnb.es/help/article/2908/t%C3%A9rminos-de-servicio. Fecha de consulta: 3 de septiembre de 2023.

1159 Véase: https://www.airbnb.cat/help/home. Fecha de consulta: 30 de agosto de 2023.

1160 Esta consideración especial se refiere a que independientemente de la ley pactada, al consumidor le aplican las leyes con carácter obligatorio de su país de residencia habitual cuando estas sean más favorables.

1161 Véase el apartado 4 de este capítulo sobre ley aplicable a los contratos de arrendamiento entre huésped y anfitrión.

1162 En este caso, en la UE se recurre al RRI, Art. 22 que indica que cuando un Estado se tenga diferentes unidades territoriales y cada una de estas tengan sus propias

El RRI legitima a las partes la potestad de fijar por sí mismas la ley aplicable al contrato, que puede tratarse de la ley de cualquier Estado, de acuerdo con el efecto universal: Art. 2 RRI, siempre que manifiesten de manera inequívoca su elección, por cualquier medio, o de manera tácita cuando de las disposiciones del contrato pueda deducirse tal elección. Este carácter o efecto universal del RRI fue contemplado para favorecer el mercado interior y que el tratamiento de una ley foránea cuando existe un pacto de ley aplicable fuera el mismo en todos los Estados miembros con excepción de Dinamarca[1163]. Un pacto de esta naturaleza es una útil herramienta para que el juez pueda determinar más rápidamente la ley que rige el contrato en caso de conflicto, y permite que las partes puedan someterse a la ley que se acerque más a sus intereses[1164], especialmente en un contrato en línea, en el cual puntos de conexión como el lugar de cumplimiento del contrato, su celebración e incluso la residencia habitual del consumidor son de difícil determinación.

Así las cosas, el huésped-consumidor pasivo con residencia habitual en la UE que ingresa a la página web de una PLAT con sede social o establecimiento de comercio en territorio de la UE o que ejerza o dirija sus actividades al Estado de residencia habitual del huésped-consumidor, se enfrenta a tres escenarios en los que damos por sentado la aceptación de los términos y condiciones por parte del huésped-consumidor: 1) el primero es que la PLAT establezca en sus términos y condiciones la ley aplicable, indicando que el huésped-consumidor aunque hay suscrito el pacto, no perderá la protección de las normas imperativas de protección al consumidor de su propio país de residencia habitual, 2) el segundo es que la PLAT establezca en sus términos y condiciones la ley aplicable, sin hacer ninguna consideración respecto del consumidor, para lo cual debemos recurrir al Art. 6.2 RRI, y 3) el tercero que no exista en sus términos y condiciones pacto alguno sobre ley aplicable, con lo cual deberíamos recurrir al Art. 6.1 RRI. El pacto puede incluirse en los términos y condiciones de servicio o en un documento individual tal y como ocurre en los acuerdos de elección de foro en el RBIbis[1165]. También son

---

normas cada una de estas unidades se considerara como un Estado para determinar la ley aplicable en las obligaciones contractuales.

1163 Art. 2 RRI, ESPINAR VICENTE, J.M., PAREDES PÉREZ, J.I., "*El régimen jurídico de las obligaciones...*", *ob. cit.*, p. 93.

1164 CASTELLANOS RUIZ, E., *El Reglamento Roma I sobre ley aplicable a los contratos internacionales y su aplicación por los tribunales españoles,* Granada, 1ª ed., Editorial Comares, 2009, pp. 56-57.

1165 AGUILAR GRIEDER, H., *ob. cit.*, p. 48.

válidos los acuerdos[1166] si se realizan de manera posterior a la suscripción del contrato original, aunque se pacte que el contrato será regido por una ley diferente a la que fue acordada inicialmente.

1) En el primer escenario podemos encontrar la situación actual de las cuatro PLAT más relevantes: *Airbnb, TripAdvisor, Booking* y *VRBO* por parte de *Expedia inc.*, que contemplan expresamente que el consumidor no puede renunciar a las leyes obligatorias de su país de residencia habitual. Accediendo desde España, cada una de estas PLAT establece un pacto de ley aplicable para el huésped-consumidor con residencia habitual en un Estado miembro de la UE y prevé una manera específica de referirse a las normas que no pueden excluirse mediante acuerdo del país de residencia habitual del consumidor:

   - *Airbnb* con sede social en Irlanda, establece como aplicable la legislación irlandesa, pero indica que se aplicarán las disposiciones de defensa de los consumidores de carácter obligatorio del país de residencia del consumidor.
   - *VRBO* con sede social en Irlanda, prevé como la ley aplicable la de ese Estado, pero sin perjuicio de la aplicación de las leyes del lugar de residencia del huésped, si actúa como consumidor"[1167].
   - *Booking* con sede social en Los Países Bajos, prevé la legislación neerlandesa como aplicable, pero indica que sin perjuicio de la legislación elegida el consumidor estará sujeto a las disposi-

1166 La elección de la ley aplicable puede realizarse manera directa, o las partes también pueden pactar que de acuerdo con la circunstancias que rijan la futura controversia o la ejecución del contrato sea posible determinar la ley de un Estado específico, que al momento de la suscripción del contrato tan solo se puede prever, pero no especificar. Este tipo de cláusulas son llamadas "flotantes", y se permiten de acuerdo con lo señalado en el Art. 3.2 RRI; CASTELLANOS RUIZ, E., "*El Reglamento Roma I sobre ley aplicable a los contratos internacionales…*", *ob. cit.*, p. 96.

1167 En el caso de *VRBO*, se exige de manera expresa a los huéspedes que estos deben "proporcionar información precisa y veraz acerca de sus identidades, incluido su país de residencia, en sus cuentas y páginas de perfil, así como en cualquier otra comunicación que realicen en el Sitio…", por tanto, la PLAT tiene conocimiento desde el momento de la contratación del lugar de residencia habitual del huésped-consumidor, véase: https://www.vrbo.com/es-es/legal/terminos-condiciones-viajeros. Fecha de consulta: 17 de septiembre de 2023.

ciones obligatorias de la legislación de su país de residencia[1168] que deben aplicarse, aunque exista pacto.

– *TripAdvisor* con sede en Estados Unidos indica que serán aplicables las leyes del Estado de Massachussets, especificando que tales leyes no se aplicarán cuando la legislación aplicable del país de residencia del consumidor requiera la aplicación de otra ley que no se pueda excluir por contrato[1169].

Este tipo de cláusulas, que, si bien no han sido negociadas individualmente, establecen una ley específica como la que regirá el contrato, pero también reconocen la obligatoriedad en la aplicación de las disposiciones imperativas del Estado de residencia habitual del consumidor de acuerdo en concordancia con el Art. 6.1 RRI. Este tipo de cláusulas no inducen a error y no son abusivas de acuerdo con lo establecido por el TJUE en el asunto *Amazon* (2015), aunque se especifica que el juez del foro es quien deberá valorar la validez de este tipo de cláusulas, aunque la indicación realizada es a todas luces clara y eficiente[1170].

2) En el segundo escenario, tenemos como ejemplo a *Tripping* con sede en Alemania que indica en sus términos y condiciones lo siguiente sobre ley aplicable[1171]:

"The laws of the Federal Republic of Germany apply, excluding the UN Convention on the International Sale of Goods (CISG)"[1172].

También a *Homestay* con sede social en Irlanda[1173]:

1168 Véase: https://www.booking.com/content/terms.es. Fecha de consulta: 17 de septiembre de 2023.

1169 Véase: https://tripadvisor.mediaroom.com/ES-terms-of-use. Fecha de consulta: 17 de septiembre de 2023.

1170 CAAMINIA DOMÍNGUEZ, C.M., "*El consumidor frente al profesional en entornos digitales…*". *ob. cit.*, p. 180.

1171 Actualizados el 29 de octubre de 2018, disponibles en: https://www.tripping.com/legal#dataprotection. Fecha de consulta: 27 de agosto de 2023.

1172 "Se aplica la legislación de la República Federal de Alemania, con exclusión de la Convención de las Naciones Unidas sobre la Compraventa Internacional de Mercaderías (CISG)". Traducción propia.

1173 Términos y condiciones disponibles en:https://www.homestay.com/terms-and-conditions, actualizados el 23 de mayo de 2018. Fecha de consulta 27 de agosto de 2023.

> "These Terms are governed by and construed in accordance with the laws of Ireland"[1174]

Por último, la PLAT *KidandCoe* con sede en Estados Unidos, y que permite la contratación desde España, que establece[1175]:

> "These Terms of Use are governed by the internal substantive laws of the State of New York, without respect to its conflict of law provisions, and all disputes arising hereunder will be resolved in state or federal court located in New York County, New York"[1176].

Las PLAT *Tripping* y *Homestay*, con sede social en Estados miembros de la UE, establecen la ley del Estado donde se encuentra su sede social como aplicable al contrato lo cual es válido de acuerdo con el Art. 6 RRI, sin embargo, no indican nada sobre los derechos especiales del consumidor. Tal información faltante, el contexto de la Directiva 93/13/CEE y del asunto *Verein für Konsumenteninformation* (2018) de acuerdo con lo señalado en el apartado 2.3 de este capítulo, pueden ser abusivas e inducen a error al consumidor, puesto que las cláusulas en los contratos de consumo deben indicar expresamente la garantía y aplicación obligatoria de las normas imperativas del Estado de residencia habitual del consumidor. Tal vacío en la cláusula es suplido por el RRI, y el consumidor no pierde los derechos de su propio país de residencia habitual aunque las partes no estipulen nada al respecto.

En el caso de *KidandCoe* la validez de esta cláusula emana del Art. 6 RRI que permite el pacto en el contrato de consumo y del Art. 2 del RRI, que permite determinar las leyes de un Estado foráneo a la UE como aplicables. En este caso, la cláusula específica el Estado Federal dentro de los Estados Unidos de América, Nueva York, como el Estado del que se tomaran las leyes para dirimir la controversia y se realiza la consideración especial sobre que esta elección de ley pre-

---

1174 "Estas Condiciones se rigen y se interpretan de acuerdo con las leyes de Irlanda". Traducción propia.

1175 Términos de servicio de la plataforma Kid & Coe disponibles en: https://www.kidandcoe.com/terms-of-use. Fecha de consulta: 11 de septiembre de 2023.

1176 "Estos términos de uso se rigen por las leyes sustantivas internas del Estado de Nueva York, sin respeto a sus disposiciones sobre conflictos de leyes, y todas las disputas que surjan en virtud del presente contrato se resolverán en un tribunal estatal o federal ubicado en el condado de Nueva York, Nueva York". Traducción propia.

valece sobre las consideraciones legales sobre conflictos de leyes de ese Estado. Si el huésped-consumidor con residencia en la UE desea demandar en la Unión esa PLAT, y los tribunales de algún Estado miembro son competentes, estos deberá aplicar el RRI, que consideraría esta cláusula válida, pero el huésped-consumidor con residencia habitual en la UE tiene derecho a acceder a la protección de las normas irrenunciables de su propio país de residencia habitual.

3) En el tercer escenario, las partes no realizan pacto o acuerdo sobre ley aplicable, como la PLAT *Bookiply* con sede social en España[1177], por tanto, debemos recurrir a las normas de conflicto del Art. 6 RRI bajo el cumplimiento de unos requisitos específicos que se detallan en el apartado a continuación.

3.2. *Actividades dirigidas por la PLAT a un Estado miembro en el RRI*

De acuerdo con el Art. 6.1 RRI, aplicado al contrato de servicios entre el huésped-consumidor y la PLAT, son dos los requisitos que las partes deben cumplir para establecer como ley aplicable la del Estado de residencia habitual del consumidor cuando no existe pacto entre las partes:

– El primero es que el huésped se trate de un consumidor bajo la definición del RRI y la segunda que la PLAT ejerza o dirija sus actividades al Estado miembro de residencia habitual del huésped-consumidor y el contrato se encuentre incluido dentro de estas actividades.

Como se señaló en el capítulo III[1178], el huésped como persona física que realiza un contrato de servicios con la PLAT, una empresa mercantil, para contactar con el propietario de un inmueble para un alojamiento con fines turísticos, se encuentra actuando por fuera de actividad profesional y por tanto, puede considerarse como consumidor de acuerdo con los parámetros iniciales del Art. 6 RRI. Sin embargo, no todos los consumidores gozan de la protección del Reglamento contenida en el Art. 6, puesto que han de tratarse de consumidores pasivos, es decir, que el profesional, en este caso la PLAT ejerza o haya dirigido sus actividades hacia el Estado de residencia habitual del consumidor y el contrato de servicios que han

1177 Términos y condiciones disponibles en https://www.bookiply.es/terms, no establecen fecha de actualización. Fecha de consulta 27 de agosto de 2023.

1178 Véase el apartado 3.1 del capítulo III, sobre la aplicación del Art. 17 RBIbis al contrato celebrado entre la PLAT y el huésped-consumidor.

pactado se encuentre dentro del marco de esas actividades. El concepto de actividades dirigidas a un Estado miembro, que según lo establecido por el TJUE para competencia judicial internacional y extrapolables al RRI se extrae de un entramado de indicios[1179] que evidencia la intención del profesional de intervenir en el mercado de residencia habitual del consumidor y permitirle la contratación desde ese Estado[1180].

En el caso del huésped-consumidor pasivo estos indicios pueden ser aplicados cuando la PLAT solicita al usuario que le informe el lugar desde el cual realiza la contratación, como ocurre con *Weekendesk*[1181], con sede social en París, que al ingresar en su página web insta al usuario a seleccionar el lugar donde se encuentra ubicado y desde el cual se realiza la contratación permitiendo seleccionar a Francia, España, Bélgica, Italia o a Los Países Bajos. Una vez realizada la selección, la página cambia al idioma o uno de los idiomas oficiales de esos Estados, tanto en la página principal como en las páginas interiores, e incluso para los términos y condiciones de servicio[1182]. Si bien parece a primera vista que la PLAT dirige sus actividades a los Estados miembros mencionados, en letra pequeña en su página principal indica que "desde" corresponde a la mejor tarifa disponible para 2 personas, lo que se refiere a un valor más económico de la oferta y no a que restrinja la contratación desde otros Estados permitiendo que cualquier persona puede ingresar y contratar, con lo cual no hay limitación en las actividades dirigidas al país de residencia habitual del consumidor, y tal indicio queda descartado.

En el caso de *Airbnb,* aunque esta PLAT permite la contratación desde cualquier lugar del mundo, tal y como se señaló anteriormente, establece una distinción entre los términos y condiciones del servicio que aplican a residentes de la UE, del Espacio Económico, Suiza y el Reino Unido y a los que no residen en esos lugares, por tanto, tal diferenciación permite por lo menos vislumbrar que la PLAT dirige sus actividades comerciales a todos los Estados miembros de la UE, por cuanto el contenido de sus términos y condiciones contempla consideraciones especiales para estos.

[1179] LAFUENTE SÁNCHEZ, R., "*El criterio del international stream-of-commerce…*", *ob. cit.*, p. 188.

[1180] Asunto *Pammer*, FJ 92.

[1181] Página web de la plataforma *Weekendesk*: https://m.weekendesk.es/. Fecha de consulta: 27 de agosto de 2023.

[1182] Condiciones disponibles en: https://www.weekendesk.es/static-content/5c1cc1ee6043a100260a8864/condiciones-generales-de-venta. Fecha de consulta: 27 de agosto de 2023.

Los empresarios, en este caso las PLAT pueden tomar las medidas pertinentes para evitar que sus actividades comerciales puedan considerar dirigidas a cierto Estado miembro como establecer *disclaimers* o cláusulas de exoneración de responsabilidad en sus términos y condiciones que indiquen el rango de contratación permitido y/o tomar medidas de naturaleza técnica que restrinjan el acceso a ciertos contenidos por parte de usuarios ubicados en un Estado específico[1183]. La justificación de la restricción se basa en que, en este tipo de contratos transfronterizos, el profesional puede decidir restringir el dirigir sus actividades a otros Estados miembros por la incertidumbre jurídica que generan entornos jurídicos divergentes, los riesgos asociados a la legislación aplicable en materia de protección de los consumidores, las cuestiones tributarias, los requisitos lingüísticos, entre otros[1184].

De acuerdo con el considerando 24 RRI, todos los indicios sobre actividades dirigidas a un Estado miembro —dentro de los que se subsumen los ejemplos de indicios sobre las PLAT de los párrafos anteriores— deben ser analizados por el tribunal competente teniendo en cuenta que por sí solos no constituyen una prueba fidedigna e irrefutable de que el profesional ejecuta tal acción, y el huésped-consumidor que invoca la protección se apoyará en estas circunstancias para respaldar su pretensión[1185].

4. DETERMINACIÓN DE LA LEY APLICABLE PARA EL HUÉSPED NO CONSUMIDOR FRENTE A LA PLAT Y PARA EL HUÉSPED-ARRENDATARIO FRENTE AL ANFITRIÓN

Este apartado es coincidente con el apartado 4. del capítulo III, puesto que se refiere a situaciones jurídicas paralelas a la relación contractual entre el huésped-consumidor y la PLAT objeto de esta investigación, pero que requieren una breve explicación al ser parte del panorama judicial y de ley aplicable global en la UE para el huésped-consumidor, ya sea porque este no reúne las condiciones para ser considerado consumidor pasivo y por lo tanto no le aplique la protección del Art. 6 RRI o cuando el arrenda-

---

1183 LAFUENTE SÁNCHEZ, R., "*El criterio del international stream-of-commerce*...", *ob. cit.*, pp. 189-190.

1184 Considerando 2: Reglamento (UE) 2018/302 "sobre medidas destinadas a impedir el bloqueo geográfico injustificado...".

1185 CALVO CARAVACA, A.-L., "*El Reglamento Roma I sobre la ley aplicable*...", *ob. cit.*, p. 100.

tario desee presentar una reclamación ante el anfitrión. Debe tenerse en cuenta que para establecer la ley aplicable en los escenarios presentados se parte de la base que en el caso concreto se cumplen los tres ámbitos de aplicación y por tanto es aplicable el RRI.

En el primer supuesto, cuando se trata de un conflicto entre el huésped no consumidor o un consumidor activo y la PLAT, ya no es aplicable el Art. 6 RRI que sólo protege a los consumidores pasivos. La determinación de ley aplicable debe iniciar entonces por la verificación de si existe un acuerdo entre las partes sobre el particular, de acuerdo con el Art. 3 RRI. Si existe un acuerdo de esta naturaleza será aplicable la ley elegida por las partes, pero en caso contrario será aplicable, de acuerdo con el Art. 4.1 b) la ley del país donde el prestador del servicio tenga su residencia habitual, al tratarse de un contrato de servicios, en este caso de intermediación.

Respecto del segundo supuesto, la determinación de la ley aplicable para el contrato de arrendamiento entre el huésped y el anfitrión, de acuerdo con lo establecido en el RRI, es la prevalencia del pacto entre las partes, que permite que arrendador y arrendatario acuerden la ley que regirá el contrato, antes de acudir a las normas de conflicto (Art. 3. del RRI). Lo anterior, es un enfoque diferente al de RBIbis, por cuanto cuando se trata de contratos de arrendamiento, este reglamento regula este tema en el apartado de foros exclusivos, por tanto, las partes no pueden de manera dispositiva acordar un foro diferente a los establecidos por este RBIbis[1186].

Los Arts. específicos que determinan la ley aplicable cuando no existan acuerdos por parte del anfitrión y el huésped-arrendatario, son el 4.1 c) y d) RRI, lo cual será la circunstancia más común al tratarse de un contrato que sea de forma paralela e instantánea frente al contrato principal de intermediación suscrito entre la PLAT y el huésped. En este contrato paralelo es común que no exista contacto entre las partes[1187] sino hasta después de que se considera celebrado el contrato de arrendamiento, es decir, cuando se ha realizado el pago del contrato de intermediación por parte del huésped-consumidor a la PLAT y el anfitrión ha aceptado la reserva.

1186 FONT I MAS, M., *"Normas imperativas españolas…"*, *ob. cit.*, pp. 506-507.

1187 El anfitrión y el huésped-consumidor pueden tener contacto previo a la realización de pago en la PLAT *Airbnb* pero en la PLAT *Booking* sólo puede contactarse después de hacer el pago. Sin embargo, en el caso de *Airbnb* debe decirse que el idioma del contacto dependerá de los conocimientos de las partes puesto que no se trata de términos y condiciones preestablecidos sino de un chat interactivo.

El artículo 4.1 c) RRI establece que la ley que regirá el contrato de arrendamiento será la del país donde esté situado el bien inmueble. Lo anterior es la regla general, aunque de manera excepcional de acuerdo con el Art. 4.3 RRI si del caso se infiere razonablemente que el contrato tiene vínculos más estrechos con otro estado podría aplicarse la ley de este último aunque no coincida con la del lugar donde se encuentra ubicado el inmueble. También puede ser aplicable el Art. 4.1 d) indica que cuando se trate de arrendamiento por un período máximo de seis meses la ley aplicable será la del país donde el propietario tenga su residencia habitual, siempre que el arrendatario sea una persona física y tenga su residencia habitual en ese mismo país[1188].

5. CUESTIONES DE LEY APLICABLE EN MATERIA DE ARBITRAJE Y MEDIACIÓN

Este apartado se encuentra en coordinación con el capítulo IV de esta investigación en el que se indicaron los *ADRs* aplicables a la relación huésped-consumidor, y se expuso que en materia de arbitraje y mediación prima la autonomía de la voluntad para elegir el tercero que dirimirá el conflicto siempre que la materia no se encuentre excluida y el pacto sea válido[1189].

En la UE[1190], en materia de arbitraje para determinar la ley aplicable, el Art. 1, numeral 2, literal del RRI excluye de su ámbito de aplicación los convenios de arbitraje[1191]; por tanto, para determinar la ley aplicable en una controversia en el escenario del DIPr en la que se ha pactado arbitraje, es necesario verificar el contenido del pacto, y ha de tenerse en cuenta que en el escenario hipotético en el que se realiza este análisis se presume la conformación previa y validez del pacto arbitral, pues en caso contrario,

---

1188 FONT I MAS, M., *"Normas imperativas españ*olas…", *ob. cit.*, pp. 506-507.

1189 La validez del pacto arbitral no depende de la validez del contrato, a menos que las mismas causales de nulidad, como ejemplo los vicios en el consentimiento, afecten el pacto arbitral; SÁNCHEZ LORENZO, S.A., "La ley aplicable a la validez del acuerdo arbitral", *Revista cubana de Derecho*, vol. 1, núm. 1, 2021, pp. 343-344.

1190 Para establecer la ley aplicable en arbitraje en el caso de los países Latinoamericanos estudiados revisar el apartado 6.2 de este capítulo.

1191 Lo anterior no indica que los árbitros no puedan utilizar el RRI como base para determinar la ley aplicable, sin embargo, tal elección es facultativa; SÁNCHEZ LORENZO, S.A., "Derecho aplicable al fondo de la controversia en el arbitraje comercial internacional", *REDI*, vol. 61, núm. 1, 2009, p. 54.

podría ser aplicable el RBIbis y el RRI si trata de una controversia contractual en materia civil o mercantil.

De acuerdo con el Art. VII de la Convención Europea sobre Arbitraje Comercial Internacional de 1961[1192], las partes pueden elegir la ley que los árbitros deberán aplicar para resolver el fondo del asunto. De acuerdo con su Art. I esta Convención se aplica a:

> *"los litigios originados o que se originaren en operaciones de comercio internacional entre personas físicas o morales que, en el momento de la conclusión de la Convención, tengan su residencia habitual o su sede en el territorio de diferentes Estados Contratantes ...",*

En caso de que no sea aplicable la Convención se aplicarían las normas internas de arbitraje de cada Estado, que en caso español es la ya mencionada Ley 60/2003, de arbitraje.

Así las cosas, cuando las partes establecen de manera expresa la ley aplicable al arbitraje[1193], pueden seleccionar el derecho de un Estado, que tenga o no relación con el objeto del litigio u otra regla o norma, cómo, pero sin excluir; Principios, Leyes Modelo o la *Lex Mercatoria,* en contraste, si las partes no elijen la ley aplicable en el pacto arbitral, hay ocasiones que puede ser deducida por los árbitros de manera tácita, o en caso de que no existan indicios para determinarla o estos no sean claros, el árbitro puede[1194] establecerla de acuerdo a las normas de conflicto determinadas por la *lex arbitri,* es decir, la ley que rige el procedimiento arbitral y que puede ser distinta a la *lex causae*[1195].

En la mediación, la ley aplicable se determina por medio del RRI, de acuerdo con el Art. 3 las partes pueden elegir la ley aplicable al fondo del

---

1192 Convención Europea sobre Arbitraje Comercial Internacional, hecha en Ginebra el 21 de abril de 1961, disponible en: http://www.asociacioneuropeadearbitraje.org/wp-content/uploads/2019/02/convenio_ginebra_1961.pdf. Fecha de consulta: 1 de agosto de 2023.

1193 No elegir de manera expresa la ley aplicable puede conducir a más litigios y aumenta el tiempo y los costos de un arbitraje; ZAHEERUDDIN, M., "International arbitration-the law applicable to arbitration agreement", *Academy of Strategic Management Journal,* vol. 20, núm. 2, 2021, p. 7.

1194 El árbitro(s) puede determinar la ley aplicable de acuerdo con la norma de conflicto que considere apropiada para el asunto, y en todo caso debe procurar elegir una ley aplicable que sea previsible para las partes. CALVO CARAVACA, A-L., CARRASCOSA GONZÁLEZ, J., *"Derecho internacional privado... ", ob. cit.,* p. 1046.

1195 SÁNCHEZ LORENZO, S.A., *"Derecho aplicable al fondo... ", ob. cit.,* pp. 42-45.

asunto[1196] y en su defecto, el Art. 4 establece diferentes puntos de conexión para determinar la ley aplicable basados en la prestación característica o en la conexión más cercana al contrato y las obligaciones objeto de la controversia, aunque también debe tenerse en cuenta que pueden ser considerados como aplicables otros regímenes en el acuerdo si la controversia versa sobre alguna disconformidad que no surja de manera directa del contrato[1197].

En materia de consumo, tanto en el arbitraje como en la mediación, la resolución ya sea el laudo o el acuerdo, no puede privar al consumidor de las normas imperativas que no pueden excluirse mediante acuerdo de su propio país de residencia, de acuerdo con el Art. 6 RRI. Sin embargo, cuando la resolución no toma en cuenta esta premisa, no existen mecanismos eficientes y uniformes de impugnación de este tipo de resoluciones por violación a las normas imperativas en materia de consumidores, siendo la ley del país donde tiene su sede la entidad de resolución alternativa de conflictos la que decidirá sobre los motivos específicos de impugnación[1198].

Si las partes en una controversia contractual con elemento internacional en la UE se someten a arbitraje y este es válido por pactarse de manera posterior al litigio, no es posible utilizar ni el RBIbis para determinar la competencia judicial de acuerdo con su Art. 1.2 d), ni el RRI para determinar la ley aplicable de acuerdo con su Art. 1.2 e), por cuanto es una materia excluida[1199]. Por tanto, habrá de acudirse a convenios internacionales sobre la materia, que para la UE resulta aplicable el Convención de Nueva York de 1958 sobre el reconocimiento y ejecución de las sentencias arbitra-

---

[1196] Debe indicarse que, aunque la regla general es que las partes pueden elegir la ley aplicable, debe tenerse en cuenta la excepción del Art. 3.3. RRI; ALEXANDER, N., "Harmonization and Diversity in the Private International Law of Mediation: The Rhythms of Regulatory Reform", en: HOPT, K.J., STEFFEK, F., *Mediation*, Oxford, 1ª ed., Oxford University Press, 2013, pp. 171-172.

[1197] ESPLUGUES, C. (ed.), "*Civil and Commercial…*", *ob. cit.*, p. 437.

[1198] ESTEBAN DE LA ROSA, F., "Régimen de la resolución alternativa y en línea de litigios de consumo transfronterizos tras el nuevo marco europeo y la Ley 7/2017", *Arbitraje*, vol. X, núm. 2, 2017, pp. 421-422.

[1199] La excepción (aunque se aplica de forma indirecta) a esta regla viene dada en el caso español cuando se pacta arbitraje de consumo, de acuerdo con los parámetros de Real Decreto 231/2008, que indica en su Art. 33 sobre normas aplicables a la solución del litigio que cuando se pacta arbitraje de consumo en derecho y este tiene carácter internacional, el derecho la legislación aplicable será determinada por el sistema de DIPr español, teniendo como primera línea el RRI.

les extranjeras, que no excluye el contrato de consumo[1200] y que indica que el arbitraje quedará sometido a la ley que las partes decidan en el acuerdo arbitral y en su defecto, en el país en que tenga lugar el arbitraje[1201].

Sin embargo, debe tenerse en cuenta que, si en la UE las partes llevan a cabo un acuerdo arbitral en materia de consumo, al momento de la ejecución del laudo, este podría ser declarado nulo por el juez del Estado miembro en el cual se desea ejecutar el laudo. De acuerdo con el TJUE en el asunto *Mostaza Claro* (2005), el juez debe apreciar de oficio el carácter abusivo de una cláusula contractual de acuerdo con las directivas de UE de protección a los consumidores y anular el laudo si es preciso, para subsanar el desequilibrio contractual entre el profesional y el consumidor aunque este último nunca hubiese alegado tal nulidad durante el curso del procedimiento arbitral[1202].

El párrafo anterior, sólo puede ser aplicable cuando las partes elijen el derecho de un Estado miembro como ley aplicable en el arbitraje, pero si elijen la ley de un tercer Estado, no serán aplicables las directivas y el juez del Estado miembro de ejecución del laudo habría de recurrir a la excepción de orden público prevista en la regulación de la UE de protección del consumidor contemplada en el Art. 10.1 de la DRAL[1203].

6. DETERMINACIÓN DE LA LEY APLICABLE A LAS RELACIONES CONTRACTUALES INTERNACIONALES EN MATERIA CIVIL Y MERCANTIL EN LATINOAMÉRICA

La influencia del RRI en el ámbito de la determinación de la ley aplicable en Latinoamérica es innegable. En algunos ordenamientos jurídicos, se toma como modelo para la redacción de la norma y en otros como base para modificar o incrementar derechos y obligaciones de las partes contractuales[1204].

1200 BORN, G., *International Commercial Arbitration*, La Haya, 2ª ed., Kluwer Law International, 2014, p. 304.

1201 ESTEBAN DE LA ROSA, F., "Régimen de las reclamaciones de consumo transfronterizas en el nuevo Derecho europeo de resolución alternativa y en línea de litigios de consumo", *REDI*, vol. 69, núm. 1, 2017, pp. 130-131.

1202 As. C-168/05, ECLI:EU:C:2006:675, de 26 de octubre de 2006, *Elisa María Mostaza Claro vs Centro Móvil Milenium*, FJ 38-39.

1203 ESTEBAN DE LA ROSA, F., "*Régimen de las reclamaciones…*", *ob. cit.*, p. 131.

1204 SUÁREZ SÁNCHEZ, C.A., "Eficacia de los principios de contratación en el proceso de unificación del Derecho Internacional Privado: comparación en-

Sin embargo, en los Estados latinoamericanos, tal y como acontece en la determinación de la competencia judicial internacional, los tratados o convenios internacionales para establecer la ley aplicable en materia contractual son escasos y la mayoría de estos Estados no los ratifican, por tanto, no existe uniformidad y ha de recurrirse en la mayoría de los casos a normas internas de conflicto[1205]. Así las cosas, en la mayor parte de los países que conforman Latinoamérica la ley aplicable en materia contractual se encuentra establecida en las normas de conflicto propias de cada Estado, en las que generalmente se impone como aplicable la ley del lugar de cumplimiento del contrato o, en menor medida la ley del lugar de su celebración[1206]

Respecto del pacto de ley aplicable, la autonomía privada de la voluntad no ha sido un factor históricamente decisivo en la determinación de la ley aplicable, y sólo hasta la Convención de México de 1994 fue reconocida colectivamente esta posibilidad[1207]. Debe mencionarse de manera preliminar el avance de Argentina, por cuanto existen normas de DIPr aplicables al contrato de consumo dentro de su derecho interno para determinar la ley aplicable.

6.1. *Antecedentes: normas convencionales de determinación de la ley aplicable en Latinoamérica*

Antes de la Convención de México de 1994 existen algunos antecedentes de tratados o convenios que establecían normas de conflicto para te-

---

tre la unificación jurídica latinoamericana y la integración europea", *Revista e-mercatoria,* vol. 11, núm. 1, 2012, pp. 84-86.

1205 REVOREDO DE MUR, D., "La autonomía de la voluntad y ley aplicable al contrato internacional en Latinoamérica", *Themis*, vol. 30, 1994, pp. 232-233.

1206 *Ibídem.*

1207 La Convención Interamericana sobre derecho aplicable a los contratos internacionales suscrita en México, el 17 de marzo de 1994, en el marco de la Quinta Conferencia Especializada Interamericana sobre Derecho Internacional Privado (CIDIP-V), establece en su artículo 7 que: "El contrato se rige por el derecho elegido por las partes. El acuerdo de las partes sobre esta elección debe ser expreso o, en caso de ausencia de acuerdo expreso, debe desprenderse en forma evidente de la conducta de las partes y de las cláusulas contractuales, consideradas en su conjunto. Dicha elección podrá referirse a la totalidad del contrato o a una parte de este...". Disponible en: http://www.oas.org/juridico/spanish/tratados/b-56.html. Debe indicarse que este Convenio sólo se encuentra en vigor para México y Venezuela. OVIEDO ALBÁN, J., "La ley aplicable a los contratos internacionales", *International Law: Revista Colombiana de Derecho Inter*nacional, núm. 21, 2012, p. 125.

mas específicos, sin llegar a crearse una norma de conflicto general que pudiese unificar la normativa dispersa respecto de la ley aplicable y garantizar la seguridad jurídica en el ámbito de la contratación internacional. La necesidad de la creación de una norma con estas características se hace más plausible al evidenciar la homogeneidad del derecho sustantivo de los contratos y obligaciones en Latinoamérica, en el que los Estados han desarrollado este tipo de derecho siguiendo una tradición jurídica similar[1208]. Pero hasta la fecha no han creado de manera común una norma que permita establecer de manera directa o indirecta la ley aplicable, quedando tal recurso dentro de la órbita de los derechos nacionales[1209].

Los tratados de Montevideo de 1889[1210] y 1940[1211] establecen algunas consideraciones sobre ley aplicable en materia de Derecho civil y especialmente en materia de actos jurídicos. Tanto el Tratado de Derecho Civil Internacional de Montevideo de 1889, como el de 1939-1940 indican como aplicable la ley del lugar del cumplimiento del contrato y si se trata de prestación de servicios determina que si estos recaen sobre cosas, se regirá el contrato por ley del lugar donde estas existían al tiempo de su celebración; si la eficacia del contrato tiene una conexión con algún lugar particular, se regirá por la ley del lugar en donde hayan de producir sus efectos y por último, si el caso concreto no se enmarca en una de las circunstancias anteriores, la ley aplicable será la del lugar del domicilio del deudor al momento de celebración del contrato[1212]. Ambos tratados no reconocen

---

1208 GARRO, A.M., "Armonización y Unificación del Derecho Privado en América Latina: Esfuerzos, Tendencias y Realidades", *Themis*, núm. 22, 1992, p. 32.

1209 GALLEGOS ZÚÑIGA, J., "Deficiencias en las normas internas de derecho aplicable a los contratos internacionales, en los países miembros de la alianza del pacífico", *AEDIPr*, t. XVIII, 2018, p. 589.

1210 Tratado de Derecho Civil Internacional firmado en Montevideo, 12 de febrero de 1889, *ob. cit.*

1211 Tratado de Derecho Civil Internacional firmado en Montevideo, 19 de marzo de 1940, *ob. cit.*

1212 La autonomía de la voluntad para elegir la ley aplicable en el Tratado de Montevideo de 1889 es desconocida para darle paso a la imposición de la ley de lugar del cumplimiento del contrato. Originalmente, en las discusiones para la redacción de este tratado delegados de los Estados negociantes tenían la intención de permitir a las partes del contrato la determinación de la ley aplicable de acuerdo con sus intereses, sin embargo, tal no fue el sentido del consenso general. REVOREDO DE MUR, D., *ob. cit.*, p. 234. La misma posición es retomada en Tratado de Montevideo de 1940 sobre Derecho Civil Internacional en el que no se realiza ninguna consideración sobre la elección de ley aplicable por las partes.

plenamente la autonomía de la voluntad como prevalente frente a las normas nacionales en materia de contratos internacionales[1213] y menos aún se contemplan consideraciones sobre el pacto de ley aplicable.

Posteriormente, el Código Bustamante de 1928[1214], establece como debe determinarse la ley aplicable en materia de obligaciones y contratos[1215], e indica varias leyes aplicables a la misma materia de acuerdo con los requisitos, efectos o cumplimiento de las obligaciones, indicando la ley personal de las partes (ley de su nacionalidad y domicilio), la ley local (o del domicilio de las partes), la ley de celebración del contrato y la de su ejecución, entre otros[1216]. Sin embargo, no indica una clasificación de ley aplicable de acuerdo con la naturaleza del contrato, y este tipo de normas de conflicto se incluyen dentro las normas generales de los contratos y de las obligaciones.

Respecto de la voluntad de las partes[1217] para elegir la ley aplicable esta no es reconocida expresamente por el Código Bustamante, sin embargo, doctrinalmente se considera que al no prohibirla de manera expresa, puede considerarse que la autonomía de la voluntad se encuentra aceptada por este Código[1218]. En defecto de acuerdo válido, deberá recurrirse en primer lugar a la ley personal común a los contratantes y en su defecto a la del lugar de la celebración del contrato de acuerdo con lo establecido en su Art. 186.

1213 BOUTIN G., *ob. cit.*, pp. 635-636.

1214 Convención de Derecho internacional privado, de 20 de febrero de 1928, *ob. cit.*

1215 DOLINGER J., TIBURCIO C., *Direito internacional privado*, Rio de Janeiro, 14ª ed., Forense, 2018, pp. 332-333.

1216 Como ejemplo tenemos que el Art. 169 indica que la naturaleza y efectos de las obligaciones se rigen por la ley nacional de la obligación de que se trata, más, sin embargo, el Art. 170 indica que será la ley local la que regule las condiciones del pago y la moneda. El Art. 176 indica que depende de la ley personal de cada contratante las reglas que determinen la capacidad o incapacidad para prestar el consentimiento como requisito de validez del contrato.

1217 La autonomía de la voluntad privada en el Código Bustamante no es un factor que prevalece en todos los casos sobre las leyes nacionales, si bien nada se menciona sobre la validez de la ley aplicable establecida en un acuerdo privado, los temas que se pueden pactar en estos términos son puntuales y específicos, como la comunidad de bienes (Arts. 118-120), el usufructo, el uso y la habitación (Arts. 125-130), servidumbre (Art. 132) y donaciones (Art. 143).

1218 ALBORNOZ, M.M., "El derecho aplicable a los contratos internacionales en los Estados del Mercosur", *Boletín mexicano de derecho comparado*, vol. 42, núm. 125, 2009, p. 639.

En el caso de las CIDIPs, se tomaron inicialmente algunas determinaciones en materia de ley aplicable en la CIPID-I[1219] y II[1220], en temas específicos como títulos valores y adopción de menores[1221], y sólo hasta la CIDIP-V se establecieron normas para determinar la ley aplicable en los contratos internacionales de manera general, que se materializaron en la Convención Interamericana sobre derecho aplicable a los contratos internacionales o Convención de México de 1994[1222]. Esta Convención, vigente únicamente para México y Venezuela, en la que se indicó por primera vez que era válido el acuerdo entre las partes sobre ley aplicable, estableciendo que debía ser expreso, o que en su defecto, debía desprenderse la elección de ley aplicable de la conducta inequívoca de las partes y de la interpreta-

---

1219 En la Convención Interamericana sobre conflictos de leyes en materia de letras de cambio, pagarés y factura realizada en el marco de la CIDIP-I, establece la ley aplicable a las obligaciones resultantes de letras de cambio es la del lugar donde hubieren sido contraídas. Adicionalmente esta Convención indica en su Art. 2 que la forma del giro, endoso, aval, intervención, aceptación o protesto de una letra de cambio, se someterá a ley del lugar en estos actos se realicen. Convención Interamericana sobre Conflictos de Leyes en Materia de Letras de Cambio, Pagarés y Facturas de 30 de enero de 1975, disponible en: https://www.oas.org/dil/esp/CIDIPI_doc_letrascambiopagarefacturas.htm. Fecha de consulta. 2 de septiembre de 2023.

1220 En la CIDIP-II, dos de las 7 convenciones realizadas en el marco de esa conferencia, establecieron reglas sobre conflictos de leyes. La Convención Interamericana sobre conflictos de leyes en materia de cheques de 30 de enero de 1975, indica al igual que la Convención sobre letras de cambio realizada en el marco la CIDIP-I, que las obligaciones conexas o resultantes, en este caso del cheque, se rigen por la ley del Estado en donde fueron acordadas y la Convención Interamericana sobre conflictos de leyes en materia de sociedades mercantiles de 28 de abril de 1983, indica en su Art. 2 que la existencia, capacidad, funcionamiento y disolución de las sociedades mercantiles se rigen por la ley del Estado en el cual fueron constituidas, disponible en: https://www.poderjudicialyucatan.gob.mx/digestum/marcoLegal/08/2013/DIGESTUM08075.pdf. Fecha de consulta: 14 de agosto de 2023.

1221 La ley aplicable a la adopción de menores, no se encuentra relacionado con asuntos contractuales en área civil o mercantil, tampoco a su ejecución o forma de pago, por ello sólo se cita como antecedente de las normas de conflicto en Latinoamérica. Convención Interamericana sobre conflictos de leyes en materia de adopción de menores de 18 de marzo de 1994, disponible en: http://www.oas.org/dil/esp/tratados_B-57_Convencion_Interamericana_sobre_Trafico_Internacional_de_Menores.htm. Fecha de consulta: 14 de agosto de 2023.

1222 Convención Interamericana sobre derecho aplicable a los contratos internacionales de 17 de marzo de 1994, disponible en: http://www.oas.org/juridico/spanish/tratados/b-56.html. Fecha de consulta: 22 de agosto de 2023.

ción del contrato de manera íntegra. La Convención de México cambió la línea normativista del DIPr de Latinoamérica al permitir que la autonomía de la voluntad privada resolviera los conflictos de leyes y no la ley impuesta por la legislación internacional o la interna, y que de acuerdo con esto las partes pudieran ser fuente creadora de derecho. Este cambio fue inspirado por los parámetros e influencia de la Convención de Roma de 1980 relativa a Derecho aplicable a las obligaciones contractuales, y la Convención sobre la venta internacional de mercaderías de la CNUDMI de 1980[1223].

Como particularidades de la Convención de México se puede señalar que permitió el *depeçage*, y en caso de que las partes no establezcan la ley aplicable determina que se aplicarán las leyes del país con los vínculos más estrechos[1224]. El artículo 9 se encarga de hacer la previsión sobre este término, indicando que deberán ser determinados por el juez del caso, que valorará los elementos objetivos y subjetivos del contrato para determinar el Estado con el cual se tienen los vínculos más estrechos[1225]. Adicionalmente, se tomarán en cuenta los principios generales de Derecho comercial internacional y en caso tal que alguna parte del contrato tuviese vínculos más estrechos con un Estado diferente al del resto del clausulado, podrá aplicarse la ley de ese Estado a esa parte específica del contrato.

Posteriormente, el anteproyecto de Ley Modelo OHADAC (Organización para la Armonización del Derecho Empresarial en el Caribe), men-

---

1223 Convención de las Naciones Unidas sobre los Contratos de Compraventa Internacional de Mercaderías de 11 de abril de 1980, disponible en: https://uncitral.un.org/es/texts/salegoods/conventions/sale_of_goods/cisg. Fecha de consulta: 22 de agosto de 2023. BOUTIN G., *ob. cit.*, p. 639.

1224 Los vínculos más estrechos, también conocidos como el criterio de "*the most significant relationship*", fue consagrado en el Convenio de Roma de 1980 e incluido en la Convención de México, sin la consideración del Convenio de Roma en la cual se estableció que la ley aplicable sería la del Estado en el que la parte que debía brindar la prestación característica tuviese su residencia habitual o su establecimiento, sin embargo, el concepto de "prestación característica", puede no determinarse por las circunstancias del caso concreto, siendo un criterio falible de acuerdo al Art. 4. del Convenio de Roma de 1980; MONROY CABRA, M., *"Derecho Internacional…", ob. cit.*, pp. 698-699.

1225 Este concepto de "el Estado con los vínculos más estrechos", fue tomado del Art. 4.4. del RRI, MURIEL-CICERI J.H., "Aspectos de la unificación del Derecho internacional privado en Europa y América Latina (Derecho de obligaciones contractuales): una comparación entre el Reglamento Roma I y la Convención de México de 1994, desde la óptica de la elección del derecho aplicable. *AEDIPr*, t. VIII, 2008, p. 650.

cionado en el capítulo III, establece una consideración especial para la ley aplicable en las obligaciones contractuales, e indica en su documento de presentación, que lo deseable para los Estados caribeños hubiese sido la incorporación a la Convención de México de 1994, por cuanto esta creó soluciones jurídicas para establecer la ley que regiría el contrato a falta de acuerdo de las partes y validó el acuerdo de ley aplicable. Teniendo como guía la Convención de México de 1994, la Ley Modelo OHADAC, como instrumento jurídico ejemplar, puede ser incorporado a las legislaciones nacionales sin la necesidad de la adhesión o ratificación de un tratado internacional y resalta la importancia de la unificación jurídica como un instrumento de integración económica para Latinoamérica[1226].

De acuerdo con SÁNCHEZ LORENZO armonizar la Ley Modelo OHADAC, podría llevarse a cabo de dos formas, la primera es *hard armonization* o armonización desde arriba, que, a largo plazo, implica que los Estados del Caribe incorporarán de manera autónoma la Ley Modelo por medio de un tratado a sus respectivas legislaciones, lo cual no es factible a corto plazo por la diversidad y trayectoria legislativa de cada Estado caribeño. La segunda es la *soft armonization* o armonización desde abajo, que implicaría que la Ley Modelo fuese tomada como recomendación, como una guía para los Estados, y que puedan incorporarla a sus legislaciones nacionales de manera parcial o total, lo cual permite autonomía en la redacción y contenido de la norma por parte de los legisladores nacionales[1227].

De acuerdo con la Ley Modelo, el contrato se regirá por la ley que las partes elijan como aplicable mediante acuerdo expreso o tácito, permitiendo, al igual que la Convención de México de 1984, el *depeçage*. A falta de elección, la ley aplicable dependerá de la naturaleza del contrato[1228], res-

---

1226 GUERRERO VALLE, J.C., "La Ley Modelo OHADAC de Derecho internacional privado y el proyecto de ley de Derecho internacional privado de México, coincidencias, desencuentros y conclusiones", *AEDIPr*, t. XVI, 2016, p. 822.

1227 SÁNCHEZ LORENZO, S.A., "*OHADAC Strategies for the...*", *ob. cit.*, pp. 824-825.

1228 El artículo 46 de la Ley Modelo indica diferentes leyes aplicables de acuerdo a la naturaleza del contrato a continuación la clasificación: I) contrato de compraventa de mercaderías se regirá por la ley del país donde el vendedor tenga su residencia habitual; II) contrato de venta de bienes mediante subasta se regirá por la ley del país donde tenga lugar la subasta, III) el contrato de prestación de servicios se regirá por la ley del país donde el prestador del servicio tenga su residencia habitual; IV) el contrato que tenga por objeto un derecho real inmobiliario o el arrendamiento de un bien inmueble se regirá por la ley del país donde esté sito el bien inmueble; V) el contrato de distribución se regirá por la ley del país

pecto del contrato de trabajo[1229] y el de consumo, la Ley Modelo OHADAC establece derechos especiales para la parte débil de la relación contractual, pero da prevalencia a la autonomía de la voluntad. Respecto del contrato de consumo, su definición se prevé en el Art. 48 de esta Ley Modelo como: "contratos celebrados entre un consumidor y un profesional o empresario que por cualquier medio dirija su actividad comercial al país de la residencia habitual del consumidor y se hallen comprendidos en el marco de tal actividad", con contenido y redacción inspirados en el Art. 6 RRI, reconoce la elección de la partes como la primera opción, pero indica que este acuerdo no puede aplicarse en detrimento de las normas nacionales mínimas de protección al consumidor que se encuentran contempladas en el Estado de su residencia habitual. En caso de que las partes no pacten la ley aplicable al contrato, este será regido por la ley del Estado en el cual el consumidor tenga su residencia habitual.

El mérito de la Ley Modelo OHADAC fue establecer normas comunes de DIPr, en especial en materia de ley aplicable como resultado de un estu-

---

donde el distribuidor tenga su residencia habitual; VI) el contrato de franquicia se regirá por la ley del país donde el franquiciado tenga su residencia habitual; VII) el contrato que tenga por objeto principal la explotación de derechos de propiedad industrial o intelectual se regirá por la ley del país de explotación de los derechos en el caso de que estos sean relativos a un único país; cuando sean relativos a más de un país, se aplicará la ley de la residencia habitual del titular del derecho; IX) Para otros contratos diferentes a los señalados la ley aplicable será la del país donde tenga su residencia habitual la parte que deba realizar la prestación característica del contrato, en caso de que el contrato presente claramente vínculos manifiestamente más estrechos con otro país distinto del indicado en los numerales I y II, se aplicará la ley de este otro país; X) Cuando la ley aplicable no pueda determinarse con arreglo a los numerales I y II, el contrato se regirá por la ley del país con el que presente los vínculos más estrechos. En la clasificación de los contratos como parámetro para determinar la ley aplicable y "el concepto de vínculos más estrechos", son dos puntos contenidos en disposiciones que se inspiran o se asemejan al RRI, así como la incorporación a la Ley Modelo OHADAC de la autonomía de elección por las partes de la ley aplicable al contrato. Véase: ROJAS TAMAYO, D., "Un nuevo horizonte para la autonomía privada: la libertad de elección de la ley aplicable al contrato", en: NEME VILLARREAL, M.L., *Autonomía privada. Perspectiva del derecho contemporáneo*, Bogotá, 1ª ed., Universidad del Externado de Colombia, 2018, pp. 366-367.

1229 Respecto del contrato de trabajo aplica la ley elegida por las partes, y en su defecto, la ley del Estado en el cual de manera habitual se realiza la prestación laboral, a menos que las circunstancias indiquen que se tiene vínculos más estrechos con otro Estado, y en tal caso la ley aplicable será la de ese lugar; Art. 47 de la Ley Modelo OHADAC de Derecho internacional privado.

dio cuidadoso de las legislaciones de los Estados caribeños, sin embargo, la dificultad se presenta en la asimilación del contenido de la Ley Modelo a las legislaciones nacionales, pues si bien son compatibles y asimilables[1230], el debate sobre su inclusión sigue todavía en desarrollo. Adicionalmente, la dificultad para establecer un consenso sobre normas de conflicto en Latinoamérica puede verse reflejada en la CIDIP-VI, en la cual ante la imposibilidad de crear una ley modelo para determinar la normativa aplicable en materia de responsabilidad civil extracontractual, se expidió una resolución en la que se plasmó la necesidad de llevar cabo un:

> *"estudio preliminar para identificar las áreas específicas en las que pueda verificarse un desarrollo progresivo de la regulación en esta materia mediante soluciones de conflicto de leyes, así como la realización de un análisis comparativo de las normas estatales en vigor"*[1231],

Si bien el plazo para presentar un informe en de estas características expiró en el año 2003, en la CIDIP-VII, la última que se ha realizado, llevada a cabo en el año 2009, y que dio como resultado la expedición de un "Reglamento Modelo para el Registro en Virtud de la Ley Modelo Interamericana sobre Garantías Mobiliarias"[1232], este no previó consideraciones sobre ley aplicable a obligaciones extracontractuales o contractuales, y ni siquiera contempló alguna referencia sobre ley aplicable en temas referidos de manera específica al Reglamento Modelo.

6.2. Panorama actual: ley aplicable en la relación contractual entre la PLAT y el huésped-consumidor.

El panorama actual del DIPr en Latinoamérica en lo que se refiere a ley aplicable, nos obliga a remitirnos a los sistemas de DIPr de Colombia, México, Argentina y Brasil con el fin determinar cómo se resuelven los

---

1230 GALLEGOS ZÚÑIGA, J., *ob. cit.*, p. 612.

1231 Asamblea General de la OEA, RES. 7/02 sobre ley aplicable y jurisdicción internacional competente en materia de responsabilidad civil extracontractual Disponible en: http://www.oas.org/es/sla/ddi/derecho_ internacional_privado_conferencias_Cidip_VII.asp. Fecha de consulta: 22 de agosto de 2023.

1232 Asamblea General de la OEA, Reglamento Modelo para el registro en virtud de la Ley Modelo Interamericana sobre garantías mobiliarias, Séptima Conferencia Especializada Interamericana sobre Derecho Internacional Privado (CIDIP-VII), 9 de octubre de 2009, disponible en: https://www.oas.org/es/sla/ddi/docs/garantias_mobiliarias_Reglamento_Modelo.pdf. Fecha de consulta: 22 de agosto de 2023.

conflictos de leyes y aplicar las normas pertinentes al contrato en línea de servicios entre la PLAT y el huésped-consumidor, para lo que hay que tener en cuenta que la mayoría de tratados y convenios ratificados por los Estados latinoamericanos por razones de antigüedad no contemplan disposiciones que puedan aproximarse al contrato de consumo o al celebrado por Internet[1233] y mantienen una fórmula uniforme: la ley aplicable al contrato será la del lugar de su cumplimiento o la del lugar de su celebración, lugar que en los contratos en línea puede coincidir, ser compleja su determinación o variar de acuerdo a los parámetros legales de cada Estado.

A continuación, se exponen las normas internacionales y las internas sobre determinación de la ley aplicable en materia civil y mercantil de Colombia, México, Argentina y Brasil, enfocadas de manera principal a los procesos judiciales y con una breve referencia al arbitraje.

6.2.1. Colombia: Remisión obligatoria a las leyes colombianas

En el área del Derecho internacional privado, en materia específica de ley aplicable a contratos civiles y mercantiles, Colombia ha suscrito muy pocos tratados que regulen esa área[1234], pero cuenta con una legislación interna sobre determinación del derecho aplicable en este tipo de contratos.

Los tratados adoptados por Colombia en materia de ley aplicable son bilaterales y multilaterales. Respecto de los primeros, tenemos únicamente el Tratado sobre Derecho internacional privado entre la República de Colombia y la República del Ecuador de 1903, el cual establece que los contratos celebrados en uno de los Estados parte, deberán ser interpretados en materia de validez y efectos jurídicos por la ley del lugar de su celebración. Sin embargo, si las partes decidieran que se aplique la ley del otro Estado, o la naturaleza del contrato exija que su cumplimiento sea en

---

[1233] Aunque el concepto de internet es moderno, existen algunas consideraciones sobre los contratos a distancia en los Tratados de Derecho Civil Internacional de Montevideo de 1889 y de 1940, que serán analizados en breve.

[1234] En Colombia no existen normas sustanciales de directa aplicación en lo que se refiere a contratos de servicios con elemento internacional, pero en materia de compraventa de mercaderías, cabría aplicación la Convención de las Naciones Unidas sobre los Contratos de Compraventa Internacional de Mercaderías hecha en Viena en 1980.

ese otro Estado, la ley aplicable se regirá por ello[1235], por tanto, se valida el acuerdo de ley aplicable pero solamente si el derecho escogido es el del otro Estado parte.

Respecto de los segundos[1236], tenemos en primer lugar, el Tratado de Derecho Civil Internacional 1889[1237], que no valida el pacto de ley aplicable e impone la concepción territorial en materia de derecho aplicable[1238]. Este tratado indica de manera general y sin especificar la naturaleza del contrato, que todos los actos jurídicos se regirán por la ley del lugar donde deban cumplirse las obligaciones. En segundo lugar, la Convención interamericana sobre normas generales de Derecho internacional privado, de Montevideo de 1979[1239], reconoce la aplicación de la ley extranjera en territorio nacional e indica en su Art. 1 que cuando no exista una norma internacional para determinar la ley aplicable se aplicarán las reglas de conflicto del derecho interno de cada Estado parte. Si bien este instrumento establece puntos importantes para la aplicación de ley extranjera no indica a qué clase de negocios jurídicos debe aplicarse ni establece por sí mismo una norma de conflicto que permita establecer puntos de conexión o principios que permitan validar el pacto de ley aplicable entre las partes,

---

1235 Tratado sobre Derecho internacional privado entre la República de Colombia y la República del Ecuador de 1903, Art. 4.

1236 Adicionalmente, existen dos convenios en materia de ley aplicable sobre temas de alimentos, responsabilidad parental y protección de menores, que no se encuentran vigentes. Convenio sobre el cobro internacional de alimentos con respecto a los niños y otros miembros de la familia, el Protocolo sobre la ley aplicable a las obligaciones alimenticias ambos adoptados el 23 de noviembre de 2007 y el Convenio relativo a la competencia, la ley aplicable, el reconocimiento, la ejecución y la cooperación en materia de responsabilidad parental y de medidas de protección de los niños adoptado 19 de octubre de 1996, disponibles en: http://apw.cancilleria.gov.co/tratados/SitePages/BuscadorTratados.aspx?TemaId=17&Tipo=M. Fecha de consulta: 22 de agosto de 2023.

1237 Arts. 32-39. Recordemos se encuentra vigente para Argentina, Bolivia, Colombia, Paraguay, Perú y Uruguay.

1238 OVIEDO ALBÁN, J., "News on Conflictual Autonomy in Latin American International Private Law", *Uniform Law Review*, núm. 21, 2016, p. 278.

1239 Convención Interamericana sobre Normas Generales de Derecho Internacional Privado, hecha en Montevideo, Uruguay, el 8 de mayo de 1979, disponible en: https://www.oas.org/juridico/spanish/tratados/b-45.html. Fecha de consulta: 22 de agosto de 2023. Estados parte de la Convención: Argentina, Brasil, Colombia, Ecuador, Guatemala, México, Paraguay, Perú, Uruguay y Venezuela; información disponible en: http://www.oas.org/juridico/spanish/firmas/b-45.html. Fecha de consulta: 22 de agosto de 2023.

por tanto, no concede una respuesta global a las necesidades del sistema Latinoamericano de DIPr en esta materia[1240].

Dejando de lado esta última Convención, es de señalar que ambos tratados en materia contractual toman como factor determinante el lugar del cumplimiento de las obligaciones (*lex loci executionis*). Aplicar estos tratados en el contrato celebrado entre el huésped-consumidor y la PLAT es posible, pero deben tenerse en cuenta algunas consideraciones. El Tratado sobre Derecho internacional privado entre la República de Colombia y la República del Ecuador de 1903 es de naturaleza bilateral, por tanto, si es aplicable —aunque se trate de un tratado antiguo y general—, sólo lo será en los dos Estados parte, y debe existir una conexión entre los dos Estados respecto de la contratación, que en caso de la relación jurídica entre la PLAT y el huésped-consumidor debe entenderse que este debe residir en ellos o en el caso de la PLAT, esta debe tener su domicilio social o un establecimiento de comercio en alguno de estos Estados. El Tratado de Derecho Civil Internacional 1889, más antiguo aún que el Tratado sobre Derecho internacional privado entre la República de Colombia y la República del Ecuador es de naturaleza multilateral, sólo sería aplicable si hubiese una conexión entre Colombia y uno de los otros Estados parte, lo cual nos remite a la legislación interna colombiana cuando se trate de un conflicto que involucre a una persona residente en la UE[1241].

En la legislación interna colombiana, existen dos normas que establecen cómo determinar la ley aplicable, pero su contenido es general y se aplica a las situaciones privadas internacionales a falta de una norma específica que regule la materia. El primero es el Código Civil colombiano, que indica en varios artículos como debe aplicarse la ley en el territorio colombiano, estableciendo en su artículo 18 que "*la ley es obligatoria tanto a los nacionales como a los extranjeros residentes en Colombia*"[1242], por tanto, impone en prin-

1240 OREJUDO PRIETO DE LOS MOZOS, P., *ob. cit.*, pp. 689-691.

1241 En este punto debe indicarse una sentencia de la Corte Constitucional de Colombia sobre aplicación de la ley extranjera que indica que si bien es cierto que existen tratados internacionales suscritos por Colombia que contienen reglas de conflicto, su valor vinculante es *inter parte* y no aplican a todas las circunstancias privadas internacionales por fuera de su ámbito de aplicación. Sentencia C-249/04, de 16 de marzo, Referencia: expediente D-4869, M.P. Jaime Araújo Rentería, disponible en: https://www.Corteconstitucional.gov.co/relatoria/2004/C-249-04.htm. Fecha de consulta: 22 de agosto de 2023.

1242 Este Art. se refiere a todas las leyes colombianas obligatorias para residentes en Colombia, y no sólo a la aplicación de leyes imperativas o de orden público. Esta

cipio que la ley colombiana siempre debe ser aplicada en Colombia[1243]. Adicionalmente, ata a los colombianos residentes en el exterior a las leyes colombianas cuando se trata del estado y capacidad de las personas para ejecutar actos que tengan consecuencias en el territorio colombiano, especialmente en materia de familia[1244]. El segundo es el Art. 869 del Código de Comercio de Colombia indica que los contratos celebrados en el exterior que deban cumplirse en Colombia deberán regirse por la ley colombiana.

Una gran parte del ámbito académico interpreta estas normas como supletorias y no como imperativas, en el sentido que prevalece la autonomía de la voluntad[1245] y que en caso de aplicarse no se vulneran derechos de terceros por cuanto el acuerdo solo tiene efectos *interparte*[1246]. La Corte Suprema de Justicia en sentencia de 21 de febrero de 2012[1247], contempla como viable la posibilidad de que las partes pacten como aplicables los principios *Unidroit*

---

precisión es necesaria porque hay Estados que si indican la obligatoriedad de leyes en su territorio de acuerdo con su naturaleza, como por el ejemplo el Art. 8 del Código Civil español que indica que las "leyes penales, las de policía y las de seguridad pública obligan a todos los que se hallen en territorio español".

1243 Adicionalmente, existe una norma que ata aún más las leyes colombianas el contrato cuando se trata de agencia comercial, que no se encuentra relacionado con la relación entre el huésped-consumidor y la PLAT pero es una de las escasas referencias o antecedentes en Colombia sobre este tema. El Código de Comercio establece en su Art. 1.328 que los contratos de agencia que se ejecuten en Colombia se encuentran sujetos a las leyes colombianas, y se tomará por no escrita toda estipulación en contrario. Sin embargo, la Corte Suprema de Justicia ha puntualizado la excepcionalidad de esta norma estableciendo que sólo será válida para los contratos de agencia que no tengan un elemento de internacionalidad, y permitiendo que las partes en este caso específico puedan pactar las leyes de otro país como aplicables; Corte Suprema de Justicia, Sala de Casación Civil, sentencia de 24 de junio de 2016, M. P.: Ariel Salazar Ramírez, disponible en: http://consultajurisprudencial.ramajudicial.gov.co:8080/WebRelatoria/csj/index.xhtml. Fecha de consulta: 22 de agosto de 2023.

1244 Art. 19 del Código Civil colombiano.

1245 Por vía interpretativa y jurisprudencial es posible extraer que las reglas de conflicto colombianas permiten el pacto de ley extranjera, no existe una norma que de manera literal y clara valide el pacto entre partes en este punto; OVIEDO ALBÁN, J., "*La ley aplicable a los contratos*...", *ob. cit.*, p. 152.

1246 DURÁN VINAZCO, R., "Derecho mercantil internacional de Gerardo José Ravassa Moreno", *Revista IUSTA*, vol. 1., núm. 22, 2016, p. 184.

1247 Sentencia No. 11001-3103-040-2006-00537-01, de 21 de febrero de 2012, Corte Suprema de Justicia, M.P: William Namén Vargas, disponible en: http://consultajurisprudencial.ramajudicial.gov.co:8080/WebRelatoria/csj/index.xhtml. Fecha de consulta: 22 de agosto de 2023.

sobre los Contratos Comerciales Internacionales, aunque se trate de *soft law*. Esta viabilidad en que se posiciona la Corte pone de manifiesto la profunda dificultad en el ordenamiento jurídico colombiano para determinar cómo aplicable una ley diferente a la colombiana o principios ampliamente usados y reconocidos en el ámbito de los negocios internacionales. Sin embargo, ha de tenerse en cuenta que las partes pueden pactar por sí mismas e incluir en la redacción del contrato las obligaciones y derechos que consideren apropiados inspirados en principios internacionales o en la *lex mercatoria* siempre que se encuentren dentro de los límites de la ley, por tanto, sólo se recurre a las leyes colombianas de manera supletoria, en caso de controversia[1248].

Sólo existe una excepción directa para validar el pacto de ley aplicable en el ordenamiento jurídico colombiano; si las partes pactan arbitraje, el art. 101 del Estatuto de Arbitraje Nacional e Internacional[1249] indica que las partes pueden elegir las normas de derecho que deseen y una vez determinadas, el tribunal arbitral entenderá que se refiere a leyes sustanciales de ese Estado y no a sus normas de conflicto, por tanto, excluyen el reenvío. Si bien tal mandato no encuentra conexión con otras normas del ordenamiento jurídico colombiano, la Corte Suprema de Justicia[1250] ha validado su legalidad, al establecer que en el caso del pacto de ley aplicable en el arbitraje no se desconocen:

> "Los valores o principios básicos de la juridicidad nacional pues la decisión del tribunal arbitral se fundamenta en el respeto de la autonomía de la voluntad, que es precisamente el soporte nuclear de nuestro sistema contractual".

Esta sentencia de la Corte Suprema de Justicia colombiana reconoce entonces, la validez directa de un acuerdo sobre ley aplicable en materia contratos internacionales cuando se pacta arbitraje, pero sigue sin existir reconocimiento o validación legal del acuerdo cuando el pacto se realiza en un contexto diferente al del arbitraje, como el caso de la justicia ordinaria o los restantes mecanismos alternativos de resolución de conflictos[1251].

1248 OVIEDO ALBÁN, J., "Unidroit Principles as Rules Applicable to International Contracts: With Regard to the Colombian Supreme Court of Justice's Ruling on 21 February 2012", *Cuadernos de la Maestría en Derecho*, núm. 3, 2014, pp. 14-19.

1249 Ley 1563 de 2012, *ob. cit.*

1250 Corte Suprema de Justicia, Sala de Casación Civil, sentencia de 12 de julio de 2017, M. P.: Aroldo Wilson Quiroz Monsalvo, disponible en: http://consultajurisprudencial.ramajudicial.gov.co: 8080/Web Relatoria/csj/index.xhtml. Fecha de consulta: 22 de agosto de 2023.

1251 OCHOA JIMÉNEZ, M.J., ZAPATA FLÓREZ, J., CARRILLO GAMBOA, P., "The Choice of the Applicable Law in International Private Law in Colombia", *Revista Estudios Socio-Jurídicos*, vol. 21, núm. 1, 2019, p. 102.

En el contrato de servicios celebrado entre la PLAT y el huésped-consumidor, el lugar de cumplimiento del contrato entonces es el factor decisivo para determinar en Colombia la ley aplicable, pues sin existir una norma que valide de manera directa el acuerdo que la establece, nos queda recurrir al Art. 869 del Código de Comercio Colombiano al tratarse de un contrato de servicios de naturaleza mercantil. Sin embargo, la norma establece que se aplicará a contratos celebrados en el exterior y que deban ser ejecutados en Colombia, consideración que parece situarnos en una situación no prevista por un Código de hace 50 años, la contratación en línea, en la cual el contrato de servicios de intermediación entre la PLAT y el huésped-consumidor se celebra y se ejecuta en un mismo momento y a través de Internet, por tanto, la aplicación de la premisa "celebrados en el exterior", no es aplicable en este caso.

Para encontrar la respuesta a la ley que regirá al contrato, tanto si no es aplicable el Art. 869 del Código de Comercio a un contrato de servicio por Internet o si las partes desean recurrir a otro criterio legal, el Código de Comercio trae consigo una norma general sobre los casos no previstos en la ley mercantil que reza:

> "Artículo 822. Aplicación del Derecho civil. Los principios que gobiernan la formación de los actos y contratos y las obligaciones de derecho civil, sus efectos, interpretación, modo de extinguirse, anularse o rescindirse, serán aplicables a las obligaciones y negocios jurídicos mercantiles, a menos que la ley establezca otra cosa".

Este artículo indica que, en defecto de las normas mercantiles específicas, serán aplicables entonces las normas del Código Civil, por cuanto, el espíritu de la ley comercial indica que se recurrirá a la ley civil, incluso cuando se trate de interpretación y efectos del contrato[1252]. En el caso de los huéspedes-consumidores no residentes en Colombia que deseen demandar a la PLAT en ese país, le será aplicable las leyes colombianas, especialmente las del Código Civil.

Así las cosas, hemos de recurrir a la norma más general, el Código de Civil colombiano que establece que los residentes en Colombia están sujetos a las leyes colombianas, por tanto, si el huésped-consumidor desea demandar en Colombia y reside en ese país, la ley aplicable será la colombiana. Si el huésped-consumidor no es residente en Colombia y la PLAT

[1252] OVIEDO ALBÁN, J., "Una vez más sobre la aplicación de las normas civiles a las obligaciones y contratos mercantiles", *Revista de Derecho Privado*, núm. 25, 2013, p. 96.

tampoco tiene sede en ese lugar, no podríamos aplicar esta norma, porque el vínculo o punto de conexión que exige la ley colombiana es que alguna de las partes tenga su residencia en ese Estado.

Veámoslo con un ejemplo: si un huésped-consumidor con residencia habitual en España contrata con una PLAT con establecimiento de comercio o sede social en Colombia, pactan las leyes de residencia del huésped-consumidor como aplicables, pero surge una controversia y el huésped-consumidor desea demandar en Colombia[1253], los tribunales colombianos que conozcan del asunto aplicarán sus propias normas de conflicto para determinar la ley aplicable, que como hemos señalado no existe ninguna a nivel internacional aplicable al contrato objeto de estudio, sin embargo, los tribunales colombianos pueden decantarse por respetar el pacto de ley aplicable aunque no exista una norma expresa para ello. La dificultad se presenta cuando se requiere determinar la ley aplicable y no existe pacto o este no es válido de acuerdo con la perspectiva judicial, debido a que no existen más alternativas que el Código de Comercio y el Código Civil que no contemplan esta circunstancia, por tanto, al no existir una respuesta de una norma de conflicto los jueces del foro aplicarán la ley colombiana.

6.2.2. México: *Lex loci celebrationis*

El Derecho internacional privado en México[1254] cuenta con una Convención especializada que prevé normas de conflicto para determinar la ley aplicable a las obligaciones contractuales internacionales, la Convención de México de 1994, que como se ha señalado anteriormente fue creada en el marco de la CIDIP-V, y trae consigo consideraciones que evidencian la visión progresista sobre la determinación de ley aplicable en materia contractual de los Estados Latinoamericanos, tal como la validación de la autonomía de la voluntad en los acuerdos sobre ley aplicable y en defecto

---

1253 Recordemos que en el capítulo IV se señaló que la Superintendencia de Industria y Comercio colombiana tiene funciones jurisdiccionales y actúa para todos los efectos como un tribunal, y puede de manera opcional iniciar y culminar un proceso judicial de manera virtual y en corto tiempo, por tanto, es posible que extranjeros puedan presentar sus demandas en contra de PLAT colombianas ante los tribunales colombianos si desean una sentencia de ejecución directa.

1254 México ha suscrito y ratificado el Convenio de Viena de 1980 sobre compraventa internacional de mercaderías, que no contempla el contrato de servicios, y por tanto, no es aplicable al contrato de servicios de intermediación suscrito entre la PLAT y el huésped-consumidor.

de elección será aplicable la ley del Estado que tenga los vínculos más estrechos con el contrato[1255]. Tal concepción se ve obstaculizada por el hecho que sólo ha sido ratificada por México y Venezuela, con lo cual se restringe su alcance hasta el momento en que más Estados americanos consideren unirse a esta Convención[1256].

México no es parte del Código Bustamante y del Tratado de Derecho Civil Internacional 1889, por tanto, no podemos referirnos a estos instrumentos normativos[1257], pero México sí es parte de la Convención interamericana sobre normas generales de Derecho internacional privado, hecha en Montevideo, Uruguay, el 8 de mayo de 1979, que como se mencionó en

---

1255 De acuerdo con la Organización de Estados Americanos, Argentina, Bolivia (con salvedades), Canadá, Jamaica, México, Panamá y Paraguay respondieron afirmativamente cuando les fue consultado si esta consideración sobre ley aplicable era congruente con su legislación nacional pero aun así no han ratificado la Convención. Información disponible en: "Convención Interamericana sobre Derecho Aplicable a Contratos Internacionales y el Avance de sus Principios en las Américas", documento preparado por el Departamento de Derecho Internacional de la Secretaría de Asuntos Jurídicos de la Organización de los Estados Americanos, 15 marzo 2016, p. 21.

1256 El Art. 1 de la Convención de México de 1994 indica que su ámbito de aplicación se reduce a personas con residencia habitual o establecimiento en Estados parte diferentes que celebren un contrato con elemento internacional o si el contrato tiene contactos objetivos con más de un Estado parte. Lo anterior indica que los contratos celebrados entre personas con residencia habitual o establecimiento en un Estado parte con personas residentes en terceros Estados, quedan excluidos, así como los contratos que no presenten vínculos objetivos con más de un Estado parte. Así las cosas, los efectos de la Convención de México son *inter partes* y no *erga omnes*, siendo aplicable a las partes contractuales que realicen negocios entre sí con residencia habitual o establecimiento en Venezuela o México —que son los únicos Estados parte actuales de esta Convención— o un contrato que presente vínculos con ambos Estados; GARRIGA SUAU, G., "El ámbito de aplicación espacial de los instrumentos normativos y sus efectos", *REDI*, vol. LVII, núm. 2, 2005, p. 830.

1257 Recordemos que México es parte de algunas convenciones sobre ley aplicable en Derecho privado pero no se encuentran relacionadas con el contrato de servicios de intermediación suscrito entre la PLAT y el huésped-consumidor como son la Convención Interamericana sobre conflictos de leyes en materia de adopción de menores de 18 de marzo de 1994, la Convención Interamericana sobre Conflictos de Leyes en Materia de Letras de Cambio, Pagarés y Facturas de 30 de enero de 1975, la Convención Interamericana sobre conflictos de leyes en materia de sociedades mercantiles de 28 de abril de 1983, y la Convención Interamericana sobre conflictos de leyes en materia de adopción de menores de 18 de marzo de 1994.

el apartado de ley aplicable referido a Colombia, indica que se reconoce la aplicación de la ley extranjera en territorio nacional pero cuando no exista una norma de conflicto internacional aplicable al caso específico habrá que recurrir a las leyes internas.

Las leyes internas mexicanas prevén normas de conflicto que determinan la ley aplicable en materias civiles y mercantiles, por tanto, debemos acudir al Código Civil Federal[1258] y al Código de Comercio rigen en todo el territorio mexicano, sin embargo, cada Estado federal cuenta con un Código Civil que reproduce casi en integridad lo establecido en el Código Civil Federal[1259]. Ambas normas contienen disposiciones sobre la determinación de la ley aplicable, como veremos a continuación.

En primer lugar, el Código de Comercio mexicano no prevé una consideración expresa que valide el pacto de ley aplicable, y tampoco establece una norma de conflicto que los jueces del foro puedan aplicar, sin embargo, en caso de existir un acuerdo arbitral indica que el tribunal arbitral resolverá la controversia de acuerdo con las leyes elegidas por las partes, y en caso de que las partes no acuerden tal previsión, el tribunal arbitral elegirá el derecho aplicable de acuerdo a la conexión y pertinencia del caso con una ley específica[1260].

El Código Civil Federal, en materia de ley aplicable establece en su Art. 12 que las leyes mexicanas rigen a todas las personas en el territorio de la República, a menos que estas prevean que se les sea aplicable el derecho extranjero. Por tanto, se valida el pacto de ley aplicable con algunas excepciones contenidas en el Art. 13[1261]. Las excepciones a la territorialidad de la ley mexicana se basan en la existencia de conexiones específicas de territorio extranjero con las personas o los bienes involucrados en el litigio; el domicilio de las partes, el lugar donde se encuentra ubicado un

---

1258 Código Civil Federal, publicado en el Diario Oficial de la Federación en cuatro partes; los días 26 de mayo, 14 de julio, 3 y 31 de agosto de 1928, última reforma publicada DOF 11-01-2021 disponible en: http://www.diputados.gob.mx/LeyesBiblio/pdf/2_110121.pdf. Fecha de consulta: 22 de agosto de 2023.

1259 *A diferencia* de los códigos de procedimiento civil de cada Estado, de donde se extrajeron en el capítulo III normas para determinar la competencia judicial internacional.

1260 Art. 1.445 del Código de Comercio mexicano.

1261 Si se trata del estado y capacidad de las personas físicas el derecho aplicable será el de su domicilio; si se trata controversias relativas a bienes inmuebles será aplicable la ley del lugar donde se encuentran ubicados; los actos jurídicos se regirán por la ley del lugar en que se celebren.

bien inmueble o el lugar de celebración del acto jurídico demuestran una relación más significativa con el contrato y por tanto, se preferirán las leyes de esos lugares frente a la pactada por las partes o frente a las leyes mexicanas. El Código Civil Federal también contempla una norma de conflicto residual para determinar el derecho aplicable, en caso de que las partes no la pacten y no se trate de las excepciones del Art. 13, será aplicable las leyes del lugar de ejecución del contrato[1262].

El contrato de servicios entre la PLAT y el huésped-consumidor es de tipo mercantil[1263], por tanto, al revisarse si el Código de Comercio plantea alguna norma de conflicto aplicable, sólo es posible referirnos a las consideraciones sobre arbitraje, en el cual se valida el pacto realizado por las partes siempre que exista una cláusula compromisoria y en su defecto, serán los árbitros quienes decidan sobre el derecho aplicable. El Art. 2 del Código de Comercio indica que cuando no existen disposiciones que regulen los actos de comercio deberá recurrirse al Código Civil Federal, que establece la ley aplicable a los actos jurídicos, en este caso el contrato suscrito entre la PLAT y el huésped-consumidor, será la elegida por las partes cuando existe pacto y en su defecto, será el del lugar de ejecución del contrato como se señaló en el párrafo anterior.

Fijar el momento y lugar de ejecución de un contrato en línea es determinante en la legislación mexicana para establecer la ley aplicable[1264],

---

1262 El lugar de ejecución del contrato es un punto de conexión general mientras que el defecto de acuerdo entre las partes es un punto de conexión excepcional o especial que permiten la aplicación del derecho extranjero en México; GONZÁLEZ MARTÍN, N., RODRÍGUEZ JIMÉNEZ, S., *Derecho internacional privado: parte general*, México D.F., 1ª ed., Nostra Ediciones, 2010, p. 185.

1263 Art. 75 del Código de Comercio indica una lista de los actos de comercio y contratos mercantiles entre los que se encuentran las empresas de comisiones, de agencias, de oficinas de negocios comerciales y las operaciones de mediación de negocios mercantiles, así como operaciones análogas a las enunciadas por el artículo, dentro de las que puede contemplarse el servicio de la PLAT a favor del huésped-consumidor, teniendo en cuenta que la PLAT actúa como un agente intermediario o análogo entre el anfitrión y el huésped-consumidor, sin embargo, al no existir una calificación legal o jurisprudencial aun de este tipo de contrato, no pueden descartarse las normas civiles, que también son residuales.

1264 El Código Civil del Distrito Federal establece que el contrato se forma "*en el momento en que el proponente reciba la aceptación, estando ligado por su oferta*", pero respecto al lugar de su celebración no existe ni la precisión legal ni un consenso jurisprudencial que lo determine, sin embargo, puede interpretarse que se trata principalmente del lugar donde se envió la oferta, es decir, el domicilio del proposin embargo, como se señaló en el capítulo III no existe en ella una disposición legal que permita determinar el momento de ejecución o cumplimiento en un solo acto de un contrato celebrado en línea, pero doctrinalmente se interpreta que es tanto el lugar donde se encuentra ubicado el establecimiento de comercio del empresario como el lugar de domicilio del destinatario de la oferta[1265]. Por tanto, en el caso del contrato de servicios entre el huésped-consumidor y la PLAT se tendría la opción de dos lugares; donde se encuentra ubicada la sede social de la PLAT y el domicilio del consumidor.

Veámoslo con un ejemplo, si el huésped-consumidor con residencia habitual en la UE presentara una reclamación judicial en México contra una PLAT mexicana, para determinar la ley aplicable al contrato habría de recurrir al sistema de Derecho internacional privado mexicano, la respuesta consistiría en que sería aplicable la ley elegida por las partes aunque se trate una ley extranjera y en defecto de pacto, serían aplicables tanto a las leyes mexicanas sustantivas por razón de su domicilio o las del Estado en el cual la PLAT tiene su domicilio social. Pese a lo anterior, debe entenderse que esta es apenas una interpretación de la ley, y no existe un referente jurisprudencial inequívoco que conceda una respuesta definitiva para ser aplicada por los tribunales en materia de determinación de la ley aplicable en los temas analizados[1266].

---

nente; VALENCIA MONGE, J.G., *ob. cit.,* p. 323. Código Civil del Distrito Federal, publicado en el Diario Oficial de la Federación el 26 de mayo de 1928, Última reforma publicada en la Gaceta Oficial de la Ciudad de México: 09 de enero de 2020, disponible en https://www.congresocdmx.gob.mx/media/documen tos /50289a13825049361bb4abc0298d1374beed4009.pdf, fecha de consulta: 22 de agosto de 2023.

1265 REBOSA ÁLVAREZ, L. F., "*El Contrato en el Contexto del Comercio...* ", *ob. cit.,* p. 6.

1266 Adicionalmente, debemos referirnos a la Ley Federal de Protección al Consumidor, que es aplicable a todo el territorio mexicano, pero como se indicó en el capítulo III es una ley que no contempla previsiones sobre contratos de consumo con elemento internacional y cuyos requisitos de aplicación la sitúan en el plano doméstico. Sin embargo, en caso de que ley aplicable al contrato fuera la mexicana, el Art. 90 que ata la controversia a las previsiones de esa ley sin poder renunciar a ellas bajo ningún concepto. Como se ha señalado en el capítulo segundo las normas de competencia judicial internacional no conducen a una sola respuesta, obligando a un *forum shopping ad intra,* sin embargo, es innegable que las situaciones en las que los tribunales mexicanos pueden definitivamente conocer sobre una controversia entre el huésped-consumidor y la PLAT es que esta última tenga un establecimiento de comercio en México. Recordemos el antecedente en México del año 2018, que fue expuesto en el capítulo III, apartado 5.4, en el que la Procuraduría Federal del

6.2.3. Argentina: La ley del Estado de domicilio del consumidor

Para determinar en materia de contratos con elemento internacional la ley aplicable en derecho argentino no es necesario analizar de manera general una relación jurídica ya regulada por una norma de DIPr que pueda encajar con las características de un contrato de servicios entre el huésped-consumidor y PLAT, como se llevó a cabo en el capítulo III, en el cual, para determinar la competencia judicial internacional, se incluyó este contrato en la categoría de acciones personales[1267], por cuanto es necesario revisar primero si es válido que las partes puedan disponer sobre la ley aplicable al establecer un acuerdo que regule tal materia, y en segundo lugar cómo resuelven las normas argentinas la controversia en caso de que no exista pacto entre las partes sobre ley aplicable. Visto esto, en Argentina, la Corte Suprema de Justicia de la Nación, tribunal supremo de la justicia ordinaria en ese país, indicó que lo siguiente icónico caso "Méndez Valles, Fernando c/Pescio A. M. s/ejecución de alquileres[1268]",:

> *"De acuerdo a una recomendable metodología de Derecho internacional privado, para la determinación de la ley aplicable a un contrato con elementos multinacionales o a un aspecto de él, corresponde en primer lugar indagar si*

Consumidor en México inició un procedimiento en contra de la PLAT *Booking.com* con sede social en Ámsterdam pero con establecimiento comercial en México que culminó con el cambio de sus cláusulas de servicio, entre ellas, la que sometían al consumidor a la legislación neerlandesa, en contravención con lo establecido en el Art. 85 de la Ley Federal de Protección al Consumidor. Si bien, como se ha señalado, esta ley no tiene estipulaciones sobre contratos de consumo con elemento internacional para determinar la ley aplicable, la Procuraduría Federal del Consumidor realizó una interpretación extensiva de la ley, indicando que si la PLAT tenía establecimiento de comercio en México debía cumplir la Ley Federal de Protección al Consumidor. Esta interpretación no abarca, hasta el momento, a consumidores con residencia habitual en un tercer país, y protege únicamente a consumidores con residencia habitual en México cuando la PLAT tiene algún establecimiento de comercio en ese país.

1267 Se utilizó el Tratado de Montevideo de 1889 sobre Derecho civil internacional, para identificar la competencia judicial internacional.

1268 Sentencia Corte Suprema de Justicia de la Nación, caso Méndez Valles, Fernando c. Pescio A. M. s. ejecución de alquileres, de 26 de diciembre de 1995. La Corte Suprema de Justicia de la Nación en este fallo ratifica la importancia del cumplimiento inmediato y obligatorio de los tratados internacionales y derecho derivado; como las decisiones, resoluciones y directivas emitidas por el MERCOSUR por parte de todos los órganos administrativos y judiciales del Estado, aunque se trate de un modelo federal; LOGAR, A.C., "Tribunal de Justicia para el Mercosur. Una Decisión Impostergable", *Revista de Relaciones Internacionales*, vol. 6, núm. 12, 2018.

las partes han ejercido la facultad de elegir el derecho nacional aplicable al contrato o de incorporar al contrato normas materiales derogatorias de las normas coactivas del derecho privado rector del negocio —sin perjuicio del orden público del derecho internacional privado del juez con jurisdicción internacional y de las normas de policía, que no pueden ser desplazados por la autonomía referida— (arg. art. 19, Constitución Nacional, art. 1197, Cód. Civil y Fallos: 236:404 y 290:458). En caso contrario, es decir, si las partes no han ejercido ninguno de los tipos de autonomía mencionados, cabe acudir a las normas de conflicto de fuente legal que regulan el caso. Tratándose de un asunto planteado ante un juez argentino, éste aplicará normas de conflicto argentinas para la determinación del derecho aplicable. Pero ellas pueden ser, a su vez, de fuente interna o de fuente internacional. Estas desplazan, en lo pertinente, a las otras (arg. art. 31, Constitución Nacional)".

De acuerdo con este fallo, la autonomía de la voluntad privada para elegir la ley aplicable prevalece en materia contractual siempre que se respeten los límites impuestos por el orden público y las leyes de policía. La autonomía de la voluntad privada es entonces el referente que debe verificarse en primer lugar para determinar la ley aplicable en los contratos internacionales en el ordenamiento jurídico argentino que, a partir de lo señalado en este antecedente jurisprudencial, estableció un entramado de normas internas para determinar la ley aplicable en el Código Civil y Comercial de la Nación en materia de contratos internacionales.

Sin embargo, antes de analizar las normas de conflicto internas argentinas es primero relevante indicar algunas normas internacionales sobre determinación de la ley aplicable en el ámbito contractual. En el ámbito internacional la autonomía de voluntad privada no se contempla de manera específica en los dos tratados internacionales ratificados por Argentina[1269]:

1269 Es de aclarar que, existe un tratado sobre derecho aplicable firmado por Argentina, el Código Bustamante de 1928, sin embargo, no se menciona porque aún no ha sido ratificado por ese Estado. Respecto de otros tratados o convenios ratificados por Argentina que establezcan consideraciones sobre ley aplicable en materia de obligaciones contractuales internacionales se encuentra únicamente la Convención de La Haya 1978 sobre la Ley aplicable a contratos de intermediación y representación: el objeto de esta Convención es, de acuerdo a su Art. 1, "determinar la legislación aplicable a las relaciones de carácter internacional que se establecen cuando una persona, el intermediario, tiene poder para actuar, actúa o se propone actuar en nombre de otra persona, el representado", por tanto, no tiene relación directa con el contrato de servicios suscrito entre la PLAT y el huésped-consumidor. Convención sobre la ley aplicable a los contratos de intermediarios y a la representación, adoptada el 14 de marzo de 1978 por la Conferencia de la Haya de Derecho internacional privado, ratificada en el orel Tratado de Montevideo de 1889 sobre Derecho civil internacional y el Tratado de Montevideo de 1940 sobre Derecho Civil Internacional que tratan sobre legislación aplicable de manera general, por tanto, la legitimación de los acuerdos de ley aplicable proviene del derecho interno y de la jurisprudencia asociada a la materia. En defecto de este acuerdo, y de normas sustanciales de aplicación directa, debemos recurrir a normas de conflicto, en primer lugar, las incluidas en los tratados internacionales ratificados por Argentina y de manera posterior, las previstas en el derecho interno argentino.

El Tratado de Montevideo de 1889 sobre Derecho civil internacional establece que será aplicable de manera general la ley del lugar de cumplimiento contractual, indicando que esta misma ley rige la existencia del contrato, su naturaleza, su validez, sus efectos, sus consecuencias y su ejecución. En especial, sobre los contratos de prestación de servicios, indica que:

> *"a) Si recaen sobre cosas, por la del lugar donde ellas existían al tiempo de su celebración; b) Si su eficacia se relaciona con algún lugar especial, por la de aquel donde hayan de producir sus efectos; c) Fuera de estos casos, por la del lugar del domicilio del deudor al tiempo de la celebración del contrato".*

Estas consideraciones sobre la ley aplicable a los contratos de prestación de servicios fueron replicadas en el Tratado de Montevideo de 1940 sobre Derecho Civil Internacional. Sin embargo, la aplicación de estos tratados para determinar la ley aplicable es controversial, por cuanto no validan la elección de ley aplicable y a falta de elección indican el lugar del cumplimiento del contrato de manera general, solución que fue retomada en el tratado de 1940, con algunas excepciones, evidenciando la carencia en el principio de autonomía de la voluntad privada al determinar que, cada Estado podía de manera discrecional decidir sobre su aceptación e incorporación en materia de ley aplicable[1270].

Pese a lo anterior, ambos tratados[1271] contemplan una estipulación sobre los contratos celebrados a distancia que reza:

---

denamiento interno argentino mediante la Ley N° 23.964 del julio 31 de 1991, disponible en: http://normas.diprargentina.com/2007/08/convencion-la-haya-1978-ley-aplicable.html. Fecha de consulta: 22 de agosto de 2023.

1270 MORENO RODRÍGUEZ, J.A., "La nueva guía de la Organización de Estados Americanos y el derecho aplicable a los contratos internacionales (parte I)", *Revista Española de Derecho Internacional*, vol. 73, núm. 1, 2021, pp. 195 y 196.

1271 Para el Tratado de Montevideo de 1889 tal estipulación se encuentra en el Art. 37 y para el Tratado de Montevideo de 1940 en el Art. 42.

"La perfección de los contratos celebrados por correspondencia o por mandatario, se rige por la ley del lugar del cual partió la oferta aceptada".

No existe un antecedente en Argentina en el que se aplique a los contratos en línea el mismo trato que los contratos por correspondencia contemplados en los tratados de Montevideo para determinar la ley aplicable, aunque ambas modalidades contractuales guardan similitud respecto del momento de la celebración y perfección del contrato, pues se indica que no se realiza de manera presencial, sino por medios análogos. Si ambos contratos fueran equivalentes, sería una posibilidad de interpretación que la ley aplicable fuese la del lugar donde partió la oferta aceptada[1272] que en caso del contrato entre la PLAT y el huésped-consumidor podría ser el de domicilio de este último.

Los tratados de Montevideo son una opción para determinar la ley aplicable en caso de que no exista elección por las partes, pero la falta de antecedentes de su utilización como norma de conflicto en temas en los que se carece de especialidad por los avances tecnológicos y el paso del tiempo, su limitado alcance de actuación por el número de Estados que ratificaron estas normas y su desuso generalizado por los jueces, no los hacen una opción relevante para determinar la ley aplicable en el área de los contratos de servicios suscritos entre el huésped-consumidor y la PLAT, más aún cuando Argentina cuenta con una legislación interna especializada que prevé normas de conflicto en materia de DIPr para determinar la ley aplicable en materia contractual cuando no existe pacto válido entre las partes[1273].

En el marco del MERCOSUR, en el que Argentina, Brasil, Paraguay y Uruguay son parte, no existe una norma que indique claramente las características y definición del consumidor, así como sus derechos y garantías. Esta premisa ya fue reconocida por el MERCOSUR en la Resolución No.

1272 NOVELLI, M.H., "El perfeccionamiento de los contratos celebrados por medios electrónicos en el derecho argentino y comparado", *Revista Jurídica Cognitio Juris,* núm. 8, 2013, p. 19.

1273 Existen algunos Estados donde el Tratado de Montevideo de 1889 sobre Derecho Civil Internacional tiene una importancia especial, como Bolivia, que no teniendo un Código Civil dedicado de manera especializada y clara a las normas de DIPr, debe recurrir a este tratado para determinar la ley aplicable; OCHOA JIMÉNEZ, M.J., "Normas de derecho internacional privado en materia de bienes: la regla lex rei sitae en América Latina y Colombia", *Revista de Derecho Privado,* núm. 37, 2019, p. 134.

126 de 1994[1274], que estableció, por un lado, la necesidad de aprobar un reglamento común sobre la defensa del consumidor y por otro lado, que mientras no sea aprobado, cada Estado parte deberá aplicar sus propias normas sobre protección de consumidores, sin imponer exigencias u obligaciones sobre productos y servicios que provengan de otros Estados parte[1275].

En este marco de incertidumbre jurídica sobre la ley aplicable a los contratos de consumo en el MERCOSUR, se llevó a cabo la Propuesta de Acuerdo del Mercosur sobre Derecho Aplicable en Materia de Contratos Internacionales de Consumo (2017)[1276] aun sin aprobarse, que consagra una protección de manera innovadora y progresista para el consumidor[1277] pasivo y activo en el contexto del MERCOSUR[1278]. Esta protección se traduce en que, si existe pacto entre las partes, la ley acordada sólo sería aplicable si es más favorable al consumidor independientemente de que este sea pasivo o activo[1279] y en caso de no existir acuerdo, para el consumidor

---

1274 Resolución MERCOSUR/GMC/RES, núm. 126, 1994, disponible en: http://www.sice.oas.org/trade/mrcsrs/resolutions/indice.asp. Fecha de consulta: 7 de septiembre de 2023.

1275 Lo anterior, conlleva a la creación de diferentes niveles de protección sin establecer una base jurídica mínima que garantice por lo menos una definición de consumidor armonizada en los Estados parte e impida la migración de negocios internacionales a otros lugares en los cuales exista una seguridad jurídica más consolidada; FELDSTEIN DE CÁRDENAS, S.L., VIEIRA, LK., "La noción de consumidor en el MERCOSUR", *Cuadernos de Derecho Transnacional*, vol. 3, núm. 2, 2011, pp. 71-84.

1276 Resolución MERCOSUR/CMC/DEC, núm. 36, 2017, disponible en: http://justiciacolectiva.org.ar. Fecha de consulta: 22 de septiembre de 2023.

1277 De acuerdo con el Art. 2 de la Propuesta de Acuerdo, el consumidor se define como: "toda persona física o jurídica que adquiere o utiliza productos o servicios en forma gratuita u onerosa como destinatario final, en una relación de consumo o como consecuencia o en función de ella. No se considera consumidor a aquel que, sin constituirse en destinatario final, adquiere, almacena, utiliza o consume productos o servicios con el fin de integrarlos como insumo directo, a otros productos o servicios en proceso de producción, transformación, comercialización o prestación a terceros".

1278 VIEIRA, L.K., "El Proyecto de Acuerdo del Mercosur sobre Derecho Aplicable en Materia de Contratos Internacionales de Consumo", *Revista de Direito do Consumidor*, vol. 99, 2015, p. 179.

1279 De acuerdo con el Art. 4.1 de la propuesta de Acuerdo cuando el consumidor es pasivo las partes solo pueden establecer como aplicable la ley del Estado de domicilio del consumidor, del lugar de celebración o cumplimiento del contrato o de

pasivo aplica la ley de su Estado de domicilio y para el consumidor activo la ley del Estado de celebración del contrato.

Estas disposiciones pueden compararse con las establecidas en la Convención de México de 1994 o en RRI, y se distingue un cambio importante, en estos dos instrumentos normativos mencionados se permite que las partes de contrato internacional de consumo puedan acordar la ley de un tercer Estado como aplicable sin restringir su elección a leyes específicas[1280]. Sin embargo, el RRI tal y como se ha señalado establece unas restricciones de aplicación de la ley escogida cuando se trata de normas irrenunciables de protección al consumidor del Estado de residencia habitual del consumidor pasivo, pero en la Propuesta de Acuerdo del Mercosur sobre Derecho Aplicable en Materia de Contratos Internacionales de Consumo se incluye también la protección al consumidor activo atándolo a las leyes más favorables de su país de domicilio[1281] con o sin pacto de ley aplicable. Esta versión más proteccionista del consumidor debe tomarse con precaución, puesto que si bien armoniza las garantías a todos los consumidores del MERCOSUR es particularmente intrincado establecer parámetros de cumplimiento para el profesional que encontrándose en un mercado diferente al del domicilio del consumidor, debe conocer y respetar los derechos de este en su país de domicilio, teniendo en cuenta que las leyes materiales de protección al consumidor difieren de acuerdo a cada Estado parte del MERCOSUR[1282].

El Art. 7 de la Propuesta de Acuerdo del Mercosur sobre Derecho Aplicable en Materia de Contratos Internacionales de Consumo establece una consideración especial cuando se trata de contratos de hotelería, turismo o viajes que combinen estos y otros servicios[1283], pues se establece como

---

la sede del proveedor de los servicios. En contraste el Art. 4.2, prevé que cuando el consumidor es activo solo puede elegirse entre la ley de celebración o cumplimiento del contrato, o la del domicilio del consumidor, pero en ausencia de pacto estos contratos se rigen por el lugar de su celebración, que de acuerdo con el Art. 2 para un contrato a distancia es el domicilio del consumidor.

1280 Recordemos que sólo son Estados parte de la Convención de México Venezuela y México, y sólo aplicaría el efecto universal cuando el huésped-consumidor y el profesional residan en esos Estados y suscriban un contrato de consumo con elemento internacional.

1281 VIEIRA, L.K., *"La codificación del derecho internacional...", ob. cit,* p. 626.

1282 Para soportar esta afirmación véase los apartados 2.3 y 2.4 del capítulo VI relativos a las normas sustanciales de protección al consumidor de Argentina y Brasil.

1283 Proteger al consumidor en materia de determinación de ley aplicable a los contratos sobre viajes combinados no es una innovación de esta Propuesta, puesto que

aplicable únicamente la ley Estado del domicilio del consumidor cuando el cumplimiento del contrato debe realizarse en un lugar diferente a ese Estado. En el contrato de la PLAT con el huésped-consumidor podría ser aplicable teniendo en cuenta que es un contrato de intermediación con fines generalmente turísticos, pero como se ha señalado el lugar del cumplimiento del contrato es un tema de difícil de identificar, y no se encuentra definido en el cuerpo de la Propuesta. La protección del huésped-consumidor-turista, sin definir los alcances del concepto de turismo en materia de los contratos suscritos la PLAT o del lugar del cumplimiento de estos, quedaría cobijado entonces por los Arts. 2 y 4 de la Propuesta de Acuerdo del Mercosur sobre Derecho Aplicable en Materia de Contratos Internacionales de Consumo, señalados anteriormente en caso de ser ratificada.

En el derecho interno argentino, el Código Civil y Comercial de la Nación[1284], en sus Arts. 2.594 a 2.600 establece disposiciones sobre determinación de ley aplicable a los contratos, indicando la jerarquía de las leyes aplicables para relaciones jurídicas con elemento internacional que se encuentran enlazadas a diferentes ordenamientos jurídicos, en las que se indica que el derecho aplicable a ellas se determina por los tratados y convenciones internacionales vigentes y en caso de no existir o no ser aplicables al tema específico, se aplicarán las normas de DIPr de fuente interna[1285].

Posteriormente, se contempla el pacto de ley aplicable en el Art. 2.651, y se indica en el Art. siguiente que, si no existe tal acuerdo, el fondo del contrato se regirá por las leyes y usos del país del lugar de cumplimiento, pero las formas y solemnidades de los actos jurídicos, su validez o nulidad

---

en el RRI los consumidores que suscriban contratos que tienen como objeto viajes combinados los protege el Art. 6. numerales 1 y 2 en concordancia con el mismo Art. numerales 3 y 4 b).

1284 Ley 26.994, *ob. cit.* El Código Civil y Comercial de la Nación estableció un entramado de normas para DIPr tal y como se mencionó en el capítulo III, debido al aumento de las relaciones privadas internacionales y el crecimiento del número de litigios conexos a estas; SCOTTI, L., *"El acceso a la justicia…"*, *ob. cit.*, pp. 23-24.

1285 Lo aquí señalado sólo aplica a la jurisdicción de los tribunales argentinos, por cuanto debe recordarse que de acuerdo con lo establecido en el capítulo IV de esta investigación, el Art. 1651 del Código Civil y Comercial de la Nación y la Ley 27.449 de 2018 de Arbitraje Comercial Internacional, en materia de consumo no se encuentran permitidas las cláusulas arbitrales, por tanto, no es necesario un análisis en ese campo de cómo se determina la ley aplicable en un procedimiento arbitral.

y su necesidad de publicidad se regirán por la ley y los usos del lugar de su celebración, —*lex loci celebrationis*—, retomando así la norma, la solución tradicional o clásica del DIPr en cuestiones de formalidad de los contratos internacionales[1286].

Si bien podría pensarse que esta norma concede la solución sobre la determinación de la ley aplicable a los contratos de servicio suscritos entre la PLAT y el huésped-consumidor no es correcta tal deducción por cuanto, en primer lugar, el Art. 2.651 indica de manera específica que no se aplica a los contratos de consumo, invalidando el pacto de ley entre partes en este tipo de contratos y en segundo lugar, el Art. 2.655 establece de manera taxativa en la norma los parámetros para determinar la ley aplicable, que valga señalar se encuentran enfocados a beneficiar al consumidor frente al empresario: Se prevén cuatro casos específicos en los cuales la ley aplicable será la del domicilio del consumidor: (i) Cuando se haya realizado una oferta, un anuncio publicitario o cualquier actividad en el país del domicilio del consumidor y éste ha actuado dentro de ese Estado realizando las actividades necesarias para la suscripción del contrato; (ii) Cuando el empresario recibe el pedido en el mismo Estado del domicilio del consumidor; (iii) Cuando el consumidor se haya desplazado a un Estado diferente al de su domicilio para realizar su pedido por requerimiento o inducción del empresario; (iv) Cuando se trate de un contrato combinado, que incluya transporte y alojamiento. La norma también contempla que, si no se configura ninguno de estos casos, la ley aplicable a los contratos de consumo será la del lugar de cumplimiento del contrato, si este no se puede determinar, se regirán por la ley del lugar de su celebración.

La ley del Estado de domicilio del consumidor es la aplicable de acuerdo con el ordenamiento jurídico argentino, por cuanto, este artículo recoge el concepto de consumidor pasivo haciéndole extensiva una protección que deviene de la influencia en la redacción del Art. 6 RRI[1287]. El concepto de actividades dirigidas de este Reglamento puede verse claramente referenciado al establecer que el empresario debe captar al consumidor en su Estado de domicilio, pero adicionalmente contempla que en caso de que este se trasladara por instrucción del empresario para celebrar el contrato,

---

1286 UZAL, M.E., "Lineamientos de la reforma del Derecho Internacional Privado en el Código Civil y Comercial de la Nación", *Sup. Especial Nuevo Código Civil y Comercial*, núm. 247, 2014, p. 13.

1287 Debe indicarse que si bien existe un grado de influencia el RRI indica residencia habitual y no domicilio para determinar la ley aplicable en contratos de consumo.

la protección del Art. 2.655 del Código Civil y Comercial de la Nación aún lo cubriría, añadiendo un punto de conexión nuevo que hace previsible la aplicación del derecho del domicilio del consumidor[1288].

Sin embargo, aunque la norma sea de corte proteccionista, no debe descartarse que, al ser inflexible, ancla al consumidor a las leyes de su domicilio, retomando lo establecido en el RRI y descartando lo señalado en la Convención de México de 1994, que se inclina por aplicar la ley más favorable al consumidor.

Veámoslo con un ejemplo, en caso de una controversia entre un huésped-consumidor con residencia habitual en Argentina y la PLAT *Booking* con sede social en Los Países Bajos pero con establecimiento de comercio en Argentina, los tribunales argentinos serían competentes de acuerdo con el Art. 2.654 numeral VII del Código Civil y Comercial del Nación, y para determinar la ley aplicable en materia contractual se aplicaría el Art. 2.655 de este mismo Código. De acuerdo con el Art. 2.651 del Código Civil y Comercial del Nación el pacto entre las partes si lo hubiere no sería válido por cuanto se trata de un contrato de consumo, y sería necesario verificar los literales del Art. 2.655 de este Código para establecer si se configura alguna de las circunstancias señaladas para determinar cómo aplicable la ley del Estado de domicilio del consumidor, en este caso, Argentina. Sobre el particular, el literal a) del Art. 2.655 podría ser el que conceda la respuesta sobre ley aplicable en este caso: "a) Cuando se haya realizado una oferta, un anuncio publicitario o cualquier actividad en el país del domicilio del consumidor y éste ha actuado dentro de ese Estado realizando las actividades necesarias para la suscripción del contrato", siempre que el consumidor en Argentina haya suscrito el contrato con la PLAT neerlandesa en calidad de pasivo.

6.2.4. El caso brasileño: *Brazil cost*

La determinación de ley aplicable en materia contractual internacional en territorio brasileño es relativamente fácil de determinar, debido a que los pactos o acuerdos de derecho aplicable no se encuentran consagrados ni validados en su sistema de Derecho internacional privado, lo cual

---

1288 PEREIRA, M.J., BRODSKY, J.M., "La protección al consumidor transfronterizo en el Código Civil y Comercial de la Nación", *XXVI Jornadas nacionales de Derecho civil Facultad de Ciencias Jurídicas y Sociales-Universidad Nacional de La Plata,* 28 al 30 de septiembre de 2017, pp. 7-8.

evidencia una desconexión con las corrientes actuales de los contratos internaciones obligando a las partes a aplicar el Derecho brasileño aunque la conexión del contrato con ese Estado sea ínfima[1289]. Así las cosas, las normas de Derecho civil brasileño para los negocios internacionales están diseñadas para transacciones domésticas y no para resolver las dificultades actuales que deberían solventarse por medio del DIPr[1290]. El Derecho internacional privado de Brasil en cuestión específica de ley aplicable a obligaciones civiles[1291] es escaso debido a que, un lado, Brasil no hace parte como Colombia, México y Argentina de los tratados de Montevideo sobre Derecho civil y por otro, el *Ministério das Relações Exteriores* de ese país reporta 8 tratados, convenios o protocolos de este tema[1292], que por el contenido del tema que regulan no son aplicables a los contratos de prestación de servicios entre la PLAT y el huésped-consumidor.

Recordemos también que, Brasil es uno de los Estados parte del MERCOSUR que como se ha señalado en el apartado relativo a la determinación de la ley aplicable a las obligaciones contractuales internacionales de Argentina, el MERCOSUR cuenta con la Propuesta de Acuerdo del Mercosur sobre Derecho Aplicable en Materia de Contratos Internacionales de Consumo, que aún está pendiente de aprobación.

Por tanto, como fuente internacional, únicamente es posible acudir el Código Bustamante de 1928 que contempla tres Arts. sobre ley aplicable en los cuales no se indica claramente las reglas sobre la elección tácita o expresa, pero como se señaló anteriormente, doctrinalmente se considera que permite los pactos entre las partes[1293]: el Art. 184 menciona la voluntad tácita de las partes para determinar el derecho que regirá el contrato pero no indica ningún parámetro para establecer tal presunción; el Art. 185 sólo

---

1289 VLAL UNDURRAGA, M.I., "Party autonomy in Latin America: a pending task", *Revista Chilena de Derecho*, vol. 45, núm. 2, 2018, p. 459.

1290 WETHMAR-LEMMER, M., "Harmonising or unifying the law applicable to international sales contracts between the BRICS states", *Comparative and International Law Journal of Southern Africa*, núm. 50, 2017, p. 381.

1291 Brasil también hace parte de la Convención de Viena de 1980 sobre compraventa internacional de mercancías, que es una norma directa que no aplica al contrato de intermediación celebrado entre la plataforma y el huésped-consumidor.

1292 Página web del *Ministério das Relações Exteriores* donde está publicado el texto de los convenios, tratados y protocolos a los que se hace referencia, en: https://concordia.itamaraty.gov.br/pesquisa?tipoPesquisa=2&TituloAcordo=LEI%20APLIC%C3%81VEL&TipoAcordo=BL,TL,ML. Fecha de consulta: 22 de agosto de 2023.

1293 ALBORNOZ, M.M., "*El derecho aplicable...*", *ob. cit.*, p. 639.

abarca los contratos por adhesión y determina que será aplicable la ley del domicilio del empresario que es quien redacta el contrato, en caso de que no se identifique un acuerdo expreso o tácito de ley aplicable y el Art. 186, establece que todos los contratos se regirán por la ley personal común a las partes y subsidiariamente la ley del lugar de celebración del contrato[1294].

En el DIPr brasileño de fuente interna, no existe una ley reciente que valide la elección de ley aplicable en materia de contratos internaciones ni una norma de conflicto que contemple los contratos de consumo para determinar la ley que regirá el contrato, lo anterior, debido a que el ordenamiento jurídico brasileño adolece de las mínimas normas y principios de DIPr en sintonía con el panorama actual de los negocios internacionales[1295], teniendo como única referencia el Decreto-Ley número 4.657, de 4 de septiembre de 1942[1296], conocida como Ley de Introducción al Código Civil Brasileño, que aún se encuentra vigente y que estipula en su artículo 9 lo siguiente:

> "Art. 9º. Para qualificar e reger as obrigações, aplicar-se-á a lei do país em que se constituirem.
> § 1º Destinando-se a obrigação a ser executada no Brasil e dependendo de forma essencial, será esta observada, admitidas as peculiaridades da lei estrangeira quanto aos requisitos extrínsecos do ato.
> § 2º A obrigação resultante do contrato reputa-se constituida no lugar em que residir o proponente"[1297].

Determinar la ley que rige los contratos internacionales de acuerdo con el Estado de celebración o constitución del contrato en la Ley de Introducción al Código Civil Brasileño, es una confirmación de la corriente del

---

1294 *Ibídem.*

1295 BRANDÃO DE OLIVEIRA, A., RAIZER BORGES MOSCHEN, V., "Enfoque crítico del sistema brasileño de Derecho internacional privado y los retos de la armonización: los nuevos principios de La Haya sobre la elección del derecho aplicable en materia de contratos internacionales", *AEDIPr*, t. XIII, 2013, pp. 669-670.

1296 Decreto-Lei n.° 4.657, de 4 de septiembre de 1942, disponible en: https://wipolex.wipo.int/es/legislation/details/534. Fecha de consulta: 22 de agosto de 2023.

1297 Texto del Art. 9: "Para calificar y regir las obligaciones, se aplicará la ley del país en que se constituyan. § 1° Si la obligación estuviere destinada a ser ejecutada en el Brasil y dependiere de forma especial, se observará ésta, admitidas las peculiaridades de la ley extranjera en cuanto a los requisitos extrínsecos del acto. § 2° La obligación resultante de contrato se considera constituida en el lugar donde resida el proponente." Traducción propia.

derecho americano prevalente en ese momento[1298] que se conserva hasta la actualidad. Sin embargo, debe tenerse en cuenta el contexto histórico en el que fueron creadas, puesto que superan con creces el medio siglo desde su publicación y no es posible aplicarlas a un contexto electrónico sin miramientos. Estas normas brasileñas poco especializadas de DIPr son las únicas a las que se puede acudir en caso de controversia entre las partes y los nuevos proyectos de ley, el Proyecto *Reale* del Nuevo Código Civil y el Proyecto de la OAB-SP que estaban destinados a reglamentar los negocios internacionales, a partir de la creación de reglas sobre comercio electrónico que no llegaron a ser aprobados[1299]. El Código Civil de 2002[1300] vigente al igual que la Ley de Introducción al Código Civil Brasileño, tampoco establece normas de conflicto que permitan determinar la ley aplicable en un contrato con elemento internacional[1301].

Para determinar la ley aplicable en lo que respecta al contrato de servicios entre la PLAT y el huésped-consumidor es prudente verificar si existe pacto de ley aplicable, si es afirmativo, debemos tener en cuenta la real posibilidad que los tribunales brasileños no lo reconozcan y remitirnos entonces al Art. 9 de la Ley de Introducción al Código Civil Brasileño, citada anteriormente y que establece que la ley del contrato se regirá por la ley del lugar de su celebración, con algunas particularidades. El numeral primero indica que, si el contrato debe ejecutarse en Brasil, seguirá las formas del derecho brasileño, lo cual no implica una respuesta completa al conflicto de leyes en contratos internacionales. Por su parte, el numeral segundo se ha utilizado para los contratos a distancia o en línea estableciéndose que, será la ley del lugar de residencia del proponente la que regirá el contrato, lo cual aplica a los contratos de consumo suscritos por medios electrónicos[1302], bastaría entonces con que el proponente, en este caso la PLAT hi-

---

1298 CAICEDO CASTILLA, J.J., "Desarrollo, orientaciones y porvenir del Derecho Internacional Privado en América", *Revista de la Universidad Nacional,* núm. 2, 1945, p. 114.

1299 LIMA MARQUES, C., "A insuficiente proteão do consumidor nas normas de Direito internacional privado: da necessidade de uma Convenção Interamericana (CIDIP) sobre a lei aplicável a alguns contratos e relações de consumo ", en: LIMA MARQUES, C. DE ARAUJO, N. (coord.), *O novo direito internacional: estudios em homenagem a Erik Jayme,* Rio de Janeiro, 1ª ed, Renovar, 2005, pp. 141-142.

1300 Lei n.° 10.406, de 10 de Janeiro de 2002, disponible en: Brasília.https://www.ilo.org/dyn/natle x/n atlex4.detail?p_isn=60924. Fecha de consulta: 22 de agosto de 2023.

1301 CARRASCO MEDINA, J., LOPES MATOS, I., *ob. cit.,* p. 291.

1302 LIMA MARQUES, C., "*A insuficiente proteão do consumidor...* ", *ob. cit,* pp. 157-160.

ciese su propuesta o su oferta desde el país donde tiene su sede social para aplicar el numeral segundo del Art. 9. Sin embargo, todos los tribunales brasileños no aplican esta norma de manera habitual[1303] por lo cual, al ser invocada por las partes en el proceso, dependerá del juez su admisión o rechazo. Así las cosas, los tribunales brasileños suelen rechazar la aplicación del Art. 9 de la Ley de Introducción al Código Civil Brasileño, ignorando las normas de DIPr, aplicando las leyes brasileñas materiales de manera directa al caso[1304]. El rechazo de los jueces brasileños en la aplicación de normas extranjeras es tan común que los abogados estadounidenses que representan compañías de Estados Unidos en litigios frente a empresas brasileñas, incorporan una prima de riesgos al contrato llamada *Brazil cost*, para suavizar o paliar el impacto económico negativo de sus clientes sobre los costos asociados de las transacciones con un país con unas normas de conflicto internacionales de aplicación intermitente[1305].

Cabe resaltar que en materia de competencia judicial internacional los tribunales brasileños sí aceptan sumisión a ellos de manera expresa o tácita como se señaló en el capítulo III. Sólo existe una excepción que valida la determinación del derecho aplicable por las partes en contrato internacional; el arbitraje. Cuando se pacta una cláusula compromisoria, la Ley N. 9.307, de 23 de septiembre de 1996[1306] en su Art. 2 numerales 1 y 2 indica lo siguiente:

> "Art. 2° A arbitragem poderá ser de direito ou de eqüidade, a critério das partes. § 1° Poderão as partes escolher, livremente, as regras de direito que serão aplicadas na arbitragem, desde que não haja violação aos bons costumes e à ordem pública. § 2° Poderão, também, as partes convencionar que a arbitragem se realize com base nos princípios gerais de direito, nos usos e costumes e nas regras internacionais de comercio"[1307].

1303 VIEIRA, L.K., "La autonomía de la voluntad de las partes en los contratos internacionales: breves comentarios sobre el derecho argentino y brasileño", *Revista de Direito da Empresa e dos Negócios*, vol. 1, núm. 2, 2017, pp. 66-71.

1304 ALBORNOZ, M.M., "*El derecho aplicable...*", *ob. cit.*, pp. 648-649.

1305 STRINGER, D., "Choice of Law and Choice of Forum in Brazilian International Commercial Contracts: Party Autonomy, International Jurisdiction, and the Emerging Third Way", *Columbia Journal of Transnational Law*, núm. 44, 2005-2006, pp. 960 y 975-976.

1306 Ley n° 9.307, de 23 de septiembre de 1996, disponible en: http://www.planalto.gov.br/cc ivil_03/Leis/L9307.htm. Fecha de consulta: 22 de agosto de 2023.

1307 "Artículo 2.- El arbitraje puede ser en derecho o en equidad, a la discreción de las partes. § 1 °.- Las partes pueden elegir libremente las normas de derecho que se aplican en el arbitraje, siempre que no haya violación de las buenas costumbres y

Así las cosas, el contenido de este Art. visto bajo la luz del principio de la autonomía de la voluntad en el Derecho brasileño es una mejora evidente que permite que las partes en caso de arbitraje puedan elegir la ley material al contrato y también las reglas de procedimiento arbitral bajo la condición que tal libertad de elección se encuentre dentro de los límites de las buenas costumbres y el orden público[1308]. Cabe decir que no existe un artículo en esta ley que restrinja el arbitraje a la órbita internacional, por tanto, es posible pactar cláusulas compromisorias y ley aplicable en el ámbito doméstico, pero es de tener en cuenta que la redacción general de la ley aunque haya sido beneficiosa para las instituciones arbitrales no alcanza la especialidad de leyes similares en el ámbito internacional[1309].

Veámoslo con un ejemplo, si un huésped-consumidor con residencia habitual en Italia contrata con una PLAT con sede social en Brasil como *Temporada Livre*, y establecen una cláusula contractual en que los tribunales competentes son los de Brasil y la ley aplicable es la de Italia, los tribunales brasileños darán por válida la cláusula de competencia pero aplicarán las leyes brasileras, porque lo habitual es aplicar sus propias leyes y no reconocer este tipo de pactos.

---

el orden público. § 2 °.- Puede, también, las partes acordar que el arbitraje se basará en los principios generales del Derecho, en los usos y costumbres y las normas del comercio internacional". Traducción propia.

1308 STUBER, W.D., FUKUGAUTI, N.M., "Brazil Improves Arbitration Law", *International Financial Law Review*, núm. 16, 1997, p. 53.

1309 BRICEÑO BERRÚ, J.E., "Teoría y praxis del arbitraje comercial internacional en América Latina", *Agenda Internacional*, núm. 29, 2011, p. 399.

Capítulo VI
Ley material, Normas imperativas y perspectivas comparadas para huésped-consumidor en materia de ley aplicable en la UE y Latinoamérica

En este capítulo se expondrá la parte teórica y práctica de la aplicación de algunas disposiciones que no pueden excluirse mediante acuerdo en la UE y en Colombia, México, Argentina y Brasil, teniendo en cuenta el lugar de residencia habitual del huésped-consumidor. La parte teórica se centrará en explicar algunas Directivas de la UE enfocadas al consumidor y las diferencias que pueden presentarse cuando son traspuestas en un Estado miembro y si supone algún beneficio para el huésped-consumidor la aplicación de una u otra norma. En Latinoamérica se indicarán los puntos más relevantes de las principales normas irrenunciables de protección a los consumidores en cada Estado seleccionado teniendo en cuenta la diferencia entre orden público interno e internacional.

En la parte práctica se incorporarán al discurso consideraciones extraídas de casos hipotéticos y algunos de los términos y condiciones de algunas de las PLAT objeto de estudio, en los que, de acuerdo con el Estado donde el consumidor tenga su residencia habitual y la ley que le aplique a la controversia, especialmente si existe pacto, se podrá verificar de manera comparada la protección al huésped-consumidor en las normas de la UE y Latinoamérica.

1. DISPOSICIONES QUE NO PUEDEN EXCLUIRSE MEDIANTE ACUERDO EN LA UE EN EL CONTEXTO DEL CONTRATO DE CONSUMO ENTRE LA PLAT Y EL HUÉSPED-CONSUMIDOR

El Derecho de la UE constituye un supra ordenamiento jurídico ante el cual los Estados miembros han cedido parte de su soberanía, y quedan sujetos a él no solo los países de la Unión, sino también las personas que tienen según la norma residencia habitual o domicilio en un Estado miembro, creando de manera explícita o secundaria derechos y obligaciones al margen del derecho interno de los Estados miembros, que se incorporan a los ordenamientos jurídicos nacionales[1310]. Así las cosas, cualquier disposición contraria a las normas nacionales frente al Derecho de la UE sería inaplicable y carecería de validez, por cuanto, el Tratado fundante de la UE y los instrumentos expedidos por sus autoridades se rigen por el principio de la primacía del Derecho comunitario[1311].

Para establecer cuáles son las disposiciones que no pueden excluirse mediante acuerdo en cada Estado miembro en el contexto del Art. 6 RRI, es necesario acudir a las Directivas de protección a los derechos de los consumidores de armonización mínima[1312] cuyo texto que al ser traspuesto en legislaciones nacionales[1313] puede ser matizado en cada Estado miembro, conservando los mínimos establecidos en la directiva original[1314]. Tenien-

---

1310 TJCE, As. C-26/62, ECLI:EU:C:1963:1, del 5 de febrero de 1963, *NV Algemene Transport, en Expeditie Onderneming van Gend & Loos* vs *Nederlandse administratie der belastingen.*

1311 TJCE, As. C-106/77, ECLI:EU:C:1978:49, del 9 de marzo de 1978, *Amministrazione delle Finanze dello Stato* vs *SpA Simmenthal*, FJ 17-18.

1312 Al contrario de la armonización mínima, la armonización plena se da cuando los Estados miembros de la UE no pueden introducir normas aún más estrictas que las que prevé la directiva, véase: https://eur-lex.europa.eu/legal-content/ES/TXT/HTML/?uri=LEGISSUM:l14527&from=ES. Fecha de consulta: 20 de marzo de 2022 y EBERS, M., "De la armonización mínima a la armonización plena: La propuesta de Directiva sobre derechos de los consumidores", *InDret*, núm. 2, 2010, pp. 5-8.

1313 Es importante recordar que las leyes de policía protegen intereses generales y públicos y las directivas sobre consumidores se excluyen de su rango de aplicación por tratarse de intereses personales o individuales que no afectan globalmente al Estado miembro; JUÁREZ PÉREZ, P., "*La ley rectora de los contratos...*", *ob. cit.*, p. 69.

1314 Debe tenerse en cuenta que existen dos tipos de directivas en materia de protección de consumidores en la UE, las primeras con un ámbito de aplicación flexible y las segundas con un ámbito de aplicación rígido. En las primeras, no se requiere un vínculo específico con un Estado miembro para aplicarlas, sólo una conexión cercana al territorio de la UE, tal y como acontece con la Directiva 93/13/CEE. En las segundas sí requiere que un elemento del caso concreto se sitúe en territorio de la UE para que la directiva sea aplicable; tenemos en este caso la Directiva 2008/122/CE del Parlamento Europeo y del Consejo, de 14 de enero de 2009, relativa a la protección de los consumidores con respecto a determinados aspectos de los contratos de aprovechamiento por turno de bienes de uso turístico, de adquisición de productos vacacionales de larga duración, de reventa y de intercambio; *DOUE* núm. 33 de 3 de febrero de 2009, que exige que el inmueble objeto del contrato se encuentre en territorio de la UE o que cuando el contrato no esté ligado de manera directa a un bien inmueble, el profesional ejerza o dirija sus

do en cuenta que una vez que una directiva ha sido traspuesta en los derechos nacionales de los Estados miembros deben ser tomadas como normas no derogables mediante acuerdo de las partes[1315].

1.1. Directiva 93/13/CEE (trasposición en España e Italia)[1316]

En materia de consumidores tenemos como base en la UE la Directiva 93/13/CEE sobre las cláusulas abusivas en los contratos celebrados con consumidores, cuyas características fueron expuestas en el capítulo II. Tomemos como ejemplo la trasposición de la Directiva en la legislación española en la Ley 7/1998[1317], que prevé los elementos esenciales de la directiva en la definición de una cláusula abusiva, cuando establece que, para que pueda ser declarada nula, debe probarse que la cláusula, no fue negociada individualmente generando abuso de la posición dominante por parte del profesional, adicionalmente, debe ser contraria a la buena fe y ocasionar un desequilibrio en materia de derechos y obligaciones en detrimento del consumidor[1318]. Respecto de la aplicación de normas imperativas del país de residencia habitual del consumidor cuando por acuerdo se pacte una ley extranjera, la Ley 7/1998 indica que serán aplicables las disposiciones imperativas cuando coincida que la residencia habitual y el lugar de emi-

---

actividades a un Estado miembro. Aunque esta última directiva no es aplicable a la relación jurídica entre el huésped-consumidor y la PLAT, sirve para indicar que las normas irrenunciables de protección al consumidor contenidas en la Directiva 93/13/CEE aplican al huésped-consumidor de acuerdo a su Estado miembro de residencia habitual, aunque la ley aplicable sea la de un tercer país, o la sede social de la PLAT esté situada por fuera de la UE, por tanto no existe una conexión que ate el cumplimiento de Directiva 93/13/CEE y sus normas imperativas de protección al consumidor a un elemento contractual, por tanto, su aplicación es flexible; CAMPO COMBA, M., *The Law Applicable to Cross-border Contracts involving Weaker Parties in EU Private International Law,* Rotterdam, 1ª ed., Springer, 2021, p. 184.

1315 MANKOWSKY, M., MAGNUS, U., "*European Commentaries on Private…*", *ob. cit.,* p. 483.

1316 Debe indicarse que para hacer la comparación de las trasposiciones en España e Italia se tomó un artículo de la Directiva 93/13/CEE que no fue modificado por la Directiva 2019/771 de armonización plena.

1317 Ley 7/1998, de 13 de abril, sobre condiciones generales de la contratación, publicada en: BOE núm. 89, de 14 de abril de 1998.

1318 FELIU ÁLVAREZ DE SOTOMAYOR, S., *"Modelos colaborativos en…"*, *ob. cit.,* p. 419. La definición de cláusula abusiva se encuentra en el Art. 3. de Directiva 93/13/CEE. Véase: STS núm. 3073/2021, de 20 de julio, ECLI:ES:TS:2021:3073.

sión de la declaración negocial haya sido en España o cuando coincida la primera con el hecho de que el profesional dirija sus actividades hacia el Estado miembro de residencia habitual del consumidor[1319]. Estos últimos requisitos no se exigen en la Directiva 93/13/CEE, y son una muestra de la especialidad al momento de la transposición de cada directiva, y de la importancia de que al huésped-consumidor le apliquen las normas de su propio país de residencia habitual, por cuanto aunque se trate de una fuente común como una directiva, los cambios realizados, pueden resultar más o menos beneficiosos para el huésped-consumidor en el caso concreto.

Veamos a continuación un ejemplo comparativo de dos trasposiciones de la Directiva 93/13/CEE; a la legislación española y a la italiana[1320], para verificar si existe la posibilidad que los huéspedes-consumidores de la UE que tienen su residencia en ese Estado miembro pueden beneficiarse de normas más beneficiosas de acuerdo con el ordenamiento jurídico al que se encuentran vinculados.

En Italia el Art. 34. 5 del Decreto Legislativo n. 206 del 6 septiembre de 2005, en adelante DC 206/2005, establece lo siguiente:

> "Nel contratto concluso mediante sottoscrizione di moduli o formulari predisposti per disciplinare in maniera uniforme determinati rapporti contrattuali, incombe sul professionista l'onere di provare che le clausole, o gli elementi di clausola, malgrado siano dal medesimo unilateralmente predisposti, siano stati oggetto di specifica trattativa con il consumatore"[1321].

1319 FELIU ÁLVAREZ DE SOTOMAYOR, S., *"Modelos colaborativos en..."*, *ob. cit.*, pp. 420-421.

1320 En Italia se toma para hacer la comparación el Decreto Legislativo n. 206 del 6 septiembre de 2005, o *Codice del consumo*, publicado en *Gazzetta Ufficiale* n. 235, 08-10-2005 *Supplemento Ordinario* n. 162. Sin embargo, ha de tenerse en cuenta que la primera trasposición de la Directiva 93/13 se realizó en la *Legge* n. 52 del 6 de febrero de 1996, *Gazzetta Ufficiale* n. 34, 10-02-1996, *Supplemento Ordinario* n. 24 y la segunda fue al Código Civil italiano, aprobado originalmente mediante *il regio decreto,* n. 262, 16-03-1942, para finalmente expedirse el Decreto Legislativo n. 206 de 2006, que retoma y amplia lo establecido en la Directiva 93/13/CEE. Lo anterior, se explica porque países como Italia y Francia, la transposición de la Directiva 93/13 justificó la creación de un código de consumo, extenso y especializado; FERRANTE, A., ¿Quimera o Fénix? El recorrido europeo y latinoamericano hacia un derecho común de contratos", *Revista de Derecho Privado,* núm. 30, 2016, p. 111.

1321 Art. 34.5: "En el contrato celebrado mediante la firma de formularios o impresos preparados para regular determinadas relaciones contractuales de manera uniforme, corresponde al comerciante demostrar que las cláusulas, o los elementos de la cláusula, a pesar de haber sido preparados unilateralmente por el mismo, han sido objeto de negociaciones específicas con el consumidor". Traducción propia.

Por su parte, en España la Ley 7/1998 en su Art. 10 bis 1. indica que:

> "El profesional que afirme que una determinada cláusula ha sido negociada individualmente, asumirá la carga de la prueba".

En ambos artículos se evidencia la carga de la prueba a favor del consumidor cuando las cláusulas no han sido negociadas individualmente, sin embargo, en la normativa italiana, se eleva la responsabilidad del profesional cuando se indica que también le correspondería probar que un elemento de una cláusula ha sido negociado individualmente así como la cláusula completa, coincidiendo esto último con la legislación española.

Veamos con un ejemplo, cómo afectaría al huésped-consumidor que contrata con la PLAT *Rentalia*, con sede social en Madrid que se le aplique una u otra legislación. A continuación, un fragmento de los términos de servicio de *Rentalia* sobre la aceptación de las condiciones contractuales de la página web[1322]:

> "Por la navegación y utilización de la Web y Apps se te atribuye la condición de usuario de la Web y Apps (en adelante, el/los "Usuario/s") e implica la aceptación de todas las condiciones incluidas en este Aviso Legal. La prestación del servicio del Web y Apps tiene una duración limitada al momento en el que el Usuario se encuentre conectado a la Web y Apps o a alguno de los servicios que a través del mismo se facilitan. Por tanto, el Usuario debe leer atentamente el presente Aviso Legal en cada una de las ocasiones en que se proponga utilizar la Web y Apps, ya que éste y sus condiciones de uso recogidas en el presente Aviso Legal pueden sufrir modificaciones".

Si la pretensión del huésped-consumidor en un litigio contra la PLAT es establecer que no hubo posibilidad de aceptar las modificaciones a los términos de servicio porque la PLAT presume de la aceptación cada vez que se ingresa a la página web o a la aplicación con el objetivo de establecer la nulidad del contrato, de acuerdo con la legislación española, le correspondería al empresario probar que es posible verificar cada vez que se ingresa a la PLAT este tipo de cambios[1323]. Sin embargo, de acuerdo a la legislación italiana, podemos tomar un elemento de la cláusula, "el ingresar a la plataforma por medio de la aplicación", y solicitar la nulidad de esa parte de la cláusula, en caso de que los términos y condiciones que constaban en la

---

[1322] Términos de servicio de *Rentalia* disponibles en: https://es.rentalia.com/common/legal. Fecha de consulta: 13 de marzo de 2023.

[1323] De acuerdo con la Directiva 93/13/CEE este tipo de cláusula ya es abusiva por "autorizar al profesional a modificar unilateralmente sin motivos válidos especificados en el contrato los términos de este".

aplicación al momento de la contratación fuesen menos favorables que los de la página web, y le correspondería probar a la PLAT una circunstancia técnica mucho más compleja, que es demostrar los cambios en la aplicación y rastrear el momento de acceso del consumidor a la misma, teniendo en cuenta que en las aplicaciones se utilizan los datos almacenados en la memoria caché para autenticar al usuario y permitirle entrar a la página web de la PLAT usando su cuenta sin que él note que ha iniciado sesión, por tanto, el huésped-consumidor puede realizar múltiples contratos con la PLAT sin aceptar de manera consciente los términos y condiciones.

Otro ejemplo de la diferencia de estas dos normas, viene dado por el Art. 35.2 del DC 206/2005 italiano que indica que:

> "In caso di dubbio sul senso di una clausola, prevale l'interpretazione più favorevole al consumatore"[1324].

Sobre la favorabilidad en la interpretación de los vacíos legales el Art. 6.2 de la Ley 7/1998 española que indica:

> "Las dudas en la interpretación de las condiciones generales oscuras se resolverán a favor del adherente. En los contratos con consumidores esta norma de interpretación sólo será aplicable cuando se ejerciten acciones individuales".

En la legislación italiana no se establecen consideraciones sobre del consumidor que presenta su pretensión dentro una acción colectiva de reclamación, a diferencia de la española en la cual los vacíos jurídicos sobre la interpretación del contrato no favorecerán al consumidor que presenta una reclamación conjunta, sino solamente cuando existe una reclamación individual. Este tipo de reclamaciones pueden presentarse en contra de la PLAT cuando varios huéspedes-consumidores se ven afectados por la contratación de un inmueble particular, cuando por ejemplo sufren daños patrimoniales por cobros realizados por la PLAT de manera indebida a raíz de un mismo hecho generador como un fallo técnico o un error humano, aunque realicen pagos individuales, o cuando deseen solicitar de manera conjunta o grupal la nulidad de una cláusula contractual redactada por la PLAT.

Visto los ejemplos anteriores, no es posible concluir que la legislación italiana sea más proteccionista porque existe alguna interpretación menos restrictiva que la española y por tanto los residentes en ese país tienen un mayor grado de protección, lo anterior, teniendo en cuenta que si bien en

---

1324 "En caso de duda sobre el significado de una cláusula, prevalece la interpretación más favorable al consumidor". Traducción propia.

los casos planteados las situaciones permitían que el huésped-consumidor se incline por una legislación, ello no implica que todos los casos puedan ser iguales, y son las circunstancias de hecho de cara a la norma las que permiten valorar la aplicación de una u otra legislación puede o no salvaguardar o proteger de mejor manera los intereses del huésped-consumidor.

1.2. Directiva 2000/31/CE (trasposición en España y Francia)

Tomemos ahora otra directiva, la que regula los servicios de la sociedad de la información, que es el área en el cual pueden incluirse las PLAT y que ya ha sido mencionada en el capítulo II de esta investigación. La Directiva 2000/31/CE crea un marco jurídico uniforme en el territorio de la EU para asuntos relativos al comercio electrónico con el objetivo de favorecer la armonización jurídica en el marco de los servicios de la sociedad de la información, obstaculizados previamente por la falta de uniformidad en los Estados miembros principalmente en el reconocimiento de los actos jurídicos realizados por medios electrónicos[1325]. Para lograr ese objetivo, la Directiva 2000/31/CE se centró en regular dos situaciones, la primera en materia de contratación electrónica suprimió los requisitos o trabas para celebrar contratos de manera virtual, y la segunda eximió a las partes de establecer un acuerdo previo sobre la utilización de medios electrónicos en el contrato, permitiendo que los soportes de la celebración, la ejecución o terminación de este fuera válido a efectos probatorios[1326].

Respecto de los servicios de la sociedad de la información estos son definidos como "todo servicio prestado normalmente a cambio de una remuneración, a distancia, por vía electrónica y a petición individual de un destinatario de servicios"[1327], y respeto de los prestadores la Directiva 2000/31/CE les exige el cumplimiento requisitos específicos a los que llama "ámbito

---

[1325] TROCAN, L.M., "The Concerns of the United Nations Organization, Hague Conferences on International Private Law and European Union's Conferences on the Regulation of Electronic Trade", *Analele Universităţii "Constantin Brâncuşi"*, núm. 4, 2011, p. 105.

[1326] CAMPILLOS GONZÁLEZ, G.M., "La ley de Servicios de la Sociedad de la Información, marco jurídico de las actividades económicas a través de internet", *Economía Industrial*, núm. 338, 2001, p. 11.

[1327] Directiva 98/48/CE del Parlamento Europeo y del Consejo de 20 de julio de 1998 que modifica la Directiva 98/34/CE por la que se establece un procedimiento de información en materia de las normas y reglamentaciones técnicas, publicada en: *DOCE* núm. 217, de 5 de agosto de 1998.

coordinado", que se traducen en que cada Estado miembro deberá velar porque la prestación de servicios en su territorio cumpla con las normas nacionales exigidas para tal actividad[1328]. El cumplimiento de los requisitos en el ámbito coordinado especialmente de las leyes nacionales no afecta la aplicación de las normas de DIPr, de acuerdo con el Art. 1.4 de la Directiva y se aplicará sin perjuicio de la protección de los derechos del consumidor de acuerdo numeral 3. del mismo Art[1329].

Veamos cómo fue traspuesta en Francia y España respecto del régimen de responsabilidad; en primer lugar, la Ley francesa n° 2004-575[1330] indica en su Art. 15.1:

> "Toute personne physique ou morale exerçant l'activité définie au premier alinéa de l'article 14 est responsable de plein droit à l'égard de l'acheteur de la bonne exécution des obligations résultant du contrat, que ces obligations soient à exécuter par elle-même ou par d'autres prestataires de services, sans préjudice de son droit de recours contre ceux-ci"[1331].

Frente a la trasposición de la Directiva 2000/31/CE por la ley española, la Ley 34/2002, de 11 de julio, de servicios de la sociedad de la información y de comercio electrónico[1332], que prevé en sus Arts. 13 al 17 el régimen de responsabilidad para los prestadores de servicios, e incluye tanto obligaciones como circunstancias de exoneración de responsabilidad diferentes y autónomas entre los prestadores de servicios de la sociedad de la información: los operadores de redes y proveedores de acceso, los operadores de redes de telecomunicaciones y proveedores de acceso a una red de tele-

---

1328 REQUEJO ISIDRO, M., "La Ley 34/2002, de 11 de julio, de Servicios a la Sociedad de la Información y del Comercio Electrónico y la Prestación Transnacional de Servicios en el Seno del EEE", *REDI*, vol. 55, núm. 2, 2003, p. 798.

1329 DE MIGUEL ASENSIO, P.A., "Private International Law before the Globalization", *AEDIPR*, t. XXXVII, 2001, p. 77.

1330 Ley n° 2004-575 de 21 junio de 2004 *pour la confiance dans l'économie numérique*, disponible en: https://www.legifrance.gouv.fr/jorf/id/JORFTEXT000000801164. Fecha de consulta: 28 de agosto de 2023.

1331 "Toda persona física o jurídica que ejerza la actividad definida en el párrafo primero del artículo 14 será automáticamente responsable ante el comprador del correcto cumplimiento de las obligaciones derivadas del contrato, independientemente de que dichas obligaciones deban ser cumplidas por él o por otros prestadores de servicios, sin perjuicio de su derecho de recurso contra ellas". Traducción propia. La actividad comprendida en el Art. 14 es comercio electrónico.

1332 Ley 34/2002, de 11 de julio, de servicios de la sociedad de la información y de comercio electrónico, publicado en: BOE núm. 166, de 12 de julio de 2002.

comunicaciones, los prestadores de servicios que realizan copia temporal de los datos solicitados por los usuarios, los prestadores de servicios de alojamiento o almacenamiento de datos y los prestadores de servicios que faciliten enlaces a contenidos o instrumentos de búsqueda.

Así las cosas, pareciera ser que de las dos leyes traspuestas de la Directiva 2000/31/CE, la ley francesa permitiera un régimen de responsabilidad más amplio que el de la ley española, puesto que establece que cuando se contrata con un prestador de servicios, este será responsable de manera global aunque él no preste directamente todos los servicios objeto del contrato, en contraste, la ley española establece un régimen de responsabilidad especializado de acuerdo a la naturaleza y funciones del prestador de servicios en ciertas categorías.

Si verificamos esto con una PLAT, por ejemplo, *Wimdu*[1333] con sede social en Alemania, que utiliza al intermediario *Datatrans* con domicilio en Suiza para tramitar el pago, en el caso que el huésped-consumidor tuviere problemas por un pago equivocado y solicita el reembolso del dinero, en principio la ley que más lo beneficiaría seria la francesa, porque esta permite acudir directamente a la PLAT que fue con quien se realizó la contratación y que además se encuentra ubicada en un Estado miembro de la UE. En la legislación española también se puede atribuir responsabilidad a la PLAT como prestadora de los servicios de la sociedad de la información, pero de acuerdo con la pretensión que reclame y el titular de la prestación de un servicio específico puede enfrentarse a los efectos de una causal de exoneración, y no obtener una compensación monetaria.

Este ejemplo de disposiciones que no pueden excluirse mediante acuerdo en la UE, nos permite vislumbrar la dificultad en la aplicación de una norma de contenido sustancial u otra respecto de los derechos del consumidor que se encuentra protegido por una extensa gama de regulaciones en la UE, siendo innegable que el juego de las normas nacionales que permite en el caso concreto, pues no se puede asegurar en un examen previo si una norma de un Estado es más proteccionista que otra, a menos que se interprete y analice la circunstancia de hecho frente a la norma sustancial.

1333 Términos de servicio de *Wimdu* disponibles en: https://www.wimdu.es/aviso-legal#cg. Fecha de consulta: 20 de septiembre de 2023.

2. LA LEY MATERIAL: EL PANORAMA PARA EL HUÉSPED-CONSUMIDOR EN COLOMBIA, MÉXICO, ARGENTINA Y BRASIL

Después de lo expuesto en apartados anteriores en los que se indica como se determina la ley aplicable en materia de contratos internacionales suscritos entre la PLAT y el huésped-consumidor, nos enfrentamos a una realidad poco alentadora para los huéspedes-consumidores con residencia habitual en la UE que deseen demandar a las PLAT en el país donde tienen su sede social, si esta se encuentra ubicada en Colombia, México, Argentina o Brasil. Lo anterior, se traduce en que, si los tribunales de estos países son competentes, es muy probable[1334] que, aunque exista pacto entre las partes sobre la aplicación de la ley de residencia habitual del huésped-consumidor o de un tercer Estado, que el juez del foro aplique normas de conflicto internas que invalidan el pacto o directamente la ley sustancial del país en donde se encuentra ubicado. Teniendo en cuenta que los tribunales no conocen o no ponen en práctica las normas de DIPr en materia de ley aplicable, justificados en la falta de antecedentes judiciales que respalden la aplicación de ley extranjera. Debe resaltarse la excepción de Argentina, que si bien no permite el pacto entre las partes cuenta con normas de conflicto internas y especializadas en consumo y en protección de parte débil.

Sin embargo, la batalla no se puede dar por perdida. Las leyes materiales sobre Derecho privado en Colombia, México, Argentina y Brasil se encuentran en una etapa de modernización, teniendo en cuenta que los Estados latinoamericanos desean participar en escenarios internacionales y la manera más probable de realizarlo es mantener actualizados sus ordenamientos jurídicos, especialmente en materia de obligaciones[1335]. En ma-

---

1334 Esta afirmación se realiza teniendo en cuenta la dificultad general para que los tribunales del foro de los países seleccionados apliquen la ley de un país foráneo, aunque existan normas de conflicto en su sistema de DIPr que indiquen esa ley aplicable. Lo anterior como regla general debe entenderse sin perjuicio del caso de México, donde es más probable que los jueces apliquen una ley extranjera, aunque exista pacto o no si se cumplen determinados requisitos porque si existen normas de conflicto claras y aplicables en el Código Civil Federal, pero siempre existe el riesgo que el juez aplique la ley sustancial mexicana.

1335 QUINTANA CEPEDA, A., "La modernización del Derecho de las obligaciones, una experiencia para Latinoamérica", *Revista de Derecho Privado*, núm. 57, 2017, pp. 13-16. Adicionalmente, existe también un esfuerzo conjunto de armonización de la Comunidad Andina de Naciones (CAN) y del MERCOSUR respecto a la protección actual de los derechos del consumidor en materia de comercio electrónico; REYES SÁNCHEZ, A.M., GARCÍA SALAZAR, L.F., "Esfuerzos latinoame-

teria del Derecho del consumo, este se ha introducido a los ordenamientos jurídicos de los países seleccionados con leyes autónomas que protegen a los consumidores frente a los profesionales en un nivel importante, y aunque no existan normas específicas sobre la protección del huésped-consumidor, se consagran derechos a favor la parte débil sin cuestionar la naturaleza de la relación de consumo tales como la cobertura en materia de incumplimiento del profesional y la interpretación de las normas contractuales a favor del consumidor[1336]; que encuentran eco en cada uno de los países seleccionados como veremos a continuación.

2.1. Ley material colombiana: El Estatuto del Consumidor

En materia de derecho de consumo, la norma principal y sustancial a la que debe acudirse es la Ley 1480 de 2011[1337], que en su Art. 4, indica que se trata de una norma de orden público y en caso de pactarse estipulaciones contractuales que la contradigan, se tomarán por no escritas y por tanto serán ineficaces. Sin embargo, son válidos los acuerdos patrimoniales realizados por las partes si se presentan como resultado del uso de un método alternativo de solución de conflictos, aunque difieran de los valores consagrados en esta ley sobre indemnizaciones.

Si el huésped-consumidor desee reclamar judicialmente en Colombia a la PLAT y las leyes aplicables sean las colombianas, debe tenerse en cuenta algunos aspectos relevantes con respecto a la Ley 1480 de 2011 sobre el contrato de prestación de servicios[1338]. El procedimiento para este tipo de

---

ricanos en torno a los derechos del consumidor: CAN y MERCOSUR", *Revista Relaciones Internacionales,* núm. 89, 2016, pp. 179 y 187.

1336 Se indicarán, en ocasiones, normas procesales contenidas en las leyes analizadas que son más favorables para el consumidor, y aunque la naturaleza de estas disposiciones no sea sustancial se mencionan para exponer de forma global los beneficios de este tipo de normas.

1337 Ley 1480 de 2011 de 12 de octubre, publicada en el Diario Oficial núm. 48.220 de 12 de octubre de 2011, disponible en: https://www.funcionpublica.gov.co/eva/gestornormativo/norma.php?i=44306. Fecha de consulta: 25 de septiembre de 2023.

1338 Previo a la expedición de Ley 1480 de 2011, no había una referencia expresa que categorizara las obligaciones de los contratos de servicios como de "medios", sin embargo el Art. 7 no establece que este tipo de obligaciones hayan de ser cumplidas con la máxima diligencia y cuidado por el profesional, por cuanto le impone únicamente cumplir las reglas del servicio de acuerdo a los usos regulares del comercio; OSSA GÓMEZ, D., "Definición, delimitación y análisis del ámbito de

pretensión es el verbal sumario y su caducidad si se trata de una acción ordinaria es de 10 años[1339].

El Art. 34 de la Ley 1480 de 2011 indica que cuando exista oscuridad en la redacción de las cláusulas contractuales, se interpretará de manera más favorable al consumidor, lo cual puede resultar muy beneficioso para el huésped-consumidor en un contrato con la PLAT en el que no se delimite claramente el régimen de responsabilidad de la plataforma frente a problemas sobrevinientes con el contrato de arrendamiento[1340]. Adicionalmente, el Art. 4 establece que para asuntos no regulados en esta ley, deberá recurrirse al Código de Comercio y en su defecto a las normas del Código Civil.

La carga de la prueba de acuerdo con la Ley 1480 de 2011, es para el demandado, es decir, a la PLAT le corresponderá demostrar que no ha causado el daño o que si lo ha hecho se encuentra dentro de una de las causales de exoneración. También se contempla la imposibilidad de presumirse la voluntad del consumidor y que de ello se deriven obligaciones a su cargo, por tanto, la presunción de aceptación de los términos y condiciones de la PLAT con tan solo ingresar a la página web y sin dar el consentimiento expreso puede ser debatido en un escenario judicial con el objetivo de que estas cláusulas se tomen por no escritas y nulas de pleno derecho.

La Superintendencia de Industria y Comercio que, como se ha señalado en el capítulo segundo, cuenta con facultades jurisdiccionales para resolver controversias entre la PLAT y el huésped-consumidor, también tiene funciones administrativas y en caso de que la PLAT tenga una sede en Colombia como *Booking.com* Colombia S.A.S., esta se encuentra directamente sometida a las leyes y autoridades colombianas y puede ser objeto de las sanciones del Art. 54; como multas, cierre de establecimiento, cierre de página web, entre otras.

El capítulo VI de la Ley 1480 de 2011, establece normas especiales de protección aplicables al consumidor de comercio electrónico, sin embargo,

---

aplicación del nuevo Estatuto del Consumidor (Ley 1480 de 2011)", *Revista Facultad de Derecho y Ciencias Políticas*, vol. 43, núm. 118, 2013, pp. 433-434.

1339 Código Civil Colombiano, Ley 84 de 26 de mayo de 1873, publicada en el Diario Oficial núm. 2.867 de 31 de mayo de 1873, disponible en: http://secretariasenado.gov.co/senado/basedoc/codigo_civil.html. Fecha de consulta: 25 de septiembre de 2023.

1340 A 2023, en el ordenamiento jurídico colombiano no existe una norma o jurisprudencia que defina o caracterice los contratos de intermediación entre la PLAT y el huésped-consumidor, por tanto, hasta que no exista casuística sobre el particular, la referencia son los términos y condiciones del contrato que pueden o no ir en contravención de las normas de orden público de la Ley 1480 de 2011.

estas normas fueron creadas para proveedores de servicios que utilicen medios electrónicos y que se encuentren ubicados en el territorio colombiano.

Este capítulo consagra obligaciones de transparencia para el profesional tanto en sus propios datos comerciales como en los de los servicios que prestan, así como: su publicidad, informar a los consumidores los precios, los medios de pago disponibles y los plazos de prestación del servicio, la publicación en todo momento y de manera accesible sus términos y condiciones, la protección de la información personal del consumidor, la obligación de disponer de un mecanismo electrónico de quejas y reclamos, entre otros. La aplicabilidad de este capítulo en una controversia a la que se apliquen las leyes colombianas es ínfima, puesto que lo aquí señalado son requisitos de procedimiento y prestación del servicio precontractuales y exigibles a las PLAT que se encuentran atadas a las leyes colombianas de manera previa a la controversia contractual.

Si se presenta un escenario en el cual el juez del foro sea colombiano, y se apliquen las normas de procedimiento colombianas, el huésped-consumidor podrá reclamar su pretensión a través del proceso verbal sumario tal y como se había mencionado pero ha de tener en cuenta que, es un proceso de mínima cuantía, de única instancia y los derechos patrimoniales derivados de la Ley 1480 de 2011, no deben exceder los 40 salarios mínimos mensuales legales vigentes en Colombia[1341], que para el año 2023 corresponden a COP 40.000.000, alrededor de 9000 euros[1342], a menos que se trate de un acuerdo pactado dentro del curso de un mecanismo alternativo de resolución de conflictos, en tal caso, no hay límite de cuantía.

2.2. *Ley material mexicana: Ley federal de protección al consumidor*

El ordenamiento jurídico mexicano[1343] ha contemplado una ley específica que establece que sus normas de protección sobre la parte de débil de

---

[1341] Art. 25 del Código General del Proceso. El salario mínimo legal mensual vigente en Colombia a 2023 es de COP 1.160.000 información extraída de: https://www.salariominimocolombia.net/. Fecha de consulta: 31 de agosto de 2023.

[1342] Conversión de pesos colombianos a euros realizada el 31 de mayo de 2023 en la página web: https://www.xe.com/currencyconverter/convert/?Amount=40000000&From=COP&To=EUR.

[1343] En México, a partir de la reforma constitucional de 1983 se estableció que la protección al consumidor tiene rango constitucional, y el ordenamiento jurídico ha de considerar y establecer reglas uniformes para evitar las violala relación de consumo: la Ley Federal de protección al consumidor[1344], cuyos principios especialmente enfocados en la protección del consumidor, deben interpretarse de manera armónica con los principios generales del derecho consagrados en el ordenamiento jurídico mexicano[1345].

En México, la Ley Federal de Protección al Consumidor en su Art. 1 indica que sus disposiciones son irrenunciables y por tanto no podrán alegarse costumbres, usos o estipulaciones entre las partes en su contra. Esta ley promueve la equidad, certeza, seguridad jurídica y protección a los consumidores. En especial se resaltan dos de los principios en los que se basa esta ley, uno que es proteger la vida e integridad de los consumidores por riesgos que derivados de ciertos productos o de servicios que puedan ser peligrosos o nocivos para ellos y otro, la prevención de daños patrimoniales y morales a los consumidores. la Ley Federal de Protección al Consumidor crea "un microsistema por sus reglas protectoras específicas donde no rige de manera absoluta el principio de autonomía de la voluntad que opera de manera general en materia civil y mercantil; sino que está sujeto a normas imperativas protectoras de los derechos de los consumidores cuyo cumplimiento debe vigilar el Estado"[1346].

Veamos entonces algunas disposiciones aplicables de esta ley al contrato de servicios suscrito entre la PLAT y el huésped-consumidor:

El Art. 14 de la Ley Federal de Protección al Consumidor establece que el plazo de prescripción para los derechos y obligaciones establecidos en la ley será de un año[1347], por tanto, una reclamación que exceda

---

ciones en masa o individuales de los derechos de los consumidores, que se encuentran en desventaja frente a los actores comunes del mercado. Legislación mercantil y su Interpretación por el Poder Judicial de la Federación, Registro Digital: 2008636, Localización: 10a. Época, 1a. Sala, Gaceta del S.J.F., Libro 16, marzo de 2015, Tomo II, p. 1094, Constitucional. Núm. de tesis: 1a. XCVII/2015 (10a.), disponible en: https://jurislex.scjn.gob.mx/#/5000/tab. Fecha de consulta: 31 de agosto de 2023.

1344 Ley Federal de Protección al Consumidor, publicada en el Diario Oficial de la Federación el 24 de diciembre de 1992, disponible en: https://www.profeco.gob.mx/juridico/pdf/l_lfpc_ultimo_camdip.pdf Fecha de consulta: 31 de agosto de 2023.

1345 DORANTES DÍAZ, F.J., "La aplicación de los principios del derecho en la Ley Federal de protección al consumidor", *Alegatos*, núm. 65, 2007, p. 172.

1346 RUZ SALDÍVAR, C., *ob. cit.*, p. 150.

1347 De acuerdo con el Art. 105 este año se contará en contratos de prestación de servicios a partir de que se pague el bien o sea exigible el servicio; o desde se

ese tiempo no será eficaz, previsión que debe ser tomada en cuenta por el huésped-consumidor si desea demandar a la PLAT en territorio mexicano. Si bien el Art. 14 es aplicable a todos los contratos con consumidores, el capítulo VIII Bis de la Ley Federal de Protección al Consumidor especializa protección al consumidor en los contratos celebrados a través de medios electrónicos o tecnológicos indica que en caso de incumplimiento por parte del empresario, el consumidor tendrá derecho a una compensación de mínimo el 20% extra del precio total del contrato más la indemnización por daños y perjuicios. Este incumplimiento en el caso del contrato de servicios puede darse cuando la prestación del servicio sea deficiente, o no sea prestado por causa imputable al empresario de acuerdo con el Art. 92 BIS.

Tomemos como ejemplo una forma de incumplimiento que puede darse por parte de la PLAT, cuando las fotos del inmueble no coincidan con lo pactado inicialmente, tal y como se señaló en el capítulo II. En este caso, de acuerdo con la ley Federal de Protección al Consumidor, la publicidad engañosa o inducir en error al consumidor es considerado una falta grave de acuerdo con el Art. 128 TER, e incurrir en esas conductas puede llevar al cierre total o parcial del establecimiento y multas de hasta el 10% de los ingresos brutos anuales del empresario. Por tanto, esta ley contempla sanciones administrativas y compensaciones a favor del consumidor, y para la PLAT, el cierre del establecimiento y también el cierre parcial o total de la página web hasta por 90 días.

Es de tenerse en cuenta que la Procuraduría Federal del Consumidor será el órgano administrativo encargado de vigilar el procedimiento de compensaciones, el procedimiento conciliatorio previo consagrado en el Art. 111 que si arriba a un acuerdo tendrá efectos de cosa juzgada[1348] y se encargará también de imponer sanciones a los comerciantes cuando se incumpla la ley. Someter la controversia ante la Procuraduría Federal del consumidor garantiza a las partes que el procedimiento de compensaciones y el conciliatorio será conducido por una entidad con funcionarios que cuentan conocimientos especializados en la protección a los derechos del consumidor.

---

preste el servicio, o desde la última fecha en que el consumidor demuestre que realizó un requerimiento al empresario.

[1348] Art. 1.391 del Código de Comercio mexicano.

2.3. *Ley material argentina: Ley de Defensa del Consumidor*

La Ley de Defensa al consumidor[1349] tiene el estatus de norma imperativa, puesto que su art. 65, establece que es de orden público[1350], rige en todo el territorio nacional. Por esta razón no puede ser derogada entre por las partes mediante acuerdo. Se resalta especialmente el Art. 8 bis sobre el trato digno a consumidores que indica que los proveedores o empresarios "deberán garantizar condiciones de atención y trato digno y equitativo a los consumidores y usuarios", y tratarlos de manera igualitaria aunque se traten de consumidores extranjeros.

La Ley de Defensa del Consumidor trae consigo consignas favorables al consumidor frente al proveedor o profesional. En materia de interpretación, el Art. 3 establece que en caso de duda prevalecerá la interpretación más favorable al consumidor. Cuando existe incumplimiento del contrato por parte de la PLAT a menos que se trate de caso fortuito o fuerza mayor, el huésped-consumidor puede exigir; el cumplimiento de la obligación de manera forzada si fuese posible; o aceptar un servicio equivalente en compensación o terminar el contrato y exigir la devolución de los dineros pagados. Las tres opciones del huésped-consumidor que se han señalado son independientes de la posible reclamación por daños y perjuicios ocasionados, por el incumplimiento de la PLAT.

Respecto a los contratos de prestación de servicios el empresario, en el caso de la PLAT, se encuentra obligada a cumplir los términos y condiciones que haya convenido, ofrecido o publicitado para prestar el servicio de acuerdo al Art. 19, lo cual abarca un rango de responsabilidad y cumplimiento de obligaciones más amplio que las de un contrato regular, puesto que si bien lo que se ha convenido en el contrato es la base para establecer los derechos y obligaciones, en el ordenamiento jurídico argentino, la publicidad directamente aplicable al contrato también puede hacer exigible

---

1349 Ley N° 24.240 de 22 de septiembre de 1993, "Normas de Protección y Defensa de los Consumidores. Autoridad de Aplicación. Procedimiento y Sanciones. Disposiciones Finales", publicada en el Boletín Nacional del 15 de octubre de 1993, disponible en: http://servicios.infoleg.gob.ar/infolegInternet/anexos/0-4999/638/texact.htm. Fecha de consulta: 31 de agosto de 2023.

1350 La Ley de Defensa al consumidor también se enmarca en la protección del orden público económico, "como reaseguro de la economía de mercado y garantía para prevenir inequidades". TAMBUSSI, C.E., "El principio de orden público...", *ob., cit,* p. 73 y Sentencia de la Cámara Nacional de Apelaciones en lo Comercial, de 23 de febrero de 1999, "Banco de Galicia c. L.H., P.M. y otros".

derechos del consumidor, y por tanto, en caso de una posible reclamación por parte del huésped-consumidor la publicidad al igual que los términos y condiciones puede ser fuente de obligaciones para la PLAT y derechos para huésped-consumidor.

La Ley de Defensa del Consumidor también establece cláusulas que se consideran directamente ineficaces, que por su naturaleza pueden incluirse en el contrato entre la PLAT y el huésped-consumidor: (i) *Las cláusulas que desnaturalicen las obligaciones o limiten la responsabilidad por daños*; las cláusulas de exoneración de responsabilidad de las PLAT son muy comunes, pero corresponderá al juez en el caso concreto examinar si su redacción se basa en una desproporcionada y poco razonable carga al consumidor, o si tal exoneración de responsabilidad es admisible en los contratos de prestación de servicios; (ii) *Las cláusulas que importen renuncia o restricción de los derechos del consumidor o amplíen los derechos de la otra parte*; y *(iii) Las cláusulas que contengan cualquier precepto que imponga la inversión de la carga de la prueba en perjuicio del consumidor.*

Tanto en la segunda como tercera prohibición sobre el objeto de las cláusulas puede evidenciarse que restringir los derechos del consumidor de acuerdo con la legislación argentina podría ser causal de nulidad de la cláusula. La referencia a los contratos con formato prestablecido y en serie es clara en la redacción de esta ley, que invoca el desequilibrio en los contratos redactados por el profesional y sin conceder al consumidor la posibilidad de negociación de las condiciones del contrato[1351].

En materia de aspectos procesales y de cuantía, —que se aplicarán cuando el juez del foro sea argentino— respecto de la prescripción de la acción en la Ley Defensa del consumidor no establece un término exacto, por lo cual es necesario acudir al plazo de prescripción general, Art. 2560 del Código Civil y Comercial de la Nación que es de cinco años[1352]. La multa por incumplimiento de las obligaciones contractuales con ocasión de daños al consumidor es de hasta 5.000.000 de pesos argentinos, lo que equivale a 2023 a aproximadamente 13.400 euros[1353]. Esta multa a favor del consu-

---

1351 OSVALDO ALFREDO GOZAÍNI, O.A., "¿Quién es consumidor a los fines de la protección procesal?", *Derecho PUCP*, núm. 56, 2003, p. 283. Arts-38-39 de la Ley de Defensa del Consumidor.

1352 Dictamen de la Fiscal General Gabriela F. Boquin, 23 de diciembre de 2016, disponible en:. Fecha de consulta: 16 de agosto de 2023.

1353 Conversión realizada en la página web: https://es.ex-rate.com/convert/ars/5000000-to-eur.html. Fecha de consulta: 28 de agosto de 2023.

midor se impondrá de manera independiente a otros daños que pueda acreditar. Adicionalmente, la carga de la prueba la tiene el profesional, por tanto, le corresponderá demostrar que no incumplió la obligación y las razones por las cuales no proceden las pretensiones del consumidor.

El huésped-consumidor deberá tener en cuenta el monto de la reclamación, cuyos máximos exceden lo estipulado en la legislación de Colombia, por ejemplo, y pueden también exceder los de México de acuerdo al monto del contrato, por tanto, en caso de pérdida de pertenencias, daños por razón de no coincidir las fotos del anuncio del inmueble con la realidad, cancelación de reservas o cualquier tipo de reclamación, el panorama legal argentino trae consigo beneficios considerables al consumidor, que en caso de presentar la demanda, deberá seguir el procedimiento más abreviado del Código Civil y Comercial de la Nación, a menos que el juez considere que es un caso complejo, y determine que la acción se siga por un procedimiento diferente de acuerdo con el Art. 53.

Acudir a la justicia ordinaria no es la única opción que consta en el contenido de la Ley de Defensa del Consumidor pues para reclamar daños por el incumplimiento de la PLAT también indica mecanismos alternativos como el arbitraje de consumo especial o amigable composición y aunque el procedimiento a seguirse es el reglamento de cada tribunal arbitral, la ley aplicable al caso es la Ley de Defensa del Consumidor.

2.4. Ley material brasileña: Código de Defensa del Consumidor

El Código de Defensa del Consumidor[1354] en su Art. 1 establece que contiene normas de protección y defensa del consumidor de orden público e interés social, en armonía con la Constitución Federal. Este Código prevé que la interpretación de las cláusulas contractuales debe realizarse de la manera más favorable para el consumidor y se consideran nulas de pleno derecho las cláusulas que se consideren abusivas para el consumidor en una lista no exhaustiva, señalada en su Art. 51. Algunas de estas cláusulas comúnmente podrían verse incluidas en un contrato entre la PLAT y el huésped-consumidor como las que exoneren al profesional de responsabilidad por vicios del servicio o producto o las que anulen el

---

[1354] Ley No. 8.078, del 11 de septiembre de 1990, "Dispõe sobre a proteção do consumidor e dá outras providências", publicada en: DOU de 12 de septiembre de 1990, disponible en https://www.planalto.gov.br/ccivil_03/leis/l8078compilado.htm. Fecha de consulta: 25 de septiembre de 2023.

derecho de reembolso a favor del consumidor[1355]. Tomemos de ejemplo una cláusula *VRBO* para territorio de Brasil sobre responsabilidad para verificar si la PLAT contravía lo señalado en el Código de Defensa del Consumidor[1356]:

> "Nós também não somos responsáveis pelo estado dos imóveis alugados por temporada anunciados em nosso Site, nem pelo cumprimento das leis, normas ou regulamentos que podem ser aplicáveis a todos os aluguéis por temporada em qualquer jurisdição".

En esta cláusula *VRBO* indica que se exonera de responsabilidad respecto del estado de las propiedades alquiladas, sin embargo, en caso de que las fotografías anunciadas en la página web de la PLAT no coincidan con la realidad, el huésped-consumidor podría reclamar un vicio en la prestación del servicio de intermediación, pues el contacto que ha realizado la PLAT con el anfitrión de un inmueble especifico carece de veracidad, evidenciando que la PLAT no realizó ninguna comprobación de los inmuebles anunciados en su página web, coadyuvando a inducir a error al huésped-consumidor y generándole un daño.

El Art. 51 del Código de Defensa del Consumidor de Brasil también prevé que una cláusula es abusiva cuando se establezca una ventaja desproporcionada a favor del profesional o cuando se determine de manera obligatoria acudir a arbitraje en caso de conflicto, con lo cual si son aplicables las leyes brasileras se da por sentado que el arbitraje ha sido pactado o reafirmado por las partes de manera posterior a la controversia y que el consumidor tiene pleno conocimiento de las consecuencias del arbitraje.

Respecto de los aspectos procesales el huésped-consumidor en caso de incumplimiento, podrá acudir a la justicia ordinaria siguiendo el procedimiento indicado en Código de Proceso Civil y de la Ley N° 7.347 de

---

1355 En el caso de la PLAT *Airbnb* y *VRBO* ingresando desde Brasil hay un procedimiento especial para reembolsos, disponible en: https://www.airbnb.com.br/help/article/2908/termos-de-servi%C3%A7o#3 y https://www.vrbo.com/pt-br/legal/termos-condicoes. Fecha de consulta: 25 de septiembre de 2023.

1356 Términos y condiciones de VRBO para Brasil disponibles en: https://www.vrbo.com/pt-br/legal/termos-condicoes. Fecha de consulta: 23 de septiembre de 2023. "Tampoco somos responsables del estado de las propiedades alquiladas de temporada anunciadas en nuestro Sitio, ni del cumplimiento de las leyes, reglas o regulaciones que puedan aplicarse a todos los alquileres de temporada en cualquier jurisdicción". Traducción propia.

1985[1357] de acuerdo con el Art. 90. Deberá tomar en cuenta que de acuerdo con el Art. 27 la pretensión para reparación de daños por el incumplimiento prescribe a los cinco años desde que se conoció del daño y de su autoría; la carga de la prueba es a favor del consumidor. Adicionalmente, esta ley concede al juez la facultad de levantamiento del velo corporativo y que en caso de que existan daños o perjuicios a los consumidores, los socios de empresa que actúa como proveedor de los servicios deberán responder con su propio patrimonio cuando se presenten situaciones ilícitas como abuso de derecho, exceso de poder, infracción de la ley, hecho o acto ilícito o violación de los estatutos o contrato social o cuando la empresa se encuentre en estado de insolvencia, inactividad o cierre[1358].

3. PROTECCIÓN AL CONSUMIDOR Y LA CONNOTACIÓN DE ORDEN PÚBLICO EN COLOMBIA, MÉXICO, ARGENTINA Y BRASIL

En Latinoamérica, la tendencia actual de las legislaciones sobre consumo es elevar las disposiciones que protegen a los consumidores a normas de orden público: para Colombia el Art. 4 del Estatuto del Consumidor indica que las disposiciones contenidas en esa ley son de orden público y cualquier estipulación en contrario se tendrá por no escrita, salvo en los

---

[1357] Ley No. 7.347, del 24 de julio de 1985, "Disciplina a ação civil pública de responsabilidade por danos causados ao meio-ambiente, ao consumidor, a bens e direitos de valor artístico, estético, histórico, turístico e paisagístico (VETADO) e dá outras providências", publicada en: DOU de 25 de julio de 1985, disponible en: http://www.planalto.gov.br/ccivil_03/LEIS/L7347orig.htm. Fecha de consulta: 25 de septiembre de 2023.

[1358] A partir del Art. 61 esta ley brasileña indica que incurrir en actos ilícitos en contra del consumidor trae consigo consecuencias penales, entre ellas multa y prisión para los empresarios que por ejemplo: distribuyan productos peligrosos, ejecuten actos de publicidad engañosa, impidan o dificulten el acceso del consumidor a información que el empresario tenga en su poder, entre otros. En la naturaleza de estos delitos puede evidenciarse la incisiva manera con la que el legislador brasileño protege a los consumidores, caso similar a lo que establece el Art. 2 que indica que se protegen también las colectividades de personas, que aun siendo indeterminables, hayan sido intervinientes en las relaciones de consumo, por tanto, en este caso se prescinde del vínculo contractual típicamente establecido entre empresario y consumidor; VIEIRA, L.K., "La circulación internacional del consumidor turista: los avances en el Mercosur y en la Conferencia de La Haya de Derecho Internacional Privado", *Revista de Direito do Consumidor*, vol. 116, 2018, p. 412.

supuestos específicos a los que se refiere esa ley; para México, el Art. 1 de la Ley Federal de Protección al Consumidor indica que se trata de una ley de orden público e interés social y de observancia en toda la República. Sus disposiciones son irrenunciables y contra su observancia no podrán alegarse costumbres, usos, prácticas, convenios o estipulaciones en contrario; en Argentina, el Art. 65 de la Ley de Defensa del Consumidor indica que es de orden público; y en Brasil, el Art. 1 del Código de Defensa del Consumidor establece normas de protección y defensa del consumidor, de orden público e interés social.

Sin embargo, esta consideración sobre orden público debe tomarse con mucha precaución, porque se trata de un concepto indeterminado, polisémico y variante que puede tener, dependiendo del contexto y la norma que lo contemple, distintitas repercusiones y significados, sin embargo frecuentemente se reconoce a las normas de orden público como asociadas o protectoras de un "*conjunto de valores, principios morales, éticos o políticos, en nombre de los cuales resulta legítimo limitar la libertad*"[1359].

La categorización de una norma como de orden público interno en la normas materiales de un Estado indica regularmente que se tratan de normas imperativas internas o de orden público interno, diametralmente diferente a la excepción de orden público internacional[1360] que fue explicada en el capítulo V. De acuerdo con MONROY CABRA las normas de orden público interno son las que dentro del contexto del derecho privado no pueden ser derogadas por pacto entre las partes. En contraste, las normas de orden público internacional tienen relación con la "*inaplicación de normas extranjeras, que siendo originariamente aplicables, pudieran vulnerar los principios fundamentales del ordenamiento jurídico del foro*"[1361].

Concederles a las normas de protección al consumidor el estatus de orden público interno, permite al Estado restringir la libertad individual[1362] con el fin de preservar el interés general. Este estatus se traduce en un blindaje del consumidor frente al profesional y cualquier estipulación contractual en el contrato de consumo que contradiga las normas de protección al consumidor elevadas a orden público se tendrán por no escritas[1363].

1359 SANCLEMENTE-ARCINIEGAS, J., "Corrupción, orden público y regulación económica en Colombia", *Jurídicas*, vol. 17, núm. 1, 2020, p. 108.

1360 CALVO CARAVACA, A.-L., "*Derecho internacional privado*", *ob. cit.*, p. 116.

1361 MONROY CABRA, M., *"Derecho Internacional…"*, *ob. cit.*, p. 282.

1362 REVOREDO DE MUR, D., *ob. cit.*, p. 241.

1363 QUINTERO GARCÍA, O., *ob. cit.*, p. 97.

Veamos a continuación la distinción en cada uno de los países latinoamericanos estudiados del orden público interno e internacional para dar claridad respecto a la manera de aplicar las normas de protección al consumidor de cada uno de estos Estados, en los que tienen estatus de normas de orden público internas, y sólo serán aplicables por el juez del foro en cada uno de estos Estados.

a) En **Colombia**, las normas que se refieren a la aplicación del derecho extranjero en ese país son escasas y poco especializadas, excepto cuando se trata de limitar su aplicación para proteger el orden público, cuyo alcance ha sido interpretado en varias ocasiones por la Corte Suprema de Justicia en su argumentación sobre el reconocimiento de sentencias extranjeras en el territorio nacional[1364]. La Corte Suprema de Justicia de Colombia se ha referido al orden público colombiano como el que abarca los principios básicos o fundamentales de las instituciones, y establece ejemplos como: la prohibición del ejercicio abusivo de los derechos, la buena fe, la imparcialidad del tribunal arbitral y el respeto al debido proceso[1365]. La Corte Suprema de Justicia[1366] también ha aclarado el concepto de orden público interno y orden público internacional, estableciendo que el primero se conforma por:

> "Las leyes imperativas en el derecho privado las cuales no pueden ser desconocidas o derogadas por convenciones entre los particulares como lo dice impropiamente, el artículo 16 del Código Civil. Estas leyes imperativas o de orden público tienen validez permanente y se oponen a las meramente supletivas o interpretativas de la voluntad de las partes que sólo rigen a falta de estipulaciones de los contratantes que modifican sus previsiones"

En los tratados internacionales sobre ley aplicable en los que Colombia es parte, existen algunas referencias al orden público; el Tratado sobre Derecho internacional privado entre la República de Colombia y la República del Ecuador de 1903[1367] y la Convención interamericana sobre normas ge-

---

1364 OCHOA JIMÉNEZ, M.J., *"Las normas de derecho..."*, *ob. cit.*, p. 382.

1365 Corte Suprema de Justicia, Sala de Casación Civil, M.P. Ruth Marina Díaz Rueda, disponible en: file:///C:/Users/USER/Downloads/S-%2006-06-2013%20(11001020300002008-01381-00).pdf. Fecha de consulta: 7 de septiembre de 2023.

1366 Corte Suprema de Justicia, *"Sentencia de 24 de junio de 2016..."*, *ob. cit.*

1367 *"Tratado sobre Derecho internacional privado..."*, *ob. cit.*, Art. 53: "Las leyes, sentencias, contratos y demás actos jurídicos que hayan tenido origen en el país extranjero, sólo se observarán en la República, en cuanto no sean incompatibles con su Constitución política, con las leyes de orden público o con las buenas costumbres".

nerales de Derecho internacional privado, de Montevideo de 1979[1368] que indican la prevalencia del orden público nacional frente a la aplicación de una ley extranjera. En el derecho interno colombiano el Código Civil establece en su Art. 16 que "*No podrán derogarse por convenios particulares las leyes en cuya observancia están interesados el orden y las buenas costumbres*". En contraste, el Código de Comercio sólo establece la sujeción a las leyes colombianas, pero no especifica nada sobre el orden público o su prevalencia frente a los pactado por las partes[1369].

b) El ordenamiento jurídico **mexicano** considera que el orden público engloba y protege los principios esenciales del Estado mexicano[1370] pero no prevé una lista cerrada y taxativa de las normas de orden público, por cuanto los cambios graduales y frecuentes de la norma frente a la realidad mexicana evidencian la volatilidad de las normas de orden público que son puntualizadas e interpretadas en la casuística judicial[1371]. Sin embargo, podemos encontrar una referencia en el Art. 8[1372] del Código Civil Federal y en la letra de la ley de algunas leyes específicas como la Ley Federal de Protección al Consumidor. Sobre orden público internacional existen también algunas referencias normativas en DIPr mexicano que indican la importancia y prevalencia de este tipo de normas: el Art. 5 de la Convención interamericana sobre normas generales de Derecho internacional privado al igual que Colombia, el Art. 15[1373] del Código Civil Federal, que también se plasman en los Códigos Civiles de los Estados federales y algunas referencias a la aplicación de la ley extranjera en el Código de Comercio cuando existe decisión judicial o arbitral, el Art. 1347-A sobre ejecución de sentencias extranjeras y el Art. 1457 sobre el laudo arbitral.

1368 "*La Convención interamericana sobre conflictos de leyes…*", *ob. cit.*, Art. 5: "La ley declarada aplicable por una convención de Derecho Internacional Privado podrá no ser aplicada en el territorio del Estado Parte que la considerare manifiestamente contraria a los principios de su orden público".

1369 Arts. 869 y 1328 del Código de Comercio colombiano.

1370 GUERRERO VALLE, J.C., "El orden público y el arbitraje en el Derecho mexicano. Avance, retroceso o redefinición de límites y consecuencias", *Arbitraje*, vol. XI, núm. 3, 2018, pp. 863-869.

1371 GONZÁLEZ MARTÍN, N., *ob. cit.*, p. 164.

1372 Art. 8. "Los actos ejecutados contra el tenor de las leyes prohibitivas o de interés público serán nulos, excepto en los casos en que la ley ordene lo contrario".

1373 Art. 15: "Cuando las disposiciones del derecho extranjero o el resultado de su aplicación sean contrarios a principios o instituciones fundamentales del orden público mexicano".

c) El ordenamiento jurídico **argentino** contempla específicamente los lineamientos de las normas de orden público en jurisprudencia[1374] y leyes internas, debido a que en los tratados de Montevideo de 1889 y de 1940 no se hace referencia a las normas de orden público.

Las leyes internas argentinas contemplan entonces prerrogativas especiales en el Código Civil y Comercial de la Nación en sus Arts. 2.599 y 2.600; el primero indica que las normas internacionalmente imperativas son aquellas que prevalecen sobre lo pactado por las partes y sobre el derecho extranjero que resulte de la aplicación de una norma de conflicto, sin embargo, podrían ser aplicables las normas imperativas de un país foráneo cuando el caso presente vínculos estrechos y preponderantes con esas normas. El segundo indica la importancia y aplicación preferente de los principios de orden público argentinos cuando las disposiciones de derecho extranjero los contraríen.

Las normas internacionalmente imperativas o leyes de policía[1375], son diferentes a los principios de orden público internacional argentino, pues en estos últimos tienen un contenido esencial que inspira la ley argentina y no es posible desplazarlos por la ley de otro Estado que pretende aplicarse en territorio argentino, en este caso será el juez quien deberá decidir la aplicación de esta ley extranjera es lesiva para el orden público argentino y por tanto inaplicable. En contraste las leyes imperativas o de policía argentinas son aplicables de manera inmediata y directa por causas políticas, económicas o sociales y son aplicables únicamente a Argentina sin la influencia o intervención del derecho extranjero[1376]. Respecto del orden público interno, las normas irrenunciables de protección a consumidores en Argentina no se contemplan únicamente en la Ley 24.240 —ya explica-

---

1374 Caso Méndez Valles, Fernando c. Pescio A. M., *ob. cit*, que trata sobre un contrato de cesión de créditos celebrado en Uruguay pero en el que la obligación de transferir y garantizar el crédito objeto del litigio se hace exigible en territorio argentino, la Corte Suprema de Justicia de la Nación con fundamento interpretativo y teleológico del tratado de Montevideo de 1940, indica que deben cumplirse los requisitos de forma argentinos para la cesión del crédito y que esta máxima prevalece sobre lo pactado por las partes.

1375 En ocasiones, las leyes de policía extranjeras pueden ser más beneficiosas al consumidor que la ley del foro, y pueden ser aplicables siempre que no violen las normas de orden público argentino, TONIOLLO, J.A., "Protección Internacional del Consumidor", *ILSA Journal of International & Comparative Law*, núm 4, 1997-1998, p. 889.

1376 PORCELLI, A.M., *"Regulación jurídica…"*, *ob. cit.*, pp. 102-103.

da en el apartado correspondiente a ley material argentina— sino que se extienden a las leyes nacionales o provinciales que protejan al consumidor, en virtud de su Art. 3 que consagra el principio de la integración normativa en materia de protección a consumidores[1377].

d) En **Brasil**, el Código Bustamante es la única referencia de legislación internacional aplicable a Brasil sobre orden público en materia de ley aplicable a los contratos internacionales, el cual concibe el orden público como principio general, que prevalece sobre las prescripciones singulares o privadas[1378]. Los Arts. 175 y 179 clasifican como normas de orden público internacional las que contengan disposiciones que restrinjan los pactos, cláusulas y condiciones en contra de las leyes, la moral, el orden público en general y las que estipulan consideraciones sobre la causa ilícita de los contratos. El Código Bustamante concluye así sus disposiciones sobre normas de orden público[1379] sin referirse a un concepto de protección sobreviniente del derecho moderno: el contrato de consumo. Antes de los noventa, la protección a los consumidores brasileños se encontraba fragmentada en la legislación, y sólo hasta la Constitución Federal de 1988 se consagró como deber del Estado promover y velar por la defensa del consumidor, lo que dio paso a la expedición al Código de Defensa del Consumidor de Brasil[1380], que establece sus normas como de orden público. Sin embargo, esta noción de orden público debe tomarse como interna no internacional, teniendo en cuenta que los legisladores que crearon el Código de Defensa del Consumidor ignoraban las connotaciones y complejidades en el área del DIPr[1381] sobre la

---

1377 TAMBUSSI, C.E., "El principio de orden público y el régimen tuitivo consumidor en el derecho argentino", *LEX*, núm. 18, 2016, pp. 74 y 75.

1378 LOEWENWARTER, V., "Del Orden Público en relación con el Código Bustamante", *Anales de la Facultad de Ciencias Jurídicas y Sociales*, vol. 1, núm. 1-2, 1935.

1379 Otra norma de aplicación pero de carácter interno que menciona la importancia del orden público en la ley aplicable aunque no corresponda a la relación huésped-consumidor y la plataforma es el Art. 8 de la Ley de Introducción al Código Civil que establece la regla *lex rei sitae* para los bienes inmuebles, por tanto, se aplicarán las leyes extranjeras del lugar donde se encuentre ubicado el bien, a menos que con ello se contraríe el orden público brasileño; OCHOA JIMÉNEZ, M.J., *"Normas de derecho internacional…", ob. cit.*, p. 129.

1380 PAVAN, L.C., "La protección del consumidor en el MERCOSUR: Análisis comparativo de los sistemas de Argentina, Brasil y Chile", Documento núm. 31, *Instituto Nacional de la Administración Pública-INAP*, 1997, p. 11.

1381 El legislador al justificar el estatus de orden público en el anteproyecto de Código de Defensa del Consumidor indicó únicamente que se trataba una normas irrevocables por la voluntad de las partes, sin hacer referencia a materias de DIPr;

exclusión de la aplicación de leyes extranjeras en el foro cuando se presenta la excepción de orden público[1382].

Visto lo anterior, tenemos que la connotación de orden público de las normas de protección al consumidor se encuentra en cada una de cuatro leyes estudiadas, es a todas luces interna, y lo cual concede a los derechos del consumidor un estatus de cumplimiento obligatorio, independientemente de lo que pacten las partes. En caso de una controversia trasfronteriza, siendo la competencia judicial internacional de los tribunales de Colombia, México, Argentina y Brasil, si alguna de estas normas es más favorable al consumidor se aplicará por razones de orden público, con preferencia a la elegida por las partes. Aunque cabe recordar la profunda dificultad que en la mayoría de estos países existe para respaldar mediante norma o jurisprudencia la validez de un pacto de ley aplicable y la escasez de las normas de conflicto, por tanto, recurrir a la naturaleza de orden público de estas normas puede no ser necesario en la mayoría de los casos, por aplicarse de manera directa la *lex fori*.

4. LEY APLICABLE PARA EL HUÉSPED-CONSUMIDOR EN LATINOAMÉRICA

Las ventajas y desventajas para el huésped-consumidor tanto en materia de determinación de la ley aplicable como en el contenido de las normas sustanciales en Latinoamérica, varían tanto por el sistema de DIPr que sirva de base para determinar la ley del Estado que regirá el contrato, como por el nivel de protección de las normas nacionales, que una vez determinadas como aplicables, pueden concederle o no al huésped-consumidor beneficios respecto a la interpretación del contrato, el alcance del incumplimiento por parte del profesional, la nulidad de ciertas cláusulas por considerarse abusivas para el consumidor, entre otros. También debe tenerse en cuenta los aspectos procesales que si bien no dependen generalmente[1383] de la *lex causae* sino de los tribunales del foro, pueden influir para

---

WEBERBAUER, P.H., "The Controversy Surrounding Article 9 of the Law That Defines How Brazilian Laws are Applied", *European Journal of Law Reform*, vol. 15, núm. 2, 2013, pp. 42-43.

1382 *Ibídem.*

1383 El principio *Lex fori regit processum* puede tener excepciones, por ejemplo, el Art. 3 de la Ley de Enjuiciamiento Civil española que establece el ámbito territorial de las normas procesales civiles: "con las solas excepciones que puedan prever los

un huésped-consumidor demande o no en un Estado, que como hemos señalado, en Latinoamérica es común que coincida el Estado del foro con el de la ley aplicable con algunas excepciones. A continuación se expondrán algunas consideraciones a tener en cuenta sobre la ley aplicable al huésped-consumidor en Latinoamérica.

a) Lo primero que debemos considerar es que sólo en algunos Estados u ordenamientos jurídicos latinoamericanos estudiados, es válido el pacto de ley aplicable según la legislación o, en otros, su validez queda supeditada a criterio de la jurisprudencia.

En Colombia, la legislación contempla el pacto de manera inequívoca cuando las partes se someten a arbitraje pero cuando se trata de justicia ordinaria existe incertidumbre respecto a su validez, por lo que frecuentemente hay que recurrir a las normas de conflicto internas, que a falta de un criterio especializado, los jueces del foro determinarán como aplicables las leyes colombianas. En Brasil ocurre una situación similar respecto del pacto y la aplicación de las leyes del foro, aunque técnicamente la ley aplicable para contratos realizados a distancia o por medios electrónicos es la del domicilio del profesional, pero existe escaso respaldo jurisprudencial para aplicar esta norma.

En México y Argentina sí se permite el pacto de ley aplicable, pero hay que puntualizar al respecto. En México no existen normas especializadas de DIPr sobre conflicto de leyes en materia de consumo, como las hay en Argentina, por tanto, se permite el pacto a una ley extranjera mediante en análisis de normas internas y generales. En caso de no existir pacto válido, el juez del foro debe realizar una subsunción de una norma general de conflicto de leyes a un contrato electrónico internacional porque no existe una vía legal o jurisprudencia directa para determinar la ley aplicable en contratos de consumo internacionales. Si bien el análisis de la legislación nos permite concluir que la ley aplicable es la del domicilio del huésped-consumidor o la de la PLAT, no es definitivo y queda sujeto al análisis del juez al caso concreto. Adicionalmente, si la PLAT tiene establecimiento en México, la Procuraduría Federal del Consumidor ya ha señalado que no se considera válido el pacto de ley extranjera cuando la PLAT tienen un establecimiento en territorio mexicano que aunque no tenga nada que ver con el contrato objeto de controversia, si coincide su domicilio con el del huésped-consumidor.

Tratados y Convenios internacionales, los procesos civiles que se sigan en el territorio nacional se regirán únicamente por las normas procesales españolas". Ley 1/2000, de 7 de enero, de Enjuiciamiento Civil, publicado en: BOE núm. 7, de 08 de enero de 2000.

En el ordenamiento jurídico de Argentina, se reconoce el pacto de ley aplicable pero no en el contrato de consumo, y se determina como aplicable la ley del Estado de domicilio del consumidor, incluyendo el concepto de actividades dirigidas y concediéndole protección al consumidor pasivo.

b) Lo segundo a considerar es que cada uno de los Estados analizados tiene alguna ventaja o desventaja sobre protección al consumidor respecto de los demás, pero la mayoría de los beneficios jurídicos se agrupan en la Ley de Defensa del Consumidor de Argentina, donde le serán aplicables leyes especializadas en consumo que contienen un margen de garantía para el consumidor que supera las restantes legislaciones analizadas. Así las cosas la ley argentina establece un monto máximo de la pretensión en comparación con las otras legislaciones que supera los 13.000 euros. En Brasil no se establece el monto determinado, lo cual supone una ventaja económica, pero no se garantiza como en el caso argentino un monto máximo de compensación en una norma expresamente creada para proteger al consumidor, que actúe como referente en caso solicitar una indemnización. En la norma mexicana ocurre algo similar, pues sólo se menciona como compensación un 20% extra del precio total del contrato más la indemnización por daños y perjuicios si hubieren, por lo cual hay que tener en cuenta que este porcentaje en un contrato de intermediación entre la PLAT y el huésped-consumidor puede resultar ínfimo, por cuanto se trata de arrendamientos de corta duración cuyo precio depende de la calidad y ubicación del inmueble y los días por los que se pacte la duración del contrato.

Sin embargo, en la ley mexicana en materia de daños y perjuicios existe un margen más amplio de reclamación para el huésped-consumidor, en lo cual la ley permite realizar la reclamación sin un límite establecido. En contraste, la ley colombiana establece un monto máximo específico, pero este no supera lo previsto en la legislación argentina.

Adicionalmente, debe decirse que, sólo el Código de Defensa del Consumidor de Brasil prevé condiciones más proteccionistas al consumidor respecto del proveedor de servicios en materia de responsabilidad por daños respecto de otros países de Latinoamérica, teniendo en cuenta que en las leyes de protección al consumidor relativas al consumidor de Colombia, México y Argentina, por cuanto, el proveedor responde por incumplimiento aunque exista culpa por parte del consumidor en la comisión del daño, y le imputa responsabilidad siempre que el hecho que ocasione el daño no haya sido culpa exclusiva del consumidor, por tanto, si la culpa es imputable a las dos partes, el que deberá responder de manera exclusiva es el proveedor o profesional[1384].

Respecto de la atribuir responsabilidad por el daño aunque exista culpa, en Brasil es de resaltar especialmente un antecedente jurisprudencial del Tribunal Superior de Justicia de ese Estado[1385], en el que se atribuyó responsabilidad a una empresa filial en Brasil (*Panasonic do Brasil Ltda.*) de la sociedad matriz japonesa *Panasonic,* a favor de un consumidor con domicilio en Brasil, por la garantía de un producto defectuoso que fue comprado en Estados Unidos, distribuido por la sociedad matriz y fabricado en Indonesia. El tribunal basó sus argumentos en que las normas del Código de Defensa del Consumidor eran imperativas o de aplicación inmediata. Específicamente, la empresa brasilera fue condenada a cambiar un producto defectuoso de su misma marca, sin haber intervenido de manera directa en el contrato de compraventa, en virtud de una interpretación extensiva del Art. 12 del Código de Defensa del Consumidor que le atribuye responsabilidad a la filial, puesto que el artículo únicamente se la atribuye el productor, fabricante, constructor nacional o extranjero y el importador que debe reparar al consumidor por los daños aunque no exista culpa[1386].

Cuando tribunal del foro aplica normas imperativas, específicamente a un caso como el señalado, a partir de una ley como el Código de Defensa del Consumidor que en principio sólo aplica a casos nacionales, sin elemento extranjero, hace valer el principio de discrecionalidad, en el que el juez valora si a pesar que las normas de conflicto establezcan que la ley aplicable es la de otro Estado, para proteger a una parte débil como el consumidor, es necesario recurrir a esta norma imperativa o de orden público, especialmente en materia de reparación de daños[1387]. También es de tenerse en cuenta que los tribunales brasileños suelen aplicar la propia ley nacional en su totalidad sin tener en consideración la interpretación sobre de las normas imperativas como se señaló en el apartado 6.2.4 del capítulo 4, pero este caso indica que han reconocido que en ocasiones, cuando se

---

1384 Art. 14, Código de Defensa del Consumidor.

1385 *Superior Tribunal de Justiça* (STJ), Proceso Resp. Núm. 63981/SP, de 11 de abril de 2000, disponible en: https://scon.stj.jus.br/SCON/jurisprudencia/doc.jsp?livre=PANASONIC&b=ACOR&p=false&l=10&i=4&operador=E&tipo_visualizacao=RESUMO. Fecha de consulta: 20 de septiembre de 2023.

1386 DREYZIN DE KLOR, A. "El Derecho internacional privado y las relaciones consumo", *Revista de la Facultad,* vol. 5, núm. 1, 2014, pp. 23-24.

1387 LIMA MARQUES, C., *"A insuficiente proteão do consumidor… ", ob. cit,* pp. 151-153.

trata de ciertos contractos como el de compraventa, y el consumidor tiene domicilio en Brasil, es posible recurrir a este tipo de normas para garantizar la protección del consumidor.

Respecto de la validez o ineficacia de las cláusulas la postura de la legislación argentina y de la brasileña es mucho más proteccionista en general por cuanto, hay ineficacia directa de cláusulas que establezcan la limitación de responsabilidad por parte del empresario o que impongan al consumidor una carga desproporcionada frente a este. Incluso en la legislación brasileña, existen consecuencias penales para quienes no garanticen y violen los derechos de los consumidores taxativamente señalados en la norma. También es de resaltar que las cuatro leyes analizadas permiten que en caso de duda en la interpretación de una cláusula contractual o de la ley aplicable sea resuelta a favor del consumidor.

c) Lo tercero es respecto al aspecto procesal, que no va generalmente atado a la *lex causae*, sino a la *lex fori*, pero las normas sustanciales analizadas también contienen normas procesales que hay que tener en consideración: tres de las cuatro normas especializadas del consumidor establecen como abusivas cláusulas que inviertan la carga de la prueba perjudicando al consumidor, con la excepción de la ley mexicana. Respecto del tiempo de la reclamación, Colombia tiene el plazo más extenso 10 años, mientras que en Argentina y Brasil se tienen cinco años desde que se generó el daño para presentar la acción y en México es de un año desde que se prestó el servicio.

5. CUESTIONES COMPARATIVAS EN MATERIA DE LEY SUSTANCIAL PARA EL HUÉSPED-CONSUMIDOR CON RESIDENCIAL HABITUAL EN UN ESTADO MIEMBRO DE LA UNIÓN EUROPEA O EN COLOMBIA, MÉXICO, ARGENTINA O BRASIL

Conocer las garantías, derechos y el alcance de la protección del huésped-consumidor parte de un contrato de servicios de intermediación con elemento internacional suscrito con la PLAT en caso de controversia, dependerá del instrumento para determinar la ley aplicable y del contenido de la norma material y de las disposiciones irrenunciables de país de residencia habitual del huésped-consumidor que apliquen al caso concreto. Estas cuestiones pueden variar y generar escenarios de protección diferentes en el contexto de los países estudiados tanto de Latinoamérica como de la UE, y deben ser tomados en cuenta por el huésped-consumidor en el caso de una reclamación frente a la PLAT. Veamos a continuación, como conclusión de la parte III de esta investigación algunos casos hipotéticos y la importancia práctica de las normas sustanciales irrenunciables de protección al consumidor latinoamericanas y la Directiva 93/13/CEE traspuesta en España e Italia, dependiendo del lugar de residencia habitual del huésped-consumidor, para establecer las soluciones teniendo en cuenta las normas más beneficiosas en los casos propuestos.

Casos a y b: normas de conflicto

a) Un huésped-consumidor con residencia habitual en Colombia, decide demandar a la PLAT *VRBO* con sede en Irlanda, en ese país. El juez irlandés competente de acuerdo con los parámetros del RBIbis, utilizará el RRI para determinar la ley aplicable teniendo en cuenta si existe o no pacto entre las partes. Si existe acuerdo, la ley aplicable será la elegida por las partes de acuerdo con el Art. 3 RRI. En caso de no existir pacto, el Art. 4 RRI indica que para un contrato de prestación de servicios la ley aplica ble será la del país en donde el prestador del servicio tenga su residencia habitual, en este caso Irlanda.

En este caso no aplica el Art. 6 RRI por tratarse de un consumidor extracomunitario, aunque haya adquirido el servicio vía Internet desde su país de residencia habitual y se trate de un consumidor pasivo[1388]. Los jueces del foro tampoco aplican las normas irrenunciables internas que no pueden excluirse mediante acuerdo en Colombia, como el Estatuto del Consumidor, porque la ley colombiana no es la aplicable, recordemos que Colombia no es el país del foro, de la ejecución o de la *lex causae*, por tanto no son aplicables.

b) Un huésped-consumidor con residencia habitual en España presenta la demanda en contra de la PLAT en territorio de uno de los países latinoamericanos estudiados, por ejemplo Brasil, que es donde se encuentra la sede social de la PLAT *Temporada Livre*, las leyes aplicables serían las brasileñas independientemente si hubiese pacto o no, y los derechos irrenunciables del consumidor de su propio país de residencia no tienen cabida ante el criterio de los jueces territorialistas brasileros.

1388 AÑOVEROS TERRADAS, B., "Consumer Resident in the European Union vs. Consumer Resident in a Third State: A Purpose of the Proposed Rome I Regulation", *AEDIPr,* t. VI, 2006, pp. 389-390.

Casos c, d, e: normas sustanciales:

c) Un huésped-consumidor con residencia habitual en México demanda en España a la PLAT *Niumba* con sede social en España[1389] y existe pacto de ley aplicable a las leyes españolas. El huésped-consumidor puede acceder a los derechos de la Ley 7/1998, porque aunque se trate de una ley traspuesta de una directiva de la UE, al convertirse en ley nacional, se aplica a las cláusulas de condiciones generales que formen parte de contratos sujetos a la legislación española[1390] de acuerdo con su ámbito de aplicación territorial previsto en el Art. 3.1. Adicionalmente, debe mencionarse el Real Decreto Legislativo 1/2007[1391] que indica consideraciones especiales en materia DIPr que abarcan cláusulas abusivas y garantías cuando la ley escogida por las partes sea la española y el contrato tenga una conexión con el Espacio Económico Europeo, que aplica al caso concreto, puesto que la sede social de la PLAT se encuentra ubicada en España.

El huésped-consumidor mexicano tendría entonces una extensa gama de normas a las acudir, que protegen sus derechos de manera más detallada e incisiva que la legislación mexicana (Ley Federal de Protección al Consumidor de México). Tomemos como ejemplo en la definición y clasificación de cláusulas abusivas; la legislación mexicana cuenta 6 motivos de nulidad generales para este tipo de cláusulas[1392], en su lugar el Real Decreto Legislativo 1/2007 y la Ley 7/1998 establecen en conjunto una lista

---

1389 El juez español competente de acuerdo con el RBIbis, utilizará las normas del RRI para determinar la ley aplicable, que será la elegida por las partes cuando existe pacto de acuerdo con el Art. 3 RRI.

1390 El Art. 3.2 indicia que la ley también es aplicable a "los contratos sometidos a legislación extranjera cuando el adherente haya emitido su declaración negocial en territorio español y tenga en éste su residencia habitual, sin perjuicio de lo establecido en los tratados o convenios internacionales. Cuando el adherente sea un consumidor se aplicará lo dispuesto en el apartado 3 del artículo 10 bis de la Ley General para la Defensa de Consumidores y Usuarios".

1391 También sería aplicable el Real Decreto-ley 7/2021, que modificó Real Decreto Legislativo 1/2007.

1392 Art. 90 "No obstante lo previsto en los apartados precedentes, en todo caso son abusivas las cláusulas que, conforme a lo dispuesto en los artículos 85 a 90, ambos inclusive: a) vinculen el contrato a la voluntad del empresario, b) limiten los derechos del consumidor y usuario, c) determinen la falta de reciprocidad en el contrato, d) impongan al consumidor y usuario garantías desproporcionadas o le impongan indebidamente la carga de la prueba, e) resulten desproporcionadas en relación con el perfeccionamiento y ejecución del contrato, o f) contravengan las reglas sobre competencia y derecho aplicable.

no exhaustiva más extensa y especializada que incluye por ejemplo, que la determinación del carácter de una cláusula como abusiva se apreciará teniendo en cuenta la naturaleza de los servicios pactados en el contrato así como las circunstancias que los rodean[1393] y la estipulación del precio al momento de la prestación del servicio al momento de la celebración del contrato[1394].

Estas estipulaciones no se establecen específicamente en la Ley Federal de Protección al Consumidor de México, y podrían ser de utilidad en un supuesto donde los tribunales mexicanos y no los españoles fuesen los competentes, específicamente cuando la reclamación del huésped-consumidor a la PLAT verse sobre servicios adicionales no incluidos en el precio publicitado o cuando la abusividad o desproporción de una cláusula en contra del huésped-consumidor sea atribuible a la circunstancias externas a la letra de la cláusula, como la forma de la contratación, las circunstancias subjetivas del caso, etc.

d) Un huésped-consumidor con residencia habitual en España demanda a la PLAT *Booking* en ciudad de México, al tener allí un establecimiento de comercio *Servicios Booking.com México, S.A.*[1395], y de acuerdo con el pacto, las leyes aplicables son las mexicanas. Las leyes mexicanas especialmente las de la Ley Federal de Protección al Consumidor contemplan un grado de protección aceptable en materia de incumplimientos frente las de la Ley 7/1998, y el Real Decreto Legislativo 1/2007 españolas, y la dificultad es que el huésped-consumidor queda atado a 6 causales de abusividad de las cláusulas y por tanto ha de argumentar la vulneración y desequilibrio de sus derechos dentro de esas causales, frente al panorama de protección al consumidor de la UE y español que permite un amplio margen al respecto. Sin embargo, la Ley Federal de Protección al Consumidor, es un instrumento normativo que condensa la legislación mexicana de protección al consumidor, y que incluso prevé normas procesales, por tanto el huésped-consumidor puede saber de manera inmediata si las leyes mexicanas son de aplicación, si su caso encaja fácilmente en una de las 6 causales

1393 Art. 82 Real Decreto Legislativo 1/2007.

1394 Disposición adicional primera. Cláusulas abusivas, I, 7. a) Ley 7/1998, de 13 de abril, "sobre condiciones generales de la contratación".

1395 El juez mexicano competente de acuerdo con su sistema de DIPr, —recordemos que si una PLAT tiene establecimiento en México los tribunales mexicanos son competentes para conocer de la controversia-. utilizará las normas de conflicto del Código Civil Federal, que será la elegida por las partes cuando existe pacto y en su defecto, será el del lugar de ejecución del contrato.

de abusividad de las cláusulas y que tendrá derecho a una compensación de mínimo el 20% extra del precio total del contrato más la indemnización por daños y perjuicios. La diferencia con la normativa española es que esta suele ser más garantista para el consumidor, pero ha de estudiarse en conjunto con la normativa de la UE, teniendo en cuenta factores como los medios utilizados para la suscripción del contrato, si se trata de viajes combinados, entre otros.

e) Un huésped-consumidor con residencia habitual en Argentina demanda en Los Paises Bajos a la PLAT *Booking* y las leyes aplicables son las italianas. El huésped-consumidor puede acceder a los derechos de DC 206/2005, trasposición de la Directiva 93/13/CEE que al ser un Código de consumo, prevé normas especializadas[1396] que sobrepasan la Directiva y también las normas de protección al consumidor de la Ley de Defensa del Consumidor en Argentina. Tomemos como ejemplo nuevamente el caso de los parámetros para determinar que una cláusula es abusiva:

El Art. 36.3 del DC 206/2005 indica que la nulidad podrá ser declarada de oficio por el tribunal de conocimiento y sólo se efectuará en beneficio del consumidor, en contraste, en la Ley de Defensa del Consumidor argentina, la única actuación de oficio que se contempla es respecto a las autoridades administrativas cuando estas tienen conocimientos de infracciones a esta ley[1397]. En este caso el huésped-consumidor argentino tendrá la posibilidad de alegar la nulidad de las cláusulas que considere abusivas pero el juez italiano podrá reconocer la abusividad tanto de estas y como de otras cláusulas que se encuentren incorporadas al contrato. Debe indicarse que el Art. 36.3 del DC 206/2005 italiano, al establecer que puede haber un reconocimiento oficioso de la abusividad de la cláusula también permite que el consumidor pueda oponerse a que el juez declare la nulidad de la cláusula si considera que le favorece[1398].

Por otro lado, el Art. 36.5 del DC 206/2005 italiano indica que serán nulas las cláusulas de ley aplicable que prevean una ley extranjera por fuera

---

1396 El Código del Consumo compila en un solo texto toda la normativa interna italiana de consumidores y recoge tanto sus derechos como los remedios o soluciones para enmendar su vulneración; ALPA, G., "Derecho de los Consumidores y el Código de Consumo en la Experiencia Italiana", *Revista de Derecho Privado*, núm. 11, 2006, pp. 5-6.

1397 Art. 45 de la Ley de Defensa del Consumidor.

1398 PAGLIANTINI, S., "Una Mirada a la Protección Contractual del Consumidor en Italia", *Revista de Derecho Privado*, núm. 28, 2015, p. 191.

de la UE que prive al consumidor de la aplicación de ese Código cuando el contrato tenga una conexión estrecha con la Unión. Este caso no aplica al huésped-consumidor argentino, porque las leyes aplicables son las italianas.

Por último, el Art. 36.2 c) del DC 206/2005 italiano indica que una cláusula abusiva es aquella que prevé la adhesión del consumidor a los términos y condiciones que no haya conocido antes de la celebración del contrato. En este caso la PLAT *Booking* ingresando tanto de Los Paises Bajos[1399] como desde Argentina[1400], exponen en su página principal los términos y condiciones de servicio y la políticas de la compañía, por tanto, puede decirse razonablemente que el consumidor tiene acceso a su contenido en cualquier momento y pudo conocerlos antes de suscribir el contrato, a menos que se pueda probar que a la fecha de suscripción del contrato los términos y condiciones no se encontraban expuestos.

En el caso de la ley argentina, si bien la Ley de Defensa del Consumidor no prevé una disposición tan especializada, abarca un tema general sobre el que puede incluirse el Art. 36.2 c) del DC 206/2005, la responsabilidad del profesional en materia precontractual. El Art. 37 la Ley de Defensa del Consumidor indica que es posible demandar la nulidad de las cláusulas cuando se viole el deber de buena fe en la etapa precontractual o antes de la terminación del contrato. Esta disposición es más beneficiosa para el consumidor, por cuanto cualquier contacto precontractual realizado de mala fe puede ser objeto de reclamación y de nulidad de las cláusulas. En materia de PLAT esta actividad puede configurarse cuando el centro de ayuda de la PLAT concede una asesoría equivocada o los datos del anuncio del alojamiento contiene errores.

f) Un huésped-consumidor con residencia habitual en Italia demanda en Argentina a una PLAT con sucursal en Argentina y las leyes aplicables son las argentinas, tendrá acceso a los derechos de la Ley de Defensa del Consumidor, que no reconoce los derechos irrenunciables del país de residencia habitual del huésped-consumidor con residencia en Italia, sin embargo, como se señaló en el numeral anterior prevé una cobertura importante en materia precontractual y también los cubre los puntos principales de las cláusulas abusivas: las que limiten la responsabilidad por daños y

---

1399 Disponible en: https://www.booking.com/country/nl. Fecha de consulta: 21 de septiembre de 2023.

1400 Disponible en: https://www.booking.com/country/ar.es-ar.html. Fecha de consulta: 21 de septiembre de 2023.

desnaturalicen las obligaciones, las que imponen renuncia o restricción a los derechos del consumidor y las que impongan la inversión de la carga de la prueba. Adicionalmente contempla en su Art. 40 una responsabilidad solidaria por daños de todos los intervinientes en la prestación del servicio que constituye el contrato de consumo, disposición que puede ser útil en una reclamación a la PLAT sobre el contrato subyacente de arrendamiento, permitiendo que el huésped pueda reclamar tanto a la PLAT como al arrendador independientemente de la pretensión y de manera posterior el anfitrión y la PLAT puedan recobrar los valores pagados al huésped-consumidor a título de indemnización, mediante la acción de repetición.

Conclusiones

Primera: En las condiciones actuales no es correcto incluir a las plataformas en línea de alojamiento turístico dentro del marco de la economía colaborativa. Incluso si se realiza una interpretación extensiva que abarque los albores del concepto, no es posible identificar que el objetivo de la mayoría de las plataformas en línea se incluya dentro de un marco de "colaboración". Así las cosas, este objetivo no se corresponde con obtener beneficios económicos por la intermediación de espacios infrautilizados y con ello contribuir uso compartido de recursos, por cuanto, las plataformas en línea de alojamiento turístico son sociedades mercantiles con una finalidad meramente lucrativa a partir de la prestación de un servicio de intermediación teniendo como anfitriones tanto a particulares como a profesionales que destinan de manera recurrente y no esporádica, sus inmuebles a alojamientos cortos por medio de la plataforma. Si bien existen algunas plataformas que pueden cumplir algunos objetivos de la economía social y que se encuentran inmersas dentro de la categoría de "alojamiento", ninguna de las 35 plataformas en línea de alojamiento turístico objeto de esta investigación se dedica de manera principal a cumplir este tipo de objetivos sociales o de colaboración.

Segunda: Si bien la prestación de servicios digitales se ambienta en un escenario diferente al tradicional (físico), deben respetarse los principios mínimos del Derecho privado respecto de la normativa contractual como el equilibrio entre los intereses de las partes, la buena fe y el respeto de los intereses públicos. Aunque en ocasiones la normativa tradicional que regula la prestación de servicios puede no tener la suficiente efectividad o especificidad cuando se trata de un contexto digital.

Tercera: Las plataformas en línea suelen crear condiciones de uso especiales para los prestadores efectivos del servicio subyacente, como transporte u alojamiento, y se enfocan en limitar la responsabilidad de la plataforma al máximo frente al consumidor final, sin tener en cuenta que proveedores o prestadores efectivos del servicio subyacente pueden tener también la calidad de consumidores frente a esta *(B2C)* situación que podría ser analizada por el legislador de la UE y puede ser objeto de un investigación autónoma y posterior.

Cuarta: En la UE, las plataformas en línea de alojamiento turístico se incluyen en la categorización de prestadores de servicios de la sociedad de la información de acuerdo con la Directiva 2000/31/CE y con ello se genera un régimen de exoneración de responsabilidad que se mantiene en el Reglamento de servicios digitales; *Digital Services Act.* Debe mencionarse que los argumentos para la elaboración de la propuesta ponían en evidencia la necesidad de renovar la Directiva 2000/31/CE para adaptarla a la nueva realidad digital, pero los cambios expuestos en el *Digital Services Act* no se centran en imputarle responsabilidad automática a las plataformas por contenido ilícito de los datos que alojen o traten o atribuirle funciones de vigilancia sino en imponerle obligaciones de auditoría, transparencia, buenas prácticas y representación en territorio de la UE.

Quinta: De acuerdo con el análisis realizado hemos concluido que los Estados miembros pueden imponerles a las plataformas en línea ciertas obligaciones sin acudir al procedimiento de la Directiva 2000/31/CE cuando se trate de materias excluidas (Art. 5) como la "materia de fiscalidad", o cuando las plataformas tengan sede social en el propio Estado Miembro que impone la obligación, o cuando la plataforma exceda o no pueda cumplir los requisitos para ser considerada como mero prestador de servicios de la sociedad de la información o cuando de manera voluntaria acepte las obligaciones impuestas por el Estado miembro que las solicita mediante un acuerdo, aunque regularmente no se encuentre obligada a hacerlo.

Sexta: Entendemos que, si una PLAT que no actúa como mero intermediario no tiene el respaldo de la categoría de prestador de servicios de la sociedad de información, por tanto, si su función no es neutra, pasiva y automática, sino activa, no podrá acceder a las limitaciones de responsabilidad establecidas de la Directiva 2000/31/CE.

Séptima: El *Digital Services Act* podría generar un cambio indirecto en la interpretación ya establecida por la jurisprudencia del TJUE sobre el reconocimiento de los indicios de las actividades dirigidas en los términos del Art. 17.1 c) RBIbis. Actualmente, el TJUE ha determinado una lista no exhaustiva de indicios para establecer que el profesional dirige sus actividades al Estado miembro del domicilio del consumidor, sin embargo, de acuerdo con el Art. 11 del *Digital Services Act* las plataformas que dirijan sus actividades a los Estados miembros deberán tener un representante en territorio de la Unión. Por tanto, si el huésped-consumidor con domicilio en un Estado miembro desea demandar a una PLAT, podría corroborar si esta tiene o no un representante en los Estados miembros, porque en caso de tenerlo, ello implica que la PLAT sí dirige sus actividades al Estado miembro de su domicilio. Esta corroboración podría hacerla a través de, por ejemplo, el coordinador de servicios digitales de su Estado miembro. El juez dentro de *targeted activity test* que realiza sobre el caso habrá de analizar si toma como indicio esta información o como un concepto más cercano a la prueba documental aportada por un tercero, que en este caso es imparcial y hace un análisis objetivo de las actividades dirigidas y concede una respuesta asertiva sobre si determinada plataforma dirige o no sus actividades a un Estado miembro.

Octava: En materia de competencia judicial internacional, siendo aplicable el RBIbis, el huésped-consumidor puede demandar tanto a la plataforma como al anfitrión de manera autónoma y no conjunta por tratarse de foros incompatibles (Art. 18 y Art. 24), pero ha de tenerse en cuenta que, en caso de controversia, no hay una línea divisoria definitiva sobre cuál de los dos posibles demandados responde por un tipo específico de incumplimiento. Sin embargo, se hemos extraído del análisis los siguientes escenarios de responsabilidad: a) La plataforma siempre responderá si se trata de inconvenientes relacionados con la interpretación o redacción del contrato de intermediación digital, puesto que el anfitrión no se encuentra involucrado como parte en este contrato ni en el proceso de su redacción o aceptación, b) La plataforma siempre responderá si se trata de inconvenientes relacionados con el pago puesto que el anfitrión no se encuentra involucrado en este procedimiento, y la plataforma tiene pleno control de esta parte del servicio, c) Es posible imputar responsabilidad a la plataforma por parte del huésped-consumidor cuando la PLAT por medio del contrato, o de políticas de reembolso se ha autoimpuesto responsabilidad por daños en casos específicos, d) podría ser posible, imputar responsabilidad a la plataforma por inconvenientes con el alojamiento, siempre que el contrato de arrendamiento no haya comenzado físicamente y no haya existido contacto entre el anfitrión y el huésped, siendo el único contacto de este último, la plataforma, e) cuando se trata de disconformidad entre el anuncio y el inmueble real, existe un antecedente jurisprudencial en España que atribuye directa responsabilidad a la PLAT y no al anfitrión.

Novena: Teniendo en cuenta la conclusión octava, indicamos que la línea divisoria aún es más compleja de trazar y con ello se amplifica la dificultad de imputarle responsabilidad a la PLAT por parte del huésped-consumidor: a) cuando es imposible acceder al inmueble o se encuentra en precarias condiciones, porque si bien algunas plataformas como *Airbnb* han creado políticas de reembolso por esta causa, la mayoría de plataformas no hacen esta consideración y es posible que pueda imputársele responsabilidad al anfitrión por incumplimiento del contrato de arrendamiento, b) cuando exceden su rol de mero intermediario, e intervienen de manera directa en el contrato de arrendamiento, cuando por ejemplo, de manera unilateral dan por terminado el contrato de arrendamiento del que técnicamente no son parte, sin tener una causal de terminación previamente aceptada por el anfitrión, como en el caso de la cancelación masiva de reservas por causa de la COVID-19, c) cuando se trata de averías o reparaciones del inmueble cuando ya el arrendamiento ha iniciado, es razonable imputarle responsabilidad al anfitrión y no a la plataforma por tratarse de cuestiones que típicamente recaen sobre el contrato de arrendamiento, aunque la plataforma puede autoimponerse obligaciones al respecto en sus términos y condiciones, como políticas de reembolso específicas, podría tener responsabilidad sobre ello, d) cuando se trata de conductas de connotación penal, como robos, la responsabilidad recaería sobre quien tiene el control físico del inmueble, el anfitrión o quien delegue para ello, o sobre la persona que tuvo acceso al inmueble para cometer el delito, y en estos supuestos la plataforma no tiene control sobre ello ni se ha autoimpuesto obligaciones al respecto como si lo hace, por ejemplo, la plataforma *Airbnb* con la póliza de seguro que cubre daños ocasionados a los anfitriones por parte de los huéspedes.

Décima: Veintidós de las treinta y cinco plataformas estudiadas tienen sede social en los Estados miembros, (*Airbnb, Booking, VRBO, Abritel, FeWodirekt, Niumba, Holidu, Bookiply, Homestay, Hometogo, Hotdogholidays, Hundred Rooms, Interhome, Muchosol, Novasolvacaciones, Rentalia, Roomlala, Ruraltop, Tripping, Villapolis, Weekendesk* y *Wimdu*), ocho de las trece restantes (*Expedia inc. TripAdvisor, Bookabach, Stayz, Vacationhomerentals, Holidaylettings, Housetrip* y *FlipKey*), aunque su sede social no se encuentra en la UE, tienen alguna conexión societaria con alguna de estas veintidós plataformas mencionadas y sólo cinco de ellas (*Kid & Coe, OneFineStay, Owner-direct, Temporadalivre* y *9flats*) no tienen ningún establecimiento o conexión societaria con otra sociedad con domicilio en la UE. En el caso de Latinoamérica, sólo *Temporadalivre* tiene su sede social en Brasil, pero *Booking* tiene establecimiento de comercio en cada uno de los países seleccionados, *VRBO* tiene un establecimiento de comercio en Brasil y *Airbnb* tiene establecimientos en México y Brasil.

Décimo primera: Si el consumidor o su representante identifican de manera básica la sociedad y la estructura societaria de la PLAT con la cual realiza la contratación, el lugar donde está ubicada la sede social o un establecimiento de comercio, ello es un factor determinante para la protección de los derechos del huésped-consumidor y puede resultar provechoso conocer al momento de presentar una solicitud, queja o reclamación legal contra la plataforma, por tanto, tal información debería estar claramente expuesta en la página web de la PLAT con la que contrata el huésped-consumidor.

Décimo segunda: En materia de competencia judicial internacional, siendo aplicable el RBIbis, el huésped-consumidor pasivo con domicilio en la UE puede demandar a la plataforma: con establecimiento en la UE, en su propio domicilio y en el de la plataforma aunque exista pacto. Debe recordarse las excepciones puntuales del Art. 19 RBIbis, que permiten pacto bajo ciertas condiciones. Si la plataforma no tiene un establecimiento en la UE, el huésped-consumidor deberá recurrir al RBIbis igualmente, para verificar el cumplimiento del Art. 17.1 c) y con indicios demostrar que la plataforma foránea dirige las actividades al Estado miembro de su domicilio y que el contrato de servicios objeto de controversia se encuentra incluido dentro de estas actividades. Una vez realizada la verificación, las cuatro PLAT más relevantes de la UE incluyen en sus cláusulas de competencia judicial de manera directa o indirecta los foros del Art. 18 RBIbis en el año 2023. En caso de que no sea aplicable el Art. 17.1 c), el huésped deberá recurrir igualmente al RBIbis como una parte contractual regular para determinar la competencia judicial internacional, sin la calidad de consumidor.

Décimo tercera: La mayor diferencia en derechos de competencia judicial internacional de un huésped-consumidor pasivo con uno activo o de un huésped no consumidor —todos con domicilio en la UE—, es que estos dos últimos no tienen la posibilidad de demandar a la plataforma en la UE si esta no tiene domicilio en territorio de la Unión, a menos que exista pacto que así lo establezca. En caso de que no exista pacto, el concepto de actividades dirigidas no aplica y en caso de solicitar una reclamación judicial acudirían al sistema de Derecho internacional privado del Estado donde desean presentar la demanda. En el caso del huésped con domicilio en la UE cuando actúa como arrendatario queda atado a un foro exclusivo, y por tanto podrá presentar la demanda ante los órganos jurisdiccionales del Estado miembro donde el inmueble se halle sito de acuerdo con el Art. 24.1 RBIbis, y si se trata de un arrendamiento de hasta seis meses el huésped como arrendatario siempre que trate de una persona física también podrá presentar la demanda ante los tribunales del Estado miembro donde esté domiciliado si coincide este con el domicilio del propietario. Para un huésped no consumidor o consumidor activo de acuerdo con el Art. 7.1 b) RBIbis, el lugar del Estado miembro en el que, según el contrato, hayan sido o deban ser prestados los servicios o en el domicilio del demandado de acuerdo con el Art. 4 RBIbis.

Décimo cuarta: Para determinar la competencia judicial internacional en una controversia relativa a la relación contractual entre el huésped-consumidor y plataforma en los sistemas de Derecho internacional privado de Colombia, México, Argentina y Brasil es necesario recurrir a normas internas de Derecho internacional privado, porque las internacionales, carecen de la especialidad y actualización suficiente para ser utilizadas en un escenario de contratación virtual y los jueces nacionales no recurren a ellas para resolver casos de esta naturaleza, aunque el análisis realizado aporta una solución de cómo deben interpretarse las normas internacionales de competencia en esta relación contractual. Debe resaltarse que las normas internas tampoco proveen en todos los casos una respuesta clara sobre la competencia judicial internacional, pero con las herramientas disponibles como jurisprudencia y doctrina se expusieron los escenarios judiciales posibles en cada Estado de Latinoamérica estudiado.

Décimo quinta: En los sistemas de Derecho internacional privado de Colombia, México, Argentina y Brasil el pacto de competencia judicial internacional aplicado a la relación huésped-consumidor y plataforma no presenta una aceptación uniforme y debe recurrirse a la normativa general de determinación de la competencia judicial internacional puesto que no existe norma especializada en esta materia relativa al consumidor, con la excepción de Argentina y Brasil. En Colombia, los pactos son válidos si existe alguna conexión con Colombia, por existir primacía de la competencia territorial. En México, hay que ejercer *forum shopping ad intra* para determinar la competencia y ello conlleva a que en el Código de Comercio mexicano se acepte el pacto, pero a foros específicos, y/o también se ha de verificar en el Código de Proceso Civil del Estado federal donde se desea presentar la demanda, para determinar si se acepta o no el pacto. En Argentina y Brasil las respuestas son asertivas: en el primero no se acepta el pacto en materia de consumo y en el segundo se permiten este tipo de acuerdos.

En caso de no existir pacto, Colombia seguirá aplicando la competencia territorial de acuerdo con el Código General del Proceso, en México se recurrirá nuevamente al *forum shopping ad intra*, para Argentina, aunque exista o no exista pacto se estipulan en el Código Civil y Comercial de la Nación foros concurrentes para el consumidor y en Brasil deben existir conexiones específicas con el territorio brasileño de acuerdo con su Código de Proceso Civil.

Debe señalarse que, de acuerdo con lo analizado, es posible para el huésped-consumidor con domicilio en los países latinoamericanos seleccionados demandar en su propio país a una PLAT con establecimiento en esos países, aunque el contrato se haya suscrito únicamente con la sociedad matriz o una filial que haga parte de la misma estructura societaria. Adicionalmente, siempre que el huésped-consumidor tenga su domicilio o residencia en uno de esos Estados, es más fácil demostrar una conexión con el mismo.

Si la PLAT tiene su domicilio social en Brasil, los tribunales de ese país tienen competencia directa para conocer del caso, aunque el huésped-consumidor tenga su domicilio en un tercer Estado.

Décimo sexta: La distinción entre consumidor pasivo y activo en los ordenamientos jurídicos de Latinoamérica no es una prioridad para aplicar las normas de competencia judicial internacional (con la excepción de Argentina) o las de ley aplicable, teniendo en cuenta que se basan principalmente en el domicilio y residencia habitual de las partes.

Décimo séptima: Demandar a la plataforma para obtener una compensación no es la única opción por parte de los huéspedes-consumidores tanto con domicilio en la UE como en Latinoamérica. Lo primero a lo que debe recurrir es a la plataforma, que en ocasiones establece casuales de reembolso a través de procedimientos internos que el huésped-consumidor puede ejercitar sin necesidad de recurrir a un tercero. Si lo anterior no funciona y la plataforma compensa al huésped-consumidor insatisfactoriamente por el daño o no se niega a hacerlo, este tiene a su disposición mecanismos alternativos de solución de conflictos a los que podrá acceder de acuerdo con el lugar de su domicilio, es decir que todos los *ADRs* no están disponibles para todos los huéspedes-consumidores y en caso de acceder a estos, su contraparte deberá ser la plataforma, con quien configura el contrato de consumo y no el anfitrión si se trata de un mero contrato de arrendamiento.

En especial, se menciona la plataforma de resolución de litigios en línea de la UE puede de ser usada sólo por el huésped-consumidor con domicilio en los Estados miembros o en Noruega, Islandia o Liechtenstein siempre que la plataforma tenga establecimiento en territorio de la Unión o en cualquiera de esos Estados. Adicionalmente, el enlace de la plataforma de resolución de litigios en línea de la UE sólo se encuentra en la página web de quince de las treinta y cinco PLAT objeto de investigación. *ADRs* como la mediación directa con entidades que presten este servicio, la conciliación y el arbitraje de consumo han de ser verificados por el huésped-consumidor en cada Estado miembro y en cada Estado latinoamericano en el que se desea acceder a alguno de estos mecanismos para identificar si abarca las relaciones privadas internacionales y si es aplicable al huésped-consumidor de acuerdo con su domicilio, ha de tenerse en cuenta que en el ordenamiento jurídico de Argentina el arbitraje no se encuentra permitido para el contrato de consumo.

Décimo octava: La determinación de la ley aplicable al contrato entre huésped-consumidor y plataforma en la UE se basa en el RRI cuando el tribunal del foro se encuentra situado en un Estado miembro, por tanto, existe una prevalencia del pacto de ley aplicable (Art. 3). Cuando se trata de un contrato de consumo, debe tenerse en cuenta la excepción sobre normas imperativas (Art. 6 RRI). En Latinoamérica, el pacto dependerá de las normas de conflicto del sistema de Derecho internacional privado del juez del foro, que en general son escasas y poco especializadas, y no suelen ser aplicadas por los jueces, que recurren habitualmente a la *lex fori*. Pese a esto último, se realizó un análisis de las normas internacionales que pueden ser de aplicación para determinar la ley aplicable al contrato de consumo con elemento internacional en cada uno de los Estados latinoamericanos analizados. Debe mencionarse la excepción del arbitraje, que en los ordenamientos jurídicos de los países seleccionados sí se permite de manera expresa en la legislación el pacto de ley aplicable, con la excepción de Argentina que no permite cláusulas compromisorias sobre el contrato de consumo.

Décimo novena: La excepción sobre las normas imperativas en el contrato de consumo cuando existe pacto establecida en el Art. 6 RRI, se encuentra contemplada en los términos y condiciones de las cuatro PLAT más relevantes y aunque tal premisa no hubiese sido añadida a la letra del contrato, prevalece. Por tanto, aunque las partes pacten como aplicable la ley de cualquier Estado, así se trate de uno por fuera de la UE, el huésped-consumidor con residencia habitual en la UE no pierde los derechos de protección que hubiesen sido aplicables en caso de no existir acuerdo de su propio Estado miembro de residencia habitual. Este tipo de normas imperativas se encuentran contenidas en las Directivas de la UE y al ser traspuestas en cada Estado miembro pueden presentar diferencias respecto de derechos adicionales o más proteccionistas al consumidor, siempre que se trate de una directiva de mínimos y no de armonización plena.

Vigésima: Cuando no existe pacto para determinar la ley aplicable al contrato entre huésped-consumidor y plataforma, en la UE, de acuerdo con el RRI será aplicable la ley del Estado miembro de residencia habitual del consumidor. En Latinoamérica, el escenario es muy diferente y se crea una incertidumbre considerable frente a la escasez de normas de conflicto en general y segundo, la dificultad en aplicarlas a la relación contractual entre huésped-consumidor y la plataforma, por carecer de la especialidad suficiente para hacerlo o por razón de que no existe la tradición jurídica de recurrir a estas normas y se aplica de manera directa la ley sustancial del foro, aunque debemos destacar como excepción a Argentina. Así las cosas, en Colombia, México y Brasil, los jueces aplicarán la *lex fori* en caso de que no exista pacto, aunque debe tenerse en cuenta que el caso mexicano podría ser aplicable la ley del domicilio de la plataforma, pero ello debe sólo mencionarse como una posibilidad de interpretación de ley, específicamente del Código Civil Federal, teniendo en cuenta que el lugar de cumplimiento de un contrato en línea no está contemplado en la legislación de México. Respecto de Argentina, si se contempla en su sistema de Derecho internacional privado, que no admite pactos en materia de consumo, y la ley aplicable a este tipo de contratos será la del domicilio del consumidor siempre que se cumplan unos requisitos específicos contemplados en el Art. 2.655 del Código Civil y Comercial de la Nación.

Vigésima primera: Una vez determinado el juez competente y la ley aplicable en la UE, el huésped-consumidor podrá acceder a las normas de su propio Estado miembro de residencia habitual si estas son más favorables que las pactadas en el contrato. Para el análisis se tuvo especialmente en cuenta la trasposición de la Directiva 93/13/CEE y su trasposición en España e Italia y la Directiva 2000/31/CE y su trasposición en España y Francia y se concluyó que aunque los artículos de las normas nacionales analizadas aplicadas al contrato entre el huésped-consumidor y la plataforma presentan algunas diferencias que en comparación podrían parecer más favorables a aquel, no es posible determinar de manera aislada, sin aplicar tales normas al caso concreto cual es la más favorable en todos los supuestos y por tanto, elegir el huésped-consumidor más protegido de acuerdo con el Estado miembro de su residencia habitual.

Vigésima segunda: El huésped-consumidor con residencia habitual en cada uno de los países seleccionados de Latinoamérica o en la UE, siendo el juez del foro y la ley aplicable la de aquellos terceros países, la ley sustancial principal aplicable con estatus de orden público en cada uno de estos Estados son las siguientes: El Estatuto del Consumidor para Colombia, La Ley Federal de Protección al Consumidor en México, La Ley de Defensa al Consumidor en Argentina y el Código de Defensa del Consumidor en

Brasil. Cabe señalar que estas normas fueron creadas para proteger al consumidor doméstico y, en lo no contemplado o no aplicable a las relaciones privadas internacionales se aplicaran los códigos de comercio y civiles de cada Estado.

Vigésima tercera: Una vez realizado un análisis comparativo en Colombia, México, Argentina y Brasil de las normas tanto de competencia como determinación de ley aplicable el sistema de Derecho internacional privado Argentino en materia de consumo es el que cuenta con las normas más claras y proteccionistas al consumidor por las siguientes razones: en el resto de los Estados latinoamericanos seleccionados, las normas de Derecho internacional privado se encuentran disgregadas en el ordenamiento jurídico y es necesario realizar una abstracción de la legislación para encontrar las normas que apliquen al contrato de consumo con elemento internacional, pero ello no ocurre dentro del Código Civil y Comercial de la Nación Argentina, donde se encuentran contempladas todas las normas relativas al tema analizado, con detalle y especialidad. Respecto del contenido de las normas, estas no permiten pacto de competencia o ley aplicable, pero indican foros concurrentes a favor del consumidor dentro de los que se incluyen el domicilio del demandado y sobre ley aplicable esta será la ley del Estado del domicilio del consumidor. Teniendo en cuenta lo anterior, si un huésped-consumidor extranjero que desea demandar en Argentina a una PLAT en ese país tiene garantizado que si tiene domicilio o un establecimiento de comercio en ese lugar, los jueces argentinos serán competentes y la ley aplicable será la de su propio domicilio siempre que se cumplan unas condiciones relativas al concepto de actividades dirigidas.

Vigésima cuarta: Respecto de la ley material en Latinoamérica tanto Brasil como Argentina cuentan con consideraciones que permiten de manera general interpretar que contienen una gama más amplia y especializada de derechos de consumo en materia de determinación de validez o ineficacia de las cláusulas, en el monto de la reclamación, en causales de incumplimiento por parte del profesional, entre otros, respecto de Colombia y México. Sin embargo, es pertinente señalar que se realizó una nueva comparación esta vez frente a las normas de la UE y determinar de manera asertiva si en todos los casos estas normas superan en contenido y en materia de protección al consumidor frente a las normas de Colombia, México, Argentina y Brasil, es cuando menos complejo, si bien por un lado, las normas de la UE cuentan con una lista más extensa y especializada en materia de cláusulas abusivas y permiten al juez declarar la nulidad de oficio, en países como Argentina, por ejemplo, tal nulidad deberá ser alegada por el consumidor o declarada de oficio por autoridades administrativas. Por otro lado, la norma mexicana, incluye responsabilidad precontractual por violaciones a la buena fe de manera general, pero la norma italiana, traspuesta de la Directiva 93/13/CEE, solo indica que puede ser declarada abusiva una cláusula que el consumidor no pudo conocer antes del contrato y que se preveía como adhesión al mismo. Si bien las leyes solo de manera aparente podrían parecer más o menos favorables, deben aplicarse al caso concreto para obtener una respuesta definitiva al respecto. Sin embargo, la UE cuenta con una ventaja importante, la interpretación del TJUE sobre materias de consumo, que permite, en casos reales, interpretar uniformemente la norma cuando existe un vacío jurídico y crear un precedente judicial a seguir por los jueces de los Estado miembros, tal y como acontece en el asunto *Airbnb* (As. C 390/18), *Booking* (As. C-59/19), *Amazon* (As. C-191/15), entre otros.

Vigésima quinta: Pese a las diferencias marcadas entre la regulación del comercio electrónico y por ende, la prestación de servicios digitales en la UE y en Latinoamérica, ello no indica que no exista una interacción habitual entre comerciantes y usuarios que realizan la contratación desde estos territorios y que no puedan establecerse algunos puntos comunes sobre derechos, obligaciones y protección a las partes contractuales de acuerdo al rol que desempeñan en el contrato, especialmente en materia de consumo, donde actualmente existe una corriente global de protección a la parte débil que indica que como mínimo el consumidor tiene derecho a recibir una información clara y transparente, a prácticas comerciales y términos contractuales justos, y a ciertos derechos cuya finalidad es reestablecer el equilibrio en el contrato.

Vigésima sexta: Finalmente, la respuesta a la pregunta de investigación ¿Es sujeto especial de derechos el huésped-consumidor internacional en materia de competencia judicial y ley aplicable en la Unión Europea y Latinoamérica frente a la plataforma digital de alojamiento turístico en el contexto del contrato de intermediación digital con elemento internacional? Es afirmativa, pero debe ser matizada en el caso concreto, especialmente sobre lo referido al lugar y la forma donde es especialmente protegido. Algunos huéspedes-consumidores son especialmente protegidos en materia de competencia cuando su domicilio se encuentra en la UE y se clasifican como "pasivos", pero esta protección cambia cuando se enfrentan a Latinoamérica donde generalmente consumidores pasivos, activos, aunque se trate de foráneos o domésticos se enfrentan a las mismas normas de competencia, pero debe destacarse la relevancia en ambos territorios del domicilio del consumidor y de la plataforma para acceder a ciertos derechos o a determinados ADRs. En materia de determinación de ley aplicable, la protección en la UE se basa en respetar el pacto que realicen las partes con atención a las normas imperativas de su residencia habitual si se trata de un consumidor pasivo, en contraste en Latinoamérica, la protección proviene de no reconocer el pacto y aplicar las normas del Estado de residencia del consumidor o del foro y en algunos casos las normas de conflicto genéricas para los contratos que pueden o no reconocer tales acuerdos.

Tanto en materia de competencia judicial internacional como en determinación de ley aplicable, la UE cuenta con un panorama más claro para el consumidor por la especialidad de las normas a las que tiene acceso. Por último, las normas sustanciales de protección al consumidor evidencian su calidad de sujeto especialmente protegido tanto en los Estados Miembros de la UE como en Colombia, México, Argentina y Brasil, si bien, los niveles de protección son distintos, todas las leyes analizadas tienen como mínimo el carácter de normas imperativas o de orden público interno para Latinoamérica, y para comprobar si protegen de manera superior al huésped-consumidor habrán de ser aplicadas al caso concreto, puesto que el análisis a priori de las normas sólo puede darnos referencia a su especialidad pero son los hechos a los que aplica los que determinan el grado de protección del huésped-consumidor frente a la PLAT.

Conclusions

First: Under current conditions, it is not correct to include online platforms for tourist accommodation within the framework of the collaborative economy. Even if an extensive interpretation covering the early days of the concept is made, it is not possible to identify that the objective of most online platforms is included within a "collaborative" framework. Thus, this objective does not correspond to obtaining economic benefits from the intermediation of underutilized spaces and thus contributing to the shared use of resources, since online platforms for tourist accommodation are commercial companies with a purely lucrative purpose based on the provision of an intermediation service with both individuals and professionals as hosts who use their properties for short stays through the platform on a recurring and not sporadic basis. Although there are some platforms that can meet some of the objectives of the social economy and that are immersed in the category of "accommodation", none of the 35 online platforms for tourist accommodation that are the object of this research is primarily dedicated to meeting this type of social or collaborative objectives.

Second: Although the provision of digital services is set in a different scenario from the traditional (physical) one, the minimum principles of Private Law must be respected with respect to contractual regulations, such as the balance between the interests of the parties, good faith and respect for public interests. Although sometimes the traditional regulations governing the provision of services may not have sufficient effectiveness or specificity when it comes to a digital context.

Third: Online platforms often create special conditions of use for the actual providers of the underlying service, such as transportation or accommodation. These conditions focus on limiting the platform's liability to the maximum in front of the final consumer, without taking into account that suppliers or actual providers of the underlying service may also meet the requirements to be consider as consumers (*B2C*). This situation could be analyzed by the EU legislator and may be the subject of an autonomous and subsequent research.

Fourth: In the EU, online platforms for tourist accommodation are included in the categorization of information society service providers in accordance with Directive 2000/31/EC and this generates a liability exemption regime that is maintained in the Digital Services Act. It should be mentioned that the arguments for the drafting of this Regulation highlighted the need to renew Directive 2000/31/EC to adapt it to the new digital reality, but the changes set out in the Digital Services Act do not focus on imposing automatic liability on the platform for illegal content of the data they host or process or assigning them monitoring functions, but rather on imposing obligations of auditing, transparency, good practices and representation in EU territory.

Fifth: According to the analysis carried out, we have concluded that Member States may impose certain obligations to online platforms without resorting to the procedure of Directive 2000/31/EC in the cases of: excluded matters (Art. 5) such as "taxation matters", or when the platforms have their registered office in the Member State imposing the obligation, or when the platform exceeds or cannot meet the requirements to be considered as a mere information society service provider or when it voluntarily accepts the obligations imposed by the Member State requesting them by means of an agreement, although it is not regularly obliged to do so.

Sixth: If an online platform for tourist accommodation that does not act as a mere intermediary does not have the support of the category of information society service provider, therefore, if its function is not neutral, passive and automatic, but active, it will not be able to access the limitations of liability established in Directive 2000/31/EC.

Seventh: The Digital Services Act could generate an indirect change in the interpretation already established by the CJEU case law on the recognition of the evidence of target activities in the terms of Art. 17.1 c) RBIbis. Currently, the CJEU has determined a non-exhaustive list of evidence to establish that the professional targets its activities to the Member State of the consumer's domicile. However, according to Art. 11 of the Digital Services Act platforms that target their activities to Member States must have a legal representative in the territory of the Union. Therefore, if the guest-consumer domiciled in a Member State wishes to sue a platform, he could check whether or not it has a legal representative in the Member States, because if it has one, this implies that the platform does target its activities to the Member State of his domicile. This corroboration could be done through, for example, the digital services coordinator of Member State where de guest-consumer is domiciled. The judge within the targeted activity test that he performs on the case will have to analyze whether to take this information as evidence (in the terms of CJEU) or as a concept closer to the documentary evidence provided by a third party. In this case, this party is impartial and makes an objective analysis of the targeted activities and provides an assertive answer as to whether or not a certain platform targets its activities to a Member State.

Eighth: In matters of international jurisdiction, when RBIbis is applicable, the guest-consumer can sue both the platform and the host autonomously and not jointly because they are incompatible forums (Art. 18 and Art. 24), but it should be noted that in case of dispute, there is no definitive dividing line as to which of the two possible defendants is liable for a specific type of breach. However, we have drawn from the analysis the following liability scenarios: (a) The platform will always be liable over circumstances related to the interpretation or drafting of the digital intermediation contract, since the host is not involved as a party to this contract or in the process of its drafting or acceptance, (b) The platform will always be liable over circumstances related to payment since the host is not involved in this procedure, and the platform has full control of this part of the service, c) It is possible to impute liability to the platform on behalf of the guest-consumer when the platform has self-imposed refund policies and liability for damages in specific cases, d) It is possible that the platform could be held liable for inconveniences related to the accommodation, when the lease has not physically started and there has been no contact between the host and the guest, being the only contact of the latter, the platform, e) when it comes to non-conformity between the advertisement and the actual property, there is a judicial precedent in Spain that attributes direct liability to the PLAT and not to the host.

Ninth: Taking into account the eighth conclusion, we indicate that the dividing line is even more complex to draw and thus amplifies the difficulty to determinate if the platform can be liable in front of the guest-consumer: a) when it is impossible to access the property or it is in poor condition, because although some platforms such as *Airbnb* have created refund policies for this reason, most platforms do not make this consideration and it is possible that the host may be held liable for breach of the lease contract, b) when the platform exceed its role as a mere intermediary, and intervene directly in the lease contract. For example, they unilaterally terminate the lease contract to which they are technically not a party, without having a cause for termination previously accepted by the host, as in the case of massive cancellation of reservations due to COVID-19, c) when it is a matter of breakdowns or repairs of the property when the lease has already begun, it is reasonable to impute liability to the host and not to the platform as these are issues that typically fall on the lease contract, although the platform may self-impose obligations in this regard in its terms and conditions, such as specific refund policies, it could have responsibility for it, d) when it comes to criminal conducts, such as robbery, the liability would fall on the person who has physical control of the property, the host or the person delegated for this purpose, or on the person who had access to the property to commit the crime or misdemeanors, and in these cases the platform has no control over it nor has it self-imposed obligations in this regard as it does, for example, the *Airbnb* platform with the insurance policy in favor of the hosts that covers damages caused by the guests.

Tenth: Twenty-two of the thirty-five platforms studied have their registered office in the Member States (*Airbnb, Booking, VRBO, Abritel, FeWo-direkt, Niumba, Holidu, Bookiply, Homestay, Hometogo, Hotdogholidays, Hundred Rooms, Interhome, Muchosol, Novasolvacaciones, Rentalia, Roomlala, Ruraltop, Tripping, Villapolis, Weekendesk* and *Wimdu*), eight of the remaining thirteen (*Expedia inc., TripAdvisor, Bookabach, Stayz, Vacationhomerentals, Holidaylettings, Housetrip* and *FlipKey*), although their registered office is not in the EU, have some corporate connection with one of these twenty-two mentioned platforms and only five of them (*Kid & Coe, OneFineStay, Owner-direct, Temporadalivre* and *9flats*) do not have any establishment or corporate connection with another company domiciled in the EU. In the case of Latin America, only *Temporadalivre* has its registered office in Brazil, but *Booking* has a trading establishment in each of the selected countries, *VRBO* has a trading establishment in Brazil and *Airbnb* has establishments in Mexico and Brazil.

Eleventh: If the consumer or his legal representative identifies in a basic way the company and the corporate structure of the platform which the contracting is made, the place where the head office or a commercial establishment is located, this is a determining factor for the protection of the rights of the guest-consumer and it may be useful to know at the time of filing a request, complaint or legal claim against the platform. Therefore, such information should be clearly displayed on the website of the PLAT with which the guest-consumer contracts.

Twelfth: In matters of international jurisdiction, being applicable the RBIbis, the passive guest-consumer with domicile in the EU can sue the platform: in its own domicile, in the domicile of the platform in the EU or in the Member State in which the platform has an establishment, even if there is an agreement. It should be remembered the specific exceptions of Art. 19 RBIbis, which allow the agreement under certain conditions. If the platform does not have its domicile or an establishment in the EU, the guest-consumer must also have use the RBIbis, to verify compliance with Art. 17.1 c) and with evidence prove that the foreign platform targets its activities to the Member State of its domicile and that the service contract in dispute falls within the scope of such activities. After verification, the four most relevant EU online platforms for tourist accommodation include in their jurisdiction clauses directly or indirectly the forums of Art. 18 RBIbis in 2023. In case Art. 17.1 c) is not applicable, the guest-consumer must still have to apply the RBIbis as a regular contractual party to determine international jurisdiction, without consumer status.

Thirteenth: The major difference in international jurisdiction rights of a passive consumer-guest in comparison to an active one or a non-consumer guest all domiciled in the EU, is that the latter two do not have the possibility of suing the platform in the EU if it is not domiciled in the territory of the Union, unless there is an agreement that so provides. If there is no agreement, the concept of targeted activities does not apply and in case of requesting a judicial claim they would resort to the Private International Law system of the State where they wish to file the claim. In the case of a guest domiciled in the EU, when acting as a tenant, he is bound to an exclusive forum, and therefore may bring the claim before the courts of the Member State where the property is located in accordance with Art. 24.1 RBIbis. If it is a lease of up to six months, the guest as tenant and as a natural person, may also bring the claim before the courts of the Member State where he is domiciled if this coincides with the domicile of the landlord. For a non-consumer guest or active guest-consumer in accordance with Art. 7.1 b) RBIbis, the international jurisdiction is determined by the place in the Member State in which, according to the contract, the services have been or are to be provided or in the domicile of the defendant in accordance with Art. 4 RBIbis.

Fourteenth: In order to determine international jurisdiction in a dispute relating to the contractual relationship between the guest-consumer and platform in the Private International Law systems of Colombia, Mexico, Argentina and Brazil, it is necessary to resort to domestic rules of Private International Law, because the international norms lack sufficient specialty and updating to be used in a virtual contracting scenario and national courts do not resort to them to resolve cases of this nature. Although, the analysis provided a solution as to how international norms of jurisdiction should be interpreted in this contractual relationship. It should be noted that the domestic rules do not provide a clear answer on international jurisdiction in all cases, but with the available tools such as jurisprudence and doctrine, the possible judicial scenarios in each Latin American State studied were presented.

Fifteenth: In the Private International Law systems of Colombia, Mexico, Argentina and Brazil the international jurisdiction agreement applied to the intermediation contract of the guest-consumer and platform does not have a uniform acceptance and must resort to the general rules for determining international jurisdiction since there is no specialized consumption rule, with the exception of Argentina and Brazil. In Colombia, the agreements are valid if there is any connection with Colombia, as there is primacy of territorial jurisdiction. In Mexico, it is necessary to exercise *forum shopping ad intra* to determine jurisdiction and this implies that in the Mexican Code of Commerce the agreement is accepted but to specific forums, and it is also necessary to verify in the Code of Civil Procedure of the Federal State where the lawsuit is to be filed, to determine whether or not the agreement is accepted or not. In Argentina and Brazil, the answers are assertive: in the former the consumer agreement is not accepted and in the latter this type of agreement is allowed.

In the absence of an agreement, Colombia will continue to apply territorial jurisdiction in accordance with the General Code of Procedure; in Mexico, *forum shopping ad intra* will be used again; for Argentina, whether or not there is an agreement, the Civil and Commercial Code of the Nation stipulates concurrent forums for the consumer; and in Brazil there must be specific connections with the Brazilian territory in accordance with its Code of Civil Procedure.

It should be noted that, according to what has been analyzed, it is possible for the guest-consumer domiciled in the selected Latin American countries to sue in his own country a platform with an establishment in those countries even if the contract has been subscribed with the parent company or a subsidiary that is part of the same corporate structure. Additionally, as long as the consumer-guest has its domicile or residence in one of those States, it is easier to prove a connection with it. If the platform has its registered office in Brazil, the Brazilian courts have direct jurisdiction to know the case even if the guest-consumer is domiciled in a third State.

Sixteenth: The distinction between passive and active consumers in Latin American legal systems is not a priority for the application of the rules of international jurisdiction (with the exception of Argentina) or applicable law, taking into account that they are mainly based on the domicile and habitual residence of the parties.

Seventeenth: Suing the platform to obtain compensation is not the only option for guest-consumers both domiciled in the EU and in Latin America. The first thing to turn to is the platform, which sometimes establishes reimbursement clauses through internal procedures that the guest-consumer can exercise without the need to resort to a third party. If the above does not work and the platform compensates the guest-consumer unsatisfactorily for the damages or refuse to do so, he has at his disposal alternative dispute resolution mechanisms which he may access according to the place of his domicile. All Alternative Dispute Resolution mechanisms are not available to all guest-consumers and in case of accessing these, his counterparty must be the platform, with whom he configures the consumer contract and not the host if it is a mere lease contract.

In particular, it is mentioned that the EU online dispute resolution platform may be used only by the guest-consumer domiciled in the Member States or in Norway, Iceland or Liechtenstein provided that the platform has an establishment in the territory of the Union or in any of those States. Additionally, the EU online dispute resolution platform link is only found on the website of fifteen of the thirty-five online platforms for tourist accommodation under investigation. *ADRs* such as direct mediation with entities that provide this service, conciliation and consumer arbitration have to be verified by the guest-consumer in each Member State and in each Latin American State. To access any of these mechanisms is necessary to identify whether it covers international private relations and whether it is applicable to the guest-consumer according to his domicile, it should be noted that in the legal system of Argentina arbitration is not allowed for the consumer contract.

Eighteenth: The determination of the law applicable to the contract between guest-consumer and platform in the EU is based on the RRI when the court of the forum is located in a Member State, therefore, there is a prevalence of the applicable law agreement (Art. 3). When it is a consumer contract, the exception on mandatory rules must be taken into account (Art. 6 RRI). In Latin America, the agreement will depend on the conflict rules of the Private International Law system of the judge of the forum, which in general are scarce and not very specialized, and are not usually applied by the courts, who usually resort to the lex fori. Despite the latter, an analysis was made of the international rules that may be applicable to determine the law applicable to the consumer contract with an international element in each of the Latin American States analyzed. The exception of arbitration should be mentioned, which in the legal systems of the selected countries does expressly allow the applicable law pact in the legislation, with the exception of Argentina, which does not allow arbitration clauses on the consumer contract.

Nineteenth: The exception on the mandatory rules in the consumer contract when there is an agreement established in Art. 6 RRI, is contemplated in the terms and conditions of the four most relevant online platforms for tourist accommodation and even if such premise had not been added to the letter of the contract, it prevails. Therefore, even if the parties select as applicable the law of any State, even if it is one outside the EU, the guest-consumer with habitual residence in the EU does not lose the rights of protection that would have been applicable in the absence of the agreement of its own Member State of habitual residence. This type of mandatory rules is contained in EU Directives and when transposed in each Member State may present differences with respect to additional or more protectionist consumer rights, as long as it is a minimum directive and not a full harmonization directive.

Twentieth: When there is no agreement to determine the law applicable to the contract between guest-consumer and platform, in the EU, according to the RRI, the law of the Member State of habitual residence of the consumer will be applicable. In Latin America, the scenario is very different and a considerable uncertainty is created due to the scarcity of conflict rules in general and secondly, the difficulty in applying them to the contractual relationship between guest-consumer and the platform, due to the lack of sufficient specialty to do so or because there is no legal tradition to resort to these rules and the substantive law of the forum is applied directly, although we must highlight Argentina as an exception. Thus, in Colombia, Mexico and Brazil judges will apply the *lex fori* in case there is no agreement, although it should be noted that in Mexico the law of the domicile of the platform could be applicable, but this should only be mentioned as a possibility of interpretation of law, specifically of the Federal Civil Code, taking into account that the place of performance of an online contract is not contemplated in the Mexican legislation. Regarding Argentina, it is established in its Private International Law system, which does not admit consumer agreements, and the law applicable to this type of contracts will be the law of the domicile of the consumer provided that specific requirements determined in Art. 2.655 of the National Civil and Commercial Code are met.

Twenty-first: Once the competent judge and the applicable law in the EU have been determined, the guest-consumer may have access to the rules of his own Member State of habitual residence if these are more favorable than those agreed in the contract. For the analysis, the transposition of Directive 93/13/EEC and its transposition in Spain and Italy and Directive 2000/31/EC and its transposition in Spain and France were especially taken into account and it was concluded that although the articles of the analyzed national rules applied to the contract between the guest-consumer and the platform present some differences that in comparison could seem more favorable to the guest-consumer, it is not possible to determine in isolation, without applying such rules to the specific case, which is the most favorable in all cases and therefore, to choose the most protected guest-consumer according to the Member State of his habitual residence.

Twenty-second: The guest-consumer with habitual residence in each of the selected countries of Latin America or in the EU, being the judge of the forum and the applicable law that of those third countries, the main applicable substantive law with public order status in each of these States are the following: The Consumer Statute for Colombia, The Federal Consumer Protection Law in Mexico, The Consumer Defense Law in Argentina and the Consumer Defense Code in Brazil. It should be noted that these rules were created to protect the domestic consumer and, where not contemplated or not applicable to international private relations, the commercial and civil codes of each State will be applied.

Twenty-third: Once a comparative analysis has been made in Colombia, Mexico, Argentina and Brazil of the rules of jurisdiction and determination of applicable law, the Argentine Private International Law system in consumer matters is the one with the clearest and most consumer protectionist rules for the following reasons: in the rest of the selected Latin American States, the rules of Private International Law are scattered in the legal system and it is necessary to make an abstraction of the legislation to find the rules that apply to the consumer contract with international element. This does not occur within the Civil and Commercial Code of the Argentine Nation, where all the rules relating to the subject under analysis are contemplated, with detail and specialty. Regarding the content of the rules, these do not allow any agreement on jurisdiction or applicable law, but indicate concurrent forums in favor of the consumer within which the domicile of the defendant is included and on applicable law this will be the law of the State of the consumer's domicile. Taking into account the above, if a foreign guest-consumer who wishes to sue a platform in Argentina, in that country is guaranteed that if platform has domicile or a commercial establishment in that place, the Argentine courts will have jurisdiction and the applicable law will be that of his own domicile as long as certain conditions are met regarding the concept of targeted activities.

Twenty-fourth: With respect to the material law in Latin America, both Brazil and Argentina have considerations that allow a general interpretation that they contain a wider and more specialized range of consumer rights in terms of determining the validity or ineffectiveness of the clauses, the amount of the claim, the grounds for breach of the contract by the professional, among others, with respect to Colombia and Mexico. However, it is pertinent to point out that a new comparison was made, this time with respect to the EU standards, and to determine assertively whether in all cases these standards exceed in content and consumer protection with respect to the standards of Colombia, Mexico, Argentina and Brazil, is complex to say the least. While on the one hand, the EU rules have a more extensive and specialized list of unfair terms and allow the judge to declare the nullity *ex officio*, in countries such as Argentina, for example, such nullity must be alleged by the consumer or declared *ex officio* by administrative authorities. On the other hand, the Mexican law includes pre-contractual liability for violations of good faith in general, but the Italian law, transposed from Directive 93/13/EEC, only indicates that a clause that the consumer could not know before the contract and that was foreseen as an adhesion to the contract can be declared unfair. Although the laws may appear to be more or less favorable only on the surface, they must be applied to the specific case to obtain a definitive answer on the matter. However, the EU has an important advantage, the interpretation of the CJEU on consumer matters, which allows, in real cases, to uniformly interpret the rule when there is a legal vacuum and create a judicial precedent to be followed by the courts of the Member States, as in the cases of *Airbnb* (As. C-390/18), *Booking* (As. C-59/19), *Amazon* (As. C-191/15), among others.

Twenty-fifth: Despite the marked differences between the regulation of e-commerce and therefore, the provision of digital services in the EU and Latin America, this does not indicate that there is not a usual interaction between traders and users who carry out contracting from these territories and that some common points on rights cannot be established. Specially in matters of obligations and protection to the contractual parties according to the role they play in the contract, where there is currently a global trend to protect the consumer. That indicates that at least the consumer is entitled to receive clear and transparent information, to fair commercial practices and contract terms, and to certain rights whose purpose is to reestablish the balance in the contract.

Twenty-sixth: Finally, the answer to the research question: Is the international guest-consumer a special subject of rights in terms of jurisdiction and applicable law in the European Union and Latin America against the digital platform for tourist accommodation in the context of the digital intermediation contract with an international element? It is affirmative, but it must be nuanced in the specific case, especially on what refers to the place and form where it is specially protected. Some guest-consumers are specially protected in international jurisdiction matters when their domicile is in the EU and they are classified as "passive", but this protection changes when they face Latin America where generally passive, active consumers, even if they are foreign or domestic, face the same jurisdiction rules but it should be noted the relevance in both territories of the domicile of the consumer and the platform to access certain rights or certain *ADRs*.

In terms of determining the applicable law, protection in the EU is based on respecting the agreement made by the parties with attention to the mandatory rules of their habitual residence if it is a passive consumer, in contrast in Latin America, protection comes from not recognizing the agreement and applying the rules of the State of residence of the consumer or the forum and in some cases the generic conflict rules for contracts that may or may not recognize such agreements. Both in matters of international jurisdiction and in determining applicable law, the EU has a clearer overview for the consumer because of the specialty of the rules to which he has access. Finally, the substantive rules of consumer protection show that consumers are specially protected in the EU Member States as well as in Colombia, Mexico, Argentina and Brazil, although the levels of protection are different, all the laws analyzed have at least the character of mandatory rules or internal public order for Latin America. In order to check whether they provide superior protection to the guest-consumer, they will have to be applied to the specific case, since the a priori analysis of the rules can only give us a reference to their specialty, but it is the facts to which they apply, that determine the degree of protection of the guest-consumer against the platform.

Bibliografía

1) Libros y revistas

AGUILAR GRIEDER, H., "Alcance de los controvertidos artículos 3 y 4 del Reglamento (CE) núm. 593/2008: perspectiva de *lege lata* y propuestas de *lege ferenda*", *Cuadernos de Derecho Transnacional*, vol. 6, núm. 1, 2014.

ALBORNOZ, M.M., "El derecho aplicable a los contratos internacionales en los Estados del Mercosur", *Boletín mexicano de derecho comparado,* vol. 42, núm. 125, 2009.

ALEXANDER, N., "Harmonization and Diversity in the Private International Law of Mediation: The Rhythms of Regulatory Reform", en: HOPT, K.J., STEFFEK, F., *Mediation*, Oxford, 1ª ed., Oxford University Press, 2013.

ALFONSO SÁNCHEZ, R., "Economía colaborativa: un nuevo mercado para la economía social", *Revista de Economía Pública, Social y Cooperativa,* núm. 88, 2016.

ALFONSO SÁNCHEZ, R. "Aproximación jurídica a la economía colaborativa: Diferentes realidades", *Cuadernos de Derecho y comercio,* núm. 66, 2016.

ALL, P.M. "Consideraciones generales sobre el artículo 2 del proyecto de reglamentación interamericana en materia de protección de los consumidores presentados por Brasil", *Cadernos do programa de pós-graduação em Direito,* núm. 5, 2006.

ALMEIDA IDIARTE, R., "Inconsistencias prácticas derivadas del literal C, Art. 7 del Protocolo de Buenos Aires sobre jurisdicción internacional en materia contractual", *Revista de Derecho,* núm. 16, 2017.

ALONSO BEZOS, J.J., "Consumidores y usuarios. Préstamo personal. Cláusulas abusivas", *Revista Aranzadi Doctrinal,* núm. 1, 2016.

ALPA, G., *I contratti del consumatore,* Milano, 1ª ed., Giuffrè editore, 2014.

ALPA, G., "Derecho de los Consumidores y el Código de Consumo en la Experiencia Italiana", *Revista de Derecho Privado,* núm. 11, 2006.

ÁLVAREZ, G.S., HIGHTON, E.I., *La mediación en el panorama latinoamericano,* Madrid, 1ª ed., CEAEJ, 2001.

ANCEL, M-E., DEUMIER, P., LAAZOUZI, *Droit des contracts internationaux,* Paris, 2ª ed., Sirey, 2020.

ANTÓN ANTÓN, A., FERRANDO NICOLAO, E., *Retos jurídicos y económicos emergentes en la economía de plataformas,* Cizur Menor, 1ª ed., Editorial Aranzadi, 2022.

AÑOVEROS TERRADAS, B., "La política europea de protección de los consumidores", en: ORTEGA GÓMEZ, M., *Las políticas de la Unión Europea en el siglo XXI,* Barcelona, 1ª ed., J.M. Bosch Editor, 2017.

AÑOVEROS TERRADAS, B., "Consumer Resident in the European Union vs. Consumer Resident in a Third State: A Purpose of the Proposed Rome I Regulation", *AEDIPr,* t. VI, 2006.

ARCILA, B., "Sharing data in the sharing economy: Policy recommendations for local governments", *Indiana Journal of Law and Social Equality,* vol. 9, núm. 1, 2021.

ARDURA URQUIAGA, A., LORENTE RIVEROLA, I., SORANDO, D., "Vivir en la incertidumbre: burbuja de alquiler y olas de gentrificación entre crisis en Madrid". *Revista INVI*, vol. 36, núm. 101, 2021.

ARENAS GARCÍA, R., "Del Reglamento Bruselas I al Reglamento Bruselas I bis", *REDI, vol. LXV*, núm. 2, 2013.

ARIZA SANTAMARÍA, R., "Estado del arte de los mecanismos alternativos de solución de conflictos en Colombia", *Revista IUSTA*, núm. 26, 2007.

ARRIETA IDAKEZ, F.J., "La colaboración público-privada en el fomento de la economía colaborativa en el ámbito local: una alternativa a la economía informal que trae causa de la falsa economía colaborativa"; *Lan Harremanak*, núm. 41, 2018.

ARROYO AMAYUELAS, E., "El derecho de las plataformas en la Unión Europea", en: ARROYO AMAYUELAS, E., MARTÍNEZ MATA, Y., RODRÍGUEZ FONT, M., TARRÉS VIVES M., *Servicios en plataforma. Estrategias regulatorias*, Madrid, 1ª ed., Marcial Pons, 2021.

ARROYO APARICIO, A., "Noción de consumidor para el Derecho Europeo (Noción del Reglamento 1215/2012 versus la de las Directivas de protección de los consumidores)", *Revista Electrónica de Direito*, vol. 15, núm. 1, 2018.

AUSTIN, D., WOJCIK, M. E., "Freedom's Frontiers: The Travails of LGBT Travelers", *Pólemos*, vol. 12, núm. 2, 2018.

BAILLOUX, C., "The Average Consumer in European Consumer Law", *Exeter Law Review*, núm. 44, 2017.

BALAGUÉ, C., MARTIN-FUENTES, E., GÓMEZ, J., "Fiabilidad de las críticas hoteleras autenticadas y no autenticadas: el caso de Tripadvisor y Booking.com", *Cuadernos de Turismo*, núm. 38, 2016.

BALDUZZI, L. D. "El contrato de uso de plataforma digital: la estructura jurídica de los modelos de negocio de la economía colaborativa", *Revista de la Facultad*, vol. XI, núm. 2, 2020.

BALLARINO, T., "Il Regolamento Roma i forza di legge, effetti, contenuto", *Cuadernos de Derecho Transnacional*, vol. 1, núm. 1, 2009.

BALLESTEROS BARROS, A.M., "Reflexiones sobre la modernización del derecho europeo de sociedades: forum societatis y lex societatis", *AEDIPr*, t. XVIII, 2018.

BARKEN, M., SEAQUIST, G., BRAMHANDKAR, A., "Airbnb: a digital platform for sharing or excluding?", *NorthEast Journal of Legal Studies, vol. 37, núm. 1, 2018.*

BAROCELLI, S.S., "Principios y ámbito de aplicación del derecho del consumidor en el nuevo Código Civil y Comercial", *DCCyE*, núm. 63, 2015.

BARRAL, I., "La mediación y el arbitraje de consumo: explorando sistemas de ODR", *IDP. Revista de Internet, Derecho y Política*, núm. 11, 2010.

BARRAL VIÑALS, I., "La mediación y el arbitraje de consumo: explorando sistemas de ODR", *IDP. Revista de Internet*, núm. 11, 2010.

BAS VILIZZIO, M., "Da proteção a facilitação de investimentos: uma análise particular da arbitragem de investimentos no Mercosul", *Revista de la Secretaría del Tribunal Permanente de Revisión*, vol. 6. núm. 12, 2018.

BAUWENS, M., KOSTAKIS, V., PAZAITIS, A., *Peer to Peer: The Commons Manifesto*, Londres, 1ª ed., University of Westminster Press, 2019.

BECERRA RAMÍREZ, M., "Tratados internacionales se ubican jerárquicamente por encima de las leyes y en un segundo plano respecto de la constitución federal (amparo en revisión 1475/98)", *Revista Mexicana de Derecho*, núm. 3, 2000.

BELLOSO MARTÍN, N., "Formas alternativas de resolución de conflictos: experiencias en Latinoamérica", *Revista Seqüencia*, núm. 48, 2004.

BELTRÁN CALFURRAPA, R., "Las máximas de la experiencia y su reconstrucción conceptual y argumentativa en sede jurisdiccional", *Revista Ius et Praxis*, núm. 2021.

BELTRÁN DE HEREDIA RUIZ, I., "Caso élite taxi: ¿los conductores de Uber son "trabajadores" a la luz del Derecho comunitario?", *Revista de Derecho vLex*, núm. 164, 2018.

BENÍTEZ-AURIOLES, B., "Emprendimiento en el mercado peer-to-peer de alojamientos turísticos entrepreneurship in the peer-to-peer market for tourist accommodation", *Revista de Estudios Empresariales. Segunda Época*, núm. 1, 2019.

BERMÚDEZ ABREU, Y., ESIS VILLARROEL, I., "Hacia la armonización del derecho mercantil en el Caribe: los Principios OHADAC sobre los contratos comerciales internacionales" *Revista de Derecho Privado*, núm. 2021.

BERKE, D., "Products Liability in the Sharing Economy", *Yale Journal on Regulation*, núm. 33, 2016.

BIAGIONI, G., "Tecniche internazionalprivatistiche fondate sulla volontà delle parti nel diritto dell'Unione Europea", *Cuadernos de Derecho Transnacional*, vol. 2, núm. 2, 2010.

BLAUROCK, U., SCHMIDT-KESSEL, M. ERLER, K., *Plattformen: Geschäftsmodell und Verträge*, Baden-Baden, 1ª ed., Nomos, 2018.

BODIROGA-VUKOBRAT, N., POSCIC, A., MARTINOVIC, A., "Old Economy Restrictions in the Digital Market for Services", *Journal for International and European Law*, núm. 15, 2018.

BOGDAN, M., *Private International Law As Component Of The Law Of The Forum*, Leiden, 1ª ed., Brill, 2012.

BOGDAN, M., "Contracts in Cyberspace and the Regulation Rome I", *Masaryk University Journal* of *Law and Technology*, núm. 3, 2009.

BORN, G., *International Commercial Arbitration*, La Haya, 2ª ed., Kluwer Law International, 2014.

BORRÁS RODRÍGUEZ, A., "30 años de España en la Unión Europea su significado en el ámbito del Derecho internacional privado", *AEDIPr*, t. XVI, 2016.

BORRÁS RODRÍGUEZ, A., "Derecho internacional privado y Tratado de Ámsterdam", *REDI*, vol. 51 núm. 2, 1999.

BORRÁS RODRÍGUEZ, A., LÉOPOLD DROZ, G.A., *E pluribus unum: liber amicorum Georges A.L. Droz: on the progressive unification of private international law=sur l'unification progressive du droit international privé*, La Haya, 1ª ed., Martinus Nijhoff Publishers, 1996.

BORTON, J. H., *The evolution of the trade regime; politics, law and economics of the GATT and the WTO*, Princeton, 1ª ed., Princeton University, 2008.

BOTSMAN, R., ROGERS, R., *What's mine is yours: the rise of collaborative consumption, New York*, 1ª ed., Harper Business, 2010.

BOUDERHEM, R., "The Position of the Member States of the European Union and the Solutions of European Union Law with Regard to Groups of Companies", *International Business Law Journal*, núm. 3, 2017.

BOUTIN G., "Del rol de la regla de la autonomía de la voluntad en los convenios de Derecho internacional privado en América Latina: Código Bustamante 1928, Tratados de Montevideo 1889-1940 y Convención de México de 1994", *AEDIPr*, t. VIII, 2008.

BRANDÃO DE OLIVEIRA, A., RAIZER BORGES MOSCHEN, V., "Enfoque crítico del sistema brasileño de Derecho internacional privado y los retos de la armonización: los nuevos principios de la haya sobre la elección del derecho aplicable en materia de contratos internacionales", *AEDIPr*, t. XIII, 2013.

BRAVO ALLIENDE, F., "Reclamaciones de Consumidores Contra Empresas Transnacionales Peer-to-peer: El Caso de los Términos y Condiciones de Uber en América Latina", *Temas de Protección y Defensa del Consumidor*, núm. 1, 2018.

BREVINI, B., SWIATEK, L., *Amazon: Understanding a Global Communication Giant*, Nueva York, 1ª ed., Routledge, 2020.

BRICEÑO BERRÚ, J.E., "Teoría y praxis del arbitraje comercial internacional en América Latina", *Agenda Internacional*, núm. 29, 2011.

BRITO NOVAIS, S.L., "Los sistemas de proteção ao consumidor espanhol e brasileiro: a mediação de consumo como forma de resolução cidadã", *EDUCARE Revista Científica do Colégio Militar de Fortaleza*, núm. 6, 2014.

BUJOSA VADELL, L., "El arbitraje de consumo", *Revista Jurídica de Castilla y León*, núm. 29, 2013.

BUSCH, C., DANNEMANN, G., SCHULTE-NÖLKE, H., WIEWIÓROWSKA-DOMAGALSKA, A., ZOLL, F., "An Introduction to the ELI Model Rules on Online Platforms", *Journal of European Consumer and Market Law*, vol. 9, núm. 2, 2020.

BUSCH, C., SCHULTE-NÖLKE, H., WIEWIÓROWSKA-DOMAGALSKA, A., ZOLL, F., "The Rise of the Platform Economy: A New Challenge for EU Consumer Law?", *Journal of European Consumer and Market Law*, vol. 5, núm. 1, 2016.

CAAMINIA DOMÍNGUEZ, C.M., "El consumidor frente al profesional en entornos digitales. tribunales competentes y ley aplicable", *Cuadernos de Derecho Transnacional*, vol. 12, núm. 2, 2020.

CAAMINIA DOMÍNGUEZ, C.M., "La noción de "consumidor" en Internet: el asunto C-498/16, Maximilian Schrems y Facebook Ireland Limited, *Cuadernos de Derecho Transnacional*, vol. 11, núm. 1, 2019.

CABALLÉ FABRA, G., *La intermediación inmobiliaria ante los nuevos retos de la vivienda*, Valencia, 1ª ed., Tirant lo Blanch, 2021.

CAHALI, F.J., *Curso de arbitragem: mediação, conciliação, resolução CNJ125/2010*, São Paulo, 5ªed., Thomson Reuters: Revista Dos Tribunais, 2015.

CAICEDO CASTILLA, J.J., "Desarrollo, orientaciones y porvenir del Derecho Internacional Privado en América", *Revista de la Universidad Nacional*, núm. 2, 1945.

CAIVANO, R. J., "Propuestas para mejorar la Legislación sobre Arbitraje Doméstico", *Revista Argentina de Arbitraje*, núm. 7, 2021.

CALVO CARAVACA, A.L., "Los contratos de consumo en la jurisprudencia del Tribunal de Justicia de la Unión Europea: Últimas tendencias", en: ÁLVAREZ GONZÁLEZ, S., ARENAS GARCÍA, R., DE MIGUEL ASENSIO, P.A., SÁNCHEZ LORENZO, S.A., STAMPA CASAS, G. (eds.), *Relaciones transfronterizas, globalización y derecho (Homenaje al Prof. Dr. José Carlos Fernández Rozas)*, Cizur Menor, 1ª ed., Thomson Reuters, 2020.

CALVO CARAVACA, A.L., "Consumer Contracts in the European Court of Justice Case Law: Latest Trends", *Cuadernos Derecho Transnacional*, vol. 12, núm. 1, 2020.

CALVO CARAVACA, A-L., CARRASCOSA GONZALEZ, J., *Derecho internacional privado*, Granada, 18ª ed., Editorial Comares, 2018.

CALVO CARAVACA, A-L., CARRASCOSA GONZÁLEZ, J., CAAMIÑA DOMÍNGUEZ, C. *Litigación internacional en la Unión Europea II. Ley aplicable a los contratos internacionales. Comentario al Reglamento Roma I.*, Cizur menor, 1ª ed., Editorial Aranzadi, 2017.

CALVO CARAVACA, A-L., CARRASCOSA GONZÁLEZ, J., *Litigación internacional en la Unión Europea I. Competencia judicial y validez de resoluciones en materia civil y mercantil en la Unión Europea. Comentario al Reglamento Bruselas I Bis*, Navarra, 1ª ed., Thomson Reuters Aranzadi, 2017.

CALVO CARAVACA, A.-L., "El Reglamento Roma I sobre la ley aplicable a las obligaciones contractuales: cuestiones escogidas", *Cuadernos de Derecho Transnacional*, vol. 1., núm. 2, 2009.

CALVO CARAVACA, A-L., CARRASCOSA GONZÁLEZ, J. "La sumisión tácita como foro de competencia judicial internacional y el Art. 24 del Reglamento 44/2001 de 22 de diciembre 2000", *International Law: Revista Colombiana de Derecho Internacional*, núm. 4, 2004.

CAMACHO LÓPEZ, M.E., "Contrato de Agencia Comercial", *Revista E-Mercatoria*, núm. 7, 2008.

CAMPO COMBA, M., "Derecho internacional privado europeo y aplicación de las directivas europeas protectoras de la parte contractual débil", *Revista Española de Derecho Internacional*, vol. 73, núm. 1, 2021.

CAMPO COMBA, M., *The Law Applicable to Cross-border Contracts involving Weaker Parties in EU Private International Law*, Rotterdam, 1ª ed., Springer, 2021.

CAMPOS CARVALHO, J., "Plataformas en línea: concepto, papel en la conclusión de contratos y marco legal actual en Europa", *Cuadernos de Derecho Transnacional*, vol. 12, núm. 1, 2020.

CAMPOS CARVALHO J., MORAIS CARVALHO J., "Problemas Jurídicos da Arbitragem e da Mediação de Consumo", *Revista Electrónica de Direito*, núm. 1, 2016.

CAMPILLOS GONZÁLEZ, G.M., "La ley de Servicios de la Sociedad de la Información, marco jurídico de las actividades económicas a través de Internet", *Economía Industrial*, núm. 338, 2001.

CAMPUZANO DÍAZ, "Las partes vinculadas por el acuerdo de elección de foro. Nota a la Sentencia del TJUE de 28 de junio de 2017, Leventis y Vafeias, As. 436/162", *Cuadernos de Derecho Transnacional,* vol. 10, núm. 1, 2018.

CAMPUZANO DÍAZ, B., "Las normas de competencia judicial internacional del Reglamento 1215/2012 y los demandados domiciliados fuera de la UE: Análisis de la reforma", *Revista Electrónica de Estudios Internacionales,* núm. 28, 2014.

CAMPUZANO DÍAZ, B., "El TJUE de nuevo con la con el foro de la pluralidad de demandados, nota a la sentencia de I de diciembre de 2011 en el asunto Painer", *Cuadernos de Derecho Transnacional,* vol. 4, núm. 1, 2012.

CANALES GUTIÉRREZ, S., "El intermediario como "comerciante" en el contrato de consumo: comentario a la STJUE TIKETA, asunto: C-536/20 de 24 de febrero de 2022, *Revista General de Derecho Europeo,* núm. 58, 2022.

CANALES GUTIÉRREZ, S., *Bitcoin, la moneda descentralizada de curso voluntario, como equivalente funcional del peso colombiano,* Bogotá, 1ª ed., Editorial Ibáñez, 2022.

CANNON, B., CHUNG, H., "A Framework for Designing Co-Regulation Models Well-Adapted to Technology-Facilitated Sharing Economies", *Santa Clara High Technology Law Journal,* núm. 31, 2014-2015.

CAÑIGUERAL, A., "Hacia una economía colaborativa responsable", *Oikonomics,* núm. 6, 2016.

CARRASCOSA GONZÁLEZ, J., "Foro del domicilio del demandado y Reglamento Bruselas 'I-bis 1215/2012. Análisis crítico de la regla actor sequitur forum rei", *Cuadernos de Derecho Transnacional,* vol. 11, núm. 1, 2019.

CARRASCOSA GONZÁLEZ, J., "Elección múltiple y elección parcial de la ley aplicable al contrato internacional", *Anales de Derecho,* núm. 18, 2000.

CARRASCO MEDINA J., LOPES MATOS, I., "Desafíos de la responsabilidad civil en Internet. Una realidad compleja en Brasil", *Revista de Derecho (Concepción),* núm. 245, 2019.

CARRIZO AGUADO, D., "Trampantojo de foros ante los profusos incumplimientos llevados a cabo por la compañía Ryanair en vuelos internacionales, *Cuadernos de Derecho Transnacional,* vol. 11, núm. 2, 2019.

CARRIZO AGUADO, D., "Asistencia extrajudicial al consumidor transfronterizo europeo extrajudicial", *Cuadernos de Derecho Transnacional,* vol. 10, núm. 1, 2018.

CARRIZO AGUADO, D., *Régimen jurídico de las operaciones internacionales de consumo en los servicios turísticos digitales,* Madrid, 1ª ed., Dykinson, 2018.

CARRIZO AGUADO, D., "La relación de causalidad como indicio justificativo de la "actividad dirigida" en el contrato internacional de consumo: Análisis del foro de protección de la parte débil", *Cuadernos de Derecho Transnacional,* vol. 8, núm. 1, 2016.

CASAMATTA, G., GIANNONI, S., BRUNSTEIN, D., JOUVE, J., "Host type and pricing on Airbnb: Seasonality and perceived market power", *Tourism Management,* vol. 88, 2022.

CASAS, G. (eds.), *Relaciones transfronterizas, globalización y derecho (Homenaje al Prof. Dr. José Carlos Fernández Rozas),* Cizur Menor, 1ª ed., Thomson Reuters, 2020.

CASTELLANOS RUIZ, M.J., "El foro de consumidores: comentarios a la Sentencia del TJUE de 23 de diciembre de 2015, Rüdiger Hobohm C. Benedikt Kampik Ltd. & Co. KG y otros, c-297/14", *Cuadernos de Derecho Transnacional,* vol. 9, núm. 2, 2017.

CASTELLANOS RUIZ, E., "El concepto de actividad profesional «dirigida» al Estado miembro del consumidor: Stream-of-Commerce", *Cuadernos de Derecho Transnacional,* vol. 4, núm. 2, 2012.

CASTELLANOS RUIZ, E., *El Reglamento Roma I sobre ley aplicable a los contratos internacionales y su aplicación por los tribunales españoles,* Granada, 1ª ed., Editorial Comares, 2009.

CASTILLO FREYRE, M., VASQUEZ FUNZE, R., "Arbitraje: Naturaleza y Definición", *Derecho PUCP,* núm. 59, 2006.

CAUFFMAN, C., "New EU rules on business-to-consumer and platform-to-business relationships", *Maastricht Journal of European and Comparative Law,* vol. 26, núm. 4, 2019.

CAVALIERE, P. "Glawischnig-Piesczek v Facebook on the Expanding Scope of Internet Service Providers' Monitoring Obligations", *European Data Protection Law Review,* núm. 5, 2019.

CENTORE, P., SUTICH, M.T., "Taxation and Digital Economy: Europe Is Ready", *Kluwer Law International Journal Library,* núm. 42, 2014.

CHALMER D., DAVIES, G., MONTI, G., *European Unión Law,* Cambridge, 4ª ed., Cambridge University Press, 2019.

CHARNEY, J., "Third Party Dispute Settlement and International Law", *Columbia Journal of Transnational Law,* núm. 36, 1998.

CHASSE PLATE, L., DELPIAZZO, C., DÍEZ ESTELLA, F., *Derecho de los consumidores y usuarios: una perspectiva integral,* La Coruña, 1ª ed., Netbiblo, S. L., 2008.

CHEFFINS, B.R., *Company law: Theory, structure and operation,* Oxford, 1ª. ed., Clarendon press, 1997.

CHEN, J., ZHANG, C., XU, Y., "The Role of Mutual Trust in Building Members' Loyalty to a C2C Platform Provider", *International Journal of Electronic Commerce,* vol. 14, núm. 1, 2009.

CHESHIRE, G.C., NORTH, P.M., FAWCETT, J.J., *Private international law,* Londres, 14ª ed., Oxford University Press, 2008.

CODY, T., *Guide to Limited Liability Companies,* Chicago, 9ª ed., CHH editorial Staff publication-Wolters Kluwers, 2007.

COHEN, B., KIETZMANN, J., "Ride On! Mobility Business Models for the Sharing Economy" *Organization & Environment,* vol. 27, 2014.

COHEN, J.E., "Law for the Platform Economy", U.*C. Davis Law Review,* vol. 51, núm. 1, 2017.

COHEN, B., MUÑOZ, P., *The emergence of the urban entrepreneur: how the growth of cities and the sharing economy are driving a new breed of innovators,* California, 1ª ed., ABC-CLIO LLC, 2016.

COLON-FUNG, I., "Protecting the New Face of Entrepreneurship: Online Appropriate Dispute Resolution and International Consumer-to-Consumer Online Transactions", *Fordham Journal of Corporate & Financial Law,* núm. 12, 2007.

CORRALES COMPAGNUCCI, M., FORGÓN, N., KONO, T., TERAMOTO, S., VERMEULEN, E. (eds.), *Legal Tech and the New Sharing Economy*, Singapur, 1ª ed., Springer, 2020.

CUENA CASAS M., "La contratación a través de plataformas intermediarias en línea", *Cuadernos de Derecho Transnacional*, vol. 12, núm. 2, 2020.

CZIGLER, T. D., "Choice-of-Law in the Internet Age-US and European Rules", *Acta Juridica Hungarica*, núm. 53, 2012.

CZISCHKE, D., CARRIOU, C., y LANG, R., "Collaborative Housing in Europe: Conceptualizing the Field", *Housing, Theory and Society*, vol. 37, núm. 1, 2020.

DABROWSKI A., MERZDOVNIK G., ULLRICH J., SENDERA G., WEIPPLE., "Measuring Cookies and Web Privacy in a Post-GDPR World", en: CHOFFNES D., BARCELLOS M. (eds.), *Passive and Active Measurement*, Cham, 1ª ed., Springer, 2019.

DE LA ENCARNACIÓN, A., "El alojamiento colaborativo: viviendas de uso turístico y plataformas", *Revista de Estudios de la Administración Local y Autonómica. Nueva Época*, núm. 5, 2016.

DE MIGUEL ASENSIO, P.A., "Plataformas digitales y actividades transfronterizas", en: JIMÉNEZ BLANCO, P., ESPINIELLA MENÉNDEZ, A. (dirs.), *Nuevos escenarios del Derecho internacional privado de la contratación*, Valencia, 1ª ed., Tirant Lo Blanch, 2021.

DE MIGUEL ASENSIO, P.A., "Contratación de consumo y Derecho internacional privado: desarrollos recientes", en: PÉREZ VERA, E., FERNÁNDEZ ROZAS J.C. (eds.), *Derecho internacional privado entre la tradición y la innovación: Libro homenaje al Prof. Dr. José María Espinar Vicente*, Madrid, 1ª ed., Iprolex, 2020.

DE MIGUEL ASENSIO, P.A., "Internet y Derecho internacional privado balance de un cuarto de siglo 2020", en: ÁLVAREZ GONZÁLEZ, S., ARENAS GARCÍA, R., DE MIGUEL ASENSIO, P.A., SÁNCHEZ LORENZO, S., STAMPA CASAS, G. (eds.), *Relaciones transfronterizas, globalización y derecho (Homenaje al Prof. Dr. José Carlos Fernández Rozas)*, Cizur Menor, 1ª ed., Thomson Reuters, 2020.

DE MIGUEL ASENSIO, P.A., "Competencia y derecho aplicable en el Reglamento general sobre protección de datos de la Unión Europea", *Revista Española de Derecho Internacional*, vol. 69, núm. 1, 2017.

DE MIGUEL ASENSIO, P.A., *Derecho privado de Internet*, Cizur Menor, 5ª ed., Thomson Reuters, 2015.

DE MIGUEL ASENSIO P.A., "El nuevo Reglamento sobre competencia judicial y reconocimiento y ejecución de resoluciones", *Diario La Ley*, núm. 8013, 2013.

DE MIGUEL ASENSIO, P.A., "Private International Law before the Globalization", *AEDIPR*, t. XXXVII, 2001.

DE NOVA, G., "Expert Witnesses and Arbitration with seat in Italy", *Rivista dell'arbitrato*, núm. 3, 2021.

DE RIVERA, J., GORDO, A., CASSIDY, P., "La economía colaborativa en la era del capitalismo digital", *Revista Redes*, núm. 15., 2017.

DE RIVERA, J., GORDO, A., CASSIDY, P., "La economía colaborativa y sus impactos sociales en la era del capitalismo digital", en: COTARELO, R., GIL, J., *Ciberpolítica. Hacia la cosmópolis de la información y la comunicación*, Madrid, 1ª ed., Instituto Nacional de Administración Pública (INAP), 2017.

DEL ROSARIO RODRÍGUEZ, M.F., "La supremacía constitucional y su evolución jurisprudencia en México", *Ars Iuris*, núm. 43, 2010.

DELACROIX, E., BENOIT-MOREAU, F., PARGUEL, B., "Digital Subsistence Entrepreneurs in Developed Countries Opportunities and Limitations of Peer-to-Peer Platforms", en: VINOGRADOV, E., LEICK, B., ASSADI, D., *Digital Entrepreneurship and the Sharing Economy*, Nueva York, 1ª ed., Routledge, 2021.

DÍAZ, S., ROTHSCHILD, J., RUANOV, M., "Acuerdo de arbitraje comercial internacional del MERCOSUR", *Revista de Derecho de la Universidad de Montevideo*, núm. 11, 2017.

DÍAZ-GRANADOS, J., & SHEEHY, B., "The sharing economy & the platform operator-user-provider "PUP model": Analytical legal frameworks", *Fordham Intellectual Property, Media & Entertainment Law Journal*, vol. 31, núm. 4, 2021.

DICKINSON, A., PEEL, E., *Conflict of laws companion: Essays in honour of Andrian Briggs*, Oxford, 1ª ed., Oxford University Press, 2021.

DÍEZ-PICAZO, L., GULLÓN, A., *Sistema de derecho civil*, Madrid, 9ª ed., Editorial Tecnos, 2016.

DOLINGER J., TIBURCIO C., *Direito internacional privado*, Rio de Janeiro, 14ª ed., Forense, 2018.

DOMINGO, B., TIXIS, B., "La mediación, un cambio de paradigma", *Actualidad Jurídica Aranzadi*, núm. 922, 2016.

DOMÍNGUEZ MARTÍNEZ, J.M., "La economía colaborativa: la sociedad ante un nuevo paradigma económico", *eXtoikos*, núm. 19, 2017.

DOMURATH, I., "Platforms as contract partners: Uber and beyond", *Maastricht Journal of European and Comparative Law*, vol. 25, núm. 5, 2018.

DORANTES DÍAZ, F.J., "La aplicación de los principios del derecho en la Ley Federal de protección al consumidor", *Alegatos*, núm. 65, 2007.

DREYZIN DE KLOR, A., "El Derecho internacional privado y las relaciones consumo", *Revista de la Facultad*, vol. 5, núm. 1, 2014.

DURÁN VINAZCO, R., "Derecho mercantil internacional de Gerardo José Ravassa Moreno", *Revista IUSTA*, vol. 1., núm. 22., 2016.

EARLE, S., "The Battle against Geo-Blocking: The Consumer Strikes Back", *Richmond Journal of Global Law and Business*, núm. 15, 2016.

EBERS, M., "De la armonización mínima a la armonización plena: La propuesta de Directiva sobre derechos de los consumidores", *InDret*, núm. 2, 2010.

EDELMAN, B., LUCA, M., DAN SVIRSKY, D., "Racial Discrimination in the Sharing Economy: Evidence from a Field Experiment", *American economic journal applied economics*, núm. 2, 2017.

EGOCHEAGA, J., "Reclamaciones en materia de Internet y redes sociales", en: ABASCAL, P. NIETO, C. *Reclamaciones en materia de consumo*, Madrid, 1ª ed., Dykinson, 2016.

ELAM, V., "Mercado único digital: un largo camino por recorrer", *IDP. Revista de Internet, Derecho y Política*, núm. 26, 2018.

ERRANTE, L., "Public space and its challenges. a palimpsest for urban commons", en: BENINCASA C., NERI, G., TRIMARCHI, M., *Art and Economics in the City: New Cultural Maps,* Bielefeld, 1ª ed., Transcript, 2019.

ESPINAR VICENTE, J.M., PAREDES PÉREZ J.I., *El régimen jurídico de las obligaciones en Derecho internacional privado español y de la Unión Europea,* Madrid, 1ª ed., Dykinson, 2019.

ESPINAR VICENTE J.M., *Tratado Elemental de Derecho Internacional Privado,* Madrid, 1ª ed., Marcial Pons, 2008.

ESPINIELLA MENENDEZ, A., "Consumer Contracts in the Commercial Traffic EU-Third Countries", *AEDIPr,* t. XIV-XV, 2014-2015.

ESPOSITO, F., HACKER, P., "European Union Litigation", *European Review of Contract Law,* vol. 16, núm. 1, 2020.

ESPLUGUES, C., "El arbitraje comercial en Iberoamérica: una realidad consolidada no exenta de tensiones", en: ESPLUGUES MOTA, C. (ed.), *Tratado de Arbitraje Comercial Interno e Internacional en Iberoamérica,* Valencia, 1ª ed, Tirant lo Blanch, 2019.

ESPLUGUES, C., IGLESIAS, J.L., PALAO, G., *Derecho Internacional Privado,* Valencia, 12ª ed., Tirant lo Blanch, 2018.

ESPLUGUES, C. (ed.), *Civil and Commercial Mediation in Europe. Cross-Border Mediation,* Cambridge, 1ª ed., Intersentia, vol. II, 2014.

ESPLUGUES MOTA, C. (dir.), *Derecho del Comercio Internacional,* Valencia, 5ª ed., Tirant lo Blanch, 2012.

ESTEBAN DE LA ROSA, F., "La aproximación europea al modelo contractual triangular de la economía colaborativa" en: JIMÉNEZ BLANCO, P., ESPINIELLA MENÉNDEZ, A. (dirs.), *Nuevos escenarios del Derecho internacional privado de la contratación,* Valencia, 1ª ed., Tirant Lo Blanch, 2021.

ESTEBAN DE LA ROSA, F., "Régimen de las reclamaciones de consumo transfronterizas en el nuevo Derecho europeo de resolución alternativa y en línea de litigios de consumo", *REDI,* vol. 69, núm. 1, 2017.

ESTEBAN DE LA ROSA, F., "Régimen de la resolución alternativa y en línea de litigios de consumo transfronterizos tras el nuevo marco europeo y la Ley 7/2017", *Arbitraje,* vol. X, núm. 2, 2017.

ESTEBAN DE LA ROSA, F., "La aplicación de la Normativa Común de Compraventa Europea (CESL) a los contratos de consumo: nuevos desafíos para el sistema de Derecho internacional privado europeo", *InDret,* núm. 1, 2013.

FAHAD SATTAR, M., "Covid-19 Global, Pandemic impact on World Economy", *Technium Social Sciences Journal,* vol. 11, 2020.

FELDSTEIN DE CÁRDENAS, S.L., VIEIRA, LK., "La noción de consumidor en el MERCOSUR", *Cuadernos de Derecho Transnacional,* vol. 3, núm. 2, 2011.

FELIU ÁLVAREZ DE SOTOMAYOR, S., "Modelos colaborativos en plataformas digitales: nuevos retos para los negocios internacionales y para el Derecho internacional privado, *AEDIPr;* t. XVIII, 2018.

FELIU ÁLVAREZ DE SOTOMAYOR, S., *La contratación internacional por vía electrónica con participación de consumidores,* Granada, 1ª ed., Editorial Comares, 2006.

FERNÁNDEZ GARCÍA DE LA YEDRA, A., "Alcance y aplicabilidad de la sentencia del Tribunal de Justicia de la Unión Europea de 20 de diciembre de 2017 (caso Uber)", *Lan Harremanak*, núm. 41, 2019.

FERNÁNDEZ ROZAS, J.C., ARENAS GARCIA, R., DE MIGUEL ASENSIO, P.A., *Derecho de los negocios internacionales*, Madrid, 6ª ed., Iustel, 2020.

FERNÁNDEZ ROZAS, J.C., Rigidez versus flexibilidad en la ordenación de la competencia judicial internacional: el *forum necessitatis*, en: ROJAS AMANDI, V. (coord.), *Desarrollos modernos del Derecho internacional privado: Libro homenaje al Dr. Leonel Pereznieto Castro*, Ciudad de México, 1ª ed., Tirant lo Blanch, 2017.

FERNÁNDEZ ROZAS, J.C., "La ordenación de las relaciones privadas internacionales a través de tratados en las postrimerías de su ciclo histórico", en: TORRES BERNÁRDEZ, S., FERNÁNDEZ ROZAS, J.C., y otros (coords.), *El Derecho internacional en el mundo multipolar del siglo XXI obra homenaje al profesor Luis Ignacio Sánchez Rodríguez*, Madrid, 1ª ed., Iprolex, 2013.

FERNÁNDEZ ROZAS, J.C. "Comunitarización del derecho internacional privado y derecho aplicable a las obligaciones contractuales", *Revista Española de Seguros*, núm. 140, 2009.

FERNÁNDEZ ROZAS, J., CUARTERO RUBIO, M., "Jurisprudencia española comunitaria de Derecho internacional privado", *REDI*, vol. 48, núm. 2, 1996.

FERRANTE, A., "Quimera o Fénix? El recorrido europeo y latinoamericano hacia un derecho común de contratos", *Revista de Derecho Privado*, núm. 30, 2016.

FETZER, T., DINGER, B., "The Digital Platform Economy and Its Challenges to Taxation", *Tsinghua China Law Review*, núm. 12, 2019.

FINK, A.C, "Protecting the Crowd and Raising Capital through the crowdfund Act", *University of Detroit Mercy Law Review*, núm. 90, 2012-2013.

FONT I MAS, M., "Los contratos internacionales de alojamiento de vivienda de uso turístico en la economía "colaborativa" de plataformas digitales", en: JIMÉNEZ BLANCO, P., ESPINIELLA MENÉNDEZ, A. (dirs.), *Nuevos escenarios del derecho internacional privado de la contratación*, Valencia, 1ª ed., Tirant lo Blanch, 2021.

FONT I MAS, M., "El contrato internacional de arrendamiento de bienes inmuebles en la Unión Europea, MUÑIZ ESPADA, E., NASARRE AZNAR, S., RIVAS NIETO, E., URQUIZU CAVALLÉ, A. (dirs.), *Reformando las tenencias de la vivienda: Un hogar para tod@s*, Valencia, 1ª ed., Tirant lo Blanch, 2018.

FONT I MAS, M., "Plataformas de Capital versus Plataformas Sociales en la Economía Colaborativa: Punto de vista jurídico internacional", *CIRIEC*, núm. 12, 2018.

FONT I MAS, M., "La noción de la residencia habitual de las sociedades, asociaciones, o personas jurídicas en el Roma I y la ausencia de coordinación con el reglamento de Bruselas I", en: BOSCH CAPDEVILA, E., *Derecho contractual europeo: problemática, propuestas y perspectivas*, Barcelona, 1ª ed., Bosch, 2009.

FORNER DELAYGUA, J.J., "El Reglament europeu sobre llei aplicable a les obligacions contractuals (Roma I): Aplicabilitat espacial de la normativa elaborada a Catalunya en materia de contractes", en: Institut de Dret privat europeu i comparat Universitat de Girona (*coord.*), *Els Reglaments europeus i l'evolució del Dret català de contractes, familia i successions*, Girona, 1ª ed., Documenta Universitaria, 2019.

FORNER DELAYGUA, J.J., "Derecho internacional privado", *REDI*, vol. LXV, núm. 2, 2013.

FRANCO, P., *Understanding Bitcoin: Cryptography, Engineering and Economics*, Chichester, 1ª ed., Wiley, 2015.

FRANZINA, P., "Promoting fairness and transparency for bussiness users of online platforms: The role of Private International Law", en: PRETELLI, I. (ed.), *Conflict of laws in the maze of digital platforms*, Ginebra, 1ª ed., Schulthess Editions Romandes, 2018.

FRANZINA, P., "The tacit choice of the law applicable to a contract under the Rome I Regulation", *Cuadernos de Derecho Transnacional*, vol. 8, núm. 2, 2016.

FRANZINA, P., *La Giurisdizione in materia contrattuale*, Padua, 1ª ed., Cedam, 2006.

FUSTER, M., ESPELT, R., RENAU, M., "Cooperativismo de plataforma: Análisis de las cualidades democráticas del cooperativismo como alternativa económica en entornos digitales", *Revista de Economía Pública, Social y Cooperativa*, núm. 102, 2021.

GALLEGOS ZÚÑIGA, J., "Deficiencias en las normas internas de derecho aplicable a los contratos internacionales, en los países miembros de la alianza del pacífico", *AEDIPr*, t. XVIII, 2018.

GALLEY, J., "Awareness and Usage of the Sharing Economy", *Monthly Labor Review*, núm. 139, 2016.

GARAU JUANEDA, L., "La aplicación de los Reglamentos de la UE a los llamados "conflictos internos" y el necesario cambio de paradigma sobre la función de las normas de conflicto", *Bitácora Millennium DIPr*, núm. 10, 2019.

GARAU SOBRINO, F., "Jurisdiction Agreements and International Civil Procedural Law", *Cuadernos Derecho Transnacional*, núm. 52, 2010.

GARCÍA BARAJAS, C.M., "Atribuciones jurisdiccionales de la Superintendencia de Sociedades: características, críticas y dificultades", *Revist@ e-Mercatoria*, vol. 11, núm. 2, 2012.

GARCÍA FAURE, M.C., "El arbitraje de consumo desde una perspectiva comparada: Derechos español, portugués y argentino", *Revista internacional de doctrina y jurisprudencia*, vol. 15, 2017.

GARCÍA ARENAS, R., "El Derecho internacional privado de sociedades como reflejo del Derecho material de sociedades", en: FORNER DELAYGUA, J.J., GONZÁLEZ BEILFUSS, C., VIÑAS FARRÉ, R. (coords.), *Entre Bruselas y La Haya: Estudios sobre la unificación internacional y regional del Derecho internacional privado. Liber amicorum Alegría Borrás*, Madrid-Barcelona, 1ª ed., Marcial Pons, 2013.

GARCÍA CANCLINI, N., "*¿En qué están pensando los algoritmos?*": *Ciudadanos reemplazados por algoritmos*, Bielefeld, 1ª ed., Bielefeld University Press, 2020.

GARCÍA VILLALUENGA., L. TOMILLO URBINA, J., VÁZQUEZ DE CASTRO, E., *Mediación, arbitraje y resolución extrajudicial de conflictos en el siglo XXI*, Madrid, 1ª ed., Editorial Reus, 2010.

GARCIA-TERUEL, R.M., "Legal challenges and opportunities of blockchain technology in the real estate sector", *Journal of Property, Planning and Enviromental Law*, núm. 2, 2020.

GARCIMARTÍN ALFÉREZ, F.J., *Derecho Internacional Privado*, Cizur Menor, 4ªed., Editorial Civitas, 2017.

GARCIMARTÍN ALFÉREZ, F.J., SÁNCHEZ, S., "El nuevo Reglamento Bruselas I: Qué ha cambiado en el ámbito de la competencia judicial", *Revista Española de Derecho Europeo*, núm. 48, 2013.

GARRIGA SUAU, G., "El ámbito de aplicación espacial de los instrumentos normativos y sus efectos", *REDI*, vol. LVII, núm. 2, 2005.

GARRO, A.M., "Armonización y Unificación del Derecho Privado en América Latina: Esfuerzos, Tendencias y Realidades", *Themis*, núm. 22, 1992.

GARRO, A., PERALES, P., PÉREZ, M. "Comunicaciones electrónicas en la Convención de Viena de 1980 sobre compraventa internacional de mercaderías (CISG): primera opinión del consejo consultivo de la convención (CISG-AC)", *Revista de Contratación Electrónica*, núm. 48, 2004.

GÁZQUEZ SERRANO, L., *El contrato de mediación o corretaje*, Madrid, 1ªed., La Ley, 2007.

GERBAUDO, G. E., "La aplicación del foro de necesidad en los contratos internacionales de consumo electrónicos", *Diario Comercial*, núm. 223, 2019.

GILLIES, L.E., "Choice-of-law rules for electronic consumer contracts: replacement of the Rome Convention by the Rome I Regulation", *German Law Journal*, núm. 10, 2009.

GOMES, E.B., WINTER, L.A., "Descolonialism and the Private International Law in Latin America: Developing New Paradigms", *Brazilian Journal of International Law*, núm 16, 2019.

GOMEZ-ALVAREZ, R., MORALES-SÁNCHEZ, R., "How does collaborative economy contribute to common good?", *Business Ethics, the Environment & Responsibility*, special issue, 2021.

GÓMEZ-ÁLVAREZ DÍAZ, R., MORALES SÁNCHEZ, R., "Principios ontológicos de la economía colaborativa verdadera", en: GÓMEZ-ÁLVAREZ DÍAZ, R., PATIÑO RODRÍGUEZ, D., PLAZA ANGULO, J.J. (dirs.), *Economía colaborativa…¿De verdad?*, Murcia, 1ª ed., Laborum, 2018.

GÓMEZ DE SEGURA, L., "El contrato de transporte y el Convenio de Roma de 19 de junio de 1980, sobre la ley aplicable a las obligaciones contractuales", en: CALVO CARAVACA A.-L., CARRASCOSA GONZÁLEZ J., (dirs.), *Estudios sobre contratación internacional*, Madrid, Colex, 2006.

GÓNGORA MERA, M.E., "La difusión del bloque de constitucionalidad en la jurisprudencia latinoamericana y su potencial en la construcción del *ius constitucionale commune* Latinoamérica", en: FIX FIERRO, H., BOGDANDY, A.V., MORALES ANTONIAZZI, M., *Ius constitucionale commune en América Latina. Rasgos, potencialidades y desafíos*, México, 1ª ed., UNAM, Instituto de Investigaciones Jurídicas, 2016.

GONZÁLEZ MARTÍN, N., RODRÍGUEZ JIMÉNEZ, S., *Derecho internacional privado: parte gene*ral, México D.F., 1ª ed., Nostra: Universidad Nacional Autónoma de México, 2010.

GONZÁLEZ CABRERA, I., *El alojamiento colaborativo o el nuevo hospedaje low cost*, Madrid, 1ª ed., Dykinson, 2020.

GONZÁLEZ, E., "The Hague Convention on Choice of Court Agreements of June 30, 2005: A Mexican View", *Southwestern Journal of Law and Trade in the Americas*, núm. 13, 2006-2007.

GORRIZ, C., "Incumbent Strategies against Collaborative Platforms: Lessons from the battle between taxi drivers and Uber in Spain", *Law in Context*, vol. 36, núm. 2, 2019.

GRIFFIN, S., *Company Law: Fundamental Principles*, Harlow, 4ª ed., Pearson.

GRUNDMANN, S., HACKER, P., "Digital Technology as a Challenge to European Contract Law: From the Existing to the Future Architecture", *European Review of Contract Law*, vol. 13, núm. 3, 2017.

GUALANO, S., UEHARA-TILTON, R., "Sharing Thoughts on the Sharing Economy", *University of Hawai'i Law Review*, núm. 39, 2016-2017.

GUERRA-BARÓN, A., "Colombia y Brasil: un análisis desde la perspectiva económica", en: PASTRANA BUELVAS, E., JOST, S., FLEMES, D. (eds.), *Colombia y Brasil: ¿socios estratégicos en la construcción de Suramérica?*, Bogotá, 1ª ed., Editorial Pontificia Universidad Javeriana, 2012.

GUERRERO VALLE, J.C., "El orden público y el arbitraje en el Derecho mexicano. Avance, retroceso o redefinición de límites y consecuencias", *Arbitraje*, vol. XI, núm. 3, 2018.

GUERRERO VALLE, J.C., "La Ley Modelo OHADAC de Derecho internacional privado y el proyecto de ley de Derecho internacional privado de México, coincidencias, desencuentros y conclusiones", *AEDIPr*, t. XVI, 2016.

GUEZ, P., LAHLOU, Y., "The Brussels I Bis Regulation: has shown some progress but can do better", *International Business Law Journal*, núm. 2, 2016.

GUTIÉRREZ, E., "Naturalize" the neoliberal ideology: educate in the capitalist habitus, *Law Studies*, núm. 168, 2019.

HAMILTON, R.J. "Governing the Global Public Square", *Harvard International Law Journal*, vol. 62, núm. 1, 2021.

HARRINGTON, R., "Vacation rentals: Commercial activity butting heads with CC&RS", *California Western* Law Review, vol. 51, núm. 2, 2015.

HATZOPOULOS, V., *The Collaborative Economy and the EU Law*, Portland, 1ª ed., Hart Publishing, 2018.

HAY, P., "Notes on the European Union's Brussels-I "Recast" Regulation", *The European Legal Forum*, núm. 1, 2013.

HEREZA, J, "El domicilio social de la SE. Traslado de domicilio social", *Cuadernos de Derecho y Comercio*, núm. 47, 2007.

HEREDIA CERVANTES, I., "Consumidor pasivo y comercio electrónico internacional a través de páginas web", *Revista Jurídica Universidad Autónoma de Madrid*, núm. 5, 2001.

HERNÁNDEZ-BRETON, E., "Personajes para una biografía del Derecho internacional privado latinoamericano", *Separata*, núm. 133, 2009.

HERNÁNDEZ FERNÁNDEZ, A., "La protección del consumidor transfronterizo intracomunitario: Cuestiones de Derecho internacional privado", *Estudios sobre Consumo*, núm. 79, 2006.

HERNÁNDEZ RODRÍGUEZ, A., "Spanish courts and Private International Law: Central Santa Lucía v. Meliá Hoteles case. history of an obvious disagreement... (to be continued)", *Cuadernos de Derecho Transnacional*, vol. 13, núm 1, 2021.

HERRERO, A., PUENTE, J.M. "Los costos de los conflictos empresariales en América Latina", *Debates IESA*, vol. XIII, núm 2, 2008.

HERRERO SUÁREZ. C., "The Sharing Economy: Legal Problems of a Permutations and Combinations Society", *Cuadernos de Derecho Transnacional*, vol. 12, núm. 2, 2020.

HERRERA DE LAS HERAS, R., GONZÁLEZ RODRÍGUEZ, S., "La protección de los consumidores y el sistema extrajudicial de resolución de conflictos; una perspectiva comparada entre México y España", *Boletín Mexicano De Derecho Comparado*, vol. 48, núm. 142, 2015.

HILL, J. SHÚILLEABHÁIN NÍ, M., *Clarkson & Hill's conflict of laws*, Oxford, 5ª ed., Oxford University Press, 2016.

HUALDE MANSO, T., *Del consumidor informado al consumidor real. El futuro del derecho de consumo europeo*, Madrid, 1ª ed., Dykinson, 2016.

IACOB, M.D., "Collaborative Economy-Regulations at European Union Level and the Impact on the Competitive Environment", *Romanian Competition Journal*, núm. 1, 2017.

IAMICELI, P., "Online Platforms and the Digital Turn in EU Contract Law: Unfair Practices, Transparency and the (pierced) Veil of Digital Immunity", *European Review of Contract Law*, vol. 15, núm. 4, 2019.

IBARGUEN, M., "El Procedimiento Arbitral: Una alternativa tentadora para la solución de conflictos", *Revista de la Facultad de Derecho*, núm. 10, 1996.

INNERHOFER, E., FONTANARI, M., PECHANER, H., *Destination resilience; Challenges and opportunities for destination management and governance*, Nueva York, 1ª ed., Routledge, 2018.

INTERIAN, J., "Up in the Air: Harmonizing the Sharing Economy through Airbnb Regulations", *Boston College International and Comparative Law Review*, vol. 39, núm. 1, 2016.

ISLAS COLÍN, A., DOMÍNGUEZ VÁZQUEZ J.A. "México ante el arbitraje de inversión CIADI, la justicia alternativa en materia de inversiones", *Revista Lex Mercatoria*. vol. 13, 2019.

JANNOTTI DA ROCHA, C., EMERICK ABAURRE, H., VASCONCELOS PORTO, L. "Legal and philosophic considerations on cyberized labor ", *Law Journal of Social and Labor Relations*, núm. 6, 2020.

JARAMILLO DUQUE, M.D., "La Constitución Política de 1991 y su fuerza normativa: una visión crítica", en: RODRÍGUEZ VILLABONA, A.A. (ed.), *Veinticinco años de la Constitución (1991-2016). Debates constitucionales y perspectivas constituyentes*, Bogotá, 1ªed., Universidad Nacional de Colombia, 2018.

JARNE MUÑOS, P., *Economía colaborativa y plataformas digitales*, Madrid, 1ª ed., editorial Reus, 2019.

JOVA, J., "Private Investment in Latin America: Renegotiating the Bargain", *Texas International Law Journal*, núm. 10, 1975.

JUÁREZ PÉREZ, P., "La ley rectora de los contratos internacionales de consumo: el sistema del Reglamento n.º 593/2008 («Roma I»)", *Estudios de Deusto*, vol. 58, núm. 1, 2010.

KALTMEIER, O., "La refeudalización de la estructura social": *Refeudalización: Desigualdad social, economía y cultura política en América Latina en el temprano siglo XXI*, Bielefeld, 1ª ed., Bielefeld University Press, 2019.

KASSAN, J., ORSI, J., "The Legal Landscape of the Sharing Economy", *Journal of Environmental Law and Litigation*, núm. 27, 2012.

KATSCH, E., RABINOVICH-EINY, O., "Technology and Dispute Systems Design: Lessons from the Sharing Economy", *Dispute Resolution Magazine*, núm. 21, 2015.

KESSEDJIAN, C., "Le tiers impartial et indépendant en droit international, juge, arbitre, médiateur et conciliateur. Cours général de droit international", *Rivista di Diritto Internazionale*, núm. 2, 2021.

KELLY, C., "Consumer reform in Ireland and the UK: Regulatory divergence before, after and without Brexit", *Common Law World Review*, vol. 4, núm. 1, 2018.

KEYES, M., *Jurisdiction in international litigation*, Sidney, 1ª ed., The Federation Press, 2005.

KRONENBERG, A., "Leyes de policía de terceros Estados en el ámbito del Reglamento (CE) No. 593/2008 (Reglamento Roma I). Comentario a la STJUE de 18 de octubre de 2016, asunto C-135/15", *Cuadernos de Derecho Transnacional*, vol. 10, núm. 2, 2018.

KÖBIS, N.C., SORAPERRA, I., SHALVI, S., "The Consequences of Participating in the Sharing Economy: A Transparency-Based Sharing Framework", *Journal of Management*, vol. 47, núm. 1, 2021.

KUHZADY, S., SEYFI, S., BÉAL, L., "Peer-to-peer (P2P) accommodation in the sharing economy: a Review", *Current Issues in Tourism*, núm. 1, 2020.

KULPERS, J., "Party Autonomy in the Brussels I Regulation and Rome I Regulation and the European Court of Justice", *German Law Journal*, núm. 10, 2009.

KUNEVA, M., "Competition policy and consumer protection in the EU", en: MATEUS, A.M, MOREIRA, T. (eds.), *Competition Law And Economics*, Northampton, 1ª ed., Elgar, 2010.

LAFUENTE SÁNCHEZ, R., "Mercado único digital: medidas contra el bloqueo geográfico injustificado, contratos de consumo concluidos por vía electrónica y normas de derecho internacional privado", *Cuadernos de Derecho Transnacional*, vol. 11, núm. 2, 2019.

LAFUENTE SÁNCHEZ, R., "El criterio del international stream-of-commerce y los foros de competencia en materia de contratos electrónicos celebrados con consumidores", *Cuadernos de Derecho Transn*acional, vol. 4, núm. 2, 2012.

LAMBEA LLOP, N., "A policy approach to the impact of tourist dwellings in condominiums and neighbourhoods in Barcelona", *Urban Research & Practice*, vol. 10, núm. 1, 2017.

LANDO, O. NIELSEN, P., "The Rome I Regulation", *Common Market Law Review*, núm. 45, 2008.

LANDO, O., "Lex Fori in Foro Proprio", *Maastricht Journal of European and Comparative Law*, vol. 2, núm. 4, 1995.

LANG, R., "Social sustainability and collaborative housing", en: REZA, M., KEIVANI, R. (eds.), *Urban social sustainability*, Nueva York, 1ª ed, Routledge, 2019.

LARA GONZÁLEZ, R., "¿Contrato de mediación o contrato de agencia? El carácter estable y continuado de la relación", *Revista Doctrinal Aranzadi Civil-Mercantil*, núm. 11, 2015.

LEVY, D.J. (ed.), *International Litigation, Defending and suing foreign parties in U.S. Federal Courts*, Chicago, 1ª ed., American Bar Association, 2003.

LIMA MARQUES, C., "A insuficiente proteão do consumidor nas normas de Direito internacional privado: da necessidade de uma Convenção Interamericana (CIDIP) sobre a lei aplicável a alguns contratos e relações de consumo", en: LIMA MARQUES, C. DE ARAUJO, N. (coord.), *O novo direito internacional: estudios em homenagem a Erik Jayme*, Rio de Janeiro, 1ª ed, Renovar, 2005.

LINDNER, A. "Alquiler de vivienda para uso turístico: desorden legislativo y problemas de competencia", *Actualidad Jurídica Aranzadi*, núm. 920, 2016.

LLADÓS-MASLLORENS, J., MESEGUER-ARTOL, A., RODRÍGUEZ-ARDURA, I., "Fijación de precios en mercados digitales bilaterales entre iguales: el caso de Airbnb en Barcelona", *Oikonomics*, núm. 14, 2020.

LOEWENWARTER, V., "Del Orden Público en relación con el Código Bustamante", *Anales de la Facultad de Ciencias Jurídicas y Sociales*, vol. 1, núm. 1-2, 1935.

LOGAR, A.C., "Tribunal de Justicia para el Mercosur. Una Decisión Impostergable", *Revista de Relaciones Internacionales*, vol. 6, núm. 12, 2018.

LÓPEZ-TARRUELA MARTÍNEZ, A., "El Reglamento 2018/302 sobre bloqueo geográfico injustificado y su relación con el criterio de las actividades dirigidas", *Bitácora Millennium DIPr*, núm. 7, 2018.

LÓPEZ-TARRUELLA MARTÍNEZ, A., "El criterio de las actividades dirigidas como concepto autónomo de DIPR de la Unión Europea para la regulación de las actividades en Internet", *Revista Española de Derecho Internacional*, vol. 69, núm. 2, julio-diciembre 2017.

LORENTE MARTÍNEZ, I., "Cláusula atributiva de competencia en favor de tribunales de terceros Estados y sumisión tácita a favor de tribunales de un Estado miembro: el dilema", *Cuadernos de Derecho Transnacional*, vol. 9, núm. 1, 2017.

LORENZO, M., "Las novedades introducidas en el espacio judicial europeo a partir del Reglamento 1215/2012", *Newsletter Pérez-Llorca*, núm. 7, 2015.

MACHO CARRO, A., "Derecho a la vivienda y ordenación del mercado del alquiler turístico en la Unión Europea: comentarios a raíz de la Sentencia Cali apartments y su recepción en España", *Revista de Estudios Europeos*, vol. 79, 2022.

MAESE, M., "Rethinking Host and Guest Relations in the Advent of Airbnb and the Sharing Economy", *Texas A&M Journal of Property Law*, núm. 2, 2015.

MAESTRE CASAS, P., "Reglamento (UE) n.º 1215/2012 del Parlamento Europeo y del Consejo, de 12 de diciembre de 2012, relativo a la competencia judicial, el reconocimiento y la ejecución de resoluciones judiciales en materia civil y mercantil (refundición) [DOUE L 351, de 20-XII-2012]: Reforma del sistema de competencia judicial y reconocimiento y ejecución de resoluciones en materia civil y mercantil", *Ars Iuris Salmanticensis*, vol. 1., 2013.

MAGNO, F., CASSIA, F., UGOLINI, M.M., "Accommodation prices on Airbnb: effects of host experience and market demand", *The TQM Journal*, vol. 30, núm. 5, 2018.

MAGNUS, U., MANKOWSKI, P. (eds.) *European Commentaries on Private International Law*, Sellier European Law Publishers Otto Schmidt, Munich, 1ª ed., 2016.

MAJETIĆ, F., "Conceptual framework for explorations of the collaborative economy", *Drustvena Istrazivanja*, vol. 30, núm. 3, 2021.

MANKOWSKI, P. (ed.), *Commercial Law: Article-by-Article Commentary*, Baden-Baden, 1ª ed., Nomos Verlagsgesellschaft, 2019.

MANKOWSKY, M., MAGNUS, U., *European Commentaries on Private International Law: Rome I Regulation*, vol. II, Köln, 1ª ed., Ottoschmidt, 2017.

MARAZOPOULOU, V., "Overriding Mandatory Provisions of Article 9 Sec. 3 of the Rome I Regulation, *Revue Hellenique de Droit International*, núm. 64, 2011.

MARCHAL ESCALONA, N., "Sobre la sumisión tácita en el Reglamento Bruselas I Bis", *AEDIPr*, t. XIII, 2013.

MARÉ, M., "Le implicazioni per i sistemi economici e le politiche di tassazione", en: MARÉ, M., PILATI, A. (eds.), *Piattaforme digitali: Concorrenza, fisco, innovazione*, Roma, 1ª ed., Luiss University Press, 2020.

MARÍN CONSARNAU, D., "Las relaciones internacionales de trabajo en la economía de plataforma", en: BALCELLS, J., BATLLE, A., DELGADO, A.M. (coords.), *Collaborative economy: Challenges and opportunities*, Barcelona, 1ª ed., Huygens, 2018.

MARÍN FUENTES, J.L., "La competencia judicial en Colombia, una mirada desde el Derecho internacional privado", *Revista de Derecho Privado: Cuarta Época*, núm. 9, 2016.

MARTÍNEZ L.A., "Reflexiones sobre la jerarquía normativa de las diferentes leyes del Congreso. A propósito de la ley de expropiación de YPF y el fallo Zofracor", en: ALONSO REQUEIRA, E. M., *Estudios de Derecho público*, Buenos Aires, 1ª ed., 2014.

MARTÍNEZ LÓPEZ-TARRUELLA, A., "International Contracts Concluded by Consumers: The Contributions of the New Article 6 Rome I Regulations", *AEDIPr*, núm. t. VIII, 2008.

MARTÍNEZ LUNA, W.F., "Límites a la elección del derecho aplicable al contrato internacional, a propósito de la propuesta de reforma al Código Civil Colombiano", *Revista de la Facultad de Derecho de México*, tomo LXXI, núm. 280, 2021.

MARTÍNEZ LUNA, W.F., "Los puntos de conexión rígidos para determinar la ley aplicable al contrato internacional en la Unión Europea. ¿Evolución o retroceso?", *Revista Científica "General José María Córdova"*, vol. 12, núm. 14, 2014.

MARTÍN MORA, M.F., "Economía colaborativa y protección del consumidor", *Revista de Estudios Europeos*, núm. 70, 2017.

MARTÍNEZ NADAL, A., "COVID-19, alquiler turístico y políticas de cancelación ¿emergencia en tiempos de pandemia de la oculta(da) naturaleza de las plataformas digitales?", *IDP. Revista de Internet, Derecho y Política*, núm. 32, 2021.

MARTÍNEZ NEIRA, N.H., *El pacto arbitral: Estatuto arbitral colombiano*, Bogotá, 1ª ed., Legis, 2013.

MARTÍNEZ RODRÍGUEZ, N., "Un paso adelante en la protección del consumidor en el comercio electrónico: la resolución de litigios en línea", *Revista Doctrinal Aranzadi Civil-Mercantil*, núm. 1, 2018.

MARZEN, C., PRUM, D.A., ALBERTS, R.J. "The New Sharing Economy: The Role of Property, Tort, and Contract Law for Managing the Airbnb Model", *New York University Journal of Law and Business,* núm. 13, 2016-2017.

MASSANELL, A., "La transformación de la banca: reorientación de los canales y servicios digitales", *Papeles de Economía Española,* núm. 149, 2016.

MATEUCCI, M., "Introduction à l'étude systématique du droit uniforme", *Recueil des Cours,* T. 91, 1957.

MAYORGA TOLEDANO, M.C., "La intermediación en línea de las plataformas. el caso de Airbnb", en: GONZÁLEZ CABRERA, I., RODRÍGUEZ GONZÁLEZ, M., *Las viviendas vacacionales: entre la economía colaborativa y la actividad mercantil,* Madrid, 1ª ed. Dykinson, 2019.

MCKANAN, D., *Camphill' and the Future: Spirituality and Disability in an Evolving Communal Movement,* Berkeley, 1ª ed., University of California Press, 2021.

MCKENZIE, Z., "Life in a Sharing Economy: What AirBnB, Turo, and Other Accommodation-Sharing Services Mean for Cities", *Penn State Journal of Law and International Affairs,* núm. 8, 2020.

MCLAUGHLIN, B., "*AirbnbWhileBlack*: Repealing the Fair Housing Act's Mrs. Murphy Exemption to Combat Racism on Airbnb", *Wisconsin Law Review,* núm. 1, 2018.

MERRILL, T.W., "The Economics of Leasing", *Journal of Legal Analysis,* núm. 12, 2020.

MILLER, S.R., "First Principles for Regulating the Sharing Economy", *Harvard Journal on Legislation,* núm. 53, 2016.

MIRALLES, P., VILLAR, A., "Las viviendas de uso turístico: un análisis del conflicto", *International Journal of World of Tourism,* vol. 3, núm. 6, 2016.

MOLAS, M., "Barcelona lidera el NO a la economía colaborativa capitalista", *Recerca: revista de pensament i anàlisi,* núm. 21, 2017.

MONROY CABRA, G., *Derecho internacional privado,* Bogotá, 8ª ed., Editorial Temis, 2017.

MONROY CABRA, M., *Introducción al Derecho,* Bogotá, 14ª ed., Temis, 2006.

MONTESINOS GARCÍA, A., "Últimas tendencias en la Unión Europea sobre las acciones colectivas de consumo. La posible introducción de fórmulas ADR", *REDUR,* núm. 12, 2014.

MORAIS CARVALHO, J., ARGA LIMA, F., FARINHA, M., "Introduction to the Digital Services Act, content moderation and consumer protection", *Revista de direito e tecnología,* vol. 3, núm. 1, 2021.

MORAIS CARVALHO, J., "Airbnb Ireland Case: One More Piece in the Complex Puzzle Built by the CJEU around Digital Platforms and the Concept of Information Society Service", *Italian Law Journal,* núm. 6, 2020.

MORAIS CARVALHO, J., "La protección de los consumidores en la Unión Europea: ¿mito o realidad?, *Criterio jurídico,* núm. 6, 2006.

MORENO RODRÍGUEZ, J.A., "La nueva guía de la Organización de Estados Americanos y el derecho aplicable a los contratos internacionales (parte I)", *Revista Española de Derecho Internacional,* vol. 73, núm. 1, 2021.

MORENO-IZQUIERDO, L., RAMÓN-RODRÍGUEZ, A.B.; SUCH DEVESA, M., "Turismo colaborativo: ¿Está Airbnb transformando el sector del alojamiento?", *Colegio de Economistas de Madrid,* núm. 12, 2016.

MOSCONI, F., CAMPLIGLIO, C., *Diritto Internazioanale Privato e Processuale,* vol. 1, Milán, 8ª ed., Utet Giuridica, 2017.

MOYA, J., "Una aproximación al régimen legal aplicable en el ámbito del turismo colaborativo", *International Journal of Scientific Management and Tourism, vol.* 2, 2016.

MOYA BALLESTER, J., "Una aproximación al régimen legal aplicable en el ámbito del turismo colaborativo", *International Journal of Scientific Management and Tourism,* vol. 2, núm. 1, 2016.

MUÑOZ FERNÁNDEZ, A., "Nuevas perspectivas en la calificación como contractual o extracontractual de las acciones de responsabilidad en los Reglamentos europeos de Derecho internacional privado", *Anuario de Derecho Civil,* núm. LXIX-II, 2016.

MURIEL-CICERI J.H., "Aspectos de la unificación del Derecho internacional privado en Europa y América Latina (Derecho de obligaciones contractuales): una comparación entre el Reglamento Roma I y la Convención de México de 1994, desde la óptica de la elección del derecho aplicable. *AEDIPr,* t. VIII, 2008.

MURPHY, M., "Cities as the Original Sharing Platform: Regulation of the New Sharing Economy", *Journal of Business and Technology Law,* núm. 12, 2016-2017.

NASARRE AZNAR, S., *Los años de la crisis de la vivienda: de las hipotecas subprime a la vivienda colaborativa,* Valencia, 1ª ed., Tirant lo Blanch, 2020.

NHAMO, G., DUBE, K., CHIKODZI, D., *Counting the Cost of COVID-19 on the Global Tourism Industry,* Berlin, 1ª ed., Springer, 2020.

NICOTERA, L., "La disciplina delle locazioni brevi ad uso turístico", *Rivista italiana di Diritto del turismo,* núm. 25-26, 2017.

NOODT TAQUELA, M.B. "Los acuerdos de elección de foro en el Mercosur", *Revista Jurisprudencia Argentina,* tomo II, 1996.

NOVELLI, M.H., "El perfeccionamiento de los contratos celebrados por medios electrónicos en el derecho argentino y comparado", *Revista Jurídica Cognitio Juris,* núm. 8, 2013.

NUTYS, A. (coord.)., *Actualités en Droit International Privé,* Bruselas, 1ª ed., Éditions Bruyland, 2013.

OCHOA JIMÉNEZ, M.J., ZAPATA FLÓREZ, J., CARRILLO GAMBOA, P., "The Choice of the Applicable Law in International Private Law in Colombia", *Revista Estudios Socio-Jurídicos,* vol. 21, núm. 1, 2019.

OCHOA JIMÉNEZ, M.J., "Normas de derecho internacional privado en materia de bienes: la regla lex rei sitae en América Latina y Colombia", *Revista de Derecho Privado,* núm. 37, 2019.

OEI, S., RING, D., "Can Sharing Be Taxed", *Washington University Law Review,* núm. 93, 2015-2016.

ONANDIA CAÑAS, I., "La acción colectiva en la Unión Europea: ¿es posible encajarla en el Reglamento de Bruselas I Bis?, *Revista Jurídica de la Universidad Autónoma de Madrid,* núm. 39, 2019.

OREJUDO PRIETO DE LOS MOZOS, P. "El Derecho Internacional Privado Colombiano ante la Ley Modelo OHADAC de DIPr", *AEDIPr,* t. XIII, 2013.

ORREGO-GARAY, S. "El Comercio Electrónico y los mecanismos online para la Resolución de Disputas", *EAFIT Journal of International Law,* vol. 6, núm. 1, 2015.

ORTEGA GÓMEZ, M., *Derecho de la Unión Europea,* Barcelona, 1ª ed., J.M. Bosch, 2018.

ORTIZ VIDAL. M.D., *Ley aplicable a los contratos internacionales y eficiencia conflictual,* Granada, 1ª ed., Editorial Comares, 2014.

ORTUÑO, A., JIMÉNEZ, J.L., "Economía de plataformas y turismo en España a través de Airbnb", *Cuadernos económicos de ICE,* núm. 97, 2019.

OSKAM, J.A., *The Future of Airbnb and the 'Sharing Economy': The Collaborative Consumption of our Cities,* Bristol, 1ª ed., Blue Ridge Summit: Channel View Publications, 2019.

OSPINA FERNANDEZ, G. *Régimen general de las obligaciones,* Bogotá, 8ª ed., Temis, 2020.

OSSA GÓMEZ, D., "Definición, delimitación y análisis del ámbito de aplicación del nuevo Estatuto del Consumidor (Ley 1480 de 2011)", *Revista Facultad de Derecho y Ciencias Políticas,* vol. 43, núm. 118, 2013.

OSTERGAARD, K., JAKOBSEN, S., "Platform Intermediaries in the Sharing Economy: Questions of Liability and Remedy", *Nordic Journal of Commercial Law,* núm. 1, 2019.

OSVALDO ALFREDO GOZAÍNI, O.A., "¿Quién es consumidor a los fines de la protección procesal?", *Derecho PUCP,* núm. 56, 2003.

OVIEDO ALBÁN, J., "News on Conflictual Autonomy in Latin American International Private Law", *Uniform Law Review,* núm. 21, 2016.

OVIEDO ALBÁN, J., "Unidroit Principles as Rules Applicable to International Contracts: With Regard to the Colombian Supreme Court of Justice's Ruling on 21 February 2012", *Cuadernos de la Maestría en Dere*cho, núm. 3, 2014.

OVIEDO ALBÁN, J., "Una vez más sobre la aplicación de las normas civiles a las obligaciones y contratos mercantiles", *Revista de Derecho Privado,* núm. 25, 2013.

OVIEDO ALBÁN, J., "La ley aplicable a los contratos internacionales", *International Law: Revista Colombiana de Derecho Intern*acional, núm. 21, 2012.

PAGLIANTINI, S., "Una Mirada a la Protección Contractual del Consumidor en Italia", *Revista de Derecho Privado,* núm. 28, 2015.

PASQUALE, F., "Two Narratives of Platform Capitalism", *Yale Law & Policy Review,* núm. 35, 2016.

PALAO MORENO, G., *Los nuevos instrumentos europeos en materia de conciliación, mediación y arbitraje de consumo: su incidencia en España, Irlanda y el Reino Unido,* Valencia, 1ª ed., Tirant lo Blanch, 2016.

PALAO MORENO G., "Competencia judicial internacional en supuestos de responsabilidad civil en Internet", *en:* PLAZA PENADÉS, J. (coord.), *Cuestiones de Derecho y Tecnologías de la Información y la Comunicación,* Cizur Menor, 1ª ed., Thomson Aranzadi, 2006.

PAREDES PÉREZ, J.I., "Contratos de suministro de contenidos y servicios digitales B2C: problemas de calificación y tribunales competentes", *Revista Electrónica de Estudios Internacionales*, núm. 41, 2021.

PAREDES PÉREZ, J.I., "Medidas contra el bloqueo geográfico injustificado: el Reglamento (UE) 2018/302 y su incidencia sobre las normas europeas de Derecho internacional privado", *Revista electrónica de estudios internacionales*, núm. 35, 2018.

PATRAUS, M., OFRIM, I., "Contractual Unpredictability in the Context of Covid-19 Pandemic", *Athens Journal of Law*, vol. 7, núm. 4, 2021.

PEREIRA, M.J, BRODSKY, J.M., "La protección al consumidor transfronterizo en el Código Civil y Comercial de la Nación", *XXVI Jornadas nacionales de Derecho civil Facultad de Ciencias Jurídicas y Sociales-Universidad Nacional de La Plata*, 28 al 30 de septiembre de 2017.

PÉREZ BEVIA, J.A., "Disposiciones imperativas y leyes de policía en el Convenio de Roma, de 19 de junio de 1980, sobre la ley aplicable a las obligaciones contractuales", *REDI*, núm. 34, 1982.

PÉREZ GARRIDO, R., "Caracterizando la Economía Colaborativa: la visión de los fundadores", en: FONDO MULTILATERAL DE INVERSIONES, *Economía colaborativa en América Latina*, Madrid, 1ª ed., IE Business School, 2016.

PEREZNIETO CASTRO, L., "La dogmática jurídica, con especial referencia al Derecho internacional privado", *Cuarta Época*, vol. 6, núm. 16, 2019, pp. 142-144.

PEREZNIETO CASTRO, L. *Derecho internacional privado. Parte general*, México D.F., 10ª ed., Oxford University Press, 2015.

PEREZNIETO CASTRO, L., "Notas sobre el derecho internacional privado en América Latina", *Boletín Mexicano de Derecho Comparado nueva serie*, núm. 144, 2015.

PEREZNIETO CASTRO, L. "La revolución del Derecho internacional privado en el mundo de hoy", *Anuario Hispano Luso Americano de Derecho Internacional*, vol. 21, 2013.

PERTEGÁS SENDER, M., "New International Rules on Choice of Court Agreements in International Contracts: Hague Convention and Brussels I Bis Regulation", *AEDIPr*, t. XIV-XV, 2014-2015.

PETERS, S., "The evolution of alternative dispute resolution and online dispute resolution in the European Union", *Revista CES Derecho*, vol. 12, núm. 1, 2021.

PETERSEN, C.S., ULFBECK, V.G., HANSEN, O., "Platforms as Private Governance Systems-The Example of Airbnb", *Nordic Journal of Commercial Law*, núm. 1, 2018.

PFORR, C., VOLGGER, M., CAVALCANTI MARQUES, S., CAHYA NUSANTARA, A. (eds.), *Understanding and Managing the Impact of Airbnb*, Singapore, 1ª ed, Springer, 2021.

PILOT, M., *Affitti brevi e bed and breakfast*, Milà, 1ª ed., Giuffrè Francis Lefebvre, 2021.

PIÑEIRO Y DEL CUETO, C., "El Derecho internacional privado en el sistema interamericano-el Código Bustamante", *Revista Jurídica de la Universidad Interamericana de Puerto Rico*, vol. 21, núm. 3, 1986-1987.

PIZZOLANTE G., "I contratti conclusi dai consumatori nella proposta di Reglamento Roma I", en: FRANZINA, P. (ed.) *La legge applicabile al contratti nella proposta di Regolamento Roma I.*, Padua, 1ª ed., CEDAM, 2006.

PLATERO ALCÓN, A., "Security as a Key Element in the Processing of Personal Data in Europe: Especial Reference to the Civil Liability Regime Derived from Security Breaches", *LEX-Journal of the Faculty of Law and Political Scienc*, núm. 23, 2019.

PLOUFFE, C.R., "Examining "peer-to-peer" (P2P) systems as consumer-to-consumer (C2C) exchange", *European Journal of Marketing*, vol. 42, núm. 11/12, 2008.

PORCELLI, A.M., "Fuentes del derecho internacional privado en el sistema jurídico argentino: jerarquía normativa y su interpretación jurisprudencial", *Revista Estudios Socio-Jurídicos*, núm. 21, 2019.

PORCELLI, A.M., "Regulación jurídica de los contratos internacionales en el Código Civil y Comercial de la Nación", *Revista Electrónica del Instituto de Investigaciones "Ambrosio L. Gioja"*, núm. 15, 2015.

QUARTA, A., "Narratives of the Digital Economy: How Platforms Are Challenging Consumer Law and Hierarchical Organization", *Global Jurist*, vol. 20, núm. 2, 2020.

QUERO, M., "Aspectos generales sobre la mediación. El mediador. Técnicas de la mediación", en: PÉREZ-UGENA, M., *"Arbitraje y mediación en el ámbito arrendaticio"*, Madrid, 1ª ed., Dykinson, 2017.

QUESADA SÁNCHEZ A.J., "La cesión de viviendas turísticas por habitaciones: situación legal en España y propuestas razonables", *Revista Crítica de Derecho Inmobiliario*, núm. 783, 2021.

QUINTANA ADRIANO, E.A., Marco jurídico del arbitraje nacional, regional e internacional, en: MENDEZ-SILVA, R. (coord.), *Contratación y arbitraje internacionales*, Ciudad de México, 1ª. ed., UNAM, 2010.

QUINTANA CEPEDA, A., "La modernización del Derecho de las obligaciones, una experiencia para Latinoamérica", *Revista de Derecho Privado*, núm. 57, 2017.

QUINTERO GARCÍA, O., "Defensas administrativas y judiciales del consumidor. Del Decreto 3466 de 1982 a la Ley 1480 de 2011", *Revista E-Mercatoria*, vol. 13, núm. 1, 2014.

QUINTERO RAMÍREZ, M.I. "Economías colaborativas, nuevas tendencias de consumo y retos para Latinoamérica y Colombia", *Campos*, vol. 6, núm. 2, 2018.

QUIÑONES ESCÁMEZ, A., "Ley aplicable a los contratos internacionales en la Propuesta de Reglamento "Roma I" de 15.12.2005", *InDret*, núm. 3, 2006.

QUIÑONES ESCÁMEZ, A., "Incorrecta transposición de la noción de «vínculo estrecho con el territorio comunitario» de las directivas de consumo (STJCE de 9.9.2004, as. 70/03 Comisión C. España)", *Revista de Derecho Comunitario Europeo*, núm. 21, 2005.

RAMÍREZ TORRADO, M.L., HERNÁNDEZ MEZA, N., "Análisis de las funciones administrativas y jurisdiccionales de la Superintendencia de Industria y Comercio en materia de libre competencia", *Revista Derecho del Estado*, núm. 41, 2018.

REBOSA ÁLVAREZ, L. F., "El Contrato en el Contexto del Comercio Electrónico", *ITESM Campus Estado de México: Proyecto Internet*, 2006.

REESE, W., "Dépeçage: A Common Phenomenon in Choice of Law", *Columbia Law Review*, núm 73, 1973.

REEVES, M., CANDELON, F. (eds.), *The Resilient Enterprise: Thriving amid Uncertainty*, Berlin, 1ª ed., De Gruyter, 2021.

REIF, J., HARMS, T., EISENSTEIN, B., "Tourist-Sein oder nicht Tourist-Sein?: Zur Reputation des Touristen", *Zeitschrift für Tourismuswissenschaft*, vol. 11, núm. 3, 2019.

RESTREPO AMARILES, D., LEWKOWICZ, G., ¿"Does a global law exist? A Reflection on *Selden* vs *Airbnb* case and its aftermath", en: MUIR H., BÍZIKOVÁ, L., BRANDÃO DE OLIVEIRA, A., FERNÁNDEZ ARROYO, D.P. (eds.), *Global Private International Law*, Northampton, 1ª. ed., Elgar, 2019.

REQUEJO ISIDRO, M., "La Ley 34/2002, de 11 de julio, de Servicios a la Sociedad de la Información y del Comercio Electrónico y la Prestación Transnacional de Servicios en el Seno del EEE", *REDI*, vol. 55, núm. 2, 2003.

REVOREDO DE MUR, D., "La autonomía de la voluntad y ley aplicable al contrato internacional en Latinoamérica", *Themis*, vol. 30, 1994.

REYES SÁNCHEZ, A.M., GARCÍA SALAZAR, L.F., "Esfuerzos latinoamericanos en torno a los derechos del consumidor: CAN y MERCOSUR", *Revista Relaciones Internacionales*, núm. 89, 2016.

RIEDER, B., *Engines of Order: A Mechanology of Algorithmic Techniques*, Amsterdam, 1ª ed., Amsterdam University Press, 2020.

RINGE, G., "Sparking Regulatory Competition in European Company Law-The Impact of the Centros Line of Case-Law and its Concept of Abuse of Law", en: DE LA FERIA, R., VOGENAUER, S. (eds.), *Prohibition of Abuse of Law: A New General Principle of EU Law*, Oxford, 1ª ed., Hart Publishing, 2011.

RINGE, W-G, HELLGARDT, A., "The International Dimension of Issuer Liability-Liability and Choice of Law from a Transatlantic Perspective", *Oxford Journal of Legal Studies*, vol. 31, núm. 1, 2011.

RÍOS RUIZ, A. "Análisis y perspectivas del comercio electrónico en México", *Perfiles de las Ciencias Sociales*, núm. 5, 2015.

ROJAS TAMAYO, D., "Un nuevo horizonte para la autonomía privada: la libertad de elección de la ley aplicable al contrato", en: NEME VILLARREAL, M.L., *Autonomía privada. Perspectiva del derecho contemporáneo*, Bogotá, 1ª ed., Universidad del Externado de Colombia, 2018.

RODRÍGUEZ GARCÍA, N., "La responsabilidad de las plataformas de economía colaborativa a la luz de la ley 34/2002 de servicios de la sociedad de la información", *Anales de la Facultad de Derecho*, núm. 38, 2021.

RODRÍGUEZ, G.S., "Privacy and Security in the Cloud: Some Legal-Economic Implications from the Cross-Border E-Commerce", *LEX*, núm. 25, 2020.

RODRÍGUEZ, L., *Mediación comercial internacional*, Madrid, 1ª ed., Dykinson, 2016.

RODRÍGUEZ-ANTÓN, J.M., ALONSO-ALMEIDA, M., RUBIO-ANDRADA, L., CELEMÍN PEDROCHE, M.S., "La economía colaborativa. Una aproximación al turismo colaborativo en España", *CIRIEC-España, Revista de Economía Pública, Social y Cooperativa*, núm. 88, 2016.

RODRÍGUEZ ACHÚTEGUI, E., "La posición de los tribunales españoles respecto al concepto de consumidor amparado frente a cláusulas abusivas", *Revista Aranzadi Doctrinal*, núm. 5, 2016.

RODRÍGUEZ BENOT, A., *Manual de Derecho Internacional Privado*, Madrid, 6ª ed., Editorial Tecnos, 2019.

RODRÍGUEZ, R., GÖRAN SVENSSON, K., PÉREZ, M., "Modelos de negocio en la economía colaborativa: síntesis y sugerencias", *Esic Market Economics and Business Journal*, vol. 48, núm. 2, 2017.

RODRÍGUEZ JIMÉNEZ, S., "Competencia judicial internacional. dos aspectos para reflexionar", *Revista de la Facultad de Derecho de México*, vol. 59, núm. 251, 2009.

ROJO ÁLVAREZ-MANZANEDA, R., "El Derecho mercantil y el consumo colaborativo", en: MIRANDA SERRANO, L.M., PAGADOR LÓPEZ, J., (dirs.), *Retos y tendencias del Derecho de la contratación mercantil*, Madrid, 1ª ed., Marcial Pons, 2017.

ROJO, M., BONILLA, D., "COVID-19: La necesidad de un cambio de paradigma económico y social", *CienciAmérica*, vol. 9, núm. 2, 2020.

ROSENDAHL, M., "iTenant: How the Law Should Treat Rental Relationships in the Sharing Economy", *William & Mary Law Review*, vol. 59, núm. 2, 2017.

ROYO MARTÍNEZ, M., *Contratos de adhesión*, Madrid, 1ª ed., Instituto Nacional de Estudios Jurídicos, 1949.

ROZENFELDOVA, L., "The nature of services provided by collaborative platforms", *EU and Comparative Law Issues and Challenge Series*, núm. 4, 2020.

RUHL, R., "La protección de los consumidores en el Derecho internacional privado", *AEDIPr*, t. X, 2010.

RUIZ MARTÍN, A., "Ámbito material del Reglamento Bruselas I bis: Prácticas comerciales desleales (B2C) y acciones colectivas de cesación: comentario a la STJUE Movic bv (C-73/19)", *Cuadernos de Derecho Transnacional*, vol. 13, núm. 1, 2021.

RUIZ MARTÍN, A., "Economía colaborativa y supuestos de competencia desleal transfronteriza en ¿mercados C2C?: Reflexiones sobre la utilidad de las normas de Derecho internacional privado en este particular (*Nihil novum sub sole*)", *Revista de Estudios Europeos*, núm. 70, 2017.

RUZ SALDÍVAR, C., "Procuraduría de protección al consumidor, ineficaz defensora de derechos fundamentales en México", *Revista Académica de Investigación TLATEMOANI*, núm. 27, 2018.

RYU, H., BASU, M. & SAITO, O., "What and how are we sharing? A systematic review of the sharing paradigm and practices", *Sustainability Science*, núm. 14, 2019.

SÁENZ DE BURUAGA AZCARGORTA, M., "Implicaciones de la «gig-economy» en las relaciones laborales: el caso de la plataforma Uber", *Estudios de Deusto*, vol. 67, núm. 1, 2019.

SAGAR, S., HOFFMANN, T., "Intermediary Liability in the EU Digital Common Market – from the E-Commerce Directive to the Digital Services Act", *IDP: Revista d'Internet, dret i política*, núm. 34, 2021.

SALUNG PETERSEN, C., GARF ULFBECK, V., HANSEN, O. (coords.), "Platforms as Private Governance Systems: The Example of Airbnb", *Nordic Journal of Commercial Law*, núm. 1, 2018.

SANCLEMENTE-ARCINIEGAS, J., "Corrupción, orden público y regulación económica en Colombia", *Jurídicas*, vol. 17, núm. 1, 2020.

SANAK-KOSMOWSKA, K., MRUK, H., TILBURY, J., ALDRIDGE, M., *Evaluating Social Media Marketing: Social Proof and Online Buyer Behavior*, Londres, 1ª ed., Routledge, 2021.

SÁNCHEZ CANO, M. J., ROMERO MATUTE, Y., "El régimen jurídico de las redes sociales y los retos que plantea el acceso a dichas plataformas", *Cuadernos de Derecho Transnacional*, vol. 13, núm. 1, 2021.

SÁNCHEZ LORENZO, S.A., "La ley aplicable a la validez del acuerdo arbitral", *Revista cubana de Derecho*, vol. 1, núm. 1, 2021.

SÁNCHEZ LORENZO, S.A., "El principio de coherencia en el Derecho internacional privado europeo", *Revista Española de Derecho Internacional*, vol. 70, núm. 2, 2018.

SÁNCHEZ LORENZO, S.A., (coord.), *Cláusulas en los contratos internacionales. Redacción y análisis*. Barcelona, 1ª ed., Atelier, 2012.

SÁNCHEZ LORENZO, S.A., "OHADAC Strategies for the Harmonization of Business Law in the Caribbean", *AEDIPr, t. X,* 2010.

SÁNCHEZ LORENZO, S.A., "Derecho aplicable al fondo de la controversia en el arbitraje comercial internacional", *REDI*, vol. 61, núm. 1, 2009.

SASTRE-CENTENO, J.M., INGLADA-GALIANA, M.E., "La economía colaborativa: un nuevo modelo económico, *CIRIEC-España, Revista de Economía Pública, Social y Cooperativa*, núm. 94, 2018.

SAYAS CONTRERAS, R., MEDINA ARTETA R., "Caracterización de las funciones jurisdiccionales de la Superintendencia de Industria y Comercio, en el marco de la protección de los derechos del consumidor", *Advocatus*, vol. 14, núm. 27, 2016.

SCHWARTZ, B.P., EINARSON, E., "The Disruptive Force of the Sharing Economy", *Asper Review of International Business and Trade Law*, núm. 18, 2018.

SCHWEME, S.F., "Liability exemptions of non-hosting intermediaries: Sideshow in the Digital Services Act?", *Oslo Law Review*, vol. 8, núm. 2021.

SCHWENZER, I., WHITEBREAD, C.M., "International B2B Contracts-Freedom Unchained", *Penn State Journal of Law and International Affairs*, núm. 4, 2015.

SCOTT, I., BROWN, E., "Redefining and Regulating the New Sharing Economy", *University of Pennsylvania Journal of Business Law*, núm. 19, 2016-2017.

SCOTTI, L. 2016. "El acceso a la justicia en el derecho internacional privado argentino: nuevas perspectivas en el Código Civil y Comercial de la Nación", *Red Sociales, Revista del Departamento de Ciencias Sociales*, vol. 03, núm. 6, 2016.

SCOTTI, L., "Diálogo de fuentes: las normas regionales del MERCOSUR y las nuevas disposiciones del Derecho internacional privado argentino", *Revista de la Secretaría del Tribunal Permanente de Revisión*, núm. 7, 2016.

SERITTI, L., "Online Shopping and Quality Problems: What Safeguards for Platform Users Under the EU Consumer Protection Regime?", *Journal of European Consumer and Market Law*, vol. 10, núm. 5, 2021.

SILVA, J.A., *Compilación de estudios de Derecho internacional privado*, vol. II, Ciudad de Juárez, 1ª.ed., Universidad Autónoma de Ciudad de Juárez, 2020.

SIQUEIROS, J.L., "La Conferencia de la Haya y la perspectiva Latinoamericana", *Boletín de la facultad de Derecho UNED Madrid*, núm. 16, 2000.

SMITH, A., *La riqueza de las naciones*, Madrid, 1ª ed., Prisa Innova, 2009.

SMORTO G., "Protecting the weaker parties in the platform economy", en: DAVIDSON, N.M., FINCK, M., INFRANCA, J. (eds.), *The Cambridge handbook of the law of the sharing economy*, Cambridge, 1ª ed., Cambridge University Press, 2018.

SOLTERO MARISCAL, D., VARGAS-HERNÁNDEZ, J.G., "Modelos actuales de economías colaborativas Airbnb: cambiando la industria de la hospitalidad", *Lex Social*, vol. 7, núm. 2, 2017.

SOMOLINOS, A. Z., "Peer to peer insurance: primera aproximación a los seguros entre pares", *Revista de Derecho, Empresa y Sociedad*, núm. 9, 2016.

SOSA OLÁN, H., *El derecho de desistimiento como mecanismo protector del consumidor en la contratación electrónica*, Salamanca, 1ª ed., Ediciones Universidad de Salamanca, 2015.

SPITKO, E., "Reputation Systems Bias in the Platform Workplace", *Brigham Young University Law Review*, núm. 5, 2019.

SPRAGUE, R. "Are Airbnb Hosts Employees Misclassified as Independent Contractors?", *University of Louisville Law Review*, vol. 59, núm. 1, 2020.

SPRANKLING, J.G., *The international Law of Property*, Oxford, 1ª ed., Oxford University Press, 2014.

STAMPA, G., "El comercio internacional: definición y regulación. la denominada *Lex Mercatoria*, el arbitraje comercial internacional: definición y principales características", en: GINÉS CASTELLET, N., STAMPA, G., *El arbitraje internacional*, Barcelona, 1ª ed., J.M. Bosch Editor, 2009.

STEELE GARZA, J.G., "Arbitraje de consumo: un largo camino hacia el arbitraje online internacional", en: GONZALO QUIROGA, M., GORJÓN GÓMEZ, F.J., SÁNCHEZ GARCÍA, A., (coord.), *Métodos alternos de solución de conflictos: Herramientas de paz y modernización de la justicia*, Madrid, 1ªed., Dykinson, 2011.

STEIN, G.M., "Inequality in the Sharing Economy", *Brooklyn Law Review*, núm. 85, 2019-2020.

STEMLER, A., "The Myth of the Sharing Economy and Its Implications for Regulating Innovation", *Emory Law Journal*, núm. 67, 2017-2018.

STEVENSON, C., "Dépeçage: Embracing Complexity to Solve Choice-of-Law Issues", *Indiana Law Review*, núm. 37, 2003-2004.

STIGLITZ, J., *El malestar en la globalización*, Madrid, 1ª ed., Taurus, 2002.

ŞTIUBEA, E., "Booking travel through the Airbnb platform during the covid 19 pandemic", *The Annals of the University of Oradea. Economic Sciences*, t. XXX, núm. 1, 2021.

STRINGER, D., "Choice of Law and Choice of Forum in Brazilian International Commercial Contracts: Party Autonomy, International Jurisdiction, and the Emerging Third Way", *Columbia Journal of Transnational Law*, núm. 44, 2005-2006.

STRØMMEN-BAKHTIAR, A., VINOGRADOV, E., *The impact of the sharing economy on business and society: Digital transformation and the rise of platform business*, Nueva York, 1ª ed., Routledge, 2020.

STUBER, W.D., FUKUGAUTI, N.M. "Brazil Improves Arbitration Law", *International Financial Law Review*, núm. 16, 1997.

SUÁREZ CORUJO, B., "la gran transición: la economía de plataformas digitales y su proyección en el ámbito laboral y de la seguridad social", *Temas laborales*, núm. 141, 2018.

SUÁREZ SÁNCHEZ, C.A., "Eficacia de los principios de contratación en el proceso de unificación del Derecho Internacional Privado: comparación entre la unificación jurídica latinoamericana y la integración europea", *Revista e-mercatoria*, vol. 11, núm. 1, 2012.

SULLIVAN, D., "Employee Violence, Negligent Hiring, and Criminal Records Checks: New York's Need to Reevaluate Its Priorities to Promote Public Safety", *St. John's Law Review*, núm. 72, 1998.

SYMEONIDES, S., "Issue-by-Issue analysis and Dépeçage in Choice of Law: Cause and Effect", *University of Toledo Law Review*, núm. 45, 2013-2014.

SZPUNAR, M., "Reconciling new technologies with existing EU law – Online platforms as information society service providers", *Maastricht Journal of European and Comparative Law*, vol. 27, núm. 4, 2020.

TAKAHASHI, K., "Review of the Brussels I Regulation: A Comment from the Perspectives of Non-Member States (Third States)", *Journal of Private International Law*, vol. 8, núm. 1.

TAMBUSSI, C.E., "Decisiones judiciales referidas al comercio electrónico en la Argentina desde el Derecho de consumidores y usuarios", *LEX*, núm. 22, 2018.

TAMBUSSI, C.E., "El principio de orden público y el régimen tuitivo consumidor en el derecho argentino", *LEX*, núm. 18, 2016.

TANG, Z.S., *Electronic consumer contracts in the conflicts of laws*, Oxford, 1ª ed., Hart Publishing, 2009.

TARRANT, A., DI MAURO, L., "Increasing the benefits from the Digital Single Market", *European Networks Law and Regulation*, núm. 4, 2016.

TELLECHEA BERGMAN, E., "La jurisdicción internacional como condición para el reconocimiento del fallo extranjero, necesidad de una nueva regulación en el ámbito interamericano", *Boletín Mexicano de Derecho Comparado*, vol. 49, núm. 146, 2016.

TIPPETT, E., "Using contract terms to detect underlying litigation risk an initial proof of concept", *Lewis & Clark Law Review*, núm. 20, 2016-2017.

TOMILLO URBINA, J., "Reflections on Consumers Facing Online: Intermediation Platforms", *LEX-Journal of the Faculty of Law and Political Science*, núm. 27, 2021.

TONIOLLO, J.A., "Protección Internacional del Consumidor", *ILSA Journal of International & Comparative Law*, núm 4, 1997-1998.

TORRES KIRMSER, J.R., "Protocolo de las leñas y el impacto de sus disposiciones por su aplicación práctica en el ámbito del MERCOSUR", *Revista U.N.A.*, 2003.

TORRES RIVERA, R.L., "La transformación jurídica en una economía digital: el caso Uber Legal transformation in a digital economy: The Uber case", *Iuris Dictio*, núm. 24, 2019.

TRENTA, C., "European VAT and the digital economy: recent developments", *eJournal of Tax Research*, vol. 17, núm. 1, 2019.

TRIAS DE BES, J.M., "Conflits de Lois", *Recueil des Cours*, T. 62, 1937.

TRIMBLE, M., "Copyright and geoblocking: The consequences of eliminating geoblocking", *Boston University Journal of Science and Technology Law*, núm. 25, 2019.

TROCAN, L.M., "The Concerns of the United Nations Organization, Hague Conferences on International Private Law and European Union's Conferences on the Regulation of Electronic Trade", *Analele Universităţii "Constantin Brâncuşi"*, núm. 4, 2011.

UPRIMNY YEPES, R., "El bloque de constitucionalidad en Colombia. Un análisis jurisprudencial y un ensayo de sistematización doctrinal", en: VALENCIA VILLA, A., (dir.), *Compilación de jurisprudencia y doctrina nacional e internacional*, Bogotá, 1ª ed., Nuevas ediciones Ltda., 2002.

UZAL, M.E., "Lineamientos de la reforma del Derecho Internacional Privado en el Código Civil y Comercial de la Nación", *Sup. Especial Nuevo Código Civil y Comercial*, núm. 247, 2014.

VALBUENA GONZÁLEZ, F. "La plataforma europea de resolución de litigios en línea (ODR) en materia de consumo", *Revista de Derecho Comunitario Europeo*, núm. 52, 2015.

VALBUENA GONZÁLEZ, F., "La Directiva Europea sobre resolución alternativa de litigios (ADR) en materia de consumo", *Justicia: Revista de derecho procesal*, núm. 2, 2014.

VALENCIA MONGE, J.G., "Validez jurídica de los contratos por Internet", en: COLEGIO DE PROFESORES DE DERECHO CIVIL, *Temas de Derecho civil en homenaje al doctor Jorge Mario Magallón Ibarra*, México D.F., 1ª ed., Editorial Porrúa, 2011.

VALENCIA MONGE, J.G., "Validez jurídica de los contratos por Internet", en: colegio de profesores de derecho civil de la facultad de derecho de la UNAM, *Temas de Derecho civil, homenaje al doctor Jorge Mario Magallón Ibarra*, México D.F., 1ª. ed., Editorial Porrúa, 2011.

VAN CLEYNENBREUGEL, P., "The Commission's digital services and markets act proposals: First step towards tougher and more directly enforced EU rules?", *Maastricht Journal of European and Comparative Law*, vol. 28, núm. 5, 2021.

VAN EECKE, P., HAIE, A.G., "Blockchain and the GDPR: The EU Blockchain Observatory Report", *European Data Protection Law Review*, núm. 4, 2018.

VEGA VEGA, J.A., *Contratos electrónicos y protección de los consumidores*, Madrid, 1ª ed., Reus, 2005.

VIAL UNDURRAGA, M.I., "International Contracts in Latin America: History of a Slow Pace towards the Acceptance of Party Autonomy in Choice of Law", *Revista de Derecho Privado*, núm. 38, 2020.

VIEIRA, L.K., "La circulación internacional del consumidor turista: los avances en el Mercosur y en la Conferencia de La Haya de Derecho Internacional Privado", *Revista de Direito do Consumidor*, vol. 116, 2018.

VIEIRA, L.K., "La codificación del Derecho internacional privado del consumidor en el MERCOSUR: las recientes manifestaciones en materia de ley aplicable al contrato internacional con consumidores", *AEDIPr*, t. XVIII, 2018.

VIEIRA, L.K., "La autonomía de la voluntad de las partes en los contratos internacionales: breves comentarios sobre el derecho argentino y brasileño", *Revista de Direito da Empresa e dos Negócios*, vol. 1, núm. 2, 2017.

VIEIRA, L.K., "El Proyecto de Acuerdo del Mercosur sobre Derecho Aplicable en Materia de Contratos Internacionales de Consumo", *Revista de Direito do Consumidor*, vol. 99, 2015.

VILALTA NICUESA, A.E., "La regulación europea de las plataformas de intermediarios digitales en la era de la economía colaborativa", *Revista Crítica de Derecho Inmobiliario*, núm. 765, 2018.

VLAL UNDURRAGA, M.I., "Party autonomy in Latin America: a pending task", *Revista Chilena de Derecho*, vol. 45, núm. 2, 2018.

VAN DER MERWE, C. *European condominium Law*, Cambridge, 1ª ed, Cambridge University Press, 2015.

VON BAR, C., CLIVE, E., SCHULTE-NÖLKE, H., BEALE, H., HERRE, J., HUET, J., STORME, M., SWANN, S., VARUL, P., VENEZIANO A., FRYDERYK ZOLL, F., *Principles, Definitions and Model Rules of European Private Law: Draft Common Frame of Reference (DCFR)*, Munich, 1ª ed., Sellier European law publishers GmbH, 2009.

VON HEIN, J., KIENINGER E.M., RÜHL, G. (eds.), *How European is European Private International Law?*, Cambridge, 1ª ed., Intersentia, 2019.

WANG, L., "A Farewell to Monetization", *Man and the Economy*, vol. 6, núm. 2, 2019,

WANG, Y., ASAAD, Y., FILIERI, R., "What Makes Hosts Trust Airbnb? Antecedents of Hosts' Trust toward Airbnb and Its Impact on Continuance Intention", *Journal of Travel Research*, vol. 59, núm. 4, 2020.

WACHSMUTH, D., WEISLER, A., "Airbnb and the rent gap: Gentrification through the sharing economy", *Environment and Planning A: Economy and Space*, vol. 50, núm. 6, 2018.

WEBERBAUER, P.H., "The Controversy Surrounding Article 9 of the Law That Defines How Brazilian Laws are Applied", *European Journal of Law Reform*, vol. 15, núm. 2, 2013.

WETHMAR-LEMMER, M., "Harmonising or unifying the law applicable to international sales contracts between the BRICS states", *Comparative and International Law Journal of Southern Africa*, núm. 50, 2017.

WISNIEWSKI, P.C., ESPOSITO, L.A., "mobilidade urbana e o caso Uber: aspectos jurídicos e sociais da startup", *Perspectiva*, vol. 40, núm. 150, 2016.

WOJEWODA, M., "Mandatory Rules in Private International Law", *Maastricht Journal of European and Comparative Law*, núm. 7, 2000.

YRJÖLÄ, M., RINTAMÄKI, T., SAARIJÄRVI, H., JOENSUU, J., "Consumer-to-consumer e-commerce: outcomes and implications", *The International Review of Retail: Distribution and Consumer Research*, vol. 27, núm. 3, 2017.

ZAHEERUDDIN, M., "International arbitration-the law applicable to arbitration agreement", *Academy of Strategic Management Journal*, vol. 20, núm. 2, 2021.

ZENO-ZENCOVICH, V., "Gli equivoci sulle piattaforme digitali", en: MARÉ, M., PILATI, A. (eds.), *Piattaforme digitali: Concorrenza, fisco, innovazione*, Roma, 1ª ed., Luiss University Press, 2020.

ZULETA FERRARI, M., "Beyond Uncertainties in the Sharing Economy: Opportunities for Social Capital", *European Journal of Risk Regulation*, núm. 7, 2016.

ZULETA LONDOÑO, A., "Las cláusulas de selección de foro y selección de ley en la contratación internacional: una visión desde el Derecho internacional privado colombiano", *Revista de Derecho Privado,* núm. 44, 2010.

ZÚÑIGA, J.G., "Deficiencies in the Internal Rules of Law Applicable to International Contracts, in the Countries Member of the Pacific Alliance", *AEDIPr,* núm. VIII, 2018.

2) *Otras fuentes*

BLÁZQUEZ, P., "*La respuesta a los mitos: ¿Qué es más barato, el taxi o las VTC?*", La Vanguardia, 2018, disponible en: https://www.lavanguardia.com/economia/2018 1121/4 53080813553/taxi-uber-cabify-vtc-barcelonamadrid-precios-comparar.html. Fecha de consulta: 25 de octubre de 2023.

BORRÁS, A., Informe explicativo del Convenio celebrado con arreglo al artículo K.3 del Tratado de la Unión Europea, sobre la competencia, el reconocimiento y la ejecución de resoluciones judiciales en materia matrimonial, preparado por la profesora Dra. Alegría Borrás Catedrática de Derecho internacional privado de la Universidad de Barcelona, publicado en: *DOCE* núm. 221, de 16 de julio de 1998.

BOSNER, B., "Cross-border trade and consumer protection", 22nd International Scientific Conference on Economic and Social Development "Legal Challenges of Modern World", Varaždin, Croacia, 29 y 30 de junio de 2017.

BOTSMAN, R., "The Sharing Economy Lacks A Shared Definition", *Fast Company,* 21 de noviembre de 2013, artículo disponible en: https://www.fastcompany.com/3022 028/the-sharing-economy-lacks-a-shared-definition#15. Fecha de consulta: 25 de octubre de 2023.

Congreso Americano de Jurisconsultos, *Tratado para establecer en América reglas uniformes sobre Derecho internacional privado,* Lima, 1ª ed., Imprenta del Estado, 1878.

DE MIGUEL ASENSIO, P.A., "Nueva sentencia del Tribunal Supremo (Sala de lo Contencioso) sobre (ir)responsabilidad de las plataformas en línea", 29 de enero de 2022, disponible en: https://pedrodemiguelasensio.blogspot.com/2022/01/nueva-sentencia-del-tribunal-supremo.html. Fecha de consulta: 25 de octubre de 2023.

DE MIGUEL ASENSIO, P.A., "El Tribunal Supremo (Sala de lo Contencioso) y los mandamientos de cesación frente a conductas ilícitas en plataformas de Internet", 6 de marzo de 2021, disponible en: https://pedrodemiguelasensio.blogspot.com/2021/03/el-tribunal-supremo-sala-de-lo.html. Fecha de consulta: 25 de octubre de 2023.

DE MIGUEL ASENSIO, P.A, "La ordenación de las plataformas de intermediación tras la(s) sentencia(s) Airbnb", 2019, disponible en: https://pedrodemiguelasensio.blogspot.com/2021/03/el-tribunal-supremo-sala-de-lo.html. Fecha de consulta: 25 de octubre de 2023.

DURBIN, D., "Airbnb takes legal action against guest after 3 shot at unauthorized U.S. party", *Global news,* 12 de agosto de 2020, disponible en: https://globalnews.ca/news/7270213/airbnb-legal-action-guest-party/. Fecha de consulta: 25 de octubre de 2023.

ELLERMAN, I., "La arbitrabilidad en los contratos de consumo internacionales y las condiciones de validez de la cláusula arbitral", *XXVI Jornadas Nacionales de Derecho Civil: Comisión de Derecho Internacional Privado "Consumidor Internacional"*, La Plata, septiembre de 2017. Fecha de consulta: 25 de octubre de 2023.

FERON, L., "VUB-study reveals Airbnb market in Brussels", *VUB PRESS*, 6 de septiembre de 2021, disponible en: https://press.vub.ac.be/vub-study-reveals-airbnb-market-in-brussels. Fecha de consulta: 25 de octubre de 2023.

FONT I MAS, M., MARIN CONSARNAU, D., LAMBEA LLOP, N., CANALES GUTIÉRREZ, S., "La regulación catalana sobre les plataformas digitales de vivienda turística y su encaje en la normativa y jurisprudencia de la Unión Europea", *Centre d'Estudis Jurídics i Formació Especialitzada de la Generalitat de Catalunya*, 2022. disponible en: https://cejfe.gencat.cat/ca/recerca/cataleg/crono/2022/regulacio_platafor mes_habitatge_turistic/index.html. Fecha de consulta: 25 de octubre de 2023.

FRIEDMAN, T., "Welcome to the 'Sharing Economy", *The New York Times*, 2016, disponible en: https://www.nytimes.com/2013/07/21/opinion/sunday/friedman-welcome-to-the-sharing-economy.html. Fecha de consulta: 25 de octubre de 2023.

Hague Conference on Private International Law, "Practical Guide to Access to Justice for International Tourists and Visitors", Prel. Doc. No. 1 REV of December 2021.

KULISH, N., DICKERSON, C., ROBBINS, L., "Los migrantes en Estados Unidos se preparan para lo peor", *The New York Times*, 2017, Disponible en: https://www.nytimes.com/es/2017/02/13/los-migrantes-en-estados-unidos-se-preparan-para-lo-peor/. Fecha de consulta: 25 de octubre de 2023.

LEVIN, S. "Airbnb sued by woman who says she was sexually assaulted by super host," *The Guardian*, 2017, Disponible en: https://www.theguardian.com/technology/2017/jul/27/airbnb-guest-sexual-assault-allegation.

MOSBERGEN, D., "Airbnb Bans 'Party Houses' After Deadly Halloween Shooting At California Rental Home", *Huffpost*, 3 de noviembre de 2019, disponible en: https://www.huffpost.com/archive/au/entry/airbnb-bans-party-houses_au_5dbf3dd4e4b0 fffdb0f8bea5. Fecha de consulta: 31 de mayo de 2023.

O'DONOVAN, C., "Here's How Hackers Used Airbnb To Rob Hosts' Homes", *BuzzFeed News*, 2017, disponible en: https://www.buzzfeednews.com/article/caroline odonovan/heres-how-hackers-used-airbnb-to-rob-hosts-homes. Fecha de consulta: 25 de octubre de 2023.

OJEDA, D., "La reglamentación de plataformas tipo Uber podría darse este año", *El Espectador*, 13 de abril de 2021, disponible en: https://www.elespectador.com/bogota/la-reglamentacion-de-plataformas-tipo-uber-podria-darse-este-ano-article/. Fecha de consulta: 25 de octubre de 2023.

PAVAN, L.C., "La protección del consumidor en el MERCOSUR: Análisis comparativo de los sistemas de Argentina, Brasil y Chile", Documento núm. 31, *Instituto Nacional de la Administración Pública-INAP*, 1997.

SOLON O., "Airbnb host who canceled reservation using racist comment must pay $5,000", *The Guardian*, 2017, disponible en: https://www.theguardian.com/technolog y/2017/jul/13/airbnb-california-racist-comment-penalty-asian-american. Fecha de consulta: 25 de octubre de 2023.

TRIGUERO B., "El CEO de Airbnb reconoce el golpe del coronavirus: "Lo hemos perdido casi todo", *Vozpopuli,* 26 de junio de 2020, disponible en: https://www.businessinsider.es/ceo-airbnb-dice-ha-perdido-casi-todo-apenas-6-semanas-664 913. Fecha de consulta: 24 de noviembre de 2023.

WOLVERTON, T., "Airbnb empieza a recuperarse de los efectos del coronavirus: su nuevo reto será atraer más turistas que su competidor Vrbo", *Business Insider,* 15 de junio de 2020, disponible en: https://www.businessinsider.es/airbnb-recupera-covid-19-mientras-compite-vrbo-658605.Fecha de consul ta: 7 de noviembre de 2023.

3) *Sentencias*

a) Cuestiones prejudiciales (TJUE y TJCE)

As. C-662/22, de 19 de octubre de 2022, Airbnb Ireland UC vs Autorità per le Garanzie nelle Comunicazioni.

As. C-83/21, de 9 de febrero, *Airbnb Ireland UC, Airbnb Payments UK Ltd* vs. *Agenzia delle Entrate.*

As. C-536/20, de 24 de febrero de 2022, ECLI:EU:C:2022:112, *Tiketa UAB* vs *M. Š.*

As. C-674/20, 27 de abril de 2022, ECLI:EU:C:2022:303, *Airbnb Ireland UC* vs *Région de Bruxelles-Capitale.*

As. C-59/19, ECLI:EU:C:2020:950, de 24 de noviembre de 2020, *Wikingerhof GmbH & Co. KG* vs *Booking.com BV.*

As. C-519/19, ECLI:EU:C:2020:933 de 18 de noviembre de 2020, *Ryanair DAC* vs *DelayFix,* anteriormente *Passenger Rights sp. z o.o.*

As. C-73/19, ECLI:EU:C:2020:568, de 16 de julio de 2020, *Belgische Staat, Directeur-Generaal van de Algemene Directie Controle en Bemiddeling van de FOD Economie, K.M.O., Middenstand en Energie* vs *Movic BV, Events Belgium BV, Leisure Tickets & Activities International BV.*

As. C-380/19, ECLI:EU:C:2020:498, de 25 de junio de 2020, *Bundesverband der Verbraucherzentralen und Verbraucherverbände-Verbraucherzentrale Bundesverband eV* vs *Deutsche Apotheker-und Ärztebank eG.*

As. C-723/19, de 30 de enero de 2020, ECLI:EU:C:2020:509, *Airbnb Ireland UC, Airbnb Payments UK Ltd* vs *Agenzia delle Entrate.*

As. C-208/18, de 3 de octubre de 2019, ECLI:EU:C:2019:825, *J.P.* vs *FIBO Group Holdings Limited.*

As. C-724/18 y C-727/18, ECLI:EU:C:2020:743, de 22 de septiembre de 2020, *Cali Apartments SCI, HX* vs *Procureur général près la cour d'appel de Paris,* Ville de Paris.

As. C-464/18, ECLI:EU:C:2019:311, de 11 de abril de 2019, *ZX* vs *Ryanair DAC.*

As. C-266/18, de 3 de abril de 2019, ECLI:EU:C:2019:282, Aqua Med sp. z o.o. vs Irena Skóra.

As. T-122/17, de 25 de octubre de 2018, ECLI:EU:T:2018:719, *Devin AD* vs *Oficina de Propiedad Intelectual de la Unión Europea (EUIPO).*

As. C-27/17, ECLI:EU:C:2018:533 de 5 de julio de 2018, *AB «flyLAL-Lithuanian Airlines», en liquidación,* vs *«Starptautiskā lidosta "Rīga"» VAS, «Air Baltic Corporation» AS, «ŽIA Valda» AB, «VA Reals» AB, Lietuvos Respublikos konkurencijos taryba.*

As. C-630/17, de 14 de febrero de 2019, ECLI:EU:C:2019:123, *Anica Milivojević* vs *Raiffeisenbank St. Stefan-Jagerberg-Wolfsberg eGen* FJ 87-88 y As. C-208/18, de 3 de octubre de 2019, ECLI:EU:C:2019: 825, J.P. vs FIBO Group Holdings Limited.

As. C-106/17, de 31 de enero de 2018, ECLI:EU:C:2018:50, *Paweł Hofsoe* vs *LVM Landwirtschaftlicher Versicherungsverein Münster AG.*

As. C-498/16, ECLI:EU:C:2018:37, de 19 de marzo de 2018, *Maximilian Schrems* vs *Facebook Ireland Limited.*

As. C-434/15, ECI:EU:C:2017:981, del 20 de diciembre de 2017, *Asociación Profesional Élite Taxi* vs *Uber Systems Spain, S.L.*

As. C-135/15, ECLI:EU:C:2016:774, de 18 de octubre de 2016, *Republik Griechenland vs Grigorios Nikiforidis.*

As. C-191/15, ECLI:EU:C:2016:612, del 28 de julio de 2016, *Verein für Konsumenten information* vs *Amazon EU Sàrl.*

As. C-175/15, ECLI:EU:C:2016:176 de 17 de marzo de 2016, *Taser International Inc.* vs *SC Gate 4 Business SRL, Cristian Mircea Anastasiu.*

As. C-297/14, ECLI:EU:C:2015:844 de 23 de diciembre de 2015, *Rüdiger Hobohm* vs *Benedikt Kampik Ltd & Co. KG, Benedikt Aloysius Kampik, Mar Mediterraneo Werbe-und Vertriebsgesellschaft für Immobilien, S.L.*

As. C-302/13, ECLI:EU:C:2014:2319 de 23 de octubre de 2014, *flyLAL-Lithuanian Airlines AS vs Starptautiskā lidosta Rīga VAS, Air Baltic Corporation AS.*

As. C-352/13, ECLI:EU:C:2015:335, de 21 de mayo de 2015, *Cartel Damage Claims (CDC) Hydrogen Peroxide SA vs Akzo Nobel NV y otros.*

As. C-218/12, ECLI:EU:C:2013:666, del 17 de octubre de 2013, *Lokman Emrek vs Vlado Sabranovic.*

As. C-184/12, ECLI:EU:C:2013:663, del 17 de octubre de 2013, *United Antwerp Maritime Agencies (Unamar) NV* vs *Navigation Maritime Bulgare.*

As. C-645/11, ECLI:EU:C:2013:228, de 11 de abril de 2013, *Land Berlin* vs *Ellen Mirjam Sapir y otros.*

As. C-415/11, ECLI:EU:C:2013:164, del 14 de marzo de 2013, *Mohamed Aziz* vs *Caixa d'Estalvis de Catalunya, Tarragona i Manresa (Catalunyacaixa).*

As. C-497/10, ECLI:EU:C:2010:829, de 22 de diciembre de 2010, *Barbara Mercredi* vs *Richard Chaffe.*

As. C-327/10 de 17 de noviembre de 2011, ECLI:EU:C:2011:745, *Hypote⊠ní banka a.s.* vs *Udo Mike Lindner.*

As. C-543/10, ECLI:EU:C:2013:62 de 7 de febrero de 2013, *Refcomp SpA* vs *Axa Corporate Solutions Assurance SA* y otros.

As. C-145/10, ECLI:EU:C:2011:798, de 1 de diciembre de 2011, *Eva-Maria Painer* vs *Standard VerlagsGmbH* y otros.

As. C-111/09, ECLI:EU:C:2010:290, de 20 de mayo de 2010, *Česká podnikatelská pojišťovna as, Vienna Insurance Group* vs *Michal Bilas.*

As. C-585/08 y C-144/09, ECLI:EU:C:2010:740, *del 7 de diciembre de 2010, Peter Pammer* vs *Reederei Karl Schlüter GmbH & Co KG* y *Hotel Alpenhof GesmbH vs Oliver Heller.*

As. C-204/08, ECLI:EU:C:2009:439 de 9 de julio de 2009, *Peter Rehder* vs *Air Baltic Corporation.*

As. C-381/08, ECLI:EU:C:2010:90 de 25 de febrero de 2010, *Car Trim GmbH* vs *KeySafety Systems Srl.*

As. C-462/06, ECLI:EU:C:2008:299, de 22 de mayo de 2008, *Glaxosmithkline, Laboratoires Glaxosmithkline* vs *Jean-Pierre Rouard.*

As. C-168/05, ECLI:EU:C:2006:675, de 26 de octubre de 2006, *Elisa María Mostaza Claro* vs *Centro Móvil Milenium.*

As. C-281/02, ECLI:EU:C:2005:120 de 1 de marzo de 2005, *Andrew Owusu* vs *N.B. Jackson.*

As. C-464/01, ECLI:EU:C:2005:32, de 20 de enero de 2005, *Johann Gruber* vs *Bay Wa AG.*

As. C-541/99 y As. C-542/99, ECLI:EU:C:2001:625, de 22 de noviembre de 2001, *Cape Snc* vs *Idealservice Sri* y *Idealservice MN RE SAS* vs *OMAI Srl.*

As. C-159/97, ECLI:EU:C:1999:142 de 16 de marzo de 1999, *Trasporti Castelletti Spedizioni Internazionali SpA* vs *Hugo Trumpy SpA.*

As. C-369/96 y C-376/96, ECLI:EU:C:1999:575, del 26 de noviembre de 1999, *Jean-Claude Arblade, Arblade & Fils SARL,* responsable civil (asunto C-369/96), vs *Bernard Leloup, Serge Leloup, Sofrage SARL,* responsable civil (asunto C-376/96).

As. C-269/95, ECLI:EU:C:1997:337, de 3 de julio de 1997, *Francesco Benincasa* vs *Dentalkit s. r. 1.*

As. C-89/91, ECLI:EU:C:1993:15, de 19 de enero de 1993, *Shearson Lehman Hutton Inc.* vs *TVB Treuhandgesellschaft für Vermögensverwaltung und Beteiligungen mbH.*

As. 150/80, ECLI:EU:C:1981:148, de 24 de junio de 1981, *Elefanten Schuh GmbH, vs Pierre Jacqmain.*

As. 150/77, ECLI:EU:C:1978:137, de 21 de junio de 1978, *Bertrand* vs *Paul Ott KG.*

As. C-106/77, ECLI:EU:C:1978:49, del 9 de marzo de 1978, *Amministrazione delle Finanze dello Stato* vs *SpA Simmenthal.*

As. C-26/62, ECLI:EU:C:1963:1, del 5 de febrero de 1963, *NV Algemene Transport, en Expeditie Onderneming van Gend & Loos* vs *Nederlandse administratie der belastingen.*

b) Sentencias-Tribunales de los Estados miembros de la UE.

España

STS núm. 2/2022 de 7 enero, ECLI:ES:TS:2022:6.

STS núm. 3073/2021, de 20 de julio, ECLI:ES:TS:2021:3073.

STS núm. 4484/2020 de 30 de diciembre, ECLI:ES:TS:2020:4484.

STS núm. 448/2014 de 30 de julio, ECLI:ES:TS:2014:3557.

STS núm. 138/2014, de 25 de marzo de 2015, ECLI:ES:TS:2015:1280.

STSJ de Cataluña núm. 931/2019, de 13 de noviembre, ES:TSJCAT:2019:8266

STSJ de Cataluña núm. 7090/2018, de 5 de octubre, ECLI:ES:TSJCAT:2018:7090.

STS núm. 805/2020 del 25 de septiembre, ECLI:ES:TS:2020:2924.

SJSO núm. 2253/2019 del 11 de junio, ECLI:ES:JSO:2019:2253.

SAP de Madrid, núm. 406/2019, de 13 de septiembre, ECLI:ES:APM:2019:10987.

SAP de Santa Cruz de Tenerife, núm. 394/2020, de 19 octubre, ECLI:ES:APTF:2020:2307.

SAP de Burgos, núm. 573/2005, de 22 de diciembre, ES:APBU:2005:1131.

Italia

Tribunale Bologna, Sentencia n. 2236 del 27 de octubre de 2017.

Commissione Tributaria Regionale Di Lombardia, Sentencia No. 4451 del 2 de novembre de 2019.

Francia

Tribunal Judiciaire de Paris, 1 de julio de 2021, n° 19/54288, *Ville de Paris* vs *Airbnb Ireland Unlimited Company* y *Airbnb France.*

c) Sentencias-Tribunales de Colombia, México, Argentina y Brasil

Colombia

Corte Constitucional, Sentencia C-276 de 1993, de 22 de julio.

Corte Constitucional, Sentencia C-249 de 2004, de 16 de marzo.

Corte Constitucional, Sentencia C-446 de 2009, de 8 de julio.

Corte Suprema de Justicia, Sala de Casación Civil, Sentencia de 24 de junio de 2016.

Corte Suprema de Justicia, Sala de Casación Civil, Sentencia de 21 de febrero de 2012.

Corte Suprema de Justicia, Sala de Casación Civil, Sentencia de 12 de julio de 2017.

Corte Suprema de Justicia, Sala de Casación Civil, Sentencia de 27 de julio de 2011.

México

Amparo en revisión 1475/98. Sindicato Nacional de Controladores de Tránsito Aéreo. 11 de mayo de 1999.

Amparo en revisión 120/2002. McCain México, Sociedad Anónima de Capital Variable. 13 de febrero de 2007.

Argentina

Corte Suprema de justicia de la Nación de Argentina, caso Cavura de, E. C. Vlasov, A. S., de 25 de marzo de 1960.

Corte Suprema de Justicia de la Nación, caso Méndez Valles, Fernando c. Pescio A. M. s. ejecución de alquileres, de 26 de diciembre de 1995.

Cámara Nacional de Apelaciones en lo Comercial de Argentina, decisión del 10 de agosto de 2017.

Brasil

Superior Tribunal de Justiça, de 1 de junio de 2011, Recurso especial No. 1231554, Rel. Min. Nancy Andrighi.

Superior Tribunal de Justiça (STJ), Proceso Resp. Núm. 63981/SP, de 11 de abril de 2000.

d) Normativa internacional, nacional y documentos de instituciones de la Unión Europea y de Latinoamérica más relevantes para la investigación.

1. Unión Europea

Reglamento (UE) nº 2018/302 de 28 de febrero de 2018, sobre medidas destinadas a impedir el bloqueo geográfico injustificado y otras formas de discriminación por razón de la nacionalidad, del lugar de residencia o del lugar de establecimiento de los clientes en el mercado interior y por el que se modifican los Reglamentos (CE) nº 2006/2004 y (UE) nº 2017/2394 y la Directiva 2009/22/CE.

Reglamento (UE) Nº 1215/2012 del Parlamento Europeo y del Consejo de 12 de diciembre de 2012, relativo a la competencia judicial, el reconocimiento y la ejecución de resoluciones judiciales en materia civil y mercantil.

Reglamento (CE) Nº 593/2008 del Parlamento Europeo y del Consejo de 17 de junio de 2008 sobre la ley aplicable a las obligaciones contractuales (Roma I).

Reglamento (CE) nº 44/2001 del Consejo, de 22 de diciembre de 2000, relativo a la competencia judicial, el reconocimiento y la ejecución de resoluciones judiciales en materia civil y mercantil.

Directiva (UE) 2015/1535 del Parlamento Europeo y del Consejo, de 9 de septiembre de 2015, por la que se establece un procedimiento de información en materia de reglamentaciones técnicas y de reglas relativas a los servicios de la sociedad de la información.

Directiva 2006/123/CE del Parlamento Europeo y del Consejo, de 12 de diciembre de 2006, relativa a los servicios en el mercado interior.

Directiva 2000/31/CE del Parlamento Europeo y del Consejo, de 8 de junio de 2000, relativa a determinados aspectos jurídicos de los servicios de la sociedad de la información, en particular el comercio electrónico en el mercado interior (Directiva sobre el comercio electrónico).

Directiva 93/13/CEE del Consejo, de 5 de abril de 1993, sobre las cláusulas abusivas en los contratos celebrados con consumidores.

Convenio sobre la ley aplicable a las obligaciones contractuales abierto a la firma en Roma el 19 de junio de 1980.

Convenio de Bruselas de 1968 relativo a la competencia judicial y a la ejecución de resoluciones judiciales en materia civil y mercantil de 27 de septiembre.

COM (2020) 825 final, de 15 de diciembre de 2020. Propuesta de Reglamento del Parlamento Europeo y del Consejo relativo a un mercado único de servicios digitales (*Digital Services Act* o Ley de servicios digitales).

2. Latinoamérica

MERCOSUR/CMC/DEC, Resolución núm. 36, 2017, Propuesta de Acuerdo del Mercosur sobre Derecho Aplicable en Materia de Contratos Internacionales de Consumo.

MERCOSUR/CMC/DEC Nº 08/02, de 3 de septiembre de 2002, El Protocolo de Las Leñas de Cooperación y Asistencia Jurisdiccional en Materia Civil, Comercial y Administrativa.

MERCOSUR/CMC/DEC. Nº 03/98, de 23 de julio de 1998, Acuerdo sobre arbitraje comercial.

Ley Modelo de la CNUDMI sobre comercio electrónico, 12 de junio de 1996.

MERCOSUR/CMC/DEC nº 01/94 de 5 de agosto, Protocolo de Buenos Aires sobre jurisdicción internacional en materia contractual.

Convención de México de 1994, Convención Interamericana sobre Derecho Aplicable a los Contratos Internacionales, de 17 de marzo.

Convención Interamericana sobre validez extraterritorial de juicios extranjeros y laudos Arbitrales de 1979, de 5 de agosto.

Convención Interamericana sobre Normas Generales de Derecho Internacional Privado, hecha en Montevideo de 1979, de 8 de mayo.

Convención de Panamá de 1975 sobre arbitraje comercial internacional, de 1 de mayo.

Convención Interamericana sobre Arbitraje Comercial Internacional de 1975, de 30 de enero.

El Convenio sobre la Resolución de Controversias de Inversión entre Países y Nacionales de Otros Países de 1966, de 14 de octubre.

Convención de Nueva York de 1958 sobre el reconocimiento y ejecución de las sentencias arbitrales extranjeras, de 10 de junio.

El Tratado de Montevideo de 1940 sobre Derecho Civil Internacional, de 19 de marzo.

Convención de Derecho Internacional Privado, Código Bustamante de 1928, de 20 de febrero.

Tratado sobre Derecho internacional privado entre la República de Colombia y la República del Ecuador de 1903, de 18 de junio.

Tratado de Derecho Civil Internacional de 1889, de 12 de febrero.

Tratado de Montevideo de 1889 sobre Derecho Procesal Internacional, de 11 de enero.

3. Normativa nacional más relevante por Estados

a) España

Decreto 75/2020, de 4 de agosto, de turismo de Cataluña.

Real Decreto Legislativo 1/2007, de 16 de noviembre, por el que se aprueba el texto refundido de la Ley General para la Defensa de los Consumidores y Usuarios y otras leyes complementarias.

Ley 34/2002, de 11 de julio, de servicios de la sociedad de la información y de comercio electrónico, publicado en: BOE núm. 166, de 12 de julio de 2002.

Ley 7/1998, de 13 de abril, sobre condiciones generales de la contratación, publicada en: BOE núm. 89, de 14 de abril de 1998.

Ley Orgánica 6/1985, de 1 de julio, del Poder Judicial.

Real Decreto de 24 de julio de 1889, por el que se publica el Código Civil.

b) Italia

Decreto-Ley Nº. 50 de 24 de abril de 2017, "Disposiciones urgentes en materia financiera, iniciativas a favor de las autoridades locales, nuevas intervenciones para áreas afectadas por eventos sísmicos y medidas para el desarrollo".

Decreto Legislativo n. 206 del 6 septiembre de 2005, Código del Consumidor.

Real Decreto de 16 marzo de 1942, n. 262, Código Civil.

c) Francia

Ley n° 2004-575 de 21 junio de 2004, "Por la confianza en la economía digital".

Ley n° 70-9, de 2 de enero de 1970, por la que se regulan las condiciones de ejercicio de la actividad relativa a determinadas operaciones sobre bienes inmuebles y fondos de comercio), "Ley Hoguet".

d) Colombia:

Ley 2068 de 2020, "Por el cual se modifica la Ley General de Turismo y se dictan otras disposiciones", de 31 de diciembre.

Código General del Proceso Ley 1564 de 2012, de 12 de julio.

Ley 1563 de 2012, "Por medio de la cual se expide el Estatuto de Arbitraje Nacional e Internacional y se dictan otras disposiciones", de julio 12.

Ley 1480 de 2011, "Por medio de la cual se expide el Estatuto del Consumidor y se dictan otras disposiciones", de 12 de octubre.

Constitución Política de Colombia, 1991.

Código Civil Colombiano, Ley 84 de 1873, 26 de mayo.

e) México:

Ley Federal de Protección al Consumidor, 24 de diciembre de 1992.

Constitución Política de los Estados Unidos Mexicanos, 1917.

Código de Procedimientos Civiles para el Distrito Federal, publicado en el Diario Oficial de la Federación los días 1o. al 21 de septiembre de 1932.

Código Civil Federal, publicado en el Diario Oficial de la Federación en cuatro partes; los días 26 de mayo, 14 de julio, 3 y 31 de agosto de 1928.

Código de Comercio mexicano, de 22 de agosto de 1889.

Decreto nº 4409, Código de Procedimientos Civiles del Estado de Jalisco, Congreso del Estado de Jalisco, de 30 de octubre de 1886.

f) Argentina

Código Civil y Comercial de la Nación, Ley 26.994 de 2014, de 1 de octubre.

Ley 7.363 de 26 de abril de 2005 publicada en Boletín Oficial, de 24 de mayo.

Ley Nº 24.240 de 22 de septiembre de 1993, "Normas de Protección y Defensa de los Consumidores.

Constitución de la Nación Argentina, 1995.

g) Brasil:

Ley nº 13.105, de 16 de marzo de 2015, Código de Processo Civil.

Ley nº 9.307, de 23 de septiembre de 1996, sobre arbitraje.

Ley nº 8.078, del 11 de septiembre de 1990, "Prevé la protección del consumidor y otras disposiciones.

Constitución Política de la República Federativa del Brasil, 1988.

Decreto-Ley número 4.657, de 4 de septiembre de 1942, conocida como Ley de Introducción al Código Civil Brasileño.

Anexo

Respuesta a la consulta de radicación No. 21-327216-1 de fecha 19 de agosto de 2021 de la SIC (cinco páginas), en la que se solicitó saber si un consumidor con domicilio por fuera de Colombia podía iniciar una acción de protección al consumidor ante la SIC en contra de una PLAT con domicilio o establecimiento en Colombia:

Bogotá D.C.

SUPERINTENDENCIA DE INDUSTRIA Y COMERCIO
FOLIOS: 1

72
Señora
SILVANA CANALES GUTIERREZ
silvana.canales@urv.cat

Asunto:	Radicación:	***21-327216- -1***
	Tramite:	317
	Evento:	0
	Actuación:	440
	Folios:	1

Respetada Señora:

Reciba un cordial saludo de la Superintendencia de Industria y Comercio. Mediante la presente acusamos recibo a su comunicación, radicada bajo el número indicado en el asunto, donde presenta ciertas inquietudes relacionadas con la presentación de una acción de protección al consumidor.

Sobre el particular le informamos que, *si usted considera que se están vulnerando sus derechos*, el Estatuto del Consumidor (**Ley 1480 de 2011**) da la posibilidad a los ciudadanos de interponer una acción de protección al consumidor (demanda jurisdiccional) ante esta Entidad, cuando haya ocurrido cualquier violación a las normas de protección al consumidor y requiera solicitar la atención en cuanto a una pretensión particular, en este caso como la persona que presenta el inconveniente no reside en Colombia el proceso se debe iniciar con la representación de un abogado.

Sobre el particular le informamos que, la Superintendencia de Industria y Comercio en virtud del Decreto 4886 de 2011 tiene entre sus funciones velar por la observancia de las disposiciones sobre protección al consumidor, sin embargo esta competencia es a nivel territorial según lo estipula la ley 1480 de 2011 en su artículo 58, el cual reza a su tenor:

> *"**Artículo 58. Procedimiento.** Los procesos que versen sobre violación a los derechos de los consumidores establecidos en normas generales o especiales en todos los sectores de la economía, a excepción de la responsabilidad por producto defectuoso y de las acciones de grupo o las populares, se tramitarán por el procedimiento verbal sumario, con observancia de las siguientes reglas especiales:*
>
> *1. La Superintendencia de Industria y Comercio o el Juez competente conocerán a prevención.*

El progreso es de todos — Mincomercio

> *La Superintendencia de Industria y Comercio tiene competencia en todo el territorio nacional y reemplaza al juez de primera o única instancia competente por razón de la cuantía y el territorio.*
>
> *2. Será también competente el juez del lugar donde se haya comercializado o adquirido el producto, o realizado la relación de consumo."*

En ese orden de ideas, la empresa que vulneró sus derechos como consumidor debe tener Jurisdicción y Representación en Colombia, de lo contrario se sale del ámbito de nuestra competencia defender sus derechos.

En el caso de poseerla nos permitimos informarle el procedimiento completo y los requisitos que debe cumplir, para presentar una demanda Jurisdiccional ante la Superintendencia de Industria y Comercio, tendiente a solucionar su interés particular.

Por lo tanto, lo primero que se debe hacer es presentar una reclamación directa (derecho de petición) ante la empresa con la que presenta el inconveniente por escrito, por teléfono o de forma verbal, manifestando los hechos que motivan su inconformidad, así como sus pretensiones. Si transcurridos quince (15) días hábiles no se ha recibido respuesta, o la que se recibió no es satisfactoria, usted se encontrará facultada para presentar la demanda.

Para ello, puede obtener un modelo de reclamación directa ingresando a la página web de la Entidad https://www.sic.gov.co/ dirigiéndose a la parte inferior del banner principal, en la sección "TEMAS", opción "*Asuntos Jurisdiccionales*"; Allí, seleccione la opción *Protección del consumidor*" y da clic en "*ver más*" luego escoja la opción "*Modelo de reclamo directo*" o descárguelo directamente en el enlace: https://www.sic.gov.co/tema/asuntos-jurisdiccionales/proteccion-al-consumidor
También se encuentra disponible en esa misma ubicación un "*Modelo de demanda*" el cual puede descargar a través del enlace https://www.sic.gov.co/sites/default/files/files/Modelo_demanda.pdf

Dependiendo del estado en que se encuentre su caso, usted podrá interponer una demanda judicial que contenga todos los requisitos que la ley exige, en especial los contenidos en el Artículo 82 del Código General del Proceso, y que incluya la reclamación hecha ante el proveedor.
Al dirigirse a la Superintendencia de Industria y Comercio, aclare que se trata de una Demanda Jurisdiccional o Acción de Protección al Consumidor **Art. 58 de la Ley 1480 de 2011** y tenga en cuenta los siguientes requisitos:

1. Dirigir su escrito de demanda a la Superintendencia de Industria y Comercio – Delegatura para Asuntos Jurisdiccionales.
2. Narrar de manera clara y sencilla los hechos, enumerándolos uno a uno (indicando además fecha de adquisición del producto o de prestación del servicio).
3. Indicar de manera clara y precisa su pretensión (Efectividad de la garantía legal: Reparación del producto, cambio del producto o devolución del dinero, entre otros; para servicios: cumplimiento del servicio, garantía del servicio o devolución del dinero, entre otros).

El progreso es de todos · Mincomercio

4. Informar el monto de la pretensión (Cuantía). Usted no requiere estar representado por abogado cuando sus pretensiones sean inferiores a los 40 salarios mínimos legales mensuales, es decir a **$36.341.040**.
5. Sustento normativo: invocar Artículo 58 de la Ley 1480 de 2011.
6. El juramento estimatorio de ser necesario (Cuando se solicite indemnización por perjuicios - únicamente en los casos permitidos en el numeral 3 del artículo 56 de la Ley 1480 de 2011), indicando a qué corresponde cada monto pretendido.
7. Indicar los datos de contacto del demandante y del demandado, es decir, el lugar, la dirección física y electrónica (correos electrónicos) donde las partes, sus representantes y/o el apoderado del demandante recibirán notificaciones personales.
8. Aportar las pruebas pertinentes que soporten el caso, entre ellas, la reclamación realizada al proveedor del bien o servicio, presentada con 15 días hábiles de anticipación, junto con la respuesta si la hubo (en caso contrario indicar que no se obtuvo respuesta).

Adicionalmente, es importante que tenga en cuenta que al interponer una demanda ante la Delegatura para Asuntos Jurisdiccionales usted solo tendrá contacto con el juez a través de los respectivos memoriales y en las etapas procesales establecidas en la ley, de allí que al interior de estos procesos no procedan los derechos de petición como mecanismo para impulsar el proceso. Para ello, tenga en cuenta que de conformidad con lo establecido en el art. 121 del C.G. del P. una vez notificado el auto que admite la demanda se cuenta con un (1) año para dictar sentencia, y este término puede prorrogarse hasta por seis (6) meses más.

Asimismo, en el evento de que usted resulte vencido en el proceso, es decir, usted obtenga un fallo desfavorable a sus pretensiones, podrá ser condenado en costas, las cuales corresponden a erogaciones económicas en favor de la parte que resulte vencedora o ganadora en el proceso.

Finalmente, su demanda la puede radicar a través de la página web de la Entidad https://www.sic.gov.co/ dando clic en la opción *Protección del consumidor*" ubicado en la página de inicio bajo el banner principal, en la sección "*TEMAS*", al ingresar selecciona la opción "*protección del consumidor*" y da clic en el botón "*Ver más*" o ingresa a la pestaña en color amarillo "*Trámites y servicios*", opción "*Demande aquí*", selecciona finalmente la opción "*demandar*", también lo podrá hacer directamente en el link https://serviciosilinea.sic.gov.co/servilinea/ServiLinea/DemandasProteccion/; también la puede radicar personalmente en alguna de las sedes de esta Superintendencia a nivel nacional, una vez **se reanude la atención presencial en la Entidad, suspendida por la actual situación de salud.**

Recuerde que, al ser usted la parte interesada en el desarrollo del proceso, debe hacer constante seguimiento a su trámite a través de la página web https://www.sic.gov.co/ ubicando y dando clic en el vínculo "*Trámites y servicios*", opción, **Consulte el Estado de su Trámite** ubicado en la pestaña amarilla a la derecha de la página principal o a través del siguiente link:

http://serviciospub.sic.gov.co/Sic2/Tramites/Radicacion/Radicacion/Consultas/ConsultaRadicacion.php

Es preciso mencionar que las notificaciones se harán de acuerdo con el procedimiento establecido en el Código General del Proceso y podrá consultarlas por medio del enlace https://www.sic.gov.co/notificaciones-sic filtrando el tipo de notificación "*Por estado*".

Ahora bien, si usted considera que el inconveniente le ocasionó perjuicios, la Ley 1480 de 2011 establece solo dos casos en los cuales dentro de la Acción de Protección al Consumidor se pueden solicitar:

** Publicidad engañosa.*

** Fallas en el servicio que implican la entrega de un bien.*

Si los perjuicios ocasionados, no corresponden a ninguno de los dos casos anteriores y su deseo es solicitarlos, debe presentar la demanda a través de la justicia ordinaria, por lo que debe consultar un abogado de confianza y/o buscar la ayuda de un consultorio jurídico, para que lo orienten en dicho caso. De manera complementaria tenga en cuenta el artículo 22 de Decreto 735 de 2013 que establece: "Artículo 22. Indemnización de perjuicios. El reconocimiento de la garantía por parte de los obligados o por decisión judicial no impide que el consumidor persiga la indemnización por los daños y perjuicios que haya sufrido por los mismos hechos, ante la jurisdicción ordinaria".

Si requiere información adicional, puede comunicarse directamente con nuestro contact center en Bogotá 5920400 o línea gratuita nacional 018000–910165 de lunes a sábado 7:00h a 19:00h. Adicionalmente, tenga en cuenta que algunos puntos de atención a nivel nacional, reanudaron atención al público de manera presencial, para información más detallada consulte en el siguiente link la dirección y horarios: https://www.sic.gov.co/ubicacion-geografica

Si usted lo desea, puede solicitar **orientación jurídica**, programando una cita a través de las líneas de atención al ciudadano, la cual se puede llevar a cabo de manera telefónica, debido a que, dada la contingencia actual, **en el momento no se están prestando servicios presenciales en la Entidad**.

También puede contactarnos de manera gratuita a través de los demás canales de atención al ciudadano que encontrará en el enlace: https://www.sic.gov.co/atención-al-ciudadano/canales-de-atención y de manera alternativa puede acceder directamente al chat por medio del link https://frontos.outsourcing.com.co:8216/.

Le agradecemos por darnos la oportunidad de atenderle. Cualquier petición, queja, reclamo o felicitación, la puede presentar a través de la página web https://www.sic.gov.co/ ubicando la

pestaña deslizable "Trámites y Servicios", opción "Presente su PQRFS" o ingresando a través del siguiente enlace: https://serviciosenlinea.sic.gov.co/servilinea/PQRSF2/.

Atentamente,

MAYERLY RAMÍREZ DÍAZ
COORDINADORA GRUPO DE TRABAJO DE ATENCIÓN AL CIUDADANO

Elaboró: Adriana Orjuela
Revisó: Adriana Orjuela
Aprobó: Mayerly Ramírez Díaz